U0619295

2024年国家社科基金重大项目"高质量教育体系的理论内涵、指标体系、国际比较与建设路径研究"(批准号24&ZD176)、浙江省教育科学规划课题"建设教育强国背景下省域高质量教育对外开放体系建构研究"(2023SCG190)系列成果之一

GLOBALLY RECOGNIZED EDUCATION THINK TANKS
AN OVERVIEW

全球知名教育智库概览

周洪宇　付　睿　著

上海教育出版社
SHANGHAI EDUCATIONAL
PUBLISHING HOUSE

教育智库是教育强国
建设的重要助力

（代序）

　　建设教育强国是国家教育优先发展战略的必然要求，它需要教育智库的积极参与和有力支撑。国家高度重视教育强国建设，一系列重要政策文件为推动教育强国建设及充分发挥教育智库功能提供了基础性保障。党的十九大报告指出，"建设教育强国是中华民族伟大复兴的基础工程"。党的二十大报告明确提出"加快建设教育强国"，并把教育与科技、人才并举，作为国家科教兴国战略的重要组成部分。2024 年 7 月，党的二十届三中全会通过的《中共中央关于进一步全面深化改革　推进中国式现代化的决定》指出："教育、科技、人才是中国式现代化的基础性、战略性支撑。必须深入实施科教兴国战略、人才强国战略、创新驱动发展战略，统筹推进教育科技人才体制机制一体改革，健全新型举国体制，提升国家创新体系整体效能。""完善高水平对外开放体制机制。开放是中国式现代化的鲜明标识。必须坚持对外开放基本国策，坚持以开放促改革……"2024 年 9 月，全国教育大会在北京召开，习近平总书记在会上强调，要紧紧围绕立德树人根本任务，朝着建成教育强国战略目标扎实迈进，并进一步明确了教育强国的科学内涵，指出教育强国应具有强大的思政引领力、人才竞争力、科技支撑力、民生保障力、社会协同力、国际影响力。习近平总书记还深刻阐述了教育强国建设要正确处理好"五个重大关系"，即正确处理支撑国家战略和满足民生需求、知识学习和全面发展、培养人才和满足社会需要、规范有序和激发活力、扎根中国大地和借鉴国际经验等的关系。习近平总书记关于教育强国建设的"六力"和"五个重大关系"的深刻论述,进一步深化了对我国教育事业的规律性、系统性认识,为加快建设教育强国指明了方向。教育强国建设不仅需要深入总结提炼我国自身的教育实践探索经验及理论,更需要保持对外开放的价值立场和实践追求,坚持全球视野和包容的国际观,在高水平教育对外开放中批判地学习、反思、借鉴和吸收世界主要国家教育智库建设的国际经验与路径,提升我国教育智库助力教育强国建设的能力,把中国建设成为具有全球影响力的重要教育中心,引领世界教育变革与发展,为实现中华民族伟大复兴和构建人类命运共同体奠基。

一、教育强国建设呼唤教育智库积极参与

教育治理是指政府通过正式的制度和非正式的安排,协同社会组织、市场、学校和公民个人等行为主体,运用参考、对话、协商、谈判等形式,在自愿平等互利的前提下共同管理教育公共事务,以应对时代挑战,达到良好的治理效果。教育治理现代化是教育治理水平不断提升的过程,是一个"以共治求善治"的过程。教育治理现代化是教育现代化的重要标志,也是教育现代化的重要目标,它影响教育现代化的进程。作为国家治理体系的重要组成部分,教育治理现代化关乎国计民生和人民满意教育的构建。2019 年 2 月中共中央、国务院发布的《中国教育现代化 2035》明确指出,坚持教育为人民服务、为中国共产党治国理政服务、为巩固和发展中国特色社会主义制度服务、为改革开放和社会主义现代化建设服务,优先发展教育,大力推进教育理念、体系、制度、内容、方法、治理现代化。党的十九届六中全会通过的《中共中央关于党的百年奋斗重大成就和历史经验的决议》,将"明确全面深化改革总目标是完善和发展中国特色社会主义制度、推进国家治理体系和治理能力现代化"列入"十个明确"。党的二十大报告也指出,"坚持和完善中国特色社会主义制度、推进国家治理体系和治理能力现代化"。2023 年 5 月,习近平总书记在第二十届中共中央政治局第五次集体学习时再次强调,"我们要建设的教育强国,是中国特色社会主义教育强国,必须以坚持党对教育事业的全面领导为根本保证,以立德树人为根本任务,以为党育人、为国育才为根本目标,以服务中华民族伟大复兴为重要使命,以教育理念、体系、制度、

内容、方法、治理现代化为基本路径，以支撑引领中国式现代化为核心功能，最终是办好人民满意的教育"。教育治理现代化是国家治理体系和治理能力现代化的重要组成部分，实现教育治理现代化必须高度重视和充分发挥教育智库的作用。

　　教育智库是中国特色教育科学研究体系的重要组成部分，是政府进行教育决策的"外脑"，是教育事业发展的智囊团、思想库。教育智库作为一种专业型智库，是以教育领域重大战略问题和公共政策为主要研究对象的非营利性研究咨询机构，已成为影响政府教育决策和推动教育改革与发展的一支重要力量，是现代教育治理体系的重要组成部分。通过教育智库这个载体，一批专家学者积极参与国家教育决策研究与咨询，为国家提供高质量的战略性、储备性、前瞻性的教育决策研究成果和能切实解决问题的、可操作的教育政策建议，可以有力地推进我国教育治理现代化。可以说，要推进中国教育治理现代化，必须充分建设并发挥好教育智库的作用。

　　具体来看，在教育治理过程中，教育智库可以发挥咨政建言、理论创新、舆论引导、社会服务、公共外交等重要作用，全面推进教育治理体系和治理能力现代化。其一，在咨政建言方面，党的十九届四中全会提出要推进国家治理体系和治理能力现代化，要求"健全提高党的执政能力和领导水平制度。……健全决策机制，加强重大决策的调查研究、科学论证、风险评估，强化决策执行、评估、监督"。党的二十大报告指出，"坚持科学决策、民主决策、依法决策，全面落实重大决策程序制度"。基于此，教育智库着眼于国家战略需求，聚焦教育重大问题，探求教育发展规律，谋划教育发展蓝图，将服务教育决策作为首要功能和根本使命，为教育治理提供咨询服务与智力支持。其二，在理论创新方面，教育智库关注教育的热点、重点、难点问题，及时开展创新研究，进行理论探索与科学论证。教育智库能够开展前瞻性研究，统筹好学术性和实践性、现实性和前沿性的关系，形成创新性的思想成果和研究成果，发挥"思想观点和价值目标的创造者"功能，不断促进教育治理理念的创新。其三，在舆论引导方面，教育智库作为正面舆论的"策源地"，可以发挥引导舆论、启迪民智和正向宣传的功能。教育智库积极主动聚焦前沿、重大教育问题，通过对教育问题的研究形成新思想、新观点，并借助成果发表、学术活动以及网络媒体等手段，积极引导舆论，使民众客观、理性地看待教育问题,为国家教育治理营造积极向上、和谐的社会舆论氛围;也可以引导民众主动参与教育治理实践,推动教育治理的民主化。其四,在社会服务方面,教育智库聚集了一批一流人才,善于从专业的角度来研究、指导教育实践,可以深入各级各类学校,在实证调研的基础上了解教育现状,获得精准信息,及时发现问题,并予以针对性的指导。在实践指导过程中,教育智库可以广泛听取来自学校的意见与呼声,对教育实践进行全面客观、科学有效的分析与指导,并找到改进策略与路径,切实解决教育治理实践中的难点问题,促进教育治理实践的人本化与高效化。其五,在公共外交方面,教育智库在传播当代中国价值观念上发挥重要作用。教育智库在交流合作方面可以发挥智库人才优势和专业特长,增进与国际教育的交流,建立多层次、多渠道、全方位的教育合作模式。教育智库在国际教育交流活动中,可以展示中国教育现代化建设的经验、成就与模式,以中国道路积极参与全球教育治理,让中国特色教育现代化的道路成为其他国家学习与模仿的范本。

总而言之,教育智库与教育治理紧密相连,教育智库参与教育治理可以有效地推进教育治理决策的科学化、教育治理实践的高效化、教育治理过程的民主化、教育治理服务的人本化,进而有力推进教育治理能力的现代化。可以说,实现教育治理现代化离不开教育智库,提升教育治理水平需要教育智库,推进教育治理体系和治理能力现代化要依靠教育智库。

二、加强教育智库研究是教育治理现代化的亟需

首先,加强教育治理与教育智库研究是贯彻习近平总书记相关重要论述精神的必然要求。党的十八大以来,治理现代化与智库建设成为党和国家关注的重要问题。2013 年 11 月,党的十八届三中全会通过的《中共中央关于全面深化改革若干重大问题的决定》提出,"推进国家治理体系和治理能力现代化"。2019 年 10 月,党的十九届四中全会重申这一点,并明确指出"我国国家治理体系和治理能力是中国特色社会主义制度及其执行能力的集中体现",将"推进国家治理体系和治理能力现代化"作为坚持和完善中国特色社会主义制度的重要抓手。《中共中央关于全面深化改革若干重大问题的决定》明确提出,"加强中国特色新型智库建设,建立健全决策咨询制度"。这是在中共中央文件中首次提出"智库"

概念，也是中央首次提出建设中国特色新型智库。随后，习近平总书记多次对智库建设作出重要批示，指出智库是国家软实力的重要组成部分，要高度重视和积极探索中国特色新型智库建设，强调治国理政必须集中各方面智慧、凝聚最广泛力量，要重点建设一批具有较大影响和国际影响力的高端智库，凸显智库在国家治理中的重要作用。2015 年 1 月，中共中央办公厅、国务院办公厅印发《关于加强中国特色新型智库建设的意见》，指出"智库在国家治理中发挥着越来越重要的作用，日益成为国家治理体系中不可或缺的组成部分，是国家治理能力的重要体现"，再次强调中国特色新型智库对于国家治理体系和治理能力现代化的重要价值。此后，2017 年党的十九大报告和 2021 年的"十四五"规划纲要，都强调了加强智库建设对于国家治理水平提升的重要意义。因此，在路上实现第二个百年奋斗目标新的赶考之路的历史节点，我们应该深入贯彻落实党和国家关于国家治理现代化与中国特色新型智库建设的有关政策，大力加强教育治理与教育智库的研究，加快建设中国特色新型教育智库，充分发挥教育智库在教育治理中的重要作用，推进国家教育治理体系和治理能力现代化，助力高水平教育体系建设。

其次，加强教育治理与教育智库研究是建设教育强国的迫切需求。2021 年 3 月第十三届全国人大第四次会议审议通过的《中华人民共和国国民经济和社会发展第十四个五年规划和 2035 年远景目标纲要》提出建成教育强国的目标，也提出要努力实现"国家治理效能得到新提升""社会治理特别是基层治理水平明显提高"的目标，这些目标都直接指向教育治理。教育是社会公共事业的重要组成部分，教育治理的现代化影响国家治理的现代化，直接关乎"十四五"规划目标与 2035 年远景目标的圆满实现。因此，提升教育治理水平，推进教育治理现代化，不仅是教育发展的时代要求，而且是国家当前与未来一段时间发展的内在需要。

建设社会主义教育强国必须依靠现代化的教育治理体系和治理能力。教育治理作为社会治理的重要一环，作为教育强国建设的重要组成部分，需要尽快提升治理水平。从我国教育内部发展来看，教育强国建设需要教育治理体系和治理能力的现代化。教育治理现代化直接影响教育现代化，这是教育强国的内在要求，也是教育强国建设的重要举措。这就需要加强教育治理与教育智库研究，不断提升教育治理的现代化水平。从我国教育发展的外部来看,教育强国建设还需要提升我国参与全球教育治理的能力,增强中国教育的国际影响力,增强教育的对外开放水平。在这方面,需要强化教育智库研究,充分发挥教育智库的公共外交作用,为全球教育发展提出新主张、新倡议,发表中国意见,提供中国方案;培养参与全球教育治理的人才,更加主动地参加国际教育组织,参与规则制定,提升话语权;直接参与全球教育治理实践,呈现中国教育现代化模式,帮助其他国家或地区提升教育现代化水平。

三、加强教育智库研究是教育智库自身发展的内在需要

面对"百年未有之大变局",教育的发展与改革都已进入深水区,教育领域综合改革逐步深化,办学体制、考试招生制度、现代学校制度等方面的体制机制改革稳步推进。在这一过程中暴露出一些新情况、新问题,需要不断推进并深化教育改革,尤其是包括"管办评"分离改革和"放管服"改革等在内的教育治理改革,不断提升教育治理能力和治理水平,不断健全教育治理体系,以解决好人民群众关心的问题,办好人民群众满意的教育。因此,对研究者而言,当前需要大力推进教育治理研究和教育智库研究,将教育智库作为教育治理体系的承载点与落实点,作为教育治理改革的动力来源,不断推进教育智库参与教育治理:让教育智库参与教育治理的决策,弥合教育决策与教育发展实际之间的鸿沟;让教育智库参与教育治理体系的构建,强化教育治理过程的专业性与科学性;让教育智库参与教育治理的执行,解决教育治理过程中人、财、物短缺的问题。同时,教育智库参与教育治理还可以实现教育治理主体的多元化、治理沟通的便捷化、治理过程的民主化、治理结果的高效化。

虽然多种类型的教育智库蓬勃发展,但是在实践中,教育智库的发展还存在诸多问题,如教育智库和教育智库人员独立性不足、研究方法和研究手段滞后、创新力不强、社会影响力较弱等,这些都制约着教育智库成长为高水平智库。针对这些问题,我们需要加强研究,尤其是加强对我国教育智库以及国际组织和世界教育强国教育智库的研究,扎根中国本土探寻教育智库建设与成长规律,吸收借鉴国外教育智库建设先进成熟的理论与经验,努力在教育智库研究人员转型、研究内容转型、研究技术转型、成果应用转型、科研组织形式转型等方面取得突破,

引导教育智库基于中国的教育治理开展工作,建设培育一批特色鲜明、综合实力强、影响力大的具有中国特色的高端教育智库,充分发挥教育智库在加快建成教育强国与世界重要教育中心过程中的作用。

周洪宇

2025 年 1 月

目　录

前　言

　　教育智库是智库体系的重要组成部分。美国宾夕法尼亚大学历年发布的《全球智库报告》(Global Go To Think Tank Index Report,简称 GGTTI)显示,教育智库或从事教育政策研究的智库在智库界占有一席之地。教育智库是以教育领域的重大战略问题及现实热点难点问题为研究对象的非营利性研究咨询机构,为政府部门提供客观、专业的教育政策建议咨询与服务。教育智库在各国教育领域发挥着科学研究、政策咨询、舆论引导、人才育用、公共外交等建设性作用。世界正经历百年未有之大变局,在实现中华民族伟大复兴的关键时期,面对以信息化、数字化、智能化为标志的第四次工业革命带来的机遇与挑战,要在激烈的竞争中把握主动权、领先权、决胜权,除了具备强大的经济、科技、军事等实力,还必须有完善而强大的教育体系和教育能力。这离不开一批高水平的教育智库为国家教育改革与发展出谋划策,提供高质量的教育研究与决策咨询成果。

　　相较于西方智库的悠久历史,我国现代智库起步较晚,改革开放后才逐步得到重视和推动。2012 年 11 月党的十八大召开以来,以习近平同志为核心的党中央高度重视新型智库建设,把智库作为党和政府科学民主依法决策的重要支撑,作为国家治理体系和治理能力现代化的重要内容,作为国家软实力的重要组成部分。智库的健康有序发展对推动我国创新驱动发展战略、提高国际话语权意义重大。智库建设成为助推国家提升软实力和竞争力的重要途径。新型智库要具备为党和政府决策提供创新性咨询与服务的能力,需要在理论、实践、制度、文化层面率先创新。[①] 唯有如此,才能在国家改革开放进程中充分发挥其功能

[①]　周洪宇,付睿. 以创新之为推进新时代智库建设[N]. 光明日报,2019-01-21:16.

与作用,为推动改革开放和社会主义现代化建设作贡献。2013 年 11 月,党的十八届三中全会首次提出,"加强中国特色新型智库建设,建立健全决策咨询制度"。教育部高度重视新型智库建设,2014 年 3 月出台《中国特色新型高校智库建设推进计划》,对高校智库建设给予了明确指导。2015 年 1 月,中共中央办公厅、国务院办公厅印发《关于加强中国特色新型智库建设的意见》,明确提出"到 2020 年,统筹推进党政部门、社科院、党校行政学院、高校、军队、科研院所和企业、社会智库协调发展,形成定位明晰、特色鲜明、规模适度、布局合理的中国特色新型智库体系,重点建设一批具有较大影响力和国际知名度的高端智库"。《国家教育事业发展"十三五"规划》提出,"重点建设一批国家急需、特色鲜明、制度创新、引领发展的专业化高端智库"。2017 年 5 月,《关于社会智库健康发展的若干意见》出台,旨在进一步规范和引导社会智库发展,保障社会智库依法参与智库产品供给,拓展社会智库参与决策咨询服务的有效途径。这份文件为中国智库体系中发展较为薄弱的社会智库的未来发展奠定了基础。2017 年 10 月,党的十九大报告强调"加强中国特色新型智库建设"。教育智库是中国特色新型智库建设的重要内容,是促进教育决策科学化、民主化的重要支撑,在推动中国由人力资源大国向人力资源强国转变过程中发挥着重要作用。2019 年 10 月,党的十九届四中全会通过《中共中央关于坚持和完善中国特色社会主义制度
推进国家治理体系和治理能力现代化若干重大问题的决定》,把"坚持和完善中国特色社会主义制度、推进国家治理体系和治理能力现代化"作为全党的一项重大战略任务。2021 年 3 月,《中华人民共和国国民经济和社会发展第十四个五年规划和 2035 年远景目标纲要》发布,提出我国到 2035 年"基本实现国家治理体系和治理能力现代化""建设高质量教育体系"。习近平总书记在 2022 年 10 月召开的党的二十大上指出,要深入推进"国家治理体系和治理能力现代化"。[①] 2035 年远景目标的实现及国家治理体系和治理能力现代化,离不开教育智库的智力支持。

教育智库是国家教育治理体系和治理能力现代化的重要组成部分,必然在国家治理现代化进程中发挥重要作用。当前我国正处于全面建设社会主义现代化国家、全面推进中华民族伟大复兴的关键时期,在应对国内外环境挑战、破解发展难题、回应人民期待等方面都迫切需要强有力的智库支持。教育智库在国

---

① 中国政府网.习近平:高举中国特色社会主义伟大旗帜 为全面建设社会主义现代化国家而团结奋斗——在中国共产党第二十次全国代表大会上的报告[EB/OL].https://www.gov.cn/xinwen/2022 - 10/25/content_5721685.htm,2022 - 10 - 25.

家教育决策、教育改革和发展中具有突出的地位与作用,在提升国家治理体系和治理能力现代化,提高我国在全球教育治理中的话语权和主导权等方面具有重要的作用和影响。研究、学习和借鉴全球知名教育智库发展的理论与经验是推动中国特色新型教育智库建设的关键,因而系统梳理、研究全球知名教育智库势在必行。

　　本书选取全球主要国际组织及国家的教育智库,包括联合国教科文组织、世界银行、经济合作与发展组织下设的教育研究机构以及美国、英国、德国、瑞典、芬兰、日本、韩国、印度、澳大利亚、中国等国家的知名教育智库或开展教育研究的综合性智库。其中,国际教育智库包括联合国教科文组织国际教育规划研究所、联合国教科文组织终身学习研究所、世界银行发展研究小组、经济合作与发展组织教育与技能局。外国教育智库包括城市研究所、卡托研究所、卡内基教学促进基金会、兰德公司教育研究部、布鲁金斯学会布朗教育政策中心、美国国家教育科学研究所、美国教育政策与数据中心、美国教育政策研究联盟、美国教育信托基金会、哈佛大学教育政策研究中心、哈佛大学全球教育创新中心(教育研究生院)、斯坦福大学教育学院教育政策分析中心、英国伦敦大学教育学院、德国国际教育研究所、德国高等教育国际化智库、瑞典斯德哥尔摩大学国际教育研究所、芬兰教育研究所、日本中央教育审议会、日本国立教育政策研究所、韩国教育开发院、印度国家教育规划与管理研究所、澳大利亚教育研究委员会。中国教育智库包括中国教育科学研究院、北京师范大学中国教育与社会发展研究院、北京教育科学研究院、上海市教育科学研究院、重庆市教育科学研究院、中国基础教育质量监测协同创新中心、北京大学中国教育财政科学研究所、清华大学教育研究院、浙江大学中国科教战略研究院、厦门大学教育研究院、华东师范大学国家教育宏观政策研究院、华中师范大学国家教育治理研究院、东北师范大学中国农村教育发展研究院、南京师范大学道德教育研究所、上海师范大学联合国教科文组织教师教育中心、21世纪教育研究院、长江教育研究院。本书梳理上述智库的发展历程、人员与组织结构、主要研究领域、研究方法、成果传播,并分析它们对全球教育治理进程及全球教育发展的贡献、影响和启示,以期能对中国的教育智库建设及教育治理有所启迪,推动中国教育智库的转型与发展,促进中国教育智库在国家教育政策制定、教育改革等方面发挥积极作用,最终推动国家教育治理体系和治理能力现代化进程。

　　本书的撰写以我们此前组织编写出版的"教育智库与教育治理研究丛书"(14册)和"全球教育治理研究系列"丛书(10册)为基础。特别是后者作为国家社科基金"十三五"规划教育学重大招标课题"建设教育强国的国际经验与中国路径研究"阶段性研究成果和 2017 年度国家出版基金资助项目,研究全球教育治理的基本理论,介绍重要的国际组织、知名智库参与全球教育治理的理论与实践,完整清晰地展示全球教育治理的面貌和基本特征,为本书的撰写积淀了丰富的文献资料,打下厚实的学术基石。本书充分体现学术性、权威性、实用性、资料性和工具性融为一体的特点,为广大教育研究者、政策制定者、教育实践工作者和教育专业学习者提供重要参考。

第一章

引　论

- ■ 教育智库的由来及兴起
- ■ 教育智库的发展与演变
- ■ 教育智库的性质与类型
- ■ 教育智库的作用和影响
- ■ 教育智库评价的理论基础
- ■ 教育智库的评价与排名

一、教育智库的由来及兴起

　　智库（think tank）也叫思想库、智囊团，是为政府部门公共决策提供研究、咨询与服务，并通过宣传影响民众的专业机构，有政府"外脑"之称。教育智库作为智库的一个重要类别，在教育领域发挥积极而重要的作用。教育智库是"以教育领域重大战略问题和公共政策为主要研究对象的非营利性研究咨询机构"。[①] 综上所述，教育智库是以教育政策与问题为主要研究对象，以研究和咨询为目的的专业机构。教育智库是现代社会中创造教育思想、交流教育思想、传播教育思想的重要载体，是国家软实力的重要组成部分。

　　智库起源于西方国家，随着工业革命兴起，社会飞速发展，专业不断细化，各个领域的问题变得越来越复杂，政府部门及决策者越来

---

① 周洪宇.创新体制机制，建设中国特色新型教育智库 [J].教育研究，2015，36（4）：8-10.

越难以应对各种复杂情境。为有效解决这一难题，西方各国纷纷建立专业机构，专门进行政策研究，并为政府决策部门提供相关领域公共政策决策咨询和服务。20 世纪初期，在进步主义运动改革和重建的双重推动下，现代智库在英国和美国兴起。第一次世界大战及其毁灭性影响，催生了全球第一波智库发展热潮。美国的卡内基国际和平基金会（Carnegie Endowment for International Peace，简称 CEIP）、对外关系委员会（Council on Foreign Relations）、布鲁金斯学会（Brookings Institution）、兰德公司（RAND Corporation），英国的皇家国际事务研究所（Royal Institute of International Affairs）等纷纷成立，为国家的经济政治发展服务。第二次世界大战结束后，由于战后各国经济都受到重创，恢复并促进经济发展和维护社会长期稳定成为各国政府的首要任务，西方国家中以国内事务研究为导向的智库迅速发展起来，专业型智库出现。同时，为协调各国间的关系，维护世界和平，世界范围内也成立了一系列国际组织，如联合国、联合国教科文组织、经济合作与发展组织、世界银行、联合国儿童基金会、国际货币基金组织等。国际组织下设一系列智库，为国际组织出谋划策，以应对世界各国面临的日益复杂的共同问题。20 世纪 70 年代以来，由于信息技术、互联网的兴起，全球化加速，经济、政治、科技、外交、教育、社会、环境、安全等问题成为政府和公众关注的焦点，各种经济、公共政策论坛和辩论兴起，催生了大量的智库，发展中国家的智库也逐渐发展起来。进入 21 世纪，随着信息网络技术大规模普及与运用，全球经济一体化加速，人类在享受当代物质文明的同时，所面临的经济问题、政治问题、文化冲突、环境问题、气候问题、健康问题、宗教问题、教育问题等日趋综合化、复杂化，智库在全球治理中的地位及作用显得愈发重要。

　　教育作为社会的重要组成部分，与国家发展息息相关，日益受到各国政府及国际社会的重视，教育问题也成为影响世界和平与发展的重要因素。为此，一些知名智库自成立之初就关注和研究教育问题，国际社会及各国还成立专门的教育智库开展教育政策研究。世界上最早的教育智库是 1905 年成立的卡内基教学促进基金会。有学者把教育智库界定为"以教育专家为主、跨学科专家为辅组成的，为各级各类教育决策者在处理教育方面问题时提供专业的思想、理论、策略或方法等的公共科研机构"。① 该界定从人员和问题两个方面阐释了教育智库的独特性。

---

① 楼世洲，王珩. 国外教育智库演进趋势及特点［N］. 中国社会科学报，2015 - 10 - 09.

教育智库普遍注重研究视野全球化、研究人员学科构成的多元化、研究方法与工具的综合化、研究价值取向实用化。研究人员学科构成的多元化可以保证对教育问题研究的多角度和多重视野；研究方法与工具的综合化保证了对问题本质的探究能更客观与真实；研究价值取向实用化是教育研究转化为政策实施的关键，智库的一个主要功能是咨询与服务，所提出的政策建议必须具有可行性，才能为政府决策提供可行的方案，促进教育问题的解决。总之，教育智库的研究应"具有战略性、前瞻性、思想性、客观性和可操作性"，① 才能与社会发展紧密结合，为社会发展提供有效的服务。

可见，智库的兴起与社会发展进程密切相关，教育智库的兴起与教育及相关领域问题日趋复杂多变有着不可分割的关系。教育智库从建立之始就通过自身的不断发展与变革，适应教育决策与咨询的需求。

二、教育智库的发展与演变

（一）发轫阶段（20 世纪初期至中期）

智库的雏形源自中国古代辅助帝王将相运筹于帷幄之中的谋士、门客，在西方则是指为统治者出谋划策的智者。关于现代智库产生的时间，有多种说法：19 世纪初期，19 世纪中后期，20 世纪初期，20 世纪 40 年代。学界一般认为，现代智库产生于 20 世纪初期的美国，工业革命导致社会经济急剧转型，为帮助政府应对复杂多样的问题，美国开始设立智库，为政府决策提供研究与咨询服务。詹姆斯·G. 麦甘（James G. McGann）认为，1916 年成立的政府研究所才是现代智库的起源。②

为保证研究咨询的客观性，不受利益集团左右，智库一般都属于非营利性机构，保持立场中立。如卡内基教学促进基金会、布鲁金斯学会都成立于 20 世纪初期，一直延续至今，对外坚持立场中立，保持非营利性，目前仍在世界范围保持其强大的影响力。澳大利亚教育研究委员会成立于 20 世纪 30 年代，至今在澳大利亚本国及世界范围内有很强的影响力。日本国立教育政策研究所

① 周洪宇. 创新体制机制，建设中国特色新型教育智库 [J]. 教育研究，2015，36（4）：8‐10.
② 李建军，崔树玉. 世界各国智库研究 [M]. 北京：人民出版社，2010：2.

的前身也成立于这个时期，为日本政府的教育决策提供了重要的支持，它在美国宾夕法尼亚大学发布的《全球智库报告2018》（2018 Global Go To Think Tank Index Report）"教育政策领域的顶级智库"排名中位列第一。① 智库的研究重心受经济社会发展状况影响，20 世纪中期以前，随着美国国际地位的提升，美国智库多进行国际关系的研究。在这个阶段，专门性的教育智库不多，卡内基教学促进基金会以教育研究咨询为主，布鲁金斯学会也从事一定的教育问题研究。

（二）兴起阶段（20 世纪中期至 70 年代）

第二次世界大战结束后，美国和苏联进入冷战时期。在这个阶段，智库发展平稳，一些智库开始注重拓展和深化研究领域。一些国际知名智库纷纷成立，如成立于 1948 年的兰德公司，在成立初期主要为美国军方提供服务，后来研究范围拓展到卫生、教育等领域，并开展研究生教育工作。卡托研究所（Cato Institute）成立于 20 世纪 70 年代后期。在《全球智库报告2018》关于教育政策领域的顶级智库排名中，卡托研究所名列第六（2014 年名列第四，2015 年名列第三），兰德公司名列第四（2014 年名列第二，2015 年名列第五）。可见，这个阶段成立的智库，至今仍在教育政策领域发挥着重要作用。"20 世纪中期的'反贫困战争'促使智库的研究重心发生转移，使其更关注国内政策，从而使教育政策的智库数量大幅上升。"② 美国智库数量从 20 世纪 50 年代不到 50 个，发展到 70 年代后期的 100 多个，教育智库数量随着智库总体数量的上升而增长。同时，世界各国教育智库数量也有一定的增长。国际性智库也得到发展，如联合国教科文组织及其下属的分支机构（国际教育规划研究所、终身学习研究所等），世界银行、经济合作与发展组织等都在教育政策研究方面发挥了重要的国际引领作用。

（三）繁荣阶段（20 世纪 80 年代至今）

进入 20 世纪 80 年代，尤其是美国在 1983 年 4 月发布报告《国家处于危

---

① McGann, James G. 2018 Global Go To Think Tank Index Report (2019). TTCSP Global Go To Think Tank Index Reports. 16 ［EB/OL］. https://repository.upenn.edu/think_tanks/16.P120.
② 赵章靖，邢欢. 美国教育智库的发展过程、趋势与特征 ［J］. 世界教育信息，2016，29（4）：5-11.

险中：教育改革势在必行》（A Nation at Risk：The Imperative for Educational Reform），在国内掀起了一股教育改革的浪潮，到 20 世纪 90 年代的课程标准运动，再到后来颁布《不让一个孩子掉队法案》（No Child Left Behind Act，简称 NCLB），教育问题日益成为美国政府和民众关注的重点，推动了关注教育政策领域的综合性智库数量大幅度增加，也加速了专业性教育智库的蓬勃发展，教育智库类型也不断丰富。随着全球经济、社会、文化变革的加剧，为适应这一趋势，世界各国如英国、日本、中国等国也纷纷加入教育改革的浪潮。据有关数据统计，全球有 1/2 的智库成立于 20 世纪 80 年代之后，如美国教育政策研究联盟、美国教育政策中心等。进入 21 世纪，随着信息技术飞速发展，全球一体化趋势加速，经济政治文化环境复杂化，智库发展迅猛。《全球智库报告 2020》显示，全球共有 11 175 个智库，相较于 2019 年的 8 248 个，2015 年的 6 846 个，2008 年的 5 465 个，有了较大幅度增长。2020 年，亚洲的智库数量占全球智库的比例为 30.3%，已超过欧洲的 26.2% 和北美洲的 21.4%，跃居全球第一。亚洲、欧洲、北美洲拥有全球大部分智库，从国家分布来看，以美国为最多，英国、韩国、法国、德国、日本、俄罗斯等国的数量也居于前列。新兴发展中国家如中国、印度的智库数量逐渐增多，紧随美国之后，越南、巴西等崭露头角。可见，一个国家拥有智库的数量与国家经济、政治、文化发展水平密切相关。教育智库数量与智库总数呈正相关，随着智库总数的增加而增长。

（四）中国教育智库的发展进程

在西方国家智库不断发展的同时，发展中国家也越来越重视智库的建设，如中国。2015 年 1 月，中共中央办公厅、国务院办公厅印发《关于加强中国特色新型智库建设的意见》，标志着中国的智库建设进入新的发展时期。2017 年 10 月中国共产党第十九次全国代表大会强调"加强中国特色新型智库建设"，2019 年 10 月，党的十九届四中全会提出"坚定不移推进国家治理体系和治理能力现代化"。一系列重大政策的颁布推动了中国智库的建设，教育智库也得到更多关注和发展。《全球智库报告 2015》中，共有 55 个智库进入"教育政策领域的顶级智库"排名，《全球智库报告 2018》中增至 65 个①，《全

---

① McGann，James G. 2018 Global Go To Think Tank Index Report（2019）. TTCSP Global Go To Think Tank Index Reports. P16 ［EB/OL］. https://repository.upenn.edu/think _ tanks/16.P120－122.

球智库报告 2020》中增至 144 个，中国、印度、泰国、蒙古、菲律宾、马来西亚、吉尔吉斯斯坦、阿塞拜疆、加纳、阿尔巴尼亚、土耳其等均有智库进入此名单。可以看出，发展中国家综合性智库或专业性教育智库的教育政策研究取得了飞速进步。

从新中国成立至今，中国智库大致经历了四个发展阶段：第一个阶段是改革开放前，这一时期的政策研究机构主要按照苏联模式建立；第二个阶段是改革开放到 20 世纪 90 年代初期，这一时期事业单位性质的政策研究机构迅速发展，并成为各级政府决策的重要咨询力量；第三个阶段是邓小平南方谈话后，这一时期官方智库和准官方智库发展较快，各种民间思想库也悄然兴起；① 第四阶段是中国共产党第十八次全国代表大会召开至今，为智库发展战略机遇期，以 2015 年中共中央办公厅、国务院办公厅发布《关于加强中国特色新型智库建设的意见》为标志。教育智库的建设也得到教育界越来越多的关注与重视，相关研究随之兴起。

三、教育智库的性质与类型

纵观全球教育智库，数量庞大，性质各异，种类繁多，规模大小不同。学术界对教育智库有不同的分类。此处主要从隶属关系和研究主体两个角度进行类型划分。

（一）根据隶属关系划分

詹姆斯·G. 麦甘认为，可以根据战略规划和资金来源把智库分为七种类型：自主和独立型、半独立型、附属于大学型、附属于政党型、附属于政府型、半政府型、营利型。② 自主和独立型智库坚持不受任何捐赠者及其所属国家政府的影响，始终保持独立性，其研究领域和在政策问题上所持立场几乎不受任何限制。半独立型智库独立于政府，但其主要资金来自利益集团、捐赠者或签约机构，运作亦受其影响。

① 张彬. 中国政府过程中的利益综合问题研究 [M]. 北京：光明日报出版社，2013：204.
② 詹姆斯·G. 麦甘. 第五阶层：智库·公共政策·治理 [M]. 北京：中国青年出版社，2018：12.

教育智库根据其隶属关系，大致可以分为五类：国际组织附属教育智库、政府性质的教育智库、公司性质的教育智库、社团性质的教育智库、高校类教育智库。① 国际组织附属教育智库主要是国际组织下设的研究教育问题的专门机构，如联合国教科文组织下属的国际教育规划研究所和终身学习研究所、经济合作与发展组织下属的学生项目评估组、世界银行下设的发展研究小组等。政府性质的教育智库主要隶属于政府部门，接受所属政府部门领导，受政府划拨经费支持，如美国教育部（United States Department of Education）下属的国家教育科学研究所、美国教育政策与数据中心、日本国立教育政策研究所等。公司性质的教育智库多属于独立机构，经费多来源于政府委托合同项目，如兰德公司等。社团性质的教育智库具有非营利性，经费主要来源于各类基金、企业和个人捐款，研究保持客观中立，如卡内基教学促进基金会、布鲁金斯学会、传统基金会等。高校类教育智库主要附属于高校或由不同高校组成的共同体，如美国教育政策研究联盟、哈佛大学教育政策研究中心、斯坦福大学教育学院教育政策分析中心、斯坦福大学胡佛研究所、俄罗斯教育管理学院FKA教育政策研究中心等。值得一提的是，美国教育政策研究联盟由美国七所顶尖高校组成，在世界范围内具有重要影响，是高校教育智库共同体的典范。

（二）根据研究主体划分

根据教育智库研究主体，教育智库可以分为三类：② 一是关注教育问题的综合性智库，如联合国教科文组织、世界银行、经济合作与发展组织、城市研究所、卡托研究所、兰德公司、布鲁金斯学会、中国国务院发展研究中心等；二是专业性教育智库，如卡内基教学促进基金会、美国教育政策研究中心、日本国立教育政策研究所、德国国际教育研究所、澳大利亚教育研究委员会、芬兰教育研究所、印度国家教育规划与管理研究所、中国教育科学研究院、长江教育研究院等；三是高校附属或联合教育智库，如哈佛大学全球教育创新中心、英国伦敦大学教育学院、美国教育政策研究联盟、北京大学中国教育财政科学研究所等。

---

① 李晓军.美国教育政策研究机构的分类、功能及发展趋势［J］.教育发展研究，2007（11）：70-72.
② 谷贤林，邢欢.美国教育智库的类型、特点与功能［J］.比较教育研究，2014，36（12）：1-6.

教育智库的众多分类折射出智库的复杂性，以及智库服务对象的多样性。分类只是为了便于认识和研究教育智库，并不能完全准确地反映教育智库的全貌。

四、教育智库的作用和影响

智库在决策制定过程中发挥着重要作用。以欧盟为例，"欧盟 41 个主要智库机构 80％以上的服务对象是国家政府机关，70％以上是欧盟其他机构，50％以上是国会，40％以上是外国政府，还有 30％的服务对象为地方政府"。①美国智库的服务范围比起欧盟各国显然更加广泛，不仅为政治和商业提供相关信息支持与服务，同时进行了大量公众领域方面的研究与咨询。美国智库在公众政策和公众意见方面占有举足轻重的位置，他们的研究成果常为高层决策者和公众所采用。

当下面临信息化、全球化、数字化、智能化的时代洪流，大数据、人工智能对社会及人类的发展产生巨大影响，一个国家、一个民族要在激烈的竞争中把握主动权、领先权、决胜权，除了具备经济、科技、军事等实力，还必须有众多高水平的智库。教育智库是智库的重要类别，在教育领域发挥着积极作用。

教育智库是智库体系的重要组成部分。教育智库具有一般智库的普遍特征，如独立性、非营利性、政治性等，同时又具有教育智库的独特之处。教育属于公共产品，因而教育智库具有公共性特征，它以教育领域的重大战略问题及现实热点难点问题为研究对象，为政府部门提出客观、专业的教育政策建议咨询与服务。教育智库依托其在教育研究人才方面的独特优势，为政府的战略性教育决策提供可行性方案。作为以研究教育政策见长的教育智库，在各国教育领域发挥政策咨询、舆论引导、公共外交等建设性作用。以斯坦福大学胡佛研究所为例，在过去数十年里，胡佛研究所是为数不多的能够对美国基础教育政策施加影响的大学智库之一。其影响领域是：确定美国基础教育问题的根源；提出解决美国基础教育问题的方案；通过前瞻性的研究为基础教育发展提供对策。其采取的政策营销策略主要有：利用学者的专业力量与权威效应形成

---

① 李建军，崔树玉. 世界各国智库研究 [M]. 北京：人民出版社，2010：79.

政策影响网络；利用大众媒体、精英媒体与网络，全方位地传播自己的研究成果，扩大自身的影响力，进而影响教育政策的制定。① 它作为综合性智库能对美国基础教育政策研究产生重要影响，是其独特作用的体现。

当前，我国乃至全球教育领域都面临着时代变革的严峻考验。我国的改革正向纵深推进，教育事关千家万户，牵一发而动全身，是人民群众关注度最高的领域之一。要进行科学的教育治理，离不开教育智库的建言献策。教育智库与教育治理之间存在辩证统一的关系，建设教育智库是推进现代教育治理的重要途径，是提升我国教育治理水平的重要保障。要提升教育现代化水平，必须加快中国特色新型教育智库建设。

相较于西方智库的悠久历史，我国现代意义上的智库起步较慢，改革开放以后才逐步得到重视和推动。中国共产党第十八次全国代表大会召开以来，以习近平同志为核心的党中央高度重视新型智库建设，把它作为党和政府科学民主依法决策的重要支撑，作为国家治理体系和治理能力现代化的重要内容，作为国家软实力的重要组成部分，智库的健康有序发展对推动我国创新驱动发展战略、提高国际话语权意义重大。智库建设成为国家提升软实力和竞争力的重要途径。党的十八届三中全会首次提出"要加强中国特色新型智库建设，建立健全决策咨询制度"。教育部高度重视新型智库建设，2014 年 3 月印发《中国特色新型高校智库建设推进计划》，对高校智库建设给予了明确指导。2015 年 1 月，中共中央办公厅、国务院办公厅印发《关于加强中国特色新型智库建设的意见》，明确提出"到 2020 年，形成定位明晰、特色鲜明、规模适度、布局合理的中国特色新型智库体系，重点建设一批具有较大影响力和国际知名度的高端智库"。《国家教育事业"十三五"规划》提出，"重点建设一批国家急需、特色鲜明、制度创新、引领发展的专业化高端智库"。2017 年 5 月，《关于社会智库健康发展的若干意见》出台，旨在进一步规范和引导社会智库发展，保障社会智库依法参与智库产品供给，拓展社会智库参与决策咨询服务的有效途径。这个文件为中国智库体系中发展较为薄弱的社会智库的未来发展构建了政策体系。2017 年 10 月，党的十九大强调"加强中国特色新型智库建设"。教育智库是中国特色新型智库建设的重要内容，是促进教育决策科学化、民主化的重要支撑，在推动中国由人力资源大国向人力资源强国转变过程中发挥着重

---

① 谷贤林.智库对美国基础教育政策的影响——以斯坦福大学胡佛研究所为例［J］.外国教育研究，2019，46（5）：41-51.

要作用。2019年10月，党的十九届四中全会发布公报《中共中央关于坚持和完善中国特色社会主义制度 推进国家治理体系和治理能力现代化若干重大问题的决定》，把"坚持和完善中国特色社会主义制度、推进国家治理体系和治理能力现代化"作为全党的一项重大战略任务。① 2024年7月发布的《中共中央关于进一步全面深化改革、推进中国式现代化的决定》再次指出，"继续完善和发展中国特色社会主义制度，推进国家治理体系和治理能力现代化"。② 教育智库是国家教育治理体系和治理能力现代化的重要组成部分，必然在国家治理现代化进程中发挥重要作用。当前我国正处于全面建设社会主义现代化国家、全面推进中华民族伟大复兴的关键阶段，在应对国内外环境挑战、破解发展难题、回应人民期待等方面都迫切需要强有力的智库支持。教育智库在深化教育改革转型与发展，提升国家治理体系和治理能力现代化水平，增强我国在全球教育治理中话语权和主导权等方面具有重要的作用和影响。

纵观中国现代智库建设的历程，智库的发展与中国经济社会的发展需求密切相关，智库建设与国家政治经济领域的新问题新需求相适应。近年来，在现实需求与顶层制度设计推动下，促进智库建设的政策文件密集出台，保障智库发展的政策体系已初步建立，中国智库正处于历史上的最佳发展机遇期。教育作为百年大计，在实现中华民族伟大复兴的进程中具有基础性、先导性的作用，具有优先发展的战略地位。同时，教育智库相关研究蓬勃开展，为中国特色新型教育智库建设奠定了理论基础。因此，中国的教育智库建设应抓住千载难逢的历史机遇，积极顺时而为，加快发展。

五、教育智库评价的理论基础

评价是推动智库发展的重要环节。客观、科学的评价可以准确评估智库的发展现状及存在的问题，并提出针对性的改进策略和措施，有力地促进智库的发展。智库评价要抓住智库的关键，影响力是智库的核心竞争力，也是评价智

---

① 人民网.十九届四中全会公报要点摘编［EB/OL］.https://cpc.people.com.cn/n1/2019/1031/c164113-31431657.html，2019-10-31/2019-12-29.
② 中国政府网.中共中央关于进一步全面深化改革 推进中国式现代化的决定［EB/OL］.https://www.gov.cn/zhengce/202407/content_6963770.htm?sid_for_share=80113_2，2024-07-21.

库的重要指标之一。

影响力是一种"软性"权力,① 但它与"控制力、力量、强迫和干涉截然不同。它通过告诉其他人行动的理由,这些理由是对他人有利的,或者是道义上以及善意的考虑,来对其行为进行影响,但是这些理由和考虑必须是对他人有分量的,从而影响其决策"。② 智库的影响力并不取决于智库的规模和级别,而是取决于其所提供的思想产品的影响。也就是,智库影响力的关键在于智库能为决策部门提供有价值的政策理念、方案、建言等思想产品,思想产品的作用及其效果构成了智库影响力的生命线和核心价值。智库产品的核心是思想,目标客户是政策制定者,智库的成功不是以利润的多少来衡量,而是取决于提供的思想产品是否对政策产生影响。智库影响力的核心就在于"通过直接或间接途径,使政策过程或政策决策者的观点发生改变"③,最终推动政策的制定和执行。

就影响力的作用机制而言,有学者从政策过程的议题提出、形成建议、政策制定、政策实施、政策评估五个阶段研究智库发挥作用的方式。④ 在议题提出阶段,智库依据政府决策需求、社会问题需求或政策问题需求,提出政策议题,引领社会舆论,或对已有的政策进行评议,进而引发新一轮的政策议题;形成建议阶段,智库对政府、社会大众关心和讨论的政策议题进行界定,并从事深入研究,为政策博弈注入活力,深刻影响政策制定过程;在政策制定阶段,智库为政府提供政策研究和政策分析证据,并提供政策方案,对政府决策或行为有潜在影响,辅助决策者形成或采用或拒绝的态度;在政策实施阶段,智库对政策操作中的相关问题进行深入调研,为政策调整做好前瞻性导向工作,进而实现对政策实施状况的监测;在政策评估阶段,智库针对前期政策执行中存在的问题进行调查研究,对现有政策进行评估,为下一轮政策调整指导方向,也为政府和社会公众下一轮政策讨论提供议题。智库在政策过程的五个阶段都可以充分发挥自身的影响力,对政策走向产生实质性作用。

就影响力的作用层次而言,可以用"社会结构"的概念进行类比。⑤ 约

---

① 上海社会科学院智库研究中心.2013 年中国智库报告影响力排名与政策建议 [M].上海:上海社会科学院出版社,2014:21.
② 王莉丽.美国智库的"旋转门"机制 [J].国际问题研究,2010 (2):13 - 18.
③④ 王桂侠,万劲波.基于政策过程的智库影响力作用机制研究 [J].中国科技论坛,2018 (11):151 - 157.
⑤ 付卫东,付义朝.智库的转型:我国教育政策研究机构转型发展 [M].武汉:湖北教育出版社,2016:8.

翰·加尔通（Johan Galtung）根据社会各阶层与政策决策的关系，将社会结构分成三个层次，即决策核心层、中心层和边缘层。决策核心层指决策者，也就是掌握政策决策权力者，他们的政策主张对政策决策起到决定性作用。在核心层之外是中心层，主要包括具有一定政策影响能力的媒体、企业界、学术界的社会精英。智库就属于中心层范畴。边缘层主要是普通大众，虽然在数量上是真正的社会主体，但由于大众距离政策制定的核心与中心很远，并且普通大众没有直接获取政策有关信息的渠道和关键能力，故而处于政策决策的边缘位置。智库的研究人员本身处于社会精英阶层，面对社会结构中处于不同地位的参与者，智库将采用截然不同的策略。智库正是通过与三个层次中的各个参与者互动，从而进入政策过程的各个阶段，发挥影响力。有研究机构提出，从研究成果、传播平台、社会关注三个维度构建智库评价体系。① 产出高质量的研究成果是形成智库影响力的重要基础，强大的传播平台是形成智库影响力的重要渠道，国内外社会各界对智库及其成果的关注程度则是智库影响力的重要体现。

教育智库具有一般智库评价的共性，也有其特殊性。由于教育政策对教育、学校、学生产生的作用不像经济、政治等领域那样迅速而显著，周期相对较长，因而教育智库的影响力应该考虑到教育领域的特殊性，不宜盲目追求短期的效果或影响，而更应该关注中长期对教育发展的影响过程。

六、教育智库的评价与排名

（一）国外的智库评价与排名

1. 国外的智库评价标准

目前，国外还没有专门的教育智库评价与排名，教育智库的排名散见于一些综合性智库评价体系。国际上最具权威性的智库排名是美国宾夕法尼亚大学"智库与公民社会计划"（Think Tanks and Civil Societies Program，简称 TTCSP）公民项目组每年发布一次的《全球智库报告》（Global Go To Think Tank Index

---

① 国家信息中心"一带一路"大数据中心."一带一路"大数据报告 2017 版 [R]. 北京：商务印书馆，2017：96.

Report，简称 GGTTI）。从 1989 开始，TTCSP 对全球智库进行系统研究，从
2007 年开始，每年发布一次《全球智库报告》。TTCSP 的宗旨是帮助全球各
国"搭建知识与政策之间的桥梁"，[①] 具体来说是建立国际和地区的政策机构
网络，以改善世界各地在加强民主体制和公民社会建设过程中的决策。
TTCSP 在很多领域发挥作用，如国际和平与安全、全球化和治理、国际经济、
环境问题、信息社会、扶贫、全球医疗和健康等。

　　TTCSP 开发了一个大型智库数据中心，该中心拥有交互性、全球性、全
方位、多部门合作的智库数据库和目录。按规则、国家或地区把大部分智库的
数据库和目录整合在一起。目前，该数据库中心仍然是全球唯一的多部门合作
的智库数据库，由全球 179 个国家的 1 万多个智库组成。此外，该中心建立了
专业领域智库数据库，如发展、民主、安全、国际事务和健康等领域，均设有
专门数据库。

　　《全球智库报告》的形成步骤如下：第一步，提名，报告统计范围内的所
有智库和数千名全球记者、公私捐赠人、政策制定者按要求进行提名，被提名
5 次以上（含 5 次）的机构进入选拔程序；第二步，排名，信函被寄至提名人
手中，完成调查研究，产生入围智库排名，等待专家小组敲定；第三步，专家
小组遴选，专家小组对提名机构进行确认、修改、淘汰等工作，并进行反馈，
最终形成智库排名报告并对外发布。

　　《全球智库报告》的提名和排名标准共有 27 项一级指标和 14 项二级指标，
分别从智库领导、研究员、研究产品、决策影响力、媒体影响力、社会影响
力、资金和管理等层面进行评价（见表 1 - 1）。智库影响力评价有 4 项一级指
标和相应细分的二级指标，一级指标包括资源指标、使用率指标、产出指标、
影响力指标，比较全面地涵盖了智库形成影响力的各个方面（见表 1 - 2）。

表 1 - 1　《全球智库报告》的提名和排名标准

序号	一 级 指 标	二 级 指 标
1	智库领导层的素质和投入	包括管理智库任务和项目、调动人员和资金完成任务的效率，对智库质量、独立性和影响的监管

---

① Think Tanks and Civil Societies Program. History and Mission ［EB/OL］. https：//www. gotothinktank. com/history-and-mission，2019 - 12 - 31.

续　表

序号	一　级　指　标	二　级　指　标
2	智库研究员的素质和知名度	智库管理大量高素质、经验丰富和多产的学者与分析员的能力，且这些学者与分析员都是业内认可的专家
3	研究和分析产品的质量和声望	智库出产高品质、严格的、政策型的研究报告的能力，能直接上达决策层、媒体和公众
4	招聘和留住精英学者和分析员的能力	
5	学术贡献和声望	研究要结合学术性、智库学者和分析员有正式认证资质、学术出版物的数量和类型——书籍、期刊和会议报告、专业或学术会议进行的陈述的数量、学术出版物引用的智库学者的研究的数量和类型
6	出版物的质量、数量和获取途径	
7	智库研究和项目对决策层及其他政策参与方的影响	
8	在决策层的声望	某些问题项目的官方认知度、政策简报和白皮书出产的数量、立法证词的发表
9	切实履行进行独立研究和分析的承诺	智库、研究团队、个人研究员公布和管理的出品有理有据，研究和分析产品有需要遵守的标准和政策，公开利益冲突，承诺遵守非伙伴关系及社会学研究的既定专业标准
10	与关键机构沟通的渠道	与重要读者或个人（如政府官员、民间社会、传统或新媒体，以及学术界）沟通的渠道
11	召集关键政策参与方的能力，以及与其他智库和政策参与方发展高效网络和伙伴关系的能力	
12	智库总贡献量	政策建议、网站访问量、简报、出版物、访谈、会议、在政府任职官员出任研究员数量
13	研究、政策建议和其他产品的使用情况	决策层或政策圈对智库的政策简报、报告、政策建议和其他产品的有效传播和使用情况，担任决策层顾问的研究人员数量，研究人员获奖情况

续 表

序号	一 级 指 标	二 级 指 标
14	智库信息对公众参与、宣传工作、立法或政策准备、学术报告或演讲准备、进行研究或教学的有用性	
15	利用电子、印刷或新媒体进行研究沟通并向重点读者传播研究成果的能力	
16	媒体声望	在媒体露面、参加访谈和评论的数量
17	利用因特网，包括社交媒体的能力，能融入决策层、记者和公众	
18	网站和数字投放	质量、可访问性、智库网站的高效维护、数字化网络和参与的水平与质量
19	资金的水平、种类和稳定性	调动所需财政资源支持智库的能力（包括捐款、会员费、年度捐款、政府和私人合同、自主收益等）
20	有效的管理、资金及人力资源的调配	有效管理资金、人力资源的能力，以便能够产出高质量的产品，使影响力最大化
21	能够有效管理对智库提供财政支持的政府、个人、企业和基金会的馈赠、拨款和合同	
22	智库创造新知识、新的政策建议或政策新思路的能力	
23	发挥学术界与决策圈之间桥梁的能力	
24	发挥决策层与公众之间桥梁的能力	
25	在决策过程中引进新思路的能力	
26	能够成功挑战决策者的传统思维，并提出创新的政策思路和项目	
27	社会影响力	智库在某领域的成就能否直接转化为社会价值，例如国民生活质量的重大改变（包括公民能享受到的商品和服务、身体和医疗状况、环境质量、政治权益质量等）

注：根据历年 Global Go To Think Tank Index Report 整理。

表 1-2   智库影响力评估指标

序号	一级指标	二 级 指 标
1	资源指标	雇用和留住龙头学者和分析员的能力，财政支持的水平和稳定性，决策层和其他政策参与方和智库的沟通，研究人员撰写研究报告和深度分析的能力，网络的质量和可靠度，与政策学术界和媒体的关系
2	使用率指标	被媒体和政策精英视作著名智库，在媒体亮相和媒体引用、网站访问量的数量和质量，官方或政府机构/部门的简报、官方任命和咨询，书籍出售情况，报告分送给学术界和大众出版贡献的研究分析参考，参加或组织的会议
3	产出指标	包括以下各项的质量和数量：政策建议和思路；出版物（书籍、期刊文章、政策简报等）；新闻采访；组织的会议、研讨会和汇报会；提名政府机构顾问的雇员
4	影响力指标	建议能够促使决策层和民间社会组织考虑或采纳；网络向心性；在政府机构方面的顾问角色；获奖情况；学术期刊、公共证词和其他媒体对智库产品的引用和发表，影响政策探讨和决策的能力；邮件列表和网站主导性；能否成功挑战传统思维和标准

注：根据历年 Global Go To Think Tank Index Report 整理。

2. 智库排名概况

根据 TTCSP 历年发布的《全球智库报告》，全球智库数量 2010 年为 6 480 个，2011 年为 6 545 个，2012 年为 6 603 个，2013 年为 6 826 个，2014 年为 6 618 个，2015 年为 6 846 个，2016 年为 6 846 个，2017 年为 7 815 个，2018 年为 8 162 个，2019 年为 8 248 个，2020 年为 11 175 个。2010—2016 年，全球智库数量基本保持在 6 000 多个这一水平，2017 年大幅增长，2018 年已突破 8 000 个，2020 年跃上 1 万的台阶，数量出现较大增长。全球智库按不同类别、不同国家进行综合排名或分类排名，从不同侧面展示世界各国智库的状况。近些年，世界各大洲智库分布及主要国家智库数量排名情况见表 1-3 至表 1-11。

表 1-3   2015 年全球各大洲智库分布

序号	地 区	智库数量（个）	比例
1	北美洲（North America）	1 931	28.2%
2	欧洲（Europe）	1 770	25.9%

续 表

序号	地 区	智库数量（个）	比例
3	亚洲（Asia）	1 261	18.4%
4	中南美洲（Central & South America）	774	11.3%
5	撒哈拉以南非洲（Sub-Saharan Africa）	615	9.0%
6	中东和北非（Middle East & North Africa）	398	5.8%
7	大洋洲（Oceania）	96	1.4%
总 数		6 846	100%

注：根据 2015 Global Go To Think Tank Index Report 整理。

表 1-4　2018 年全球各大洲智库分布[①]

序号	地 区	智库数量（个）
1	欧洲（Europe）	2 219
2	北美洲（North America）	1 972
3	亚洲（Asia）	1 829
4	中南美洲（Central & South America）	1 023
5	撒哈拉以南非洲（Sub-Saharan Africa）	612
6	中东和北非（Middle East & North Africa）	507
总 数		8 162

表 1-5　2019 年全球各大洲智库分布

序号	地 区	智库数量（个）	比例
1	欧洲（Europe）	2 219	26.9%
2	北美洲（North America）	2 058	25.0%

① McGann，James G. 2018 Global Go To Think Tank Index Report（2019）. TTCSP Global Go To Think Tank Index Reports.16 ［EB/OL］.https://repository.upenn.edu/think _ tanks/16.P35.

序号	地　区	智库数量（个）	比例
3	亚洲（Asia）	1 829	22.2%
4	中南美洲（Central & South America）	1 023	12.4%
5	撒哈拉以南非洲（Sub-Saharan Africa）	612	7.4%
6	中东和北非（Middle East & North Africa）	507	6.1%
总　　数		8 248	100%

注：根据 2019 Global Go To Think Tank Index Report 整理。

表 1－6　2020 年全球各大洲智库分布

序号	地　区	智库数量（个）	比例
1	亚洲（Asia）	3 389	30.3%
2	欧洲（Europe）	2 932	26.2%
3	北美洲（North America）	2 397	21.4%
4	中南美洲（Central & South America）	1 179	10.6%
5	撒哈拉以南非洲（Sub-Saharan Africa）	679	6.1%
6	中东和北非（Middle East & North Africa）	599	5.4%
总　　数		11 175	100%

注：根据 2020 Global Go To Think Tank Index Report 整理。

　　从全球各大洲智库的分布情况看，2015 年，全球智库数量接近 7 000 个，北美洲智库数量居全球首位，欧洲紧随其后，亚洲排名第三。2019 年，全球智库分布情况发生了一些变化，欧洲的智库数量超越了北美洲，排名全球第一，亚洲、中南美的智库总数有大幅度增长，中东和北非的智库数量有一定增加，撒哈拉以南非洲的智库数量基本保持原有水平。2020 年，亚洲智库数量大幅增加，超越欧洲和北美洲，跃升为全球第一。

表 1－7 **2016 年世界主要国家智库数量排名前 20 位名单**

序　号	国　家	智库数量（个）
1	美　国	1 835
2	中　国	435
3	英　国	288
4	印　度	280
5	德　国	195
6	法　国	180
7	阿根廷	138
8	俄罗斯	122
9	日　本	109
10	加拿大	99
11	意大利	97
12	巴　西	89
13	南　非	86
14	瑞　典	77
15	瑞　士	73
16	澳大利亚	63
17	墨西哥	61
18	伊　朗	59
19	玻利维亚	59
20	以色列	58

注：根据 2016 Global Go To Think Tank Index Report 整理。

表 1 - 8　2017 年世界主要国家智库数量排名前 20 位名单

序　号	国　　家	智库数量（个）
1	美　国	1 872
2	中　国	512
3	英　国	444
4	印　度	293
5	德　国	225
6	法　国	197
7	阿根廷	146
8	日　本	116
9	俄罗斯	103
10	加拿大	100
11	巴　西	93
12	南　非	92
13	瑞　典	89
14	荷　兰	76
15	瑞　士	76
16	墨西哥	74
17	澳大利亚	68
18	以色列	67
19	玻利维亚	66
20	伊　朗	64

注：根据 2017 Global Go To Think Tank Index Report 整理。

表 1-9　2018 年世界主要国家智库数量排名前 20 位名单①

序　号	国　　家	智库数量（个）
1	美　国	1 871
2	印　度	509
3	中　国	507
4	英　国	321
5	阿根廷	227
6	德　国	218
7	俄罗斯	215
8	法　国	203
9	日　本	128
10	意大利	114
11	巴　西	103
12	加拿大	100
13	南　非	92
14	瑞　典	90
15	墨西哥	86
16	荷　兰	83
17	瑞　士	78
18	澳大利亚	74
19	以色列	69
20	玻利维亚、西班牙	66

① McGann，James G. 2018 Global Go To Think Tank Index Report（2019）. TTCSP Global Go To Think Tank Index Reports．16［EB/OL］. https://repository. upenn. edu/think _ tanks/16. P36.

表 1 - 10　2019 年世界主要国家智库数量排名前 20 位名单①

序　号	国　　家	智库数量（个）
1	美　国	1 871
2	印　度	509
3	中　国	507
4	英　国	321
5	阿根廷	227
6	德　国	218
7	俄罗斯	215
8	法　国	203
9	日　本	128
10	意大利	114
11	巴　西	103
12	加拿大	100
13	南　非	92
14	瑞　典	90
15	墨西哥	86
16	荷　兰	83
17	瑞　士	78
18	澳大利亚	74
19	以色列	69
20	玻利维亚、西班牙	66

注：根据 2019 Global Go To Think Tank Index Report 整理。

---

① McGann，James G. 2019 Global Go To Think Tank Index Report（2020）［R］. TTCSP Global Go To Think Tank Index Reports.17.

表 1-11 2020 年世界主要国家智库数量排名前 20 位名单①

序　号	国　　家	智库数量（个）
1	美　国	2 203
2	中　国	1 413
3	印　度	612
4	英　国	515
5	韩　国	412
6	法　国	275
7	德　国	266
8	阿根廷	262
9	巴　西	190
10	越　南	180
11	意大利	153
12	俄罗斯	143
13	日　本	137
14	墨西哥	109
15	南　非	102
16	瑞　典	101
17	西班牙	95
18	瑞　士	93
19	乌克兰、哥伦比亚	90
20	伊　朗	87

注：根据 2020 Global Go To Think Tank Index Report 整理。

---

① McGann，James G. 2019 Global Go To Think Tank Index Report（2020）［R］. TTCSP Global Go To Think Tank Index Reports.17.

从以上表格可见，北美洲、欧洲、亚洲拥有全球智库的绝大部分。从国家分布来看，又以发达国家的智库数量最多，美国智库数量在世界一直保持绝对领先地位，其他国家如英国、韩国、德国、阿根廷、法国、日本、俄罗斯等智库数量居多。与此同时，发展中国家也越来越重视智库的建设。中国于 2015 年年初发布《关于加强中国特色新型智库建设的意见》，标志着中国的智库建设进入新的发展时期。从 2014 年开始，中国、泰国等亚洲发展中国家的智库进入世界顶级智库行列。《全球智库报告 2019》排名中，中国、韩国、泰国、蒙古、菲律宾等均有智库进入顶级智库名单，说明发展中国家的智库建设取得了飞速进步。由此可以看出，以中国为代表的发展中国家，随着经济政治文化的发展，政策研究咨询已取得长足进步，对国家决策产生了重要影响，间接反映了发展中国家社会经济文化发展水平的提升。越来越多的发展中国家正在大数据发展趋势中占有一席之地。1997 年，世界上最快 100 台超级计算机的列表没有"金砖四国"（中国、俄罗斯、印度和巴西）。2011 年，中国的 6 台超级计算机出现这个列表中，包括世界上最快的计算机——天河二号，还有 6 台在其余"金砖四国"。① 可见，一个国家拥有智库的数量与其经济、政治、科技、文化发展水平密切相关。

总之，智库排名反映了世界各国智库的发展水平，为各国智库的交流与合作提供了信息平台。但排名并不能代表所有，我们需要客观看待智库排名，科学地利用排名为智库发展及政策改善提供帮助。

在教育智库排名上，2007—2011 年期间，TTCSP 没有专门的教育智库排名，基本把教育智库置于社会政策研究类智库进行排名。从 2012 年开始，TTCSP 专门新增了"顶级教育政策智库"这一分类，开始对研究教育政策的智库进行单独排名。教育政策智库包括综合性智库和专业性教育智库两类。综合性智库研究领域多样，教育只是其一个研究领域；专业性教育智库则主要以教育政策、教育问题研究为主。TTCSP 的教育政策智库排名，把综合性智库和专门性教育智库放在一起进行混合排名。TTCSP 的报告未涉及国际组织，因此联合国教科文组织、经济合作与发展组织、世界银行等知名国际组织虽然在教育政策领域也有突出表现，但未在《全球智库报告》中体现。

2012 年，TTCSP 首次把教育政策智库纳入报告体系，但该年度教育政策

---

① McGann, James G. Global Think Tanks Policy Networks and Governance [M]. Routledge, 2011.

智库列表未对智库进行排名,而是按字母顺序选择 51 个智库放入顶级教育政策智库列表。2013 年,TTCSP 开始对智库进行排名,且进入排名的智库呈现逐年增长的态势,这表明教育政策研究逐渐成为智库关注的一个重要领域,也说明教育智库越来越受到重视,数量在不断增加。2015 年后,智库数量基本保持稳定,当然这也与 GGTTI 统计范围扩大有关。具体见表 1 - 12 至表 1 - 20。

表 1 - 12　GGTTI 全球顶级教育政策智库数量(2012—2020 年)

序　号	年　　度	数量(个)
1	2012 年	51
2	2013 年	50
3	2014 年	55
4	2015 年	65
5	2016 年	65
6	2017 年	61
7	2018 年	65
8	2019 年	74
9	2020 年	73

注:根据历年 Global Go To Think Tank Index Report 整理。

表 1 - 13　2013 年度全球顶级教育政策智库排名(前 20 名)

序　号	智　库　名　称	国　别
1	布鲁金斯学会 Brookings Institution	美　国
2	卡托研究所 Cato Institute	美　国
3	布朗教育政策中心 Brown Center on Education Policy	美　国

序　号	智　库　名　称	国　别
4	教育政策研究中心 Center for Education Policy Research	美　国
5	城市研究所 Urban Institute	美　国
6	莫斯科经济和社会科学学院 Moscow School of Social and Economic Sciences（MSSES)	俄罗斯
7	美国进步中心 Center for American Progress	美　国
8	教育政策研究中心 Center for Educational Policy Studies	俄罗斯
9	国立教育政策研究所 National Institute for Educational Policy Research	日　本
10	社会和经济分析中心 Center for Social and Economic Analyses	捷　克
11	教育政策数据中心 Education Policy Data Center	美　国
12	教育政策分析中心 Center for Educational Policy Analysis	匈牙利
13	斯坦福国际研究院教育政策中心 Center for Education Policy，SRI International	美　国
14	教育政策与实践研究所 Institute for Research on Education Policy and Practice	美　国
15	兰德公司 RAND Corporation	美　国
16	教育政策中心 Center for Educational Policy	乌克兰
17	海外发展研究所 Overseas Development Institute	英　国
18	教育政策研究联盟 Consortium for Policy Research in Education	美　国

序 号	智 库 名 称	国 别
19	创新教育中心 Center for Innovations in Education	阿塞拜疆
20	教育政策中心 Center for Education Policy	立陶宛

注：根据 2013 Global Go To Think Tank Index Report 整理。

表 1-14　2014 年度全球顶级教育政策智库排名（前 20 名）

序 号	智 库 名 称	国 别
1	城市研究所 Urban Institute	美 国
2	兰德公司 RAND Corporation	美 国
3	布鲁金斯学会 Brookings Institution	美 国
4	卡托研究所 Cato Institute	美 国
5	国立教育政策研究所 National Institute for Educational Policy Research	日 本
6	教育政策研究中心 Center for Education Policy Research	美 国
7	教育管理学院 FKA 教育政策研究中心 Faculty of Educational Management, FKA Center for Educational Policy Studies	俄罗斯
8	社会和经济战略中心 Center for Social and Economic Strategies	捷 克
9	教育政策分析中心 Center for Educational Policy Analysis	匈牙利
10	斯坦福国际研究院教育政策中心 Center for Education Policy, SRI International	美 国

序　号	智　库　名　称	国　别
11	教育政策与实践研究所 Institute for Research on Education Policy and Practice	美　国
12	美国教育政策与数据中心 Education Policy and Data Center	美　国
13	美国进步中心 Center for American Progress	美　国
14	传统基金会 Heritage Foundation	美　国
15	国务院发展研究中心 Development Research Center of the State Council	中　国
16	教育政策中心 Center for Educational Policy	乌克兰
17	伦敦大学教育学院 Institute of Education（IOE）	英　国
18	海外发展研究所 Overseas Development Institute	英　国
19	Mathematica 政策研究中心 Mathematica Policy Research	美　国
20	泰国发展研究所 Thailand Development Research Institute	泰　国

注：根据 2014 Global Go To Think Tank Index Report 整理。

表 1－15　2015 年度全球顶级教育政策智库排名（前 20 名）

序　号	智　库　名　称	国　别
1	城市研究所 Urban Institute	美　国
2	布鲁金斯学会 Brookings Institution	美　国
3	卡托研究所 Cato Institute	美　国

序 号	智 库 名 称	国 别
4	国立教育政策研究所 National Institute for Educational Policy Research	日 本
5	兰德公司 RAND Corporation	美 国
6	教育政策研究中心 Center for Education Policy Research	美 国
7	社会和经济战略中心 Center for Social and Economic Strategies	捷 克
8	教育政策分析中心 Center for Educational Policy Analysis	匈牙利
9	斯坦福国际研究院教育政策中心 Center for Education Policy，SRI International	美 国
10	教育政策与实践研究所 Institute for Research on Education Policy and Practice	美 国
11	Mathematica 政策研究中心 Mathematica Policy Research	美 国
12	教育管理学院 FKA 教育政策研究中心 Faculty of Educational Management，FKA Center for Educational Policy Studies	俄罗斯
13	美国教育政策与数据中心 Education Policy and Data Center	美 国
14	美国进步中心 Center for American Progress	美 国
15	传统基金会 Heritage Foundation	美 国
16	国务院发展研究中心 Development Research Center of the State Council	中 国
17	教育政策中心 Center for Educational Policy	乌克兰
18	伦敦大学教育学院 Institute of Education（IOE）	英 国

续　表

序　号	智　库　名　称	国　别
19	泰国发展研究所 Thailand Development Research Institute	泰　国
20	教育政策研究联盟 Consortium for Policy Research in Education	美　国

注：根据 2015 Global Go To Think Tank Index Report 整理。

表 1－16　2016 年度全球顶级教育政策智库排名（前 20 名）①

排　名	智　库	国　别
1	城市研究所 Urban Institute	美　国
2	布鲁金斯学会 Brookings Institute	美　国
3	国立教育政策研究所 National Institute for Educational Policy Research	日　本
4	兰德公司 RAND Corporation	美　国
5	卡托研究所 Cato Institute	美　国
6	教育政策研究中心 Center for Education Policy Research	美　国
7	社会和经济战略中心 Center for Social and Economic Strategies	捷　克
8	Mathematica 政策研究中心 Mathematica Policy Research	美　国
9	斯坦福国际研究院教育政策中心 Center for Education Policy，SRI International	美　国
10	教育政策与实践研究所 Institute for Research on Education Policy and Practice	美　国

① McGann，James G. 2016 Global Go To Think Tank Index Report ［EB/OL］. https://repository.upenn.edu/think _ tanks/13/，2018－04－19. P77.

续 表

排 名	智 库	国 别
11	教育政策分析中心 Center for Educational Policy Analysis	匈牙利
12	教育管理学院 FKA 教育政策研究中心 Faculty of Educational Management，FKA Center for Educational Policy Studies	俄罗斯
13	美国教育政策与数据中心 Education Policy and Data Center	美 国
14	美国进步中心 Center for American Progress	美 国
15	传统基金会 Heritage Foundation	美 国
16	国务院发展研究中心 Development Research Center of the State Council	中 国
17	教育政策中心 Center for Educational Policy	乌克兰
18	伦敦大学教育学院 Institute of Education（IOE）	英 国
19	泰国发展研究所 Thailand Development Research Institute	泰 国
20	教育政策研究联盟 Consortium for Policy Research in Education	美 国

表 1－17　2017 年度全球顶级教育政策智库排名（前 20 名）①

排 名	智 库	国 别
1	国立教育政策研究所 National Institute for Educational Policy Research	日 本
2	城市研究所 Urban Institute	美 国

① McGann，James G. 2017 Global Go To Think Tank Index Report［EB/OL］. https：//repository.upenn.edu/think_tanks/13/，2018－03－06. P103.

排　名	智　　　　库	国　别
3	布鲁金斯学会 Brookings Institute	美　国
4	兰德公司 RAND Corporation	美　国
5	斯坦福国际研究院教育政策中心 Center for Education Policy，SRI International	美　国
6	卡托研究所 Cato Institute	美　国
7	教育政策研究中心 Center for Education Policy Research	美　国
8	社会和经济战略中心 Center for Social and Economic Strategies	捷　克
9	Mathematica 政策研究中心 Mathematica Policy Research	美　国
10	教育政策分析中心 Center for Education Policy Analysis	美　国
11	教育政策分析中心 Center for Educational Policy Analysis	匈牙利
12	教育管理学院教育政策研究中心 Center for Educational Policy Studies, Faculty of Educational Management	俄罗斯
13	美国教育政策与数据中心 Education Policy and Data Center	美　国
14	美国进步中心 Center for American Progress	美　国
15	传统基金会 Heritage Foundation	美　国
16	国务院发展研究中心 Development Research Center of the State Council	中　国

续 表

排 名	智 库	国 别
17	教育政策中心 Center for Educational Policy	乌克兰
18	伦敦大学教育学院 Institute of Education（IOE）	英 国
19	泰国发展研究所 Thailand Development Research Institute	泰 国
20	教育政策研究联盟 Consortium for Policy Research in Education	美 国

表 1 - 18 **2018 年度全球顶级教育政策智库排名（前 20 名）**①

排 名	智 库	国 别
1	国立教育政策研究所 National Institute for Educational Policy Research	日 本
2	城市研究所 Urban Institute	美 国
3	布鲁金斯学会 Brookings Institute	美 国
4	兰德公司 RAND Corporation	美 国
5	斯坦福国际研究院教育政策中心 Center for Education Policy，SRI International	美 国
6	卡托研究所 Cato Institute	美 国
7	教育政策研究中心 Center for Education Policy Research	美 国

---

① McGann，James G. 2017 Global Go To Think Tank Index Report［EB/OL］. https://
repository. upenn. edu/think _ tanks/13/，2018 - 03 - 06. P103.

排　名	智　　　库	国　别
8	社会和经济战略中心 Center for Social and Economic Strategies	捷　克
9	Mathematica 政策研究中心 Mathematica Policy Research	美　国
10	教育政策分析中心 Center for Education Policy Analysis	美　国
11	教育政策分析中心 Center for Educational Policy Analysis	匈牙利
12	教育管理学院教育政策研究中心 Center for Educational Policy Studies，Faculty of Educational Management	俄罗斯
13	美国教育政策与数据中心 Education Policy and Data Center	美　国
14	美国进步中心 Center for American Progress	美　国
15	传统基金会 Heritage Foundation	美　国
16	国务院发展研究中心 Development Research Center of the State Council	中　国
17	教育政策中心 Center for Educational Policy	乌克兰
18	伦敦大学教育学院 Institute of Education（IOE）	英　国
19	泰国发展研究所 Thailand Development Research Institute	泰　国
20	教育政策研究联盟 Consortium for Policy Research in Education	美　国

注：根据 2018 Global Go To Think Tank Index Report 整理。

表 1‑19 **2019 年度全球顶级教育政策智库排名 (前 20 名)**①

排 名	智 库	国 别
1	国立教育政策研究所 National Institute for Educational Policy Research	日 本
2	城市研究所 Urban Institute	美 国
3	布鲁金斯学会 Brookings Institute	美 国
4	兰德公司 RAND Corporation	美 国
5	斯坦福国际研究院教育政策中心 Center for Education Policy，SRI International	美 国
6	Mathematica 政策研究中心 Mathematica Policy Research	美 国
7	教育政策研究中心 Center for Education Policy Research	美 国
8	社会和经济战略中心 Center for Social and Economic Strategies	捷 克
9	卡托研究所 Cato Institute	美 国
10	教育政策分析中心 Center for Education Policy Analysis	美 国
11	教育政策分析中心 Center for Educational Policy Analysis	匈牙利
12	教育管理学院教育政策研究中心 Center for Educational Policy Studies，Faculty of Educational Management	俄罗斯
13	美国教育政策与数据中心 Education Policy and Data Center	美 国

---

① McGann，James G. 2019 Global Go To Think Tank Index Report［EB/OL］. https://repository.upenn.edu/think_tanks/17/，2021‑01‑11. P120.

续 表

排 名	智 库	国 别
14	美国进步中心 Center for American Progress	美 国
15	传统基金会 Heritage Foundation	美 国
16	国务院发展研究中心 Development Research Center of the State Council	中 国
17	教育政策中心 Center for Educational Policy	乌克兰
18	伦敦大学教育学院 Institute of Education（IOE）	英 国
19	泰国发展研究所 Thailand Development Research Institute	泰 国
20	教育政策研究联盟 Consortium for Policy Research in Education	美 国

注：根据 2019 Global Go To Think Tank Index Report 整理。

表 1‑20　2020 年度全球顶级教育政策智库排名（前 20 名）①

排 名	智 库	国 别
1	城市研究所 Urban Institute	美 国
2	布鲁金斯学会 Brookings Institute	美 国
3	兰德公司 RAND Corporation	美 国
4	斯坦福国际研究院教育政策中心 Center for Education Policy，SRI International	美 国
5	伦敦大学教育学院 Institute of Education（IOE）	英 国

① McGann，James G. 2019 Global Go To Think Tank Index Report ［EB/OL］. https：//repository.upenn.edu/think_tanks/17/，2021‑01‑11. P120.

排 名	智　　　　库	国 别
6	教育政策研究中心 Center for Education Policy Research	美 国
7	社会和经济战略中心 Center for Social and Economic Strategies（CESES）	捷 克
8	美国进步中心 Center for American Progress	美 国
9	教育政策分析中心 Center for Education Policy Analysis	美 国
10	教育政策分析中心 Center for Educational Policy Analysis	匈牙利
11	教育管理学院教育政策研究中心 Center for Educational Policy Studies，Faculty of Educational Management	俄罗斯
12	美国教育政策与数据中心 Education Policy and Data Center	美 国
13	卡托研究所 Cato Institute	美 国
14	Mathematica 政策研究中心 Mathematica Policy Research	美 国
15	国务院发展研究中心 Development Research Center of the State Council	中 国
16	教育政策中心 Center for Educational Policy	乌克兰
17	传统基金会 Heritage Foundation	美 国
18	泰国发展研究所 Thailand Development Research Institute	泰 国
19	教育政策研究联盟 Consortium for Policy Research in Education	美 国
20	高等教育与发展基金会 Fundación para la Educación Superiory el Desarrollo（Fedesarrollo）	哥伦比亚

注：根据 2020 Global Go To Think Tank Index Report 整理。

从上述排名可见，美国教育政策智库一直保持世界领先地位，英国、日本等发达国家也保持一定的优势。从 2014 年开始，中国、印度、马来西亚、泰国、土耳其、加纳、埃塞俄比亚等亚非发展中国家的教育政策智库也开始进入世界顶级智库行列。

（二）中国的教育智库评价

中国的智库评价起步较晚，近年来随着国家对智库的日益重视，国内智库发展加速。专门从事智库研究的学术机构也开始出现，其中有不少机构还构建了自己的智库评价标准体系，并研制发布各具特色的智库排名。国内最早的智库评价体系由上海社会科学院智库研究中心研制，并从 2013 年开始每年发布《中国智库报告》。2019 年 3 月发布的《2018 中国智库报告》使用的智库评价标准，借鉴了约翰·加尔通的社会结构理论，结合中国国情，把智库的影响力分解为决策影响力、学术影响力、社会影响力和国际影响力四个方面。决策影响力指标主要包括领导批示、建言采纳、规划起草和咨询活动；学术影响力指标主要包括论文著作和研究项目；社会影响力指标分为媒体报道和网络传播；国际影响力指标分为国际合作和国际传播。另外，智库成长能力是参考指标，主要考察智库属性和资源禀赋。该评价体系采用国际通行的多轮主观评价法，根据这四个一级指标对中国活跃智库进行打分和排名。表 1－21 是上海社会科学院智库研究中心发布的《2018 中国智库报告》中教育类智库的排名情况。①

表 1－21　《2018 中国智库报告》中教育类智库排名情况

2018 年排名	智　库　名　称	2017 年排名
1	国家教育发展研究中心	1
2	中国教育科学研究院	3
3	教育部教育发展研究中心	/

---

① 上海社会科学研究院智库研究中心. 2018 中国智库报告：影响力排名与政策建议［EB/OL］.https://www.pjzgzk.org.cn/upload/file/20190320/20190320110443 _ 241.pdf，2019－03－20/2019－12－29.

续 表

2018 年排名	智 库 名 称	2017 年排名
4	教育部高等学校社会科学发展研究中心	2
5	北京师范大学中国教育与社会发展研究院	/
6	华东师范大学国家教育宏观政策研究院	/
7	上海市教育科学研究院	6
8	21 世纪教育研究院	4
9	北京教育科学研究院	8
10	长江教育研究院	7

2020 年 5 月，上海社会科学院智库研究中心发布《2019 中国智库报告：国家治理现代化与智库建设现代化》，以"国家治理现代化与智库建设现代化"为主题，全景展现 2019 年度中国智库发展的总体概况，包括发展背景、类型结构、地域分布、联盟趋势、重要智库产品（公众号、期刊、内参）等，并对中国智库发展新特点进行深度挖掘和动态盘点，包括研究选题热点、重要观点、大事记等。[1] 报告紧密结合国家治理体系和治理能力现代化对智库建设的要求，立足中国智库发展现状，通过对 2019 年度中国智库发展全方位的描述，全面清晰展现中国智库建设的现代化进程，体现智库通过咨政建言、理论创新、舆论引导、社会服务、公共外交等在促进国家治理现代化中的重要作用，为中国智库建设提供重要参考。

中国社会科学评价研究院于 2014 年 2 月发起全球智库评价项目，对全球 1 781 个智库进行综合评价。项目运用 AMI 评价体系（A—Attractive Power，吸引力；M—Management Power，管理力；I—Impact Power，影响力）从吸引力、管理力、影响力三个层次对全球智库进行评价。吸引力指标主要考察智库的声誉、人员、产品和资金；管理力指标主要考察智库机构的系统、组织、人员结构等；影响力指标分为政策影响力、学术影响力、社会影响力和国际影

---

[1] 上海社会科学研究院智库研究中心. 2019 中国智库报告：国家治理现代化与智库建设现代化 ［EB/OL］. https://ctts.sass.org.cn/2020/0701/c1955a84696/page.htm，2020 - 05 - 17/2021 - 02 - 20.

响力。2017 年，评价研究院在全球智库评价指标体系的基础上进行修订，构建了中国智库综合评价 AMI 模型，于 11 月发布《中国智库综合评价 AMI 研究报告（2017）》和 166 个核心智库名单。2018 年，评价研究院从咨政建言、学术成果、创新人才三个角度对中国主要智库进行更为深入的分析研究，并通过评审遴选出有代表性的智库人才与成果。①

2015 年 1 月，零点国际发展研究院与中国网联合发布《2014 年中国智库影响力报告》。根据智库影响力分类，采用四类影响力指标：专业影响力、政府影响力、社会影响力和国际影响力。每类影响力设置 3—5 个客观指标。这份报告与上海社会科学院的评价体系相比，其运作模式有所创新，民间研究机构与媒体合作开展研究成为一个亮点，而且试图改进评价方法，创造出主观评价与客观评价相结合的评价方法。②

四川省社会科学院与中国科学院成都文献情报中心从 2014 年起推出《中华智库影响力报告》，从决策、舆论、社会、专业、国际影响力五个方面构建智库影响力评价体系。2016 年，南京大学中国智库研究与评价中心与光明日报智库研究与发布中心联合研发了中国智库垂直搜索引擎（CTTI）和数据管理平台，并在当年年底发布了 MRPA 测评报告。MAPA 测评体系由 M（治理结构）、R（智库资源）、P（智库成果）、A（智库活动）四个一级指标和 19 个二级指标构成。MAPA 测评体系根据专家填报的数据自动对智库进行打分排序，首次对我国的高校智库进行了详细的区分评价。这是中国第一个智库垂直搜索引擎和数据管理平台。自此，该中心每年发布中国智库索引报告。MRPA 属于结果导向的智库效能测评体系，它从两大维度来测评智库，一是资源占用量，二是资源的运用效果，也就是效能。它既能测量智库的体量和产量，也能测评智库的效能，还可以测量智库属性的强弱。因此，MRPA 体系符合指标选择的诸多原则，可以对 CTTI 来源智库进行有效测量。③ 该平台甄选了中国 489 家来源智库，其中，高校智库 255 家，占 52%；党政部门智库 68 家，占 15%；社科院智库 46 家，占 9%；党校行政学院智库 44 家，占 9%；社会智

① 中国社会科学评价研究院. 中国社会科学评价研究院全面启动 2019 年"全球智库评价"项目［EB/OL］. https://casses.cssn.cn/yntg/201904/t20190419_4866857.shtml，2019 - 04 - 18/2019 - 12 - 29.
② 荆林波. 智库评价方法综论［J］. 晋阳学刊，2016（4）：134 - 142.
③ 南京大学中国智库研究与评价中心，光明日报智库研究与发布中心. CTTI 来源智库 MRPA 测评报告（2017—2018）［R］. 南京大学，2018（12）：26.

库36家，占7%；媒体智库11家，占2%。① 但该平台尚未将教育智库作为一个专门类型纳入评价体系，而是融入上述智库类别进行评价（见表1-22）。

表1-22 中国智库索引来源智库（2017—2018年）中的教育智库②

（按智库名音序排列）

序　号	机　构　名　称
1	北京基础教育研究基地
2	北京师范大学首都教育经济研究基地
3	北京师范大学中国基础教育质量监测协同创新中心
4	北京师范大学中国教育与社会发展研究院
5	长江教育研究院
6	国家教育发展研究中心
7	教育现代化研究院
8	联合国教科文组织国际工程教育中心
9	上海市教育科学研究院
10	西南大学西南民族教育与心理研究中心
11	厦门大学高等教育发展研究中心
12	中国教育科学研究院
13	中国农村教育发展研究院

中国智库索引来源智库（2017—2018年）共收录中国13家教育智库，这部分教育智库建设得较好，基本能代表中国教育智库的教育政策研究与咨询的最高水平，但未能反映中国教育智库的整体发展状况。尤其值得一提的是，作为社会智库的长江教育研究院，在此次社会智库MRPA测评资源效能分排名中位列第一，长江教育研究院周洪宇位列社会智库专家MRPA测评综合分排

---

① 南京大学中国智库研究与评价中心，光明日报智库研究与发布中心. CTTI来源智库MRPA测评报告（2017—2018）[R]. 南京大学，2018（12）：22.
② 笔者根据《CTTI来源智库MRPA测评报告（2017—2018）》整理。

名第二，其他 6 名智库专家进入前 20 名。[①]

　　清华大学公共管理学院智库研究中心对包括中国在内的全球智库进行排名和评价。清华大学于 2016 年首次发布《中国智库大数据报告》，这是国内智库评价机构首次通过大数据评价方法和社交大数据资源对智库活动进行综合性评价与评级。2019 年 6 月，清华大学智库研究中心发布了《清华大学智库大数据报告（2018）》。报告基于中国智库大数据行为的三类源数据集，构建了由中国智库微信引用影响力、中国智库微博专家影响力和中国智库微信公众号影响力三个一级指标和若干二级指标组成的"中国智库大数据指数（2018）"（Chinese Think Tank Big-Data Index，CTTBI 2018）。报告分别评价了中国智库大数据影响力、中国智库微信引用影响力、中国智库微博专家影响力和中国智库微信公众号影响力，并发布了中国前 100 名智库的四个指数评级。2018年，中国智库大数据指数（CTTBI）评级为 A＋＋的机构（按名称汉语拼音首字母排序）有国防大学、瞭望智库、盘古智库、全球化智库、中共中央党校、中国工程院、中国科学技术协会、中国科学院、中国人民大学重阳金融研究院和中国社会科学院等。报告中的"全球智库大数据模块"评价了归属 62 个国家或地区的 213 家全球智库（不包括中国的智库）。基于全球智库大数据行为的两类数据集，报告构建了包括全球智库"推特"引用影响力、全球智库"推特"账户影响力、全球智库"脸书"引用影响力和全球智库"脸书"账户影响力四个一级指标和若干二级指标在内的"全球智库大数据指数（2018）"（Global Think Tank Big-Data Index，GTTBI 2018）。报告分别评价了全球智库大数据影响力、全球智库"推特"引用影响力、全球智库"脸书"引用影响力、全球智库"推特"账户影响力和全球智库"脸书"账户影响力，并发布了全球排名前 50 的智库的五个指数评级。2018 年，全球智库大数据指数（GTTBI）评级为 A＋＋的机构（按字母排序）有卡托研究所（Cato Institute）、迪莫斯（Demos）、传统基金会（Heritage Foundation）、世界经济论坛（World Economic Forum）等。[②] 清华大学公共管理学院智库研究中心依托强大的学术研究和政策分析能力，采用现代社会科学研究方法研究智库发展建设问题；通

[①]　笔者根据以下来源整理：南京大学中国智库研究与评价中心，光明日报智库研究与发布中心. CTTI 来源智库 MRPA 测评报告（2017—2018）［R］. 南京大学，2018（12）：39 - 41.

[②]　以上数据资料来源于：清华大学智库研究中心. 清华大学智库大数据报告（2018）［R］. 清华大学公共管理学院，2019：6.

过搭建智库信息分析系统，对全球智库尤其是中国智库的形象、能力、表现和发展进行综合性的跟踪分析和研究评价；支持全球智库研究网络建设和智库产业健康发展，致力于引导智库更好地为政策制定者和公众服务。清华大学开展的全球智库评价及排名，提升了中国智库在全球的影响力，也促进了中国智库对全球智库及自身发展状况的整体认知。

上述不同机构针对中国智库和全球智库开展的综合性研究、评价及排名，不仅为中国智库的发展提供了参照依据，也为中国的教育智库评价和建设提供了理论和实践基础，一定程度上推动了中国教育智库建设和评价的发展进程。

2018 年 11 月，由长江教育研究院、华中师范大学国家教育治理研究院、南京晓庄学院联合开发的中国教育智库评价（China Education Think Tank Evaluation，简称 CETTE）体系上线，并发布了《中国教育智库评价 SFAI 研究报告（2018 年版）》，全国近 60 家教育智库入选 2018CETTE 智库榜单。这是我国首个全面描述、收集教育智库数据，为用户提供数据整理、数据检索、数据分析、数据应用等功能的智库索引系统。基于教育智库的结构（S—Structure）、功能（F—Function）、成果（A—Achievement）和影响力（I—Influence）四个要素，课题组研发了中国教育智库评价体系（SFAI）分析模型，通过相关 SFAI 指标体系的收集、评价等，形成了 CETTE 核心榜单教育智库和来源教育智库。2019 年 4 月，《中国教育智库评价 SFAI 研究报告（2019 年版）》发布。① 这是国内第一部关于教育智库评价的中英文双语版报告。经过汇总分析，共有 40 家机构入选核心智库，26 家机构入选来源智库，并对中国教育智库建设存在认识跟不上、人才跟不上、管理不适应、传播不适应等问题进行了分析，提出相应政策建议。2020 年 9 月，第二届中国教育智库建设论坛发布《中国教育智库评价报告（2020 年版）》，报告遴选出决策影响力、成果影响力和社会影响力居领先地位的教育智库。② 此次中国教育智库评价平台遴选入库的国内教育智库共计 74 家，遍布北京、上海、湖北、江苏、浙江、广东、陕西、重庆等 20 个省市，反映了中国教育智库的分布及发展进程（见表 1 - 23 至表 1 - 26）。

---

① 周洪宇，刘大伟. 中国教育智库评价 SFAI 研究报告（2019 年版）［M］. 北京：中国社会科学出版社，2019.
② 新华网.《中国教育智库评价报告（2020 年版）》发布［EB/OL］. https://www.gd. xinhuanet.com/newscenter/2020-09/23/c＿1126529212.htm，2020 - 09 - 23/2021 - 02 - 21.

表 1 - 23　2019 年度入选 CETTE 核心榜单的教育智库①

（按智库名音序排列）

入选 CETTE 核心教育智库（政府直属类）
国家教育发展研究中心
中国教育科学研究院
入选 CETTE 核心教育智库（地方教育科学研究院所类）
北京教育科学研究院
重庆市教育科学研究院
广东省教育研究院
湖南省教育科学研究院
江苏省教育科学研究院
上海市教育科学研究院
浙江省教育科学研究院
入选 CETTE 核心教育智库（国际共建类）
北京师范大学联合国教科文组织国际农村教育研究与培训中心（北京师范大学农村教育与农村发展研究院）
南方科技大学联合国教科文组织高等教育创新中心
上海师范大学联合国教科文组织教师教育中心（上海师范大学国际与比较教育研究院）
入选 CETTE 核心教育智库（"双一流"高校类）
北京大学中国教育财政科学研究所
北京师范大学首都教育经济研究院
北京师范大学中国基础教育质量监测协同创新中心
北京师范大学中国教育与社会发展研究院
东北师范大学中国农村教育发展研究院

---

① 周洪宇，刘大伟. 中国教育智库评价 SFAI 研究报告（2019 年版）［M］. 北京：中国社会科学出版社，2019.

华东师范大学国家教育宏观政策研究院
华东师范大学课程与教学研究所
华中师范大学国家教育治理研究院
南京大学高等教育研究与评价中心
南京师范大学道德教育研究所
清华大学教育研究院
首都师范大学首都教育政策与法律研究院
西南大学西南民族教育与心理研究中心
浙江大学中国科教战略研究院
入选 CETTE 核心教育智库（其他高校类）
安徽师范大学安徽教育发展研究中心
广西师范大学广西民族教育发展研究中心
广州大学教育政策研究中心
海南师范大学海南教育改革与发展研究院
淮北师范大学安徽省高校管理大数据研究中心
江苏大学教育政策研究所
江苏教育现代化研究院
天津科技大学天津市教育发展研究中心
天津师范大学翔宇基础教育实践研究所
西北师范大学西北少数民族教育发展研究中心
中南民族大学少数民族教育政策与法规研究所
入选 CETTE 核心教育智库（社会类）
21 世纪教育研究院
长江教育研究院
中国教育三十人论坛

表 1‑24　2019 年度 CETTE 中国教育智库"决策影响力"排名①

中国教育科学研究院
国家教育发展研究中心
北京师范大学中国教育与社会发展研究院
北京大学中国教育财政科学研究所
华东师范大学国家教育宏观政策研究院
长江教育研究院
清华大学教育研究院
北京师范大学联合国教科文组织国际农村教育研究与培训中心（北京师范大学农村教育与农村发展研究院）
东北师范大学中国农村教育发展研究院
上海师范大学联合国教科文组织教师教育中心（上海师范大学国际与比较教育研究院）

表 1‑25　2019 年度 CETTE 中国教育智库"社会影响力"排名②

长江教育研究院
21 世纪教育研究院
中国教育三十人论坛
中国教育科学研究院
东北师范大学中国农村教育发展研究院
华东师范大学国家教育宏观政策研究院
北京师范大学中国基础教育质量监测协同创新中心
华中师范大学国家教育治理研究院
北京教育科学研究院
中华教育改进社

①② 周洪宇，刘大伟. 中国教育智库评价 SFAI 研究报告（2019 年版）［M］. 北京：中国社会科学出版社，2019.

表 1-26 2019 年度 CETTE 中国教育智库"成果影响力"排名①

中国教育科学研究院
清华大学教育研究院
北京师范大学中国教育与社会发展研究院
东北师范大学中国农村教育发展研究院
长江教育研究院
华东师范大学国家教育宏观政策研究院
北京师范大学首都教育经济研究院
西南大学西南民族教育与心理研究中心
南京师范大学道德教育研究所
北京大学中国教育财政科学研究所

2023 年 11 月，由长江教育研究院、华中师范大学国家教育治理研究院、北京外国语大学国际教育学院主办的"第八届教育智库与教育治理 50 人圆桌论坛暨第四届北外比较教育与国际教育论坛"在北京外国语大学举行。论坛发布《中国教育智库评价 SFAI 研究报告（2023 年版）》。报告中的"中国教育智库榜单"（CETTE）分为高校类教育智库（师范院校）、高校类教育智库（综合性大学）、政府类教育智库（国家及省级教育科学研究院）、政府类教育智库（市级教育科学研究院）、社会类教育智库，涉及各类教育智库共 87 家。

2019 年 9 月，长江教育研究院和方略研究院联合发布《2019 全球教育智库影响力评价 PAP 研究报告》，这是全球首个教育智库评价研究报告和排名。报告显示，共有 80 家教育智库上榜，包括 5 家作为代表性国际组织的教育政策研究机构的国际智库，61 家涵盖世界主要国家、以教育为主要研究领域或有专门教育研究团队的国外教育智库，14 家国内教育智库（见表 1-27）。

---

① 周洪宇，刘大伟. 中国教育智库评价 SFAI 研究报告（2019 年版）［M］. 北京：中国社会科学出版社，2019.

表 1 - 27 2019 年全球教育智库影响力评价结果①

排 名	机 构	地 区
1	城市研究所	国外（美国）
2	卡托研究所	国外（美国）
3	世界银行发展研究小组	国际
4	卡内基教学促进基金会	国外（美国）
5	布鲁金斯学会布朗教育政策研究中心	国外（美国）
6	兰德公司教育研究部	国外（美国）
7	美国教育政策研究中心	国外
8	美国 SR 国际公司教育政策中心	国外
9	美国教育政策研究联盟	国外
10	斯坦福大学胡佛研究所	国外
11	经济合作与发展组织教育与技能局	国际
12	美国国家教育统计中心	国外
13	联合国教科文组织终身学习研究所	国际
14	澳大利亚教育研究委员会	国外
15	联合国教科文组织国际教育规划研究所	国际
16	联合国教科文组织统计所	国际
17	伦敦大学学院教育学院	国外（英国）
18	美国国家教育科学研究所	国外
19	斯坦福大学教育学院教育政策分析中心	国外（美国）
20	韩国教育开发院	国外
21	日本国立教育政策研究所	国外

---

① 长江教育研究院，方略研究院. 2019 全球教育智库影响力评价 PAP 研究报告［R］. 长江教育研究院，2019 - 09 - 20.

排 名	机 构	地 区
22	新西兰教育研究委员会	国外
23	法国国家高等教育战略委员会	国外
24	美国国家教育进步评价中心	国外
25	中国教育科学研究院	国内
26	教育部教育发展研究中心	国内
27	印度国家教育规划与管理研究所	国外
28	美国教育信托基金会	国外
29	美国国家教育政策中心	国外
30	美国教育政策与数据中心	国外
31	匈牙利教育政策分析中心	国外
32	芬兰教育研究协会	国外
33	美国国家教育与经济中心	国外
34	英国教育政策研究中心	国外
35	斯洛文尼亚教育政策研究中心	国外
36	土耳其教育改革倡议	国外
37	日本中央教育审议会	国外
38	芬兰教育研究院	国外
39	荷兰 SOCIRES	国外
40	波士顿学院国际高等教育中心	国外（美国）
41	亚美尼亚教育和培训部	国外
42	塞尔维亚教育政策中心	国外
43	格鲁吉亚国际教育政策、规划和管理研究所	国外
44	北京师范大学中国教育与社会发展研究院	国内

排　名	机　构	地　区
45	克罗地亚教育研究与发展中心	国外
46	哈佛大学全球教育创新中心（研究生院）	国外
47	墨西哥经济研究与教育中心	国外
48	北京大学中国教育财政科学研究所	国内
49	阿塞拜疆教育创新中心	国外
50	韩国教育课程评价院	国外
51	立陶宛教育策略中心	国外
52	爱沙尼亚政策研究实践中心	国外
53	德国科学审议委员会	国外
54	华东师范大学国家宏观教育政策研究院	国内
55	俄罗斯教育政策研究中心（教育管理学院）	国外
56	美国国家教育评估改进中心	国外
57	乌克兰教育研究中心	国外
58	长江教育研究院	国内
59	英国教育基金会	国外
60	乌克兰国家教育科学院	国外
61	伊利诺伊大学香槟分校国家学习成果评估所	国外
62	清华大学教育研究院	国内
63	厦门大学教育研究院	国内
64	布朗大学安纳伯格学校改革研究所	国外（美国）
65	美国赫金杰教育与媒体研究所	国外
66	北京师范大学联合国教科文组织国际农村教育研究与培训中心	国内

排　名	机　　构	地　区
67	伊曼尼（IMANI）教育与政策中心	国外（加纳）
68	上海师范大学联合国教科文组织教师教育中心	国内
69	21 世纪教育研究院	国内
70	亚利桑那州立大学全球教育高级研究中心	国外（美国）
71	东北师范大学中国农村教育发展研究院	国内
72	美国创新教育研究所	国外
73	弗吉尼亚大学教育政策和劳动力竞争中心	国外（美国）
74	北京教育科学研究院	国内
75	英国教育捐赠基金会	国外
76	马其顿公民教育中心	国外
77	上海市教育科学研究院	国内
78	阿尔巴尼亚民主教育中心	国外
79	吉尔吉斯斯坦教育倡议支持基金会	国外
80	瑞典斯德哥尔摩大学国际教育研究所	国外

2019 年 9 月，方略研究院和长江教育研究院在"一带一路"教育智库联盟成立大会上发布"一带一路"共建国家教育智库评价研究报告。报告基于社会结构的影响力分析框架，以决策（核心）影响力、学术（中心）影响力和大众（边缘）影响力为一级评价维度，并参考已有智库榜单指标体系，构建了一套"教育智库影响力评价 PAP"指标体系。① 报告利用该指标体系对 36 家"一带一路"共建国家教育智库（以教育为主要研究领域或有专门教育研究团队的教育智库）和 14 家国内代表性教育智库进行评价，为了解"一带一路"共建国家教育智库的发展现状提供参考（见表 1 - 28）。

---

① "一带一路"教育智库大排名："一带一路"教育智库联盟的首个成果 ［EB/OL］.https：//mp.weixin.qq.com/s/Ms9oHKlutyHxaAtD8CR3pA，2019 - 10 - 04/2019 - 12 - 29.

表 1 - 28　2019"一带一路"共建国家教育智库评价结果①

排名	机　　构	国家或地区
1	俄罗斯教育科学院	俄罗斯
2	匈牙利政策研究中心	匈牙利
3	土耳其伊斯坦布尔政策中心	土耳其
4	菲律宾发展研究院	菲律宾
5	捷克共和国社会与经济策略中心	捷克
6	乌克兰国际政策研究中心	乌克兰
7	印度国家教育规划与管理研究所	印度
8	中国教育科学研究院	中国
9	国家教育发展研究中心（教育部教育发展研究中心）	中国
10	匈牙利教育政策分析中心	匈牙利
11	阿塞拜疆经济和社会发展中心	阿塞拜疆
12	马来西亚公共政策研究中心	马来西亚
13	拉脱维亚公共政策中心	拉脱维亚
14	斯洛文尼亚教育政策研究中心	斯洛文尼亚
15	土耳其教育改革倡议	土耳其
16	萨格勒布社会研究所	克罗地亚
17	亚美尼亚教育和培训部	亚美尼亚
18	塞尔维亚教育政策中心	塞尔维亚
19	格鲁吉亚国际教育政策、规划和管理研究所	格鲁吉亚
20	克罗地亚教育研究与发展中心	克罗地亚

---

① 长江教育研究院，方略研究院."一带一路"沿线国家教育智库评价研究报告［R］.长江教育研究院，2019 - 09 - 28.

排名	机　构	国家或地区
21	北京师范大学中国教育与社会发展研究院	中国
22	摩尔多瓦公共政策研究所	摩尔多瓦
23	蒙古教育联盟	蒙古
24	阿塞拜疆教育创新中心	阿塞拜疆
25	立陶宛教育策略中心	立陶宛
26	爱沙尼亚政策研究实践中心	爱沙尼亚
27	北京大学中国教育财政科学研究所	中国
28	俄罗斯教育政策研究中心（现教育管理学院）	俄罗斯
29	斯洛伐克治理学会	斯洛伐克
30	华东师范大学国家教育宏观政策研究院	中国
31	乌克兰教育研究中心	乌克兰
32	乌克兰国家教育科学院	乌克兰
33	长江教育研究院	中国
34	清华大学教育研究院	中国
35	厦门大学教育研究院	中国
36	克罗地亚教育自由论坛	克罗地亚
37	北京师范大学联合国教科文组织国际农村教育研究与培训中心	中国
38	上海师范大学联合国教科文组织教师教育中心	中国
39	马其顿公民教育	马其顿
40	阿尔巴尼亚民主教育中心	阿尔巴尼亚
41	吉克斯坦教育改革支援组"脉冲"	塔吉克斯坦

排名	机　　　构	国家或地区
42	21 世纪教育研究院	中国
43	东北师范大学中国农村教育发展研究院	中国
44	北京教育科学研究院	中国
45	斯洛伐克教育政策中心	斯洛伐克
46	吉尔吉斯斯坦教育倡议支持基金会	吉尔吉斯斯坦
47	上海市教育科学研究院	中国
48	塞尔维亚教育改革集团	塞尔维亚
49	阿拉伯妇女培训和研究中心	阿拉伯
50	格鲁吉亚研究和教育网络协会	格鲁吉亚

2022 年 12 月，方略研究院和长江教育研究院在"2022 教育智库与教育治理 50 人圆桌论坛"上联合发布《2022 全球教育智库影响力评价 PAP 研究报告》。

该报告在前几年研究的基础上，以社会结构的影响力分析框架为理论基础，从决策影响力（political influence）、学术影响力（academic influence）和大众影响力（public influence）三个维度（三个维度的英文首字母组成"PAP"）对全球教育智库进行评价研究，并从这三个维度对中外知名教育智库进行比较分析，为提升我国教育智库影响力提出若干建议。报告在研制过程中向二十余位教育智库研究方面的专家进行了意见征询，明确和调整报告中教育智库的边界、名单、评价指标体系等。报告中的教育智库名单参考了美国宾夕法尼亚大学的《2020 Global Go To Think Tank Index Report》、南京大学的《CTTI 来源智库发展报告》、清华大学的《清华大学智库大数据报告》以及《中国教育智库评价 SFAI 研究报告》等权威报告进行初始名单汇总，结合专家意见进行增补和调整，补充了 QS 教育学排名前 50 高校教育相关研究中心。2022 年的报告共包括 105 家教育智库。其中，从国家来看，有 44 家国内智库，56 家国外智库，5 家国际智库；从类型上来看，有 56 家高校智库，28 家政府智库，21 家民间智库。

表 1-29 2022 年全球教育智库影响力评价 PAP 中国教育智库榜单①

排名	智 库 名 称	类 型
1	中国教育科学研究院	政府智库
2	上海市教育科学研究院	政府智库
3	重庆市教育科学研究院	政府智库
4	华东师范大学课程与教学研究所	高校智库
5	北京师范大学中国基础教育质量监测协同创新中心	高校智库
6	厦门大学高等教育发展研究中心	高校智库
7	东北师范大学中国农村教育发展研究院	高校智库
8	北京大学教育经济研究所	高校智库
9	南京师范大学道德教育研究所	高校智库
10	天津市教育科学研究院	政府智库
11	华东师范大学国家教育宏观政策研究院	高校智库
12	西南大学西南民族教育与心理研究中心	高校智库
13	教育部职业教育发展中心	政府智库
14	北京教育科学研究院	政府智库
15	北京师范大学中国教育政策研究院	高校智库
16	长江教育研究院	民间智库
17	21 世纪教育研究院	民间智库
18	西北师范大学西北少数民族教育发展研究中心	高校智库
19	华中师范大学国家教育治理研究院	高校智库
20	北京师范大学国际与比较教育研究院	高校智库
21	中国青少年研究中心	政府智库

① 一读 EDU. 《2022 全球教育智库影响力评价 PAP 研究报告》重磅发布［EB/OL］. https://www.sohu.com/a/620438201_608848，2022-12-23.

续　表

排名	智　库　名　称	类　型
22	北京大学中国教育财政科学研究所	高校智库
23	北京师范大学中国教育与社会发展研究院	高校智库
24	北京师范大学首都教育经济研究院	高校智库
25	北京师范大学教师教育研究中心	高校智库
26	清华大学联合国教科文组织国际工程教育中心	高校智库
27	上海师范大学联合国教科文组织教师教育中心	高校智库
28	教育部学校规划建设发展中心	政府智库
29	华东师范大学基础教育改革与发展研究所	高校智库
30	清华大学研究生教育研究中心	高校智库
31	北京师范大学联合国教科文组织国际农村教育研究与培训中心	高校智库
32	南方科技大学联合国教科文组织高等教育创新中心	高校智库
33	浙江大学中国科教战略研究院	高校智库
34	教育部－清华大学教育战略决策与国家规划研究中心	高校智库
35	西南大学教育政策研究所	高校智库
36	华东师范大学上海终身教育研究院	高校智库
37	中国教育研究发展中心	政府智库
38	陕西师范大学教育实验经济研究所	高校智库
39	浙江大学科举学与考试研究中心	高校智库
40	南方科技大学粤港澳大湾区高等教育大数据研究中心	高校智库
41	华南师范大学粤港澳大湾区教育发展高等研究院	高校智库
42	同济大学教育政策研究中心	高校智库
43	江苏第二师范学院教育现代化研究院	高校智库
44	陕西师范大学教育法治研究中心	高校智库

表 1 - 30 **2022 年全球教育智库影响力评价 PAP 国外**
教育智库与国际教育智库榜单①

排名	智 库 名 称	国家或地区
1	经济合作与发展组织教育与技能局	国际
2	世界银行发展研究小组	国际
3	澳大利亚教育研究委员会	澳大利亚
4	美国国家教育统计中心	美国
5	联合国教科文组织国际教育规划研究所	国际
6	联合国教科文组织统计所	国际
7	联合国教科文组织终身学习研究所	国际
8	欧洲大学联盟	欧洲
9	美国国家教育科学研究所	美国
10	卡内基教学促进基金会	美国
11	英国教育政策研究所	英国
12	韩国教育课程评价院	韩国
13	布鲁金斯学会布朗教育政策研究中心	美国
14	新西兰教育研究委员会	新西兰
15	斯坦福大学教育政策分析中心	美国
16	哈佛大学教育政策研究中心	美国
17	牛津大学全球高等教育中心	英国
18	韩国教育开发院	韩国
19	波士顿学院国际高等教育中心	美国
20	牛津大学技能知识和组织表现研究中心	英国

---

① 一读 EDU. 《2022 全球教育智库影响力评价 PAP 研究报告》重磅发布 [EB/OL].
https://www.sohu.com/a/620438201_608848，2022 - 12 - 23.

排名	智　库　名　称	国家或地区
21	日本国立教育政策研究所	日本
22	伊曼尼（IMANI）教育与政策中心	加纳
23	美国教育信托基金会	美国
24	剑桥大学教育、发展和学习游戏研究中心	英国
25	牛津大学教育系里斯中心	英国
26	美国国家教育政策中心	美国
27	威斯康星教育研究中心	美国
28	克罗地亚教育政策中心网络	克罗地亚
29	爱丁堡大学数字教育研究中心	英国
30	美国国家教育与经济中心	美国
31	格鲁吉亚国际教育政策、规划和管理研究所	格鲁吉亚
32	英国教育基金会	英国
33	蒙古教育联盟	蒙古
34	宾夕法尼亚州立大学教育和公民权利中心	美国
35	哥伦比亚高等教育与发展基金会	哥伦比亚
36	美国国家教育评估改进中心	美国
37	剑桥大学公平获取和学习中心	英国
38	英国高等教育政策研究所	英国
39	德国科学审议委员会	德国
40	土耳其教育改革倡议	土耳其
41	宾夕法尼亚大学教育研究生院教育政策研究联盟	美国
42	芬兰教育研究协会	芬兰

排名	智 库 名 称	国家或地区
43	加利福尼亚大学伯克利分校高等教育研究中心	美国
44	匈牙利教育政策分析中心	匈牙利
45	牛津大学教育评估中心	英国
46	马其顿公民教育中心	马其顿
47	科索沃教育中心	科索沃
48	纽约大学斯坦哈特高等教育政策研究所	美国
49	美国研究生院理事会	美国
50	莫纳什大学青年政策与教育实践中心	澳大利亚
51	华盛顿大学教育领导中心	美国
52	塞尔维亚教育政策中心	塞尔维亚
53	美国 SRI 国际公司教育政策中心	美国
54	亚美尼亚教育和培训部	亚美尼亚
55	伦敦大学教育政策和机会均等中心	英国
56	美国创新教育研究所	美国
57	爱丁堡大学教育包容性与多样性研究中心	英国
58	伦敦国王学院公共政策研究中心	英国
59	得克萨斯教育研究中心	美国
60	马里兰大学教育创新与改进中心	美国
61	马里兰大学高等教育多元化与包容中心	美国

2023 年 11 月，方略研究院和长江教育研究院联合召开"第八届教育智库与教育治理 50 人圆桌论坛"，发布《2023 全球教育智库影响力评价 PAP 研究报告》。报告中包括 104 家教育智库，从国家来看有 43 家国内智库、56 家国外智库、5 家国际智库，从类型上来看有 55 家高校智库、28 家政府智库、21 家

民间智库。此次报告涉及的教育智库数量与 2022 年基本持平，教育智库排名有所变化。在国内智库榜单上，排名前三的智库为中国教育科学研究院、上海市教育科学研究院、重庆市教育科学研究院。从智库类别看，排名前十的教育智库中，40％为政府智库，且属于教育科学研究院智库，60％为高校智库，反映出政府智库与高校智库在国内的影响力较大。在国际与国外智库榜单上，从国家或地区看，入选的 61 家国际与国外教育智库中，美国智库占比近四成，英国智库占比近二成，凸显美国、英国在全球教育智库领域的重要影响；在排名前十的教育智库中，国际智库占半壁江山，3 家为美国智库，1 家为澳大利亚智库，1 家为欧洲智库，反映出欧美智库在世界的影响力。报告还根据研究结果提出了一系列提升中国教育智库影响力的建议，如明确目标定位、改进研究方法等。

上述各类机构针对教育智库的评价与排名，推动了中国教育智库的理论创生及智库建设与发展，也为认识全球范围内教育智库的发展状况提供了途径。教育智库评价的进展表明，中国教育智库在学习和借鉴国外智库评价理论和实践经验的基础上，开始探索建立适合我国国情，具有自身特色的教育智库评价系统，以此引导、促进教育智库改革与发展，包括教育智库在内的中国教育各类主体参与全球教育治理正在走向主动和自觉。中国和全球教育智库评价为中国建设教育强国提供了重要方向与坐标。

第二章

国际教育智库

■ 联合国教科文组织国际教育规
划研究所
■ 联合国教科文组织终身学习研
究所

■ 世界银行发展研究小组
■ 经济合作与发展组织教育与技
能局

一、联合国教科文组织国际教育规划研究所

（一）创立与发展

国际教育规划研究所（International Institute for Educational Planning，简称 IIEP），成立于 1963 年，是联合国教科文组织（United Nations Educational，Scientific and Cultural Organization，简称 UNESCO）下属的一个自治实体机构，总部设在法国巴黎。从教育经济学的角度看，教育能促进经济的增长，然而在第二次世界大战过后数年，各个国家才开始意识到教育和经济增长之间存在显著的相关性，教育被认为是促进国家发展的一项投资，加上战后大众对教育的需求剧增及对战争的反思，这些因素促成了各国对教育规划的高度期望。1948 年 12 月，联

合国大会通过并颁布《世界人权宣言》，指出教育是国际社会公认的基本人权，在这样的多重背景下，成立国际性教育规划机构显得十分迫切。

1962 年 6 月，联合国教科文组织的一个咨询委员会开会讨论建立一个国际教育机构，进行教育领域的研究和培训。会议同意成立新的机构，即国际教育规划研究所，该机构应该具有以下特点：多学科交叉；专家能一起工作和教学；实习者能够选择课程并获取有用的经验；在章程、董事会、计划、员工、预算和目标方面实现真正的自治。① 自治权作为一种机制，可以保障国际教育规划研究所的自主性和创造力，加强联合国教科文组织在教育和探索新的政策研究领域方面的主导作用。

20 世纪 90 年代，拉丁美洲国家的教育系统发生了深刻的变化，为了应对该区域发生的变化，联合国教科文组织在阿根廷建立了一个国际教育规划研究所的区域办事处。自 1998 年以来，阿根廷办事处的工作主要围绕教育质量和教师角色两方面进行。随着时代的发展，该办事处的主要职能转为指导和推动各成员之间的教育改革，主要方式是项目培训、教育发展趋势监测、技术援助项目、研究和评估。

2011 年，国际教育规划研究所达喀尔中心成立达喀尔中心是专业的教育政策分析平台。中心的工作是为所有非洲国家的教育管理部门提供专业技术支持。达喀尔中心的活动有助于支持联合国教科文组织在非洲的教育政策得到有效、可行、公平和内生性的发展。这就表明，达喀尔中心要承担起辐射整个非洲地区教育的功能，同时也要促进非洲各国教育政策能结合本国实际制定和实施，即源自国家内部需要的内生性政策。

（二）人员与组织结构

国际教育规划研究所设有理事会，有 12 个成员（见表 2 - 1），根据他们的个人身份分配权限和职责。其中的 8 个成员包括经济学家、教育家以及其他与研究所相关领域公认的专家，并且拉丁美洲、亚洲、非洲和阿拉伯国家至少应有 1 个成员。其余 4 个成员分别由联合国、世界银行、联合国机构和联合国经济委员会指定。由于各成员之间教育知识和经验多样性的差异，这样一个独特

① 　IIEP-UNESCO. History［EB/OL］. https://www. iiep. unesco. org/en/institute/history，2021 - 04 - 25.

的组合，可以确保研究所项目与各成员之间需求的对应。国际教育规划研究所理事会成员虽少，却可以有效地保证和代表理事会，能维持组织的自主权和责任之间的平衡。理事会在联合国教科文组织的总方针框架内有权决定研究所的一般政策和活动性质，同时可以决定研究所的计划和预算，确保相关研究活动的开展。

表 2-1　国际教育规划研究所理事会成员一览表

序号	姓　名	身　份	所属部门及职务
1	宝琳·罗斯（Pauline Rose）	主　席	英国剑桥剑桥大学国际教育学院教授
2	海梅·萨维德拉（Jaime Saavedra）	指定成员	世界银行拉丁美洲和加勒比海人类发展区域总监
3	马西莫·托雷罗·卡伦（Máximo Torero Cullen）	指定成员	联合国食品和农业组织首席经济学家
4	空缺席位	指定成员	联合国秘书长代表
5	斯里尼瓦斯·塔塔（Srinivas Tata）	指定成员	联合国亚洲及太平洋经济社会委员会曼谷（泰国）社会发展部主任
6	阿尔伯特·恩格里姆瓦（Albert Nsengiyumva）	当选成员	非洲教育发展协会执行秘书
7	小川敬一（Keiichi Ogawa）	当选成员	日本神户大学国际合作研究生院教授、系主任
8	费南多·雷默斯（Fernando Reimers）	当选成员	福特基金会教授、哈佛大学教职员工联合主席
9	埃米利亚纳·韦加斯（Emiliana Vegas）	当选成员	哈佛大学教育研究生院实践教授
10	王蓉（Rong Wang）	当选成员	北京大学中国教育财政科学研究所所长、教授
11	迪娜·埃尔克哈瓦加（Dina El Khawaga）	当选成员	开罗大学公共政策与公共管理教授
12	萨拉·鲁托（Sara Ruto）	当选成员	刺鼹鼠基金会项目官员

注：根据联合国教科文组织国际教育规划研究所官方网站内容整理，https://www.iiep.unesco.org/en/governing-board.

从表 2-1 可见，成员的组成严格按照理事会成员构成要求进行，兼顾成员的国际区域分布和国际组织机构的分布状况，很好地体现出多样化的特点，确保全球不同地区和国家间的教育需求得到关注。"理事会的基本职能有五项：第一，决定研究所的大政方针、重大活动及活动性质；第二，决定研究所基金的基本用途，批准研究所预算，基金管理的原则是量入为出、不得赤字预算；第三，规定研究所专业人员与行政人员的入职条件和职责；第四，为所长招聘高级专家、管理人员和咨询专家，提供咨询与协商，向联合国教科文组织总干事推荐研究所所长；第五，向联合国教科文组织全体大会递交国际教育规划研究所发展监察报告。"① 理事会每年召开一次年度会议，同时，理事会主席还可以根据情况需要，临时动议召开特别会议，处理紧急的事项。为了工作需要，理事会可以组建由主席和来自四个地区的理事组成的常务理事会，并驻所开展工作。

另外，国际教育规划研究所注重工作人员的专业水准。该所认为，最重要的资源是拥有一支由高水平专业人员组成的团队。国际教育规划研究所的工作人员为所有研究所成员服务，包括经济学家、社会学家、统计学家、人口学家、教育技术专家、政策分析师和规划师等，他们协同工作，通过培训和研究项目以服务和加强各国教育系统建设。

研究所的资金来源渠道主要有三个，"一是联合国教科文组织的财政预算以及世界银行、联合国其他机构、联合国成员国政府和其他国际组织的自愿捐助，二是慈善机构和非政府组织的捐款，三是研究所委托培训与研究咨询的合同收入"。② 联合国教科文组织拨款、各国政府和国际组织捐款、培训与研究收入是其财政收入的主要来源，其他来源作为补充。

国际教育规划研究所（巴黎）下设主任办公室、培训部、技术合作部、研究部、管理处、新闻中心、阿根廷办事处、达喀尔中心。办公室主要协助理事会制定研究所的四年中期战略、人员和预算规划，辅助拟定研究所的工作议程和目标。

培训部主要是根据成员受训者的需求设计一系列引领国际趋势、注重职业发展、具有灵活性的培训项目，并组织实施培训。技术合作部主要负责针对成员特定的教育规划和管理需求，提供长期技术支持，帮助成员设计和实施教育部门计划或有针对性的干预措施，以促进该国的教育发展。合作的主要形式是为发展中国家（包括在受危机影响的国家，如冲突或灾难）提供高质量的教育

---

① 张民选. 国际组织与教育发展 [M]. 上海：上海教育出版社，2010：135.
② 同上：138.

战略规划，包括战略规划长期支持项目，支持国家培训中心或研究院建设，开发工具设计，如教育管理信息系统（Education Management Information System，简称 EMIS）或仿真模型，为专家任务组织特殊培训课程，实施短期定制项目。① 研究部的宗旨主要是通过前沿研究来鼓励和促进各国进行教育改革。它通过对国际教育规划和管理趋势的研判，分析教育革新的需求。注重为基于实证基础之上的教育改革建立一个有利的环境，如出版政策简报，召开研讨会，政策论坛和在线辩论等。研究部的研究主要是由发展中国的教育系统需求来决定。根据2014—2017 年联合国教科文组织确定的研究优先级别，研究部2015 年后的研究重点主要有性别平等（gender equality）、治理和质量保障（governance and quality assurance）、整体规划（integrity planning）、学校资助（school grants）、教师职业（teacher careers）、青年参与（youth participation）。为了确保高质量的研究，研究部建立了一个顾问委员会，指导 IIEP 的研究工作，这个新成立的委员会由全球在教育规划和管理领域最杰出和最具有创造性的贡献者组成。研究部的研究项目依托巴黎总部与阿根廷办事处、达喀尔中心之间的协作，注重所在国研究中心和当地研究人员的合作，从而加强本地研究人员的能力和南南合作的发展。研究部的研究得到众多利益相关者的支持，包括全球教育伙伴、联合国儿童基金会、休利特基金会和麦克阿瑟基金会等。可见，研究部的研究项目涉及社会多层面的利益，拥有广泛的机构支持者。管理处主要由董事会成员构成。新闻中心负责发布国际教育规划研究所关于教育问题的各种研究成果和论文，发布研究所的通知或其他消息，读者可以订阅研究所通讯，也可以浏览相关网页获取最新消息。

（三）使命与职能

国际教育规划研究所的中期战略（Medium-Term Strategy，简称 MTS）解释该所《2014—2017 年愿景和战略重点》，其使命是"加强联合国教科文组织成员的教育系统规划和管理能力"。② 它成为 2015 年后的发展议程，它支持和服务于联合国教科文组织的八年总体目标："和平、公平和可持续发展"与

① IIEP. technical-cooperation［EB/OL］. https：//www. iiep. unesco. org/en/our-expertise/technical-cooperation，2024 - 06 - 11.
② IIEP-UNESCO. Our Mission［EB/OL］. https：//www. iiep. unesco. org/en/our-mission，2024 - 06 - 03.

"促进可持续发展和消除贫困"。国际教育规划研究所之所以秉承这样的理念，是因为该所始终认为教育是一项基本人权，不应把任何一个孩子、青年或成年排除在学习机会之外，应让他（她）有尊严地生活，行使自己的权利，参与公民生活。研究所尤其注重扩大公平优质教育的范围和给所有人提供学习机会。因此，国际教育规划研究所营造的理想世界是这样一幅图景：为了可持续发展和和平，所有儿童和青少年能从有质量的学习机会中受益。

1. 开展研究工作

国际教育规划研究所开展的研究具体包括教育战略规划、教育系统管理、社会不平等、教育质量、青年教育规划、教师管理、教育治理等方面的研究。

第一，教育战略规划研究。

战略规划的目的在于指导教育发展的共同愿景和确定发展的优先级别。战略规划应该具有前瞻性和务实性，并广泛地调动相关人员和资源，以实现其目标。教育规划是国际教育规划研究所的优势之一，研究所开展的教育战略规划，可以缩小各国在教育规划上的差距。不同的国家在教育系统发展上会选择不同的方向，很多事项都想得到优先发展，容易造成重点不明确，缺少主攻方向，因此，教育发展需要遵循一个共同的愿景，通过论证分析哪些事项应该获得优先发展权，这是战略规划的角色任务之一。一个有效的战略规划应该是有整体愿景的指引，反映使命的要求，要明确实现愿景的策略，即需要考虑人力、技术和资金的能力；所有目标不可能马上实现，因此要为通过计划设定优先次序；为了让规划具有可信度，规划必须基于对现状的深入分析和对发展趋势的论证假设，同时要对金融、技术和政治方面的限制有深入的思考，只有这样，规划才会有更大的机会得以顺利实现。教育部门对环境很敏感，冲突、自然灾害和经济危机对许多国家及其教育规划会产生重大影响，必须通过规划找到方法来减少这种风险，增强教育系统的适应力。规划也要注重国家内部的差异，如性别结构和地理位置等。国际教育规划研究所在研究中总结了一系列经验，提出战略规划制订过程要谨防三点：（1）防止规划系统的官僚化，要防止国家部门独揽规划，不切实际地向地方发指令；（2）防止做出不公平、不公正的决定，不要只重视某些地区，而忽视了其他地区；（3）防止权力落入既得利益集团手中。[1]

---

[1] 中国常驻联合国教科文组织代表团. 联合国教科文组织专家视野中的教育战略规划 [J]. 世界教育信息，2009（5）：26-28.

制定战略规划是一个达成社会共识的过程，因此，在制定过程中应遵循上述三点注意事项，兼顾国家和地方的立场，注重区域间的平衡，各种利益代表的权利得到应有的体现，才能制定出切实可行、具有代表性的战略规划。同时，应注意战略规划与长期规划的区别。他们的区别在于，长期规划制定和实施的外部环境是平稳的，即社会处于和平稳定状态下；而战略规划则要能够应对动荡和变化的外部环境，如战争冲突、疫情和社会变革引起的动荡等特殊情形。另外，战略规划的重点是进行教育改革和使教育适应社会变革，而不是以扩展教育规模本身为目的，故战略规划是的关键词是"改革"。

教育战略规划方法和路径。研究所认为规划要有效地指导相关部门开展工作，应该汇集所有利益相关者的需求，并进行定期的监测和更新。通常认为，战略规划是由四个阶段构成的，即对整个教育系统进行分析、制定政策、制订行动计划、监测与评估，然后开始一个新的周期。① 规划不是一次性的活动，而是一个持续的过程，是国家和地区的各级机关和合作伙伴协商、参与的过程。国际教育规划研究所进行战略规划的方法是根据成员的预算和需求，与成员一起合作制定，充分尊重成员的自主权的同时提升其员工的能力；也可以在成员首都或省份，通过工作坊的形式提供规划支持，这类型的合作主要是在具有较高规划需求的全球教育合作伙伴（Global Partnership for Education，简称GPE）之间进行。目前，该所主要在支持阿富汗、乍得、埃塞俄比亚、塞舌尔、埃及、南苏丹和苏丹等国家的教育系统规划与建设。该所为指导各成员进行教育规划，还发布了两个文件：《教育部门规划准备指南》（Guidelines for Education Sector Plan Preparation）、《教育部门规划评估指南》（Guidelines for Education Sector Plan Appraisal）。这两个文件与研究所的教育规划培训相配合，对教育规划者进行教育规划的概念、流程和工具培训，以此改善教育规划和管理的实践；从政策和规划的角度分析和反思教育趋势及问题；为教育发展的关键问题提供技术援助和政策建议。研究所在官方网站上提供了与此相关的资源：《战略规划：1. 概念和原理》《战略规划：2. 组织安排》《战略规划：3. 技术和方法》。该所也为教育决策者和规划者提供三条进行教育规划的路径：（1）实施教育改革和体制转型；（2）儿童和青少年实现机会平等；（3）为所

---

① 中国常驻联合国教科文组织代表团. 联合国教科文组织专家视野中的教育战略规划［J］. 世界教育信息，2009（5）：26－28.

有人提供高质量的教育。① 可见，国际教育规划研究所对教育规划具有全面、深刻的研究，能为成员国提供各种教育规划需求。

国际教育规划研究所曾指导阿富汗进行教育战略规划。阿富汗经历过两次战争，经济、政治、社会发展受到严重破坏，发展滞后，阿富汗的教育系统也遭受摧残。重建阿富汗的教育体系需要站在全局高度进行战略规划，阿富汗先后出台了《国家教育战略规划（2006—2010）》（National Education Strategic Plan for Afghanistan 2006—2010，简称 NESP）、《国家教育战略规划（2010—2014）》（National Education Strategic Plan for Afghanistan 2010—2014，简称 NESP），这些具有延续性的战略规划，均是在国际教育规划研究所的指导下制定的。阿富汗《国家教育战略规划（2010—2014）》是为阿富汗未来五年教育的重建和发展提供引导、实施和监管的指标体系。阿富汗利用国际教育规划研究所在战略规划制定方面的优势，制定出更加科学、合理的国家教育战略规划，进而提升教育质量，推进教育重建进程。② 研究所在阿富汗的战略规划中，也体现出其战略规划设置优先发展事项的理念。阿富汗《国家教育战略规划（2010—2014）》提出了"优先计划"（Priority Programs），该计划主要包括"普通教育和伊斯兰教育项目，课程开发、教师教育、科技教育项目，职业技术教育项目，识字读写教育项目，教育管理项目等"。③优先计划的目的是促进和保障当前阿富汗重点教育领域的优先发展。

国际教育规划研究所支持利比亚实现教育变革。2011 年，利比亚国内发生战乱，与此同时，利比亚的教育部门也面临巨大的挑战。这主要是由过去的政策不当和适当的规划缺乏导致的。为应对教育面临的困境，满足利比亚民众对教育体制改革的吁求，利比亚成立了教育部和高等教育与科学研究部。"这两个部都需要提出一个简短的'战略规划'（2011 年 12 月—2012 年 6 月），以实现下列几项迫切需要在短期内实现的目标：维修在动乱中遭到损坏的学校；将难民家庭子女就近安置在其原居住地区的学校；修订课程和教科书，特别是历史、公民教育和阿拉伯语等学科。"④ 2012 年 3 月，国际教育规划研究所所长哈利勒・马希（Khalil Mahi）与联合国教科文组织专家组访问利比亚，双方

---

① IIEP. strategic-planning［EB/OL］. https：//www. iiep. unesco . org/en/our-mission/strategic-planning，2016 - 7 - 7.
②③ 刘大路. 联合国教科文组织指导下的阿富汗教育战略规划［J］. 世界教育信息，2013（11）：8 - 12.
④ 高光. 国际教育规划研究所支持利比亚实现教育变革［J］. 世界教育信息，2012，25（7）：76.

达成意向，国际教育规划研究所利用在教育规划方面的优势，积极支持利比亚进行战略规划，以实现预期的教育目标。

在教育战略规划方面，印度也有许多经验与教训值得我们借鉴，印度开展教育规划的时间比较早，印度设有印度国立教育规划与管理大学（National University of Educational Planning and Management，简称 NUEPM），专职负责印度国家级规划和全国各级教育规划的指导。同时，印度还把教育规划责任与权力下放，印度的管理层级分为国家、邦、地区和分地区四级，基础教育的规划由地区一级来具体实施，国家只是在宏观指导和经费支持方面发挥作用。此外，印度还通过培训本国各级规划官员，主要是通过印度国立教育规划与管理大学提供直至博士后的各层次学历教育和长中短期培训。印度教育战略规划的教训是，印度和中国存在类似问题，即国家规划主要依靠政府和各级教育规划部门制定，体制外利益相关者很少能参与其中，最终导致规划容易脱离社会现实，难以满足地方发展需求，加上政策制定者与实施者之间的落差，必然影响政策的执行效果。

第二，教育系统管理研究。

国际教育规划研究所认为，教育规划（educational planning）是为促进决策者制定的教育中长期目标的实现，为未来进行准备的教育系统设计。要有效地实现这些目标，规划者需要很好地理解教育规划工具、方法的概念和理论。研究所与各国教育部进行合作，帮助各成员加强管理本国教育系统的能力，因为对许多国家而言，不是缺少资金，而是缺少高效地实施改革和管理各级教育系统的人力资源。研究所提出解决政策实施与管理所面临问题的两种方法：（1）处理所面临的主要管理层级（系统项目、地区和机构水平）问题；（2）处理教育发展管理的资源（人力、资金等）问题。研究所的教育系统管理项目主要运用这两种方法开展研究，在教育系统管理研究中，研究所鼓励教育决策者广泛参与到这一过程中。

2014—2017 年，国际教育规划研究所支持成员从三个方面进行教育系统管理改革：（1）为成员的整个规划期提供相应的人力资源；（2）改善规划的准备、实施、监控和复审所需的流程和工具；（3）营造一个有利于政治与技术人员、工作人员与其他政府部门、社会人士之间协作制定政策的环境。

第三，社会不平等研究。

国际教育规划研究所的另一个工作重点是性别不平等和社会经济不平等的研究。自 1999 年以来，女孩在小学辍学的数量减少了一半，少女辍学的数量减少了三分之一，但全球仍未实现性别平等的教育，还有证据表明基于性别的暴力比较普遍，这也是影响女童教育的一个障碍；全球 1.3 亿女孩仍然没有机会接受教育；女孩在教育中仍然处于不利地位，尤其是在中学阶段只有大约三分之一的国家在中等教育上达到了性别平等。① 这些证据表明，性别不平等的现状需要进行改变。国际教育规划研究所对性别平等政策的研究，主要集中在学习成就和教育领导方面。研究所通过与性别相关的数据和证据的支持来开展工作，具体包括学习成就、政策指导和国家层面的规划设计。

在社会经济不平等方面，国际教育规划研究所致力于解决在政策和规划活动中的社会和经济不平等。研究表明，许多孩子接受初等教育仍然主要面临物质和社会的壁垒。大部分失学儿童来自在农村低收入家庭、母亲未受过教育，在这些人群中，女童数量巨大。孩子生活在冲突地区或受到艾滋病毒影响的地区，也不太可能进入学校。研究所采取的策略是增加入学率，减少辍学率，主要是通过减少入学成本，如通过免费初等教育，或者通过食品项目和有条件的现金转移刺激家庭入学需求等，其他措施主要集中在提升教育质量，努力使儿童更容易获得接受正式和非正式教育的机会。研究所通过检视这些措施，为成员国的规划者和决策者作出恰当的结论。平等、机会和质量是互相关联的，机会之外，学习也很重要，儿童在学校学习的质量监控也很关键。研究所目前在非洲南部和东部的初等教育研究工作，特别强调一线学校的教育管理监控，这些研究将扩展到其他国家地区和其他层级的教育体系中，为不同层级教育提供方法和经验。

贫困和持久的社会经济不平等导致入学机会的差异，从而带来离开学校后的经济状况和政治权力的不平等。城市化进程导致了新的不平等产生，在许多农村地区贫困仍然存在。孤儿和弱势儿童，包括那些受冲突影响的儿童，他们的受教育权继续受到限制，同时也缺少政府的监管。国际教育规划研究所将持续关注和研究这些领域，并寻求解决的策略。

第四，教育质量研究。

规划和计划是为了提高学习效果（即教育质量），教育决策者和规划者需要理解影响学习的因素并获取与此相关的背景知识。国际教育规划研究所具有进行大规模教育规划和教育质量监测的经验，曾经参与南非和东非教育质量监

---

① UNESCO UIS. Millions of Girls Are out of School — But Data Show that Gender Alone Is Not the Main ［EB/OL］. https://uis. unesco. org/en/blog/millions-girls-are-out-school-data-show-gender-alone-not-main-culprit，2023 - 07 - 03.

测联盟（Southern and Eastern Africa consortium for Monitoring Educational quality，简称 SACMEQ）[①] 的研究与实践长达 20 年。1989 年，津巴布韦教育和文化部部长与国际教育规划研究所主任达成了一个研究和培训项目"教育质量指标研究"，津巴布韦在 1990 年开展以下项目：评估津巴布韦小学的教育质量；教育规划部门的员工参与综合研究和培训活动；提供高级部门决策者关切的与政策相关的有意义的建议。后来，该项目的研究报告被用来检查津巴布韦的一系列重要教育政策问题和为后来的教育质量研究提供基础信息，研究所以此报告作为中心主题组织了一系列培训工作坊，为来自津巴布韦和附近的几个国家的教育规划者和研究者提供后续培训。1992 年，各国教育部的教育研究者和规划者与研究所的专家在工作坊进行了对话讨论，目的是扩大和加强本国教育系统对教育质量的监控和评估能力。讨论认为最有效的培训方式不是传统的"大学风格"（university-style），即先在课堂上解释理论和方法，然后用例子进行教程式的证明研讨，而是应该采用"做中学"（learning-by-doing）的方式，把最新的教育政策研究方法应用于真实的教育政策问题，能提供实践经验和信息，为改善学校条件和教育质量作出科学的决策。这次对话的最终成果是，提议建立一个教育部协会，解决重要研究和培训面临的挑战。1995 年，非洲南部和东部 15 国的教育部共同建立了南非和东非教育质量监测联盟（the Southern and Eastern Africa Consortium for Monitoring Educational Quality，简称 SACMEQ）。联盟设有 SACMEQ 协调中心（SACMEQ Coordinating Centre，简称 SCC），成立之初，协调中心设在国际教育规划研究所总部，2014 年，协调中心迁至博茨瓦纳首都哈博罗内大学，由中心主任负责，为联盟国的协调员和代表提供管理和技术支持。决策者们通过联盟协调中心的合作网络进行教育政策研究，其活动包括项目设计、培训、计算机数据分析、数据结果归档和研究成果发布。

　　研究所与联盟开展了一系列研究。如政策报告"从教育研究到教育政策：一个来自津巴布韦的案例"，这是在研究所的指导下，由 10 个国家的教育规划者和研究者组成的团队共同研究的成果，这份报告得到非洲很多国家教育部的积极响应，1995 年底，荷兰政府与联盟达成了长期持续的援助协议，有力地保障了联盟研究的顺利开展。21 世纪以来，国际教育规划研究所针对教育质

---

① IIEP. SACMEQ［EB/OL］. https://www.iiep.unesco.org/en/our-expertise/sacmeq，2024-06-11.

量开展的最大项目，是通过 SACMEQ 组织进行的。2000—2002 年的年度 SACMEQ 调查测试了 14 个国家 2 300 所学校 4.2 万名六年级学生的阅读和数学成绩。① 结果显示，各国学生的成绩都存在严重问题。肯尼亚、毛里求斯和塞舌尔学生的数学成绩远远高于马拉维、莱索托和赞比亚学生。后三个国家的学生即使完成 6 年的小学教育，也很少具备计算能力，几乎很少有学生能解决具体或抽象的问题。可见，同为发展中国家，他们之间教育质量也存在着巨大的差异。"在 SACMEQ 第三次测试中，一些国家的学生成绩进一步下滑，这反过来对扩大入学人数的价值也是一种质疑。"② 教育质量与入学规模之间存在相关性，盲目扩大入学规模，教育质量难以得到保证，与政策的初衷相背离。因此，入学规模不是越大越好，需要与教育质量相协调。

国际教育规划研究所注重高等教育内部质量保障研究。内部质量保障（Internal Quality Assurance，简称 IQA）是一个质量持续改进的内部对话过程，它通过收集和分析来自多个利益相关者的反馈，发展内部评价方法，选择质量指标进行监测等方法和手段实现。此外，根据就业市场实际情况，收集毕业生和雇用者之间学术需求相关信息，内部质量保障可以提高学术课程和劳动力市场之间的关联。2014 年，研究所发起了一个国际研究项目"高等教育机构内部质量保障对策"，选择了 8 所大学，涵盖非洲、亚洲、欧洲和拉丁美洲的公立和私立大学，通过研究，为这 8 所大学制定了内部质量保障方案，它的内部质量保障系统明显具备良好的实践和创新的功能。这些案例的经验在"2016 年政策论坛：高等教育的内部质量保障"进行分享，该论坛于 2016 年 6 月在中国厦门举行。该论坛参会者包括世界各国的国家和高等教育机构决策者，如高等教育主管、大学校长、学术副校长、高等教育机构质量保障官员等，代表来自非洲、亚洲、欧洲和拉丁美洲，参会者还包括著名的专家和研究人员，特别是为国际教育规划研究所的研究作出贡献的质量保障专业人员和研究人员。通过这种国际性的论坛交流，高等教育内部质量保障得到更多国家的认可和实行，进而推动世界高等教育质量的整体提升。

第五，其他研究，如青年教育规划研究、教师管理研究和教育治理研究。

青年教育规划研究。青年是国家最宝贵的资产。有限的入学机会和就业困

---

① UNESCO. Literacy for Life（EFA Global Monitoring Report 2006）[R]. Paris：UNESCO. 2005.

② 马克·贝磊. 教育规划的发展与变革路径——基于国际教育规划研究所标志性文献与会议的分析 [J]. 教育发展研究，2009（3）：1-7.

难会导致社会动荡。缺少青年参与的政策和决策过程，会加剧青年人的挫败感。教育系统需要应对这些挑战，扩大年轻人获得知识、技能和能力的途径，这就要求教育规划的过程应有青年的参与。然而，实际的教育政策规划中，年轻人作为一个利益相关者参与其中的很少。许多国家的教育部门对年轻人参与教育规划的好处缺少正确认识，同时，教育规划系统也缺乏年轻人有效参与的制度设计。研究所通过研究支持各成员的教育部门，制定针对青年的正规和非正规教育和培训领域规划。促进选区的决策者、规划者和年轻人共同确定有前途的战略规划，帮助规划者把对青年有意义的策略转化为具体的行动。研究所还鼓励和支持各国专门针对青年的教育规划部门的发展，这些教育举措直接影响青年的教育和就业需求。

教师管理研究。教师是学习过程的核心，他们强烈影响孩子在学校接受教育的质量和最终的学习效果。因此，有效的教师管理是教育制度成功的关键。近年来，各国在管理教学人员方面面临越来越大的挑战，各国为了迅速扩大本国民众的受教育机会，给人事管理部门施加强大的压力，管理部门为了确保教育质量，不断地对教师提出更多更高的要求。教师管理的挑战除了来自教师的供给和培训，还需要公平地解决教师在不同地区的分配和使用问题。在世界各国，教育规划者都面临教师缺勤、高缩减和低动机的问题。许多国家的教育系统都在试图努力通过寻找相关的分析、策略和工具来提高教师管理的效率。国际教育规划研究所针对这些问题，积极开展研究，协助各成员生产新的知识，同时告知决策者最重要的挑战，可以采用的技术和选择方案。

教育治理研究。教育治理的主要挑战来自包容性的弱点（治理民主）、公平（治理公平）和公众问责（治理的透明和无可争辩）。良好的治理是提高满足服务低收入人群需要之有效性和效率的一个先决条件。国际教育规划研究所通过其卓有成效的工作，把上述良好的治理原则转化为机构和部门系统的政策和措施，以此促进各国教育治理的良性发展。国际教育规划研究所的教育治理研究主要集中在三个方面：教育腐败治理、高等教育治理、分权治理。教育腐败治理主要通过制定评估教育腐败的方法和路径，推进实施透明化和问责制来实现。同时，为提升教育规划的完整性，进一步增加教育数据的开放性，这是教育腐败治理最关键的举措。2001年，国际教育规划研究所启动了名为"教育伦理与教育腐败"的综合性专题研究项目。"国际教育规划研究所的专项活动主要包括腐败趋势观察、方法论工具开发、成功经验评估、反教育腐败政策对话，其目标是确定容易产生腐败的领域，识别招生过程腐败，评估腐败程度，设计预防/减少腐败的策略，将成果列入研究所培训课程。"① 这些研究的开展及成果后期通过培训课程向世界范围内进行推广，无疑给教育腐败治理提供了丰富的资源。高等教育治理的主要方向是实行高等教育机构自治，主要基于政府角色的转变，资金的限制，私人机构的成长，社会人力资源的需求。为此，高等教育机构不得不提高服务和培养质量、最终成本效益和全球竞争力。国际教育规划研究所主要致力于发展和改善各国高等教育内部质量保障的体系和机制。分权治理已被越来越多的国家选择，如果很好地实施，能增强治理的包容性，提升教育服务的质量和公平程度。国际教育规划研究所通过政策建议和技术援助，帮助各国设计和实施学校授权政策，从而促进教育的公平与质量。

2. 开展培训

培训是国际教育规划研究所的重要职能之一。"截至 2006 年底，160 多个国家的近 6 000 名教育规划者和管理者参加了研究所的培训课程。最综合的培训活动是研究所在巴黎和布宜诺斯艾利斯的基地举行的年度高级培训项目，这一项目为来自世界各地的高层参加者提供为期 9 个月的培训。"② 研究所开展培训的目的是加强受训者分析和制定合理的国家教育政策以及实现教育计划的能力，并能有效地管理教育资源，包括人力资源和财政资源。培训形式分实地培训和在线培训。培训注重学术性和专业技能的结合，主要是建构各国培训者的领导能力，加强技术人员的核心竞争力，以形成有效的教育部门规划和管理能力；强化教育领导者及其机构的能力，能与国家和国际机构进行合作，从而能成功地筹划和实施教育政策。培训课程大多采用双语课程，包括英语和法语。培训为受训者提供了一个独特的机会，因为培训的参与者来自世界不同的洲和国家，具有不同的文化背景，为了教育发展的共同利益，分享他们的专业经验。培训的主要对象包括：参与政策制定和实施的教育规划者和管理者；教育部门的官员；其他政府机构负责教育事务的专业人士；非政府组织的专业人士；希望加强特定领域知识和技能的教育专家，不同级别政府参与教育政策和规划分析、设计、计划、实施和评价的教育官员；从事专业研究、计划、统

---

① 张家勇，张家智. 联合国国际教育规划研究所"教育伦理和教育腐败"专题研究综述 [J]. 比较教育研究，2006，27 (5)：17-21.
② 蒋凯. 教育研究的国际视野——联合国教科文组织教育研究机构的比较分析 [J]. 比较教育研究，2008，30 (1)：71-76.

计、管理、人力资源、评估、课程、教师专业发展的技术人员；负责各类组织教育发展项目和计划的专业人士；对教育问题感兴趣的社会、劳动力和政治领导者。

国际教育规划研究所设计了一系列培训项目。如高级培训计划（Advanced Training Programme，简称 ATP）、① 教育部门规划课程（Education Sector Planning，简称 ESP)、②专业课程计划（Specialized Courses Programme，简称 SCP)③ 等。

在国际教育规划研究所的培训项目中，比较有名的是高级培训计划，该项目属于教育规划和管理领域的培训，至今已经有五十多年的历史（见表 2 - 2)。

表 2 - 2　教育规划和管理高级培训计划简况

目　标	加强教育政策分析、部门诊断、制订计划、实施、监测和评估能力；发展教育战略管理和领导能力；加强教育规划、管理技术和工具应用技巧和能力，包括信息系统；通过获得或强化通用能力以促进受训者的个人和专业发展
培训方式与时间	由 6 个月的在线培训阶段和 6 个月的巴黎培训阶段组成
课程结构	第 1 部分：教育部门规划课程。包含 12 周的在线学习和 13 周的线下培训；课程包括教育管理与规划统计、实地考察、分析法国的教育系统等 第 2 部分：专业课程和辅导项目。包含 2 周时间 6 门专业课程，两个平行线，线 1：教育规划和分析，重点是决策的信息分析；线 2：规划和管理，重点是运行规划和实施 第 3 部分：最终项目的准备。当受训者回到他们的国家 3 个月内，他们必须完成最后一个项目，每个受训者应将学习成果在具体的教育和制度环境中应用
认　证	研究所为参加高级培训计划合格的人员颁发硕士级别的证书

注：根据国际教育规划研究所官方网站资料整理。

---

① IIEP. advanced-training-professionally-oriented-programme ［EB/OL］. https://www. iiep. unesco. org/en/advanced-training-professionally-oriented-programme-1757，2016 - 07 - 11.
② IIEP. education-sector-planning-course-mastering-art-educational-planning ［EB/OL］. https://www. iiep. unesco. org/en/education-sector-planning-course-mastering-art-educational-planning-1759，2016 - 07 - 12.
③ IIEP. Specialized Courses Programme：6 advanced-level short-term course ［EB/OL］. https://www. iiep. unesco. org/en/specialized-courses-6-advanced-level-short-term-courses-240，2024 - 06 - 11.

该计划成功开发了教育规划和管理领域的专业知识和领导能力，这个计划反过来又促进了教育机构可持续发展。

2015 年 10 月，国际教育规划研究所发布了一系列为教育管理者和规划者进行教师管理的培训模块。这一系列模块以免费、在线、英语方式发布，覆盖教师管理的主要挑战、各种工具和技术，可以有效地规划、监控和管理教学人员。主要包括七个模块：

模块 1——教师管理：目前的挑战。

模块 2——人力资源管理的概念和远期规划。

模块 3——招聘和教师培训：问题和选项。

模块 4——教师的分配和利用。

模块 5——监控工具，教师管理信息系统。

模块 6——职业和教师评价：选择和后果。

模块 7——机构、组织框架和机制，教师管理的规范。

这七个模块从比较的角度让教师讨论当前的政策和管理问题，从世界各个发展中国家寻求经验。模块涵盖的问题非常广泛，包括选择招聘教师的相关政策、培训、分配和利用，以及教师职业，成本和质量，基本技术信息系统预测教师供给和需求，教师制度和组织的关键框架等方面。

国际教育规划研究所除了进行大型的项目培训外，还组织一些其他形式的培训，如："专业课程和小型互动式研讨会；面向教育规划领域的特定人员（国家、地区和地方层次的教育规划者，学管理者，非政府组织官员等）的培训；远程教育，即正规教育与培训的补充方式；培训材料的设计和传播。"① 形式多样的培训，满足了不同国家教育部门或其他机构的需求，很好地发挥了作为国际教育智库的培训与咨询功能。

3. 出版与咨询服务

国际教育规划研究所的重要功能之一是知识共享，通过为教育规划者提供工作所需的工具、数据和资源知识共享。研究所通过开发传播工具，让教育规划者容易获得最新的教育规划数据，具体形式如书籍、手册、政策简报、通讯和其他各种出版物。国际教育规划研究所提供包括 33 000 种教育规划的资源库

---

① 蒋凯. 教育研究的国际视野——联合国教科文组织教育研究机构的比较分析 [J]. 比较教育研究，2008，30（1）：71-76.

（含图书、报告、期刊、视频和光盘等）；一个专家目录；Planipolis 门户网站（为联合国教科文组织成员提供各种教育规划和政策官方源文件的入口，国际教育规划研究所图书馆负责维护）；联合国教科文组织艾滋病与健康（HIV & Health）信息资源库；教育腐败资源平台（Ethics & Corruption in Education，简称 ETICO。它是一个基于网络的道德教育和腐败的问题资源平台，为政策制定者和教育利益相关者提供工具、信息和资源，以此推动解决教育部门腐败问题，并通过促进透明度和问责制重塑社会道德）。①

国际教育规划研究所通过出版书籍资料和网络平台的资源信息共享，促进了各成员之间的合作与交流。在提高各国教育规划水平、提升国际教育协调发展方面作出了重要贡献，同时，在冲突国家教育体系重建、艾滋病预防、教育腐败治理等领域体现出国际一流教育智库的示范作用。

二、联合国教科文组织终身学习研究所

（一）组织结构

联合国教科文组织终身学习研究所（UNESCO Institute for Lifelong Learning，简称 UIL）② 是联合国教科文组织七个教育机构之一，成立于 1951年，总部坐落于德国汉堡大学旁一栋美丽且历史悠久的别墅。终身学习研究所原名教育研究所，是一家以德国为基础的研究机构，2006 年，随着学习型社会成为世界教育的发展趋势，为了适应新形势的需要，根据研究所的工作重点，该所正式更名为联合国教科文组织终身学习研究所。

终身学习研究所设主任 1 名，有 50 名来自 26 个国家的工作人员，包括教育和社会科学研究人员、图书馆员、出版物和公共关系人员、行政、秘书和技术人员，负责研究所的日常工作运转。终身学习研究所设有理事会，理事会由12 名成员组成，理事长由联合国教科文组织总干事担任，理事会成员由其提

① IIEP Unesco-Etico. Platform on ethics and corruption in education [EB/OL]. https://etico.iiep.unesco.org/en/discovering-etico，2024 - 06 - 03.
② UNESCO. UNESCO Institute for Lifelong Learning [EB/OL]. https://www.uil.unesco.org/about-the-institute，2024 - 06 - 09.

名确定，由来自世界不同地区的优秀教育专家组成，这些专家是在综合考虑性别平衡、地理区域分布之后确定的，尽可能做到公平和具有广泛的代表性。理事会每年举行一次会议，审查终身学习研究所的工作进展、未来的计划、政策和预算。

终身学习研究所与联合国教科文组织的总部、区域、外地办事处及其 6 个姊妹研究所保持密切的合作，与汉堡大学建立合作伙伴关系。

（二）使命与职能

终身学习研究所的使命是增进认可并创造条件，行使教育和学习的权利。作为非营利性机构，研究所主要进行有关终身学习的研究、能力建设、网络信息服务和出版工作。终身学习研究所支持会员在终身学习领域开展工作，重点是成人教育和继续教育、识字和非正规基础教育。终身学习研究所接受联合国教科文组织的工作指导，特别关注联合国教科文组织的全球非洲优先和全球性别平等优先。"研究所回应 UNESCO 成员的要求，优先关注非洲、最不发达国家、九个人口大国的成人与继续教育。"[1] 阿奈·卡尔森（Arne Carlsen）在一次采访中也提出："在工作中，研究所坚持两个优先原则：一是我们在所有活动中都会强调性别平等，二是非洲优先原则。"[2] 可见，终身学习研究所结合 UNESCO 的要求与自身目标定位，确定工作的优先方向，从而保证了工作重点的明确性，同时也能与 UNESCO 其他研究机构的功能相区别。

1. 终身学习项目研究

终身学习研究所的研究重点无疑是终身学习（life-long learning），终身学习项目主要为成员提供三个领域的研究与咨询服务：开展政策研究和分析；提供技术援助和能力建设活动；支持国家、地区和国际层面的政策对话与网络沟通。该项目的研究领域是终身学习政策分析；非正规和非正式学习的识别、检验和认证（Recognition，Validation and Accreditation，简称 RVA）；国

---

① 蒋凯. 教育研究的国际视野——联合国教科文组织教育研究机构的比较分析 [J]. 比较教育研究，2008，30（1）：71-76.

② 王俊烽，温得中，傅楷淇. 传播终身学习理念 推进全民教育发展——访联合国教科文组织终身学习研究所所长阿奈·卡尔森 [J]. 世界教育信息，2014，27（21）：42-45.

家资历框架；学习型城市。① 目前，终身学习研究所的研究集中在以下几个方面：建构国际终身学习指南；编制终身学习政策和策略丛书；建立非正规和非正式学习结果识别、检验和认证全球观测站；建设全球区域和国家资历框架指南；建设联合国教科文组织全球学习型城市网络。下面选取几个重点研究领域进行分析。

第一，终身学习政策分析。

终身学习政策分析主要是通过编制终身学习政策和策略丛书进行，把联合国教科文组织成员和国际组织的法律、政策、战略和行动计划中涉及终身学习政策和策略内容进行列表、摘要和全文汇编，该丛书为成员提供一个全面了解世界各地终身学习政策发展的概况，丛书通过英语进行出版和发布。它反映了世界各国政治领域在新世纪对终身学习日益重视的趋势。

国际终身学习指南则提供了 200 多个政府部门、研究所和机构在国家层面制定的终身学习政策的细节。该指南还提供了联合国教科文组织成员中在终身学习研究方面领先的研究机构和大学院系的详细信息。指南有力地促进了终身学习政策、研究和实践的国际合作与信息交流。

终身学习研究所还通过组织关于终身学习主题的国家、区域和国际层面的研讨会和智库活动，汇集来自不同行业的主要利益相关者，以此促进政策对话。这些讨论活动强调终身学习政策的影响，展示创新实践等领域有效的公民、员工发展、健康、幸福和社会融合，为各国提供终身学习政策的实践范本，政策对话也促进了世界各国终身学习政策的制定和实施。

第二，国家资历框架。

国家资历框架（National Qualifications Frameworks，简称 NQFs）是促进联合国教科文组织终身学习政策和实践的一部分。从 20 世纪 90 年代以来，在改革国家教育和培训系统方面，国家资历框架已经成为一个主要的国际趋势。全球国家和区域资历框架指南是各国发展教育和培训的国家资历框架的依据。在国家资历框架研究方面，终身学习研究所积极与其他机构协同工作，联合国教科文组织总部、两个欧盟机构负责青年的终身学习、识字和技能发展。两个欧盟机构分别是欧洲培训基金（European Training Foundation，简称 ETF）和欧洲职业培训发展中心（European Centre for the Development of Vocational

---

① UNESCO. lifelong-learning［EB/OL］. https://www.uil.unesco.org/en/unesco-institute/mandate/lifelong-learning? hub＝141，2024-06-11.

Training，简称 CEDEFOP）。终身学习研究所目前正在主导世界范围内的教育发展和培训国家资历框架研究，特别是那些发展中国家、欧洲培训基金和欧洲职业培训发展中心授权范围之外的国家。

在具体研究方面，终身学习研究所为联合国教科文组织与其联合发布的2013 年版《区域和国家资历框架全球名录》（Regional and National Qualifications Frameworks）贡献了 33 个国家的案例。2015 版《区域和国家资历框架全球名录》包括上、下两卷。第一卷含主题章节，第二卷由区域和国家资历框架案例组成。欧洲职业培训发展中心提供了涉及欧盟成员国的章节内容，欧洲培训基金提供了欧盟合作伙伴国的章节内容，终身学习研究所提供了世界其他国家的内容。联合国教科文组织总部提供关于青年终身学习、识字和技能发展的七个地区资历框架。"终身学习研究所致力于建设并加强政策制定者、专家、实践者及其机构、组织、学习中心的合作与网络，尤其是通过'北—南—南'（North-South-South）合作、在线论坛及其他形式的合作来促进全民终身教育的发展。"① 可见，终身学习研究所与众多机构合作，构成强大的网络体系，共同进行区域和国家资历框架全球目录的研究，取得了显著的成效。

另外，教育和培训的国家资历框架发展项目主要开展几个方面的工作，包括支持亚欧首脑教育部部长会议；加强国家资历框架与非正规、非正式学习验证之间的关联；发展技术职业教育与培训的国家资历框架；促进非洲教育和培训国家资历框架的发展；建立终身学习的国家资历框架；加强对青年过渡时期选择发展路径的指导。

第三，识别、检验和认证全球观测。

终身学习研究所建立的识别、检验和认证全球观测站，作为联合国教科文组织承诺的一部分，为促进全球各国的终身学习而工作。通过全球观测站，终身学习研究所收集和传播"识别、检验和认证系统"在不同阶段的优秀实践案例。该系统为联合国教科文组织成员提供了便捷的访问通道，可以方便地了解全球观测站的相关信息。同时，观测站也邀请决策者、国家专家、实践者和有专业兴趣的人士参与分享和交换各自国家的识别、检验和认证模式。全球观测站在实施联合国教科文组织非正规和非正式学习的结果识别、检验和认证指南方面扮演着重要角色。教育和培训的国家档案和案例研究是全球观测站的重要

---

① 侯定凯. 联合国教科文组织终身学习研究所的宗旨与研究项目［J］. 世界教育信息，2015，28（10）：35 - 38.

组成部分。案例研究包括三个方面：教育和培训、工作世界、公民社会。所有信息在公布前，需要经过全球观测站的网络成员国家级专家、官员和实践者的磋商讨论。

第四，学习型城市建设。

联合国教科文组织对学习型城市（learning cities）进行了定义，认为学习型城市可以促进所有人终身学习，它有效地调动每个部门的资源，促进从基础教育到高等教育的包容性学习，家庭和社区学习充满活力，促进工作场所的学习，扩展使用现代学习技术，提高学习质量和追求卓越，在生活中形成一种学习文化。① 在这个过程中，城市增强了个人权利、社会包容、经济发展、文化繁荣和可持续发展。与此同时，终身学习者也获得广泛的新知识、技能和态度，能更好地适应环境的变化。终身学习和学习型社会在公民赋权和可持续社会过渡中起着至关重要的作用。联合国教科文组织着力构建联合国教科文组织全球学习型城市网络（UNESCO Global Network of Learning Cities，简称 GNLC），为世界各国学习型城市建设提供灵感、技术和最佳实践指导。构建学习型社会是各国政府的主要责任，而要获得持久的效果，需要省、市、社区之间共同努力。终身学习研究所响应教科文组织的要求，积极开展相关工作。

终身学习研究所通过举办学习型城市国际会议（International Conference on Learning Cities，简称 ICLC）推动各国学习型城市建设。2015 年 9 月，终身学习研究所（International Conference on Learning Cities，简称 ICLC）出版了《第二届学习型城市国际会议报告》（The Report on the 2nd International Conference on Learning Cities），② 会议集结了来自 95 个国家的 650 多位参会者，会上墨西哥批准成为学习型城市，同时加入联合国教科文组织全球学习型城市网络；确定设立联合国教科文组织学习型城市奖，2015 年有 15 个城市被授予学习型城市奖；颁布建设学习型城市指南；发布《3×3×3×3 学习型城市青年声明》（The 3×3×3×3×3 Youth Statement on Learning Cities），声明指出青年应该纳入学习型城市建设中，声明由联合国教科文组织发出的三个行动呼吁、三个鼓励地方政府的表述、三个鼓励国家政府的表述、三个青年为学

---

① UNESCO. Building a learning city［EB/OL］. https://www.uil.unesco.org/en/learning-cities/build-learning city，2024 - 06 - 11.

② UNESCO. The Report on the 2nd International Conference on Learning Cities，unesco-learning-cities-conference-2015-report［R］，UNESCO，2015 - 09 - 28.

习型城市建设作出贡献的承诺组成。报告也提供了如何开发可持续的学习型城市的信息，加强学习型城市的伙伴关系和网络建设，实现学习城市的关键特性。报告分享了学习城市如何培养全球公民和进行环境管理，促进健康和幸福，促进包容性和可持续的经济增长。通过学习型城市国际会议的分享和交流，可以加强学习型城市的可持续发展。

2. 识字和基本技能研究

终身学习研究所的识字和基本技能研究项目主要关注性别平等、非洲和青年发展。开展的工作有四个方面：一是通过宣传、网络和伙伴关系等活动促进整体、综合、部门内部和跨部门的识字方法。二是提高识字政策与项目的质量和相关性，开展行动导向和策略驱动的研究和结果传播。终身学习研究所重点关注的问题有：扫盲项目学习结果评估；开发促进包容与性别平等的赋权方法；关注弱势青年；通过多语言化和多元文化方法促进多样性；通过综合和代际方法实现相关性；通过专业发展、加强课程和材料建设、丰富文化环境、整合信息和通信技术来保证质量。三是通过建设有效的识字和计算能力实践数据库，提供以证据为基础的知识，以及创新的识字和计算能力的政策和项目案例。四是改善政策、项目设计、管理、监测和评价，提升识字和基本技能研究项目受训人员能力。

3. 成人学习和教育

成人学习和教育（adult learning and education，简称 ALE）是终身学习研究所的战略目标之一，成人学习和教育被认为是教育系统的重要组成部分，纳入国家政策框架和发展议程。支持会员参与成人学习和教育项目，为青年和成年人创造更多的学习机会促进发展能力是终身学习研究所的关键目标。终身学习研究所的重要活动之一是全球成人学习和教育报告的出版。终身学习研究所每三年发表一份《成人学习和教育全球报告》（Global Report on Adult Learning and Education），以此来监管成员的成人学习和教育政策与实践。2009 年发布第一篇报告，① 2013 年发布第二篇，② 除英文版本外，还有法语、汉语和西班

---

① UNESCO. UNESDOC［EB/OL］. https://unesdoc. unesco. org/images/0018/001864/186431e.pdf，2024 - 06 - 11.
② UNESCO. UNESDOC［EB/OL］. https://unesdoc. unesco. org/images/0022/002224/222407E.pdf，2024 - 06 - 11.

牙语版本。报告汇总成员提供的有关成人教育的定性和定量信息，展示在三年内取得的成绩，供世界各国借鉴和学习。在该份报告的前言中，时任联合国教科文组织总干事伊琳娜·博科娃（Irina Bokova）重申："发展成人学习和教育是满足可持续发展的重要步骤。支持成员改进在成人学习和教育方面的政策及实践，为青年和成人创造更多的学习机会，这与教科文组织的中期规划，以及教科文组织下属的教育部门支持和平发展的主要目标相一致。"① 可见，终身学习研究所的工作重点与教科文组织的要求相协调，也体现出对终身学习的重视。

终身学习研究所的另一项重要活动是举办国际成人教育大会。2009 年举办了第六届国际成人教育大会，该次大会的 144 个成员通过了《贝伦行动框架》（Belém Framework for Action），该框架认为成人学习和教育是终身学习的重要组成部分，对全民教育目标的实现具有重要作用。终身学习研究所支持成员从国际成人教育大会获得动力，重点是用行动实现《贝伦行动框架》的目标。"联合国教科文组织在一些国家成立了地区办事处，与当地政府共同举办第六届国际成人教育大会的后续会议，并且评估该地区自 2009 年《贝伦行动框架》实施以来取得的进步。"② 国际协调作为终身学习研究所在国际成人教育大会的后续步骤，包括能力开发、研究、宣传、网络和通信。特别关注基于信息通信技术的成人教育发展干预及青年和成人教育应用信息通信技术。2015 年，联合国教科文组织重新修订了 1976 年制定的成人教育发展目标。贝伦行动框架和联合国可持续发展目标的修订意见，将作为终身学习研究所制定政策和实践的新的参考文献。世界成人大会还设立了助学金项目和奖学金项目，用以支持成人学习和教育专家的能力发展，通过学者主导相关研究，终身学习研究所支持学者们为自己国家起草国家战略，以实现《贝伦行动框架》。

总之，联合国教科文组织教育科学规划研究所与终身学习研究所在教育政策规划、学习型社会构建等方面，应用其国际组织网络和资源的优势，充分发挥政策研究与咨询的功能，为世界的教育发展作出了巨大贡献，其理念、政策对各成员的教育进程产生了持久影响，属于国际教育智库的范本。

---

① 孔令琦.为全世界人民获得公平的终身教育奠定基础——联合国教科文组织终身学习研究所中期规划（2014—2021 年）[J].世界教育信息，2014，27（21）：46 - 52.
② 王俊烽，温得中，傅楷淇.传播终身学习理念 推进全民教育发展——访联合国教科文组织终身学习研究所所长阿奈·卡尔森 [J].世界教育信息，2014，27（21）：42 - 45.

三、世界银行发展研究小组

（一）世界银行概况

1. 发展历史

　　世界银行（World Bank，简称 WB）是全球三大经济组织之一，成立于 1944 年，总部位于美国华盛顿特区。1944 年 7 月，在美国新罕布什尔州召开的布雷顿森林货币会议（Bretton Woods Monetary Conference）决定成立世界银行，目的是帮助被第二次世界大战破坏的欧洲国家进行重建。① 首次贷款是 1947 年提供给法国战后重建。但是，很快世界银行支持重建的主要角色发生改变，开始将注意力转移到其他成员的需求上，如拉丁美洲、非洲和亚洲国家等。20 世纪 50—60 年代，世界银行的重点是大型基础设施项目的融资，如大坝、电网、灌溉系统和道路。为满足成员对技术援助日益增长的需求，世界银行除进行资金援助外，还提供技术援助，为受援方提供技术资源和培训，从而有效地利用世界银行贷款。20 世纪 70 年代，世界银行的重点主要集中于农业，目的是消除贫困。项目涉及食品生产、农村和城市发展、人口、健康和营养设计等，这些项目让贫困人口直接受益。同时，世界银行的业务也扩大到确定和鼓励制定政策、战略和机构，帮助国家获得成功，世界银行也把相关国家部门和结构调整贷款视为项目成功的必需条件。20 世纪 80 年代，世界银行继续扩大其关注社会发展的问题领域，包括教育、通信、文化遗产和国家治理。由于关注范围的大幅拓展，世界银行职员也由最初以工程师、经济学家和金融分析师为主，拓展到来自不同学科的专家，包括经济学家、公共政策专家、行业专家和社会学家、人类学家等。

2. 组织与人员结构

　　目前，世界银行已从一个单一的机构发展成为一个由五个联系紧密的发展机构组成的集团。（1）国际复兴开发银行（International Bank for Reconstruction

---

①　WB. History［EB/OL］. https://www.worldbank.org/en/about/archives/history，2024 - 06 - 10.

and Development，简称 IBRD)，向中等收入国家政府和信誉良好的低收入国家政府提供贷款。(2)国际开发协会(International Development Association，简称 IDA)，向最贫困国家的政府提供无息贷款(也称信贷)和赠款。国际复兴开发银行与国际开发协会一起组成世界银行。(3)国际金融公司(International Finance Corporation，简称 IFC)，是专注于私营部门的全球最大发展机构。IFC 通过投融资、动员国际金融市场资金以及为企业和政府提供咨询服务，帮助发展中国家实现可持续增长。(4)多边投资担保机构(Multilateral Investment Guarantee Agency，简称 MIGA)，成立于 1988 年，目的是促进发展中国家的外国直接投资，以支持经济增长、减少贫困和改善人民生活。MIGA 通过向投资者和贷款方提供政治风险担保履行其使命。 (5)国际投资争端解决中心(International Center for Settlement of Investment Disputes，简称 ICSID)，提供针对国际投资争端的调解和仲裁机制(见图 2 - 1)。

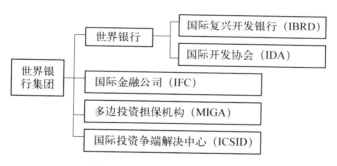

图 2 - 1　世界银行集团构成图

　　世界银行共有 189 个成员，这些成员中包含股东和董事会成员，但世界银行拥有最终决策权。通常，理事会成员由各成员的财政部长或发展部长组成，世界银行集团和国际货币基金组织(International Monetary Fund，简称 IMF)董事会成员每年举行一次年会。董事将具体职责委托给 25 名直接在世界银行工作的执行董事。五大股东均可任命 1 名执行董事，其他成员则由选举产生的执行董事来代表其履行职责。

　　世界银行组织结构①见图 2 - 2。世界银行的最高权力机构是董事会，董事会下设执行董事，下辖行长并进行独立评估和监察。世界银行集团行长由执行

---

① 　根据其官方网站内容整理. The world bank Organizational Chart ［EB/OL］. https://pubdocs. worldbank.org/en/404071412346998230/wbg-org-chart.pdf，2021 - 06 - 01.

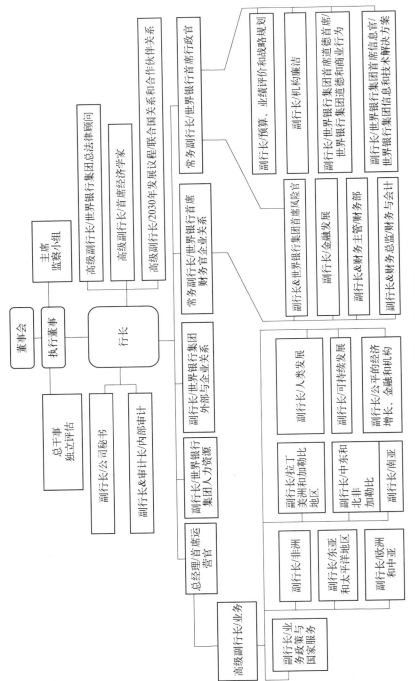

图 2 - 2　世界银行组织结构

董事选举产生，任期五年，可以连任。世界银行集团前行长金墉（Jim Yong
Kim）博士，曾兼任董事会主席，负责银行的整体管理，金墉是医生和人类学
家，曾担任达特茅斯学院院长。现任世界银行集团行长彭安杰（Ajay Banga）
于 2023 年 6 月 2 日正式就职。① 执行董事组成世界银行董事会，他们通常一周
至少召开两次会议监督世界银行的相关业务执行情况，包括审批贷款和担保、
新政策、行政预算、国别援助战略、借款和财务决策。行长、管理人员和高级
职员共同负责世界银行日常运营的领导和指导，副行长负责全球跨领域、区域
和功能的事务处理。财务和行政分开，首席行政官和首席财务官共同对风险进
行管控，同时，行政也对世界银行业务进行评估和监督，以保证世界银行的各
项业务及工作人员行为符合道德、廉洁的规范。世界银行组织机构严密、科学，
促进了世界银行业务在全球的可持续发展。

世界银行集团 2015 年度报告②（2014 年 7 月 1 日至 2015 年 6 月 30 日）显
示，世界银行拥有一支全球性的团队，国际复兴开发银行与国际开发协会共有
正式职员 11 933 人，来自 172 个国家，分布在全球 136 个国家工作。世界银行
2018 年度报告显示有 12 216 名全职员工。③ 世界银行根据全球发展形势不断调
整人员数量。

世界银行的足迹遍布全球，大约有 40% 的职员在美国总部以外的地区工
作。在职员的构成方面，发展中国家职员占比 61%，占管理人员的 42%。女
性职员占比 52%，占管理人员的 38%。撒哈拉沙漠以南非洲国家和加勒比国
家的职员占比 15%，占管理人员的 12%。世界银行的职员构成体现了多元化
特点，加之世界银行职员多样化的背景和丰富的经验，保证了为客户国提供
的产品和服务的质量。这得益于世界银行人力资源局的用人方针，该局支持
世界银行在正确的时间聘用拥有合适技能的人才。世界银行人力资源局人力
资源战略的核心工作围绕以下五个目标开展：营造强调绩效和责任感的文
化氛围；提高组织效率；打造人员多样而包容的工作团队；为职员创造职
业发展机会；保障人力资源提供出色的业务驱动型服务。为提高对客户国
的交付能力和应对能力，世界银行不断进行内部调整，在世界银行结构转

---

① 世界银行. 我们是谁 ［EB/OL］. https://www. worldbank. org/ext/en/who-we-are/
leadership/ajay-banga, 2024 - 12 - 25.
② WB Annual Report 2015 ［EB/OL］. https://www. shihang. org/zh/about/annual-report,
2016 - 07 - 19.
③ 世界银行 2018 年年度报告 ［R］. https://www. shihang. org/zh/about/annual-report, 2019 -
06 - 21.

变为新的全球实践结构的过程中，人力资源局也在职员配置调整中发挥了关键作用。

3. 使命与功能

自成立以来，世界银行的使命已从过去通过国际复兴开发银行促进战后重建和发展，演变成为通过与其下属机构国际开发协会和其他成员机构密切协调推进世界各国的减贫事业。因此，世界银行在国际发展和减少贫困领域一直处于领先地位。在教育方面，世界银行认为教育是发展的强力发动机，是减少贫困、改善健康、促进性别平等、维护社会和平与稳定最强有力的一个工具。目前，世界银行提出计划 2030 年终结极度贫困、促进共享繁荣两大目标。为了终结极度贫困，世界银行的目标是到 2030 年将处于日均收入低于 1.9 美元贫困线以下的贫困人口比例降低至 3% 以下。为了促进共享繁荣，世界银行的目标是帮助每个国家底层 40% 人口的收入增长。从世界银行的关注领域转变与拓展方向上看，世界银行的开发项目反映了以人为本的目标，而不仅仅满足于单纯的物质建设。"西方的发展观经历了两次嬗变，一次是从单纯追求经济增长到经济与社会共同发展，一次是从经济与社会共同发展再到以人为中心的人、社会（包括社会的政治、经济和文化）、自然和谐发展，体现了人类发展价值观的转变和对现代化进程持有态度的根本变化。"① 这是对人类社会发展过程的总结与反思，在此基础上作出的改变，随着经济发展和社会进步，人的地位与发展与经济社会发展不同步，将反过来阻碍经济社会的发展，因此世界银行的政策转向也是适应了人的发展的实际需要。

为适应世界经济政治的飞速发展，世界银行对自身定位也在不断调整。在 2011 年发布的《全民学习：投资人们的知识与技能以促进发展——世界银行教育战略 2020》（Learning for All: Investing in People's Knowledge and Skills to Promote Development-World Bank Group Education Strategy 2020，以下简称"《世界银行教育战略 2020》"）中，"世界银行把建立和完善面向全球教育的知识数据库作为两大重点事项之一，将之置于十分重要的地位，再次向世界传达了世界银行改革转型为'知识银行'的信息与决心。"②

① 闫温乐. 世界银行与教育发展 [M]. 上海：上海教育出版社，2013：47 - 48.
② 闫温乐. "全民学习"愿景下的教育资助——《世界银行 2020 教育战略》述评 [J]. 比较教育，2011，33（10）：34 - 38.

（二）世界银行发展研究小组的儿童早期发展研究

世界银行不同于普通意义上的银行，具有其特殊性。"它具有区别于一般银行的发展援助职能，不仅贷出资本和提供贷款项目，还要派出人员协助管理与传授经验；它不仅给予赤贫国家低息长期的贷款和无偿赠款，还要给予一国发展政策的咨询建议；它不仅开展各个领域的科学研究，还要向全球分享研究成果与知识理念；它不仅拥有世界任何一家普通银行都无法媲美的资金数量，还有能力聘请世界各国的经济学精英与各个领域的尖端人才；它不仅提出'知识促进发展'的倡议，还开发出严密精细的分析工具给予量化展示——知识究竟是如何促进发展，甚至'多少'知识促进'多少'发展等。在国际社会的争议与质疑声中，世界银行始终以积极的态度、多样的服务、务实的作风等持续投入教育发展。"① 依托世界银行资金和运行机制的优势，世界银行积极开展教育领域研究，世界银行的教育政策研究主要依托教育贷款项目进行。

世界银行发展研究小组（Development Research Group，World Bank）是世界银行最主要的研究部门。它定位于世界银行经济发展研究附属机构，专业知识研究范围横跨广泛的主题和国家，是世界上最有影响力的发展研究中心之一。在《全球智库报告2020》"最佳政府附属智库"排名中，世界银行发展研究小组排第二名。② 发展研究小组进行了许多与教育有关的研究。

世界银行在教育领域关注的问题聚焦以下方面：增加儿童早期发育/发展的投资，促进终身学习和提高未来的生产力；确保孩子在学校能确实学到基本技能；为弱势社区的女孩和儿童接受平等的教育减少障碍；减少技能发展、高等教育与劳动力市场之间的脱节现象；解决政府部门各层级系统性问题，提高效率和透明度；增加国家基于融资成果的创新，以应对国家需求；所有层级的教育系统提供学生必需的技能，以促进成长和提高生产率。这些问题的聚焦，反映出世界银行对教育领域诸多问题的关注，包括儿童（尤其是女童）、学校、社区、政府，从微观到宏观层面均加以关注，试图通过融资、贷款、政策咨询等途径促进相关问题的解决。

---

① 闫温乐. 世界银行与教育发展 [M]. 上海：上海教育出版社，2013：2.
② McGann，James G. 2020 Global Go To Think Tank Index Report（2021）. TTCSP Global Go To Think Tank Index Reports. 18 [EB/OL]. https://repository. upenn. edu/think_tanks/18.P231.

世界银行在教育领域的研究按各级各类教育可分为学前教育、初等教育、中等教育、高等教育、成人识字率/非正规教育、职业教育、一般性研究部门。从研究主题看，教育问题归入人力发展主题，具体可分为性别和教育、全民教育、知识经济教育、教学和学习、课程与教学等。

世界银行在学前教育方面的研究主要集中在儿童早期发展（Early Childhood Development，简称ECD）领域。世界银行认为应该在儿童早期提供一个机会来解决不平等的问题。支持儿童早期发展的潜在好处在于它有助于促进儿童进入学校后具备更好的学习能力，乃至促进成年后生产率的提升。[①] 投资儿童早期发展项目，确保他们得到良好的发展，包括培养和营养，这是国家最明智的投资——它可以解决不平等，打破贫困的恶性循环，在未来的生活中提高个人成就。来自发达国家和发展中国家的证据表明，1美元如果投资于高质量的学前教育项目，今后将产生6—17美元的回报。诺贝尔奖得主詹姆斯·J.赫克曼（James J. Heckman）和他的合作伙伴对牙买加儿童进行了20年的跟踪调查，结果显示医疗和教育结合干预儿童早期发展使得未来收益增加了25％。这个发现对全球十多亿生活极度贫困的人群具有深远意义。在过去10年里，发展中国家扩大幼儿园规模，世界所有地区幼儿入园率明显上升。然而，来自贫困家庭仍然未能享受到这种服务。据统计，在全世界范围内，近一半的3—6岁儿童（约1.59亿）失去学前教育的机会。在撒哈拉以南非洲，80％的儿童不能接受学前教育，南亚有45％的儿童不能接受学前教育。全球四分之一的5岁以下儿童（约1.62亿）身体发育不良，这会损害大脑发育且耽误入学。很多国家的儿童早期开发投资不足。为确保提供优质儿童早期开发服务、政府支出所需的最小公共投资应占国民生产总值1％。经济合作与发展组织成员国为0—6岁儿童的投资估计占国民生产总值的2.36％。许多政府在学前教育上的投资只占国民生产总值的0.1％—0.2％，这远远低于儿童早期开发资金1％的基准。

基于此，世界银行的儿童早期发展项目在注重为发展中国家提供贷款的同时，帮助该国确定儿童早期发展规划，促进国家对儿童早期教育的投入逐步增长。

世界银行在儿童早期教育领域的投资目的非常明确：投资高质量的早期儿童项目，支持儿童身体成长和全面发展（包括认知、语言和社会情感），针对世界各地尤其是来自贫困家庭的孩子，改善他们的学习结果，主要包含三个方面

---

① Early Childhood Development Overview［EB/OL］. https://www.worldbank.org/en/topic/earlychil dhooddevelopment，2024-06-11.

的问题：低水平的入学准备、发育不良、缺乏高质量的护理。从教育的角度来看，儿童早期差距主要体现在认知、语言和社会情感技能方面，这些会对他们进入小学学习的动机造成不良影响。低水平的入学准备可能导致教育系统效率低下，这些孩子更有可能陷入学习成绩差、留级、退学的恶性循环。这一情况在弱势儿童身上发生的概率更大。发育不良的主要原因是贫困和营养不良，发展中国家有 1.62 亿儿童患有发育不良、体能和认知发展滞后的问题。研究表明，增强早期营养和精心设计的教育项目（例如，通过家访或基于社区服务），可以非常有效地防止发育不良并改善与儿童的交流，特别是对 2 岁以下的儿童。提供有质量的中心式护理，比如幼儿园，对 3—6 岁的儿童有非常积极的影响。

　　世界银行支持世界各国的儿童早期发展，主要是通过融资、政策咨询、技术支持以及组织国家、地区和全球级别合作活动来进行。2001—2013 年，世界银行集团在儿童早期发展上投资 33 亿美元，33 个项目是独立运营，83 个项目是合作进行，2012 年和 2013 年投资大幅增加。截至 2018 年 6 月 30 日，世界银行基于成果的教育融资资金已经超过 71 亿美元；自 2016 年以来，世界银行已投入超过 40 亿美元用于直接惠及女性青少年的教育项目，比计划提前三年。① 该项目的目的是确保弱势女童能上中学，是对人力资本的另一项基础性投资。

　　为了更好地帮助政策制定者和实施者系统诊断儿童早期发展政策，世界银行开发了儿童早期发展政策评估系统（Systems Approach for Better Education Results-Early Childhood Development，简称 SABER-ECD）（见表 2 - 3），目前有 40 多个国家在使用该套评估系统。如乌兹别克斯坦用该系统帮助识别提供公平的儿童早期教育服务的差距，以此设计全球伙伴关系的教育项目，提高儿童接受早期教育机会的质量。

表 2 - 3　儿童早期发展政策评估系统的维度与指标②

政策目标	政策维度	政策指标
构建有利的环境	支持儿童早期发展的完善的法律法规体	共 7 个指标：是否有针对孕妇卫生与保健的法律法规；是否有针对儿童卫生与保健的法律法规；是否有保障和促进孕妇及儿童必需营养消费的法律法规；在何种程度

①　世界银行 2018 年年度报告［EB/OL］.https://www.shihang.org/zh/about/annual-report，2019 - 06 - 21. P24.
②　张世义.世界银行评估早期儿童发展政策的新框架及其启示［J］.学前教育研究，2015（11）：13 - 20.

政策目标	政策维度	政　策　指　标
构建有利的环境	支持儿童早期发展的完善的法律法规体	上保障和促进孕妇、新生儿母亲、儿童父母及儿童照料者为儿童提供适当的保育；是否为儿童提供免费的学龄前教育；在何种程度上建构了儿童保护与服务政策；在何种程度上建构了社会保护与服务政策
	跨部门协作确保服务的有效性	共4个指标：是否有明确的多部门协作方面的规定；是否有多部门协作的制度依据；在何种程度上保障儿童接受了多部门的整合服务；是否有促进政府和非政府部门合作的机制
	具有可分配的财政资源	共4个指标：是否有透明的预算过程；学前教育财政水平能否满足人口的需要；财政负担是否公平地分摊到了社会各部门；早期教育师资的工资报酬处于何种水平
广泛实施	政策项目的范围	共4个指标：是否有针对所有目标受益群体（儿童及父母）的卫生保健项目；是否有针对所有目标受益群体的营养计划项目；是否有针对所有目标受益群体的教育项目；是否有针对所有目标受益群体的社会保障项目
	政策项目的覆盖率	共5个指标：针对孕妇的健康干预措施处于何种水平；针对儿童的健康干预措施处于何种水平；针对孕妇、儿童的营养干预措施处于何种水平；学前教育的毛入学率是多少；5岁以下儿童出生登记率是多少
	政策项目的公平性	共5个指标：早期保育与教育服务是否能够保证区域均衡；早期保育与教育服务是否能够保障性别平等；早期保育与教育服务是否能够满足所有儿童的需要；早期保育与教育服务是否能够关照儿童家庭社会经济地位的差异；早期保育与教育服务是否能够关照城乡差异
监督与质量保障	评估数据采集	共4个指标：是否收集了所有相关的行政管理和调研数据；是否根据多种特征变量（如性别、母语、城乡、社会经济地位、特殊需要等）收集了数据；是否收集了能够用于评估测量儿童的认知、语言、身体和情绪社会性发展水平的数据；是否追踪了个体儿童的发展结果
	质量标准和产品	共6个指标：是否建立了清晰的早期儿童学习标准；保教人员的入职要求是什么，以及是否根据专业要求提供了促进保教人员专业发展的机会；是否要求包括医生、护士、扩展医疗服务工作者、助产师、心理健康工作者在内的保健工作者接受儿童保教相关知识的培训；是否有早期儿童保教设施的建造和使用标准；是否有国有和非国有保教设施的国家和地方登记、认证程序；是否有严格的早期儿童保健设施认证程序

政策目标	政策维度	政　策　指　标
监督与质量保障	服务的达标程度	共 3 个指标：保教师资是否符合职前培养标准和任职标准；是否要求国有保教设施符合建造和使用标准，并符合登记、认证程序；是否要求非国有的保教设施符合建造和使用标准，并符合登记、认证程序

　　从表 2 - 3 可见，儿童早期发展政策评估系统由三个部分构成：政策目标、政策维度、政策指标。政策目标注重环境建构、实施、监督与质量保障。政策维度则是对目标的进一步分解，政策指标把政策维度进行细化，变得可观测、可操作。儿童早期发展政策评估系统为世界各国的儿童早期发展政策评估提供了一个统一的平台，便于指导各国政府儿童早期发展的规划与执行，同时，也便于世界银行对其在各国的贷款项目附加政策进行有效管理与监控。综合性的方案（营养和健康干预、父母技能培训、认识刺激）虽然实施起来很复杂，但可以产生最大的收益。该系统从儿童的营养、健康、医疗、教育、社会保障等方面对儿童早期发展进行了规范，体现出世界银行倡导的儿童全面发展观。世界银行还发布了一份报告《加快儿童早期发展步伐》（Stepping Up Early Childhood Development），该报告是一个实用指南，可以指导决策者和从业者如何对儿童早期发展事业进行投资。

　　世界银行在许多国家开展了儿童早期发展项目，如海地、印度尼西亚、牙买加、莱索托、莫桑比克、俄罗斯、越南等。世界银行也与中国在儿童早期发展方面开展了合作研究，如《中国的儿童早期发展：打破贫困的恶性循环，提高未来竞争力》(Early child development in China: Breaking the cycle of poverty and improving future competitiveness)①，世界银行与中国国家卫生健康委员会、中国教育部合作，对中国儿童早期发展进行全面检查。研究显示，中国 3—6 岁儿童的早期发展还有很多可以改善之处，中国教育部认可了世界银行的研究，并制订了儿童早期发展目标。可见，世界银行对儿童早期发展的投资及研究对世界各国产生了重要影响。

---

① Wu, Kin Bing; Young, Mary Eming; Cai, Jianhua. 2012. Early child development in China: Breaking the cycle of poverty and improving future competitiveness [EB/OL]. https://documents. worldbank. org/curated/en/2012/07/16499167/early-child-development-china-breaking-cycle-poverty-improving-future-competitiveness，2016 - 7 - 21.

（三）初等和中等教育研究

接受初等和中等教育是一项基本人权。所有儿童和青少年都有机会获得基本的教育和学习，是一项基本的人权。① 青少年应该依靠获取知识和技能促进成长、发展和减贫，而不只是看其坐在教室里的时间长短。许多数据表明，儿童和青少年的学习水平仍然很低。在低收入国家，许多年轻人完成基础教育并没有获得基本的识字和计算能力。即使在中等收入国家，许多学生获得的基本技能也不能满足雇主和未来工作的需要。今天，全球估计有 2.5 亿儿童不能读和写，即使他们在学校花费三年或更长时间，因此，提高教育质量和加速学习全球化的任务显得十分紧迫。

早在 1995 年，世界银行就发布报告《教育优先权和战略：世界银行评论》，特别强调发展基础教育。"该报告重申了 1988 年报告的政策建议，并且更加强调，'在那些还没有实现普遍扫盲和具有基础教育阶段充分、平等和公正入学机会的国家，世界银行借给这些国家的贷款将继续最优先考虑给予基础教育'。"② 世界银行为此加大了对基础教育的投资，努力扩大儿童和青少年受教育的机会，为世界各国提供政策建议、技术支持和教育知识。世界银行认识到不仅需要确保今天 5 800 万名儿童有学上，也要保证他们接受高质量的教育，为他们战胜 21 世纪所面临的挑战做好准备。世界银行支持最贫困国家和中等收入国家的教育，每年平均融资 26 亿美元，2014 年度融资总额达到 36 亿美元，比 2013 年度的 29 亿美元大幅上升。2010 年 9 月，世界银行集团时任行长金墉在"千年发展目标峰会"（Millennium Development Goals Summit）上重申，为实现承诺，国际开发协会为基础教育额外追加 7.5 亿美元融资，在五年内（2011—2015）帮助贫穷国家加快实现 2015 年的教育千年发展目标。国际开发协会 2013 年基础教育融资是 12.6 亿美元。

实施全民学习战略，改善全民学习。全民学习是世界银行集团在《全民学习：投资人们的知识与技能以促进发展——世行 2020 年教育战略》（Learning for All: Investing in People's Knowledge and Skills to Promote Development-

---

① World Bank. Primary and Secondary Education ［EB/OL］. https://www.worldbank.org/en/topic/primarysecondaryeducation/overview#1，2024 - 05 - 22.
② 於荣，张国葵. 世界银行的教育政策与非洲高等教育的发展 ［J］. 外国教育研究，2010（12）：41 - 45.

World Bank Group Education Strategy 2020）中提出的概念，以此应对世界的不断变化对教育提出的新挑战。该战略包括三个支柱："早投资""明智投资""为全民投资"。① 鼓励各国"早投资"，因为年轻人需要强有力的基础技能来确保终身学习，用"明智投资"的干预措施和改革来提升学习效果，"为全民投资"，包括女孩、边缘和弱势群体。改善全民学习是世界银行在教育领域最优先考虑的主题。早期打下坚实的学习基础，对今后获得成功至关重要。然而，对许多孩子来说，他们在学校没有达到预期的学习水平，他们的技能很难适应今天全球市场的需求。全民学习理念认为教育改革要改变单纯灌输的现状。教育系统将资源有效地转化为更好的学习成果的能力，不仅取决于有足够的教室、教师、教材，还有政策环境、资源和问责机制，这些因素也可以提升教育成效。

在世界银行的援助下，世界初等教育和中等教育成效显著。全球小学毕业率 2012 年达到 92%，高于 2000 年的 81%，初等教育净入学率 2011 年达到 89%，高于 1999 年的 82%；中小学入学人数的性别平衡在 2011 年达到近 97%；从 1999 年到 2012 年，全世界失学儿童的总数从 1 亿下降到 5 800 万，其中 3 100 万是女孩，在南亚总数下降超过 2/3。② 世界银行援助各国初等教育和中等教育也取得许多进展（具体见表 2-4）。

表 2-4 世界银行部分援助国初中教育和中等教育成效

序号	国家/所属洲	成 效
1	吉布提/非洲	为小学增加超过 100 间教室，超过 7 000 名城乡儿童受益，其中包括 3 300 名女孩
2	孟加拉/亚洲	79 万名失学儿童（其中女孩超过一半）在 2004—2012 年得到了接受小学教育的"第二次机会"
3	海地/北美洲	1 000 名未成年少女接受非技术和软技能培训，帮助他们适应从毕业到就业的过渡，提高他们的就业和收入潜力

① World Bank Group Education Strategy 2020：Learning for All Investing in People's Knowledge and Skills to Promote Development ［EB/OL］. https://www.worldbank.org/educationstrategy2020，2016-7-22.
② World Bank. Result ［EB/OL］. https://www.worldbank.org/en/topic/primarysecondaryeducation/overview#1，2016-7-22.

序号	国家/所属洲	成　　效
4	巴基斯坦/亚洲	在信德省农村地区，男孩和女孩的小学净入学率从 2007 年的 61％上升到 2011 年的 72％
5	坦桑尼亚/非洲	2005—2012 年，完成小学学业的男孩比率提高 20.5％，女孩比率提高 30.7％

注：该表根据世界银行官方网站内容整理。

　　世界银行是联合国秘书长全球教育优先倡议发起成员之一，与联合国积极合作，共同举办了数次部长活动，探讨分步实现所有孩子都能入学和学习的议题。从 2002 年开始，世界银行积极建立全球教育伙伴关系，目前已与近 60 个发展中国家、捐助国政府、国际组织、私营部门、教师和民间社会团体等建立全球教育伙伴关系。这些合作关系的建立，有力地确保世界银行千年教育目标的实现。

　　世界银行进行了大量与初等教育有关的研究，并公布了研究报告。如 2016 年 1 月世界银行发布报告《马拉维的初等教育：支出、服务交付和结果》（Primary education in Malawi：Expenditures，service delivery，and outcomes），[①] 这份报告旨在加深对支出分配与流程、服务提供质量（包括投入与产出方面），以及马拉维初级教育相关教育成果的理解；评估了政府初等教育各部门自我诊断面临的挑战，提出了解决这些问题的改革计划。报告第三章分析导致初等教育高重复和辍学的表现和因素，公共资金利用的浪费和滞留；还考察了学校表现的多样性，试图找出导致不同结果的独立因素。第四章考察了难以测量的因素，如教学质量、学习结果等。这些研究为马拉维政府改进初等教育提供了政策建议。2016 年 2 月世界银行发布了报告《学前教育的入学机会和初等教育的发展：来自危地马拉农村的证据》（Access to pre-primary education and progression in primary School：Evidence from rural Guatemala），[②] 证据表明，在高收入和中等收入国家，学前教育的大规模扩张对教育的影响有限。这项研

① Ravishankar，Vaikalathur；El-Kogali，Safaa El-Tayeb；Sankar，Deepa；Tanaka，Nobuyuki；Rakoto-Tiana，Nelly. 2016. Primary education in Malawi：Expenditures，service delivery，and outcomes［R］. Washington，D. C.：World Bank Group.
② Bastos，Paulo S. R.；Bottan，Nicolas Luis；Cristia，Julian. 2016. Access to pre-primary education and progression in primary School：Evidence from rural Guatemala［R］. Policy Research working paper；no. WPS 7574. Washington，D. C. ：World Bank Group.

究的重点在估计危地马拉农村社区学前教育扩张对初等教育的影响，在1998年至2005年期间，危地马拉学前学校的数量从5 300所增加到11 500所。在双重差分①框架内，结合管理和人口普查数据的分析发现，学前教育入学比例增加了2.4%，12岁读六年级的人数得到充分增长。这些积极的影响有限，但如果可以采取互补的行动，就能产生实质的明显的进展。

（四）高等教育研究

高等教育是指所有的中学后教育，包括但不限于大学。尽管世界各地的高等教育快速发展，但仍然存在许多挑战，包括扩大和促进公平入学机会，提高学习成绩，提升教育质量，加强知识生成和技术转让，并鼓励所期望的价值观、行为和态度。如撒哈拉以南非洲的高等教育平均入学率在10%以下停滞不前，数字化被视为高等教育中巨大的均衡器，但在现阶段也是巨大的分水岭。由于连接和访问设备的能力有限，特别是那些最需要它的学生无法从高等教育的持续学习中获益。大多数中等收入国家都面临质量难题，大量资源投入高等教育，但质量没有明显提高，毕业生的技能长期与社会需求不匹配。② 近年来，每个国家的公共高等教育机构和私人高等教育机构都在不断增长，并变得多样化——学院、技术培训机构、社区学院、护理学校、研究实验室、卓越中心、远程学习中心以及更多的网络机构。③ 世界银行研究表明，在全球范围内，高等教育毕业生的回报率是整个教育系统中最高的——收入平均增加17%。高质量的机构，多样化的选择，相关的、公平和高效的高等教育与研究是结束极度贫困和推动经济增长的关键。

世界银行集团从1963年开始一直致力于高等教育，不仅鼓励全球取得质量更好的结果，而且也促进发展更有效更负责任的高等教育机构。世界银行主要通过计划和项目帮助各国加强高等教育，其工作主要有几个方面：促进机构多样化；提高高等教育的质量和相关性；加强科学技术研究和开发能力；促进更有效的公平性机制来帮助弱势群体学生；建立可持续的融资系统，并鼓励其

---

① "双重差分"的含义请参考：叶芳，王燕. 双重差分模型介绍及其应用 [J]. 中国卫生统计，2013，30（1）：131 - 134.
② World Bank. Tertiary Education Overview [EB/OL]. https://www.worldbank.org/en/topic/tertiaryeducation，2021 - 04 - 25.
③ World Bank. Higher Education [EB/OL]. https://www.worldbank.org/en/topic/tertiary education/overview#1，2016 - 07 - 22.

具备灵活性和响应性；加强管理能力；加强信息通信技术（Information and Communications Technology，简称ICT）能力，弥合数字鸿沟。为达到上述目标，世界银行制定了教育战略：提高高等教育选择的多元化；确保教育机构高质量；让机构和系统成为更高效的一个整体；高等教育机构公平竞争；促进义务教育和培训变得公平，使家庭能够承担。① 上述战略注重多元化、高质量、高效率、公平等主题，体现出世界银行的政策受新自由主义理论影响的痕迹。

　　世界银行在全球范围内提供贷款和知识项目，支持各国高等教育的发展。"科研能力的不足和教育质量的低下，将迫使非洲的高等教育长期依附于西方援助国，从而使得非洲在全球经济竞争中继续处于不利的境地。非洲高等教育的发展依然面临着严峻的挑战。"② 针对非洲高等教育存在的诸多挑战，世界银行对高等教育的融资与政策支持也主要集中在非洲地区。在撒哈拉以南的非洲西部和中部，世界银行集团为7个国家的19所大学卓越中心融资。通过竞争性的选择，卓越中心的科学（Science）、技术（Technology）、工程（Engineering）和数学（Mathematics）（简称STEM）相关学科（如农业和健康）等先进的专业项目将得到资金支持。在中东和北非，世界银行集团与地中海中心及其他国际伙伴合作，使用大学治理记分卡，帮助7个国家的高等教育机构建立治理、管理和实践质量保障标准。目前，一个超过100所高等教育机构的动态网络已经建立，致力于培养集体学习，分享最佳实践和改进具体行动计划。在斯里兰卡，世界银行集团的21世纪高等教育项目为高等教育机构提供直接支持，帮助制定战略计划来提高教学质量、研究和创新。58个项目中有一个是资助科伦坡大学建立科学与技术站，它是联结公司与大学化学、数学、核科学、物理学、植物科学、统计和动物学等学科的创新渠道。在拉脱维亚，世界银行集团团队与拉脱维亚政府及不同利益相关者一起工作，在高等教育系统中设计一个新的融资结构和机制来支持高等教育的供给。该项目已经有了结果，新法律已经颁布，政府实体已经重新掌管高等教育。在乌干达，2005年10月，世界银行通过乌干达联合援助战略并实施《千年科学行动》计划。"该计划的发展目标是为乌干达的大学和研究机构提供更多更优质的科学和工

---

① Driving Development with Tertiary Education Reforms [R]. World Bank Group Education Global Practice Smarter Education Systems for Brighter Futures，2015.
② 於荣，张国蓁. 世界银行的教育政策与非洲高等教育的发展 [J]. 外国教育研究，2010（12）：41-45.

程专业的毕业生，提高研究的质量、数量和相关性，促进科学技术引导型发展并最终提高企业的生产效率。"① 该计划实施时间为 7 年，实施期间取得了较大成就，主要有：增加了各级高等教育院校中具有高素质的科学技术工程专业的毕业生数量；在计划实施期间共培养了大约 3 600 名本科毕业生、57 名硕士以及 31 名博士。在企业中善于技术开发的科学技术工程专业毕业生的比例从低于 5％上升到 35％。② 该计划通过竞争性资金补助大大提高了研究的质量和相关性。例如，研究人员在国际同行评审的期刊发表数量也从 2.0％上升到 3.5％。在千年科学计划实施的过程中，29％的基础科学技术工程专业的学生参与到实习计划中，通过技术平台成功的技术应用率达到 40％，全都超过计划的预期指标。③ 可见，通过世界银行的教育援助，乌干达高等教育取得了大幅进步，由此凸显世界银行对非洲高等教育发展的影响巨大。

世界银行积极开展国际合作与交流。世界银行集团与全球的学术组织和跨国组织共同合作开展工作。主要的合作机构有：联合国教育、科学和文化组织（UNESCO），经济合作与发展组织（Organization for Economic Co-operation and Developmen，简称 OECD），英国文化协会，伊斯兰教育、科学及文化组织（Islamic Educational，Scientific and Cultural Organization，简称 ISESCO），国际大学协会（International Association of Universities，简称 IAU）等。此外，非洲教育发展协会（Association for the Development of Education in Africa，简称 ADEA）和联合国教科文组织进行合作，力图实现国际高等教育领域数据的收集、共享。

（五）教育与技术研究

随着全球化和飞速的技术变革，知识成为在世界经济中保持竞争力的一个关键性因素。在协助各国利用信息通信技术实现教育目标和减贫战略方面，世界银行扮演着重要的角色。随着全球化、信息革命和对高技能高素质劳动力需求的增加，国家必须优先培养在教育中有效利用技术的能力。为此，世界银行积极推动世界各国教育对技术的关注和发展。世界银行在全球的教育项目绝大

---

① 邱艳芬.世界银行对乌干达高等教育科学技术创新的援助——以《千年科学行动》计划为例［J］.亚太教育，2015（10）：73.
② 转引自：UNCST. National Innovation Survey 2008－2010 2012 Report［R］. Kampala，2013.
③ 转引自：UNCST. National Survey of Research Development 2012 Report［R］. Kampala，2012.

多数都包含信息通信技术组件，具体包括设备和设施的援助；教师培训和支持；能力建设；教育内容；远程学习；数字素养；政策发展；监测和评价；媒体宣传等。① 这些教育项目通过设置信息通信技术内容，保证了信息通信技术通过教育得到普及和发展，由此提升劳动力适应现代社会的基本素质。世界银行与全球范围内的政府和组织合作，支持与此相关的创新项目，及时共享在教育中有效、适当地使用信息通信技术的研究和知识。世界银行在教育领域使用信息通信技术追求系统性和综合性应用，采取的策略有：在教育领域使用信息通信技术追求整体方法；信息通信技术的投资不只促进基本信息通信技术技能的发展，而且促进了批判性思维、解决问题和沟通能力的发展；谨慎投资单一的技术或供应商；特别关注教师的专业发展；密切监测和定期评估，做好随时改变方向的准备；确保世界银行工作人员有必要的知识、技能和工具来应对技术进步出现的挑战，利用先进技术解决教育部门发展面临的重大问题。② 2009年 11 月在中国杭州召开了第 13 届 UNESCO-APEID 国际会议暨世界银行 KERIS "信息通信技术在教育中的应用"高级研讨会，③ 其中 APEID（Asia-Pacific Programme of Educational Innovation for Development）是指"亚太地区教育创新为发展服务计划"，KERIS（全称 Korea Education and Research Information Service）是指"韩国教育研究与信息服务组织"。会上，世界银行信息技术和教育高级专家迈克尔·特鲁卡诺（Michael Trucano）博士做了题为"我们是如何知道我们所知道的一切：有关'信息通信技术在教育中应用'指标的国际最新动态"的报告，分享了世界银行信息通信技术在教育中应用的评价方法和测量指标。可见，世界银行在教育中应用信息通信技术研究方面处在世界领先位置。

　　世界银行在世界各国开展了众多教育与技术的项目。在俄罗斯，世界银行提高了国家生产高质量学习材料的能力，支持在教育中使用信息通信技术的教师培训，开发了一个校际信息通信技术网络资源中心。在约旦，世界银行正在帮助改革儿童早期教育系统、基础教育和中等教育，让其毕业生具备知识经济

① Education and Technology Overview［EB/OL］. https://www. worldbank. org/en/topic/edutech，2024 - 05 - 24.

② ICTs & Education. Issues and Opportunities［EB/OL］. https://siteresources. worldbank. org/EDUCATION/Resources/ESSU/463292-1290618190826/Background _ Note _ Educati onStrategy2020 _ ICT _ Edu. pdf，2010.8.

③ 李艳. 基于 ICT 的教育创新与可持续发展的未来——第 13 届 UNESCO-APEID 国际会议暨世界银行-KERIS "ICT 在教育中的应用"高级研讨会综述［J］. 开放教育研究，2010，16（1）：34 - 39.

所需的技能。在土耳其，世界银行为青年提供信息通信技术培训，使他们具备现代知识经济社会的核心竞争力。世界银行除了为各个国家提供融资贷款，更多地转向为各国提供技术援助和咨询服务，帮助他们更好地计划、执行、监控和评估在教育中使用的技术，以及各种开发工作。世界银行利用其在世界各地的成功实践经验和相关研究活动，为各国提供咨询和服务。如使用"提高教育效果的系统方法"（Systems Approach for Better Education Results，简称SABER），这是帮助世界银行实现两大战略目标（改革国家教育系统和在全球为教育改革建立一个高质量的知识库）而研发的教育系统，在国家层面，它为各国提供了教育系统分析、评估、诊断和对话的机会。在全球层面，它充实了全球教育系统的知识库，并使用这些信息来实施有效的改革。世界银行开发的基于信息通信技术提高教育效果的系统方法（SABER-ICT），有助于各国使用诊断工具和详细的政策信息，为决策者提供评估的基准，帮助决策者对本国教育中信息通信技术的发展情况进行诊断和评估，从而促进教育中信息通信技术的使用和发展。

（六）启示

1. 对教育具有独特影响

世界银行既具备普通银行的功能，又具备普通银行不具备的特殊功能，即为融资国提供技术援助和咨询服务，帮助各国更好地对受援项目进行计划、执行、监控和评估，既保障世界银行项目的顺利实施，又使借贷项目的作用得到充分发挥，使项目的影响力更持久。《世界银行教育战略2020》提出改革世界教育体系的宏大目标，也是基于其以人为本的理念及对世界银行特殊作用的信心。

2. 教育关注重点受时代发展与理论影响双重作用

世界银行对教育的关注与投入，经历了一个不断发展变化的过程。从20世纪60年代开始，世界银行在教育领域的关注重点以初等教育为主，进入21世纪后开始注重儿童早期教育，近几年在投入上持续增长。由于受人力资本理论和新自由主义的影响，认为高等教育的投入对经济的贡献率偏低，因此世界银行对高等教育的投入不多。近几年，随着信息技术的发展，世界银行开始重视对教育中信息与技术应用的投入。可见，世界银行对教育领域的关注与投入是建立在时代变革、相关理论发展的基础之上。

3. 注重对教育项目进行系统监控与评估

世界银行进行相关教育项目融资时，除严格制订计划、认真实施外，还注重对项目进行系统的监控与评估。世界银行在 SABER 教育系统的平台之上，针对教育的不同领域，开发了相应的评估系统，教育层级包括儿童早期教育、初等和中等教育、劳动力开发、高等教育；教育资源包括资金、教师、学校健康和学校营养、治理包括学校自主权和责任、私营部门参与；教育信息包括评估、教育管理信息系统、平等和包容、教育系统弹性（教育系统应对国家特殊情况的方法和策略）。[①] 如在实施儿童早期发展项目时，开发了儿童早期发展政策评估系统（SABER-ECD），帮助政策制定者和实施者系统诊断儿童早期发展政策。在实施信息与技术项目时，开发了信息与技术政策评估系统（SABER-ICT）。评估系统不仅为世界银行提供了管理教育融资项目的工具，也为各国政策制定者和决策者提供了诊断和评估工具，还在投资方和接收方之间建立了一个合作沟通的渠道，保障了教育项目得到切实有效的实施。

总之，作为世界三大国际组织之一的世界银行，运用其资金、政策、专业人员的优势，在教育领域发挥了特别的影响和作用，促进了世界教育水平的整体发展，未来仍将对全球的教育产生重要影响。

四、经济合作与发展组织教育与技能局

（一）经济合作与发展组织概况

经济合作与发展组织（Organisation for Economic Co-operation and Development，简称 OECD）被称为智囊团（智库）、富人俱乐部、监督机构或非学术性大学。其前身是欧洲经济合作组织（Organisation for European Economic

---

① Systems Approach for Better Education Results（SABER）［EB/OL］. https://www.worldbank.org/en/topic/education/brief/systems-approach-for-better-education-results-saber，2024 - 05 - 24.

Cooperation，简称 OEEC）。经济合作与发展组织的历史可以追溯到第二次世界大战。第二次世界大战给世界和人类带来严重破坏，战后欧洲各国领导人意识到，确保持久和平的最好办法是鼓励合作和重建，而不是惩罚，领导人决心避免重犯他们前任的错误，在这样的背景之下经济合作与发展组织诞生了。1948年，在美国马歇尔计划（Marshall Plan）的资金支持下，欧洲经济合作组织成立，目的是重建被战争蹂躏的欧洲大陆，各国政府承认其经济的相互依存，它为一个合作的新时代铺平了道路，由此改变了欧洲的面貌。① 1960 年 12 月，作为非欧洲国家的加拿大和美国成为欧洲经济合作组织新成员，20 个成员国（澳大利亚、比利时、加拿大、丹麦、法国、德国、希腊、冰岛、爱尔兰、意大利、卢森堡、新西兰、挪威、葡萄牙、西班牙、瑞典、瑞士、土耳其、英国、美国）在巴黎签署了新的经济合作与发展组织公约。1961 年 9 月 30 日，新的公约生效，OECD 正式诞生。之后，其他国家纷纷加入，至 2021 年已有38 个成员国，遍布北美、南美、欧洲和亚太地区。经济合作与发展组织形成了一种机制，"各国政府可以相互比较政策实践，寻求共同问题的解决方案，甄别出良好的措施和协调的国内、国际政策。该机制以平等的监督作为有效的激励手段来促进政策的进步，执行的是'软法'而非强制性的手段（比如OECD 公司治理原则），有时也促成了正式的协议或条约。"② 经济合作与发展组织成员国定期举行会议，确定经济合作与发展组织面临的共同问题，进行讨论和分析，最终制定政策解决这些问题。经济合作与发展组织与新兴经济体密切合作，如中国、印度和巴西以及非洲、亚洲、拉丁美洲和加勒比地区发展中经济体合作。经济合作与发展组织在全球广泛合作的目标是构建一个更强大、更透明和更公平的世界。

　　经济合作与发展组织的宗旨是通过政策保持世界经济增长和改善人们的社会福利。经济合作与发展组织利用其丰富的信息资源，帮助成员国通过经济增长和金融稳定实现繁荣并消除贫困，同时确保把经济和社会发展对环境的影响纳入考虑范围。它为世界提供了一个平台，各国政府可以通过经济合作与发展组织的平台一起工作，共同分享经验，并寻求解决共性问题的方法。经济合作与发展组织与各国政府在相互理解的基础上，推动经济、社会和环境变化，观测全球的生产力、投资和贸易情况，通过分析和比较数据预测未来趋势，并设

---

①　OECD 60th anniversary［EB/OL］.https：//www.oecd.org/60-years/，2024－06－06.
②　林钧. 国外学习化社会理论与实践研究［M］. 北京：中国经济出版社，2013：53.

置广泛的国际活动和产品标准，从税收到化学物质安全都有涉及。经济合作与发展组织也关注那些直接影响人们日常生活的问题，如在税收和社会保障中个人支付多少，人们享受的休闲时间有多少，国家的学校系统为年轻人适应现代生活做了什么准备，以及国家养老金制度在公民年老时会怎么发挥作用。经济合作与发展组织凭借事实和实践经验，提出建议政策，最终旨在提高人们的生活质量。经济合作与发展组织的工作主线是一个由民主制度和全民福利支持的共享市场经济的承诺。

（二）组织、人员结构与资金来源

1. 组织和人员结构

经济合作与发展组织由经济合作与发展组织理事会行使决策权，它是由每个成员国代表加上理事会的代表组成。理事会的常驻代表定期召开会议对相关决策达成共识，这些会议由经济合作与发展组织秘书长主持。同时，经济合作与发展组织理事会每年召开部长级会议，讨论重大问题以及经济合作与发展组织工作的优先事项。经济合作与发展组织秘书处受理事会委托开展相关工作。38 个成员国代表组成的专业委员会开会讨论具体政策领域的发展理念及检查工作进展，如经济学、贸易、科学、就业、教育和金融市场等。经济合作与发展组织有 250 多个委员会、工作组和专家小组。4 000 多名来自各国政府的高级官员在经济合作与发展组织委员会举行会议，对经济合作与发展组织秘书处承担的工作提出需求、审查其贡献。官员们返回所在国，可以在线访问文件，并通过一个特殊的网络交换信息。

经济合作与发展组织秘书长由理事会任命，任期五年。现任经济合作与发展组织秘书长是马蒂亚斯·科曼（Mathias Cormann），曾长期担任澳大利亚金融部长和参议院执政党领袖，并具备国际经济外交方面的专长。前任秘书长是安赫尔·古里亚（Angel Gurría），负责提供国家代表团和秘书处之间的联络。古里亚先生在墨西哥国立自治大学获得经济学学士学位，并在英利兹大学获得经济学硕士学位。[①] 他能讲西班牙语、法语、英语、葡萄牙语、意大利语，在墨西哥公共服务领域的职业生涯成就斐然，曾担任过两个部长的职务。他在担

---

① Angel Gurría, Secretary-General of the OECD［EB/OL］. https://www.oecd.org/about/secretary-general/，2024 - 05 - 21.

任墨西哥外交部部长时期，处理全球性问题的特点之一是进行对话和建立共识。在担任墨西哥财政和公共信贷部长期间，他引导墨西哥的经济避免了以前政府更迭后反复出现的金融危机，这在一代人中尚属首次，他为墨西哥的经济发展作出了卓越贡献。可见，经济合作与发展组织秘书长人选应具备极强的经济领域管理经验和能力。

　　经济合作与发展组织秘书处设在巴黎，有大约 500 名工作人员，负责具体处理委员会的各种事务，贯彻执行由经济合作与发展组织委员会决定的优先事项。工作人员包括经济学家、律师、科学家和其他专业人士。大多数工作人员都在巴黎开展工作，一部分在其他国家的经济合作与发展组织中心工作。经济合作与发展组织理事会、委员会、秘书处协调工作，具体流程如图2-3所示。

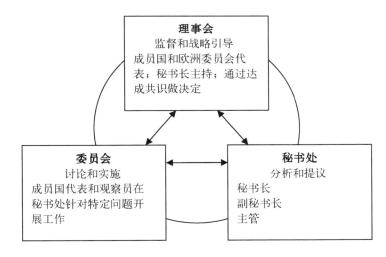

图 2 - 3　经济合作与发展组织工作驱动流程①

　　从图2-3可知，经济合作与发展组织的工作主要由理事会、委员会、秘书处三个机构驱动进行。理事会是经济合作与发展组织的管理机构，有权通过法律文件，通常称为"经济合作与发展组织行为"，这些行为的结果是委员会层面实质性执行。② 具体来说，理事会负责对经济合作与发展组织的各项活动进行监督和战略引导，委员会对理事会确定的发展战略和计划进行讨论和实

① 根据经济发展与合作组织官方网站内容整理. https://www.oecd.org/media/oecdorg/satellitesites/abouttheoecd/Graph_whodrives_01_EN.JPG，2016 - 07 - 25.
② OECD decisions. recommendations and other instruments in force ［EB/OL］. https://webnet.oecd.org/oecdacts/，2016 - 07 - 25.

施，秘书处则对具体问题进行分析和提议，最终付诸实际行动。三个机构职责明确，各司其职，保障了经济合作与发展组织的高效运行。

经济合作与发展组织有一套完整、严谨的工作方法（见图 2-4），从收集数据开始，分析、讨论、决策、实施，到最后的同行评审、多边监测，基于数据，注重严谨分析，讨论达成共识，同行评审、多边监测保证决策实施的客观性和公平性。在这套工作方法的规则之下，经济合作与发展组织各部门共同合作开展工作。经济合作与发展组织的工作基于对经济合作与发展组织成员国内部以及外部区域事件的持续监测，包括短期和中期经济发展的常规预测。经济合作与发展组织秘书处负责收集和分析数据，随后委员会根据这些信息讨论相关政策，理事会作出决策，各成员国政府实施决策建议。通过政府、多边监督和同行评审进行互相检查，通过同行对个别国家执行决策的表现进行监测，确保所有成员国都执行委员会的标准，这是经济合作与发展组织工作有效性的核心。同行评审的一个任务是监控经济合作与发展组织公约签约国，打击在国际商业交易中贿赂外国官员的行为。经济合作与发展组织委员会层面的讨论有时会演变成经济合作与发展组织成员国间国际统一合作游戏规则的谈判，他们可以达成国家间的正式协议，例如打击贿赂、安排出口信贷或资本流动办法。委员会可以制定标准和模型，例如双边税收条约的应用程序、执行反垃圾邮件法律跨境合作，还可以形成指南，例如公司治理或环境实践等。这些标准、模

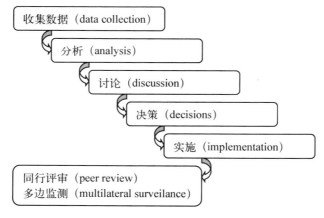

图 2-4 经济合作与发展组织工作方法①

---

① 根据经济合作与发展组织官方网站内容整理. https://www.oecd.org/about/whatwedoand
how/，2016-07-25.

型、指南的制定，能有效地指导各成员国开展工作，确保成员国的经济相关活动规范与公平，最终实现共赢。

经济合作与发展组织下设众多部门及特设机构，维持经济合作与发展组织的正常运转。部门主要有秘书长办公室、秘书处、执行局、公共事务和通讯局、职能部门（12 个），特设机构 6 个（详见表 2 - 5）。

表 2 - 5　经济合作与发展组织部门和特设机构①

部　门	下设组织机构或职能
秘书长办公室	秘书长 1 名，办公厅主任 1 名，副秘书长 4 名
秘书处	国际未来规划、理事会与执行委员会秘书处，法律事务局，全球关系秘书处，内部审计与评估
执行局	人力资源，投标需求
公共事务和通讯局	媒体关系，公共事务，出版，经济合作与发展组织中心
职能部门	合作发展局，经济学部，教育与技能局，就业、劳动与社会事务局，创业、中小企业与地方发展中心，环境局，金融与企业事务局，公共治理与国土开发局，科学、技术与创新局，统计局，税收政策与管理中心，贸易与农业局
特设机构	发展中心，金融行动工作小组，国际能源机构，国际交通论坛，核能机构，西非荒漠草原俱乐部

2. 资金来源

经济合作与发展组织的资金主要由成员国提供。资金由两部分构成：评估出资和自愿捐款。第一部分评估出资，是成员国的资金预算，占综合预算的53％。每个国家的出资额是根据每个成员国的经济规模，用统一公式计算得出的，各国的出资额与该国规模经济的大小成正比。第二部分自愿捐款，主要是成员国或非成员国参与者根据经济合作与发展组织的工作计划或相关协议自愿出资，以支持有关项目。2023 年，经济合作与发展组织预算为 3.383 亿欧元，各成员国第一部分出资比例见表 2 - 6。

---

① 该表根据经济合作与发展组织官方网站内容整理. https://www.oecd.org/about/list-of-departments-and-special-bodies.htm，2016 - 07 - 26.

表 2 - 6   2023 年经济合作与发展组织成员国资金预算第一部分出资比例①

序号	成员国	出资比例 (%)	序号	成员国	出资比例 (%)
1	美 国	19.1	19	奥地利	1.5
2	日 本	9.0	20	以色列	1.5
3	德 国	7.5	21	丹麦	1.4
4	英 国	5.4	22	爱尔兰	1.3
5	法 国	5.1	23	智利	1.2
6	意大利	3.9	24	芬兰	1.2
7	加拿大	3.6	25	捷克	1.2
8	韩 国	3.5	26	希腊	1.1
9	澳大利亚	3.1	27	新西兰	1.1
10	西班牙	2.9	28	葡萄牙	1.1
11	墨西哥	2.6	29	匈牙利	1.0
12	荷 兰	2.3	30	斯洛伐克	1.0
13	瑞 士	2.1	31	斯洛文尼亚	0.9
14	土耳其	1.9	32	拉脱维亚	0.8
15	比利时	1.7	33	爱沙尼亚	0.8
16	波 兰	1.7	34	卢森堡	0.8
17	挪 威	1.6	35	冰岛	0.6
18	瑞 典	1.5		合 计	100%

从表 2 - 6 可见，出资额最大的是美国，它为经济合作与发展组织提供了近 19.1% 的预算，其次是日本，出资比例最低是冰岛，出资比例也反映出经济合作与发展组织成员国国力及经济社会发展情况。

经济合作与发展组织的预算和工作计划由成员国决定，在前两年的基础上，

---

① 该表根据经济合作与发展组织官方网站内容整理. OECD. Member Countries' percentage shares of Part I budget contributions for 2023 [EB/OL]. https://www.oecd.org/about/budget/member-countries-budget-contributions.htm，2023 - 07 - 12.

以成果的系统评估为基准，统筹安排计划、预算和管理。经济合作与发展组织的账户和财务管理由一个成员国的最高审计机构进行独立外部审计，该机构由理事会任命。与世界银行不同，经济合作与发展组织不发放助学金或贷款。

经济合作与发展组织工作人员的工资收入与其贡献密切相关，并参考其他因素，综合确定。2016 年，秘书长的基本工资是每年 214 712 欧元，副秘书长的基本工资是每年 189 320 欧元。经济合作与发展组织官员、员工的工资基本工资受到扣除养老金、医疗和意外保险计划的影响，有些有权利获得某些津贴，如家庭、孩子、家属和离国津贴等，获取资格依据具体情况和员工就业的组织条件决定。较高的工资待遇及良好的福利保障，确保了经济合作与发展组织工作人员的工作质量、热情与归属感，保障了经济合作与发展组织的正常运行。

（三）经济合作与发展组织教育与技能局的架构与功能

根据美国宾夕法尼亚大学智库与公民社会项目（Think Tanks and Civil Societies Program，简称 TTCSP）发布的《全球智库报告 2020》显示，经济合作与发展组织在全球顶级教育政策智库中排在第 60 名，在全球顶级国际发展研究智库排名中位列第 122 名，[①] 尽管全球排名不算靠前，经济合作与发展组织开发的国际学生评估项目（Programme for International Student Assessment，简称 PISA）却在全球具有强大的影响力。其实，除 PISA 项目外，经济合作与发展组织在教育领域还开展了大量其他方面的研究，如早期儿童和学校、学校以外的技能、教育创新、劳动力市场、人力资本和不平等。经济合作与发展组织的教育研究主要由教育与技能局（Directorate for Education and Skills）负责。教育与技能局的主要职责是帮助各国回答教育决策者和实践者面临的重要问题，具体包括：如何识别和发展正确的技能，让人们更好地工作和生活；如何最好地在教育上分配资源，支持社会经济发展；如何为每个人提供机会，在人生的每一个年龄段充分发展自己的能力。教育与技能局也与其他国际组织合作，如联合国教科文组织、世界银行、联合国儿童基金会和欧洲培训基金会，以及主要的非政府组织、社会企业家和私营部门，还与欧洲委员会合作研究共同感兴趣的项目。教育与技能局的工作接受经济合作与发展组织教育政策委员

---

① McGann, James G. 2020 Global Go To Think Tank Index Report（2021）[EB/OL].
https://repository.upenn.edu/think _ tanks/18.P154，189.

会（the Education Policy Committee）的监督，同时接受该委员会和其他三个机构分派的任务。其他三个机构是教育研究和创新中心理事会（Centre for Educational Research and Innovation Governing Board）、高等教育机构管理理事会（Institutional Management in Higher Education Governing Board）、国际学生评估项目管理委员会（Programme for International Student Assessment Governing Board）。教育政策委员会为三个机构提供战略指导，并在经济合作与发展组织理事会的领导下开展工作，每个机构都有自己的使命、会员、预算和工作计划。当前，教育与技能局重点关注两个目标：一是加强就业能力、社会参与和包容性增长。鼓励政府发展社会所有成员的技能并保证他们能够有效使用这些技能，以此发挥人力资本和技能的关键性作用，为个人和支持包容的社会创造更好的工作和生活。二是加强机构的有效性和效率以实现改革。与政府共同理解成功改革的因素，向成员国提供直接支持，包括教育和技能政策的设计、采用和实施改革。

教育与技能局下设主任 1 人，副主任 1 人，部门主管 4 人，具体构成情况及其职能见表 2 - 7。

表 2 - 7　经济合作与发展组织教育与技能局工作人员构成情况①

姓　　名	职　　位	职责及所在部门职能
安德烈亚斯·施莱歇尔（Andreas Schleicher）	教育与技能局主任，秘书长教育政策特别顾问	全面负责教育与技能局相关工作
蒙特塞拉特·戈门迪奥（Montserrat Gomendio）	教育与技能局副主任	配合主任开展教育与技能局相关工作
尤里·贝尔法里（Yuri Belfali）	早期儿童和学校部门主管	该部门为早期儿童和学校设置，丰富国际证据基础，给国家提出有针对性的政策建议，提高学习机会质量、公平与效率。关键资源是国际学生评估项目（PISA）和国际教学调查（TALIS）
德克·范达默（Dirk Van Damme）	创新和进步测量部门主管	该部门组织测量教育进展、研究和创新，通过教育系统指标（INES）和教育研究与创新中心（CERI）检查当前教育状态、进步的措施和教育的创新发展，并提供其他活动形成的指标和研究数据

① 根据经济合作与发展组织官方网站相关内容整理. OECD WORK ON EDUCATION & SKILLS [EB/OL].https://www.oecd.org/edu/edubrochure-eng.pdf，2023 - 07 - 26.

姓　　名	职　　位	职责及所在部门职能
理查德·耶兰 (Richard Yelland)	政策建议和实施部门主管	该部门负责协调提供给经济合作与发展组织成员国和其他国家的教育政策建议，形式包括集体和单独提供，涵盖所有教育部门
德博拉·罗斯维尔 (Deborah Roseveare)	学校外技能部门主管	该部门的工作是测量成人技能，为政府在国家、区域和地方的层面建立更有效的技能系统提出建议，还提供建设技能的分析和政策建议，即通过更有效的职业教育、培训和高等教育促进技能发展

从表 2 - 7 可见，教育与技能局下设四个职能部门，分别是早期儿童和学校、创新和进步测量、政策建议和实施、学校外技能。涵盖人发展的三个重要阶段——儿童时期、青少年时期、成人时期，且侧重于人在这几个阶段的技能发展。其目的是通过对相关数据的分析，制定人生不同阶段的教育政策，促进人的技能提升，能从事更好的工作和获得更有质量的生活。

（四）国际学生评估项目

1. PISA 的组织与实施

国际学生评估项目（Programme for International Student Assessment，简称 PISA）由 4 个机构负责日常运行，具体名称及职责分工见表 2 - 8。

表 2 - 8　PISA 组织管理机构①

序号	机　构　名　称	职　　责
1	经济合作与发展组织秘书处（OECD Secretariat）	负责 PISA 的日常管理
2	PISA 理事会（PISA Governing Board）	决定政策的优先顺序，并确保这些政策在每个 PISA 项目调查实施期间得到尊重和执行

---

① 该表数据根据经济合作与发展组织官方网站内容整理. https://www.oecd.org/pisa/contacts/，2016 - 07 - 27.

序号	机　构　名　称	职　　责
3	PISA 国家项目经理（PISA National Project Managers，简称 NPM)	监督每个参与国家（经济体）的 PISA 实施情况
4	国际承包商（International contractors)	负责设计并实施调查，国际承包商直接对经济合作与发展组织秘书处负责

　　经济合作与发展组织秘书处负责 PISA 的全面管理，包括日常运行中的计划和监控，扮演 PISA 理事会秘书处的角色，作为 PISA 理事会和参与成员之间的中介，使各方在活动实施上达成共识。PISA 团队成员具体见表 2-9。

表 2-9　PISA 团队成员①

姓　名	职务及教育背景	职　　责
安德烈亚斯·施莱歇尔（Andreas Schleicher)	教育与技能局主任，经济合作与发展组织秘书长教育政策特别顾问，曾任国家教育成就协会（IEA）分析主管，海德堡大学荣誉教授。曾获澳大利亚数学和统计学学位，会讲德语、英语、意大利语和法语	除了进行政策和国家评论，还负责 PISA、国际成人能力评估项目（PIAAC）、教师教学国际调查（TALIS），教育系统效能标准开发与分析（INES)
尤里·贝尔法里（Yuri Belfali)	部门主管，高级分析师，获斯坦福大学国际教育管理和政策分析硕士学位，获日本东京津田大学国际关系学士学位。曾在联合国儿童基金会担任教育部门主管	负责大规模调查包括 PISA，教师教学国际调查（TALIS），主题分析和评论
迈克尔·史蒂文森（Michael Stevenson)	PISA 高级顾问，曾任思科公司全球教育业务副总裁，与比尔和梅琳达·盖茨基金会共同主持创立了全球教育领导人计划	PISA 调查战略发展，与世界各国教育部部长进行战略沟通和获取支持，主导研发《未来的教育和技能：2030 年经济合作与发展组织框架》的内容
彼得·亚当斯（Peter Adams)	PISA 高级经理，曾在澳大利亚教育研究委员会和皮尔森评估和测试任职。获经济、政治和教育本科学历，教育、艺术教育、会计和金融研究生学历	负责 PISA 项目整体管理

---

① 该表数据根据经济合作与发展组织官方网站内容整理. https://www.oecd.org/pisa/contacts/，2016-07-27.

姓 名	职务及教育背景	职 责
玛丽莲·阿奇龙（Marilyn Achiron）	编辑，之前在经济合作与发展组织的公共事务和通讯部门工作。曾任联合国难民事务高级专员办事处、联合国人权事务高级专员，国际红十字委员会和国际议会联盟的编辑顾问，是纽约《新闻周刊》特约撰稿人和编辑，《波士顿环球报》和《商业周刊》杂志特约记者。获耶鲁大学英语文学学士学位，本宁顿大学写作和文学硕士学位	协助主管负责 PISA 的管理工作
弗朗切斯科·阿维萨蒂（Francesco Avvisati）	分析师，曾任法国劳动部巴黎经济学院的研究员和讲师，获巴黎经济学院经济学博士学位，会讲意大利语、法语、英语和德语	解决问题技能评估分析，教育和培训创新战略项目
玛丽卡·布瓦龙（Marika Boiron）	出版物制作助理，之前在经济合作与发展组织教育与技能局任出版助理，获巴黎高等师范学院翻译硕士学位，会讲法语、英语和西班牙语	负责协调法国版本的 PISA 出版物
克莱尔·切特库蒂（Claire Chetcuti）	项目支持协调员，之前在 PISA 理事会任项目支持协调员，曾在核能机构法律部任项目助理，获蒙彼利埃大学国际谈判硕士学位，会讲法语、英语和西班牙语	负责 PISA 项目国际协调工作
阿方索·埃查萨拉（Alfonso Echazarra）	分析师，曾任西班牙 IESE 商学院研究助理，获曼彻斯特大学社会统计学博士学位，会讲西班牙语、英语、法语、德语和意大利语	PISA 项目数据分析
朱丽叶·埃文斯（Juliet Evans）	管理和沟通协调员，曾任教育、就业、劳动和社会事务局主任，曾参与经济合作与发展组织国际成人读写能力调查与儿童早期教育和护理项目，获英国诺丁汉大学法国研究学位，会讲英语、法语和德语	PISA 项目的管理与沟通事务
图厄·哈尔格伦（Tue Halgreen）	分析师，曾任学校 PISA 基础测试项目经理，曾任丹麦教育部政策评估高级顾问，获兰开斯特大学和哥本哈根大学硕士学位，会讲英语、丹麦语和法语	PISA 项目数据、调查分析

姓　名	职务及教育背景	职　责
池田都子 （Miyako Ikeda）	高级分析师，获东京大学教育社会学硕士学位，哥伦比亚大学师范学院教育博士学位。曾在世界银行越南分部工作，进行了一项全国小学教育质量研究，曾任联合国教科文组织国际教育规划研究所专家助理，进行南非和东非联盟教育质量监测（SACMEQ）项目研究，会讲日语和英语，正在学习法语	PISA 项目数据分析
尤迪特·帕尔 （Judit Pál）	统计学家，曾任匈牙利科学院教育和网络研究中心（RECENS）初级研究员，获布达佩斯考文纽斯大学社会学博士学位。会讲英语和法语	负责专题评论和的 PISA 健康模块设计与统计
马里奥·皮亚琴蒂尼（Mario Piacentini）	分析师，他曾在公共治理委员会、经济合作与发展组织统计部、日内瓦大学和世界银行工作，获瑞士日内瓦大学经济学博士学位，会讲意大利语、英语、法语，目前正在学习西班牙语	PISA 项目数据分析
詹尼纳·雷什 （Giannina Rech）	统计学家，获巴黎第五大学国际教育合作硕士学位，会讲法语、西班牙语和英语	负责分析、统计和编辑 PISA 报告和 PISA 系列专题报告
丹尼尔·萨利纳斯（Daniel Salinas）	分析师，获宾夕法尼亚州立大学教育理论和政策、国际比较教育双博士学位，获智利天主教大学社会学学士学位和文学硕士学位。曾是得克萨斯大学奥斯汀分校人口研究中心访问学者，会讲英语和西班牙语	负责 PISA 系列专题报告
黛安娜·特拉蒙塔诺（Diana Tramontano）	项目支持协调员，曾在开发合作协会、科学技术环境协会工作，获亚利桑那大学政治科学学位。会讲法语和英语，目前正在学习意大利语	负责"PISA 学校""PISA 开发"的管理
索菲·韦塞特斯（Sophie Vayssettes）	分析师，统计学家。曾在经济合作与发展组织教育、就业、劳动和社会事务局、科学技术局工作。获计量经济学和统计学硕士和学士学位。会讲法语和英语	负责 PISA 数据分析、统计
巴勃罗·索伊多（Pablo Zoido）	分析师，曾任世界银行研究员，获约翰斯·霍普金斯大学和斯坦福大学硕士学位。会说西班牙语和英语，正在学习法语	负责 PISA 数据分析

由表 2－9 可知，经济合作与发展组织 PISA 项目团队共有 19 人，团队成员专业背景、工作经历丰富多样，都有在世界知名研究机构的经验，团队内部分工明确，研究实力雄厚。首先，注重基于证据的分析工作。在 PISA 团队中，分析师、统计学家占该团队的大多数，这也说明 PISA 注重测试、调查结果的统计与分析，基于数据、证据得出结论的工作风格。其次，注重沟通与协调。PISA 测试范围涉及全球，因此 PISA 团队也注重国家间的沟通与协调，设置项目支持协调员，负责处理经济合作与发展组织与各国间在 PISA 测试开展前、开展过程中、开展后的沟通与交流。再次，注重报告和出版物的编辑与出版。有专人负责报告、出版物的编辑工作，保证了面向全球的报告及出版物的质量，同时也是对经济合作与发展组织 PISA 测试的一种有力宣传。

2. PISA 测试的基本内容

PISA 的目的是通过对 15 岁学生的知识和技能进行测试，以此评估全球的教育系统。具体来说，对个人而言，PISA 测试学生的创造性和批判性思维能力，以及对阅读、数学、科学的实际应用能力；对国家而言，PISA 测试还可以衡量国家为年轻公民提供教育机会的公平程度，收集学生的社会和情感技能、学习态度等信息，各国还可以比较他们之间的教育政策和实践，通过比较能快速、高质量地改善本国的教育系统。[1] 经济合作与发展组织在 2003 年的报告中提到世界各国的政策制定者希望通过 PISA 的结果实现三个目标：（1）通过与其他参与国或地区的比较，评估本国学生的素养技能；（2）为教育改进确立基准线，比如，其他国家或地区的平均分数，或者这些国家或地区提供高度公平的教育成果和教育机会方面的能力；（3）理解自己教育系统中相对的强项和弱项。[2] 可见，PISA 的目标非常明确，通过比较评估本国学生素养技能的水平，看清楚本国学生素养及教育公平等在世界中的位置，以便改进教育政策，促进教育公平与质量，提高学生适应未来工作与生活的技能素养。

PISA 测试每三年进行一次，有 70 多个国家（或经济体）的学生代表参与了测试。自 2000 年以来，每三年，在全球范围内随机选择学校 15 岁的学生参

---

[1]　OECD WORK ON EDUCATION & SKILLS [EB/OL]. https://www.oecd.org/edu/edubrochure-eng.pdf, 2016-07-28.

[2]　经济合作与发展组织（OECD）. 面向明日世界的学习——国际学生评估项目（PISA）2003 报告 [R]. 上海市教育科学研究院，国际学生评估项目上海研究中心，译. 上海：上海教育出版社，2008：4.

加测试，科目包含阅读、数学和科学，每年的测试重点关注一个科目。每个科目测试时间为 2 小时，该测试开放性与多项选择题结合，基于真实情境分组设置测试题目，总共耗时约 390 分钟，不同的学生采取不同的组合测试。根据 PISA 测试的基本原则，PISA 试题的回答无须提前准备，学生只要理解基本概念，灵活运用他们已经掌握的知识和能力即可。这样就避免了单纯为考试而考试的应试模式。学生和所在学校的校长还需要填写问卷，以此提供学生背景、学校、学习经验和广泛的教育系统和学习环境等信息，为最后的评估结果提供依据。

2012 年，一共有 65 个国家经济体，约 51 万名学生代表全球约 2 800 万名 15 岁学生参加了 2012 年 PISA 阅读、数学和科学测试。有 44 个国家参加了创造性解决问题的评估，18 个国家参加了金融素养（Financial Literacy）的测试。金融素养已经成为现代经济社会必需的一项重要生活技能，2012 年 PISA 测试显示，经济合作与发展组织成员国中超过 15％的学生的金融素养低于基准水平，这些学生只能完成简单的金融行为，如识别需要和欲望的区别，基于商品的单位价格比较其价值，但更复杂的任务却无法完成。"现在的年轻人在金融上面临着比前几代人更多的挑战，由于全球化和数字技术的发展，金融服务和产品变得越来越复杂和多样，个人必须为自己的金融决策承担更大责任，比如额外的教育投资、孩子的教育储蓄、退休计划、预期寿命增加、职业收入和福利减少、经济和就业前景不确定等。"[①] 因此，PISA 附设金融素养测试也是对当代社会工作生活技能新发展的体现。2015 年的 PISA 测试更注重科学学科的测试，有超过 70 个国家签署了协议 2015 年参加评估。

经济合作与发展组织还开发出 PISA 的附属测试项目——基于 PISA 的学校测试（PISA-based Test for Schools），该测试是一个学生评估工具，用以支持学校研究、基准管理和学校改进。它可以提供 15 岁的学生在阅读、数学和科学方面的描述性信息、分析技能和创造性应用知识的能力，并与主要的 PISA 标准进行对比，还可以提供与学生表现相关的学校内部和外部因素信息。PISA 在未来将进一步改进测试与背景调查问卷，增强其适应性，尤其是针对发展中国家。从 2013 年开始，经济合作与发展组织就逐步开发并修改 PISA 测试工具与方法，以便在发展中国家更好地开展测试。

---

① Lusardi, A. Financial Literacy Skills for the 21st Century: Evidence from PISA [J]. Journal of Consumer Affairs, 2015, 49（3）: 639 - 659.

经济合作与发展组织于 2016 年 1 月发布了《为了一个包容世界的全球胜任力》(Global Competency for an Inclusive World) 报告，该报告提出"全球胜任力"的概念，并将其界定为"从多个角度批判地分析全球和跨文化议题的能力；理解差异是如何影响自我和他人的认知、判断和观念的能力；在尊重人类尊严的基础上，与不同背景的人进行开放、适当、有效的互动的能力"。① 经济合作与发展组织在 2018 年的 PISA 测试中加入全球胜任力（Global Competence）评估，该项评估的目的是考查世界各国 15 岁学生对全球和跨文化议题的分析能力，理解人与人之间在观念、判断等方面的差异的能力，以及在尊重人类尊严和多元多样背景的前提下与他人进行交流、沟通和合作的能力。这是对全球化带来的新问题的回应，全球化、互联网等的发展给世界带来创新，提升人们生活水平的同时，随之而来的经济和社会分工的不平等、互联网商业对工作保障的削弱，收入差距的扩大，战争疾病等导致的移民问题，对未来青年人的素养发出了新的挑战。全球胜任力的提出正是顺应全球化对青年人未来素养的新需求，为全面衡量提升青年人的综合素养提供了又一新标准，对全球教育发展具有重大指导意义。

3. PISA 测试的特点

与一般的学业选拔考试相比，PISA 的评价内容、评价对象和评价目的均有所不同，主要体现在以下几点：关注学生应用知识和技能解决实际问题的能力，而不是考核学生对课程内容的掌握情况；以抽样方法对教育系统进行整体评价，不针对学生个体和单个学校；研究教育系统、学校、家庭、学生个人特征等方面的背景对成绩的影响，为教育决策提供依据，而不只是成绩的统计分析。②

一是 PISA 测试面向工作与生活。PISA 与一般的测试不同，它不直接与学校课程关联。PISA 测试不以学校课程、学生学习内容为依据，而是根据现实生活的需要来设计测试框架。测试是用来评估学生接受义务教育后，能在多大程度上把他们的知识应用到现实生活中，可以全面参与社会活动。在 PISA 阅读测试中，学生面对的不再只是那些单薄的字符及文本，而是那些与他们具

---

① OECD. Global Competency for an Inclusive World. https://www.oecd.org/pisa/aboutpisa/global-competency-for-an-inclusive-world.pdf，2016 - 10 - 28．p.4.
② 国际学生评估项目中国上海项目组. 质量与公平：上海 2009 年国际学生评估项目（PISA）结果概要 [M]. 上海：上海教育出版社，2010：3.

有直接或潜在关联的地点或情境。在数学、科学素养的测评中，PISA 也将其测试域中设计的问题分别置于个人、公共、教育、职业和科学等五大场景中。这些"情境"本身已经嵌入具体的"问题"中，或者成为激活掩埋于情境之中"问题"的外在条件。① 可见，PISA 测试的目的与其他类型测试有区别，如在世界比较知名的学生素养测试项目，OECD 协办的国际成人读写能力（International Adult Literacy Survey，简称 IALS）测试项目，国际教育成就评价协会（International Association for the Evaluation Achievement，简称 IEA）主持的国际数学与科学测试（Trends in International Mathematics and Science Study，简称 TIMSS），这两个项目侧重于学校技能的测试，而 PISA 则拓展为面向成人世界的生活技能测试。

二是 PISA 设置背景调查问卷，全面深入探究测试成绩背后的影响因素。通过该问卷收集的信息还可以帮助分析师解释调查结果，从而保证评估结论的客观真实。调查问卷主要包括学生问卷、校长问卷、家长问卷三类。学生问卷要用 30 分钟完成，内容涉及他们自己的信息、家庭背景、学校和学习经验；校长问卷也需要用 30 分钟完成，包括学校系统和学校环境。在一些国家和经济体，还会让家长填写问卷，提供他们对孩子所在学校的期望和参与信息、在家里对孩子学习的支持、对孩子的职业期待，尤其是对数学领域的期待。还有两个可选的调查问卷：（1）了解学生使用信息通信技术的情况；（2）搜集教育信息数据，包括何时中断学业，是否以及如何为未来的职业做准备。"PISA 测试和问卷旨在为各国政府提供决策信息和国际参照，因此，PISA 并不满足于测试学生个体素养成绩的高低，甚至也未停留于研究影响素养成绩的个人因素，而是继续深入探究影响学生素养和学业成绩的教育与社会原因，包括学校均衡、办学效能、家庭背景、政府投入等因素对学生的影响，即人们通常关注的教育均衡与教育公平等社会问题和政府责任。"② 以 2009 年 PISA 测试项目为例，其环境因素深入测查的内容包括教育系统特征、学校效能和学校管理、教育公平性、投入的有效性。其中，教育系统特征主要探查教育分权、评估和问责、高中学校结构等对教育结果的影响；学校效能和学校管理主要用以了解不同的校长活动与行为、学校目标、教师特征、课程、教学、学校氛围和学生

① 徐瑾劼. Literacy：PISA 素养观背后的教育学立场 [J]. 外国中小学教育，2012（1）：17 - 23.
② 张民选，陆璟，占胜利，朱小虎，王婷婷. 专业视野中的 PISA [J]. 教育研究，2011，32（6）：3 - 10.

评价对学校效能产生的影响；教育公平性主要考察各类学生在教育资源、教育机会、教育结果等方面是否处于公平的地位；投入的有效性则主要探讨教育分权、学校结构、学校选择、教师筛选、班级规模、教学策略、学校中的种族隔离等教育政策是否有效。① 再如，PISA 测试对表现不佳的学生（low-performing students）给予特别关注。在学校表现不佳的学生会陷入恶性循环，面临辍学高风险，当一个国家的大部分人缺乏基本技能，国家的经济增长将长期受损。2012 年的 PISA 结果显示，经济合作与发展组织成员国有超过 1/4 的 15 岁学生没有达到基线水平，即在三个核心科目阅读、数学和科学中，没有一个核心科目达到精通水平。在绝对数字上，意味着 64 个国家和经济体的 1 300 万 15 岁学生，至少在一个科目上表现较低。② 经济合作与发展组织对表现不佳的学生背景进行了分析，如在数学科目上，经济合作与发展组织成员国表现不佳的学生有几个特点：农村地区单亲家庭女孩，有移民背景，说着一种与本国母语不同的语言，没有读过学前班，复读一年级等因素都造成学生表现不佳。表现不佳的学生在数学学习上缺乏毅力、动机和自信，经常逃课。研究发现，如果公平地分配教育资源和学生，表现不佳的学生在学校更可能受益。因此，好的政策可以帮助打破恶性循环和低效能，政策制定者的第一步就是要在教育政策议程中，优先考虑解决低效能的问题。PISA 测试还对学生课外学习活动进行调查，课外的补习活动也被称为"影子教育"，附着于正规教育，PISA2006 的数据分析显示，"校外补习不一定能改善学科成绩，尤其在阅读方面，补习太多对学生的成绩有负面影响，在数理方面，各国补习成效差异很大"。③ 各国政府对课外补习的政策也不同，有的直接不干预，如非洲国家；发达国家这种情况很少，国家也很少干预；有的国家会进行规范管理，如韩国，有的积极干预，如新加坡。这种政策差异主要是由补习活动在各国的影响大小及性质所决定。补习活动普遍、影响大的国家，政策干预比较多，补习活动少、影响少且正面的国家，干预少，或者不干预。总之，PISA 附带的调查问卷，能够全面深入地了解成绩背后的影响因素，为政策制定、决策及实施提供可靠的证据。

---

① 郭思文，李凌艳. 影响学生学习素养的环境因素测评：PISA 的框架、内容及政策影响 [J]. 比较教育研究，2012，34（12）：86 - 90.

② OECD. Low-Performing Students：Why They Fall Behind and How to Help Them Succeed [R]. OECD，2016.

③ 何瑞珠，卢乃桂. 从国际视域论析教育素质与公平 [M]. 北京：教育科学出版社，2011：293.

三是评估具有连续性，可以纵向对比。PISA 每隔三年进行一次，一直在连续进行。不仅可以各国间横向对比，还可以对本国学生的表现进行纵向对比，相关国家参与连续调查，可以比较随着时间的推移学生的表现，以及评估教育政策决策的影响。上海师范大学张民选等对 PISA 测试带给我们的启示进行了深入总结："我们应该学会改变单向度、单方面的政策设计习惯，而应该注意政策制定、实施、评价中的各项内容，包括不同利益相关者、教育结果的多重意义、教育目标实现的条件、教育成绩获取的代价，将教育政策建立在多维度、多群体、多因素、多层面复杂系统分析和要素过程模型建构的基础上。"① 教育政策的制定是一个复杂的系统工程，涉及范围极广，影响因素众多，因此多维度、多群体、多因素、多层面是确保政策符合客观实际，能得到不同利益相关者支持、贯彻执行的根本保障。

4. 中国上海学生参加 PISA 测试的情况

中国上海从 2009 年开始参加 PISA 测试，2009 年和 2012 年连续两次测试成绩均居世界第一。由于测试成绩的突出，上海基础教育的成就引起世界的广泛关注。一些国家纷纷来上海学习考察，如英国、南非等，英国教育部时任国务大臣（副部长级）副部长伊丽莎白·特拉斯（Elizabeth Truss）还亲自带队到上海进行考察，随后英国《每日电讯报》刊登了一篇题为《英国的学校需要一堂中国课》的署名文章，对中国上海的教育，尤其是数学教育进行了中肯评价。② 可见，以上海为代表的中国教育正得到国际社会的重视和认可。

表 2 - 10　PISA2009 各国和地区学生阅读、数学、科学素养成绩（前 20 名）③

序号	国家和地区	阅读平均分	国家和地区	数学平均分	国家和地区	科学平均分
0	OECD	493	OECD	496	OECD	501
1	中国上海	556	中国上海	600	中国上海	575
2	韩　国	539	新加坡	562	芬　兰	554

---

① 张民选，陆璟，占胜利，朱小虎，王婷婷. 专业视野中的 PISA [J]. 教育研究，2011，32 (6)：3 - 10.
② 刘颖. 英国教育部官员：上海学校数学教育令人赞叹 [EB/OL]. 新华网，2013，3 (5).
③ OECD. PISA 2009 rankings [EB/OL]. https://www.oecd.org/pisa/46643496. pdf，2016 - 09 - 08.

序号	国家和地区	阅读平均分	国家和地区	数学平均分	国家和地区	科学平均分
3	芬　兰	536	中国香港	555	中国香港	549
4	中国香港	533	韩　国	546	新加坡	542
5	新加坡	526	中国台北	543	日　本	539
6	加拿大	524	芬　兰	541	韩　国	538
7	新西兰	521	列支敦士登	536	新西兰	532
8	日　本	520	瑞　士	534	加拿大	529
9	澳大利亚	515	日　本	529	爱沙尼亚	528
10	荷　兰	508	加拿大	527	澳大利亚	527
11	比利时	506	荷　兰	526	荷　兰	522
12	挪　威	503	中国澳门	525	中国台北	520
13	爱沙尼亚	501	新西兰	519	德　国	520
14	瑞　士	501	比利时	515	列支敦士登	520
15	波　兰	500	澳大利亚	514	瑞　士	517
16	冰　岛	500	德　国	513	英　国	514
17	美　国	500	爱沙尼亚	512	斯洛文尼亚	512
18	列支敦士登	499	冰　岛	507	中国澳门	511
19	瑞　典	497	丹　麦	503	波　兰	508
20	德　国	497	斯洛文尼亚	501	爱尔兰	508

　　从表2-10可见，中国在阅读、数学、科学领域的测试平均分均远远高于OECD的平均分，其中阅读高出63分，数学高出104分，科学高出74分，与第二名也保持了一定距离。从成绩上看，中国上海学生的阅读、数学和科学素养的确处于世界领先水平。在成绩性别差异上，数学和科学没有明显差异，但阅读有显著差异，上海男生阅读成绩比女生低40分，高于OECD平

均值 39 分。在东亚国家及周边国家范围内，上海学生阅读成绩的性别差异最大。学业成绩的性别差异可能反映了家庭对男生和女生教育重视程度及资源投入水平的不同，也可能与男生和女生在学科优势方面的差异有关。[①] 这一现象应该引起政府、学校、家庭的重视，对阅读存在困难的男生应给予特别关注，并进行有效指导和帮助，从而保证男生能与女生在阅读素养上同步提升。

2012 年 PISA 测试，2012 年 PISA 有 51 万名学生代表 65 个国家和地区的 2 800 万 15 岁在校学生参与测试，以数学为主测。参与国的学生全部进行 2 小时的纸质测试，一些国家还进行了 40 分钟基于计算机的阅读、数学和解决问题测试。OECD 随机抽取了上海 155 所中学 6 374 名学生，代表全市约 9 万名 15 岁在校生参加。这些学生分布在高中、初中、完全中学和中职校等各类各层次学校中。

表 2 - 11　PISA2012 各国和地区学生数学、阅读、科学素养成绩（前 20 名）[②]

序号	国家和地区	数学平均分	阅读平均分	科学平均分
0	OECD	494	496	501
1	中国上海	613	570	580
2	新加坡	573	542	551
3	中国香港	561	545	555
4	中国台北	560	523	523
5	韩国	554	536	538
6	中国澳门	538	509	521
7	日本	536	538	547
8	列支敦士登	535	516	525
9	瑞士	531	509	515

① 侯玉娜，沈爱祥. 学校资源对上海基础教育质量与公平的影响——基于国际学生评估项目（PISA2009）数据的实证研究 [J]. 教育学术月刊，2014（9）：38 - 45.
② OECD. PISA 2012 Results in Focus：What 15-year-olds know and what they can do with what they know [R]. OECD, 2014.

续　表

序号	国家和地区	数学平均分	阅读平均分	科学平均分
10	新西兰	523	511	522
11	爱沙尼亚	521	516	541
12	芬　兰	519	524	545
13	加拿大	518	523	525
14	波　兰	518	518	526
15	比利时	515	509	505
16	德　国	514	508	524
17	越　南	511	508	528
18	奥地利	506	490	506
19	澳大利亚	504	512	521
20	爱尔兰	501	523	522

　　从表 2-11 可见，在 2012 年的 PISA 测试中，中国上海地区学生的数学、阅读、科学平均分分别比 OECD 平均分高出 119 分、74 分、79 分，且与第二名保持一定的差距。PISA 测试使用了精熟度指标，分为 6 个等级，达到 5 级及以上的学生就认为具备了应对工作与开发的复杂情况、具有成熟的思维和推理能力，2 级及以下者属于尚未具备适应未来社会所需的基本能力。在数学素养精熟度上，OECD 成员国平均有 13% 的学生达到 5—6 级水平，上海地区学生达到 5—6 级的学生比例是 55%，远远超过 OECD 的平均值。紧随中国上海地区之后的是新加坡（40%）、中国台北地区（37%）和中国香港地区（34%）。与此形成对比的是，经济合作与发展组织成员国有 23% 的学生和所有参与测试的国家和经济体有 32% 的学生数学素养未达到 2 级水平。在阅读精熟度方面，OECD 成员国平均有 8% 的学生达到 5—6 级水平，中国上海地区学生达到 25%，中国香港地区、日本和新加坡学生达到 15%，中国上海地区具有明显优势。2019 年 12 月，PISA2018 测试结果公布，在全部 79 个参测国家（地区）对 15 岁学生的抽样测试中，中国四省市（北京、上海、江苏、浙江）作为一个整体取得全部 3 项科目（阅读、数学、科学）关键能力素养均居

参测国家（地区）第一的好成绩。① 测试结果表明，中国四省市教育成效显著，但仍有较大提升空间，教师教学方法较先进，学生爱好阅读，家长高度重视学生教育，学生家庭教育资源有保障，但学生学习时间较长，学生总体学习效率不高，学生幸福感偏低，情感支持有待提高。2023 年 12 月，OECD 公布了 2022 年 PISA 测试结果，有 81 个国家和经济体的 69 万名学生参加了测试。因为新冠疫情影响，中国只有香港、澳门和台湾地区参加了测试，但表现均非常优异。

经过二十多年的发展，PISA 参与国家（地区）由 2000 年的 43 个扩大到 2018 年的 79 个（包括美国、加拿大、澳大利亚，绝大部分欧洲国家，日本、韩国、泰国等部分亚洲国家，巴西、阿根廷等部分南美洲国家等）。PISA 已经成为世界上规模较大、具有广泛国际影响的基础教育第三方评价项目。

（五）教师教学国际调查

一个教育系统的质量在很大程度上取决于它的教学质量，收集教师信息可以帮助国家建立一个高质量的教学专业。为此，经济合作与发展组织开展了一项教师教学国际调查。教师教学国际调查（Teaching and Learning International Survey，简称 TALIS)② 是经济合作与发展组织教育与技能局开展的一项国际性调查项目。该项目主要调查教师的工作和态度，学校领导的角色。具体包括老师和学校的工作条件和学习环境，如教师教育的初始状态和专业发展，教师得到什么样的评价和反馈，学校的环境，学校领导、教师的教学观念和教学实践，自我效能和工作满意度。调查的具体对象包括，国际目标人群——初中教育的教师和主流学校领导者；每个国家目标样本大小——200 所学校，每个学校 20 名教师和 1 名领导；学校样本——教师在校的代表性学校样本。教师教学国际调查通过全面、严谨的调查，提供跨国分析，帮助成员国识别其他国家面临的类似挑战以及学习他们的政策。教师教学国际调查的研究结果以国际报告、交互式数据库、个别国家说明和专题报告等形式发表。

---

① 中华人民共和国教育部. 中国四省市二○一八年国际学生评估项目测试三项均列第一，专家表示——不能只关注 PISA 排名和分数 [EB/OL]. https://www.moe.gov.cn/jyb_xwfb/s5147/201912/t20191205_410926.html, 2019 - 12 - 05.
② TALIS 2008 and 2013 [EB/OL]. https://www.oecd.org/edu/school/talis-about.htm, 2016 - 7 - 27.

从 2008 年开始，教师教学国际调查在 24 个国家进行，专注于初中教育调查。2008 年的调查结束后发布了 4 个报告，第一个是《2008 年教师教学国际调查技术报告》（TALIS 2008 Technical Report），① 该报告介绍了教师教学国际调查使用的工具和抽样方法，数据的收集、测量和分析。第二个是《创建有效的教学和学习环境：来自 2008 年教学国际调查的初步结果》（Creating Effective Teaching and Learning Environments：First Results from TALIS 2008），② 该报告根据 23 个参与国的调查结果，为学校条件对教师的影响提供了一组国际对比数据。第三个是《新教师的经验：来自 2008 年教学国际调查的初步结果》（The Experience of New Teachers：Results from TALIS 2008），③ 该报告为教师职业生涯早期面临最重要的问题提供了综合分析。第四个报告是《教学实践和教学创新：来自教学国际调查的证据》（Teaching Practices and Pedagogical Innovation：Evidence from TALIS），④ 该报告利用 2008 年教学国际调查的结果，在数据和证据分析的基础上，对各国教学实践和教学创新的经验进行了分析，并提出具体建议指导。这四个报告全面地利用教学国际调查结果，为各国开展调查、促进新教师发展、改进教学实践和创新提供了国际视野。

2013 年，TALIS 已涵盖了 34 个国家的 500 万名教师，并鼓励各国根据本国情况扩大调查范围，对小学和高中教育进行调查。TALIS2013 对教师专业发展的调查，运用专业知识、专业自治和同伴网络这三个维度，通过教师在课堂和学校层面的行为表现及教师职业生涯的入职、带教和发展期三个关键阶段进行测量。专业知识是专业活动开展的基础，专业自治是教师开展专业活动秉持的态度，同伴网络是教师专业活动过程中的环境和支撑系统，三者相互依存，横向刻画出教师专业发展的基础，教师职业生涯的三个发展阶段则从纵向对教师的发展进行勾勒。横向和纵向互相交融，使得调查结果具有客观性和真实性。

2019 年 6 月，OECD 发布报告《TALIS 2018：教与学的新透视》（New

---

① OECD. TALIS 2008 Technical Report ［EB/OL］. https://www. oecd. org/edu/school/TALIS-2008-Technical-Report.pdf，2010.
② OECD. Creating Effective Teaching and Learning Environments：First Results from TALIS 2008 ［EB/OL］.https://www.oecd.org/edu/school/43023606.pdf，2009.
③ OECD. The Experience of New Teachers：Results from TALIS 2008 ［EB/OL］.https://www.oecd.org/edu/school/49846877.pdf，2012.
④ OECD. Teaching Practices and Pedagogical Innovation：Evidence from TALIS ［EB/OL］. https://www. oecd. org/edu/school/TalisCeri％ 202012％ 20％ 28tppi％ 29-Ebook. pdf，2012.

Insights on Teaching and Learning：Contributions from TALIS 2018），收集了 48 个国家近 1.5 万所学校，总数超过 26 万名教师和学校领导的数据，教师和校长是关键研究群体，报告着重研究高质量教学所需的知识和技能。相比前几次调查，TALIS 2018 的参与者大幅增加，调查对象的覆盖范围扩大，扩展了调查主题，包括学校领导、专业发展、创新学校、课堂实践、保证课堂公平和多样性等。

2013 年，中国上海首次参加 TALIS 调查项目。调查结果显示，上海在一些项目上优势明显且独具特色。上海初中教师专业发展中的教研和备课制度在教师专业发展中起着重要作用，上海教师参与观察其他教师课堂教学的比例远远高于国际平均值。上海初中教师同伴网络的系统构建，促进了教师的专业发展，从而有力地支撑了上海 2009 年、2012 年两次获得 PISA 测试第一的结果。上海教师专业发展、专业知识、专业自治、同伴网络方面均高于国际平均水平。

（六）经济合作与发展组织教育与技能局的其他研究

1. 儿童早期教育和护理

儿童早期教育和护理（Early Childhood Education and Care，简称 ECEC）是经济合作与发展组织在成员国间开展的一项旨在促进各国改进儿童早期教育和护理政策，促进儿童早期发展的一个项目。该项目于 1996 年由经济合作与发展组织教育委员会启动，儿童早期教育和护理被列为其教育政策研究的重点领域。

目前，儿童早期教育和护理成为许多国家的政策重点。[1] 越来越多的研究表明儿童早期教育和护理能带来许多益处，包括更好的社会效益和经济效益，具体表现为：更好的儿童福利和学习成就，更公平的教育，更多的女性参与劳动力市场，性别平等程度提高；提高了生育率，减少了贫困，提高了代际社会流动性。在经济合作与发展组织的推动下，越来越多的成员国建立监测系统，实行问责制，以确保 ECEC 项目的质量。

2015 年 10 月，教育与技能局发表报告《坚定开始 IV：儿童早期教育和护

---

[1] OECD. Early Childhood Education and Care［EB/OL］. https://www.oecd.org/education/school/earlychildhoodeducationandcare.htm，2023 - 07 - 26.

理质量监测》(Starting Strong IV：Monitoring Quality in Early Childhood Education and Care)。[①] 该报告探索国家如何开发和使用这些系统，增强服务和员工的质量，为儿童发展带来好处。它为各成员国提供了具有国际视角的具体例子，来帮助决策者、监控领域专家和从业者开发自己的监控政策并付诸实践。在此之前，教育与技能局已经连续出版了三册"坚定开始"系列报告，识别可以通过政策促进儿童发展质量的五个领域：质量目标和最低标准；课程和学习标准；劳动力质量；家庭和社区参与；数据、研究和监测。这个系列报告表明，在儿童早期教育和护理"数据、研究和监测"方面，各成员国的数据和相关研究还不够，为此 2013—2014 年教育与技能局进行了一项关于儿童早期教育和护理监测质量的政策与实践的调查，最终形成报告《坚定开始 IV：儿童早期教育和护理质量监测》。

儿童早期教育和护理质量监测为成员国的儿童早期发展提供了共享数据与服务，成员国的决策者、政策制定者、从业者能从这个系统中获取相关信息，进行国际比较，根据本国国情制定合适的策略，促进本国儿童早期教育的发展。该项目针对具体的国家，提出了相关政策报告，如针对挪威的《儿童早期教育和护理政策考察——挪威》，[②] 报告指出挪威的儿童早期教育和护理系统在过去 10 年里经历了强劲扩张，越来越多的儿童进入幼儿园。针对英格兰的《儿童早期教育和护理教育考察：英格兰》，[③] 报告展示了英格兰儿童早期教育和护理变化的证据，提出正式的儿童早期教育和护理教育方法设置；如何监控儿童早期教育；哪些政策影响儿童早期教育实践。这些报告对成员国发展基于证据提出建议，促进本国儿童早期教育发展的同时，也为其他国家提供数据和样本。

2. 教育创新

为促进教育研究的创新，经济合作与发展组织专门成立了教育研究与创新中心（Centre for Educational Research and Innovation，简称 CERI）。该中心的宗旨是进行前瞻性研究分析和合成；识别和促进教育创新；促进知识和经验的

---

① Starting Strong IV：Monitoring Quality in Early Childhood Education and Care [J]．OECD Education，October 28，2015．

② Arno Engel，W. Steven Barnett，Yvonne Anders and Miho Taguma. Early Childhood Education and Care Policy Review：Norway [R]．OECD，2015．

③ Stephanie Wall，Ineke Litjens and Miho Taguma. Early Childhood Education and Care Pedagogy Review：England [R]．OECD，2015．

国际交流。① 该中心通过严格的分析和概念创新，开辟了新的研究领域，在教育研究创新方面有良好的国际声誉。其研究范围涵盖学生的每个阶段，包括从出生到老年，超越常规的教育系统。该中心的最大特点是实证分析和创新意识，注重在其发展规划中通过证据、数据进行研究，同时贯穿创新意识，让教育研究充满活力，得以持续发展。

表 2 - 12　教育研究与创新中心研究部分项目统计

已 完 成 项 目	在 研 项 目
◆ 明日学校（Schooling for Tomorrow） ◆ 学习与脑科学研究（Learning Sciences and Brain Research） ◆ 新千年的学习者（New Millenium Learners） ◆ 学习的社会结果（Social Outcomes of Learning） ◆ 教师教育多样性（Teacher Education for Diversity） ◆ 未来大学（University Futures）	◆ 复杂教育系统治理（Governing Complex Education Systems） ◆ 教育和培训创新战略（Innovation Strategy for Education and Training） ◆ 教育和社会进步（Education and Social Progress） ◆ 学习环境创新（Innovative Learning Environments） ◆ 教学和有效学习创新（Innovative Teaching and Effective Learning）

注：根据经济合作与发展组织教育研究与创新中心官方网站内容整理。

通过表 2 - 12 可见，教育研究与创新中心的研究范围涉及面广，对教育的三个要素（教师、学习者、学习环境）均加以关注。教育的前沿如脑科学也是其研究重点，当前，教育系统治理、教育培训、有效学习等均是教育的热点与难点，其研究重点也聚集于此，特别强调创新。在"复杂教育系统治理"项目上，国家对教育系统在分权、引入市场机制加强竞争的同时还需确保教育的质量、效率和公平，因此有效的教育政策需要多级治理模式，教育研究与创新中心的重点是为复杂教育系统设计治理模式和知识系统。"教育和培训创新战略"项目主要是根据 OECD 的"创新战略 2010"（Innovation Strategy 2010）要求，创新教育手段，设置教育课程，包括艺术、科学和数学等培养 21 世纪技能，如创造力、批判性思维、合作和好奇心。"教育和社会进步"项目的目的是开发一个概念性框架，用以描述学习背景、技能和社会进步之间的关系，帮助国家识别核心技能，以此制定提升社会福利和进步（如生活满意度、健康和公民

---

① CERI：Centre for Educational Research and Innovation［R］. OECD，2011.4.

承诺）的关键措施。"学习环境创新"项目创新学习者、教师、内容和资源之间的组织方式主要在三个层面进行，第一个层面是通过合成学习研究确定 21 世纪学习环境的基本原则，第二个层面是分析来自不同国家的创新学习环境案例，第三个层面是识别出可以普及推广的策略。在教育系统资源中，高质量的教师被认为是最有价值的资源，"教学和有效学习创新"项目旨在寻找教师有效教学的核心技能、创新的教学实践，让学习更有效。

3. 编制发布年度《教育概览》

教育研究与创新中心的另一项重要职能是编制发布年度《教育概览》（Education at a Glance）。"该报告是经济合作与发展组织的旗舰报告，是有关全球教育状况最权威的信息来源，提供了有关教育机构产出、各国学习的影响、投入教育的财政及人力资源、教育机会、参与和进步情况，以及学校的学习环境和组织情况等重要信息。"① 经济合作与发展组织于 2016 年 9 月发布《教育概览 2016》（Education at a Glance 2016），② 该年度报告对 2016 年度世界教育的参与者、教育投入与支出、教育系统运行及结果等信息进行了详尽分析，其中包括大量的指标体系，用以比较各国学生在关键领域的表现与其未来收入、成人以后的就业机会等。2016 年度报告涵盖了 35 个经济合作与发展组织成员国和众多伙伴国家的教育数据。该报告指出，世界各国教育支出持续增长。教育机会持续扩大，教育投资不断增长。世界各国正在寻找其他途径资助高等教育发展，如许多国家把高等教育成本从政府转移到家庭，且多以学费的形式呈现，这一趋势有可能让一部分优秀的学生失去接受高等教育的机会，政府为学生提供各种教学金、助学金或贷款等方式弥补这一缺陷。教育性别失衡持续加大，虽然女性接受高等教育的比例在扩大，但接受博士级别教育的机会仍然不多，在科学、工程领域，女性仍然不多。2014 年，获得工程学位的男性是女性的 3 倍，获得教育领域学位的女性是男性的 4 倍。可见，在不同领域，性别失衡现象有所差别。此外，教学队伍老龄化严重，仍有 1/6 的年轻人未能接受中等教育，外来移民存在完成学习困难等问题仍然需要关注并得到解决。该报告第一次评估了实现"联合国教科文组织 2030 可持续发展议程目标"

---

① 唐科莉. 世界教育发展的进步与挑战——经合组织《教育概览 2016》清晰呈现［N］. 中国教育报，2016 - 09 - 23.

② OECD. Education at a Glance 2016：OECD Indicators［EB/OL］. https://dx.doi.org/10. 187/eag-2016-en.

的进展状况，包括确保包容性和公平的优质教育、促进全面享有终身学习机会等。报告指出高质量、容易获得的教育仍然是全球所有国家面临的主要挑战。此外，2016 年度报告还纳入高校教育学生完成率和学校领导两个指标，且提供了相关主题的数据及分析，如教师工资、毕业率、教育支出、注册率、班级规模等。

因此，《教育概览》对世界各国认识、比较本国与其他国家的教育状况，促进交流，改进教育具有重要价值。

（七）主要贡献和影响

1. 拓展学生素养的意义

在全球化、数字化的发展趋势下，正规学习与非正规学习的界限变得模糊，终身学习逐渐成为各国的共识，以前单纯局限于学校的学生素养显然不能适应当今社会的现实需求，以往的测试把主体限定在学校学习中，注重学校课程知识的掌握，经济合作与发展组织的 PISA 测试打破以往各类测试单纯注重学校习得技能的测试，把学生素养拓展到校外领域，侧重对学生应对未来工作生活技能准备的测试，把素养过程化和实践化。学生素养的意义由此得以拓展，也顺应了世界教育发展的趋势。2018 年"全球胜任力"将成为 PISA 测试的一个评估项目，学生素养内涵将得到进一步扩展和深化。可见，经济合作与发展组织教育与技能局紧跟时代步伐，在学生素养评估上引领世界潮流，为世界教育指明发展的方向。

2. 为全球教育发展提供衡量标准和共享平台

经济合作与发展组织的各类测试，包括 PISA 测试、TALIS、ECEC 等，经济合作与发展组织成员国及其他国家间建立了相关监测系统，为各国了解本国及其他国家的儿童早期教育与护理理念、现状、政策实践等提供了共享平台，也有利于促进本国改进儿童早期教育和护理政策，以此促进儿童早期发展。TALIS 为国际性的教师教学质量确定了标准，为各国教学质量提供了可供参考比较的证据和数据资料，同时也为各国开展调查、促进新教师发展、改进教学实践和创新提供了国际视野。PISA 测试为各国 15 岁学生的素养发展状况提供了一个全面监测的标准和体系，既可以横向进行各国间的比较以确定本国在世界各国中的位置，亦可进行纵向的历史比较以明确本国学生素养的发展状况，对世界教育产生了重大影响。

3. 教育研究注重调查与证据

经济合作与发展组织的教育研究非常注重调查与证据。其儿童早期教育、成人教育、国际教学、PISA 测试均注重调查与证据，无论是问卷调查还是实地考察、访谈，都是其进行研究的重要理念与手段。一项科学的测评不仅在于了解学生的状态，更重要的是明确影响学生状态的具体因素，以此制定科学的政策。PISA 测试之所以成为全球公认的学生质量评估系统，与其注重与学生素养相关的环境因素测评密不可分，除个人因素外，注重环境因素如教育系统特征、学校效能和学校管理、教育公平性、投入有效性等，通过实证调查与收集证据，保证了调查结果的客观和公正，最终保障教育政策制定的科学性。

总之，经济合作与发展组织由于其成员国的构成及实力，其教育研究在世界范围内形成重要影响，特别是 PISA 测试项目涉及世界主要国家和经济体，在世界范围内产生了广泛影响。经济合作与发展组织在教育研究方面有其独特优势，利用成员国在世界经济与政治舞台上的优势，从经济发展角度寻求教育发展的路径，为世界各国观察教育、促进发展提供了一个优秀的国际平台。

第三章

外国教育智库（上）

■ 城市研究所
■ 卡托研究所
■ 卡内基教学促进基金会
■ 兰德公司教育研究部
■ 布鲁金斯学会布朗教育政策中心
■ 美国国家教育科学研究所
■ 美国教育政策与数据中心

■ 美国教育政策研究联盟
■ 美国教育信托基金会
■ 哈佛大学教育政策研究中心
■ 哈佛大学全球教育创新中心（教育研究生院）
■ 斯坦福大学教育学院教育政策分析中心

一、城市研究所

（一）创立

美国的城市研究所（Urban Institute）由美国前总统林登·贝恩斯·约翰逊（Lyndon Baines Johnson）于 1968 年创立，是一个非营利性的研究机构，旨在"帮助解决严重影响我们所有人心灵的问题——美国城市及其人民的问题"。城市研究所拥有近 500 名员工，包括社会科学家、经济学家、数学家、人口学家和数据科学家等。城市研究所相信由事实而非意识形态决定的方案可以改善公共政策和实践，加强社区建设，使人们的生活变得更好。城市研究所把自身定位为真理的探索者、问题解决者和战略顾问。城市研究所的使命是通过经济和社会政策研究开放思想，明确决策，并提供解决方案。城市研究所的愿景是与慈善家、活动家、社会服务提供商、社区倡导者、政策制定者、首席执行官、（联邦、州、地方）领导人和其他变革推动者合作，致力于确保每个人无论收入、种族或民族、教育程度或所处地域如何，都有机会发挥其最大潜力。① 当今社会正在以令人目眩的速度转型，技术、人口和全球经济的变化深刻改变了人们的生活和工作方式。一些人将受益于这些变化的力量，而另一些人则有被甩在后面的风险。为此，城市研究所利用证据的力量，支持美国家庭的经济安全，促进种族和经济正义并振兴社区。城市研究所提供公正、权威的见解，为美国人民和地方的福祉提供相应的选择，寻找能够在未来几十年促进公平和向上流动的解决方案，并确定哪些数据将加速实现最有希望的想法和方案。城市研究所的研究结果和解决方案有助于解决利益相关者的问题，并与在政府决策中有影响力的群体实时分享观点和见解。根据美国宾夕法尼亚大学智库与公民社会项目发布的《全球智库报告 2020》② 显示，在全球教育政策研究智库排名中，城市研究所位居第一。

（二）发展历程

20 世纪 60 年代，城市研究所主要参与美国反贫困战争。城市研究所诞生于一个两极分化的时代，当时美国人在如何应对美国根深蒂固的种族主义和种族隔离的问题上发生了冲突。③ 美国早期试图使家庭摆脱贫困和缩小不平等的努力往往是在黑暗中摸索，不清楚新政策是否有效或为谁服务。城市研究所最初的贡献之一是建立了一个税收、医疗保险和退休保障的微型模拟工具，用于预测联邦反贫困计划对家庭福祉的综合影响。诸如研究分析现金福利、食品券、税收抵免和其他补贴是如何相互作用的，这类政策是在帮助人们进步吗？

---

① Urban Institute. Who We Are［EB/OL］. https://www.urban.org/aboutus/who-we-are，2020 - 10 - 03.
② McGann，James G. 2020 Global Go To Think Tank Index Report（2021）. TTCSP Global Go To Think Tank Index Reports. 18［EB/OL］. https://repository.upenn.edu/thin k_tanks/18. p.151.
③ Urban Institute. Our History［EB/OL］. https://www.urban.org/about/our-history，2020 - 10 - 03.

模拟工具每一项都是为了预测居民、社区和支出将如何受到拟议政策改革的影响，为决策者和公众提供重要信息，以便更好地制定政策和针对性地解决问题。

20世纪70年代，城市研究所主要进行联邦政府住房政策相关问题研究。当理查德·尼克松（Richard Nixon）总统宣布暂停建设保障性住房时，城市研究所第一批探索住房代金券如何满足住房需求和支持低收入家庭经济发展的机构之一。研究所的研究为两党达成的支持市场驱动政策的共识提供了重要支持。研究所持续30多年跟踪调查优惠券接受者的状况，并提出更改设计和实施的相关政策建议，以加强联邦政府的政策绩效。

20世纪80年代，罗纳德·威尔逊·里根（Ronald Wilson Reagan）总统的当选引发了美国国内政策巨变。为了分析这些变化对美国民众和社区的影响，城市研究所启动了长达10年的"改变国内优先事项计划"（Changing Domestic Priorities）。该计划的调查结果涉及美国政策和生活的方方面面，包括家庭收入、经济增长、贫困、老年人护理、税收和财政选择，并将政府的政策置于历史的角度加以分析。该研究表明，在实现诸如缩小政府规模和范围、减少税收、加强军队、精简监管和削减福利等目标上的表现好坏参半。

20世纪90年代，城市研究所主要着手"里根革命"（the Reagan Revolution）的研究。20世纪90年代，东欧剧变，苏联解体，一些国家面临着如何向市场经济过渡、提供基本服务和创造税收的实际问题。城市研究所的专家依托广泛的政策专业知识和长期在发展中国家的工作经验，为地方官员提供实际帮助以加强地方政府的执政能力，扩大公民参与，并改进在全球推广的绩效管理方法。1996年，美国的福利政策改革结束了60多年来保障困难家庭生活的现金援助，把社会安全网的大部分责任移交给了各州。历史性的转变引发了许多问题：美国各州将如何履行权力下放的角色？在"工作优先"（work-first）计划下，家庭会怎样？一旦家庭停止接受援助会发生什么？城市研究所的集中研究项目评估了新的联邦制，跟踪了全国4万多个家庭，描述了州政府机构的能力和挑战，并建立了一个不断更新的国家福利规则数据库。该数据库填补了联邦政府全面的福利改革和福利监督的空白，对美国家庭福利的全面监督产生了重要的影响。这一时期，城市研究所的一项研究发现揭示了食品券在新的社会安全网中的关键作用，它导致美国学生入学政策的持久变化，以确保家庭获得应有的福利。

21世纪初期，城市研究所主要聚焦布什政府的减税政策研究。"9·11"

事件后，美国国家团结面临分裂，决策者、媒体和公众需要公正的信息来消除财政和税收政策上的政治仇恨。城市研究所和布鲁金斯学会的研究人员建立了一个联合税收政策中心，该中心应用研究工具进行严格和透明的分析，评估和解释相互竞争的税收改革提案的分配和成本效应。在选举周期和政策辩论中，联合税收政策中心继续围绕税收和财政政策展开全国性对话，包括围绕特朗普政府最新提出和实施的减税政策展开激烈辩论，对美国的税收政策产生了重要影响。2005 年，新奥尔良被卡特里娜飓风摧毁，这座城市的社会、文化和经济亟须得到恢复重建。然而，新奥尔良的许多问题，如普遍贫困、公共教育体系不健全、工资低、税基薄弱等早已存在，成为重建工作的重大挑战。城市研究所提供了基于证据的政策建议，帮助新奥尔良重建其社会和经济基础设施。研究所除了提供城市重建急需的住房、就业、医疗和学校等方面的策略，还帮助决策者重新思考安全网在灾难面前的作用，并支持非营利组织和政府应对风暴带来的长期挑战。2008 年，不断攀升的房价和投机性融资的长期积累，次贷危机引发了一场金融危机，导致全球经济大萧条。经济学家爱德华·M. 格拉姆利希（Edward M. Gramlich）在城市研究所出版的《次级抵押贷款：美国最新的繁荣与萧条》一书中警告政策制定者注意掠夺性贷款。书中的一些建议后来被美联储委员会采纳，以收紧抵押贷款标准。2013 年，城市研究所成立了由华尔街分析师劳里·S. 古德曼（Laurie S. Goodman）领导的住房金融政策中心。该中心收集了一份详尽的数据清单，并为决策者提供了及时、公正的分析报告。2010 年，奥巴马政府重启医疗改革，并仿照马萨诸塞州的计划制定了一套复杂的改革方案。城市研究所研究人员帮助宣传和评估了马萨诸塞州的全民医保计划，并再次帮助联邦政府设计平价医疗法案（Affordable Care Act，简称 ACA）。该法案通过后，研究人员对法案进行了全面评估，包括是否按预定目标执行，以及它对经济、雇主和民众的影响。研究所的分析评估被最高法院法官引用，以决定该法案是否符合宪法。特朗普执政时期，国会讨论如何废除和取代平价医疗法案时，研究所提供了各州失去医疗保险人数的基本事实。城市研究所还评估特朗普时代的政策，提供证据以加速解决方案的形成。2017 年，城市研究所参与了社会保障政策制定者的讨论。当美国国会和国家立法机构考虑对长期以来帮助困难家庭负担食品、医疗、住房和儿童保育的社会计划进行重大改革时，城市研究所精密的建模工具和快速响应调查揭示了社会安全网的变革将如何影响数百万人的健康和家庭福祉。

（三）领导机构及人员构成

城市研究所领导机构设总裁1名，设高级副总裁1名，负责金融、经营战略兼财务主管，政策中心副总裁10名，分别负责教育数据与政策中心，卫生政策中心，住房金融政策中心，收入和福利政策中心，司法政策中心，劳动、人力资源和人口中心，大都市住房和社区政策中心，非营利组织和慈善事业中心，统计方法组，布鲁金斯税收政策中心，设高级管理人员8名。城市研究所董事会设主席1名，副主席3名，成员29名，分别来自政府、大学、企业、基金会等领域。城市研究所为了确保多样性、公平性和包容性，吸引各种背景、经验和思想的人才加入，注重领导层和员工的种族、民族、性别和世代的结构比例。因此，城市研究所倡导人员来源的多样性，包容意识形态、种族、民族、性别、性取向、性别认同或表达、教育程度、残疾或退伍军人身份等。城市研究所是一个将多学科、多文化、多种族研究人员融为一体的智库。城市研究所的研究人员从初级研究助理到中级助理，再到经验丰富、有资格的研究员，遍布各个政策领域，包括社区、犯罪、教育、卫生、住房金融、人口研究、项目评估、退休、税收和福利。城市研究所还重视工作场所文化建设，旨在建立一个包容各方的工作场所，让不同背景和观点的员工能在相互尊重、包容的环境中工作，让所有员工都感受到重视。城市研究所注重研究内容及其交流。研究所进行严谨的研究，传达对所有人的尊重，避免陈规和刻板观念的长期存在，承认相关的历史和社会背景，并吸引不同的受众。① 城市研究所还注重把民众和社区的经验纳入研究的核心问题，确保机构的健康、活力，以及提供的数据和证据的卓越性。

（四）工作方式

在增进所有美国民众和地区的福祉方面，城市研究所的独特优势是能提供新的社会和经济问题知识，并洞察、挖掘证据以供分析。事实本身并不能改变生活。因此，城市研究所的专家为不同的受众传递事实，将它们与现实世界中

---

① Urban Institute. Diversity, Equity, and Inclusion at Urban［EB/OL］. https://www.urban.org/aboutus/why-urban/diversity-equity-and-inclusion-urban，2020 - 10 - 09.

的问题对应并寻求解决方案，并以便捷的方式与各级决策者、商业和慈善机构领导人、倡导者、从业者以及直接受影响的人和社区分享这些事实。城市研究所的工作影响了上述主体的关键决定，对美国的家庭和社区产生了直接影响。城市研究所提供对事实的深入分析以及广泛的基于证据的产品、服务和合作伙伴关系。

1. 研究与分析

城市研究所的研究人员回答当今决策者、慈善家和从业者面临的棘手问题（见表3-1）。

表3-1　城市研究所的研究问题与方法

问　　题	方　　　　法
发生了什么？为什么？	专家收集和分析定量、定性数据，以衡量和解释持续存在的社会和经济挑战以及新兴趋势
如果……，怎么办？	使用复杂的微观模拟模型测试新的政策理念，探索可供选择的未来，并预测人口、行为和政策变化对人们和社区的影响
什么有效？	研究人员设计并使用随机对照试验、快速周期评估和其他研究方法，以评估政策和计划在现实世界中的执行方式
你的组织怎么样？	帮助非营利组织和公共机构测试有前途的新项目设计，确定项目和服务的有效性，并衡量投资回报。我们的专家还设计指标和数据收集策略，以支持持续学习
人们和社区如何受到影响？	通过将受社会和经济政策影响最大的人和社区的声音、经验和观点纳入项目的设计、实施和解释中，从而扩大他们的声音、经验和观点的影响范围

2. 科学运用数据

城市研究所应用先进的流程和系统分析数据来获得新的见解。一是利用新技术。城市研究所的数据科学家利用最新技术，如基于云的计算技术，以最小的成本分析海量数据集。二是利用不同来源的数据。城市研究所的分析师把传统和新兴的数据源与创新的处理技术（如网络抓取和机器学习）相结合，提供对政策面临挑战的实时洞察与分析。三是负责任地使用数据。城市研究所开发并应用最新的工具和技术，以确保数据的准确性和代表性，并确保人们的隐私受到保护。四是数据民主化。城市研究所通过清理和整合不连贯的数据集，并向政府、社区组织和公众提供有用的、公开的数据，加强透明度和决策能力。

3. 战略咨询和援助

城市研究所与各种利益相关者合作，以基于事实的方案和观点解决他们所面临的最紧迫的问题。一是制定新的解决方案。利用现有的最佳证据，城市研究所与决策者和实践者合作，为经济和社会挑战制定创新的解决方案。二是慈善咨询。城市研究所为基金会和个人提供成功投资策略方面的建议，为有效的干预措施和趋势提供基于证据的指导，还帮助新成立的慈善机构及慈善家了解不断发展的非营利性生态系统，并确定新的资助领域。三是努力取得更好的结果。城市研究所通过网络研讨会、现场培训、咨询、实地考察和技术援助，确定了非营利组织、从业人员和地方领导者使用数据的目标，并评估其干预措施的能力。四是将证据付诸实践。城市研究所的专家开发工具，指导专业从业人员将证据转化为建议。城市研究所还建立和支持实践社区，将研究人员与非营利、私营和公共部门的领导者联系起来。五是为研究人员增加新技能。通过数据可视化和数字通信领域的辅导、与记者的座谈会等方式，城市研究所指导非营利组织和大学的研究人员如何将见解带给新的受众，以及如何驾驭媒体和政策环境。

4. 召集不同利益相关者开展对话

城市研究所将人们聚集在一起讨论新的证据，分享有希望的实践，并探索政策解决方案如何在现实生活中发挥作用。一是产生跨部门的知识。城市研究所组织研究人员、决策者、从业者和倡导者之间的对话，表达了不同的观点，并就如何应对当今的政策挑战提出了新的见解。二是与更广泛的受众分享证据。城市研究所在华盛顿特区总部和全美各地召集高级别新闻记者，通过现场直播和录制的网络广播等方式开展活动。三是通过文化艺术等形式聚焦当前的争论。城市研究所的主持人通过电影放映、书籍发行和其他活动与当下的艺术家和作家进行对话，这些活动将政策决策与社区联系起来，并将证据带到现实生活中。

5. 战略沟通

城市研究所擅长把数据与令人信服的故事相结合，向更广泛的受众展现事实的重要性。一是数据可视化。城市研究所依托一流的数据可视化工具，创建地图和其他交互功能，将统计数据带到日常生活中，并允许用户自定义信息，聚焦他们关心的领域和问题。二是讲故事。城市研究所把人们的经历作为研究的核心，用他们自己的话来展示社会和经济问题的深度、政策变化的影响以及正在改变人们生活的解决方案。三是数字平台。城市研究所为基金会和公共机构提供定制和创新数字产品方面的专业知识和产品，这些产品结合了复杂的数据收集、可视化、交互式功能、多媒体和叙事故事。四是量身定制外展服务。城市研究所制定并执行各种策略，利用各种媒体渠道把研究所的产品与他们的目标受众（从国家政策制定者到当地社区领导者）联系起来。

6. 综合项目管理

城市研究所管理多领域的、延续多年的综合项目，这些项目需要持续跟踪，以准确反映特定的研究领域，确保研究的客观性与科学性。同时，城市研究所还依据项目进行能力建设，并在全国范围内形成辩论。

（五）价值追求和遵循的原则

1. 客观和独立的价值追求

城市研究所致力于成为一个尊重、诚实、充满机会与合作的地方，重视基于事实与证据的严谨的研究。城市研究所是可靠的信息来源，帮助决策者更好地理解当今社会面临的挑战，为形成新的解决方案提供证据。

以证据和事实为指引。事实和证据是可靠性的来源，城市研究所的专家坚持客观和独立的价值观，研究的结论基于事实和证据。他们相信证据有助于改善生活、促进社会公平和加强社区建设。当前，许多美国人拒绝接受与他们的世界观或个人经历不符的事实，他们对困扰美国社会的问题和正确的前进道路持有截然不同的信念。人们感到被冷落和他人的蔑视，这种不信任和幻灭的环境正在侵蚀公民社会。正是在这个两极分化、政策可能发生巨大变化的时代，事实比以往任何时候都重要。① 因此，城市研究所没有设定议程，在政策问题上不发展机构立场。

注重团队的多样性。多元化和包容性的团队对于高质量的研究和分析至关重

---

① Urban Institute. The Trusted Source［EB/OL］. https://apps. urban. org/features/the-trusted-source/，2020 - 10 - 06.

要。城市研究所注重团队在合作、相互尊重的环境中形成一系列观点并改进工作。

2. 遵循独立、诚实和避免冲突的原则

城市研究所遵循独立、诚实和避免冲突的原则。城市研究所认为诚信和高质量的声誉是最宝贵的资产，并致力于保护和提升这些声誉。城市研究所力求在研究和分析，以及最终提供的基于证据的政策建议中达到最高的诚信和质量标准。

在现实世界中创建和分享知识。城市研究所的专家来自学术界、公共部门、私营部门和慈善机构等不同部门，他们分享见解、学习经验，并为致力于改变世界的从业者、决策者、企业和社区领导人提供资源。通过将现实世界的经验及政策付诸实践，他们的观点得到了充分的了解和完善。

用多元化的从属关系丰富知识建设。城市研究所的员工允许并被授权与外部组织合作，包括在董事会任职。城市研究所欢迎员工兼任其他组织工作的非常驻或附属人员，这些外部附属机构可以丰富研究视角和学习环境。所有专家都必须披露他们所在附属机构与城市研究所领导层的关系，并遵守参与的规则，确保对公众的透明度和专家的独立性。

避免利益冲突。只要不与城市研究所的使命和利益相冲突，员工就可以从事外部活动。但当员工违反法律、妨碍工作或遵守研究所的政策、与研究所的工作产生竞争或从工作中牟取个人经济利益时，则不得进行外部活动。

向公众公开专家的从属关系。公众有权知道研究人员的从属关系，城市研究所要求研究人员在城市研究所网站上公开他们的从属关系。当这些从属关系与某个研究主题相关时，也会在出版物中注明。在某些特殊情况下，城市研究所的高级领导层可能会决定，基于外部从属关系的专家必须完全退出某个项目。

代表城市研究所发表言论或文章。研究人员谈论他们在城市研究所从事的工作时，应该表明自己的观点，并注意将他们的见解作为论据。如果研究人员发表或谈论他们为另一个组织所做的工作，他们必须说明身份并明确表示他们不是代表城市研究所。

分享知识而不参与政治活动。在任何情况下，城市研究所的资源都不能用于政治活动。当立法者或候选人征求意见时，城市研究所的专家只要能以非排他性的方式向任何其他立法者或候选人提供同样的见解，就可以对这些请求作出回应。城市研究所不限制员工在自有时间内进行个人活动，此类活动被视为

私人活动。①

（六）教育研究及其影响

1. 设立教育数据与政策中心

城市研究所下设教育数据与政策中心（Center on Education Data and Policy）。学术研究很少能够及时地为即将到来的政策决策提供信息，权威人士和媒体宣传可能缺乏严谨性和独立性。决策者需要利用数据和研究的力量来应对紧迫的教育政策挑战，将可获得性、及时性、严谨性和独立性等要素结合起来。为此，中心对从学前教育到高等教育的一系列问题进行政策研究，包括普及学前教育计划、学校选择、教师多样性、学校隔离、大学负担能力和助学贷款债务的研究。中心还通过创建让每个人更容易访问和分析数据的工具，在整个教育领域推进基于证据的分析。

2. 进行种族与民族教育机会均等研究

美国人口的受教育程度越来越高，但不同种族或民族受高等教育的程度仍然存在巨大差距，尤其是在更具选择性的大学里。由于越来越多的工作需要大学学位，为确保教育机会均等，必须增加所有种族和民族群体的大学入学机会。以城市研究所的研究报告《高等教育中种族和民族的代表性》（Racial and Ethnic Representation in Postsecondary Education）② 为例，该报告通过研究各高等教育机构的代表性来考察不同种族和族裔群体是否有平等的机会接受高等教育。报告构建了一个新的衡量标准，将每个大学的种族和民族人口统计数据与大学市场的人口统计数据进行比较，评估每个种族或民族群体在各个大学和大学部门中的代表性相对于该大学或部门的潜在学生群体而言，是否过高或过低。报告确认了在代表性方面持续存在着巨大的国家差距，并发现非洲裔和西班牙裔学生在更具选择性的学校中代表性不足，这无法用社区人口统计的差异来解释。报告使用了新的大学代表性度量标准。其他研究一般使用州一级的种

---

① Urban Institute. What We Value［EB/OL］. https://www.urban.org/aboutus/why-urban/what-we-value，2020 - 10 - 06.
② Urban Institute. Racial and Ethnic Representation in Postsecondary Education［EB/OL］. https://www.urban.org/sites/default/files/publication/102375/racial-and-ethnic-representation-in-postsecondary-education_1.pdf，2020 - 10 - 27.

族和民族构成比例来衡量一所大学的代表性，但是该报告把范围缩小，更关注在某所学校就读的学生群体。为了衡量大学代表性，报告根据大多数学生愿意前往不同类型的大学的距离，为每所大学定义了一个"市场"。然后，报告比较了该大学和大学市场的种族和民族构成情况。大学代表性的衡量标准是一个种族或民族群体在大学招生中所占份额与该群体在大学市场人口中所占份额的差异。

报告分析了 2017—2018 年美国各大学的招生模式，发现不同种族和族裔群体，特别是在具有更高选择性的大学中，普遍存在代表性过度和偏低。报告的主要发现包括：（1）非选择性和选择性大学的非洲裔学生是学校潜在学生群体的代表，但非洲裔学生在更具选择性的大学中代表性一直严重不足。公立和私立大学的非洲裔代表性差不多，这意味着公共机构在服务社区方面的表现并不比私立大学好。非洲裔学生在营利性学校的比例也高达 15％。（2）西班牙裔学生自 2009 年以来在低选择性的公立大学和社区学院的代表性得到提升。因此，西班牙裔学生在低选择性大学中的代表性很高，但在高选择性大学中的代表性仍然很低。在州与州之间更具选择性的机构中，西班牙裔代表性存在显著差异。（3）自 2009 年以来，尽管白人学生在高选择性公立大学中的比例一直在下降，但白人学生在高选择性大学中的比例仍然偏高。在这一时期，白人学生在社区学院的代表性越来越低。（4）亚洲学生在更具选择性的机构中的比例也偏高。亚洲学生在低选择性的学院中的代表相当于这些学院的潜在学生群体，自 2009 年以来，各学院的代表性一直保持稳定。（5）美国土著学生在高选择性大学中的代表性越来越低，2009 年以来，美国土著人在营利性机构的代表性也在增加。（6）太平洋岛民在所有公立和私立大学中的代表性略低，在营利性机构中的比例越来越高。

研究结果表明，除了学校所在地区的人口构成外，还有一系列因素影响着一所大学的学生构成。招生和学费政策、国家对高等教育的拨款、对大学价值的信念以及当地劳动力市场的需求等因素都影响着大学的学生构成情况。为了更好地理解大学代表性差距的主要驱动因素，研究人员、管理人员和决策者需要更好地了解结构性种族主义和系统性障碍在大学招生政策中的表现，进而寻求相应的解决方案。

3. 开发教育数据浏览器

美国的学校为政府的政策提供了重要的机会，以帮助个人摆脱贫困。城市研究所的研究人员对美国从幼儿园到高等教育的整个教育体系进行政策研究，还注重课堂之外的教育与相关政策领域（如住房、刑事司法和卫生）之间的交叉融合研究。① 最好的决策一定是基于证据和事实的。城市研究所开发了"教育数据浏览器"（Education Data Explorer），浏览器可以搜索访问单个学校、学区或学院，或者跨不同数据点比较多个学校、学区或学院，学校的数据包括招生、人员配备、缺勤率和其他特征；学区的数据包括收入、支出、人口统计和贫困评估；学院的数据包括入学、注册、结业、收入、贷款偿还等。浏览器可以针对上面三类数据分析生成严谨、准确、可操作、富有见解的数据，为提高学生成绩作重要参考。浏览器的数据源收集了所有主要的联邦数据集的数据，包括美国教育部公共核心数据、美国教育部民权数据收集、美国教育部 EDFacts②、美国人口普查局小范围收入和贫困评估、美国教育部高等教育数据系统、美国教育部大学记分卡和国家历史地理信息系统。教育数据浏览器项目得到奥弗德克家族基金会（Overdeck Family Foundation）、比尔和梅琳达·盖茨基金会（Bill & Melinda Gates Foundation）、阿诺德风险投资公司和亚马逊网络服务公司的支持。③ 用户可以使用编辑器向导构建属于自己的数据集。第一步限制数据集，选择要比较的州、区、学校或大学；第二步选择数据点，选择要查看的有关所选学校、学区或学院的信息；第三步导出数据，选择的数据将显示在可下载的 CSV 文件中；第四步使用数据，对数据有疑问可以提供咨询帮助。

4. 为联邦、州和地方教育决策提供信息

城市研究所的专家经常帮助政策制定者理解复杂的高等教育财政和 K–12 政策。城市研究所的研究人员已经在国会、州和地方立法机构就教育券、班级规模、学校纪律、助学贷款、大学费用以及《高等教育法案》（Higher Education Act）的重新授权等问题作证。

---

① Urban Institute. Education Policy Research [EB/OL]. https://www.urban.org/research-area/education-and-training，2020 - 10 - 20.
② EDFacts是美国教育部的一项倡议，旨在收集、分析和促进幼儿园至十二年级数据的高质量使用。支持规划、政策制定和管理、预算决策，集中国家教育机构提供的数据，收集地区和学校人口统计、项目参与和绩效数据。EDFacts将国家教育机构提供的绩效数据与其他数据资产（如财政拨款信息）进行集中，以便更好地分析和使用于政策制定、规划和管理领域。资料来源：U.S. Department of Education. The EDFacts Initiative [EB/OL].https://www.ed.gov/about/inits/ed/edfacts/index.html.
③ The Urban Institute. About [EB/OL]. https://educationdata.urban.org/data-explorer/about/，2020 - 10 - 27.

城市研究所通过不断增长的数据可视化、工具和仪表盘组合，为联邦、州和地方各级的教育决策提供信息。在 2017 年的一次公开演讲中，教育部部长贝特西·德沃斯（Betsy DeVos）引用了城市研究所关于提高择校计划中私立学校选择的长期效应的研究成果。同年，参议院民主党人在给教育部长的一封反对教育部决定的信中提到了城市研究所关于未来大学生如何使用收入信息的研究。2018—2020 年，城市研究所通过广泛引用的报告和交互式数据工具，影响了记者、政策制定者和公众理解国家在国家教育进步评估方面的表现；在国会就《高等教育法案》举行的三次听证会上作证；通过交互式建模工具，帮助四个州了解学校资助方案的变化将如何影响学生；提供数据，帮助新奥尔良的倡导者改变该市的校车政策。①

（七）结语

城市研究所注重发现问题、提出建议、解决问题。城市研究所的研究注重揭示什么是有效的，什么是无效的，为教育政策变革制定者提供有证据支持的战略方法来解决多层面的问题，为应对城市和社区、州和国家层面以及快速城市化进程中面临的复杂的教育领域挑战提供合理、可行的建议和解决方案。城市研究所的专家善于深入社区，收集和挖掘教育领域的数据，以评估支持家庭、城市和社区的努力是否有效。利用创新模型预测了研究项目的潜在变化会如何影响人们的生活，通过收集不同观点中的最佳观点，并通过交互式数据可视化和讲故事的方式将研究带入生活。

城市研究所的专家帮助各级政府领导人将教育政策付诸实施，成为推动社会变革的倡导者。通过合作伙伴关系和公众参与，城市研究所广泛提供基于事实的最佳教育实践，并与非营利组织和慈善机构合作，完善其发展战略并对其衡量干预措施是否发挥作用的方式加以改进。

自 1968 年成立以来，城市研究所为从市政厅到白宫等的重要经济和社会政策对话提供了客观分析和专业知识。研究以实证为基础，将严谨的学术与实地参与相结合，与各领域从业人员、政府、社区领导人和私营部门合作，诊断问题并找到解决方案，以现实世界可行的方式解决国家面临的一些重大的

---

① Urban Institute. About［EB/OL］. https://www. urban. org/policy-centers/center-education-data-and-policy/about，2020 - 10 - 21.

政策挑战。① 城市研究所认为其发展的动力来源于其研究人员的创造力、智力贡献和成长，以及研究人员在观点、背景和经验上的差异。因而，城市研究所注重雇用不同种族、背景、出身和观点的优秀工作人员。从组织结构、人员构成、运作理念及方式层面综合考察，城市研究所均有诸多经验值得学习与借鉴。

二、卡 托 研 究 所

（一）创立

美国的卡托研究所（Cato Institute）是一个致力于贯彻个人自由、有限政府、自由市场及和平原则的公共政策研究机构和智库。卡托研究所的学者和分析人员对广泛的政策问题进行独立的、无党派的研究，其使命是在个人自由、有限政府、自由市场与和平等美国价值观的基础上，发起、传播和增进对公共政策的理解，实现建立在自由主义原则基础上的自由、开放和公民社会。② 根据美国宾夕法尼亚大学智库与公民社会项目发布的《全球智库报告2020》③ 显示，在全球教育政策研究智库排名中，卡托研究所位居第13位。

卡托研究所成立于1977年，其名字来源于《卡托的信函》（Cato's Letters），它是18世纪在英国出版的一部论文集，提出了一种摆脱政府权力过大以实现社会自由的愿景。④ 该文集激发了美国革命缔造者的灵感。而这场革命的原则——个人自由、有限政府和自由市场——在当今的全球市场和前所未有的信息获取渠道中，影响力甚至超过创始人杰斐逊和麦迪逊的想象。卡托研究所认为，社会和经济自由不仅仅是自由人民的最佳政策，也是未来发展不可或缺的框架。卡托研究所不从事游说活动，不支持政治候选人，也不参与直接的政治活动。卡托研究所与共和党、民主党、自由主义者或其他任何政党及政治组织都没有联系。卡托研究所秉持独立宣言和宪法的原则，自成立以来，"不管哪一个党执

---

① Urban Institute. Careers［EB/OL］. https://www.urban.org/aboutus/who-we-are/careers，2020 - 10 - 04.
② Cato Institute. Cato's Mission［EB/OL］.https://www.cato.org/mission，2020 - 12 - 21.
③ McGann，James G. 2020 Global Go To Think Tank Index Report（2021）. TTCSP Global Go To Think Tank Index Reports.18［EB/OL］. https://repository.upenn.edu/think_tanks/18. P152.
④ Cato Institute. About Cato［EB/OL］.https://www.cato.org/about，2020 - 12 - 20.

政，只要他们使我们国家偏离了立国之初的方向，我们都不遗余力地批评之"①。

卡托研究所致力于增加和加强对关键公共政策的理解，并实事求是地分析其对公众和个人自由的影响——积极的、消极的或其他影响。现代社会的自由主义者认为市场具有复杂性，社会越简单，政府计划的干扰性就越小，计划在信息时代是不可能的。卡托研究所致力于扩大公民社会化，同时减少政治社会化。两者的不同之处在于：在公民社会中，个人对自己的生活作出选择，而在政治社会中，其他人会极大地影响这些选择。

卡托研究所的研究领域非常广泛，涵盖教育和儿童政策、能源与环境、金融、银行和货币政策、外交政策与国家安全、政府与政治、健康与福利、国际经济与发展、公民自由、政治哲学、监管研究、税收和预算政策、电信、互联网和信息政策、贸易政策等。

（二）管理结构和人员构成

卡托研究所的管理结构主要由董事会、管理层、研究中心和研究项目四个层级构成。第一层级是董事会。董事会有17人，来源于卡托研究所、基金会有限责任公司、邓恩基金会、MQS管理公司、吉列公司、利维家庭基金会、美国任期限制等机构的负责人或高管。第二层级是管理层。管理层现有高级管理人员10人，包括总裁兼首席执行官、执行副总裁、活动和会议副总裁、项目副总裁、法律总顾问、传播副总裁、财务副总裁兼首席财务官、副总裁兼首席数字官、开发执行总监、办公室主任。管理层下设传播部、发展部、政府和对外事务部。传播部有9人，包括高级媒体关系协调员、多媒体主管、营销副总监、网络传播主管、受众参与与获取副总监、卡托图书总经理、多媒体编辑、广播推广经理、媒体关系总监。发展部有9人，包括发展协调员、基金会和企业关系经理、特别活动经理、发展经理、发展研究助理、发展传播主管、发展总监、发展副总监、赞助伙伴关系总监。政府和对外事务部有3人，包括政府和对外事务协调员、政府事务主管、国家关系主管。行政和支持人员12人，包括会议助理、制作人、会议经理、会议策划人、会议助理、会议和活动副总监、艺术总监、学生项目经理、会议协调员、学生项目协调员、总裁兼首

---

① 加图研究所.加图决策者手册：美国智库如何影响政策？［M］.上海金融与法律研究院，译.上海：格致出版社，上海人民出版社，2011：4.

席执行官执行助理等。卡托研究所现有各类研究人员 200 多名。管理人员的构成注重与社会发展紧密衔接，社会网络、媒体、传播、赞助伙伴、对外关系等均受到重视。第三层级是研究中心。卡托研究所针对不同的研究领域设置一系列研究中心，开展相关研究。第四层级是研究项目。研究中心依托不同领域不同任务的研究项目，开展相关研究与咨询。

（三）资金来源

卡托研究所为保持其思想和研究的独立性，不接受政府资助。卡托研究所大约 80％的资金来自个人的免税捐款。许多捐款人都是直接通过邮件征集和项目更新来获得捐款信息并进行捐款。卡托研究所 2019 年的年度报告显示，2020 财年（2019 年 4 月 1 日至 2020 年 3 月 31 日），营业收入 3 169.5 万美元，净资产 8 139.1 万元美元。项目支出费用约占营业费用的 80％。① 具体数据见表 3 - 2。

表 3 - 2　卡托研究所 2020 财年财务报表②

项　　目	名　　称	金额（单位：美元）
营业收入	个人捐款	23 809 000
	基金会捐款	6 291 000
	公司捐赠	859 000
	项　　目	784 000
	其　　他	48 000
合　　计		31 695 000
营业费用	项目支出	25 595 000
	管理与一般支出	2 379 000
	研发费用	3 752 000
合　　计		31 726 000

① Cato Annual Report 2019 ［EB/OL］. https://www.cato.org/sites/cato.org/files/pubs/pdf/cato-2019-annual-report-update.pdf，P41.
② 根据卡托研究所 2019 年度报告整理. Cato Annual Report 2019 ［EB/OL］.https://www.cato.org/sites/cato.org/files/pubs/pdf/cato-2019-annual-report-update.pdf，P41.

项　目	名　称	金额（单位：美元）
资　产	现金和等价物	10 539 000
	投　资	38 241 000
	固定资产	31 839 000
	其他资产	4 966 000
合　计		85 585 000
负债和净资产	负　债	4 194 000
	净资产	81 391 000
合　计		85 585 000

卡托研究所 2020 财年的收入来源中，个人捐款约占 75％，基金会捐款约占 20％，公司捐赠约占 2.7％，项目和其他收入占 2.4％。个人和基金会捐款是其收入的主要来源。在营业费用中，项目支出约占 80％，研发费用约占 12％，管理与一般支出约占 7％，项目支出占比最大，因为项目实施是其开展研究的主要方式。

个人向卡托研究所提供赞助是美国公民具体捍卫美国个人自由、自由市场和受宪法限制的政府遗产的一种方式。[①] 赞助人依据捐款的数额多少可以获得卡托研究所提供的相应福利（见表 3－3）。

表 3－3　卡托研究所不同级别赞助人享受的福利[②]

级　别	福　利
入门级赞助人（50—99 美元）	福利与初级赞助人相同（此特殊级别仅适用于首次赞助者）
初级赞助人（100—499 美元）	卡托研究所的信—季刊论文，卡托研究所政策报告—双月刊，卡托研究所最新资讯—每月电子通信，卡托研究所季刊—为赞助者提供的内幕消息（包括总裁的个人备忘录），邀请卡托研究所学者举行独家在线简报会

①　Cato Institute. Support ［EB/OL］.https://www.cato.org/support，2020-12-20.
②　根据以下内容整理 Cato Institute. Support ［EB/OL］.https://www.cato.org/support，2020-12-20.

续　表

级　别	福　利
持续赞助人 （500—999 美元）	与初级赞助人的福利相同 外加：法规—季刊
赞助人 （5 000—24 999 美元）	与持续赞助人的福利相同 外加：精选卡托研究所图书，卡托研究所大型活动邀请函
慈善家 （5 000—24 999 美元）	与赞助人相同的福利 外加：所有卡托研究所图书，卡托研究所音频—每月活动的CD，独家年度卡托赞助人峰会邀请函
卡托俱乐部 200 成员 （25 000 美元以上）	与慈善家的福利相同 外加：每年秋天邀请参加一次与卡托研究所所有高级政策研究人员共同举办的独家周末务虚会，能获取城市研究所负责人和高级职员的普通邮件和电子邮件

此外，卡托研究所还为赞助人提供了在线购物捐款的便捷方式。赞助人可以通过亚马逊的"新亚马逊微笑计划"（AmazonSmile Program）在线购物来支持卡托研究所。赞助人每次通过亚马逊微笑计划网站直接购买亚马逊商品时，购买商品价格的 0.5％将以个人名义捐赠给卡托研究所，个人无须支付额外费用。操作也很简单，赞助人只需访问 AmazonSmile 官方网站，使用自己常用的亚马逊账户信息登录，然后选择卡托研究所作为慈善机构即可。① 卡托研究所在其官方网站上设立了线上书店页面，专门售卖研究所学者的著作成果。

（四）教育研究

卡托研究所下设的研究中心及其研究项目涉及广泛的领域和主题，包括医疗保健、教育、环境和能源、外交政策和国际人权等。这些研究中心及其研究项目的学者积极地将美国的建国原则应用到当今社会的关键问题上，并致力于遏制政府在宪法限制之外的持续扩张，以及对抗对个人权利不断升级的攻击。② 卡托研究所下设的研究中心包括罗伯特·莱维宪法研究中心、教育自由中心、全球自由与繁荣中心、代议制政府中心、货币与金融替代中心、施蒂费尔贸易政策研究中心。项目包括精简政府项目、刑事司法项目、社会保障选择

---

① AmazonSmile：You shop. Amazon gives［EB/OL］. https://smile.amazon.com/gp/chpf/homepage?orig=％2F, 2020 - 12 - 24.
② Cato Institute. Centers and Projects［EB/OL］. https://www.cato.org/projects, 2020 - 12 - 21.

项目、问题货币项目、公共舆论项目、琼斯法案改革项目、新兴技术项目、加利福尼亚州贫困与不平等项目。① 研究中心与研究项目的结合，构成了卡托研究所的基本研究体系。

1. 教育自由中心

卡托研究所的教育研究通过其下设的教育自由中心（Center for Educational Freedom，简称 CEF）开展。教育自由中心的研究基于这样一种理念：当教育植根于受教育者和受教育者的自由决定时，教育对所有人（从学生个体到社会所有人）都是最有效的。中心的教育研究建立在父母是最适合对孩子的照顾和教育作出重要决定的人的原则上。研究人员试图改变公众辩论的条件，支持家长的基本权利，并朝着未来的目标发展，即政府管理的学校让位给一个充满活力、独立的学校体系，以满足美国儿童的需要。在初等和中等教育中，中心的学者们试图改变政策，使家长们能够选择他们认为最适合他们孩子个性的教育，并让教育工作者按照他们认为合适的方式进行教学。在高等教育中，中心的学者寻求建立一种制度，即将从教育中获益的学生用自己的钱或其他人自愿提供的资金支付教育费用。教育自由中心现有 6 名研究人员，其中主任 1 名，政策分析师 1 名，兼职学者 4 名（见表 3-4）。

表 3-4   卡托研究所教育自由中心研究人员基本情况②

姓　名	身　份	基　本　情　况
尼尔·麦克卢斯基（Neal McLuskey）	主任	著有《课堂上的联邦政府：大政府如何腐蚀、削弱和损害美国教育》，与他人合编《择校误区：直面教育自由和无利可图的学校教育：审视美国象牙塔破碎的原因和解决办法》。他还维护着卡托研究所"公立学校争论地图"，这是一个关于公立学校价值观和身份冲突的交互式数据库。他是《择校杂志》的编辑委员会成员，也是《连线》的编辑顾问委员会成员，该期刊致力于促进 K-12 政策辩论中公民话语权。他的作品曾在《华尔街日报》《华盛顿邮报》和《福布斯》等刊物上发表，并在众多电视和广播节目中发表观点。他拥有乔治敦大学本科学位，主修政府和英语，获得纽瓦克罗格斯大学的政治学硕士学位、乔治梅森大学的公共政策博士学位。曾

① Cato Institute. Centers and Projects [EB/OL]. https://www.cato.org/projects，2020-12-21.
② 根据以下内容整理：Cato Institute. Center for Educational Freedom [EB/OL]. https://www.cato.org/centers/center-educational-freedom，2020-12-21.

姓　名	身　份	基　本　情　况
杰森· 贝德里克 （Jason Bedrick）	政策 分析师	在新罕布什尔州众议院担任立法委员，也是约西亚·巴特利特公共政策中心（Josiah Bartlett Center for Public Policy）的教育政策研究员。他与传统基金会、得克萨斯公共政策基金会、先锋研究所和恺撒·罗德尼研究所等组织合作发表了许多关于教育选择项目的研究报告。他的文章曾在《纽约邮报》《波士顿环球报》《棕榈滩邮报》《沃思堡星报》《拉斯维加斯评论杂志》《新罕布什尔州工会领袖》《国家评论》《国家事务》《教育未来》《联邦党人》和Townhall.com等杂志和网站上发表。他在哈佛大学肯尼迪政府学院获得公共政策硕士学位，是陶伯曼州及地方政府中心的研究员。他的论文《选择学习》评估了美国八个州的奖学金税收抵免项目，包括项目设计、对学生表现的影响、财政影响和受欢迎程度
科里· 迪安格里斯 （Cory DeAnglis）	兼职学者	理智基金会择校项目主任。他的研究主要集中在择校项目对非学术成果的影响，如犯罪活动、性格技能、心理健康、政治参与和学校供给。他独立或与他人合作撰写了40多篇关于教育政策的期刊文章、书籍章节和报告。他的研究发表在同行评审的学术期刊上，如《社会科学季刊》《学校效能与学校改进》《教育评论》《教育研究与评估》《皮博迪教育杂志》《学校选择杂志》和《卡托期刊》。他曾在《华尔街日报》《今日美国》《纽约邮报》《希尔》《华盛顿审查者报》和《教育未来》等媒体上发表过专题报道。他拥有得克萨斯大学圣安东尼奥分校的工商管理学士和经济学硕士学位，在阿肯色大学获得教育政策博士学位
万斯· 弗里德 （Vance Fried）	兼职学者	俄克拉荷马州立大学自由企业与创业研究所所长。他是教育领域企业、创业、公共政策以及风险融资方面的专家。著有《更好/更便宜的大学：拯救本科教育企业家指南》，为卡托研究所和其他智库撰写论文，并发表在知名期刊上。他曾做过私人执业律师、独立石油公司的高管，以及与中小型公司合作的投资银行家
克里· 麦克唐纳 （Kerry McDonald）	兼职学者	经济教育基金会高级教育研究员。著有《非学校教育：在传统课堂之外培养好奇、受过良好教育的孩子》（芝加哥评论出版社，2019年），也是福布斯杂志的定期撰稿人。她的研究兴趣包括家庭教育和学校选择、自主学习、教育创业和创新、家长赋权、学校选择以及家庭和儿童政策。她曾在《华尔街日报》《新闻周刊》《国家公共广播电台》《教育未来》《理性》《城市日报》和《企业家》等杂志上发表文章。她拥有鲍登学院经济学学士学位和哈佛大学教育政策硕士学位

姓　名	身　份	基　本　情　况
亚当·谢弗（Adam Shafer）	兼职学者	主要研究公立学校选择政策、政治和公众舆论（重点关注教育代金券和教育税收抵免）以及公立 K-12 的财务透明度和幼儿政策。他拥有丰富的政策研究经验，包括详细的立法发展和分析，以及对民意和政治联盟的分析。他曾在包括《华尔街日报》和《福克斯新闻》在内的纸质和广播媒体上对教育问题发表过评论，并就择校政策的优点向全国的政策和政治行为者提供政策建议和证词。他在弗吉尼亚大学获得美国政治学博士学位，主要研究政治行为、媒体效应和联合政治。他的博士论文评估了结合择校政策和信息来扩大和动员精英和大众支持的可能性。他在芝加哥大学获得社会科学硕士学位，他的硕士论文将进化论和心理学的各个方面与政治理论和战略相结合

教育自由中心的研究领域主要有幼儿教育、联邦教育政策、高等教育、公立学校、学校选择等。

2. 幼儿教育研究

多年来，美国地方政府、州政府和联邦政府以及各种私人资源为低收入家庭儿童的早期干预计划提供了资金，但这些儿童的获益很少。鉴于公立学校系统未能对入学的儿童进行良好的教育，教育自由中心学者认为政府为年幼儿童开设的公立幼儿园是不负责任的，普及学前教育的建议应该被拒绝。卡托研究所教育和儿童政策前主管达西·安·奥尔森（Darcy Ann Olsen）探讨了教育改革政策和私人倡议，她对儿童问题进行了广泛的研究，并强调了家庭承担抚养和教育儿童责任的重要性。奥尔森寻求将教育从失败的官僚机构转移到家长和创新的学校选择上，以加强美国的 K-12 教育体系。[①] 她还提出全面减税将有助于所有的父母，包括那些依靠上一辈父母照料儿童的父母和那些选择付费儿童日托的父母。对一部分父母而言，这将意味着可以把更多的钱用于不同的日托服务提供者，对于大多数父母则意味着更少的工作和更多的时间与孩子在一起。"我们必须记住，父母，而不是政治家，最有能力作出有关儿童保育安

---

① Cato Institute. Darcy Ann Olsen［EB/OL］. https://www.cato.org/people/darcy-ann-olsen，2020-12-22.

排的决定——这些决定需要牢记每个儿童的独特需要。"① 奥尔森认为如果联邦政府能做一件事来帮助所有的孩子得到最好的照顾，那就是通过减税来恢复父母的选择。

在家上学研究。克里·麦克唐纳（Kerry McDonald）的《家庭教育和教育自由：为什么学校选择对家庭教育者有利》一文认为，在短短的 50 年里，美国的现代在家上学运动已 经从一小撮空想家的设想演变成了许多家庭广泛的教育选择。如今，在家上学的人越来越多地反映了更多美国人口的需求，并且经常使用在家上学的法律规范来创造一种比主流的义务教育模式更具个性化、以儿童为导向的学习方式。虽然最新的国家数据表明，美国在家上学的增长速度可能正在放缓，但州一级的数据表明，在一些教育选择计划特别有利的州，在家上学的人口增长速度比 K‑12 公立学校的人口增长快很多倍。选择的氛围可以引导更多的家庭探索传统教育的替代方案，并激励教育创业者建立新的、更灵活的学习模式，以更好地符合 21 世纪的现实需要。家庭教育先驱约翰·霍尔特（John Holt）在他的《代替教育》一书中写道："如果你赋予一些人权力，如告诉他们必须学习或知道的东西，或者官方和'客观'地说一些人比其他人更有能力和更有价值，那你就不可能有人的自由，以及所有人的独特性、尊严和价值感。"② 为此，教育选择的承诺是，家庭可以自由地选择不接受义务教育，这决定了所有年轻人必须学习和了解的东西，并对他们的价值作出正式的评判。

3. 联邦教育政策研究

美国联邦政府的教育支出总额（包括 K‑12 项目和大学生资助），自 20 世纪 80 年代以来大幅增长，从 1 150 亿美元增加到 2 960 亿美元。③ 教育自由中心指出，有足够的证据和经验得出一个坚实的结论：美国联邦政府经过几十年时间和数万亿美元投入，以及一系列无休止的项目后，仍无法显著改善学校的表现。④

---

① Cato Institute. Child Care［EB/OL］. https://www.cato.org/publications/congressional-testimony/child-care，2020‑12‑22.
② John Holt. Instead of Education：Ways to Help People Do Things Better（Medford，MA：Holt Associates，2004），pp. 8‑9.
③ Cato @ Liberty. U.S. Department of Education：40 Years Is Enough［EB/OL］.https://www.cato.org/blog/us-department-education-40-years-enough，2020‑12‑22.
④ Cato Institute. Federal Education Policy［EB/OL］. https://www.cato.org/research/federal-education-policy，2020‑12‑22.

因而，通过逐步取消联邦政府在教育方面的徒劳努力，纳税人每年将重获他们来之不易的数十亿美元的使用权。这笔财政资金将对美国社会在创造就业机会、刺激投资、提高总体生活水平等方面产生巨大的影响。

中心研究人员尼尔·麦克卢斯基（Neal McCluskey）提出，尽管美国联邦政府在公民权利的执行中扮演着重要的角色，但联邦政府对教育的干预，尤其是自教育部成立以来，其价值值得怀疑，而最坏的情况则是一个高成本、官僚式的失败组织。鉴于华盛顿政府沉重的教育负担和可疑的表现，麦克卢斯基建议放松联邦控制，在七个方面进行权力调整：中小学教育经费、州和地方规划授权、课程标准和考试要求、学校选择、高等教育、幼儿教育和保育、公民权利。[①]权力调整具体包括：增加各州在使用从联邦政府实际获得的资金方面的自由裁量权；允许各州采用多种课程标准和考试；增加联邦管辖区的学校选择权等。

教育自由中心学者撰写的《调整美国联邦教育部的规模：改革的原则和朝正确方向前进的实际步骤》一文提出对联邦教育政策改革的几个建议：允许各州根据《中小学教育法案》（Elementary and Secondary Education Act）控制联邦资金的分配；允许各州批准多种多样的课程标准和统一的考试，并允许地方教育当局选择最适合学生需求的课程；取消联邦对州和地方政策集中设计的授权，但州政府需要保证他们将满足联邦要求，以此取代联邦审查小组；为更多生活在华盛顿特区、现役军人家庭或就读于印第安人学校教育机构的学生提供私立教育选择，同时保护私立学校的课程自主性并加强家长的责任感；减少对联邦学生资助，从逐步取消贷款开始，恢复大学定价的自我控制权；逐步取消无效的启智计划（Head Start Program），并将幼儿教育和护理回归到州、社区和家长手中；将公民权利执法从教育部转移到司法部，并使用标准通知和评论程序，而不是以"亲爱的同事"开头的信函，以此来进行实质性的监管改革。[②]

4. 制作"公立学校争论地图"

美国人在种族、宗教、意识形态等方面差异巨大，但所有人都必须为公立

---

① Cato @ Liberty. U.S. Department of Education: 40 Years Is Enough［EB/OL］. https://www.cato.org/blog/us-department-education-40-years-enough，2020 - 12 - 22.

② Amselem, Mary Clare, Lindsey Burke, Jonathan Butcher, Jamie Gass, Neal McCluskey, & Theodor Rebarber. "Rightsizing Fed Ed: Principles for Reform and Practical Steps to Move in the Right Direction." Policy Analysis No. 891, Cato Institute, Washington, DC, May 4, 2020［EB/OL］. https://doi.org/10.36009/PA.891.

学校付费。其目的是使人们团结起来，促进社会和谐，但公立学校并没有架起这一桥梁，反而常常迫使人们陷入激烈的冲突，导致目标可能是为实现和平，但结果往往相反。卡托研究所制作了"公立学校争论地图"（Public Schooling Battle Map），它是一个关于公立学校价值观和身份冲突的交互式数据库。该地图涉及言论自由、宗教、课程、阅读材料、种族/民族、道德价值观、性别平等、性、人类起源九个类别。该地图可以选择州、地区、年份以及九个类别进行检索，电子地图上不同颜色的圆点会显示出相关争论事件的具体时间、内容、地区、州和所属类别。任何人都可以把自己所知道的冲突或争论发送到卡托研究所的指定邮箱，还可以通过推特的专设话题讨论教育冲突。争论事件会不断地被添加到该地图上。该地图汇集了一个范围相对较小但特别激烈的争论集合，即将教育效率、基本权利、道德价值或个人身份相互对立的争论加以归类汇总。比如神创论与进化论的争论，或是指定的包含种族歧视的读物。这些冲突往往是强烈的个人冲突，会导致一个基本价值观的胜利，另一个价值观的失败。[①]

"公立学校争论地图"为教育利益相关者了解美国公共学校各领域存在的冲突提供了直观可视化的视角，也为进一步解决不同州和地区的教育问题奠定了基础，提供了证据支持。

5. 高等教育研究

卡托研究所教育自由中心认为美国联邦政府在高等教育中的存在既违反宪法又有害。联邦助学金推高了大学学费，造成了许多政策扭曲，使纳税人付出了更多的代价。联邦机构援助、大学研究补助金和学术拨款每年也要花费纳税人数十亿美元。最后，联邦政府将责任强加于"象牙塔"，这很有可能摧毁"象牙塔"的最大优势：机构自主性、消费者自由以及由此产生的强大竞争力和创新力。因而华盛顿必须放弃对高等教育的控制。[②]尼尔·麦克卢斯基指出，几十年来，美国学校收取的学费（不一定是学生最终支付的费用）不断上涨。公立四年制学校和社区学院（尤其是前者）学费的上涨速度比私立学校快。通过对美国50个州的拨款和学费收入的细分发现，直接补贴的变化只是

---

① Cato Institute. Public Schooling Battle Map［EB/OL］. https://www.cato.org/education-fight-map，2020 - 12 - 22.
② Cato Institute. Higher Education［EB/OL］. https://www.cato.org/research/higher-education，2020 - 12 - 23.

其中的一部分，而这一部分因州而异。在过去的 25 年里，联邦政府和地方对高等教育的支持有所增加，但因入学人数显著增加，造成生均费用有所减少。即便如此，每个州的年生均学费增长率有 57% 左右，而州和地方拨款却有所下降——这与大学不得不提高学费来维持生计的观念相去甚远。一个潜在的关键因素可能有助于解释这种状况，即州一级决策者可能会限制拨款的增加，因为主要通过联邦政府向学生提供的援助可以让学生支付更多费用。① 美国联邦政府参与高等教育管理不仅不符合宪法规定，还产生了很多负面影响，因而联邦政府必须退出高等教育。②

2020 年春季，为了应对新冠肺炎（COVID-19）疫情大流行，几乎所有的美国大学都关闭了校内课程，匆匆转为线上教育。进入大学校园曾经是大学教育的必需部分，但疫情证明了教学和辅导可以在线提供。因而，政策制定者和教育工作者需要调整高等教育和其他劳动力市场政策，以适应新的现实。教育自由中心的学者万斯·H.弗里德（Vance H. Fried）和拜伦·施洛马（Byron Schlomach）对联邦政府提出如下建议：在高中普及大学早期教育，目标是大多数大学生在高中毕业前完成一至两年的大学学业；建立一个无缝的大学课程转移系统，以便学生可以根据自己的需求轻松地进入多个院校，包括基于互联网的私立院校；取消职业许可制度对接受正规教育要求，以及要求政府机构取消对政府工作职位不必要的正规教育要求。③ 学者还对国会提出建议，应该考虑到在线学习的有效性，逐步减少每个学生的助学金和贷款，以停止资助大学经历的额外成本。这些政策建议都意在影响美国联邦政府和国会的教育决策者。

6. 公立学校和择校研究

卡托研究所认为公立学校没有得到改善的原因不是缺乏资金，因为州和地方政府不断增加 K-12 教育的支出。各州不应该在这方面投入更多的钱，而应该在更大范围内进行择校，朝着竞争激烈的教育市场发展。改革体制的唯一途

① Neal McCluskey. Not Just Treading Water：In Higher Education，Tuition Often Does More than Replace Lost Appropriations［EB/OL］. https://www. cato. org/publications/policy-analysis/higher-education-tuition-lost-appropriations，2020-12-23.
② 加图研究所. 加图决策者手册：美国智库如何影响政策？［M］. 上海金融与法律研究院，译. 上海：格致出版社，上海人民出版社，2011：201.
③ Vance H. Fried，Byron Schlomach. Higher Education after COVID-19［EB/OL］.https://www. cato. org/publications/pandemics-policy/higher-education-after-covid-19，2020-12-23.

径是打破长期存在的政府垄断，利用市场创造更好的方法、更多新的学校及更好的创新。为了实现竞争性教育市场的积极影响，择校计划必须确保私立学校的自主性和独立性，以及公立学校的灵活性。因此，美国各州不应对现有的私立学校设置监管障碍，阻止新的私立学校经营者进入市场。只有这样，择校计划才能使美国孩子得到更好的教育。

教育自由中心还出版了择校主题的研究著作。教育自由中心前主任戴维·F. 索尔兹伯（David F. Salisbury）与纽卡斯尔大学教育政策教授詹姆斯·托雷（James Tooley）合写的《美国可以从其他国家的择校中学到什么》一书中，来自欧洲、南美洲、新西兰、澳大利亚、加拿大和美国的学者们研究了其他国家在择校方面的经验，并为美国提供了重要的经验教训。该书提出并解答了一系列问题：什么样的择校政策最有效？私立学校为穷人提供的服务有多好？有必要制定哪些政策来促进为最大范围内的儿童提供最广泛的受教育机会？什么样的控制和规定对竞争激烈的教育行业的发展最有害？其他国家的学校选择是否形成了一个自由的教育市场，或者，至少在某些情况下，它反而导致私立学校和公立学校之间的规章制度组织化和统一？① 斯坦福大学胡佛研究所高级研究员埃里克·哈努谢克（Eric Hanushek）评价这本书"清楚地显示了选择的潜力，可以改善学生成绩，为弱势和残疾人士提供更好的服务，并增加家庭选择"。② 本书所包含的丰富信息和见解将有助于决策者和改革者寻找改善美国教育的最佳途径。《学校选择：调查结果》是目前有关择校最全面、最新的调查，通过对大量统计数据的科学研究，总结了美国最杰出的教育学者对特许学校、教育代金券和公立学校与私立学校有效性的研究。③ 该书使用了随机对照组的严格研究、监测成绩随时间变化的研究，以及基于大量学生的研究。该书还研究了来自世界各地的证据，择校的调查结果涉及智利长达 25 年的"全国教育代金券计划"、荷兰 1917 年的"全民教育代金券计划"以及瑞典最近的计划。研究结果不仅仅局限于学业成绩，还包括学生的公民参与度、不同学校类型的成本比较、公众和家长对学校和择校的看法，研究揭示了美国人对择校的了解与认知。这些认知包括子女因教育代金券计划而被特许学校或私立学校录取的

---

① ② David F. Salisbury，James Tooley. What America Can Learn from School Choice in Other Countries ［EB/OL］. https://www.cato.org/books/what-america-can-learn-school-choice-other-countries，2004 - 12.

③ Herb Walberg. School Choice：The Findings ［EB/OL］. https://www.cato.org/books/school-choice-findings，2006 - 12.

家庭对择校是否支持？其孩子的教育质量如何？他们的孩子是否比那些孩子在指定的公立学校上学的人更快乐？该书得出结论认为，高质量国际研究的共识压倒性地支持教育领域的竞争和家长选择学校，而不是主导美国和许多其他工业化国家的垄断制度。哈佛大学教育政策和治理项目主任保罗·E. 彼得森（Paul E. Peterson）评价该书"将美国和世界各地关于择校的许多知识汇集到一份简明的文献中"①。该书展示了择校的力量及其对美国青年的积极影响，为读者提供了争取择校的经验参考，对有关择校、教育代金券等进行更大范围辩论具有重要贡献。

7. 卡托教育市场指数研究

卡托研究所研制了卡托教育市场指数（Cato Education Market Index），用以衡量现有的学校系统与自由市场的相似程度（市场评级），并对教育政策建议对市场增长的促进性进行评级（政策评级）。教育市场是一个为生产者和消费者提供自愿联系的自由，以及鼓励家庭成为勤勉的消费者，激励教育者进行创新、控制成本和扩大服务的制度系统。在教育市场中，学校可以用任何方法提供任何科目的教学，家庭愿意为此付费。卡托教育市场指数旨在为教育市场建模，并推进几个相关目标：一是鼓励讨论有效和可持续的教育市场所需的标准；二是提供一个工具来评估一项政策建议是否有助于竞争激烈的教育产业的崛起；三是说明市场与生态系统相比有更多的共同点，即市场的关键属性是相互依存的，因此不能在不破坏整个系统的情况下被束缚或限制。② 卡托教育市场指数评级是对主要负责教育立法的政治单位——美国各州进行了评级。其设计遵循可靠性、客观性、全面性（内容效度）和准确性（预测效度）四个原则。卡托教育市场指数索引已作为电子表格和交互式网页应用程序向公众开放，最大限度地提高其对不同用户的针对性和有用性。研究人员可以利用该指数索引对不同的学校制度和政策进行比较，决策者和分析人员可以通过网络界面轻松获取单个案例研究的数据。

卡托教育市场指数评级显示，美国目前没有一个州在教育方面实现了自由市场形态，包括已经实施了小规模的教育代金券、税收抵免计划以及更大规模

① Herb Walberg. School Choice: The Findings [EB/OL]. https://www.cato.org/books/school-choice-findings, 2006 - 12.
② Andrew J. Coulson. The Cato Education Market Index Full Technical Report [R]. Cato, December 14, 2006. P3.

的特许学校项目的州均未能实现。美国教育行业由公立学校垄断为主导，由于政府的资金优势，这些垄断学校把私营部门挤压到一个很小的位置；卡托教育市场指数建议指出，即使是瑞典和荷兰教育领域的国家担保项目也离自由市场很远；卡托教育市场指数应用于各种不同的择校政策建议时，由于资金水平和机制、监管程度和项目规模的差异，不同的国家或地区的市场潜力存在巨大差异。① 该指数将激发人们对教育行业持久和激烈竞争的必要和充分条件进行辩论，推动有关最佳择校政策设计的辩论，为有兴趣利用市场力量改善儿童教育机会的政策决策者提供指导，发挥其在创造和维持一个有竞争力的教育行业中的作用。

（五）结语

卡托研究所以教育自由中心为依托，整合研究所内外资源及研究力量，在幼儿教育、联邦教育政策、高等教育、公立学校与择校等领域进行了卓有成效的研究，还独创了"公立学校争论地图"、卡托教育市场指数索引等研究成果，为美国教育改革与发展提供了全方位的教育政策咨询建议。在充满争议和党派纷争的美国，卡托研究所仍然致力于为重要的教育公共政策问题提供清晰的、深思熟虑和独立的分析。卡托研究所充分利用博客、网络、邮件、专栏文章、电视节目、会议、研究报告、演讲活动和书籍等手段，积极地为公民提供精辟易懂的分析。自1977年以来，卡托研究所的学者在一系列政策辩论中发挥了影响力，包括社会保障改革、医疗储蓄账户、任期限制、福利改革、基本税改、自由贸易、法院宪法权利、学校选择、公民自由和外交政策问题，有力地影响了公共政策。② 卡托研究所构建了包括捐款在内的完善的资金来源制度，确保了其正常运行。卡托研究所的一切活动建立在自由主义基础之上，围绕个人自由、有限政府、自由市场与和平的原则展开，这些原则被称为推动美国发展的理想，有时候难免过犹不及。我们在学习借鉴时，应注意明辨其行为背后的政治逻辑与社会逻辑，择其善者而从之。

---

① Andrew J. Coulson. The Cato Education Market Index Full Technical Report ［R］. Cato, December 14, 2006. P21.
② Cato Institute. Support ［EB/OL］. https://www.cato.org/support, 2020-12-20.

三、卡内基教学促进基金会①

（一）创立与发展

1. 创立过程

卡内基教学促进基金会（Carnegie Foundation for the Advancement of Teaching）是独立的教育政策研究中心，是世界上最早的教育智库之一。它由美国著名企业家、慈善家安德鲁·卡内基（Andrew Carnegie）创立。1905 年，卡内基斥资 1 000 万美元捐建了慈善机构"卡内基基金会"，其创建的初衷是为大学教师发放养老金。1905 年 4 月，安德鲁·卡内基向 25 位基金会预选的董事发出正式信函，他在信中提出了基金会的基本主张。他认为，基金会为美国、加拿大和纽芬兰的大学、学院和技术学院的教师提供养老金，养老金的覆盖范围和评选标准在将来由董事会讨论决定，但是应该不以种族、性别、宗教或肤色为限制。卡内基还特别指出，教派控制的学校、州或殖民政府设立或主要资助的学校不能被纳入养老金资助范围。所资助学校的宗教性和公立性应该被排除。卡内基的这封信为"卡内基基金会"组建章程勾勒了大体框架。②1905 年 11 月 15 日，在纽约卡内基家中成功召开了首次董事会议。首届董事会议推选查尔斯·W. 艾略特（Charles W. Eliot）为董事会的执行主席，卡内基担任名誉主席（见表 3 - 5）。

表 3 - 5　卡内基教学促进基金会第一届董事会董事名单

董　　事	董事所属机构	备　　注
希尔·M. 贝尔（Hill M. Beal）	德雷克大学	
尼古拉斯·巴特勒（Nicholas Butler）	哥伦比亚大学	

---

① 该部分内容主要参考：周洪宇，邓凌雁. 智库的作用：以美国卡耐基教学促进基金会为例［M］. 武汉：湖北教育出版社，2016.

② Papers Relating to the Admission of State Institutions to the System of Retiring Allowances of the Carnegie Foundation Bulletin Number One［R］. The Carnegie Foundation for the Advancement of Teaching，1907.

续　表

董　　事	董事所属机构	备　注
T. 莫里斯·卡内基（T. Morris Carnegie）	第五大道 542 号	安德鲁·卡内基的侄子
艾德温·克雷海德（Edwin Crayhead）	杜兰大学	
威廉·克劳福德（William Crawford）	阿勒格尼学院	
乔治·丹尼（George Danny）	华盛顿·李大学	
查尔斯·W. 艾略特（Charles W. Eliot）	哈佛大学	
罗伯特·弗兰克斯（Robert Franks）	卡内基家族信托公司	卡内基的财务秘书
亚瑟·特文宁·哈德利（Arthur Twining Hadley）	耶鲁大学	
查尔斯·哈里森（Charles Harrison）	宾夕法尼亚大学	
亚历山大·汉弗瑞（Alexander Humphreys）	史蒂文森理工学院	
艾德温·休斯（Edwin Hughes）	达包华大学	
大卫·乔丹（David Jordan）	斯坦福大学	
亨利·金（Henry King）	奥伯林学院	
汤姆森·麦克利兰（Thompson McClelland）	诺克斯学院	
塞缪尔·马考米克（Samuel Macomber）	西宾夕法尼亚大学	
威廉·皮特森（William Peterson）	麦吉尔大学	
塞缪尔·普兰兹（Samuel Plantz）	劳伦斯大学	
亨利·S. 普里彻特（Henry S. Pritchett）	麻省理工学院	
雅各·舒曼（Jacob Schuman）	康奈尔大学	
克拉克·西利（Clark Seely）	史密斯学院	
威廉·哈珀（William Harper）	芝加哥大学	因病未参加首届董事会
查尔斯·瑟文（Charles Severn）	西储大学	
弗兰克·万德理普（Frank Vanderlip）	花旗银行	副总裁
伍德罗·威尔逊（Woodrow Wilson）	普林斯顿大学	

　　从表 3-5 的董事会名单来看，第一届 25 位董事成员中，有 22 人是大学或学院校长，除了麻省理工学院校长亨利·S. 普里彻特（Henry S. Pritchett）外，有哈佛大学、耶鲁大学、康奈尔大学、普林斯顿大学等著名大学校长。为了兼顾均衡，德雷克大学、奥伯林学院、阿勒格尼学院等规模稍小的大学或学院代表也囊括进来。除此之外还有擅长精算、金融及保险业务的银行家、花旗银行的副总裁弗兰克·万德理普、卡内基家族信托基金财务秘书罗伯特·弗兰克斯。

　　董事会成员和卡内基教学促进基金会会长的选择贯彻着"寻找适合的人"的方针。"良好的判断力、广泛的经历、丰富的想象力、敏锐的判断力都是董事不可或缺的品质。"[①] 第一届董事会的成员或对高等教育有着丰富的管理经验，或广泛接触高等教育日常工作，或在金融、财务等领域颇有建树。而卡内基也摒弃了通常人对"学术人"管理能力的怀疑。第一届董事会的 25 人中 22 位为教育领域的专家，且大多为支持教育变革的大学校长，也正是这样的专业人才配置和专家治理格局设定，对基金会后来的改革和发展产生了深远的影响。

　　继 1905 年获得纽约州特许状后，1906 年 3 月，基金会又获得美国国会颁发的特许状，并将基金会名称改定为"卡内基教学促进基金会"，扩大了基金会的使命，加入了"教学促进"的新方向。1906 年卡内基教学促进基金会章程规定，卡内基教学促进基金会"为美国、加拿大自治领和纽芬兰的大学、学院和技术院校的教师提供退休金，无论在种族、性别、信仰以及肤色方面的差异"，"从更普遍的意义上，在美国、加拿大、纽芬兰等地区，做一切鼓励、支持、提高教师职业地位和促进高等教育事业发展所必需的事"，"接受和保管以礼赠、遗产、遗赠、资助、或任何不动产与个人财产等形式提供的捐赠，所有这些都用于该法人组织的上述目的"。组建章程既反映了为大学教师提供捐赠的慈善性和公益性，又反映了以亨利·S. 普里彻特、查尔斯·W. 艾略特[②]等教育界一流改革家革新美国高等教育的宏大志向和长远追求。直到 1918 年卡内基教学促进基金会创立了一个下属的养老及管理系统"教师保险和年金协会"[③]，卡内基教学促进基金会的中心任务逐渐从养老金发放转移到教育调查研究和教育政策研究制定。

---

① 李政云. 慈善基金会在美国高等教育发展中的作用——卡内基教学促进基金会案例研究[M]. 长沙：湖南师范大学出版社，2011：212.
② 查尔斯·W. 艾略特曾担任哈佛大学校长，他在任期内对哈佛大学进行了广泛改革。
③ 亨利·S. 普里彻特同时担任卡内基教学促进基金会会长和教师保险和年金协会会长，直到 1930 年退休。1919 年卡内基逝世后，普里彻特还兼任纽约卡内基公司主席一职。

2. 曲折发展

从 1905 年至今，卡内基教学促进基金会共产生了 10 任会长，分别是亨利·S. 普里彻特（1905—1930 年在任）、亨利·苏扎罗（Henry Suzzallo，1930—1933 年在任）、沃尔特·A. 杰赛普（Walter A. Jessup，1934—1944 年在任）、奥利弗·C. 卡迈尔克（Oliver C. Carmichael，1945—1953 年在任）、约翰·加德纳（John Gardner，1954—1965 年在任）、阿兰·皮菲（Alan Pifer，1965—1979 年在任）、欧内斯特·L. 博耶（Ernest L. Boyer，1979—1995 年在任）、李·S. 舒尔曼（Lee S. Shulman，1997—2008 年在任）、安东尼·S. 布里克（Anthony S. Bryk，2008—2020 年在任）、蒂莫西·诺尔斯（Timothy Knowles，2020 年接任）。其中，最著名的是第七任会长欧内斯特·L. 博耶和第八任会长李·S. 舒尔曼。从 1930 年至 1979 年的半个世纪，卡内基教学促进基金会经历过过山车式的变化——20 世纪 30 年代卡内基教学促进基金会因养老金负担逐渐陷入困境，从 40 年代至 60 年代中期较少开展大型研究项目，甚至在 1952 年卡内基教学促进基金会宣布破产，而后并入卡内基公司丧失了实体的独立性，两个基金会共用一套行政人员；从 1965 年至 1979 年，卡内基教学促进基金会在第六任会长阿兰·皮菲的领导下逐渐复苏，组建卡内基高等教育委员会（Carnegie Commission on Higher Education，1967—1973）、卡内基高等教育政策研究议会（Carnegie Council on Policy Studies in Higher Education，1973—1979）开展教育调查和政策报告，创设卡内基高等教育机构分类，70 年代中后期卡内基教学促进基金会重振在高等教育界声望。1979 年纽约州立大学的前校长、美国教育署①署长欧内斯特·L. 博耶担任卡内基教学促进基金会会长，并重建卡内基教学促进基金会。在博耶和他的继任者李·S. 舒尔曼的领导下，卡内基教学促进基金会不仅恢复了独立地位，而且获得了极大的发展，取得了辉煌的成就。

（二）组织结构与财务特点

1. 组织结构精简灵活

1906 年，卡内基教学促进基金会组建之初对该机构的人员和内部结构进行了设计安排。按照当时的规定，由 25 人组成的董事会，管理、支配和负责

---

① 　美国教育署是 1979 年美国教育部成立之前联邦政府负责教育事业的最高领导部门。

基金会的资产、事务。设董事会主席、副主席、秘书各 1 名，董事会 25 位成员任期不限。随着时代变革，董事会的结构经历了数次调整。进入 21 世纪，卡内基教学促进基金会适时调整了管理层的安排，布里克就任后，大规模精减人员。当前的卡内基教学促进基金会董事会仅有 14 名董事（见表 3－6）①。

表 3－6　卡内基教学促进基金会现任董事

卡内基教学促进 基金会董事	个人基本情况	在基金会的职务
豪尔赫·阿吉拉尔（Jorge Aguilar）	奇妙大学预科学院院长	
拉斯林·阿里（Russlynn Ali）	XQ 研究所联合创始人兼首席执行官	
西妮·迪克森（Sydnee Dickson）	教育学博士，犹他州公共教学总监	
奥迪尔·迪施-巴德卡姆卡尔 （Odile Disch-Bhadkamkar）	斯坦福管理公司名誉董事总经理兼首席财务官	
何家弘（Andrew Ho）	哈佛大学教育研究生院教育学教授	
罗伯特·休斯（Robert Hughes）	比尔和梅林达-盖茨基金会美国项目 K－12 教育总监	
蒂莫西·诺尔斯（Timothy Knowles）		卡内基教学促进基金会会长
马友友（Yo-Yo Ma）	"丝绸之路"项目创办人、大提琴家	
亚伦·拉斯穆森（Aaron Rasmussen）	MasterClass 联合创始人，Outlier.org 创始人	
索尼娅·桑特利塞斯（Sonja Santelises）	巴尔的摩市公立学校首席执行官	
贾内尔·斯科特（Janelle Scott）	美国加利福尼亚大学伯克利分校伯克利教育学院罗伯特·J.和玛丽·凯瑟琳·伯金诺教育差异杰出讲座教授	

① Board of Trustees［EB/OL］. https://www. carnegiefoundation. org/about/board-of-trustees/，2025－01－15.

续　表

卡内基教学促进 基金会董事	个人基本情况	在基金会的职务
道格·舒尔曼（Doug Shulman）	OneMain Financial 主席兼首席执行官	
黛安·塔文纳（Diane Tavenner）	Futre. me 联合创始人兼首席执行官	董事会主席
妮可·泰勒（Nicole Taylor）	硅谷社区基金会总裁兼首席执行官	

　　除会长外，其他成员都不是常驻卡内基教学促进基金会斯坦福大学办公室人员，因此，基金会的日常管理很自然就落在会长、副会长、财务主管等人身上。会长由董事会根据执行委员会提名、通过投票的方式选举产生。会长接受董事会领导，是卡内基教学促进基金会的首席执行官。会长是执行委员会的主席，接受董事会和执行委员会的监督，对基金会管理方面的所有事务负总责，同时负责监督基金会的所有事务。执行办公室是由此前长期存在的执行委员会演变而来。1906 年卡内基教学促进基金会《内部细则》规定执行委员会由会长和其他 6 位董事组成。布里克担任卡内基教学促进基金会会长期间，执行办公室成员为 6 人，由会长、副会长 2 名（1 人负责管理，1 人负责项目运营）、会长行政助理、执行业务专家、司务长组成。

　　卡内基教学促进基金会的员工和下属部门会根据实际需要经常变动，从最新公开材料上看，截至 2016 年 8 月，卡内基教学促进基金会共有全日制员工62 人，分属 11 个下属部门。① 62 名全日制员工中包括卡内基教学促进基金会会长 1 名，副会长 2 名（项目副会长和行政副会长），此外还有司务长、会长行政助理等。11 个下属部门分别是执行办公室、外联处、社区学院路线部门、分析团队、技术协作团队、核心运作团队、外部支持和伙伴关系部门、"改进的科学"（improvement science）团队、社会联动网络启动和发展团队、学士后团队、学生社团促进协会。11 个部门中的人员有重叠交叉，许多成员身兼多职，但是分工明确（见表 3-7）。

　　卡内基教学促进基金会的人员结构和安排有三个明显特征：一是精简，二是灵活，三是针对性。首先，卡内基教学促进基金会的人事安排充分体现了

---

① Staff Directory［EB/OL］. https://www.carnegiefoundation.org/who-we-are/staff-directory/.

表 3 - 7　卡内基教学促进基金会下属部门①

部　　门	人　　数（人）
执行办公室	6
外联处	3
社区学院路线部门	12
分析团队	7
技术协作团队	8
核心运作团队	9
外部支持和伙伴关系部门	4
"改进的科学"团队	8
社会联动网络启动和发展团队	5
学士后团队	7
学生社团促进协会	7

"寻找最合适的人"的用人原则，基金会希望职员来自尽可能多样化的专业领域，并不介意职员曾经接受哪个领域的训练，基金会注重职员有责任心，应该绝对真诚，愿意努力工作。② 其次，基金会的教育项目和部门设置会因美国教育发展和研究的需要而随时调整，所以一些不合时宜的人员和机构会被删减，而另一些新的员工和项目机构又会随着新的任务安排而被增设。面对具体的项目时，基金会普遍采用临时雇用的方法，寻找该领域最优秀的人来主持或提供咨询建议，因此基金会就没必要为了一个新的项目花时间培训新的职员。临时雇员一般是有合同期限或其他附带条件的，这样即便发现教育项目可行性不强或不能达到预期，聘用关系可以及时终止，而不会对卡内基教学促进基金会整体运作产生不良影响。最后，对于某些具体教育问题的解决，需要针对性地选人用人。卡内基教学促进基金会是美国唯一一家致力于高等教育政策研究的顶级智库，所以对相关专业领域尤其是高等教育界人士来说有很大的吸引力，"很多高等教育界人士都希望有机会与卡内基教学促进基金会扯上关系，享受

---

① 依据卡内基教学促进基金会官方网站公布的员工信息和项目、机构相关情况整理而成。
② 李政云. 卡内基教学促进基金会与美国高等教育发展 [D]. 杭州：浙江大学，2007：138.

它能为他们带来的地位和声望"①。卡内基教学促进基金会充分利用广泛的社会资源，选择已经具备相当基础的个人或机构作为项目负责人或参与者，不仅缩短了项目筹备的时间，保障了卡内基教学促进基金会政策研究的可行性和可信度，同时也提高了项目运作效率。

这种精简、灵活和针对性强的用人制度是以卡内基教学促进基金会丰富的教育组织协调能力、良好的社会声誉和号召力、强大的社会互动能力为前提和保障的，这为卡内基教学促进基金会带来强大且丰富的社会资源。卡内基教学促进基金会其实真正体现了"小机构、大网络"的体制框架。

2. 财务具有独立性

卡内基教学促进基金会力求财务独立。独立的财务是卡内基教学促进基金会进行独立教育政策研究的根本保证。安德鲁·卡内基分别于 1905 年和 1908年捐出 1 000 万美元和 500 万美元，早期的这 1 500 万美元注册资本成为卡内基教学促进基金会的原始资金，卡内基教学促进基金会将这笔原始资金的收益用于一般用途的捐赠，而不动用本金。因为拥有数额较大的本金，而且卡内基教学促进基金会在 20 世纪中后期调整了投资策略，导致收益日趋可观，加之卡内基家族将资金最雄厚的纽约卡内基公司作为后盾，所以卡内基教学促进基金会没有类似商业公司或政府那样需要对之负责的股东和选民，无须受来自任何方面的强制性影响，不代表任何私人、政治、宗教派别的利益——这也意味着卡内基教学促进基金会能最大限度地保证其立场的客观性和中立性，进行独立的政策研究。

卡内基教学促进基金会接受卡内基公司的资金援助。纽约卡内基公司是卡内基家族资金最雄厚的一家慈善基金会。1911 年，年事已高的卡内基因身体和精力状况无法继续直接参与和管理庞大的慈善事业，而在"拥巨富而死者耻辱"的信念下，卡内基决定把所有余下的 1.5 亿美元一次性注入一个新成立的慈善基金会，即卡内基公司。由于该机构在纽约注册，所以全名称为"纽约卡内基公司"（Carnegie Corporation of New York），但人们习惯上更多地称其为"卡内基公司"（Carnegie Corporation）或"卡内基基金会"（Carnegie Foundation）②。尽管很长一段时间卡内基教学促进基金会得到卡内基公司的资

---

① 李政云. 卡内基教学促进基金会与美国高等教育发展 [D]. 杭州：浙江大学，2007：139.
② 更多信息请参阅卡内基公司官方网站的相关历史介绍 [EB/OL]. https://www.carnegie.org/about/our-history/，2019 - 06 - 10.

助或贷款，但这并不会从根本上影响到卡内基教学促进基金会教育政策研究的独立性。

　　卡内基教学促进基金会在20世纪50年代进行了根本性的投资调整，参与收益较好的普通型股票的投资，60年代初卡内基教学促进基金会的财政状况开始好转，70年代初，随着美国股票市场行情的上升，美国教师退休基金会（Teachers Insurance and Annuity Association-College Retirement Equities Fund，简称TIAA-CREF）收益大幅度增加。1972年卡内基教学促进基金会又获准免除所欠卡内基公司的债务，卡内基教学促进基金会获得了财政上的自由，解除了经费上的担忧。① 博耶时期重建卡内基教学促进基金会，1979年将卡内基教学促进基金会从卡内基公司独立出来。在当前布里克任上，卡内基教学促进基金会经费充足，开展了众多教育研究和教育改进工作，特别是从2014年开始每年举办大规模的教学改进交流和分享活动——卡内基教育改进工作峰会，使得卡内基教学促进基金会在新的形势下不断扩大自己的影响。

（三）独立性定位和时代转型

1. 独立教育研究与政策中心的定位

　　卡内基教学促进基金会是迄今为止为数不多的运作型基金会，从早期开始就发挥着一定的教育调查研究和政策倡导的功能。1905年的基金会章程中规定了两项主要任务：一项是为高等学校的退休教师提供退休津贴等补助；另一项是为其他旨在推进科学和教育事业的慈善机构和教育机构提供捐助。捐赠型基金会和运作型基金会之间存在很大差异。捐赠型基金会并不直接参与项目的运作，而是资助第三方非营利性机构。运作型基金会则按照既定宗旨运作，资助本部门从事教育调查、研究、舆论宣传及社会公益工作。虽然两者并无优劣之分，但是其角色定位、内部组织结构和影响作用方式却有很大不同。尤其是1918年后，卡内基教学促进基金会主要从事高等教育问题与政策研究，逐渐发展为如今在全美乃至全世界都知名的非营利教育研究与政策中心。卡内基教学促进基金会的教育调查和教育政策一方面离不开教育界锐意进取之士的参与，另一方面也离不开民众的信任和支持。卡内基教学促进基金会作为自觉的

---

① Alan Pifer, "A Foundation's story: The first seventy-five years of the Carnegie Foundation for the Advancement of Teaching", in CFAT Seventy-fourth Annual Report (1979): 36.

教育调查和教育政策研究的牵头人、倡导者、合作者、传播者，在科学实践和客观调查的基础上，发表了一系列教育报告和教育政策建议。这些教育调查报告和政策建议对美国的教育事业的发展产生了重大而深远的影响。

1979 年博耶接管卡内基教学促进基金会后，正逢美国 20 世纪 80 年代新一轮教育改革运动兴起。1981 年 8 月，美国教育部长成立了国家优质教育委员会，1983 年 4 月委员会推出了报告《国家处于危险中：教育改革势在必行》，呼吁提高教育质量。在这样的背景下，80 年代美国教育改革关注的主题从 60 年代和 70 年代的"机会平等"转向了"优质"，出现了结构主义课程改革、回归基础运动等，"教与学、教育质量构成 80 年代教育改革运动的主线"。① 博耶参与了《国家处于危险中：教育改革势在必行》这份划时代意义的教育改革报告的撰写工作，这一工作经验为博耶引导卡内基教学促进基金会形成有突破性的改革积累了宝贵的经验。

随着美国社会政治出现新的变化，教育改革的方向也发生变化。1979—1995 年，卡内基教学促进基金会在博耶领导下开展了大量有关教学和教育质量的研究。与前任皮菲重点开展以大学为基础的宏观政治研究不同，博耶更多地以微观和中观视角观察美国教育，将重点放在撰写主题报告上，并在全国范围内传播。20 世纪 80 年代卡内基教学促进基金会逐步确立了其作为独立的教育研究与政策中心的地位。

2. 教育研究从"公平"转向"兼顾优质与公平"

1979 年博耶接管卡内基教学促进基金会后，适逢美国社会政治出现新的变化和教育改革的方向调整。一方面，在 1980 年总统选举中获胜的共和党领袖里根上台后，在教育领域也主张联邦政府尽量少地直接参与教育事务，鼓励和号召私人和私人团体、基金会等参与教育事务，卡内基教学促进基金会已不存在像皮菲任期内出现的参与公共政策的正当性和合法性危机；另一方面，1983 年的报告《国家处于危险中：教育改革势在必行》用"教育过程存在着的令人不安缺陷"和各种"危险指标"提醒教育问题的严峻性，充分表明了美国教育改革的公平与质量的双重目标，高质量的教育应发挥学生"个人能力的极限"。在这样的背景下，1979—1995 年，卡内基教学促进基金会在博耶领导下开展了大量有关教学和教育质量的研究。在 1983 年的《高中：美国中等教育

① 李政云.卡内基教学促进基金会与美国高等教育发展［D］.杭州：浙江大学，2007：108.

报告》中，阐明了中等教育的使命，从课程关联角度对中学的各课程进行审查，强调了美国高中课程中的核心课程问题；1987 年的报告《大学：美国的本科经验》将研究视角拉回到本科教育研究；1990 年的报告《学术反思：教授工作的优先事项》（下文简称《学术反思》）试图将教学与研究放在同等重要的位置，认为两者在学术生活的维度中具有同等价值——许多高校过于强调研究而使得教育与研究处于失衡状态。

3. 从宏观视野转向微观视角

20 世纪 70 年代以前，卡内基教学促进基金会关注的都是影响美国教育发展的全局性问题。在皮菲以及更早以前的卡内基教学促进基金会会长领导时期，卡内基教学促进基金会所关注的一般是高等教育领域的宏观政策，比如教育布局、教育财政、教育平等之类影响美国教育发展的全局性问题，而对微观领域比如学生日常生活、学习环境等的关注较少。与前任皮菲重点开展以大学为基础的宏观教育研究不同，博耶将重点放在微观和中观层面。20 世纪 80 年代中期，卡内基教学促进基金会开始关注学生与"生活""经验"之间的关联，关注学生"未来一个更好的生活[1]"，例如在报告《大学：美国的本科经验》中，卡内基教学促进基金会将现代大学或学院中早已习以为常的课堂、运动场、学生社团活动等微观层面的事物纳入了研究视野。

4. 从单一层次扩展至整体

1906 年的卡内基教学促进基金会章程把推动高等教育发展列为两大目标之一，例如卡内基教学促进基金会开展的《弗莱克斯纳报告》、法学教育研究、美国高等教育研究委员会等也都没有超越高等教育的范畴。然而博耶并没有像前人一样局限于高等教育这一单一层次，他把教育体系比喻为一张网，认为不同层次之间的教育是相互联系、不可分割的。1980 年春，卡内基教学促进基金会董事会迅速作出表态："每一个阶段的学习都与其他阶段有相辅相成的密切关系，如果学生是从一个糟糕的开端——令人担忧的高中，来与大学相承接的，那么他们将来学术发展的前途也是灰暗的。教育是一体的，不可分割的。"[2] 哪怕是为了

---

[1] Ernest L. Boyer. College：The Undergraduate Experience in America ［R］. The Carnegie Foundation for the Advancement of Teaching，1987：2.

[2] Ernest L. Boyer. High School：A Report on Secondary Education in America ［R］. New York：Harper & Row，1983：A‑ii.

提高高等教育的质量，也不能对与之相关的基础教育和终身教育袖手旁观，博耶相信教育改革的"高质量"目标依靠各个层级教育系统的支撑。因此，他希望卡内基教学促进基金会对从学前教育开始直至高等教育、终身教育的整个教育系统展开全面综合的审视。

5. 舒尔曼时代卡内基教学促进基金会的变革

1979 年，卡内基教学促进基金会从纽约卡内基公司分离出来，独立后的卡内基教学促进基金会愈加突显"教与学的学术"这一工作重点。1995 年 12 月博耶去世后，卡内基教学促进基金会会长一职暂时由当时卡内基教学促进基金会的理事会副主席查尔斯·格拉希克（Charles Glassick）兼任。卡内基教学促进基金会在寻找新的行政负责人时，由卡内基教学促进基金会理事会成员组成的会长遴选小组非常希望卡内基教学促进基金会的新任会长不仅要关注教学，而且要能真正地推动教学实践，不仅仅停留在思想观念的构想上，更重要的是，新任会长还要能说服别人接受这一点。在经过仔细权衡之后，会长遴选委员会将目标锁定在当时斯坦福大学教育心理学教授李·S. 舒尔曼身上，并于 1996 年底正式宣布遴选结果。1997 年 8 月，舒尔曼正式接管卡内基教学促进基金会，成为卡内基教学促进基金会第八任会长。舒尔曼执掌卡内基教学促进基金会后，为了突出教学学术对学生学习的关注，卡内基教学促进基金会对博耶的"教学学术"内涵进行深化，发展为"教与学的学术"。同时，推进"教与学的学术"的实践也成为卡内基教学促进基金会的中心工作。

1998 年在舒尔曼的领导下，卡内基教学促进基金会成立卡内基教与学学术学院（Carnegie Academy for the Scholarship of Teaching and Learning，简称"卡内基学院"），它继承了卡内基教学促进基金会对"教学学术"的概念和观点，"将教学视为一项学术性工作"，在 1990 年报告《学术反思》的基础上进一步发展，提出了"教与学的学术（Scholarship of Teaching and Learning）"的观点，推进教与学的学术从理念向实践的转换。其宗旨有三点：第一，培养学术能力，进行意义重大且长期持续性的学习；第二，提升教学实践，促进教学专业发展；第三，为教学工作者带来学术工作的承认和奖励。①

卡内基学院的目标不仅是为了提升高等教育的教学学术，而且也把基础教育和中等教育也囊括进来，广泛开展了卡内基学院高等教育项目、卡内基学院

---

① History of the program ［EB/OL］.https://sotl.buffalostate.edu/history-program.

初等教育以及卡内基学院中等教育项目。其中，卡内基学院高等教育项目是从以下三个方面展开运作的。

第一，通过卡内基学者国家奖学金计划①（National Fellowship Program for Carnegie Scholars，简称"卡内基学者"）汇集一批优秀的大学教师，让他们从各自教学和研究的领域通过灵活的方式调查问题，帮助卡内基学院的观点形成和运作。② 通过卡内基学者项目，卡内基学者不但个人有了宝贵的学习机会，而且在卡内基教学促进基金会为各自学科领域教与学的学术开展提供了思想、素材和指导，他们的研究还被收录进"卡内基知识媒介实验室"③，与公众共享与交流。④

第二，卡内基学院校园计划与美国高等教育协会合作，在全美 200 多所社区学院、文理学院、综合性大学和博士授予大学等不同层次的校园里开展校园文化建设，为教与学的学术成长营造良好条件。⑤ 该项目各参与院校分别成立了它们自己的教学委员会，按它们自己的方式组织开展有关促进教与学的学术工作，总体反映了卡内基学院的文化、价值观与各项原则。

第三，卡内基学院与全国各学术和专业学会进行合作，为教与学的学术话语建构、标准设置、作用机制等进行探讨和发展。⑥ 美国历史协会、美国化学学会、美国数学学会各学科专业学会也纷纷表示它们将支持教与学的学术。他们认为，教与学的学术对他们各自学科领域的发展非常重要。其他还有涉及经济、哲学、医学、心理学、政治学、法律等专业的近三十个学会。

舒尔曼推动了基金会运作与管理的扁平化。1967 年至 1973 年阿兰·皮菲担任卡内基教学促进基金会会长时期，卡内基教学促进基金会的组织和管理结构就像是车轮，卡内基教学促进基金会以阿兰·皮菲为中心组建了卡内基高等教育研究委员会、卡内基高等教育政策研究议会。1979 年至 1995 年博耶在卡内基教学促进基金会的领导则使卡内基教学促进基金会像是一座金字塔，博耶

---

① 1998—2005 年，逐年分批选拔了 140 名高校教师作为卡内基学者，并给予奖金资助，在卡内基教学促进基金会脱产开展为期一年的研究，项目采用个人负责制，以个人名义发表。

② Shulman, L. S. Fostering a Scholarship of Teaching and Learning [R]. Institute of Higher Education, The University of Georgia, Athens, Georgia, 2000：18.

③ 卡内基教学促进基金会开设的一个联动网络信息库，把教师、院校以及各项目的研究成果纳入其中，实现信息、资源、经验的共享与交流。

④ 李政云. 卡内基教学促进基金会与美国高等教育发展 [D]. 杭州：浙江大学，2007：123.

⑤ Shulman, L. S. Fostering a Scholarship of Teaching and Learning [R]. Institute of Higher Education, The University of Georgia, Athens, Georgia, 2000：18.

⑥ History of the program [EB/OL]. https://sotl.buffalostate.edu/history-program.

具有丰富的教育管理经验，他将卡内基教学促进基金会的研究视野扩展到学前教育、基础教育、高等教育、终身教育等领域，从美国国内扩展到国际。但是，卡内基教学促进基金会基本只有博耶一个声音，不管他是否执笔或参与写作，卡内基教学促进基金会出版的每一份报告都印有博耶的名字。在舒尔曼担任卡内基教学促进基金会会长时期，卡内基教学促进基金会的组织结构既不是车轮模式也不是金字塔模式，而是趋向扁平化。卡内基教学促进基金会与其他的学会、研究中心、基金会和院校展开合作，吸引"卡内基学者"结合各自的情况和兴趣开展项目和研究，并且将研究成果的署名权归研究者个人。舒尔曼时期卡内基教学促进基金会的扁平化结构注重发展对成员的激励模式，许多卡内基教学促进基金会成员都有机会主持大学研究项目。

　　舒尔曼还推进了"教与学的学术"。舒尔曼认为，博耶关于教学学术的阐释仍是从教师角度出发、停留在旧的范式上，关注的是教师、教学而不是学生和学习，因而倡导教学中对学生给予更多关注，他将博耶"教学学术"的内涵进行深化，发展为"教与学的学术"。卡内基教学促进基金会围绕"教与学的学术"开展了很多专题研究和拓展项目，结出了一批硕果。例如 1999 年舒尔曼在改善学生学习国际研讨会上发表了会议论文《教与学的学术风格》，2000年卡内基教学促进基金会副会长帕特·赫钦斯（Pat Hutchings）发表了《教与学的学术路径》，2004 年卡内基学院出版了《学习的进步：建构教学共享》；通过对博士生教育的调查，2008 年出版了《学者的形成：反思何为 21 世纪的博士教育》，提出了博士教育改革的六大原则。

　　在舒尔曼担任卡内基教学促进基金会会长期间，卡内基教学促进基金会成立的"卡内基教与学学术学院"与全国几百所中小学校、大学、专业学会以及个人、企业、基金会等建立了广泛的联系，形成了一个行动联动网络，进而推进教与学的学术从理念向实践的转换。卡内基学院在基础教育、中等教育和高等教育领域与组织机构和个人全面开展项目合作。舒尔曼认为"过去往往教学被认为是一件'私事'，仅仅关系到老师和学生而已，所以很少被学术和专业注意到，结果教学就很少依赖他人的工作，而他人对此也无所帮助"[①]，现在需要明确这一领域的公共性，让公众了解教与学的实践，并通过研讨、资助、合作等方式提升教与学，促进学生长久持续性的学习，提升教师教学实践，促

---

① 　History of the program ［EB/OL］.https://sotl.buffalostate.edu/history-program.

进教学专业发展，并为教学工作者们带来学术工作的承认和奖励。① 卡内基学院项目及卡内基学者国家奖学金计划由副会长帕特·赫钦斯负责，汇集了一批优秀的大学教师，让他们从各自教学和研究的领域通过灵活的方式调查问题帮助卡内基学院的观点形成和运作；卡内基学院校园计划与美国高等教育协会合作，在不同的校园里开展校园文化建设，为教与学的学术成长营造良好条件，此外还与全国各学术和专业学会进行合作。② 在博耶提出大学教学学术思想后，美国高等教育界开展了十多年关于教学学术的大讨论，并逐渐形成以博耶、舒尔曼等人为代表的教学学术运动。③

（四）卡内基教学促进基金会在 21 世纪的发展策略与运作

1. "改进的科学" 与教育改进工作新范式

安东尼·S. 布里克从 2008 年 9 月开始担任卡内基教育促进基金会的第九任会长。布里克接任卡内基教学促进基金会会长之时，卡内基教学促进基金会已成立 100 多年。在普里彻特、加德纳、皮菲、博耶、舒尔曼等人的领导下，一方面，卡内基教学促进基金会的研究视域除高等教育外，还涵盖学前教育、基础教育、中等教育、教师教育、职业教育、终身教育等领域；另一方面，卡内基教学促进基金会从宏观—中观—微观的整体视野，提出了不计其数的教育政策建议书、政策报告、技术报告、专题报告，涉及教育方方面面的问题。而新会长布里克的历史使命就是在前任会长奠定的教育成就的基础上，重新思考和解答卡内基教学促进基金会如何更有效地促进教育发展和改进，如何继续发挥本机构在美国教育界的开拓引领作用。此时，如何凸显卡内基教学促进基金会教育领导地位和独立研究公共政策功能是一个必须优先考虑的棘手问题。

布里克就任卡内基教学促进基金会会长后，将以往博耶和舒尔曼时期的"教与学的学术"理念更新，代之以一种新的教育与研究视角——"改进的科学"，引领卡内基教学促进基金会教育研究和发展工作的革新，通过对卡内基教学促进基金会的教育实践和社会组织方式的反思和总结，加速促进工作的科学化。卡内

---

① History of the program［EB/OL］. https://sotl.buffalostate.edu/history-program.
② Shulman，L. S. Fostering a Scholarship of Teaching and Learning［R］. Institute of Higher Education，The University of Georgia，Athens，Georgia，2000：18.
③ 王玉衡. 让教学成为共同的财富——舒尔曼大学教学学术思想解读［J］. 比较教育研究，2006，27（5）：51-54.

基教学促进基金会寻求一种更系统有效的方法指导教育改革的开展，在对大量机构和组织的运作和实施方式深入研究后，借鉴健康促进研究所在过去二十多年的方法——该机构曾将"质量改进"概念引入健康服务领域，取得了很大进步。布里克将教育者重复的日常工作作为未来卡内基教学促进基金会研究的问题域，专注于解决教育实践场域的一系列明确问题，寻求改进。

卡内基教学促进基金会 2010 年的一份报告《将想法付诸行动：在教育领域建立网络化改进社区》指出①："近些年来对于教育改革和改进工作的不满的声音不绝于耳，人们认为学校教育以及大学中许多长期存在的问题一直未能得到妥善的解决。这些问题包括基于种族差异的学业成就差距、高中生高辍学率、很多儿童不能熟练地读写、社区学院的学生堪忧的成功率。"卡内基教学促进基金会却只能无奈地指出，即使类似教育问题获得了公共政策的关注，并引发了不同团体一系列的研究，但大多数团体组织的努力迄今为止并没有满足人们的希望和期待，这样的教育问题现在仍然是棘手的。

2. 卡内基峰会成为教育领导者、实践者、研究者的合作平台

随着全球范围内越来越多的智库重视宣传思想、塑造公众舆论、影响政策偏好，卡内基教学促进基金会在继续推进教育研究和实践的同时，也在增强智库影响力方面采取了全新的策略。2014 年，卡内基教学促进基金会举办了第一届卡内基教育改进工作峰会（Carnegie Summit on Improvement in Education，简称"卡内基峰会"）。卡内基峰会是卡内基教学促进基金会为了扩大其智库影响力而采取的一项引人瞩目的宣传与联合策略和手段。

从 2014 年起，卡内基教学促进基金会每年的三月份在美国圣弗朗西斯科召开为期三天的卡内基峰会。会议内容一般围绕："改进的科学"的方法与工具；"改进的科学"在教育实践中的运用；教育领导与文化；社会改进联动网络的启动与维护。卡内基峰会上，卡内基教学促进基金会的专业人士对与会人员宣讲"改进的科学"的系统理论与方法，传播社会改进联动网络的组织原则与实践方式，并邀请来自不同机构的教育领导者、实践者和研究者分享他们关于教育改革和发展的经验和看法。

在短短两三年的时间里，卡内基峰会迅速发展，获得了美国教育界越来越

---

① Getting Ideas into Action：Building Networked Improvement Communities in Education ［EB/OL］. https：//www. carnegiefoundation. org/wp-content/uploads/2014/09/bryk-gomez＿building-nics-education.pdf.

广泛的关注。2016 年的第二届卡内基峰会，有全世界来自 11 个国家的 1 000
多位人员参加，其中涉及 400 多个教育机构和组织，包含了四年制大学、两年
制学院和学术研究机构的管理者、研究人员和教师、K‑12 教育机构管理者和
教师、非营利性机构和私人企业的人士、政府部门的官员等。① 2016 年卡内基
峰会上，加利福尼亚大学的副教授、政治科学方面的学者海瑞尔·翰（Hahrie
Han）从公民和政治组织学研究的角度分享了如何通过社会组织运作，让活动
参与者和领导者更加高效地参与、改变和联合，获得更加强大的力量和能力，
开启可持续和有意义的改变；美国有效的学校扩大中心的负责人马瑞沙·坎纳
特（Marisa Cannata）分享了她的工作体会，认为一个成功的社会联动网络需
要将专业性技能、学科知识和对"改进的科学"的理解三者有机结合，并在改
进的结构、过程、理论和工具等方面投入必要的关注。卡内基教学促进基金会
的副研究员安娜·卡瓦（Anna Kawar）与来宾进行的以"理解你所试图解决
的问题：因果关系的系统分析"为题进行了对话，她提出："改进的团队需要
围绕改进工作要实现的目标对当前教育问题达成形成共识性的理解，参与者们
不妨运用鱼骨分析法②。鱼骨分析法可以作为一个重要改进工具，揭示为了解
决问题而必须攻克的关键点。"③ 卡内基峰会已经成为一个教育领导者、实践
者、研究者相互交流和学习的宝贵平台。

　　布里克是美国教育组织学领域的一流学者，卡内基教学促进基金会今后的
发展策略也自然更偏从教育组织学角度出发，引导更多的教育工作者个人和教
育机构，以教育改进工作牵头人、创新者、协调者的身份，结合成教育改进社
会联动网络，充分利用来自各方面的不同资源和不同的力量推进美国教育发展
和提高教育质量。

　　随着卡内基峰会这一举措的实施，卡内基教学促进基金会的政策研究和改
革引领作用也越来越凸显。卡内基峰会成为一个充满活力且快速发展的平台，
越来越多的个人和机构了解并接受了卡内基教学促进基金会在教育领域所提出
的"改进的科学"思想，进而开启各自的"学会改进"之旅程。布里克的"改
进的科学"主张系统地思考和分析教育改革问题，注重从社会组织和教育管理
角度思考和组建联动的社会改进网络，关注改革的发展进程，建立改进工作的

---

①③　2016 Participating Organizations ［EB/OL］. https://www. carnegiefoundation. org/get-invo lved/events/summit-improvement-education/2016-participating-organizations.

②　鱼骨分析法又名因果分析法，是咨询人员进行因果分析时经常采用的一种方法，它按相互关联性整理而成，层次分明，条理清楚，比较直观，因其形状如鱼骨，所以又叫鱼骨图。

共同体。"改进的科学"的提出反映了卡内基教学促进基金会灵活的运作调整和适时的指导理念，也必将对教育改革起到积极的推动作用。

（五）卡内基教学促进基金会的贡献及影响

1.《弗莱克斯纳报告》奠定了美国乃至世界医学教育的基本体系

卡内基教学促进基金会发布的影响力最大的教育研究报告是 1910 年由亚伯拉罕·弗莱克斯纳（Abraham Flexner）完成的一份医学教育方面的报告——《第 4 号公报：美国与加拿大医学教育报告》（No.4 Report：A Report to Medical Education in the United States and Canada），简称《弗莱克斯纳报告》（The Flexner Report）。该报告奠定了美国乃至世界医学教育的基本体系，对世界医学教育产生了深远影响。

19 世纪末 20 世纪初，相对于欧洲医学教育的快速发展，美国的医学界却仍然处于保守状态。① 医学教育改革呼声日益强烈，美国医学教育理事会②主席亚瑟·贝文（Arthur Bevan）便找到普里彻特，邀请卡内基教学促进基金会对美国医学教育展开调查研究。应美国医学协会下属的医学教育理事会的请求，普里彻特代表卡内基教学促进基金会邀请亚伯拉罕·弗莱克斯纳担任医学教育研究的负责人。1910 年，亚伯拉罕·弗莱克斯纳完成了著名的《弗莱克斯纳报告》，从此开始了卡内基教学促进基金会的"专业化"运动，旨在在全美的专业领域形成统一的、以科学为基础的培训范式，并使之制度化。③

弗莱克斯纳医学教育报告分导言、正文和附录三大部分。导言由卡内基教学促进基金会的会长亨利·S. 普里彻特撰写，他认为卡内基教学促进基金会应该在促进教育标准化进程中发挥作用，而该报告是卡内基教学促进基金会关注"职业学校议题"系列报告的首项成果。正文由弗莱克斯纳撰写分两部分。第一部分简要回顾医学教育的发展历史，并在对全美 155 所医学院深入调查的基础上，介绍了现今医学教育的概况，阐述了在医学院进行改革的紧迫性、必

---

① 赵凤利，柏华.弗莱克斯纳对美国医学教育改革的影响 [J]. 科学大众（科学教育），2012（2）：146 - 146.
② 医学教育理事会（Council on Medical Education）是美国医学协会（American Medical Association，简称 AMA）于 1904 年成立的，目的是协调对改革有兴趣的专业团体之间的努力，推动医学教育改革。
③ 李政云.卡内基教学促进基金会与美国高等教育发展 [D]. 杭州：浙江大学，2007：40.

要性，并提出了改革设想。弗莱克斯纳还对常被忽略的边缘群体——妇女和非洲裔医学生的教育状况进行了分章介绍。第二部分将弗莱克斯纳访问过程中搜集来的材料以州为区分，一章介绍一州的内容、将学校名称按英文首字母顺序排列，逐一呈现每一所学校的真实情况，调研资料非常丰富，论述过程简洁而有逻辑，包括对每所医学院校的组建时间、机构隶属、在校生数和教师人数、师生比、入学要求、资金的拨款和捐助情况、实验室及临床实习条件、总体印象以及调研时间。

《弗莱克斯纳报告》在真实、客观调研的基础上，揭露了美国医学教育中存在的弊端，同时弗莱克斯纳还为"重建"美国医学教育提供了大刀阔斧的改革建议。《弗莱克斯纳报告》标志着美国的医学教育从传统的带徒培训的学徒制向以大学为基础的现代医学教育制度的转变，是美国医学教育发展史上的转折点和里程碑，奠定了美国现代医学教育发展的基石，对美国医学教育产生了深远的影响，此后，美国医学教育逐步实现了入学标准的正规化、学制的合理化以及才人培养的精英化。

时至今日，美国医学教育依然保持着精英化的形态。根据美国医学院校联合会官方网站公布的数据，从 2011 年至 2015 年，全美医学院毕业人数分别为 17 362、17 344、18 154、18 073、18 705[①]，各医学院严格控制每年的招生和毕业人数。就单所学校而言，2015 年，斯坦福大学医学院共收到 7 197 份入学申请，而最终仅仅只有 90 人被录取，耶鲁大学医学院共收到 5 213 份入学申请至，最终录取 104 人，哈佛大学医学院共收到 7 105 份申请，最终录取 165 人。[②] 毕业标准也相当严苛，2015 年，斯坦福大学医学院毕业 79 人，耶鲁大学医学院毕业 109 人，哈佛大学医学院毕业 162 人。[③]

弗莱克斯纳的报告加速了美国医学教育改革的进程，促进了美国医学院校入学标准的正规化、美国医学院校学制的标准化、医学教育人才培养的精英化。与此同时，它的发布还引起了社会各界对医学教育的普遍关注，激发了慈善家和公众对医学教育的兴趣和支持。

---

① FACTS：Applicants，Matriculants，Enrollment，Graduates，M. D. -Ph. D.，and Residency Applicants Data ［EB/OL］. https：//www.aamc.org/data/facts，2019 - 06 - 10.
② Table A-1：U.S. Medical School Applications and Matriculants by School，State of Legal Residence，and Sex，2015 - 2016 ［R］［EB/OL］. https：//www. aamc. org/download/ 321442/data/factstablea1.pdf，2019 - 06 - 10.
③ Table B-2.2：Total Graduates by U.S. Medical School and Sex，2010 - 2011 through 2014 - 2015 ［EB/OL］. https：//www.aamc.org/download/321532/data/factstableb2-2. pdf，2019 - 06 - 10.

2. 推动高等教育质量提升与公平发展

第一，《质量与公平：联邦政府在高等教育中的新责任》对高等教育的积极推动。1968 年 12 月公布的报告《质量与公平：联邦政府在高等教育中的新责任》是高等教育委员会的第一份政策报告，也是最重要、影响力最大的一份报告，对高等教育产生了积极的推动作用。这份报告的制定者秉持无论种族、性别、年龄差异，保持多元且独立的观点，其制定过程经过了卡内基高等教育委员会六次全体会议和无数次小规模交流商议。这份报告只有短短的 54 页，但是简明扼要，条理清楚，完全符合最初科尔对委员会的期待——"报告万万不能成为言之无物的废话，而应当规划'行动的蓝图'，提供'有用的知识'"。① 这份报告是主要面向高等教育政策制定的决策者——美国国会和联邦政府中高等教育事务相关人员提出的，其内容基本上是政策性分析与建议，充分体现了卡内基教学促进基金会的教育智库作用发挥——代表公共利益，利用高等教育委员会的专业知识和专家人才的优势，将关于美国高等教育的基础和应用研究转化为决策者可理解、可信赖、可接纳的"行动蓝图"或政策建议。这份报告首先向联邦政府阐明"维护一个强大的高等教育系统是符合国家利益的"；接着报告在充分调查的基础上分析了高等教育的经费状况，提出了一系列增加高等教育投入的建议，清晰明确地列举了联邦教育的援助形式——联邦政府应对学生个人拨款和贷款，提出随着高等教育入学率的提升应当加大对高等教育相关机构的资金投入，并在某些涉及社会焦点问题的领域加强投入；这份报告还呼吁扩大对教学、科研等教育项目的支持，特别提出对学生医疗健康进行紧急投入。此外，这份报告还主张为所有有能力的年轻人提供平等的入学机会等。报告中的许多方面大都是为旧有的领域增加资金投入，但也有不少新的主题和短期项目需要联邦政府关注和支持。②

《质量与公平：联邦政府在高等教育中的新责任》不仅为委员会建立了以后高等教育研究报告所关注的议题、独立开展公共政策建议报告的目标、简洁有力的政策建议方式，还确立了委员会关注的优先领域，同时它也奠定了委员会在政策影响团体中的强有力地位，为委员会以后获得各界的关注奠定了基础。

---

① Ellen Condliffe Lagemann. Private Power for the Public Good: A History of the Carnegie Foundation for the Advancement of Teaching [M]. Wesleyan University Press，1983：139.

② Quality and Equality: New Levels of Federal Responsibility for Higher Education [EB/OL]. https://eric. ed. gov/? q = Quality + and + Equality: New + Level + of + Federal + Responsibility+for+Higher+Education&id=ED024349.

报告一发表，立刻引起了各界的广泛评论，其中包括《商业周刊》（*Business Week*）、《时代》（*Time*）、《纽约时报》（*The New York Time*）和《星期六评论》（*Saturday Review*）等各大报纸和传媒。该报告产生了深远的社会影响，其部分主要观点在 1972 年《高等教育法》（Higher Education Act）修正案中有具体体现，该法案中很多关于高等教育的条款也都体现了卡内基高等教育委员会的诉求。

第二，《大学：美国的本科经验》对本科教育改革的推动。20 世纪 80 年代中期，卡内基教学促进基金会开始关注学生与"生活""经验"之间的关联。卡内基教学促进基金会的研究人员在与学生交谈时听到学生这样的话："我需要给自己未来一个更好的生活，这就意味着'大学'①"，卡内基教学促进基金会将现代大学或学院中早已习以为常的课堂、运动场、学生社团活动等微观层面的事物纳入了研究视野，并从学生入学到毕业在知识、能力、技能及态度等方面考察大学的质量。从 1984 年到 1986 年底，卡内基教学促进基金会开展了一项有关"本科生学习生活和学习经验"的高等教育研究。

1984 年，卡内基教学促进基金会组织 16 名经验丰富的观察员、通讯员前往全美 29 所不同类型的四年制本科大学校园进行现场调研。被走访院校的选择是根据院校类型——文理学院、综合性院校、博士授予院校、研究型大学以及院校所在地区进行选择的，选择过程充分考虑到不同类型、不同地区院校的代表性。观察员在每所大学待上约两周的时间，参观课堂、实验室、学生会以及学生宿舍；与学校的领导和教师倾心交谈；白天和晚上与学生在一起，深入到他们所调查的每一所学校当中去。同时，为了补充现场走访所获取数据的不足，保证研究的有效性，卡内基教学促进基金会还委托新泽西普林斯顿民意调查公司对 5 000 名大学教师和 4 500 名大学生进行了全国性的调查，调查的内容涉及教师与学生对教学和学习的感受，对高等教育目标的认识等等。为了解学生从中学到大学过渡的情况，卡内基教学促进基金会委托人文生态研究服务处进行了一项针对十二年级学生及其家长的特别调查。除此之外，卡内基教学促进基金会另外还委托了几项专门调查。除了调查所获取的数据资料外，研究小组还查阅了大量高等教育文献；同时，哈佛大学教育研究生院、宾夕法尼亚州立大学高等教育研究中心也提供了相关资料。最后，卡内基教学促进基金会

① Ernest L. Boyer. College：The Undergraduate Experience in America ［R］. The Carnegie Foundation for the Advancement of Teaching，1987：2.

还对另外一些非样本院校的校长、教师、学生等也进行了访谈。①

1987 年 1 月，博耶代表卡内基教学促进基金会执笔的报告《大学：美国的本科经验》② 发布，引起了高等教育界的关注。博耶指出，"我们惊叹于美国高等教育的多样性，没有两个相同的大学"，高等教育过于关注研究生教育和专业教育项目而忽视了本科生项目。报告思考"大学的结构和运行过程是怎样影响大学生生活的"这一问题，将卡内基教学促进基金会的视野拉回了本科教育研究。

《大学：美国的本科经验》提出学生学习的核心课程与他们的生活和他们正在继承的世界之间需要有更多的一致性，有必要使学生跳出孤立的个人兴趣圈，掌握更全面地看待知识、更正确地对待生活的观点。③ 报告认为当时美国高等教育中存在的八大冲突是：中学与高等教育之间没有连续性；高等教育目标不明确；教师既要搞研究又要搞好教学之间的矛盾；课堂中的依从与创新之间的紧张关系；校园中社会生活和学习生活相互分离；在如何管理院校这个问题上利益相关者的意见不一致；如何测量大学教育的成果所面临的问题；归根到底最重要的问题就是大学与社会缺乏联系。④ 在指出当时美国本科教育存在的八大冲突之后，主要从五个方面对本科教育改革提出了自己的建议：加强高等教育入学指导，促进中、高等教育的衔接，确保新生质量；明确教育目的，重视学生个性与共性、学习的职业性与社会性的和谐发展；协调处理好综合基础课程与专业课程的关系；加强校园文化建设，拓展校园内外联系；关注教学，使课堂教学成为师生共同的智性生活挑战过程。⑤除此之外，报告就核心课程、博雅教育、大学与外部世界的联系、教师教学与学生学习成绩的考核、计算机科学等提出了自己的建议。

这份报告用深入的调查结果让美国社会各界民众对于本科教育的真实情况有了更深入、可信和充实的了解，卡内基教学促进基金会为美国本科教育改革设计的"行动蓝图"有助于推动高等教育改革。随着 1987 年《大学：美国的本科经验》的发布，卡内基教学促进基金会在全国性教育问题讨论中的重要地

---

① 李政云.卡内基教学促进基金会与美国高等教育发展 [D]. 杭州：浙江大学，2007：110.
② 1993 年徐芃，李长兰，丁申桃将该报告名称译为《大学：美国大学生就读经验》，1986 年复旦大学高等教育研究所译为《美国大学教育：现状、经验、问题及对策》。
③ 温伟力."博耶报告"影响下的美国研究型大学本科教育改革 [J]. 外国教育研究，2010，37（9）：79－82.
④⑤ 厄内斯特·博耶. 大学：美国大学生就读经验 [M]. 徐芃，李长兰，丁申桃，译. 北京：北京师范大学出版社，1993.

位又一次凸显，之后美国对本科生教育以及教学的关注无不受到《大学：美国的本科经验》的影响。20 世纪 80 年代对中等教育和本科生教育的研究进一步加强和巩固了卡内基教学促进基金会的地位和声望，由此也证实了博耶对卡内基教学促进基金会的新规划是成功的。①

第三，《学术反思》对大学教学工作的促进。20 世纪美国大学普遍存在着"重科研、轻教学"的情况，其至在教授中流行着"不出版就解聘"的说法，美国高等教育中科研与教学的关系早已成为众多学者批判和关注的对象。克拉克·克尔（Clark Kerr）20 世纪 60 年代就在《大学的功用》一书中写道："（在本科生教育中）教授们的教学工作量以及与学生的接触时间已经削减。教授们更经常地休假或临时离开学校，有些教授从来没有在学校正常地工作过。更多的教学任务落到了那些非正式教员的肩上。最优秀的研究生们希望得到研究员基金、乐于担任科研助手而不是教学助手。应当填补这种缺口的博士后人员通常不从事教学工作。"② 斯坦福大学校长唐纳德·肯尼迪（Donald Kennedy）也指出："资深的教师为了集中精力从事研究而挤掉了用于教学的时间，过多的学术访问或过多使用临时性教员；在聘用教职（教师）时缺乏对杰出的教学作用的认定等等。"③ 特别是《大学：美国的本科经验》发表后，人们普遍认为应该对"教员"进行更多的审视和关注，当时美国高等教育联合会的主席鼓励作为卡内基教学促进基金会会长的博耶对"学术"进行专题的报告；美国高等教育联合会甚至以学术作为 1990 年的会议主题。④

在这种背景下，博耶认为对大学教师的学术进行反思的时候已经到来。博耶作为教学促进基金会的领导人，1990 年发布了报告《学术反思》（见表 3-8）。在序言中，博耶言辞激烈地写道："在大学的招生宣传册里，他们声称教学是重要的，校园里洋溢着团结的精神，以及通识教育是本科生教育的核心。然而现实却是，在太多的校园中屡屡看到教学没有受到重视，兢兢业业为学生教课和答疑的教师往往无缘晋升，也没有前途可言。""如果将大学的使命狭隘地定义窄化或继续现在这种不合时宜的大学教师的奖励制度，那么美国高等教

① 李政云. 20 世纪初 CFAT 对美国高等教育发展的影响与启示 [J]. 湖南师范大学教育科学学报，2007（4）：47-52.
② 克拉克·克尔. 大学的功用 [M]. 陈学飞，译. 南昌：江西教育出版社，1993：44-45.
③ 唐纳德·肯尼迪. 学术责任 [M]. 阎凤桥，译. 北京：新华出版社，2002：114.
④ Ernest L. Boyer. Scholarship Reconsidered：Priorities of the Professoriate [R]. The Carnegie Foundation for the Advancement of Teaching（1990）：V-ii.

育丰富多样性和发展潜力就无法发挥！"①

表 3 - 8　《学术反思》的内容框架

第一章　学术概览	批判对学术的固化和窄化理解
第二章　扩大视野下教授工作	解析探究的学术、应用的学术、整合的学术以及教学的学术
第三章　教师：马赛克拼图	强调多元差异前提下的对大学教师学术潜力的实现
第四章　创造力	进行教师创造力调查和分析
第五章　大学校园	除了影响教师，学术还影响了整个校园
第六章　新一代的学者	有思想创造力、教学感染力等特点的大学教师
第七章　学术和共同体	勾画高等教育的新秩序

　　《学术反思》追求的是超越传统的教学与科研之间的争论，结束科研与教学之间错误的二分法。博耶将四种不同形式的学术在教师的工作实践中交叉融合在一起，从一个崭新的视角思考教师的优先职责与大学的使命之间的关联与一致性，为理解"学术"提供了一种新的范式并扩展了学术的内涵。《学术反思》从理论上构建了教学与科研的关系，"学术"不再局限于"探究的学术"，而是通过发现、综合、应用和传授知识与技能，大学教师工作的内涵被大大扩充了，这样一来，从理论上来说提高高等教育质量就不必以削弱科研的精力、减少科研的时间为前提。相反，科研也是教学发展的内在动力，应该促进和支持大学教师对自身教学实践的学术性反思以实现教师不同角色和工作的内在结合。通过对学术内涵的扩充，巧妙地化解了公众对大学教师的批判，同时也争取提高教学的地位，《学术反思》发布后，教学学术开始成为教育改革的中心话题。

3. 推动全球高等教育机构分类

　　为支持卡内基教学促进基金会高等教育委员会的高等教育政策和研究工作，20 世纪 70 年代初，卡内基分类作为一种辅助性研究工具被提出来。1973

---

① Ernest L. Boyer. Scholarship Reconsidered: Priorities of the Professoriate [R]. The Carnegie Foundation for the Advancement of Teaching (1990): Xi - Xii.

年，在卡内基高等教育委员会主席、前加利福尼亚大学校长克拉克·克尔博士主持下，卡内基教学促进基金会向外界公布了"卡内基高等教育机构分类"（Carnegie classification system of higher-education institutions）。1973 年版分类标准主要是依据学院或大学所授予学位的层次、教育职能和任务、学术或职业课程设置等指标进行分类，而不是通常意义上的高等教育质量或社会声望。1973 年版分类法的基本信息来源于美国国家教育统计中心的最新调查，以大量、真实、客观的数据基础对美国高等机构进行分类，把美国高等院校（大学或学院）分为 5 个层次、18 个类别，此种分类法显示的美国高校的结构和层次在一定程度上反映了美国经济与社会发展对专门人才的需求，成为研究美国高等教育的重要依据，也奠定了卡内基分类后续版本（1976 年版、1987 年版）的基本框架。

卡内基分类体系是一个动态变化的体系，随着时代的进步和美国高等教育的发展，为了更准确地反映美国高等教育的实际情况，卡内基教学促进基金会对卡内基分类法不断修改和完善，先后发布了 1976 年版、1987 年版、1994 年版、2000 年版、2005 年版、2010 年版和 2015 年版七个修订版。从总体上看，后续各版本都基本保留了 1973 年版的基本结构和框架，并不同程度地有所损益地对分类框架进行了修改。1976 年版和 1987 年版的卡内基分类体系变化最小，都是分为 6 个层次（博士学位授予院校、综合型大学和学院、文理学院、两年制院校、专业学校与其他专门院校、非传统型院校）。而到了 20 世纪 90 年代，由于前续累积效应，1994 年版与 1973 年版相比有了较大的变化。

2016 年 2 月，新的"卡内基高等教育机构分类"发布，基于使用惯例该版本被称为 2015 年版。2015 年版卡内基基本分类共划分 6 个层次、33 个类别，这样的分类框架与之前版本一样，没有变化。其中博士型大学 3 类，硕士型学院与大学 3 类，学士型学院 2 类，学士型/副学士型学院 2 类，副学士学院 9 类，专门机构 13 类以及 1 类部落学院（见表 3 - 9）。

表 3 - 9　2015 年版卡内基基本分类框架表①

博士型大学 1. 博士型大学（极强研究活动） 2. 博士型大学（较强研究活动） 3. 博士型大学（适度研究活动）

---

① Basic Classification Description［EB/OL］. https://carnegieclassifications.iu.edu/classification_descriptions/basic.php.

硕士型学院与大学 1. 硕士型学院与大学（大型） 2. 硕士型学院与大学（中型） 3. 硕士型学院与大学（小型）	
学士型学院 1. 学士型学院（艺术与科学） 2. 学士型学院（多元领域）	
学士型/副学士型学院 1. 学士型/副学士型学院（学士-副学士混合型） 2. 学士型/副学士型学院（以副学士为主型）	
副学士型学院 （根据规模、学生情况、教学项目的不同，下分 9 个类别）	
专门机构 （根据学制年限和专业设置的不同，下分 13 个类别）	两年制专门机构： 1 两年制专门机构（医疗职业） 2. 两年制专门机构（技术职业） 3. 两年制专门机构（艺术设计） 4. 两年制专门机构（其他）
	四年制专门机构： 1. 四年制专门机构（宗教信仰） 2. 四年制专门机构（医学院/中心） 3. 四年制专门机构（健康） 4. 四年制专门机构（工程） 5. 四年制专门机构（科技） 6. 四年制专门机构（商业与管理） 7. 四年制专门机构（艺术、音乐与设计） 8. 四年制专门机构（法律） 9. 四年制专门机构（其他）
部落学院	

总体来说，2015 年版卡内基基本分类修订程度不大。其中较为明显的变化表现在学士型/副学士型学院、副学士型学院和专门机构这三个类别。具体如下：第一，学士型/副学士型学院的共性是每年授予副学士学位的比例都应高于 50%，但 2015 年版又进一步对学士型/副学士型学院进行了细分：学士型/副学士型学院（学士-副学士混合型）可以授予 10% 以上、50% 以下的学士或更高水平的学位；学士型/副学士型学院（以副学士为主型）可以授予低于 10% 的学士

或更高水平的学位①。学士型/副学士型学院的分类细化反映了当今美国高等教育需求的变化。第二，副学士型学院虽然都是以授予副学士学位作为最高层次学位的机构，但是 2015 年版又根据学制、学生情况和专业设置的不同，将其划分为 9 类，相比之前 2010 年版的 14 个类别分类有所减少，分类更加简洁。第三，专业机构的划分是 2015 年版中最为显著的变化。专业机构所授予的学位的 75％以上应集中在某一单一领域，如法学、医学、工程、音乐，可以包含本科和研究生层次，分两年制与四年制两种基本学制，这体现了对专业教育的重视。

4. 推动中等教育改革

　　1980 年春，在纽约卡内基公司和阿科基金会（Arco Foundation）的资助下，卡内基教学促进基金会 25 名教育工作者和雇员开展了一项关于美国中等教育的研究。他们从美国的东海岸到美国的西海岸，历时 2 000 多个小时，访问了所选定的 15 所中学。② 观察员在每所学校待了 20 天，在某些情况下可能还更久，其间他们与学校的校长、教师、学生和学生家长进行不同程度的交流。在中学调研时关注的重点问题有：（1）有哪些行为表现可被视为与学生深入学习有关？（2）应如何评价校长的在学校中的作用？（3）用何种方式观察学校达成共识的东西？ 等等。③ 除此之外还成立了一个由 27 位来自美国各界的热心人士组成的此项目的咨询机构——卡内基教学促进基金会国家高中咨询会，成员有记者、公司经理、高中校长、大学教授和大学校长等。④

　　在参阅了许多有关文件并与美国各层次教育工作者举行了多次座谈之后，1983 年，由欧内斯特·L. 博耶执笔的《高中：美国中等教育报告》发表。《高中：美国中等教育报告》是博耶在卡内基教学促进基金会发表的第一份综合性研究报告。这份报告共分六个部分：第一部分"困境中的学校"，回顾了美国公立中学从 1821 年在波士顿诞生以来的历史，对美国中等教育当今的情况进行了分析。第二部分"明确而重大的使命"，中学必须有一种明确的目标，学生、校长、教师之间应达成共识。第三部分"学生应该学什么"，考察了中学

---

① Basic Classification Methodology [EB/OL].https://carnegieclassifications.iu.edu/methodology/basic.php, 2019 - 06 - 11.
② Ernest L. Boyer. High School: A Report on Secondary Education in America [R]. New York: Harper & Row, 1983: A - ii.
③ 同上: A - iii.
④ 更多成员信息请参阅卡内基教学促进基金会报告，Ernest L. Boyer. High School: A Report on Secondary Education in America [R]. New York: Harper & Row.

的课程，探讨了学生应该和不应该上什么课、课程的核心和关联、课程应怎样组织，学生作业表明他们学到了什么。第四部分"问题的核心"，集中讨论了教师在中等教育中的作用，认为中学教师每日教学不应超过4节课，另可安排一段辅导时间，以帮助学生独立完成作业；每个教师每天至少应有60分钟备课时间；应免除教师常规的检查饭厅和会议厅的任务。学校应奖励创造性的教学，建立"高质量教师基金"，保持学校的稳定，以形成一种学术气氛。应改变教师在社会中的地位，加强对教师的尊重，承认并奖励教师的成就；吸引更多优秀学生从事教师职业，改进教师培养计划。所有教师都必须具有大学文理科的基础，专攻一门学科，并获取硕士学位。第五部分"使学校运转起来"，探讨了校长的领导作用和学校为了实现目标可以实行的灵活策略。第六部分"学校以外的联系"，讨论了与高等教育的衔接、企业界和公众的责任。

这份报告阐明了中等教育的重要使命，讨论了中等教育改革的目标、高中课程、教师、学习、技术、教学、学校领导以及社区支持等。《高中：美国中等教育报告》建议对中学的课程认真安排，注重核心课程和课程的关联，课程内容应以人类共同的连续性观念、经验和传统作为课程的核心容，而语言则是"基础的基础"；极力主张家庭、企业和社区要为学校教育提供更多的支持，为学生提供服务社会的机会，增强学生的社会责任感。

博耶希望这份报告的读者不仅仅是教育行政部门和学校，而是包括学生、家长、学校管理者、大学教授、学校董事会的政策制定者以及华盛顿的联邦教育事务官员在内的广泛群体。"提高教育质量已经不只是学术问题或政策问题，而是每一位美国公民关心的要事"，卡内基教学促进基金会将高中锁定为"一个就是来读书和学习的地方"①，而不是"旨在使学生留在学校，不流失在街头游荡"的青少年收容所或职业技能训练班。卡内基教学促进基金会《高中：美国中等教育报告》的目标是"提供政策建议，激发美国社会对中等教育的讨论，进而重申国家对公立学校的历史承诺"。该报告在20世纪80年代美国中等教育改革大辩论、教育政策的形成过程中起到了促进作用。

综上所述，卡内基教学促进基金会依托人才优势，重视智库专业能力建设，管理扁平化，为研究提供宽松的空间，重视成果营销和推广，积极提升自身影响力，树立问题意识，立足实践关注教育进程。它通过专业的研究推动医

---

① Ernest L. Boyer. High School：A Report on Secondary Education in America［R］. New York：Harper & Row, 1983：A-i.

学教育、高等教育质量与公平、高等教育分类标准等，对世界高等教育的发展产生了深远影响。

作为一个百年教育智库，美国卡内基教学促进基金会在今天的历史条件下也面临新的挑战。尽管卡内基教学促进基金会作为独立研究与政策中心的地位已逐渐巩固，但依然受到来自其他慈善基金会以及政府竞争的压力。随着美国教育问责的日益严密，慈善基金会以及中小学和高等教育机构的工作都面临更多的公共检查和评估。有迹象表明，21 世纪伊始，美国几个主要的慈善基金会开始从教育领域撤退，这使作为运作型基金会的卡内基教学促进基金会在获取更多外部资源方面面临更多困难。在教育发展和改革进程中，卡内基教学促进基金会通过积极完善联合、宣传和推广措施，为教育领导者、实践者和研究者搭建共同沟通和学习的平台，努力促成"改进的联动共同体"的形成——在共同体内，卡内基教学促进基金会引导教育政策制定者、广大教师、学校管理者一起，"挑战功能失调的规范，学习新的实践方式，朝向共同的目标，为加强美国学校教育而作出新的承诺和努力"。① 总而言之，卡内基教学促进基金会在新的历史条件下采取的这一广泛性的运作策略，也有助于让公众真正地了解和接受卡内基教学促进基金会的智力产出和成果，让公众更加自主自愿地参与到教育改革和政策推进的进程中来，从而使卡内基教学促进基金会远离代替公众作价值判断的合法性危机，有助于实现智库作用和影响力的最大发挥。

四、兰德公司教育研究部

（一）成立与发展

1. 兰德公司概况

兰德公司（RAND Corporation）成立于 1948 年。成立之初，以美国空军研究小组为主体、接受福特基金会的捐赠、通过咨询公司方式运作、专门研究美国国家安全和福利的非营利性机构，属于世界顶级智库之一。兰德公司从最

---

① Carnegie Foundation 2016 Summit on Improvement in Education [EB/OL].https：//www. carnegiefoundation.org/wp-content/uploads/2014/07/2016-Summit ＿ Program.pdf，2019 - 06 - 22.

初的专门为军方服务，发展到为卫生、教育等部门提供政策咨询服务，还开展研究生教育工作，1970 年创立的兰德研究生院充分体现了兰德公司"基础研究—应用开发—人才培养"一体化的精神。① 如今，兰德公司的研究领域已囊括美国社会及全球事务的方方面面，包括国际政策、科学与技术、儿童问题、民事司法和公共安全等。截至 2024 年 6 月，兰德公司有研究人员 1 925 人，由来自 50 个国家的顶尖专家组成，掌握 85 种语言，拥有博士学位的比例已过半，拥有硕士学位的比例近 90％，很多研究人员同时拥有一个或多个硕士或博士学位。可见，兰德公司研究人员的实力雄厚（见表 3 - 10）。

表 3 - 10　兰德公司研究团队基本情况②

研究人员	国家分布	掌握语言	拥有博士学位比例
1 925 人	50 个	85 种	53％
拥有多样化的专业、教育及文化背景	来自北美、欧洲、大洋洲等	许多研究人员具备多语种能力。包括阿拉伯语、汉语、波斯语、法语、德语、日语、韩语、俄语和西班牙语等	持有一个或多个博士学位人数占比 53％，持有一个或多个硕士学位的人数占比 36％

兰德公司的政策研究领域广泛，主要包括儿童、家庭和社区，教育与扫盲，能源与环境，健康与保健，基础设施与交通，国际事务，法律与商业，网络与数据科学，人工智能，国土安全与公共安全，社会公平，工人与工作场所，人口与老龄化，公共安全，科学与技术，恐怖主义与国家安全等。③ 根据美国宾夕法尼亚大学智库与公民社会项目发布的《全球智库报告 2020》④ 显示，在全球教育政策研究智库排名中，兰德公司位居第三。兰德公司的研究范围随着社会的变革逐步拓展，从单纯为军方提供服务，到最终涉足与社会、政治、科技等联系紧密的教育等领域，同时美国国家安全及世界和平也与教育关系密切，兰德公司对教育领域的关注及研究，体现出其作为国际顶级智库的战

① 张金马. 兰德研究生院及其创新教育模式 [J]. 中国行政管理，1994 (11)：35.
② 根据其官方网站内容整理. RAND at a Glance [EB/OL]. https://www.rand.org/about/glance.html，2019 - 06 - 22.
③ 根据其官方网站内容整理. RAND Corporation [EB/OL]. https://www.rand.org/research.html#policy-focus，2024 - 06 - 06.
④ McGann, James G. 2020 Global Go To Think Tank Index Report (2021). TTCSP Global Go To Think Tank Index Reports.18 [EB/OL]. https://repository.upenn.edu/think_tanks/18. P151.

略意识及政策前瞻性，也展现出其参与全球教育治理的实力。

2. 兰德公司教育研究部发展状况

兰德公司教育研究部（RAND Education）是兰德公司的一个下属研究部门，它的使命是通过提供准确的数据和客观分析，帮助完善教育政策和辅助政策制定。兰德公司教育研究部的功能发挥得益于美国的决策咨询体制，这种体制为智库参政议政提供了广阔的发展空间，随着美国决策咨询制度的建立和完善，智库也不断发展壮大。第二次世界大战后，随着美国经济社会的飞速发展，"面对大量激增的内政和外交问题，美国政府意识到仅靠政府官员来发现和应对这些问题，已不能得到满意的解决，他们需要更加深入地调查、研究和分析，及时找到全面、系统的对策建议，立竿见影地解决各种矛盾"。① 在这样的背景下，20 世纪 70 年代以来，兰德公司教育研究部开展研究工作已经超过四十余年，凭借其研究对教育政策产生的深远影响而在该领域树立了权威地位，曾多次推动美国教育政策取得突破性的发展。其研究服务范围已从美国本土扩展到全球，如欧洲、中东、亚洲和拉丁美洲等，研究资助经费来自世界各国的政府机构、基金会和民间组织等机构。

（二）组织与人员结构

兰德公司教育研究部的管理机构由 3 人组成，其中主任 1 名，副主任 2 名（现任管理人员见 3 - 11）。

表 3 - 11　兰德公司教育研究部管理机构人员情况②

职位及姓名	工作地点	专 业 背 景	研究领域
主任 V. 达林·欧弗 (V. Darleen Opfer)	匹兹堡办事处	教育政策特聘主席，兰德研究生院教授；获弗吉尼亚大学教育政策研究博士学位、行为障碍研究硕士学位；获佛罗里达州斯泰森大学教育学士学位	教育政策、教育管理、教育公平、国际教育、教师和教学

① 沈进建. 美国智库的形成、运作和影响［J］. 中国社会科学评价，2016（2）：13 - 37 ＋ 125 - 126.
② 根据其官方网站内容整理. RAND Corporation ［EB/OL］. https://www. rand. org/education/bios. html，2024 - 06 - 12.

续 表

职位及姓名	工作地点	专 业 背 景	研究领域
副主任 雷切尔·斯拉玛 （Rachel Slama）	匹兹堡办事处	劳工和劳动力发展计划主任、高级政策研究员，哈佛大学教育政策、领导力和教学实践博士，哈佛大学国际教育政策学博士，佩斯大学双语儿童教育硕士，埃默里大学学士	教育公平、教育技术、新兴技术、社交媒体分析、劳动力发展
副主任 希瑟·L. 施瓦茨 （Heather L. Schwartz）	新奥尔良办事处	获哥伦比亚大学教育政策博士学位；获斯沃斯莫尔学院英语学士学位。学前教育系统项目主任；高级政策研究员；美国学区委员会联合主任；兰德研究生院政策分析教授	教育计划评估、住房市场、社交和情感学习

从表 3-11 可见，兰德公司教育研究部的管理人员兼具管理和研究双重身份，既负责部门管理事务，又直接参与项目研究，他们都拥有多学科多学位，研究领域宽广，尤其是副主任希瑟·L. 施瓦茨，除了研究教育领域外，还涉足房地产市场研究，并发布了不少与房地产市场有关的研究报告，印证了兰德公司教育研究部人员构成多样化的特点。

截至 2024 年 6 月，兰德公司教育研究部有 200 多位研究员，他们拥有多样化的专业背景和卓越出众的工作能力，都是各自专业领域公认的专家，有经济学家、行为科学家、组织分析、政治学家、心理计量学家、社会学家、人口学家、政策分析师和统计学家等。[①] 超过 70% 的研究员拥有博士学位，其中包括精通高端统计建模和其他分析技术的专业人员。他们中很多都是在教育领域已经作出了杰出贡献并赢得了国际声望的著名学者。

同时，兰德公司整体团队为兰德公司教育研究部的工作提供了强有力的支持。兰德公司的研究人员主要来自三个方面：一是政府部门的离职高官和专家，二是名校出身的年轻博士，三是其他智库中享有盛誉的著名专家，还有少部分来自大学和企业。[②] 这样的来源构成保证了研究队伍的高素质。兰德教育研究人员的专业背景如图 3-1 所示。

---

① About RAND Education and Labor［EB/OL］.https://www.rand.org/education-and-labor/about.html，2024-06-22.
② 王佩亨，李国强，等.海外智库——世界主要国家智库考察报告［M］.北京：中国财政经济出版社，2014：14.

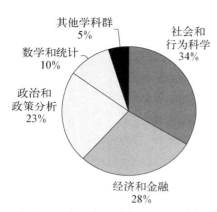

图 3 - 1　兰德公司教育研究部研究人员专业背景（按学科分）

由图 3 - 1 可见，兰德公司教育研究部的人员专业背景构成中，社会和行为科学占比最高，经济和金融、政治和政策分析类人员所占比重居其次，数学和统计也占一定比例，兼顾其他学科背景的研究人员。兰德教育研究人员专业背景多样化，注重学科交叉、文理搭配，使得不同学科观点的交流和碰撞，保证了研究的全面性和创新性。同时，研究人员还具备思想平衡力及思想毅力。思想平衡力意味着理解社会、政治和经济现实的能力，思想毅力是对效率、及时性、精力和灵活性的一种强烈意识。美国智库研究人员是美国教育制度及培训制度的产物，这种制度有效地培育了西方逻辑思维。① 另外，智库研究人员具有高流动性，他们在研究机构、大学、政府、企业间流动，能与各类政策制定者和实施者紧密接触，有利于政策信息的及时沟通及传递，从而保证研究的时效性和针对性。

（三）研究工具和研究方法的创新

兰德公司下设专门的研究方法中心（Methods Centers）负责不断地开发、创新研究方法，并在具体研究项目中应用。传统的学科研究方法已不能满足复杂的公共政策研究需求，兰德公司非常注重研究工具和方法的多样化和多学科交融，跨越学科界限。其研究方法主要有定性法、混合法、游戏推演、因果推论、不确定性条件下的决策、可扩展性计算和分析等。② 兰德公司教育研究部拥有的这一整套先进完备的研究工具，拥有一整套先进的研究设计和分析的工具，能够采取创新而又不失严谨的方法来分析问题并提出解决办法，这种能力是很多同类智库无法超越的。

兰德公司在研究中还创造性地使用了德尔菲法（Delphi method）、头脑风暴法、系统分析法等著名研究方法。以系统分析法为例，它由跨学科研究法发

---

① 任晓. 第五种权力：论智库 ［M］. 北京：北京大学出版社，2015：29.
② RAND Corporation. The Methods Centers at RAND ［EB/OL］. https://www.rand.org/capabilities/methods-centers.html，2024 - 06 - 07.

展而成，最初被兰德公司用来描述分析过程，指出分析过程不只是分析军事作战，而是全面分析军事作战过程中发生的全部活动。该方法后来发展成了兰德公司所有研究活动的核心方法论，即把要解决的问题作为一个系统，对系统要素进行综合分析，找出解决问题可行方案的咨询方法。[1] 这些方法的运用，能激发出研究团队中每个人的最大潜能和创造力，也能保证研究过程的客观性。兰德公司还拥有抽样小组、调查研究小组、统计小组，特别值得一提的是由 30 多人组成的抽样小组，负责协助各课题组设计抽样方案，具体实施抽样工作。这些小组为各课题组提供专业的研究方法协助，能有效保证研究数据采集和分析。兰德公司还为每个研究人员配备了秘书，负责协助图书资料收集、计算机操作等工作，大大减轻了研究人员的事务性负担，让研究人员能集中精力进行深度研究。这一系列举措，也有力地保障了兰德公司教育研究部的工作顺利开展。

兰德公司教育研究部主要采用的研究工具和过程如下：实地调查与文献分析；重点调查；建立统计与计量经济学模型；评估干预与项目的成效。实地调查与文献分析的主要目的是明确当前业界对所研究问题的认识，并帮助制订未来的研究计划。引发对重要问题的讨论，并从多个角度提供信息，为深入客观的讨论创造条件。指明政策性问题及需要作的决策。重点调查可以帮助利益相关者和决策者从教育的多个角度看待问题。建立统计与计量经济学模型可以分离出特定因素的影响，研究不同团体之间的差异。评估干预与项目的成效与实施的过程与结果紧密联系，研究者对实施过程进行实时追踪并提供即时反馈。在整个研究过程中，工具与方法结合紧密。

（四）客户及研究情况

兰德公司教育研究部的客户分布比较广泛，具体如图 3 - 2 所示。

兰德公司教育研究部的客户以政府为主，各级各类政府占总客户的 72%，包括美国政府、美国州及地方政府、国际政府。私立基金会、其他行业及非营利组织也占据 28%，国际

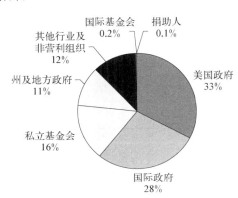

图 3 - 2　兰德公司教育研究部客户来源分布

① 王辉耀，苗绿. 大国智库［M］. 北京：人民出版社，2014：52.

基金会和捐助人所占比例较小。可见，政府类客户是兰德公司教育研究部的主要服务对象，也是其运行资金的主要来源。

兰德公司教育研究部的研究领域广泛，涉及教育的方方面面，具体见表 3-12。

表 3-12　兰德公司教育研究部政策研究领域一览表①

序号	研 究 领 域	具 体 内 容
1	教育治理模式的多样化	学区分权、定点式管理、市长控制
2	艺术与艺术教育	艺术教育需求、艺术教育的可行性、艺术教育政策
3	教育选择权改革	特许学校、凭单制、择校、私营部门管理
4	幼儿教育	幼儿园和 K-3 教育策略和项目评估
5	教育公平	教育资源匮乏的群体、少数民族、移民、英语为第二语言的群体、残疾人
6	国际教育政策	所有政策区域
7	K-12 学校改革	初高中改革设计、实施、评估、成本
8	校外时间	暑期学习项目、放学后项目、其他提高学生成绩课外学习项目
9	高等教育	管理、教育项目、少数族裔的参与
10	校长、教师与教学	供应、需求、质量改进、领导力、绩效薪酬、增值模型
11	基于标准的改革、责任制与考试	不让一个孩子落后、增值与收益分析、投入、过程和业绩指标制定、新的教育考试方式
12	技术、信息与创新	计算机化的教育干预、以数据为基础的教育决策
13	职业与成人教育	高中改革、从学校到工作的过渡、劳动力培养

从表 3-12 可见，兰德公司教育研究部的研究领域贯穿不同学段，从学前教育、K-12 到高等教育都有涉及；研究不同性质的教育，如普通教育、职业教育、成人教育等；注重宏观领域与微观领域结合，宏观领域如教育治理模式

① 根据其官方网站内容整理. RAND Corporation ［EB/OL］. https://www.rand.org/education/resear ch.html，2024-06-06.

多样化、教育政策、教育选择权改革、教育公平、教育技术与信息，微观领域如校长、学校、教学、校外时间等；对校外时间的关注，将学生假期、日常放学后的时间管理研究也纳入其视野，可见兰德公司教育研究部的研究已深入到教育的每个角落，"全方位，无死角"的研究精神值得借鉴。

兰德公司教育研究部开展的政策研究，主要基于国家教育系统的特定文化背景、价值观、国家目标、面临的挑战和所需成本，并强调通过对数据的透彻分析找到提高教育质量的有效办法（见表3-13）。

表3-13 兰德公司教育研究部代表性研究项目及成果概况

时 间	项 目 名 称	成 果
1975年	支持教育变革的联邦教育计划	发现了政策实施的重要特征之一——相互适应。在此之前政策实施的这一特征并未被广泛认识。研究表明，愿景美好和精心设计的改革政策在实践中未必能够获取成功
1987年	监测数学和科学教育的指标体系	确立了将教育视为综合一体化系统的重要性。在绩效评估时，必须全方位考虑教育的各种要素
1990年	特色高中	确认了优质高中取得成功的基本要素，尤其是领导力和文化价值观的作用
1994年	学生成就和发展变化中的美国家庭	运用复杂的模型将家庭背景因素对学生成绩的影响与学校和教育政策的影响区分开
1998年	六年之后美国的新学校	研究结果表明，仅仅打破学校原有的旧模式不一定能带来有效的变革。教育改革要成功，教育辅助结构的改变也很重要，整个学区范围内教育辅助系统的改革势在必行
1999年	缩小教育差距：受益与成本	确定了缩小非西班牙裔白人与少数族裔之间成绩差异的可行性。研究表明增加用于公共医疗和社会福利的储蓄，提高高收入群体的所得税能够促进缩减种族间教育差距，而纳税人将受益于种族间教育差距减小的长远回报
2000年	加利福尼亚州缩小班级规模	研究证明，即使是"已被事实证明可靠的"教育干预措施，例如缩小班级规模，如果没有足够数量的高水平教师来执行这一政策，也不一定会成功
2002年	改革卡塔尔的教育体系	为卡塔尔的K-12教育体系设计了完整的结构性改革方案。与卡塔尔方面密切合作，规划并协助实施了此项改革。最终，卡塔尔首次采用了国际基准的课程标准，并开设了以学生为中心的新实验学校。截至2007年，新实验学校就读的学生人数超过公立学校学生人数的50%

21世纪的全球经济一体化，科技和信息技术的迅猛发展给各国教育提出了严峻的挑战，国家经济的发展和国民素质的提高都需要提高教育质量。兰德公司教育研究部善于以其强大的研究团队，专业知识，跨文化研究能力，得到世界各国的青睐。兰德教育研究部的研究项目遍布全球，如美国对《不让一个孩子落后法案》进行全国范围内的纵向研究；卡塔尔的改进 K-12 教育体系；叙利亚的开发、支持实施叙利亚教育愿景计划；韩国的改进"智能韩国21世纪"项目的评估体系；英国职业学习系统政策及其结果的评估；墨西哥的教师激励计划——Carrera Magisterial（教师生涯）的评估；荷兰高校增加科学和技术领域生源办法的国际比较研究等。

兰德公司教育研究部的研究项目紧跟时代发展步伐，具有很强的现实针对性。兰德教育研究部2014年发布了一个研究报告，名为"T项目：学前教育和数字鸿沟"①。此项目研究了数字信息通信技术（digital information and communication technology）对学前教育的影响及学前教育应当采取的回应方式，认为信息技术素养对儿童适应未来的数字化生存具有重要意义，学前教育应该也可以承担起学前儿童跨越"数字鸿沟"的使命。正确使用数字信息通信技术能有效改善家庭参与学前教育的状况。一是为家长和教师之间的沟通提供了更多更便利的渠道，恰当选择基于数字信息通信技术的沟通方式，可以有效弥补时间限制和语言障碍，让家长和幼儿园教师之间的沟通变得有序化和高效化；二是数字信息通信技术能够提供儿童在幼儿园丰富多彩的活动经历，促进家庭在幼儿园教育中的参与程度。例如，卡内基梅隆大学创造实验室与其附属儿童学校以及匹兹堡幼教协会共同开发的"我的信息"（Message from Me）系统，可以帮助儿童在学前教育机构中随时通过照片、视频等方式记录自己的活动经历，并通过电子邮件等方式及时传递给家长，既能提升儿童的信息技术素养，也为家长提供了更多儿童的日常活动信息，进而提升家庭当中的亲子沟通水平。② 另一个与之相关的研究项目是"通过技术改善家庭参与儿童早期教育"③。该报告认为可以通过技术让家庭成员在家里成为更好的教育工作者，以此来改善儿童早期

---

① RAND Corporation. "T" Is for Technology: Early Childhood Education and the Digital Divide [EB/OL]. https://www.rand.org/education/projects/t-is-for-technology.html，2019-6-6.

② 李敏. 兰德公司"T项目"研究及其对我国学前教育的启示 [J]. 教育与教学研究，2016，30（1）：110-115.

③ RAND Corporation. Improving Family Engagement in Early Childhood Education Through Technology [EB/OL]. https://www.rand.org/pubs/research_reports/RR673z5.pdf，2019-6-6.

教育的效果，并加强学校和家庭之间的联系和交流。

（五）启示

1. 综合性智库进行教育研究优势明显

当前，国际智库研究领域不断扩展，原因在于政策研究所涉及的现象越来越复杂，需要多学科、多角度、多方法的综合性研究才能应对。综合性智库参与教育研究，能从更广阔的国际视野、更高的战略层次、更多元的思维角度审视教育发展，有利于形成高层次、高水平的教育研究成果。① 兰德公司属于综合性智库，设置教育研究部专门进行教育研究，在智库内部研究人员多学科专业背景的构成，研究工具和方法的多样化，从而具有广阔的研究视野和能力；研究人员的教育经历丰富，掌握多国语言，具备跨学科素质，加之研究人员的流动性和兰德研究生院的教学不断吸引新的人才加入，这为开展全球范围内多元化背景的研究奠定了坚实基础。在用人上坚持以才取人，不以党派、宗教信仰、观点异同作为选人标准。② 让更多有研究才华的人加入研究团队中，从而能保持一流的研究水准。研究的高水准，让其在参与政府决策咨询、提供政策实施方案、提出问题解决办法的过程中，具有明显的优势。

2. 研究工具和研究方法具有创新性和生命力

兰德公司教育研究部采用的研究工具和方法，综合了兰德公司的各种工具和方法。基本见不到传统的单一研究方法，都是跨学科研究方法的综合交叉运用，并且不断地根据研究领域的变化更新研究工具和方法，保持研究工具和方法与研究项目的需求一致，从而实现工具方法更好地为教育研究服务。如兰德公司的游戏推演法，把游戏创新性地引入科学研究，认为"游戏"具有所有互动过程的五个基本特征：有多个独立的决策者；通过竞争实现目标；在互动中不断地发展变化；有一系列规则进行治理；相互作用的结果并不直接影响世界的状态。③ 这种方法被称为"严肃游戏"，它可以为未来的事情发展列出一张清单，具有很好的预见性，因此通过游戏可以更好地研究问题发展演变的过

---

① 楼世洲，王珩. 国外教育智库演进趋势及特点［N］. 中国社会科学报，2015 - 10 - 09.
② 崔树玉，杨金卫. 新型智库建设理论与实践［M］. 北京：人民出版社，2015：60.
③ RAND Corporation［EB/OL］. https://www. rand. org/capabilities/methods-centers/gaming.html，2016 - 6 - 7.

程。通过兰德公司官方网站的陈述可以看到其对跨学科方法的承诺：兰德公司聚集了一个独特的研究者群体，他们不仅因个人技能而引人注目，更因跨学科的合作而备受关注。"兰德公司从成立之初即集合了他们所谓的'运筹研究团队'（operational research teams），由来自多个不同学科的学者组成。"① 由此可见，研究工具和方法的创新性，跨学科的研究方法，可以有效帮助研究人员完成研究项目，提升研究的质量。

3. 研究—应用—教学一体化模式良性互动

兰德公司教育研究部一边进行项目研究，一边把研究成果应用到具体社会领域，兰德教育研究部的研究人员也兼任研究生院的教授，从事培养博士的任务，实现了内部与外部的研究—应用—教学一体化。如兰德教育研究部主任V. 达林·欧弗和副主任劳拉·S. 汉密尔顿既是管理者，又是研究人员，还兼任帕迪兰德研究生院教授。人才在内部实现复合化发展，既有利于研究的深化，通过人才培养，也可以促进研究理念和方法的传播，从而带动研究的创新。研究人员还与外界保持良好的流动性，在政府、研究机构、企业等部门间流动，从外部实现研究—应用—教学一体化。兰德研究生院历来注重让学生从跨学科的角度分析复杂的政治问题。② 为复合型人才的培养打下了基础。当然，尽管研究人员流动频率高，但资深研究人员还是保持相对稳定，做到动静结合，有利于研究的延续性和创新性互补。

五、布鲁金斯学会布朗教育政策中心

（一）布鲁金斯学会概况

1. 布鲁金斯学会的发展历程

布鲁金斯学会是一个独立非营利性的公共政策研究咨询组织，总部设在华盛顿特区，是美国历史最悠久的智库之一，其研究能力和影响力一直位居全球

① 唐磊. 当代智库的知识生产 [M]. 北京：中国社会科学出版社，2015：94.
② 唐纳德·E. 埃布尔森. 智库能发挥作用吗？——公共政策研究机构影响力之评估 [M]. 上海：上海社会科学院出版社，2010：34.

首位。根据《全球智库报告2018》的统计，全球共有8 162个智库，布鲁金斯学会在全球顶级智库中排名第一，在教育政策智库中位居第三。[①]《全球智库报告2020》[②] 显示，在全球教育政策研究智库排名中，布鲁金斯学会位居第二。可见其研究能力和政策影响力之大。

布鲁金斯学会最早可以追溯到1916年，圣路易斯市企业家、慈善家罗伯特·S. 布鲁金斯（Robert S. Brookings）和其他政府改革倡导者成立了政府研究所（Institute for Government Research，简称IGR），该所是第一个致力于基于证据分析国家公共政策问题的私人非营利性研究咨询机构。它倡导科学地研究公共政策，并为政府提供有效和高效的公共服务。后来，布鲁金斯相继创建了两个姊妹组织，分别是1922年成立的经济研究所和1924年创立的研究生院。1927年，两个研究所与研究生院三合一，罗伯特·S. 布鲁金斯时任理事会副主席、华盛顿大学董事会主席，依他的名字把合并的机构命名为布鲁金斯学会，主要目标是致力于经济、政府管理、政治和社会科学等领域的研究，并以此促进政府改善这些领域的治理状况。

"质量、独立性、影响力"（Quality，Independence，Impact）——进入布鲁金斯学会官方网站首页时，这条标语便赫然映入眼帘，这是布鲁金斯学会一直坚守的核心价值观。布鲁金斯学会注重政策研究的质量，研究的独立性和客观性，还注重政策及组织机构发挥的影响力。"学会以其深厚的历史根基、严谨的研究功底、思想自由的学风、内外兼备的研究领域而独树一帜。"[③] 也因此成就了布鲁金斯学会一百多年发展历程的辉煌。

布鲁金斯学会成立一百多年来，对许多美国重大政策的制定和实施产生了重大影响。如第二次世界大战时期物价管控政策、战后的马歇尔计划、1969年《税收改革法案》、20世纪90年代的都市新政策、21世纪初的儿童税收抵免优惠政策等的出台都受到布鲁金斯学会直接或间接的影响。决策或政策的质量最终取决于智库研究人员组成的专家团队，他们应用各自学科专业领域最先进的研究工具、方法和创新思维，快速高效地将理论与实际问题进行整合，以

---

① McGann，James G. 2018 Global Go To Think Tank Index Report（2019）. TTCSP Global Go To Think Tank Index Reports. 16 ［EB/OL］. https://repository.upenn.edu/think_tanks/16. P62.

② McGann，James G. 2020 Global Go To Think Tank Index Report（2021）. TTCSP Global Go To Think Tank Index Reports. 18 ［EB/OL］. https://repository.upenn.edu/think_tanks/18. P151.

③ 张颖春. 中国咨询机构的政府决策咨询功能研究［M］. 天津：天津人民出版社，2013：27.

事实为依据，最终提出一系列问题解决方案，推动了世界的发展和进步。欧洲委员会专员乔纳森·希尔（Jonathan Hill）曾说："布鲁金斯学会是一个历史悠久令人尊敬的智库。在 20 世纪，国家此消彼长，世界秩序有了巨大改变，但布鲁金斯学会却一直在迎风远航，不仅对事件作出评论，还改变了他们。"①

独立性是美国智库坚守的核心价值之一。以 2015 年新成立的加利福尼亚州斯科特公共教育基金会为例，斯坦福大学教育学退休教授琳达·达林-哈蒙德（Linda Darling-Hammond）表示，该智库拥有来自桑德勒基金会的每年 500 万美元的持续经费。但这些慈善捐助不会束缚智库手脚，也不会让智库具有任何特定的意识形态。"我们坚持研究的无党派和独立性。"②可见，独立性对智库的重要意义不言而喻。布鲁金斯学会为了保持研究独立性，研究结论不受资助者利益左右，或为某一党派服务，在政府、学术界、公众之间架起一座桥梁，往左是为政府提供政策咨询信息，往右是为公众打开了解政府公共政策的窗口，提供各种政策的观点和深度分析，为公众更好地理解政策提供帮助，这样有利于各项政策落地前的充分讨论和辩论。曾经在美国华盛顿五大智库③从事研究工作的默里·韦登鲍姆（Murray Weidenbaum）指出："不管怎样，智库的基本优势不在其财务或经济实力，而在于公共政策决策者对如下方面的评定：技艺专长、论述的可信度、数据的准确度，以及它们成果的独立性。"④因此，布鲁金斯学会一直保持着对政府公共政策制定和实施的特殊影响力。

2. 布鲁金斯学会的组织结构

布鲁金斯学会实行矩阵式管理结构，学会分设行政管理和学术研究两轨，行政管理共设 5 个部门：财务部、运营部、联络部、发展部和出版社。学术研究共设 5 个研究领域：外交政策、全球经济与发展、经济政策、城市政策、治理研究。每个研究领域下设若干研究中心。外交政策领域下设 8 个中心：布鲁金斯多哈中心、布鲁金斯印度中心、布鲁金斯—清华公共政策中心、21 世纪安全与情报中心、东亚政策中心、中东政策中心、美国和欧洲中心、约翰·桑顿中国中心。经济研究领域包括 3 个中心：儿童与家庭中心、社会动态与政策

①　Brookings Institution［EB/OL］.https://www.brookings.edu/，2018 - 02 - 09.
②　张章. 新教育智库力求助力美国政策发展［N］. 中国科学报，2015 - 09 - 08.
③　华盛顿五大智库分别为美国企业研究所、布鲁金斯学会、卡托研究所、战略与国际研究中心和传统基金会。
④　唐磊. 当代智库的知识生产［M］. 北京：中国社会科学出版社，2015：118.

中心、布鲁金斯城市税收政策中心。全球经济与发展领域设 3 个中心：全球教育中心、拉丁美洲倡议、发展援助与治理倡议。治理研究下设 3 个中心：布朗教育政策中心、技术创新中心、移动经济项目。城市政策领域下设 2 个中心：布鲁金斯—洛克菲勒国家与城市创新计划、全球城市倡议—布鲁金斯与摩根大通联合项目。①

　　从布鲁金斯学会的组织结构（见图 3-3）可以看出，一是管理机制灵活。实行矩阵式管理，根据研究领域分设研究中心或研究项目，研究项目可根据研究随时调整，具有很强的灵活性，能很好地适应研究情况的变化。二是研究领域广泛，综合性强。布鲁金斯学会下设的 4 个研究领域，19 个研究中心或研究项目，囊括社会发展的各个层面，体现出研究的综合性特征。这也为其下属的布朗教育政策中心提供了多学科、多领域的研究资源。

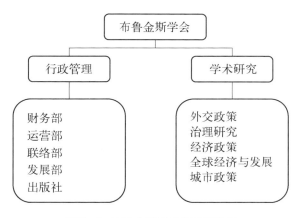

图 3-3　布鲁金斯学会的组织结构

（二）布朗教育政策中心的建立及发展

　　20 世纪以来，布鲁金斯学会的政策研究咨询对美国各个时期的经济、政治、社会变革产生了重要影响。从 1936 年开始关注美国教育领域的问题，到后来 1966 年詹姆斯·S. 科尔曼（James S. Coleman）教授向国会递交关于教育机会平等报告和 1983 年美国政府发布《国家处在危险中：教育改革势在必

---

① 　根据其官方网站内容整理。Brookings Institution ［EB/OL］. https://www.brookings.edu/about/programs/metro，2016 - 06 - 09.

行》法案，由于教育在国家发展中的作用越来越凸显，布鲁金斯学会开始把教育政策研究作为其重点关注领域之一，于 1994 年成立了布朗教育政策中心，专门研究美国及全球教育政策。另外，布鲁金斯学会开始作为一个大学（教育机构），并仍然保持 edu 后缀的网址①，可以看出布鲁金斯学会与教育之间的紧密联系，布朗教育政策中心的成立也就顺理成章。

布朗教育政策中心（Brown Center on Education Policy，亦译"布朗教育政策研究中心"）是布鲁金斯学会治理研究（governance studies）领域下设的一个研究中心，"是综合类智库中较早开展教育政策研究的机构"，② 其任务是应用严谨的实证分析、社会科学量化方法对美国的教育政策进行研究，为具有切身利益和需要的人参与决策提供帮助。布朗教育政策中心近年来的研究工作主要涉及研究课程的影响、学业标准和问责制、班级规模、教学技术、学校的选择、共同核心标准、学生贷款、学前教育、公共养老金、教师评价、慈善宣传、成本评估、学区和负责人对学生学习结果的贡献、数学教育、美国学生在国际评估中的学业成就等。

（三）布朗教育政策中心的组织结构

布朗教育政策中心有 2 名管理人员，其中临时主任 1 名，副主任 1 名；7 名研究人员（含 2 名管理人员），人数只有兰德公司教育研究部的 1/10，但研究人员均是高素质、复合型人才（见表 3 - 14）。

表 3 - 14　布朗教育政策中心管理机构人员情况③

职位及姓名	专业背景	研究领域	备注
临时主任威廉·高尔斯顿（William Galston）高级研究员	马里兰大学教授，曾任前克林顿总统和总统候选人的政策顾问，美国国家公共电台评论员，《华尔街日报》专栏作者，2004 年被选为美国艺术与科学学院研究员，曾获美国政治科学协会	国内政策、政治运动、选举，目前主要进行社会契约和政治极化研究	

① 胡光宇. 大学智库 [M]. 北京：清华大学出版社，2015：92.
② 赵芳. 独立、高效、创新、实用——美国布朗教育政策研究中心评述 [J]. 外国中小学教育，2016（1）：2-5.
③ 根据其官方网站内容整理. RAND Corporation [EB/OL]. https://www.rand.org/education/bios.html，2016 - 06 - 10.

续　表

职位及姓名	专　业　背　景	研　究　领　域	备　注
临时主任 威廉·高尔斯顿（William Galston） 高级研究员	休伯特·汉弗莱奖。2006 年 1 月前，担任马里兰大学公共政策学院代理院长，哲学和公共政策研究所主任，公民学习与参与信息研究中心主任，国家公民革新委员会执行主任，参与 6 次总统竞选活动，1993—1995 年担任克林顿总统国内政策副助理，1969—1970 年在美国海军陆战队服役。出版近 10 本书，发表 100 多篇有关政治理论、公共政策、美国政治的文章。出版的书有《自由多元化》（剑桥，2002 年）、《自由多元化的实践》（剑桥，2002 年）和《公共事务》（Rowman & Littlefield，2005）		
副主任 迈克尔·汉森（Michael Hansen） 高级研究员	劳动经济学家，获华盛顿大学的经济学博士学位。他的研究得到了著名的媒体报道，包括《华盛顿邮报》《大西洋月刊》《华尔街日报》《政治家》和《教育周刊》等。他的作品被发表在同行评议的研究期刊上，如《美国经济评论》《教育财政与政策》《经济学刊》《教育评价和政策分析》《美国教育研究》等。也是教育科学研究所、国家科学基金会、奈特基金会和"为美国而教"项目的主要研究员	教师质量原创性研究、增值测量、教师评价、基于纵向数据系统状态的教师激励和问责、学校转向、STEM 学习	
贝丝·埃克斯（Beth Akers） 研究员	教育经济学家，2007—2008 年曾就职于白宫经济顾问委员会，2012 年获哥伦比亚大学经济学博士学位，2005 年获纽约州立大学数学学士学位，同时在经济研究、儿童与家庭中心兼职	教育经济、高等教育政策	
阿德拉·索利兹（Adela Soliz） 研究员	经济学家，获哈佛大学教育研究生院博士学位，哥伦比亚大学师范学院国际教育发展硕士学位，里德学院人类学学士学位。曾在纽约金世葆社区学院从事教育矫正工作及第一代移民教育机会改善研究	政策对社区学院的影响，目前主要研究营利性扩招社区学院行为的影响，大学期间工作对学术成绩的影响，国家政策促进社区学院学生转移是否明确	

职位及姓名	专 业 背 景	研 究 领 域	备　注
斯蒂芬妮·塞利尼（Stephanie Cellini）兼职高级研究员	乔治华盛顿大学公共政策和经济学副教授，国家经济研究局研究员，《教育财政与政策》副主编。获加利福尼亚大学经济学博士、硕士学位，获斯坦福大学公共政策学士学位。在华盛顿大学公共政策与管理学院教授公共决策的成本效益和经济分析。成果发表在《经济学季刊》《政策分析与管理》《美国经济日报》等刊物上	教育政策、劳动经济学、公共财政，近期关注劳动力市场对盈利性大学教育的回报、营利性高等教育机构对联邦和州的金融援助计划的响应	
海伦·拉德（Helen Ladd）兼职高级研究员	杜克大学桑福德公共政策学院经济学教授，1974 年获哈佛大学经济学博士学位，1968 年获伦敦经济学院硕士学位，1967 年获韦尔斯利学院学士学位。曾任公共政策和管理协会主席，曾任教于达特茅斯学院、韦尔斯利大学、哈佛大学城市和区域规划项目和肯尼迪政府学院。她写了很多文章，如北卡罗来纳州在特许学校和其他形式上选择，新西兰自治学校和家长选择，城市学区市场化改革，教育券项目，南非种族隔离后学校改革，荷兰的学校财务等。与杜克大学同事合写了大量有关学校种族隔离、教师劳动力市场、北卡罗来纳使用纵向管理数据研究教师质量的报告。担任《教育绩效改革》《教育财政与政策研究》编辑，与人合著《新西兰和南非的学校改革》；1996—1999 年期间与人共同负责国家科学院委员会教育财政项目；与人合编《教育财政的公平和充足》和《赚钱理由：美国学校财政》	教育政策、教育问责制、教育不平等现象、教育券、教育种族隔离问题、学生成就。近期主要关注：学校的责任、教育财政、教师劳动力市场、学校选择	
汤姆·洛夫莱斯（Tom Loveless）兼职高级研究员	曾任布朗教育政策中心主任，获芝加哥大学教育博士学位、加利福尼亚州立大学特殊教育硕士学位、加利福尼亚大学伯克利分校英语学士学位；1979—1988 年，他是他家乡加利福尼亚州萨克拉门托市圣胡安联合校区的一名老师，曾经为很多州和地方课程委员会服务，1992 年获得博士学位后，进入哈佛大学肯尼迪政府学院，担任	教育政策、教育改革、K－12 学校。目前主要研究：2017 年布朗中心报告；联合主编国际能源机构政策简报系列（2015—2016）；与波士顿大学国际	

职位及姓名	专 业 背 景	研 究 领 域	备 注
汤姆·洛夫莱斯（Tom Loveless）兼职高级研究员	公共政策助理和副教授，直到 1999 年；1995 年被选为国家教育研究院博士后研究员；2004—2012 年担任国际教育成就评价协会美方代表，2006—2008 年担任国家数学顾问小组主席，2008—2014 年担任斯坦福大学胡佛研究所 K-12 教育特别工作组成员。他是布朗教育政策中心发布美国教育年度报告的作者，最新一期发表于 2016 年 3 月，他是《威尔逊季刊》《未来教育》《美国教育杂志》《教育领导》《教育管理季刊》《教育评价和政策分析》等刊物的作者，并在《洛杉矶时报》《华尔街日报》《新闻日报》《华盛顿邮报》《美国周末》《纽约时报》《教育周刊》等报刊上发表专栏文章。著作有布鲁金斯学会出版的《跟踪战争：当州的改革遇上学校政策》（1999）；《教师工会和教育改革》（2000）；《大课程辩论：我们应该如何教阅读和数学？》（2001）；与朱利安·贝茨合编《正确的选择：教育政策的公平与效率（2005）》；与弗雷德里克·赫斯合编《布鲁金斯学会论文教育政策》（2006/2007）；也编辑出版《从教训中学习：国际数学成绩评估告诉我们什么？》（2007）	研究中心联合开展国际数学与科学测试（TIMSS）趋势二十年研究；是"2015 年 TIMSS 进步评估大学先选课学生项目"研究小组成员	

从表 3-14 可以看出，布朗教育政策中心组织结构的特点：人员少而精，注重人员的高素质，注重多学科背景。7 名研究人员中，2 名兼职管理人员，其中主任还是临时职位，其余 5 名研究人员中，有 3 名是兼职研究员。一般来说，美国的智库中，兼职研究员主要负责短期专题项目研究，工作性质灵活自由，可以同时在其他部门做专职或兼职研究工作，智库研究人员构成中，兼职研究员的比例相对高一些。可见，布朗教育政策中心研究团队人数不多，但从其专业背景分析，5 人是经济学专家，2 人教育专家，6 人获得著名大学博士学位，3 人是大学教授，2 人直接为总统或白宫担任过政策咨询专家，1 人曾担任过 K-12 学校教师，甚至有 1 人曾经是海军陆战队队员。

研究人员的专业有经济学、人类学、数学、教育学、特殊教育、英语、公共政策等。研究人员专业背景各异，就是同一人其各阶段的专业也大不相同，布朗教育政策中心研究员的专业学科背景多样化，以经济学研究背景为主。可见，布朗教育政策中心研究人员经验丰富，数量少，但都具有极强的研究能力。这也与布鲁金斯学会注重采用跨学科的研究方法开展公共政策问题研究的传统有关。"学会的创始人认为跨学科是克服大学中教育专业化的一个途径。在谈到布鲁金斯学会的跨学科性质时，其官方网站上如此描述：我们始终保持既投身于社会科学的学科，也注重跨学科方法的价值，尤其在处理当今世界的复杂和跨界问题时，因为其中国内与国外、地方和全球之间的界限业已模糊不清了。"① 中心注重跨学科的研究方法，其人才的组合搭配也注重学科专业背景的多元化。

（四）学生参加国家测试和国际测试情况研究

布朗教育政策中心的工作主要有两项：发布美国教育年度报告（Brown Center Report on American Education），发布布朗中心黑板公告（Brown Center Chalkboard）。从 2000 年开始，布朗中心每年发布一份关于美国教育的报告，用学生学习的最新措施分析美国教育的状态，揭示和解释学业测试成绩的重要趋势，辨别和评估教育改革的前景等；布朗中心黑板公告主要展示中心的学者和嘉宾对问题的分析和观点，每周四，中心的学者和临时邀请的嘉宾就美国教育的政策、研究、时间进行简短的分析（见表 3 - 15）。

表 3 - 15　布朗教育政策中心美国教育年度报告主题

序号	年　度	主　　题
1	2016 年	1. 阅读和数学的共同核心的时代 2. 大学先修课程跟踪 3. 国际视角下的校长教学领导力
2	2015 年	1. 男孩、女孩与阅读 2. 共同核心的测量效果 3. 学生参与

---

① 唐磊. 当代智库的知识生产［M］. 北京：中国社会科学出版社，2015：93.

序号	年　度	主　题
3	2014 年	1. 从上海参加 PISA 测试争论得到的经验 2. 美国家庭作业 3. 共同核心进展报告
4	2013 年	1. 最新的第三次国际数学与科学测试（TIMSS）和国际阅读素养进展研究项目（PIRLS）分数 2. 能力分组的复现和持续跟踪 3. 八年级的高等数学
5	2012 年	1.《共同核心州立标准》学生成就效果预测 2. 国家教育进展评估项目（NAEP）测量成绩差距 3. 国际测试成绩误解
6	2010 年	1. 国际测试 2. 真正赢得力争上游的是谁？ 3. NAEP 和国家核心州立标准
7	2009 年	1. 2009 年 NAEP 分数告诉我们什么？ 2. 学校会改变吗？一个实证调查 3. 我们知道特许学校转换什么？
8	2008 年	1. 使用和滥用国际评估 2. 学生数学的错位 3. 城市学校的成就
9	2007 年	1. 国家的成就、2007 年 NAEP 数据、NAEP 表现水平 2. 私立学校招生的奥秘 3. 更多的时间意味更多的学习？
10	2006 年	1. 国家的成就 2. 学生学习的幸福因素 3. 各州都如实报告测试成绩吗？
11	2004 年	1. 国家的成就／NAEP 数学项目 2. 中学数学教师的培训内容 3. 重新审视蓝带学校
12	2003 年	1. 国家的成就 2. 学生的家庭作业太多吗？ 3. 特许学校：成就、问责制与专家的角色
13	2002 年	1. 国家的成就 2. 高中文化、美国学生出国留学的观念、团队运动的效果 3. 特许学校

续　表

序号	年　度	主　　题
14	2001 年	1. 国家的成就 2. 高中文化 3. 城市学校的成就
15	2000 年	1. 国家的成就 2. 仔细看看数学成就 3. 影响成就的政策和实践、计算器使用、模范学校

　　从表 3 - 15 的统计可见，布朗教育政策中心每年发布的美国教育报告有三部分内容，可以概括为：（1）应用最近最好的证据来揭示和解释美国学生在州、国家和国际各级别评估项目测评中的最新成绩，包括国家教育进展评估项目（National Assessment of Educational Progress，简称 NAEP）、TIMSS、国际阅读素养进展研究项目（Progress in International Reading Literacy Study，简称 PIRLS）、PISA，并从数据中总结发现隐藏的重要发展趋势。（2）分析国家采取的改进学生学习的新措施对学生的影响，涉及各州政策、学校、教师各个方面，如特许学校、蓝带学校、共同核心标准、先修课程、能力分组、家庭作业、学科学习、教师培训等，进而分析美国教育改革的现实状况与可能性。（3）评估政策和实践对学生学习的影响，探讨富有争议的教育政策或问题，通过数据实证、调查访谈，呈现出对同一问题的不同观点，引起政府和民众对教育政策的反思。

　　布朗教育政策中心发布的美国教育报告，分别从美国学生参加国内统一测试和国际测试两个层面来分析国家教育状况。美国国内的统一测试主要是 NAEP，它始于 1969 年，是美国全国范围内唯一有代表性的和持续性的评估。NAEP 有三种测试类型：（1）主要 NAEP 指标，测量国家成就，也可以反映当前课程和评价的实践；（2）NAEP 长期趋势可以可靠地测量国家成就长期的变化；（3）NAEP 测量参与州的学生成就。这几种类型的测试使用不同的数据收集过程和独立的学生样本。1971 年，NAEP 开始进行长期趋势测量。1990 年根据数学教师委员会的建议，开始用相同框架的主要 NAEP 指标来测量国家成就，以及进行州的数学测试。①该测试总共三次，分别在学生 9 岁、13 岁、17 岁时进行（见表 3 - 16）。

---

① 　2000 The Brown Center Report on American Education ［EB/OL］. https://www.brookings.edu/，2016 - 6 - 11.

表 3‑16　美国学生学业成就测试（1971—1999 年）

阅读（1971—1999 年）			数学（1973—1999 年）		
	标准差（SDs）	年平均增幅		标准差（SDs）	年平均增幅
9 岁	+ 0.10	+ 0.34	9 岁	+ 0.38	+ 1.16
13 岁	+ 0.11	+ 0.53	13 岁	+ 0.30	+ 1.19
17 岁	+ 0.06	+ 0.40	17 岁	+ 0.13	+ 0.48

数据来源：2000 The Brown Center Report on American Education.
SDs：标准差（standard deviations）。

2000 年度教育报告指出，美国学生学业成就在 1971—1999 年间有所上升但十分缓慢，报告用了"蜗牛的速度"来形容，具体到学科上有所差别，阅读成就上升很缓慢，数学成就比较显著。根据测试的主要 NAEP 指标分析，美国学生越来越擅长数学，但 NAEP 长期的趋势说明数学成就持平。从年龄来看，9 岁和 13 岁的学生成就比 17 岁的大。从性别来看，女孩比男孩在阅读上成就要高，这不仅存在于美国学校，而是全世界学校都存在的现象。

2001 年度教育报告显示，根据数据分析（见表 3‑17），在 20 世纪 90 年代，美国学生数学成就取得了坚实的进步，阅读成就与 80 年代持平。许多美国教育专家认为，在美国衡量学业成就的最佳标准是 NAEP。

表 3‑17　美国学生阅读（左）、数学（右）的主要 NAEP 成绩（1992—2000 年）

年级＼年份	1992 年	1994 年	1998 年	2000 年	年级＼年份	1990 年	1992 年	1996 年	2000 年
十二年级	292	287	292	—	十二年级	294	300	304	301
八年级	260	260	264	—	八年级	263	268	272	275
四年级	217	214	217	217	四年级	213	220	224	228
注：根据 NAEP 对四、八和十二年级的衡量。NAEP 数据以量表分数表示，范围从 0 到 500。2000 年八年级和十二年级未测试。					注：根据 NAEP 针对四、八和十二年级的衡量。NAEP 数据以量表分数表示，范围从 0 到 500。				

数据来源：2001 The Brown Center Report on American Education.

2003 年度教育报告显示，在州的学业水平测试中，美国农村学校学生成绩高于全国平均水平，但这种成绩的优势并没有在申请大学的过程中得到体现，农村学生申请到大学的机会比城市和郊区学生少，结果导致美国的学院或大学损失了优秀的农村青年。农村学校也面临新的挑战，很难招聘到新的教师，有的农村地区一个教师教几门课程，很难满足学生的需求。政策制定者应该考虑如何增加农村学生申请学院或大学的机会，农村青年的学业未来不应当在高中之后结束。

TIMSS 是由国际教育成就评价协会（International Association for the Evaluation of Educational Achievement，简称 IEA）发起和组织的国际教育评价研究和评测活动。成立于 1959 年的国际教育成就评价协会曾经在 20 世纪 60 年代初组织了十多个国家参加第一次国际数学评测和第一次国际科学评测。70 年代末 80 年代初，国际教育成就评价协会又组织了第二次国际数学评测和第二次国际科学评测。1994 年，国际教育成就评价协会在美国国家教育统计中心（National Center for Education Statistics，简称 NCES）和国家科学基金会（National Science Foundation，简称 NSF）的财政支持下，发起并组织了第三次 TIMSS 活动。1999 年，这项活动继续进行，并被称为 TIMSS-R 或 TIMSS-REPEAT。2003 年，为了更好地延续这项有意义的研究活动，TIMSS 成为国际数学和科学评测趋势（Trends in International Mathematics and Science Study）的缩写，从而使 1995 年、1999 年、2003 年的三次测试有了统一的名称。这三次测试是当代青少年数学教育和科学教育重要的国际比较研究，TIMSS 主要测试四年级和八年级学生的数学与科学学业成绩，以及达到课程目标的情况。这为了解世界各国学生的学业成就提供了比较的平台和窗口，为改进各国数学和科学教育提供了参照。

2000 年度教育报告指出，美国在 TIMSS 测试中，四年级后的国际排名急剧下降，英国的《经济学人》（The Economist）杂志分析，孩子待在美国学校的时间越长，他们就得到的分数就越低。究其原因，有学者认为这是美国经济衰退的原因，还有一个事实是许多欧洲国家的测试样本是十三到十四学年的学生，这相当于美国大一到大二的学生。① 因此，这种排名显然不公平。"根据美国教育部提供的数据，科学作为斯蒂文森高中的传统强项，2005 年 54% 的

---

① Gerald Bracey. The TIMSS "Final Year" Study and Report：A Critique ［R］. Educational Researcher，Vol. 29，No. 4（May，2000），pp.4 - 10.

高四年级学生达到或超过基本水平，比 10 年前降低 3％。同时，根据随后跟进的一个国际教育项目——国际数学和科学研究趋势——的研究报告，美国初二年级学生的科学分数也比其他 7 个国家和地区低，这 7 个国家和地区中有 4 个亚洲国家和地区（包括中国香港特别行政区）以及 3 个欧洲国家。"[①] 可见，美国学生成绩排名趋势持续下降，究其原因，布朗教育政策中心主任汤姆·洛夫莱斯（Tom Loveless）认为这是一个文化问题，"在美国，许多学生和家长不认真对待学习成绩，而'在其他国家和地区，年轻人有个任务，那个任务就是去上学'"。[②]

（五）学生学习状况的国际测试研究

2000 年的 PISA 报告认为，1998—1999 年，美国学生的学习成绩继续上升，但由于州的样本量少，所以需要更多的数据才能得出有意义的结论。目前还不清楚为什么现在的学生获得高的学习分数比以前的学生难。学生成绩的降低，最令人信服的解释就是，学生在学校、家庭、商业和公众政策影响下强化了生活其他方面的成就。当前还不清楚计算器的使用对学生基本技能学习有何影响，每天使用计算器的四年级学生，NAEP 数学成绩显著低于其他同级学生。美国教育部和国家科学基金会在这些问题上保持中立立场，因为应用的是联邦政府自己的 NAEP 数据，类似的问题需要继续研究。例如，家庭作业问题、性别差异对学业成绩的影响、PISA 测试成绩与内在学习动机的相关等问题。

家庭作业问题。2003 年 PISA 报告还指出，一些主流的报纸和杂志报道美国学生的家庭作业正在夺走美国学生的童年，破坏家庭生活。孩子们埋头做作业，家长为此感到愤怒。2014 年 PISA 报告又指出，[③] 2011 年，《纽约时报》头版一篇故事描述到，全国地区一波又一波地试图改变家庭作业，但升学的高风险测试和竞争助推了晚间做作业的折磨，尤其是在小学，家庭作业剥夺了儿童玩耍、休息的时间，但学习成绩提高却很有限。2013 年《大西洋月刊》的文章说"我女儿的家庭作业让我筋疲力尽""一个父亲每周晚上要花三个小时

---

①　亚历克·克莱因. 揭秘美国最好的中学［M］. 上海：华东师范大学出版社，2009：91.
②　同上：92.
③　2014 The Brown Center Report on American Education［EB/OL］. https://www.brookings.edu/，2016 - 06 - 18.

以上的时间帮助女儿完成家庭作业"。这些报道具有误导性，根据美国密歇根州大学研究表明，从 1980 年以来，美国小学生的家庭作业有轻微的增加，原因是 6—8 岁的孩子没有家庭作业。NAEP 的数据表明，80％的 9 岁儿童，家庭作业每天不到 1 小时，20 个儿童中有一个超过 2 小时；初中和高中家庭作业数量一直保持稳定。加利福尼亚大学洛杉矶分校的年度新生调查显示，高中的家庭作业自 20 世纪 80 年代以来一直在下降，根据 TIMSS 国际调查数据，美国高中学生的家庭作业在世界范围内属于比较少的国家。一项研究显示，十个父母中只有一个希望孩子的家庭作业更少，25％想要更多，超过 60％认为合适。通过研究表明，美国学生的家庭作业负担被媒体夸大了，尽管有个别现象存在。报告提出四个建议：第一，对反对家庭作业的观点持保留态度。反对家庭作业主要是由于这些人士坚持一百年前的进步教育。1900 年，《妇女家庭杂志》的编辑爱德华·威廉·博克（Edward William Bok）曾发起过抵制家庭作业的运动，他认为不应该给 15 岁以下的孩子布置任何家庭作业。20 世纪早期，通过激进媒体宣传，进步人士试图说服议员在加利福尼亚州禁止家庭作业，进步人士认为儿童待在室内、读书、进行其他智力活动是不健康的，要尊重儿童的天性，通过游戏和自我探索来发展。家庭作业是成年人设计的工作，干扰了儿童的玩乐。进步人士还认为教育最好留给专家来进行，孩子把作业带回家，会被家长误导。第二，家庭作业遵循 PTA（Parent-Teacher Association，家长教师协会）准则。基于密苏里大学哈里斯·库珀（Harris Cooper）的研究，家长教师协会提供的经验法则是，每个年级 10 分钟的家庭作业，如三年级 30 分钟，六年级 60 分钟，九年级 90 分钟，这似乎是合理的。第三，理解家庭作业的多样化。每天家庭作业的数量会有波动，每个学生的学习习惯不一样，有的喜欢在校就完成家庭作业，有的喜欢在家完成，有的孩子花一个小时做准备，比如削一支铅笔、调整照明、把宠物狗放在合适的位置、倒一杯水等，有的会快速完成，所以，每个孩子的时间分配不一样，学习习惯不一样。第四，如果家庭作业存在问题，解决方案应该来自父母和老师，而不是政策干预。家庭作业对于孩子来说，即使在同一个家庭，每个孩子的体验也会不一样。如果父母确实认为孩子作业太多，可以和老师反映这个情况，试图规范学校任务的单位时间是一个概念性的错误，同一作业内容，每个学生完成的时间不会一样。老师应该规范作业的内容，而不是完成的时间。一些学区限制家庭作业，如新泽西州的皮斯卡塔韦地区，这似乎是不明智的做法。州议会通过法律来干预家庭作业更是愚蠢的举动。只有家长和老师一起合作评估孩子的家庭作业情况，以此确定作业负担是否合适才是可取的办法。时任布朗教育政策中心主任汤姆·洛夫莱斯说："美国的孩子并没有花时间学习课堂以外的知识。""好的政策会有所帮助，但是学校无法独力完成。再多的金钱或立法，都无法改变真正的学习中心：家庭才是唯一最有影响力的地方。"① "家庭作业是成功的必经之路。一些研究显示，孩子的家庭作业总是不够。"维琪·卡鲁安娜（ Vicki Caruana）明确表示支持家庭作业，认为当孩子学习新技能的时候，需要花时间不断地练习，家庭作业无疑是一种好的方法。因此，家庭作业在美国是一个有争议的论题。

　　布朗教育政策中心关于家庭作业的报告公布后，学者的著作也引用了这份报告来证明美国学生家庭作业的状况。如查尔斯·J. 赛克斯（Charles J. Sykes）的《老师永远不教的50堂课》就说："2003年，美国布鲁斯金学会研究分析了时下流行的一种观点，即当今的学生正被日益繁重的课业夺去他们的童年。这种观点常被媒体大肆渲染，甚至还上了《新闻周刊》的头条。但布鲁斯金学会布朗教育政策中心经过调查却发现，几乎所有的报道都并非事实。实际上，绝大多数学生每天花在学习功课上的时间不足一小时，而用来互相闲聊的时间则几乎是学习时间的四倍。"② 2014年报告又指出，针对媒体所说家庭作业负担加重的报道，目前的研究几乎没有证据证明作业负担加重的迹象，每晚两个小时以上家庭作业确实存在，但只是少数情况。在17岁以内的学生群体中，家庭作业负担重的范围小于15％。全国民意调查显示，父母更可能会说，他们的孩子家庭作业数量和多的比太少了。学生的家庭作业量自1984年以来，一直保持稳定。可见，媒体报告的美国学生家庭作业负担与真实情况有出入。

　　性别差异对学业成绩的影响。布朗教育政策中心2015年报告指出，③ 性别差异对美国《共同核心州立标准——英语语言艺术阅读》成就的影响，在各项阅读测试分数上，女生数量都远远超过男生。这个现象已经持续了很多年，1942年艾奥瓦州的一项研究就证实，女生在阅读理解、词汇、基本语言技能方面表现比男生出色，开展时间最长的NAEP长期趋势测试（始于1971

---

① 维琪·卡鲁安娜. 培养孩子10项优势能力［M］. 卓加真，译. 南昌：江西人民出版社，2007：164.
② 查尔斯·J. 赛克斯. 老师永远不教的50堂课［M］. 北京：新世界出版社，2008：29.
③ 2015 The Brown Center Report on American Education［EB/OL］. https://www.brookings.edu/，2016-06-19.

年），以及后来的 PIRLS、PISA 都显示了同一结论，表明这是一个全球现象。在六十个国家和地区都参与的评估项目中，女生阅读表现均优于男生。芬兰最近十多年的卓越表现最令人惊讶，其 PISA 阅读测试分数遥遥领先，原因仅仅是因为芬兰女生表现优异，芬兰的 PISA 测试参与者中，男生得分 494 分，女生得分 556 分，两者间有 62 分的差距（经济合作与发展组织参与国的平均得分是 496 分），如果芬兰只有男性参加测试，那么它的排名将是落后的。

PISA 测试成绩与内在学习动机的相关问题。在 PISA 测试中，有一个奇怪的现象是，根据 2003 年至 2012 年的 PISA 数据分析，17 个国家和地区成功地增加了学生的内在学习动机，但他们的 PISA 数学成绩平均得分下跌 3.7 分；14 个国家和地区的数据显示内在学习动机没有改变，他们的 PISA 成绩也改变很小；8 个国家和地区显示学生内在学习动机下降；令人费解的是，他们的 PISA 数学成绩平均增加了 10.3 分。动机下降，成绩却上升，但相关关系不等于因果关系。给我们的启示不是要降低学生学习动机，而是要分析学生成绩数据，谨慎地提出政策建议，教育研究成果的使用者也要给予研究者足够的信任，他们需要更多的时间来改变建模分析方法，进行系统分析，而不是只注重在某个时间点或横断面的统计。

（六）教育改革及教育政策问题争论研究

布朗教育政策中心有关教育改革及教育政策问题争论方面的研究，主要有计算器进课堂的争论、美国不同地区不同种族学生学习成就差异、特许学校发展问题、蓝带学校计划的问题、私立学校招生问题、《共同核心州立标准》的实施、校长教学领导力问题。

计算器进课堂的争论。布朗教育政策中心 2000 年报告指出，美国学校一度对小学生在课堂上是否能使用计算器产生了激烈的辩论，全国数学教师理事会（National Council of Teachers of Mathematics，简称 NCTM）在 1974 年首次表示支持使用计算器，该理事会在 1980 年呼吁学校"尽早推出计算器和电脑进低年级教室的可行办法"，[1] 1989 年，NCTM 建议计算器用于 K-4 年级。随着美国计算器和电脑的普及，纸和笔将主导课程的情况将成为历

---

[1] Susan Walton. Add Understanding, Subtract Drill [N]. Education Week, July 27, 1983.

史。在 1990 年，美国国家研究委员会在一份名为《重塑学校数学》的报告中，敦促学校从幼儿园开始用基于计算器的指导代替纸笔为主的计算，认为计算器的使用可以减少常规的演算，儿童可以有更多时间进行发现和探索活动。

　　美国不同地区不同种族学生学习成就差异。布朗教育政策中心 2001 年报告①指出，目前的城市学校系统学生成绩低，比较了城市和郊区（中心城市、城市边缘/大城镇、农村/小镇）、不同种族/族裔群体之间、不同经济地位家庭学生的阅读和数学成绩，最终发现城市学校非洲裔和西班牙裔学生成绩增长明显。大约有 60％的非裔美国人和 40％的西班牙裔学生在城市学校就读，阅读成绩稳步上升。白人、非洲裔、西班牙裔白人在郊区学校的学习成绩差距较小，但仍存在差异。一般情况下，优等生来自那些居住在郊区的较富裕的白人家庭，研究人员分析在优等生中占一小部分的非洲裔、拉美裔和低收入群体学生的有关数据，发现："在八年级的数学方面，和后进生相比，这些群体中的优等生更多的是由经验丰富的教师所教授的。他们的教师像其他来自富裕家庭的优等生的教师那样，有正规的教师资格，或者本科主修或辅修过数学专业。"② 由此看来，教师是影响学生成绩的关键因素。城市的学校改革是有前途的，但是不能预见将来是成功还是失败，具有很大的挑战性。面对过去几十年城市的学校改革严峻的事实证据，要从 20 世纪的教育改革失败中吸取教训，改革本身没有错，是为了让学生获得更高的成就，改革意味着更多地改善教育，将对国家的社会福利产生深远的影响。

　　特许学校发展问题。特许学校（Charter school）是自 20 世纪 90 年代以来继公立学校、私立学校之后，在美国兴起的众多公办民营学校之中的一种学校类型。它是州政府立法通过，特别允许教师、家长、教育专业团体或其他非营利机构等私人经营国家负担经费的学校，不受例行性教育行政规定约束。这类学校虽然由政府负担教育经费，却交给私人经营，除了必须达到双方预定的教育成效之外，不受一般教育行政法规的限制，是特别许可的学校，所以称之为特许学校。特许学校兼具公立和私立学校的优点，不仅具有公立学校学费低、公平公正的特点，还具有私立学校重视绩效管理的特点，可以进行各种教育创新实验，与公立学校形成竞争态势，促进公立学校质量提升。特许学校具有很

---

① 2001 The Brown Center Report on American Education ［EB/OL］. https://www. brookings.edu/，2016 - 06 - 12.
② 《教育周刊》. 奥巴马的教育蓝图 ［M］. 范国睿，主译. 北京：教育科学出版社，2010：37.

多优点，但发展的同时也存在一些不可回避的问题。布朗教育政策中心 2003 年报告指出，① 特许学校考试成绩落后于普通公立学校，在 2002—2003 年的 "失败学校"名单上，特许学校占了很大比例。加利福尼亚大学伯克利分校布鲁斯·富勒（Bruce Fuller）的一项研究发现，特许学校拥有的同一标准的教师比普通公立学校少。另外，与公立学校或其他特许服务机构相比，教育管理组织（Educational Management Organizations，简称 EMO）经营的特许学校学生测试成绩偏低。这些发现让人开始质疑特许学校运动的观念：任何人只要有丰富的资源和对孩子的爱就能成功地启动和运行一所学校。它忽视了教育专业知识的重要性，未来的研究应该专注于辨别政策与实践，在创造成功避免失败上的最大可应用范围。

蓝带学校计划的问题。蓝带学校（Blue Ribbon School）是指学校在领导、课程、教学、学生成就和家长参与具有杰出表现而接受表扬的卓越学校。② 学校会获得一面特殊的旗帜象征着国家的认可。该学校起源于 1982 年美国教育部提出的蓝带学校计划（Blue Ribbon Schools Program，简称 BRSP），该计划基于三个目的：确立和遴选全国杰出的公私立学校；提供以研究为基础的效能标准，作为各个学校自我评估和改进的参考；激励各个学校将本校办学的成功经验与其他学校分享。蓝带学校以卓越和均等为核心，凡是遴选为蓝带学校的，该所学校应追求所有学生取得卓越成就。学校具有强烈的使命感，强调每个学生都能达到卓越。2004 年的报告指出，③ 中心通过学校测试数据分析发现，至少根据阅读和数学测试成绩，有四分之一的蓝带学校不配获得 2000 年的蓝带奖励。自实施蓝带学校计划以来，有 4 000 多所学校得到了奖励，该计划是国家鼓励比五年前做得更好的卓越教师和校长，它使得未来变得更好。加利福尼亚州的杰出学校项目（Distinguished Schools Program）为蓝带学校计划提供了很好的范例，可以以此来避免之前的弊端。例如，2002 年，加利福尼亚州官方邀请本州 1 881 所小学申请杰出学校奖，占加利福尼亚州公立小学总数的三分之一，共收到 912 所学校的申请，247 所获得加利福尼亚州杰出学校奖，35 所提名蓝带，最终 32 所获得蓝带奖励。

---

① 2003 The Brown Center Report on American Education［EB/OL］. https://www.brookings.edu/，2016 - 06 - 13.
② 蓝带学校. 华中师范大学图书馆词条搜索，2016 - 06 - 14.
③ 2004 The Brown Center Report on American Education［EB/OL］. https://www.brookings.edu/，2016 - 06 - 14.

私立学校招生问题。2007 年报告指出，① 许多人认为私立学校比公立学校好，2004 年的民意调查显示，超过一半的受访者表示如果教育券能支付所有学费，他们会送孩子到私立学校，但这和中心的研究数据不符，体现出两种趋势，表示愿意到私立学校的比例高，但实际上私立学校的招生一直在减少。

表 3-18　美国公立和私立学校 14—17 岁学生入学率（1890—2000 年）

年份	总体入学率	公立学校入学率	私立学校入学率
1890 年	5.6%	3.8%	1.8%
1900 年	10.2%	8.4%	1.8%
1910 年	14.3%	12.7%	1.6%
1920 年	31.2%	28.4%	2.8%
1930 年	50.7%	47.1%	3.7%
1940 年	72.6%	67.9%	4.7%
1950 年	76.1%	68.1%	8.0%
1960 年	83.4%	74.1%	9.3%
1970 年	92.2%	83.8%	8.4%
1980 年	89.8%	82.0%	7.8%
1990 年	92.5%	84.1%	8.3%
2000 年	91.2%	83.5%	7.7%

注：年份指的是上一年的秋季学期，例如，1890 年是 1889 年秋季学期。
注：2004 年秋季，分别有 8.0% 和 86.9% 的学生就读于私立学校和公立学校。
数据来源：根据 2006 年《教育统计摘要》表 52 计算得出。

数据来源：2007 The Brown Center Report on American Education ［EB/OL］. https://www.brookings.edu/，p.17.

---

① 2007 The Brown Center Report on American Education ［EB/OL］. https://www.brookings.edu/，2016-06-14.

从表 3-18 可见，公立学校入学率保持高位增长态势，而私立学校入学率增长缓慢。从 1890 年至 2000 年，在一百多年的时间里，私立学校学生入学率从 1.8% 升到 7.7%。

表 3-19 美国中小学入学率（1890—2000 年）

年份	小学入学率		中学入学率	
	私立学校	公立学校	私立学校	公立学校
1890 年	10.8%	89.2%	31.9%	68.1%
1900 年	7.6%	92.4%	17.6%	82.4%
1910 年	7.9%	92.1%	11.4%	88.6%
1920 年	7.1%	92.9%	8.9%	91.1%
1930 年	9.8%	90.2%	7.2%	92.8%
1940 年	10.3%	89.7%	6.5%	93.5%
1950 年	12.3%	87.7%	10.5%	89.5%
1960 年	14.7%	85.3%	11.1%	88.9%
1970 年	11.4%	88.6%	9.1%	90.9%
1980 年	11.7%	88.3%	8.7%	91.3%
1990 年	13.3%	86.7%	9.0%	91.0%
2000 年	12.5%	87.5%	8.4%	91.6%

注：年份指的是上一年的秋季学期，例如，1890 年是 1889 年秋季学期。
注：2004 年秋季，小学生分别有 12.3% 和 87.7% 上私立学校和公立学校。中学生的相应百分比分别为 8.4% 何 91.6%。
来源：根据 2006 年《教育统计摘要》表 3 计算得出。

数据来源：2007 The Brown Center Report on American Education［EB/OL］. https://www.brookings.edu/，p.17.

从表 3-19 可见，私立小学入学率从 1890 年至 2000 年有所增长，私立中学入学率则呈下降趋势，公立学校与此相反，小学入学率比起私立学校有所下降，但中学入学率保持上升趋势。

　　布朗教育政策中心分析了其原因，主要原因是天主教会学校面临的困难。天主教会学校早期占据私立学校的很大部分，1965 年，天主教会学校有 560 万名学生。2003 年，数量降至 230 万人。从 2000 年至 2006 年，全国天主教教育协会估计有近 600 个天主教会学校关闭，学费及办学成本飙升，原来主要依靠修女开展教育，随着修女的减少，现在只能依靠领取工资的教师，且工资水平要与公立学校相当。2004 年，天主教会学校小学阶段学费平均为 5 049 美元，中学阶段为 8 412 美元，涨幅很大，很多家庭负担不了这么高的学费，只有被迫选择学费相对低的公立学校。

　　《共同核心州立标准》（Common Score State Standards）的实施。2009 年，美国总统奥巴马提出了新的促进教育改革的政策"角逐卓越"，[1] 以竞赛的方式评定各州的基础教育改革计划，并以此来分配教育资金，以期在全国范围内促进教育质量提升。2009 年 6 月，全美州长协会（National Governors Association）和州首席教育官理事会（Council of Chief State School Officers）联合着手制定共同的课程标准。全美州长协会在美国国会中扮演各州代表的角色，在联邦关键性议题实施之前，通常由该协会最佳实践中心开发和执行创新性的方案，以应对公共政策的挑战，州首席教育官理事会则为重大教育议题提供指导、咨询和技术帮助，其成员包括全美各州、哥伦比亚特区、国防部教育处以及美国各州之外的 5 个司法管辖区的中小学管理者。[2] 2010 年 6 月，由美国各州主导，全美州长协会和州首席教育官理事会共同发布了《共同核心州立标准》，该文件包含《共同核心州立数学标准》和《共同核心州立英语语言艺术与历史/社会、科学、技术学科中的读写标准》，这份文件合起来简称《共同核心州立标准》，该标准定义了美国 K–12 年级教育阶段学生所应该掌握的知识和技能，其目的是使所有学生在离开高中时都能为升学或就业做好准备。迄今为止，已有 45 个州承诺采用该标准。[3] 至此，美国母语课程标准在形式上已正式走上全国统一的道路，标志着美国国家课程时代的来临。

　　2010 年的报告指出，[4] 在 2010 年以前，与大多数国家不同，美国没有统一国家教育标准，没有人会期望所有的美国老师应该教所有美国学生学习同样

① 祝怀新."角逐卓越"：美国奥巴马政府中小学教育改革新动向 [J].外国中小学教育，2011（2）：1–5，10.
②③ 廖青.美国《共同核心州立标准》政策的形成及其初步实施 [J].比较教育研究，2012，34（12）：70–74.
④ 2010 The Brown Center Report on American Education [EB/OL]. https://www.brookings.edu/，2016–06–17.

内容。人们普遍认为国家的基础学校课程内容是由当地政府来决定，这是因为美国有 50 个州的学校体系，是差异性最大的教育系统，甚至在同一所学校，一个学生从一个老师转移到另一个老师那里，学生学习的课程也会与以前的同学不同。"尽管为了发展《共同核心州立标准》消耗了大量的人力物力财力，在开始时几个州也就是否采纳进行了争论，但是中心分析了州过去标准的经验，调查了国家教育进展评估项目过去几年的成绩，预测《共同核心州立标准》对学生的学习几乎没有影响。"① 2012 年的报告也指出，"经验证据表明共同核心州立标准对学生学习成就影响很小，国家将从其他地方寻求改善学校的方法。"②

《共同核心州立标准》与 NAEP 的评估结果会有差异。NAEP 是从美国学生中抽取样本进行测试，注重长期趋势分析，而《共同核心州立标准》则是全国范围内针对每个学生的测试，更注重横向比较。"NAEP 作为唯一评估美国学生代表性样本的机构，将两者之间如何更好地匹配作为中心关注的重点。"③ 2014 年报告指出，《共同核心州立标准》实施以来，NAEP 测试成绩进步不太明显，如果共同核心要实现其支持者的期望，还需要取得更明显的进步。2016 年报告也指出，④《共同核心州立标准》实施六年来，有证据表明学生的 NAEP 成就没有明显的变化。

校长教学领导力问题。布朗教育政策中心 2016 年报告提出，校长通过发展和设计教育目标，最有可能形成对学校的影响，他们监控教师的目标是否实现，但他们不太可能给老师提具体的教学建议。在一些国家，校长进行教学指导可能会被认为是干预教师的教学，有些国家的教师从同事那里得到建议。在三个一直保持高学习成就的国家和地区，即芬兰、中国香港、日本，校长们特别不愿意给出教学建议。然而，在保持高学习成就的韩国，校长在给教师提供教学指导方面非常积极。可见，在不同国家和地区，校长指导教学的态度和具体做法不一样。

---

①③ 赵芳. 独立、高效、创新、实用——美国布朗教育政策研究中心评述 [J]. 外国中小学教育，2016（1）：2-5.
② 2012 The Brown Center Report on American Education [EB/OL]. https://www. brookings.edu/，2016-06-17.
④ 2016 The Brown Center Report on American Education [EB/OL]. https://www. brookings.edu/，2016-06-19.

（七）布朗中心黑板

　　布朗中心黑板（Brown Center Chalkboard）设立于 2013 年 1 月，每周都会发布一系列针对美国教育新政策、研究和实践的分析。2015 年 7 月，为了提供更及时多样的内容，黑板作为布鲁金斯学会的博客开启。布朗中心黑板的内容包括作者的论文和博客文章两部分，都将作为支持在美国进行的教育政策讨论的证据。中心的研究人员都是博客的作者，他们将有关教育的文章放在博客上，读者可以进行评论。

　　布朗中心黑板的内容涉及教育的各个方面，如 NAEP 测试、校长教学领导力、教师与教学、特许学校、教育歧视、教育种族问题、个性化学习、学生数据隐私、教育信息技术等，针对一个主题提出有争议的问题，引发大家的讨论。总之，布朗中心黑板给大家提供一个平等交流讨论的平台，让不同观点能在这里得到碰撞和争鸣，具有很大的自由度和灵活性。2016 年 6 月，布朗中心黑板在发布了一篇名为《为男大学生提供低成本的同伴顾问支持》的文章，文章指出当前美国大学的辍学率很高，一定程度上抵消了大学入学率增加的趋势。有些家庭是第一代大学生，但这些家庭的辍学率很高。大学学位可以促进人的社会地位向上流动，但是这些辍学的学生无法获得这种流动带来的利益。这类大学生因为缺乏有教育经验的父母，他们往往很难适应大学生活，所以容易在入学第一年辍学。因此，许多教育机构已经设立了各种形式的指导项目，目的是加强学生毅力，重点针对那些意志力薄弱的学生。但是，很多项目结果不甚理想，华盛顿特区的大学为了解决学生辍学问题，推出了一个同伴顾问项目，即从大三大四学生中选拔一些优秀学生，为大一的学生提供帮助，让大一学生更好更快地熟悉校园和适应大学生活。结果显示，男性大学生接受男性同伴顾问建议和帮助的比例比女性高 16.5％，男性大学生在同伴顾问的帮助下，能坚持到第二年的可能性显著增加。通过研究表明，男性大学生辍学率降低与同伴顾问有因果关系，因此可以通过增加男性大学生参与同伴顾问项目来提高男性大学生在大学的留存率。

　　由此可见，布朗中心黑板为我们展现不同的教育研究观点，并提供足够的证据来说明，作者、读者、政策制定者都可以通过这个平台对各种观点展开交流和讨论，为教育的发展奠定基础。

（八）启示

1. 评估国际性测试可为全球教育测试提供指导

布朗教育政策中心注重深度研究与咨询功能的行使。通过前文的梳理可见，布朗中心的研究人员在专业刊物发表了大量研究性论文，编辑出版了众多著作，同时也发表了各种有关教育问题的专题报告，还每年定期发布年度报告，对中心每年的研究主题进行分析总结。中心的研究领域涉及美国教育几乎所有热点领域，学生学习状况、学校发展、教育改革、国家测试、国际测试等。深度研究保证了政策研究的高质量，同时也增加了提供政策咨询的可信度。因此，作为教育智库，研究与咨询相辅相成，研究是咨询的基础和前提，咨询反过来促进研究的开展。布朗教育政策中心开展对全球性教育测试的成效进行评估，评估可以为全球性的测试提供反思，为后续测试提供改进及指导，确保国际性测试的客观性和公正性。

2. 注重媒体的宣传效应，构建全球研究网络，在全球形成影响力

布朗教育政策中心非常注重与媒体的合作和交流，充分发挥媒体的宣传效应。一种方式是与媒体合作宣传。"大国民间智库成立的目的都是为了实现自己的政治主张，帮助美国政府制定对内和对外政策，向议会提出政策方案，针对问题提出解决方法。从另一个角度看，因为他们长年不断地收集信息、发现问题，调查、研究、分析、预测、监督的问题全面、系统、及时，在不同时期为政府和国会咨政、议政，不同程度地影响政府的决策、国会的立法和司法，在一定程度上对美国法律和政治制度的形成起到了促进作用，推动经济和技术的发展。"[①] 中心也通过与媒体合作，宣传自己的教育主张，以及针对教育问题的一系列政策方案和解决方法。中心的研究人员都与知名媒体有广泛联系，多人都是美国著名传媒的专栏作家，如《基督教科学箴言报》《洛杉矶时报》《华尔街日报》《新闻日报》《华盛顿邮报》《美国周末》《纽约时报》《教育周刊》《教育财政与政策》《经济学刊》《教育评价和政策分析》《美国教育研究》都与中心有很好的合作关系，媒体借助中心的权威观点，保持和扩大了受众范

---

① 沈进建.美国智库的形成、运作和影响［J］.中国社会科学评价，2016（2）：13 - 37＋125 - 126.

围，中心则借助知名传媒宣传了对教育政策的解释和观点，直接或间接地影响了美国乃至其他国家和地区的政府和民众，取得了双赢的效果。布朗中心还通过官方网站博客宣传。如研究人员直接在布鲁金斯学会官方网站上开通博客，发表对公共教育政策的见解和观点，直接与民众通过发邮件或拨打电话进行沟通，达到教育民众的目的。

3. 政治体制影响智库作用发挥

布鲁金斯学会成立至今，基于美国政治体制特点，灵活参与政府教育决策。它对美国许多重大决策产生重要影响，有的政策建议甚至被直接采用。布朗教育政策中心的许多研究成果也对政府教育政策产生重要影响，这不仅是因为布鲁金斯学会强大的政策研究能力，还是由美国独特的政治体制特点所决定的。美国独特的政治权力结构，即美国民众天然对代表国家的政府不太信任，权力制衡的政治思想和制度设计，让美国的智库可以有很多机会参与到政府的各类决策程序之中。

相比较而言，中国的政治体制与美国不同，国家体制内部已经形成规模庞大、功能齐全的研究力量，智库能否发挥如美国智库般的作用还是未知的。在当前"智库热"的背景下，中国智库包括教育智库并未发挥想象中的作用和影响，这需要我们进行"冷思考"。"去政治的态度、实证主义与数量管理以及最能提供政治理念的基础学科之不兴，都导致了中国社会科学在价值层面的贫乏。这种贫乏，不免从母领域传递到政策研究领域。"① 这也可以说明，中国智库要真正具备影响力，还有很长的路要走。在中国当前的政治体制之下，政府官方教育智库可以通过畅通的渠道发挥智库功能，但对大学教育智库、民间教育智库而言，如何发挥政策建议和咨询功能，还需要进一步研究。

六、美国国家教育科学研究所

（一）设立过程

美国国家教育科学研究所（Institute of Education Sciences，简称 IES）是

---

① 郦菁. 政策研究困境与价值缺失的中国社会科学 [J]. 文化纵横，2016（4）：88 - 93.

隶属美国教育部的一个教育统计、研究和评估部门。该机构是一个独立的无党派性质的教育智库，是美国进行宏观教育政策研究的主要机构之一。其使命是提供科学证据，为教育实践和政策打下基础，并为家长、学生、教育者、研究者、政策制定者和普通公众提供有用、可靠、易获取的信息，在扩展基础知识和理解各级教育方面起到引领全国的作用。① 有很长一段时期，美国联邦一级没有设立任何教育行政部门，包括教育研究机构。为进一步加强对全国的教育管理、指导和研究，美国国会于 1968 年通过了《教育总则法》（General Education Provisions Act），在原卫生、教育与福利部下设教育总署和美国国家教育研究所，由副部长领导，并在副部长办公室建立国家教育统计中心。② 1979 年，联邦教育部成立，下设教育研究和改进办公室，美国国家教育研究所由其主管。根据 1994 年《教育研究、开发、传播和改进法》（Educational Research，Development，Dissemination，and Improvement Act），美国政府重组教育研究和改进办公室，决定在该办公室下成立 5 个国家级教育研究所、10 个地区教育实验室和国家教育研究政策和重点委员会。③ 2002 年，美国国会通过《教育科学改革法》（Education Science Reform Act），决定在教育部原有教育研究和改进办公室的基础上成立国家教育科学研究所，并将原设的 5 个国家级教育研究所合并为国家教育研究中心，将国家教育统计中心并入国家教育科学研究所，增设国家教育评价中心。至此，美国联邦一级的教育研究机构组织构架更合理，职能更明确。教育科学研究所在国家教育政策研究与调查中扮演着越来越重要的角色。

（二）机构与职能

根据 2002 年美国《教育科学改革法》，美国国家教育科学研究所主要由国家教育科学委员会、所长和下设 4 个研究中心组成。4 个研究中心分别是国家教育研究中心（National Center for Education Research，简称 NCER）、国家教育统计中心（National Center for Education Statistics，简称 NCES）、国家教育评估和地区援助中心（National Center for Education Evaluation and Regional

---

① About IES［EB/OL］.https://ies.ed.gov/aboutus/，2019 - 03 - 06.
② 张维平，马立武. 美国教育法研究［M］. 北京：中国法制出版社，2005：80.
③ 李政云. 慈善基金会在美国高等教育发展史中的作用——卡内基教学促进基金会案例研究［M］. 长沙：湖南师范大学出版社，2011：244.

Assistance，简称 NCEE）、国家特殊教育研究中心（National Center for Special Education Research，简称 NCSER）。为了完成美国国家教育科学研究所的使命，这四个中心分别行使不同的职能。美国国家教育科学研究所工作人员有 160 名，[①] 每名工作人员均列出所属部门、联系方式等信息。美国国家教育科学研究所组织结构如图 3 - 4 所示。

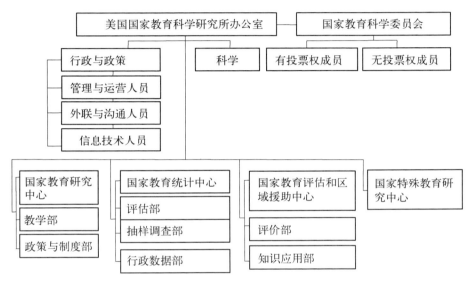

图 3 - 4　美国国家教育科学研究所组织结构

资料来源：根据美国国家教育科学研究所官方网站内容整理，IES Organizational Chart［EB/OL］. https://ies.ed.gov/help/ieschart.asp，2019 - 06 - 24.

1. 国家教育科学委员会

国家教育科学委员会（National Board for Education Sciences，简称 NBES）是美国国家教育科学研究所的管理与咨询机构。委员会由 15 名有投票权的成员组成，这些成员经参议院的建议和同意，由总统任命。委员会由杰出的研究人员、学校管理人员和商业管理人员组成（见表 3 - 20）。

除此之外，还有无投票权的成员，包括国家教育科学研究所所长、国家教育研究中心负责人、国家儿童健康与人类发展研究所所长、人口普查局局长、

---

① 　The Institute of Education Sciences（IES）-Staff List［EB/OL］. https://ies.ed.gov/staff/stafflist.asp，2019 - 03 - 06.

表 3-20　美国国家教育科学委员会部分成员①

姓　名	职　务　或　身　份
拉里·赫奇斯（Larry Hedges）博士	主席
戴维·查德（David Chard）博士	惠洛克学院院长
迈克尔·福伊尔（Michael Feuer）博士	乔治华盛顿大学教育与发展研究生院院长
珍妮·奥克斯（Jeannie Oakes）博士	加利福尼亚大学洛杉矶分校教育公平首席名誉教授
德博拉·菲利普斯（Deborah Phillips）博士	乔治敦大学公共政策研究所心理学教授
朱迪丝·D. 辛格（Judith D. Singer）博士	哈佛大学发展与多样性学院高级副教务长、教育学教授
詹姆斯·布赖恩特·科南特（James Bryant Conant）	哈佛大学发展与多样性学院高级副教务长、教育学教授
朱摩根（Morgan Chu）	加利福尼亚大学洛杉矶分校教育与信息研究所的亚裔美国人研究名誉教授
朱海伦（Helen Chu）	加利福尼亚大学洛杉矶分校教育与信息研究所的亚裔美国人研究名誉教授
罗伯特·寺西（Robert Teranishi）博士	加利福尼亚大学洛杉矶分校教育与信息研究所的亚裔美国人研究名誉教授

劳工统计局局长和国家科学基金会主任。国家教育科学委员会的职责是：就研究所的政策向所长提供咨询意见；审议所长提出的指导研究所工作的优先事项；审查和批准研究所活动的技术和科学同行审查程序；就研究所应支持的活动，包括国家教育研究中心将开展的一般研究领域，向所长提供建议；向所长提出加强教育研究和研究所经费的建议；在完成同行评审后，就申请资金的问题向所长提出建议；审查并定期评估研究所的工作，以确保其研究、开发、评估和统计分析符合《教育科学改革法》规定的标准；为确保研究所活动的客观、世俗、中立和非意识形态，向所长提供建议应没有党派影响和种族、文化、性别或区域偏见；征求关于研究所优先事项的建议和信息；就妇女、少数

---

① 根据美国国家教育科学研究所官方网站资料整理，National Board for Education Sciences：Board Members［EB/OL］.https://ies.ed.gov/director/board/members.asp，2019-03-07.

民族和残疾人参与研究所教育研究、统计和评估活动的机会和进展向所长提供
咨询意见；就如何加强与其他联邦和州研究机构之间的战略伙伴关系和协作工
作向所长建议；推荐所长担任国家教育研究中心的委员。① 此外，委员会还审
核批准国家教育科学研究所的研究优先事项。程序一般为所长先根据《教育科
学改革法》提出研究优先事项，然后提交公众评论，最后由国家教育科学委员
会召开会议决定是否批准。可见，国家教育科学委员会在美国国家教育科学研
究所的治理中起着关键作用。

2. 所长及副所长

　　美国国家教育科学研究所设所长 1 名，副所长 2 名（行政和政策副所长 1
名，科学副所长 1 名）。所长的任命与国家教育科学委员会成员的任命一样，
需得到参议院的建议和同意，由总统任命，任期一般为 6 年。所长通常从教育
研究、教育统计、教育评估和教育管理等领域的科学家中选任，且须具备能胜
任职位的科研与领导能力。所长的职责主要是负责管理、监督和协调研究所及
下属研究中心的所有活动，并在征得美国教育部部长同意的情况下，负责协调
和批准每个研究中心的预算和科学研究工作计划。所长每两年向国家教育科学
委员会、总统和国会相应的委员会提交一份工作报告，并向社会公众公布。研
究所现任所长马克·施耐德（Mark Schneider）博士，是美国企业研究所访问
学者，也是纽约州立大学石溪分校政治学名誉教授。他在进入研究所前是美国
研究院（American Institutes for Research）副院长和研究员，也是大学测量院
的院长，2005—2008 年担任国家教育统计中心的负责人。2000 年，他在普林
斯顿大学出版社出版的《选择学校》一书获得了政策研究组织的"亚伦·威尔
达夫斯基最佳图书奖"。2013 年，《高等教育纪事》杂志将他选为当年对高等
教育政策影响最大的 10 个人之一。② 可见，美国国家教育科学研究所所长需要
具备优秀的科学研究能力、管理能力，以及丰富的智库机构工作经验。

　　行政和政策副所长负责领导与政策、预算和立法发展有关的工作，并负责
与本所其他办事处就影响研究所的立法、预算和管理运作进行联络。③ 监督以

---

① National Board for Education Sciences［EB/OL］. https://ies. ed. gov/director/board/index.
asp，2019 - 03 - 07.
② Director of IES［EB/OL］. https://ies. ed. gov/director/biography. asp，2019 - 03 - 08.
③ Institute of Education Sciences Deputy Director for Administration and Policy：Sue Betka
［EB/OL］. https://ies. ed. gov/director/ddap. asp，2019 - 03 - 08.

下单位及人员：管理业务人员，负责管理和协调人事活动；与预算执行、财务管理、小额采购、设施和设备有关的行政职能；信息系统；研究所执行秘书处；拨款管理人员，负责与拨款有关的行政和管理职能，并监督研究所资助的拨款；外联和通信人员，负责管理研究所的外联和通信活动，以及管理研究所产品的印刷和电子出版物。

科学副所长代表主任负责与国家教育科学委员会的联络。科学副所长负责指导和领导研究所的活动，包括确保特殊项目、分析以及与《政府执行及成效法案》有关的绩效评估的科学品质。[①] 科学副所长还负责监督标准和审查人员，他们负责管理研究所的报告和审查其他产品，以确保其符合《教育科学改革法》要求的标准，并负责管理研究所的科学同行审查活动。

美国国家教育科学研究所所长与副所长各司其职，人员精简，分工明确，责权清晰，确保了研究所教育研究活动的高效率、高质量。

（三）研究对象与内容

1. 美国国家教育科学研究所研究概况

美国国家教育科学研究所开展的工作与研究涉及的内容与对象都很广泛，包括从婴儿期到成人期的入学准备和教育问题，还包括特殊人群，尤其是那些由于社会经济地位、种族/族裔、性别、残疾、英语水平有限，居住或学校流动而长期受到阻碍的学生。研究所的工作与研究内容主要包括六个方面。

一是提供数据描述美国的教育进展，收集和分析教育状况的官方统计数据，包括成人教育和识字情况，支持国际评估，开展国家教育进展评估。

二是进行调查并赞助研究项目，了解教育需要改进的地方以及如何改进。这类调查分为纵向调查和横向调查。纵向调查提供了全美代表性的数据，说明学生从学校进入劳动力市场的进步情况。横向调查提供了学生和教育系统在特定时间点的概况。资助并使用这些研究和其他研究的数据，以加深对所需教育改进的性质和背景的理解。以美国各州纵向数据系统为例，教育科学研究所向41个州和哥伦比亚特区授予补助金，以帮助它们设计和实施各州的纵向数据系统。这些系统旨在增强各州高效、准确地管理、分析和使用教育数据（包括

[①] Institute of Education Sciences Deputy Director for Science：Anne Ricciuti［EB/OL］. https://ies.ed.gov/director/dds.asp，2019 - 03 - 08.

个别学生记录）的能力。利用这些补助金开发的数据系统帮助各州、地区、学校和教师作出数据驱动的决策，以改进学生学习，促进研究，提升学生成绩和缩小成绩差距。

三是支持开发并严格测试所有改善学生教育成果的新方法。支持包括从最早的设计阶段，到通过试点研究和严格的规模测试，再到开发实用的教育解决方案；还包括有关研究人员学习如何有效改善教学、学生行为、教师学习以及学校和系统组织。以小型企业创新研究（Small Business Innovation Research，简称 SBIR）项目为例，该项目由国家教育科学研究所的研究办公室管理。项目通过资金奖励支持教育类产品创新、开展研究、产品商业化、促进研究和实践、年度创新展示等。产品创新是项目奖励为教师带来创新的学习和教学技术形式，如游戏、评估、虚拟现实、增强现实、3D 打印、模拟、虚拟世界、人工智能自适应导师、数据仪表盘和辅助技术。[①] 项目支持进行严格的相关研究——通过与最终用户（如学生、教师）进行反复周期性的研究，告知原型和试点研究的改进，以检验成品的前景，从而得出预期的结果；在期刊上发表研究成果，并制作摘要，总结项目的关键发现；商业发布后继续评估其产品的有效性。项目专注于开发完成后的私营部门商业化，以便产品能够传播到学校。每年，全国数以千计的学校和超过一百万的学生和教师使用通过该项目开发的技术。项目开发的产品可以促进大学的基础研究和实践，使之成为可在学校进行商业推广的产品。此外，项目还有年度创新展示。华盛顿特区每年举行一次公开创新展示活动，所有年龄段的与会者都可以参与演示的 100 多个教育学习游戏和技术，同时与开发人员面对面交流。增进学习者、开发者与研究者之间的沟通，确保教育创新成果能得到普遍应用。

四是对联邦教育计划和政策进行了大规模评估。评估解决了国家许多重要的复杂问题，例如替代途径对教师预备的影响、教师和领导评估系统、学校改进行动和学校选择计划。

五是提供资源，增加教育决策中数据和研究的使用。通过有效教育策略资料中心（What Works Clearinghouse，简称 WWC）对教育工作的研究进行独立审查。地区教育实验室提供学习工作的机会，以及对研究使用的指导、培训和其他支持。研究所的各州纵向数据系统拨款使各州能够更有效地跟踪教育成

---

① ED/IES Small Business Innovation Research-More About ED/IES SBIR［EB/OL］. https://ies.ed.gov/sbir/about.asp，2019-03-09.

果，并向决策者提供有用、及时的信息。

六是通过专业培训、制定方法和措施来支持统计和研究的进步。研究院为博士和博士后培训项目提供资金，并为统计学家和研究人员开展工作提供数据库培训和前沿议题的短期课程。研究院对新方法和措施的实证研究确保了教育数据收集和研究的准确性、有用性和成本效益的持续进步。

与联邦的其他计划相比，国家教育科学研究所的表现突出。美国管理和预算办公室（Office of Management and Budget）给国家教育科学研究所一个"有效"的评级，这是一个项目能得到的最高评级。该办公室评价："国家教育科学研究所改变了教育部教育研究的质量和严谨性，并增加了整个教育领域对科学性、有效性证据的需求。"①

2. 国家教育研究中心

国家教育研究中心是美国国家教育科学研究所四个中心之一，它资助和开展有助于解决美国重大教育问题的高质量研究。这些研究科学严谨、与教育从业者和决策者需求密切相关。国家教育研究中心以研究项目的形式支持研究活动，以此提高教育质量，提升学生的学业成就，减少高绩效和低绩效学生之间的成就差距，增加他们获得和完成高等教育的机会。国家教育研究中心的研究项目涉及教育项目、实践和读写政策、数学和科学教育、教师素质、教育领导、教育政策和财政、认知和学生学习、高中改革和高等教育。在这些研究项目中，研究人员正在确定可能影响学生成绩的现有教育项目、实践和政策；制定新的教育干预措施（如课程、教师专业发展项目）；全面评估发展项目或实践的有效性；评估按比例采取的具体干预措施的有效性；制定和验证评估。②国家教育研究中心还资助博士和博士后研究培训项目，培训和发展下一代教育研究人员。通过这些研究活动，国家教育研究中心正在推进对教学、学习和教育系统的深入理解，最终目的是提高所有学生的教育质量。

3. 国家教育统计中心

国家教育统计中心是美国教育部和国家教育科学研究所下设收集、分析美国和其他国家教育相关数据的主要联邦实体。它履行国会的任务，收集、整

---

① About IES［EB/OL］.https://ies.ed.gov/aboutus/，2019 - 03 - 06.
② NCER：Commissioner［EB/OL］.https://ies.ed.gov/ncer/aboutus/，2019 - 03 - 08.

理、分析和报告美国教育状况的完整统计数据；执行和发布报告；审查和报告国际教育活动。① 国家教育统计中心开展的教育项目众多，涉及评估调查，数据系统、使用和隐私调查，儿童早期调查，中小学调查，国际调查，图书馆调查，大学调查，资源调查等。国家教育统计中心最有代表性的一个项目是NAEP，也被称为"国家成绩单"（Nation's Report Card），是唯一衡量美国学生在全国、各州和一些城市地区的各个学科领域所知和能作的评估，是美国最大的全国性和持续性的评估。② NAEP 项目由国会授权，由美国教育部和国家教育科学研究所下属的国家教育统计中心负责管理。国家教育进展评估选取的是一个全国学生代表样本，报告的结果不是针对个别学生，而是针对具有相似特征的学生群体（如性别、种族和民族、学校地理位置）。研究结果适用于参与评估的所有受试者。州和选定的城区结果可用于数学、阅读以及科学和写作。1969 年以来，它提供了有关美国学生学业表现的重要信息。目前，评估时间表已更新到 2024 年，并对每年评估的学科进行了明确。该表可在资源允许的情况下，在事先公告的情况下予以补充。截至 2024 年的时间表已于 2015年 11 月获得国家评估理事会的批准。如 2019 年国家层面评估：数学（4，8，12）、阅读（4，8，12）、科学（4，8，12），州层面评估：数学、阅读。2020年没有安排评估学科，2021 年评估数学（4，8）、阅读（4，8）、写作（4，8，12），州级评估数学、阅读、写作（8）。③ 国家教育进展评估成为衡量美国学生成绩的一个共同标准，为推动美国的教育发展提供了可靠的评估依据，也为世界各国开展本国教育评估提供了经验和借鉴。

4. 国家教育评估和地区援助中心

美国国家教育评估和地区援助中心的使命主要是对联邦教育部实施的相关教育计划、项目及其影响进行评估；综合、传播评估和研究的信息，通过为评估部门和包括区域教育实验室在内的知识利用部门的工作提供技术援助，以提高学生的成绩。这些项目包括区域教育实验室项目（Regional Educational Laboratory Program）、有效教育策略资料中心（What Works Clearinghouse）、

---

① National Center for Education Statistics-About Us ［EB/OL］. https：//nces. ed. gov/about/，2019 - 03 - 08.

② About NAEP ［EB/OL］. https：//nces. ed. gov/nationsreportcard/about/，2019 - 03 - 09.

③ NAEP-Schedule of Assessments ［EB/OL］. https：//nces. ed. gov/nationsreportcard/about/assessmentsched. aspx，2019 - 03 - 09. 另注：括号内的阿拉伯数是指年级.

教育资源信息中心（Education Resource Information Center）和国家教育图书馆等。中心的评估部门侧重于对有前途的教育项目和实践进行严格的影响研究，这些项目和实践由联邦基金支持，通过开展研究来评估教育项目对学业成就的影响，特别是在阅读、数学和科学方面的影响。评估研究所使用的科学方法可以确保研究的有效性。

区域教育实验室项目旨在将最新和最佳的研究和经验证的实践纳入学校改进工作，满足指定区域的教育需求。1965 年《中小学教育法案》第四章授权建立一个大型实验室网络，重点是基础研究和教育创新的发展和传播。1965 年项目开始时有 20 个实验室。后来，实验室的数目有所变化。当前项目支持 10 个区域教育实验室的网络。多年来，该项目的十个区域教育实验室与学区、国家教育部门和其他教育利益相关者合作，将具有不同专业知识和兴趣领域的人聚集在一起，提供技术支持、数据和研究，并提供学习机会，告知政策和实践的变化，帮助他们生成和使用数据，提高学生学业成绩。十个区域是东部、中部、大西洋中部、中西部、东北和岛屿、西北、太平洋区域、东南部、西南、西部，每个区域对应不同的州或联邦。该项目的宗旨是确保高质量研究、研究者和从业者真诚合作和有效沟通，提升教育计划、政策和实践的有效性。

有效教育策略资料中心的工作综合了教育计划、政策和实践有效性的最佳证据。教育资源信息中心是世界上最大的教育数据库，为公众提供一个集成的网站，用于搜索超过 110 万引文的书目数据库。国家教育图书馆收集和归档信息，收藏并提供教育部的历史文件和当前文件；提供中心数据库的期刊集；提供有效教育策略资料中心的研究报告；提供联邦教育立法的当前和历史资源。[①]

总体而言，NCEE 的联合活动旨在促进在联邦和非联邦教育评估研究中采用严格的评估设计和方法；通过 10 个基于证据的研究区域教育实验室提供技术援助；广泛地向国家和地方教育机构、高等教育机构、国会、家长、教师、媒体和社会公众传播有关严格开展教育研究和评估的信息，宣传提高学生成绩的有效方案和实践。中心还致力于通过在线数据库提供对基于证据的信息的快速便捷访问。

5. 国家特殊教育研究中心

国家特殊教育研究中心是美国国家教育科学研究所的四个中心之一，其使

---

① About NCEE [EB/OL]. https://ies.ed.gov/ncee/aboutus/，2019 - 03 - 09.

命是通过促进对教学、学习和组织教育系统的理解和实践，支持对有残疾和有残疾风险的婴儿、幼儿、儿童和青年进行严格的研究。[1] 中心为上述人群的教育、人生发展提供帮助，支持符合《残疾人教育法》（Individual with Disabilities Education Act）规定的针对残障人的服务及相关研究，并联合教育评估和地区援助中心对《残疾人教育法》的实施及有效性进行评估。[2] 中心通过其研究资助项目支持此类研究，以确定与学生成绩相关的现有实践、项目或政策；制定新的或修改现有的干预措施；评估充分开发的干预措施的有效性；制定、验证措施与评估。国家特殊教育研究中心支持的研究和发展中心通过实施大规模、重点突出的研究和领导活动来解决特殊教育中的重要问题。此外，中心通过研究培训项目，支持培训博士后研究员和年轻科学家，以及方法论培训机构培养下一代特殊教育研究人员的研究技能。

（四）坚持科学诚信文化

为了确保美国教育部开展和支持的科学活动具有最高的质量和完整性，并能作出正确的决策，得到公众的信任，教育部认为保持科学诚信至关重要。科学诚信就是在实施和应用科学成果时要坚持专业的价值观和实践，确保客观性、清晰性和再现性，杜绝偏见、捏造、伪造、剽窃、干扰、审查，以及程序和信息安全的不充分。[3]

根据《致各行政部门和机构负责人的总统备忘录》（2009 年 3 月 9 日）和美国科学技术办公室关于科学诚信的政策备忘录（2010 年 12 月 17 日），教育部制定了《科学诚信政策》（Scientific Integrity Policy），确保国家教育科学研究所及其他办公室所支持活动的科学诚信。所有教育部的工作人员，包括政府官员和承包商，在从事、监督、管理或监控科学活动、交流信息，或在制定部门政策、管理或监管决策时，使用通过科学活动产生的数据或发现，都必须遵守本政策。根据《教育科学改革法》，研究所必须报告通过其四个国家教育中心授予的超过 10 万美元的每一项资助、合同和合作协议，这也是科学诚信政策的体现。

《科学诚信政策》包括目的、政策、适用范围、授权、责任、程序与要求几个部分。"程序与要求"包含：提升教育部的科学诚信文化，根据联邦咨询

[1]　NCSER：Acting Commissioner [EB/OL]. https://ies.ed.gov/ncser/aboutus/，2019-03-09.
[2]　鞠光宇. 透视美国国家教育科学研究所 [J]. 世界教育信息，2012，25（15）：40-42.
[3]　U.S. Department of Education [R]. Scientific Integrity Policy，2014：3.

委员会法案设立委员会，公众参与研究，公共传播，以及科学家在开展研究和传播中的作用。《科学诚信政策》特别对教育部的管理人员和监督人员、教育部科学家作出了规定。如科学家要：遵守教育部有关奖励、监督的政策和程序，负责监管资助科学活动的赠款和合同；发现任何危害科学诚信的活动，包括利益冲突、研究不当行为、资源严重浪费、滥用权力、涉嫌犯罪或危害公共安全，应立即向总检察长办公室报告；有监督拨款和合同授予者遵守公众获取公开调查结果要求的意识，包括同行评审通过的科学活动生成的出版物、研究报告和数据；在回应媒体或公众对科学活动的询问之前，在可行的情况下，提前通知教育部主管和公共事务官员。[1]

《科学诚信政策》明确了三种不适用的情况：一是数据、信息或研究是作为个人项目或赠款项目持续管理的一部分而收集；二是收集是为确定是否符合联邦法律；三是数据、信息或研究用于评估在实现教育目标或培训活动方面的成效。[2] 基于以上三种情况，《科学诚信》政策不适用于教育部工作人员关于数据、信息或研究（或从这些数据、信息或研究中得出的结论）的交流或使用。

《科学诚信政策》为确保科学诚信文化的贯彻实施，根据联邦咨询委员会法案设立了委员会，详细列出引导公众参与研究、研究人员进行公共传播等具体内容。《科学诚信政策》为国家教育科学研究所研究的客观性、真实性、可靠性提供了制度依据。

（五）构建教育资源信息系统

教育资源信息中心是国家教育科学研究所赞助的一个基于互联网的教育研究和信息数字图书馆。中心的使命是为教育工作者、研究人员和公众提供一个全面、易于使用、可搜索的基于互联网的教育研究和信息的书目和全文数据库。中心汇集了从 1966 年至今的 160 万个期刊和非期刊文献的书目记录（引文、摘要和其他相关数据），包括期刊文章、书、研究综合、会议论文、技术报告、政策文件，以及其他教育相关材料。超过 1 000 种期刊被编入索引，这些期刊绝大部分被全面索引，包含每一期的每一篇文章。少数期刊有选择地索

---

① U.S. Department of Education [R]. Scientific Integrity Policy，2014：4.
② IES Scientific Policy [EB/OL]. https://ies. ed. gov/pdf/EDScientificIntegrityPolicy. pdf，2019 - 03 - 07.

引与教育相关的文章。此外，作者和出版商还允许中心免费展示超过 35 万份全文资料，这些材料中有许多是"灰色文献"，如会议论文和报告。中心还提供大量可免费获取的期刊文章和书籍。2004 年及以后出版的大多数材料都包含到其他来源的链接中，包括出版商的网站。

教育资源信息中心拥有庞大的用户群体。中心的用户包括教育研究人员、学生、教师、图书管理员、教育决策者、家长和公众。目前，超过 50 万用户每周搜索中心网站的内容，更多用户使用供应商网站搜索中心数据。

（六）结语

美国国家教育科学研究所通过美国法律的授权，建立并开展各类教育研究活动。《教育科学改革法》不仅为研究所设立授权，还为研究所下设四个中心和大多数项目提供了立法权限。各州纵向数据系统项目根据 2002 年《教育技术援助法》（Educational Technical Assistance Act）获得授权，国家教育进展评估根据《国家教育进展评估授权法》（National Assessment of Educational Progress Authorization Act）获得授权。根据《残疾人教育法》，研究所被授予对特殊教育计划进行研究和评估的权力。法律授权是研究所从事研究活动的基础，良好的组织架构和理念是确保高质量研究的前提。

首先，从研究所的隶属关系上看，美国国家教育科学研究所虽然隶属于联邦教育部，但其国家教育科学委员会成员和所长均是在经国会和参议院建议并同意的前提下，由总统亲自任命。这种方式确保了研究的独立性和客观性。

其次，美国国家教育科学研究所构建了合理高效的组织治理结构，坚持独立、相关、实用的价值观。通过研究推动创新，基于证据确定什么因素在教育中真正起作用，为教育工作者和决策者提供决策依据，衡量教育状况，通过建立区域教育实验室，把研究工作放到教育中去。各中心分工明确，资源共享，为高质量的研究提供了保障。

最后，美国国家教育科学研究所建立庞大的教育数据信息资源库，通过提供教育数据和研究为国家服务。这些资源包括教育数据集、数据工具、报告、教育者实践指南、已完成和正在进行的研究和评估项目摘要、视频、信息图表等，质量高且内容丰富。研究所成为美国联邦所属的具备强大研究能力、评估能力、影响力的教育智库。它为全球教育智库的建设与发展提供了高标准的参照。

七、美国教育政策与数据中心

（一）基本概况

美国教育政策与数据中心（Education Policy and Data Center，简称 EPDC）2004 年在华盛顿成立，是一个非营利性教育智库。根据美国宾夕法尼亚大学智库与公民社会项目发布的《全球智库报告 2020》[1]，在全球教育政策研究智库排名中，美国教育政策与数据中心居第 12 位，一直处于全球教育领域顶尖智库前列。由于教育界人士一致认为教育政策的制定必须基于大量精准的客观性材料，包括精确、适时的数据，能够及时对问题给出恰当的分析和合理的解决方案，所以美国专门成立了一个为数据的可视化和面向政策的分析提供全球教育数据的智库——美国教育政策与数据中心。[2] 其理念是，教育政策必须以强有力的证据为基础，包括准确及时的数据，以及对挑战和解决方案的合理分析。[3]

美国教育政策与数据中心是国际家庭与健康组织全球学习小组（Global Learning Group of FHI 360）[4] 的一个研究成员单位。其使命是通过提供开放的全球教育资料和数据，研究揭示发展中国家的教育现状，提高发展中国家的教育水平。其基本任务是提供一些关于发展中国家和落后地区教育现状的教育数据和信息，揭露一些发展中国家和转型期国家的教育问题，提供相关的教育文献和中期教育预测。美国教育政策与数据中心以三种形式呈现发展中国家和贫困地区的教育信息：数据形式、图表形式、研究文献形式，其中以数据和图表形式呈现的相关教育信息是中心的特点。

---

[1] McGann，James G. 2020 Global Go To Think Tank Index Report (2021). TTCSP Global Go To Think Tank Index Reports.18 [EB/OL].https：//repository. upenn. edu/think _ tanks/18. P151.

[2] 邓静. 通过合作的力量解决发展中国家教育问题——美国教育政策和数据中心评述 [J]. 外国中小学教育，2016 (9)：1-4.

[3] Education Policy and Data Center. About [EB/OL].https://www.epdc.org/about，2024-02-28.

[4] 国际家庭与健康组织（Family Health International，简称 FHI 360）是一个国际性非营利组织，致力于改善美国和世界各地人民的健康和福祉。

美国教育政策与数据中心作为一个非营利组织，2004—2011 年，美国教育政策与数据中心的资金主要来自美国国际开发署。自 2011 年以来，中心的研究能力和专业知识得到了社会的认可，中心的资金来源转为主要通过接受私人捐款与合作伙伴服务费来维持运作。

伙伴关系和网络是美国教育政策与数据中心运作的核心。中心除了支持全球 FHI 360 教育项目的工作外，还与美国国际开发署（United States Agency for International Development，简称 USAID）、澳大利亚国际开发署（Australian Agency for International Development，简称 AusAID）、联合国教科文组织（UNESCO）、联合国儿童基金会（United Nations International Children's Emergency Fund，简称 UNICEF）等双边和多边机构，以及中东和撒哈拉以南非洲的国家和地区伙伴密切合作。中心积极寻求机会与发展中国家的非政府组织和其他合作伙伴开展合作研究项目，重点关注教育领域的入学机会、学习成果、劣势和脆弱性等问题。

在人员构成方面，美国教育政策与数据中心的工作人员主要由国际教育和发展专业人士组成。他们擅长项目管理、实地研究、数据收集与分析、数据可视化等。中心除了研究人员和分析师的核心团队之外，还充分利用 FHI 360 全球学习小组及整个组织在教育和发展方面的专业知识开展教育研究。

（二）研究内容及特点[①]

1. 建立并共享发展中国家的教育数据与信息

美国教育政策与数据中心的教育数据与信息主要有：教育不平等概况、教育趋势（2000—2025 年）概况、失学儿童概况、南部和东部非洲教育质量与监测联盟（Southern and Eastern African Consortium for Monitoring Educational Quality，简称 SACMEQ）数据概况、青年教育和就业概况。截至 2019 年 2 月，美国教育政策与数据中心更新了 129 个国家 2018 年的国家教育概况，涉及各种教育指标的最新数据，包括学校参与和效率、识字和教育成就、学习成果和教育支出。截至 2019 年 3 月，中心汇总了 44 个国家的失学概况，包括斯威士兰、玻利维亚、纳米比亚、菲律宾、伊朗、不丹、印度、津巴布韦、尼泊

---

① 该部分主要参考：邓静.通过合作的力量解决发展中国家教育问题——美国教育政策和数据中心评述［J］.外国中小学教育，2016（9）：1-4.

尔、肯尼亚、刚果、吉布提、海地等国家和地区。① 失学率统计主要针对 7—14 岁人口，数据来源主要是联合国人口司、联合国教科文组织统计研究所和各国政府机构，确保了研究结论的真实性、准确性。

2. 发展中国家基础教育的失学与性别平等研究

基础教育学生的失学与性别平等研究。教育不平等是发展中国家存在的一个普遍问题。在撒哈拉以南非洲和拉丁美洲，大多数失学儿童是女孩。2014 年发布的报告《青少年、结婚和失学：早婚和怀孕对辍学的影响》② 显示，从 2004 年至 2014 年，随着撒哈拉以南非洲国家普遍推行的小学入学政策的扩大，小学入学率的性别平衡得到了很大改善，女孩的入学率几乎与男孩持平。然而，小学的入学率平衡并没有转移到中学。在该地区，每 100 名男生，对应的只有 82 名适龄女生进入中学，仅比 2000 年的 80 名高一点。报告利用来自 9 个东非和南部非洲国家的家庭调查数据，分析了造成这种持续性性别差异的一个可能原因：早婚和怀孕的影响，并发现婚姻状况对入学率有着强烈的负面影响。报告还发现了年龄和财富对年轻女性早婚和入学的影响。如报告对马拉维的数据进行了深入分析，发现早婚和早孕对入学率的影响较小。这些发现表明，针对早婚和面临怀孕风险的女孩群体，马拉维的重新接纳学生入学政策可能会产生更正面的影响。报告也反映出基础教育中男女受教育机会不平等的事实以及原因。实现教育中的性别平等是全民教育的重要目标之一。美国教育政策与数据中心主要关注女孩在基础教育阶段是否享有与男孩同等的教育权利。报告指出，入学率与学生的家庭收入、居住地区、城乡居住和性别四个特征的相关性，研究发现入学率与收入、居住地区相关性最强，与性别的相关性最弱。南亚和撒哈拉以南地区，失学学生多数来自农村贫困地区，尤其是女孩。研究表明，低收入国家的入学率明显低于高收入国家，农村儿童在教育机会方面落后于城市儿童。教育最大的不平等源自儿童家庭收入水平和不同国家地方区域之间差异。③ 许多发展中国家的贫困地区，由于传统的性别不平等观念根

①　Out of School Children Profiles. Education Policy Data Center [EB/OL]. https://www. epdc. org/tags/out-school-children-profiles? sort _ by = field _ document _ year _ value&sort _ order=DESC&items _ per _ page=20，2019 - 03 - 01.

②　EPDC. Teenage, Married, and Out of School: Effects of early marriage and childbirth on school dropout [R].2014：9 - 15.

③　EPDC. Educational Inequality within Countries Who are the out of school children? [R]. 2007：1 - 3.

深蒂固，女童不能享有受教育的权利。由此导致了教育不平等，这是一直困扰发展中国家的一个问题。研究结果也证实，撒哈拉以南非洲和拉丁美洲的大多数失学儿童都是女孩的结论。因而，性别不平等是基础教育失学率高与不平等的主要根源。

3. 普及初等教育研究

联合国千年发展目标之一是普及初等教育。国际社会为"2000—2015 年全民教育计划"设定了 6 大目标，即促进儿童，尤其是弱势群体儿童的保护和教育；普及初等教育，尤其在女童、被边缘化儿童以及少数族群儿童群体中普及初等教育；确保年轻人和成年人学习到日常生活必需的技能；至 2015 年，将成人文盲率降低 50％；实现性别平等以及改善教育质量，确保所有人学有所得。① 然而，实际情况并不理想，联合国教科文组织发布 2015 年版全球全民教育监测报告显示，全球只有三分之一的国家实现了 2000—2015 全民教育计划全部目标，只有一半国家实现了 2000—2015 全民教育计划主要目标——普及初等教育。2005 年，美国教育政策与数据中心出版《世界儿童教育：成长和不平等的模式》，在 70 个低收入国家中通过分析历史趋势来预测各国普及初等教育实现的时间。2014 年，中心发布了《实现全民教育的漫长道路：20 个国家的入学、留级和学习》② 报告，对 20 个国家的学校入学率、留级率和学习率进行了分析。中心使用学习金字塔的形式展示 20 个选定国家学校系统的累积成就，方法是展示有多少儿童入学，他们是否在达到一定的年级之前仍在校，以及学会阅读的比例。报告显示，尽管大多数国家的受教育机会程度接近普遍，但并非所有进入学校体系的学生都能顺利升入更高年级。对于绝大多数小学生来说，留级是一种常见的经历，这造成了严重的效率低下和教育系统的压力。最后，有相当一部分升入小学高年级的学生从未获得基本的识字技能，即标准化学习评估的最低基准。

中心还发布了一系列报告分析影响初等教育普及的因素，这些因素主要包括国家教育经费缺乏、性别不平等、暴力冲突等。良好的教育环境是实现普及

① 中国社会科学网. 联合国教科文组织发布 2015 年版全球全民教育监测报告 [EB/OL]. https://www.cssn.cn/dzyx/dzyx_jlyhz/201504/t20150411_1583109. shtml，2019 - 03 - 02.
② EPDC. Long Path to Achieving Education for All：School Access，Retention，and Learning in 20 Countries [R].2013：1 - 16.

初等教育的前提，暴力冲突是实现普及初等教育的一大障碍。在暴力冲突频繁的地区推广普及初等教育的任务非常困难。中心通过一个跨国冲突监测数据库——武装冲突地点和事件数据集（Armed Conflict Location & Event Data，简称 ACLED），梳理出大多数涉及学生和学校的冲突事件。[①] 有许多国家的暴力事件数量不成比例地涉及教育系统中的成员（学生、教师和学校），包括苏丹、埃塞俄比亚、泰国、印度和孟加拉国。截至 2016 年，涉及教育系统的暴力事件已超过 168 起。与此同时，有些国家虽然事件总数很高，但教育系统免遭了大部分暴力（至少在 2016 年），包括尼日利亚、南苏丹、刚果民主共和国和利比亚。暴力冲突导致学校教育时断时续，辍学率和留级率的加大，这也是导致和促成教育机会不平等、影响国家普及初等教育目标实现的重要原因。

4. 教育质量研究

全民教育的核心问题是教育质量问题，教育质量低是大多数发展中国家普遍存在的问题。国际学生测试成绩位于绩效等级表底部的均为教育质量低的国家。美国教育政策与数据中心从学生的读写能力、升学率、师生比等方面评估各国的教育质量状况。评估表明，许多发展中国家的挑战已由教育普及转变为提高教育质量。美国教育政策与数据中心的报告《辨认教育分权对教育质量的影响》[②] 从三个方面考察了教育分权提高绩效的潜力：二者关系的概念论证；教育分权影响的实证证据；更好地设计和实施分权政策，以充分发挥其对质量的影响。迄今为止，有关权力下放影响的证据表明，简单改变教育组织，如创建学校委员会或转移责任到地方政府，对教育质量的影响微乎其微。有一系列证据表明，给予学校预算权和家长参与学校治理的权利能对教育质量提升产生积极影响。影响的大小取决于预算范围、管理基金的权限和父母的程度参与。也有证据表明中央政府教育部在分权系统中扮演重要的新角色：制定标准、管理国家考试、向受益者传播信息，这与学校的教育质量表现呈正相关。研究表明，权力下放，特别是学校自治能够提高学校教育质量，但也存在增加不平等结果的风险。然而，对于如何更好地认识到教育分权的积极性，尤其是在贫穷

---

① Education and Conflict: Data for Monitoring and Reporting. Education Policy Data Center [EB/OL]. https://www.epdc.org/epdc-data-points/education-and-conflict-data-monitoring-and-reporting，2019 - 03 - 02.

② EPDC. Identifying the Impact of Education Decentralization on the Quality of Education [R]. EPDC，2007.

国家中的潜力，尚需进一步研究。

5. 国家学习评估框架研究

国家学习评估摸底项目①利用可用的公共数据源，从世界 6 个区域的 125 个国家和地区收集了国家评估元数据，并创建了一个超过 300 个评估项目的数据库。这些国家和地区来自东亚和太平洋、欧洲和中亚、拉丁美洲和加勒比、中东和北非、南亚和撒哈拉以南非洲，都是低收入或中等低收入国家和地区。数据来源包括国际教育局（International Bureau of Education，简称 IBE）2010—2011 年版世界教育数据，国际教育规划研究所（International Institute for Educational Planning，简称 IIEP）门户网站、各国教育部和国家学生考试机构官方网站的国家教育政策文件等。

国家学习评估摸底项目绘制了国家评估的蓝图，并概述了学习指标工作组的七个领域在国家教育系统当前优先事项中的反映方式，将其学科重点领域、所属的学习领域以及在教育周期中所属阶段进行了分类。学习指标工作组是由联合国教科文组织统计研究所和布鲁金斯学会普及教育中心召集的由 30 个成员组成的专业评估机构。2012 年以来，学习指标工作组为世界上所有受过教育的学生制定了一个关键的全球框架，七个领域的学习将为儿童和青年的未来生活和工作做好准备（见表 3 - 21）。

表 3 - 21　学习领域全球框架②

主 领 域	子 领 域	测 试 内 容
识字与沟通	口语和听力、词汇、写作、阅读	阅读、读写、语言艺术
计算与数学	数字概念与运算、几何与模式、数学应用、数据与统计	数学、计算
身体健康	身体健康和卫生、食品和营养、体育活动	运动、体育、健康与营养
科学与技术	科学探究、生命科学、物理科学、地球科学、数字技术的认识和应用	物理、化学、地理、经济学和商业研究，农业和其他技能型学科，企业家精神

---

① EPDC. National Learning Assessment Mapping Project ［R］. EPDC，2015：2 - 8.
② EPDC_NLAMP_report-v3［EB/OL］.https://www.epdc.org/sites/default/files/documents/EPDC_NLAMP_report-v3.pdf，2015：2.

续　表

主　领　域	子　领　域	测　试　内　容
社会与情感学习	社会和社区价值观、公民价值观、心理健康和福祉	宗教、公民教育
文化与艺术		历史、社会研究、哲学、音乐、艺术
学习方法与认知能力	坚持和关注、合作、解决问题、自我指导、批判性思维	批判性思维和分析能力，认知能力，解决问题，定量和定性推理

学习领域全球框架涵盖识字与沟通，计算与数学，身体健康，科学与技术，社会与情感学习，文化与艺术，学习方法与认知能力七个领域，而且明确了子领域和测试内容的范围，为全球各国开展本国的学习评估提供了框架。2015 年后，全球教育目标从普及初等教育转向提供更高质量的学习。国家学习评估绘图项目是为此目标的实现提供了评估依据。通过该项目，各国可以清晰地了解本国学生学习的结果，可以为其他国家提供借鉴和参考。同时，也可以从全球层面把握世界初等教育的发展成效。

（三）启示

1. 明确研究范围和重点

美国教育政策与数据中心坚守其使命，以发展中国家教育作为研究重点。中心通过数据及资料呈现发展中国家的教育现状及存在的问题，发展中国家和落后地区教育现状的教育数据和信息，并据此提出改进建议和方案，或者中期预测，以此提高发展中国家的教育水平。研究的重点定位于基础教育阶段，初等教育普及、学习评估、教育质量提升，为广大发展中国家基础教育发展提供了重要的教育数据依据。

2. 注重数据和资料的可视化分析、呈现与共享

该中心在研究过程中贯彻了其"教育政策必须以强有力的证据为基础，包括准确及时的数据，以及对挑战和解决方案的合理分析"的理念。研究报告均提供了大量数据资料，将数据做到可视化，并客观地解释研究结论，为应对全球教育的问题和挑战提供了解决方案。报告及教育信息主要以数据、图表、研

究文献三种形式展现。建立开放共享的全球教育资料和数据，充分利用研究网络与资源，体现出开放包容的智库理念。

八、美国教育政策研究联盟

美国大学在世界高等教育领域中处于领先地位，在教育智库建设方面，美国大学也走在国际前列，他们以一定的合作机制结成联盟，在此我们称之为大学教育智库共同体，共同体成员间有着共同的利益及责任，彼此信任，多方协作，联合开展教育政策研究、咨询及传播服务，为各级政府的教育决策及教育政策制定提供证据或实施方案，在教育领域发挥着重要作用。教育政策研究联盟是美国大学教育智库共同体的典范。

（一）创立与发展

美国教育政策研究联盟（Consortium for Policy Research in Education，简称 CPRE）由美国 7 所顶尖大学联合成立，成员有宾夕法尼亚大学、哥伦比亚大学教育学院、哈佛大学、斯坦福大学、密歇根大学、威斯康星大学麦迪逊分校和西北大学。美国宾夕法尼亚大学智库与公民社会项目发布的《全球智库报告 2017》[①] 中，美国教育政策研究联盟在"顶级教育政策智库"中排名第 20 位，《全球智库报告 2020》[②] 显示，其排名升至第 19 位。

教育政策研究联盟的历史可以追溯到 20 世纪 80 年代。1985 年，苏珊·富尔曼（Susan Fuhrman）在罗格斯大学的伊格尔顿政治学院创立教育政策研究中心（Center for Policy Research in Education），并担任联盟主席。90 年代初期，教育政策研究中心改为教育政策研究联盟（Consortium for Policy Research in Education）。1995 年，苏珊·富尔曼调到宾夕法尼亚大学教育研究生院担任院长，美国教育政策研究联盟也随之迁到宾夕法尼亚大学，现在，美国教育政策

① McGann，James G. 2017 Global Go To Think Tank Index Report ［EB/OL］. https://repository.upenn.edu/think_tanks/13/，2018 - 03 - 06.
② McGann，James G. 2020 Global Go To Think Tank Index Report（2021）. TTCSP Global Go To Think Tank Index Reports.18 ［EB/OL］. https://repository.upenn.edu/think_tanks/18. P151.

研究联盟办公地址位于宾夕法尼亚州费城。后来，苏珊·富尔曼调到哥伦比亚大学教育学院担任院长，美国教育政策研究联盟仍留在宾夕法尼亚大学。

从创立之始，美国教育政策研究联盟就进行政策、财政、学校改革、学校治理方面的研究，在此基础上设计、实施、影响州和地方的政策，从而改进中小学教育。后来，美国教育政策研究联盟的研究领域进一步拓展，深入研究教育政策和组织、学校和课堂实践之间的关系，以及这些问题对学生学习的影响。同时，通过传播研究者的知识，分享新观念，引发对话，并告知决策者、从业者和研究团体相关研究结论。

美国教育政策研究联盟具有半官方非营利性质，资金来源渠道多样化。它作为一个根据联邦教育部"全国研究与发展中心计划"（National Research and Development Core Program）而成立的研究机构，研究经费最初主要来自教育部每 5 年一期的一揽子拨款，以及教育管理、财政政策制定和管理协会的资助和基金会的捐助，但随着联盟在 20 世纪 90 年代后期将研究范围从原来主要研究联邦和州的教育政策扩展到包括地方一级在内的教育政策和策略，其经费来源的渠道也呈现多样化。① 美国教育政策研究联盟的资金来源渠道广泛，主要包括美国教育部、国家科学基金会、威廉·T. 格兰特基金会、斯宾塞基金会、大西洋慈善基金会、比尔和梅琳达·盖茨基金会、纽约卡内基公司、高盛基金会、威廉和弗洛拉休利特基金会、乔伊斯基金会、默克科学教育研究所、国家教育与经济中心、皮尤慈善信托基金会、洛克菲勒基金会、学生成就伙伴联盟、通用电气基金会、斯坦福国际研究院教育政策中心等。② 经费来源的多样化，保证了美国教育政策研究联盟研究过程的相对独立性和自主性，从而能最大限度确保研究结果的客观与公正。

（二）组织与人员结构特点

1. 协同合作

美国教育政策研究联盟的前身是教育政策研究中心。成立之初，美国教育政策研究中心下设政策研究中心和财政研究中心，改名为美国教育政策研究联盟之后，两个中心合并。当前，美国教育政策研究联盟设管理委员会（Management Committee）负责联盟的日常管理，共有 9 名成员，其中执行主任 1 名，联盟

---

① 赵中建.《美国教育政策研究中心》的个案分析 [J]. 外国教育资料，2000（3）：36-38.
② CPRE. CPRE About [EB/OL]. https://blog. sina. com. cn/s/blog_4a0e98360102x30h. html，2016-12-12/2016-12-13.

教师学院主任 1 名（见表 3 - 22）。目前，美国教育政策研究联盟的研究人员除了来自美国顶尖大学，还有著名研究机构。美国教育政策研究联盟研究团队共有 50 人，其中高级研究专家 32 人，研究专家 6 人，研究人员 5 人，研究助理 2 人，工作人员 5 人。

　　从表 3 - 22 可见，美国教育政策研究联盟管理委员会的成员均来自顶尖大学或知名研究机构，具有良好的受教育经历，以及丰富的研究经验和管理经验，许多成员曾在不同级别的政府、研究机构工作，涉及的研究领域广泛，不局限于教育领域。同时，由于是多所大学协同工作，为保证研究的顺利开展，合作主任分别来自不同的大学，负责所在学校与联盟学校间的协调合作事宜。

表 3 - 22　美国教育政策研究联盟管理委员会成员情况

序号	姓　名	职　务	基 本 情 况
1	乔纳森·苏波维茨（Jonathan A. Supovitz）	执行主任	宾夕法尼亚大学教育研究生院教授。致力学校和学区改革努力的评估，以及专业发展对教师和领导实践的影响。他是一位成就卓著的混合方法研究者和评估者，擅长运用定量和定性技术。他发表了多项教育研究的成果，包括多个项目有效性的研究、教育领导力的研究、关于学校教学实践社区发展的研究、不同形式的学生评估公平性的审查、使用技术进行评估数据收集的研究，以及数据使用、专业发展、教师和领导实践与学生成绩之间的关系。他目前的研究重点是学校和学区如何使用不同形式的数据来支持教学和学习的改进。他还领导了宾夕法尼亚大学中期职业领导力项目基于证据的领导能力子项目。专长：教育领导力和质量、定量研究方法、社交网络分析、标准、课程和教学
2	道格拉斯·D. 里迪（Douglas D. Ready）	联盟教师学院主任	哥伦比亚大学教师学院院长。负责监督和指导的所有研究项目和团队，教育和公共政策副教授。他的研究探讨了教育政策、社会政策与教育公平之间的联系，特别关注当代政策如何缓和或加剧认知发展中的社会人口差异。他的代表性作品发表在《教育评估与政策分析》《教育政策》《教育社会学》《美国教育研究杂志》《美国教育学杂志》《教师学院记录》《高等教育研究》《幼儿研究季刊》《早期教育与发展》等期刊上，以及布鲁金斯学会、师范学院出版社和美国教育研究协会出版的书籍和编辑卷中。《教育评估与政策分析》和《美国教育研究杂志》的编委会成员。专长：教育政策与改革、社会政策、教育公平

续　表

序号	姓　名	职　务	基 本 情 况
3	詹姆斯·斯皮兰（James Spillane）	高级研究专家	美国西北大学人类发展和社会政策教授，其工作是探索政策在州、学区、学校和教室各个层级的实施过程，致力于发展实施过程的认知视角，探索当地决策者、管理者和教师如何实施政策，据此了解州和国家的改革。目前的研究项目包括小学教学建议结构的社会网络分析、学校组织惯例如何促进和限制实践、学校校长的选择与社会化考试。研究领域：学校领导、分布式领导、社会网络分析、组织领导、政策的实施
4	艾伦·J. 达利（Alan J. Daly）	高级研究专家	加利福尼亚大学圣地亚哥分校教育领导学博士项目的教授兼主任。他的研究和教学受到他在公立学校 16 年各种教学和领导角色经验的深刻影响。他的研究主要聚焦于社交网络、领导力、教育政策、组织结构以及这些元素对传统边缘化学生群体教育成就的影响关系上。为了支持这一努力，他发表学术论文 100 多篇，其中绝大多数基于社会网络理论与分析；出版《社会网络理论与教育变革》《在学校中使用研究证据》《系统思考与行动：在压力下改善学区》以及《整体引领》4 部著作，撰写 25 篇同行评审书籍章节，并在美国及国际会议上发表 200 多篇同行评审论文，大部分都集中于社交网络领域。他已筹集超过 250 万美元的研究资金用于教育网络研究，最近作为富布赖特学者访问了新西兰和南非。除了在教育社会网络方面的研究背景外，他还曾是加利福尼亚大学圣地亚哥分校教育研究系的系主任。专长：组织内社交网络与在线（社交媒体）
5	阿曼达·达特诺（Amanda Datnow）	高级研究专家	加利福尼亚大学圣地亚哥分校教育研究系教授，同时担任社会科学学院副院长。她的研究聚焦于教育改革与政策，尤其关注公平问题及教育工作者的职业生活。在过去 10 年里，她开展了多项研究，探讨数据在教学改进、教师合作和领导力方面的应用，以及旨在实现变革性教育变革的项目。她还参与当地学区的研究实践合作。在主要期刊上发表许多论文，撰写 8 部著作。她最近出版的著作包括《有目的的专业合作：为公平与卓越而进行的教师学习》（2019）和《数据驱动的领导》（2014），后者与维姬·帕克合著。她在多个期刊编辑委员会以及促进公共教育公平与卓越的委员会中任职。她致力于影响政策与实践，并与各种地方、国家和国际组织合作以实现这一目标。专长：教育领导力、能力与一致性、教师队伍与劳动力市场、政策与实践

序号	姓　　名	职　务	基　本　情　况
6	约翰·B. 戴蒙德（John B. Diamond）	高级研究专家	威斯康星大学麦迪逊分校教授，凯尔纳家族城市教育杰出讲座教授、英语语言与文化项目教育学教授，同时还是非洲裔美国人研究和教育政策研究的教员。作为一名教育社会学家，他研究社会不平等与教育机会之间的关系。他探究教育领导力、政策和实践如何塑造学生的教育机会和成果。专长：社会不平等与教育机会、教育领导力
7	贾尔·梅塔（Jal Mehta）	高级研究专家	哈佛大学教育研究生院的教授。他的研究探讨了不同形式的知识在解决重大社会和政治问题中的作用，特别是人类进步的问题。他还广泛撰写了关于改善美国教育所需条件的文章，特别关注教学专业化。著有《秩序的魅力：高期望、失望以及重塑美国学校教育的艰难探索》（2013），并合编了《学校改革的未来》（2012）。他目前正在从事两个项目："寻求深度学习"，一项对正在寻求开展雄心勃勃教学的学校、系统和国家的当代研究；《受挫的梦想》，关于将社会科学与社会政策相结合以实现社会进步的努力历程的研究。他是《教育周刊》"深入学习"博客的合编者，并且在2014年的里克·赫斯《教育周刊》排名中被评为排名最高的初级教员学者。他还是哈佛大学教育研究生院晨星教学奖的获得者，获得拉德克利夫奖学金。专长：教育改革与政策
8	唐纳德·J. 佩拉奇（Donald J. Peurach）	高级研究专家	密歇根大学教授。他的研究、教学和推广工作侧重于社会创新者及其服务对象在实践中知识的生产、运用和管理。他在公立学区和学校改进网络开展大规模教育改进计划的背景下对这些议题进行研究——尤其关注学区和网络如何随着时间的推移不断学习并改进。目前，正致力于推进这一议程的三项工作：（1）在斯宾塞基金会和国家科学基金会的支持下，他与密歇根大学和西北大学的研究人员合作，研究重新设计教室、学校、学区和网络，使其作为以教学为中心的教育系统协同运作的努力。（2）作为卡内基教学促进基金会的高级研究员，他正与研究人员和教育专业人士合作，组织、扩展并推动从事聚焦改进的教育研究实践与研究的学者社群的发展。（3）在上述两项工作的基础上，他提出并研究领导力、组织和政策等贯穿始终的问题，这些问题对于大规模提升教育质量、缩小教育差距的努力至关重要。专长：教育政策、领导力与创新

续　表

序号	姓　名	职　务	基 本 情 况
9	苏珊·富尔曼 （Susan Fuhrman）	联盟创始人	曾任哥伦比亚大学师范学院院长，教育政策研究联盟创始主任及管理委员会主席，以及国家教育科学院候任院长。她有着卓越的领导经历，其中包括1995—2006年担任宾夕法尼亚大学教育研究生院院长，其间还担任该学院的乔治与黛安·韦斯教育学教授。她在创建宾夕法尼亚大学西费城改进计划中的新型大学辅助公立学校方面发挥了重要影响力。师范学院社区学校以及与其他多所公立学校开展的教育和社会服务合作项目，旨在为西哈莱姆区的邻里学校改进引入大学领导力量。她担任霍恩基金会董事会成员，经济发展委员会受托人，以及帕迪兰德研究生院理事会成员。她曾任美国教育研究协会副主席，以及卡内基教学促进基金会受托人委员会成员。2004—2013年，她担任国际教育出版公司培生集团的非执行董事。她在西北大学获得历史学的本科和研究生学位，在哥伦比亚大学师范学院获得政治科学与教育博士学位。她的研究重点包括提升教育研究质量、教育问责制、政府间关系以及基于标准的改革，她在教育政策与财政领域著作颇丰。近期著作包括《教育政策研究现状》（与大卫·K.科恩和弗里茨·莫舍合著，2007年）以及《公立学校》（与马文·拉泽森合著，2005年）。她的工作得到众多国际、国内、州及地方组织的认可。专长：州政策设计、问责制、放松管制及政府间关系

资料来源：根据美国教育政策研究联盟官方网站内容整理：CPRE：Consortium for Policy Research in Education — Experts ［EB/OL］. https://www.cpre.org/researchers.

2. 研究队伍多元化

　　美国教育政策研究联盟的组织人员构成中，以研究人员为主，工作人员为辅，注重研究人员来源的多元化，包括专业背景、工作经历等，从而保证研究的多角度、客观性。

表 3-23　美国教育政策研究联盟研究人员来源统计

序号	大学或机构	研究人员 数量（人）	备　注
1	宾夕法尼亚大学	20	其中，高级研究专家8人，研究专家3人，研究人员5人，工作人员4人

续　表

序号	大学或机构	研究人员数量（人）	备　注
2	哥伦比亚大学教育学院	11	其中，高级研究专家7人，研究专家1人，研究助理2人，工作人员1人
3	哈佛大学	1	高级研究专家1人
4	斯坦福大学	1	高级研究专家1人
5	密歇根大学	6	高级研究专家6人
6	威斯康星大学麦迪逊分校	4	高级研究专家4人
7	西北大学	1	高级研究专家1人
8	加利福尼亚大学	1	高级研究专家1人
9	特拉华大学	1	高级研究专家1人，教育与社会政策研究中心（CRESP）
10	教育领导与政策分析部	1	高级研究专家1人
11	杜尔大学	1	高级研究专家1人
12	教育研究威斯康辛中心（WCER）	2	研究专家2人
合计		50	

资料来源：根据美国教育政策研究联盟官方网站内容统计整理。

从表3-23可见，美国教育政策研究联盟研究团队主要来自7所大学，宾夕法尼亚大学、哥伦比亚大学教育学院、密歇根大学是研究人员的主要来源学校，除了这7所大学外，还有来自其他大学或研究机构的研究人员。这表明美国教育政策研究联盟具有开放性，吸纳不同学校、研究机构的成员加入研究团队，保证团队的多元化，这也是研究客观性的保障。另外，高级研究专家占团队的64%，而且许多成员兼任各种研究机构的管理者或研究人员，可见团队研究实力雄厚，注重打造高质量的研究人员队伍，工作人员数量明显少于研究人员，其主要职责是辅助研究人员，为研究工作提供保障。

（三）研究内容及特点

美国教育政策研究联盟的使命是寻求新的贡献及创造基于证据的知识，传播教育政策和实践的重要结论。以使命为核心，美国教育政策研究联盟研究和发布了一系列从幼儿教育到高等教育相关主题的内容，涉及美国的地方、州和国家各个层面。美国教育政策研究联盟的研究可以概括为"三阶段四领域"，美国教育政策研究联盟的研究自成立至今基本可分为三个阶段：第一阶段（1985—1990 年），主要从教育政策角度研究课程与学生标准、教师政策、教育指标与监测、教师的作用与职责、教育改革运动的演进等；第二阶段（1990—1995 年），研究范围从教育政策扩展到教育政策和学校财政；第三阶段（1996 年至今），积极寻求各种有效的教育改革方法。① 美国教育政策研究联盟的研究领域根据时代的变革，不断地进行扩展和调整。美国教育政策研究联盟的许多项目持续时间长，提倡跟踪研究，根据其研究范围的重点主要分为四个领域：教育政策、教育财政、学校改革、学校治理。

1. 教育政策研究注重国家、州、地方学区和学校间的关系

教育政策是进行教育改革的依据，对教育发展具有指导作用，美国国家层面的教育政策是通过立法形式确定，各州享有教育自主权，可以制定本州的教育政策，以此推动教育改革。美国教育政策研究联盟开展了许多教育政策方面的研究，为美国教育政策与教育改革提供了政策研究和咨询平台。如"州和地方教育改革政策：从国会到教室"（State and Local Education Reform Policy: From Congress to the Classroom，1996—2001）项目，该研究的目的是监测教育改革的进展。联邦政府、州、学区、非政府参与者（如专业组织、基金会和其他民间组织）已经采取了前所未有的措施，通过开发具有挑战性的学术标准和旨在鼓励不同教学方式的新评估设计，以此提高教与学的质量。项目试图理解这些政策的影响，特别是对州和地方政策以及课堂实践的影响。该项目通过对各级教育改革对州及地方政策、学校课堂实践的影响分析，据此评估教育改革的进展情况，从而得出经验与教训。该项目最终发布成果《从国会到教师：美国基于标准的改革》《年度进展中联邦的角色：灵活性与问责的权衡》《州能

---

① 赵中建. "美国教育政策研究中心"的个案分析 [J]. 外国教育资料，2000 (3)：36 - 38.

力建设的策略：基于标准改革的需要》《州教育能力建设策略：进步和持续的挑战》《评估和问责文件》等。这些成果既为美国联邦政府的教育改革提供参考，也为各州、各学区的教育改革提供借鉴和指导。

政府政策、地方学区和学校管理、学校教育的核心技术工作——教学和学习，这个三角关系是美国教育长期面临的挑战。以前的研究一直认为政策、管理和教学之间的本质关系是分离或松散的结合。美国教育政策研究联盟"政策、管理的技术核心：支持重构的设计基础"（Policy，Administration，& the Technical Core：Designing Infrastructures to Support Recoupling）项目正在改变上述观点。通过项目研究得出一些结论，设计和重新设计学区和学校组织的基础，建立组织常规和正式领导职位，明确与教学的关联，在当地努力重构政策、管理和教学的显著特征。政府监管工作与课堂教学、学校领导结合，转变学校正式组织的基础，特别注重设计新的组织常规。项目组通过对组织常规的分析，展现了政府监管与指导的特色，探索用通用标准来促进政府管理与学校的结合标准化，通过检测教师和学生的表现成就促进课堂教学的规范化和透明化。通过这种途径，政府监管或先进的核心理念将融入学校正式的基础规范之中。该研究为政府监管、学区和学校管理、教学之间的转变提供了可行的策略，为提高教师的教学水平及学生的学业成就奠定了基础。

2.教育财政研究注重教育资源配置

教育财政是教育改革的一项重要内容，对教育质量及教育资源配置有重要影响，美国教育政策研究联盟重视教育财政的研究。如"重新设计学校财政"（Redesigning School Finance）项目（1996—2002），[①] 该项目旨在重新设计公立学校财政系统，以适应地方财政收入差异变化，让学生接受高标准教学、提高教育系统效率，依据学校表现分配资金的新需求。该项目制作了"州至学区学校财政系统手册"，研究世界各国基于学校的财政系统，并调查学校如何更好地利用学校资源的具体策略。目的是确定一个新公立学校财政结构、公式，作为学区策略的一部分，学区可以使用一次性预算下放到学校；作为学区和学校层次的具体策略，应用不同资源改进教育系统效率，如应用现有资源提高学生成就。这个项目还开发了学校资源重新分配的研究案例，明确资源分配与分

① Allan Odden. Redesigning School Finance Connecting School and Work［EB/OL］.https://www.cpre.org/redesigning-school-finance，1998 - 09 - 06/2016 - 08 - 03.

配目的、分配过程的关系与标准，学校可以据此完成涉及资源分配这类比较困难的任务。

表 3-24 "重新设计学校财政"项目成果一览

序号	成果名称	完成人	完成时间
1	创建学校财政政策，促进新目标实现	艾伦·奥登（Allan Odden）	1998 年
2	改善公立学校财政系统：新现实需要重新设计学校财政结构	艾伦·奥登（Allan Odden）	1999 年
3	重新分配资源：在没有增加负担的前提下如何提高学生成就	艾伦·奥登和萨拉·阿希巴尔德（Allan Odden and Sarah Archibald）	2000 年
4	反思支持全校改革的学校预算	艾伦·奥登（Allan Odden）	1998 年
5	通过资源再分配实现整个学校改革模式和提高学生成就的案例研究：帕内尔小学	萨拉·阿希巴尔德和艾伦·奥登（Sarah Archibald and Allan Odden）	2000 年
6	减少班级人数、增加教师规划时间和加强读书能力的资源重新分配的案例研究：克莱顿小学	艾伦·奥登和萨拉·阿希巴尔德（Allan Odden and Sarah Archibald）	2000 年
7	萨利小学：一个资源重新分配的案例研究	艾伦·奥登、萨拉·阿希巴尔德和阿妮塔·蒂克森（Allan Odden, Sarah Archibald, and Anita Tychsen）	2000 年
8	霍利斯特小学：一个资源重新分配的案例研究	艾伦·奥登、萨拉·阿希巴尔德和阿妮塔·蒂克森（Allan Odden, Sarah Archibald, and Anita Tychsen）	1999 年

资料来源：根据美国教育政策研究联盟官方网站内容整理。

从表 3-24 可知，该项目的成果包括 4 个研究案例、3 个调查报告、1 部出版物。选取 4 所小学，对其资源分配进行了个案研究，其余 4 个报告（含出版物）从学校财政结构、提高学生成就等角度对资源分配进行研究。可见，美国教育政策研究联盟的研究项目注重调查、案例研究，从局部和整体来对问题进行分析，保证了研究结论的准确与客观。

3. 学校治理研究注重学校改革与学业成就的结合

学校是连接政府、社会与学生的中介和桥梁，学校治理是教育治理的关键。美国教育政策研究联盟也重视学校治理的研究与咨询服务。如"问责制的效果"（Accountability for Results）项目，① 该项目分三个阶段开展研究。在第一阶段，研究不同类型的学校（如公立学校和特许学校）如何在不同的政策环境中开发一种可以产生高质量教学效果的问责制，以及如何开发出具备这种能力的教学。在第二个阶段，研究集中在学校内部问责过程与其外部问责制度之间的关系，该阶段只集中关注公立高中学校，包括综合高中、精英高中、特许高中。通过研究，发布了 1 份政策简报（policy brief）和 3 份研究报告（research report）。政策简报对美国 50 个州的问责制评估情况进行了简要汇总。其中，1 份研究报告对得克萨斯州高中的州级考试成绩与高中效果的关系进行了分析，1 份对美国 50 个州的问责系统进行了评估，1 份是学校对问责制的应对情况分析。该项目的其他成果涉及跨州高中比较、公立与私立高中比较与案例研究。

与私立学校相比，美国公立学校的表现一直不佳，学校的政策是否对学生的学业成就产生影响，是困扰美国公立学校的问题，为此美国教育政策研究联盟进行了相关研究。如"杜瓦尔县公立学校"（Duval County Public Schools）项目，② 该项目旨在通过设计学校政策实施效果的识别系统，来判断学校政策是否对学生的学习成就产生影响，进而改进识别系统，最终提高学生学习成就。该项目的研究分两个层面：一是继续进行纵向影响研究，该县在学生学习方面的进步与佛罗里达州其他县进行比较。通过过去几年的比较，在小学有差异，中学的成绩没有差异。二是持续进行在设计和落实"实施标准识别系统"方面的技术援助。美国教育政策研究联盟研究人员协助杜瓦尔县的管理员设计、开发和实施识别系统，监测该县学校实施标准的情况，这项工作包括为识别系统访问开发样本；分析识别结果和生产识别成果；帮助促进识别准则的开发；参与识别设计决策；同各区域主任合作，通过每月举行的校长会议与校长讨论识别结果，发展他们的能力。最终，该项目出版了《仪表板灯：监控执行地区教学改革的策略》（2014 年 12 月），对项目的研究成果进行了深化总结，提出监控地区教学改革执行的策略方法。

---

① Leslie Santee Siskin，Martin Carnoy，Richard Elmore. Accountability for Results［EB/OL］.https：//www.cpre.org/accountability-results，2001 - 04 - 20/2016 - 09 - 12.

② Jonathan Supovitz. Duval County Public Schools［EB/OL］.https：//www.cpre.org/duval-county-public-schools，2004 - 12 - 01/2016 - 08 - 03.

学校改革是学校治理的重要方面，美国学校改革步伐从未停止过，从特许学校到蓝带学校，美国不断地通过各种学校改革政策促进学校发展。自美国教育政策研究联盟成立以来，学校改革一直是其研究重点。如"学校与工作衔接"（Connecting School and Work，1996—2002）项目，[①] 该项目为期 6 年，得到美国国家高等教育进步中心（National Center for Postsecondary Improvement，简称NCPI）的赞助。项目设计和分析了三个主要的国家级调查：一是全国雇主调查（National Employer Survey，NES-Ⅱ），详细调查雇主对员工的教育和培训情况；二是全国员工调查，由参与 NES-Ⅱ调查的员工组成样本；三是针对全国 35—55 岁家庭户主调查，包括受过高等教育的父母的经验。通过调查，该项目侧重于研究政策环境和市场如何发出信号，让学生认识到学习的重要性；在州的改革背景下，雇主对学校的看法与学生的准备是否不同；在学校或离开学校两种情况下，成人自身的工作经验是否对他们的学习重要性信念有影响。

持续 13 年的"教学改进研究"（Study of Instructional Improvement，1996—2009），[②] 是应用多方法、大型准实验研究的典范。该项目试图理解综合学校改革（Comprehensive School Reform，简称 CSR）的三个项目（促进学校项目、美国的选择、让每个人都成功）在极端贫困小学中，对学校和学生成就的影响。这项研究还密切关注一组匹配比较学校。这些学校改革计划试图使综合学校的教学能力发生变化，而且在每个学校多元化的社会环境中实施。然而，每个项目也追求为教学改进进行不同设计，在变化过程中协助每个学校开发特定的战略。为了更好地理解整个学校改革的过程，项目组开发了一个研究程序来检测这些干预措施，通过操作和调查获取他们对学校教学实践和学生阅读和数学成就的影响。该项目由三个部分组成：一是纵向调查的 115 所学校（大约 30 所学校存在三种干预，加上 26 所匹配控制学校）；二是对存在三种干预学校的案例研究；三是对 9 所实施干预的学校进行详细的案例研究（加上 3 所匹配对照学校）。该研究的目的主要有两个：第一，了解在何种情况下，不同的干预设计和策略在特定因素影响下可能会对学校教学能力产生变化；第二，当教学能力的哪些因素出现在学校，教学工作会让学生在阅读和数学方面

---

① Peter Cappeli，Robert Zemsky. Connecting School and Work［EB/OL］. https://www.cpre.org/connecting-school-and-work，2002 - 12 - 23/2016 - 10 - 20.

② Brian Rowan，David Cohen，Deborah Loewenberg Ball. Study of Instructional Improvement［EB/OL］.https://www.cpre.org/study-instructional-improvement，2009 - 08 - 15/2016 - 10 - 23.

取得更高的成就。该项目的成果有：发布 1 篇研究报告，建立 1 个网站和 1 个数据库。研究报告题为《通过设计改进学校：从一个综合学校改革项目研究得到的经验》；网站主要是为用户提供一个研究论文和出版物清单，一个在线报告，还可以直接下载许多研究工具、数据文件及详细的用户手册；把该项目相关研究数据放到"政治和社会研究校际联盟"（Inter-University Consortium for Political and Social Research，简称 ICPSR）的数据库中进行共享。

教师质量是学校改革的一个重要部分，教师质量关系到课堂教学的质量，直接影响学生的学业成就。为此，美国教育政策研究联盟专门对教师质量进行了研究，研究得到国家教育治理、财政、政策制定和管理研究所以及美国教育部教育研究和改进办公室的赞助。该研究项目以此前美国代表性的学校和人员调查数据为基础，数据涵盖 13 年时间（1987—2000 年），在此基础上对教师质量进行全面的调查研究，发布了一系列研究成果，如《国会专家证词》，在第一千零五届国会众议院教育和劳动力委员会的听证会上发布；《教师真的短缺吗？》由美国教育政策研究联盟和教育与政策研究中心联合发布，该报告分析了可能影响教师短缺的因素；《教师流动和教师短缺：一个组织的分析》，该报告 2001 年发表于《美国教育研究杂志》，分析了教师流动和短缺的根源，通过统计数据分析得出哪类学校存在教师流动，哪类学校更多，为什么会存在等；前参议员约翰·格伦（John Glenn）主持的《美国数学和科学教师的流动》项目，总结了国家数学和科学教师流动的数据比率和原因。

2007 年，美国教育政策研究联盟的研究人员宾夕法尼亚大学教育与社会学教授理查德·英格索尔（Richard M. Ingersoll）领衔对中小学教师质量问题进行了全面的考察，发布了研究报告（CPRE Policy Briefs，February 2007），[①] 认为当前美国对教师领域存在三个错误的诊断：教师职业入门条件太严、教师短缺、教师低质和不合格问题。英格索尔以组织社会学和职业社会学为理论视角，收集了大量数据，通过跨国比较研究、职业状况细查等方法系统考察了当前在中小学教师质量问题上的种种诊断，认为这三个的诊断没有明确的证据支持。报告最后指出，教学质量的提升首先要求教师职业质量的提升，要确保所有的课堂都配有优质的教师，就要改变学校运行和教师管理的方式。因此，美国教育政策研究联盟关注教师质量问题，且充分发挥其作为教育智库的咨询功

① Jonathan Supovitz，Ryan Fink，Bobbi Newman. From the Inside In：An Examination of Common Core Knowledge and Communication in Schools ［R］. GE Foundation，2014，04.

能，用研究成果影响美国政府的教育决策。

总之，美国教育政策研究联盟的研究紧密结合美国国家、州、地方学区及学校的实际问题及现实需求，通力协作，利用共同体成员分布在美国不同区域的地理优势及研究实力的优势，开展全国性研究，为美国教育政策制订、教育财政、学校治理等提供了大量富有指导价值的知识产品。

（四）出版与传播

1. 出版物丰富多样

美国教育政策研究联盟作为教育智库，具备政策研究与咨询服务的双重功能，在进行专业研究的同时，也注重通过印制或出版与各种研究相关的出版物，把最新的研究成果面向社会公开发布，积极传播，以达到其影响政府机构和大众的目的。

美国教育政策研究联盟的出版物主要包括研究报告、《政策简报》、《工作文件》、期刊文章。研究报告主要是对已结题成果进行公布，包括研究目的、研究内容、研究方法、研究结论、研究人员、最终成果等的展示。如 2016 年 4 月的研究报告《学校学习新需求：考虑代数的政策环境（背景）》，共有 82 页，内容包括问题描述、研究概述、调查设计、样本与数据收集、数据分析、报告主体（共 6 章，具体分析美国各地区对代数内容的需求）、总结、参考文献、附录（共 4 部分，包括术语解释、样本结论、使用分析工具说明、调查）。《政策简报》主要刊登美国教育政策研究联盟研究人员的研究论文和研究报告摘要，让读者能快速了解美国教育政策研究联盟的研究状况。如 2015 年 10 月的《政策简报》（编号：PB ♯15－3）简要介绍了研究项目"通过反馈和指导改变校长的领导能力"的基本情况，包括研究基本结论与发现、研究人员的基本信息介绍等。《工作文件》主要是提供给美国教育政策研究联盟成员单位、项目赞助机构等进行交流。如 2014 年 3 月的《工作文件》介绍了"从内部进入：一个学校共同核心知识和交流的检测"项目①的研究情况，该项目属于通用基金未来发展教育评估系列成果，得到通用基金的赞助。文件共 36 页，详细介绍了共同核心知识及其影响力在学校的分布情况，以及如何运用这些信息帮助教师参与

---

① Jonathan Supovitz，Ryan Fink，Bobbi Newman. From the Inside In：An Examination of Common Core Knowledge and Communication in Schools ［R］. GE Foundation，2014，04.

到共同核心中，并影响他们对共同核心的理解和实施。共同核心是美国联邦政府 2010 年面向全国发布的《共同核心州立标准》的简称，共同核心为 K-12 年级制定了统一的课程标准，目前已有 46 个州执行这一标准。期刊文章主要是出版与研究项目有关的发表在各类期刊上的文章，如 2013 年 5 月出版的《问责表象之下：可回应性、责任和能力建设在挪威》①，该文章属于"世界各地问责和学校发展的改进方法"项目的成果之一，发表于荷兰《教育变革》2013 年 1 月，由施普林格科学和多德雷赫特商业媒体（Springer Science + Business Media Dordrecht）联合在线出版。可见，期刊文章不仅在美国本土发表，还在项目涉及的国家发表，无形中扩大了美国教育政策研究联盟在全球的影响力。

2. 网络、多媒体等传播形式多元化

美国教育政策研究联盟除了利用出版物传播联盟的政策研究成果与主张，还积极利用网络、多媒体进行传播。美国教育政策研究联盟官方网站是其最大的传播平台，分决策者、教育者、研究者三个主体，根据需要进入相应主体板块浏览或检索。美国教育政策研究联盟还设置"多媒体"和"新闻编辑部"板块。"多媒体"板块可以查看美国教育政策研究联盟近期研究行动，相关视频资源可以通过链接登录 YouTube 观看；"新闻编辑部"板块包括两部分内容：一部分是"新闻中的美国教育政策研究联盟"，汇集各机构、媒体发布的与美国教育政策研究联盟相关的新闻，通过该板块可以了解美国教育政策研究联盟的最新动态，如威廉·T. 格兰特基金会、《教育周刊》都曾刊登有关美国教育政策研究联盟研究的新闻；另一部分是新闻发布，美国教育政策研究联盟自己发布的新闻，主要介绍联盟的近期研究项目成果。美国教育政策研究联盟通过各种途径发布新闻、项目进展、研究成果，起到很好的传播和推广作用。

（五）启示

1. 注重多方协作

在美国教育政策研究联盟成立之前，教育智库一般以政府机构、公司、单独的大学研究机构为主，如美国教育政策研究中心、布鲁金斯学会布朗政策中

① Thomas Hatch. Beneath the surface of accountability: Answerability, responsibility & capacity-building in Norway, Springer Science+Business Media Dordrecht [J]. Journal of Educational Change, 2013（14）: 113-138.

心、兰德公司教育研究部等。美国教育政策研究联盟的成立改变了这一现状，美国教育政策研究联盟整合美国顶尖大学的研究力量，多方协作，彼此信任，充分发挥大学在学科体系、研究人员、教学、社会服务等方面的独特优势，项目研究、知识生产与资讯传播并重，为世界范围内的大学类教育智库及教育智库共同体的建设作出了表率。

2. 注重问题导向和基于证据的研究

纵观美国教育政策研究联盟的研究项目与内容，可以发现其研究均是以问题为起点，开展调查，收集数据、事实、案例，以此作为证据材料，分析原因，找出解决问题的策略或可行性方案。基于证据的教育研究已成为国际教育研究的主流，美国教育政策研究联盟充分运用大学分布在美国不同州的优势，能进行大规模的准实验研究、定量研究和定性研究，以及多州政策调查、混合方法评估，并能进行研究工具开发，体现出高度专业化。其实，美国许多教育智库均注重开展基于证据的研究，如兰德公司教育研究部、布鲁金斯学会布朗教育政策研究中心、卡内基教学促进基金会等进行的教育研究都非常重视基于证据的研究，用数据、事实、案例来分析、论证问题，提出解决策略和方案。注重问题导向和基于证据的研究已成为美国教育智库研究的趋势。

3. 注重研究对象本土化与研究的延续性

美国教育政策研究联盟的研究注重本土化。纵观美国教育政策研究联盟的研究项目，绝大多数项目扎根于美国本土，对美国国家、州、地方学区、学校的研究比较深入，在教育政策、教育财政、学校改革、学校治理、教师教学改进、学生学习成就等方面研究成果较为丰富。美国教育政策研究联盟一些研究报告直接作为国会证词使用，对美国教育政策的制定，乃至教育的发展产生了重要影响。美国教育政策研究联盟的研究还注重延续性，对研究项目进行长期跟踪和调查，一般研究项目的研究期限是 3—5 年，有的项目长达 15 年及以上，如威斯康辛大学麦迪逊分校作为联盟合作学校，其承担的教育财政研究项目一直进行了 15 年，教师待遇补偿项目也持续了 14 年的时间，还有许多项目是在前期研究项目的证据材料与数据基础之上进行的。可见，美国教育政策研究联盟非常注重研究的延续性。教育更多时候像农业，需要的周期较长，需要精耕细作，教育研究的期限相应要加以延长，才能系统、客观地观察教育现象，收集材料和数据，也才能最终获得客观的发现，得出可靠的结论。因此，美国教育政策研究联盟注重研究的延续性，对教育智库开展教育研究与咨询具有重要的借鉴意义。

4. 注重研究成果传播的广泛性与针对性

美国教育政策研究联盟作为教育智库，十分注重研究成果的传播，具有广泛性与针对性结合的特点。"西方国家在教育政策制定过程中，大众传媒的权利主要体现在'制造'政策问题，并进行扩展和阐释，使之成为'危机'问题，扩大影响力，使公众开始关注并讨论这些问题，最终引起政府的关注。"① 可见，传媒对政府政策和社会舆论的影响力巨大，教育智库要影响政府教育的教育决策，就必须重视成果的传播和宣传。美国教育政策研究联盟通过联盟官方网站、联盟单位网站、各类媒体宣传研究人员的研究进展、研究成果，既对政府政策产生影响，也对民众进行教育。美国教育政策研究联盟官方网站根据用户进行分类，决策者、教育者、研究者能很快找到自己需要的信息，具备良好的用户体验效果，其"新闻编辑部"注重对外宣传，有利于提升联盟的知名度和影响力。同时，美国教育政策研究联盟的联盟单位也培养研究生，美国教育政策研究联盟的研究项目作为研究生培养的内容之一，在人才培养中也具有重要作用。

总之，美国教育政策研究联盟开创了大学教育智库共同体合作研究的先河，注重多方协作，研究队伍的多元化，研究对象本土化与研究的延续性，应用多种途径进行研究的咨询与传播，对世界各国大学教育智库共同体，乃至未来国际性大学教育智库共同体的建设具有引领作用和示范意义。当然，美国教育政策研究联盟因涉及协作大学及部门众多，在效率方面必然会有所损耗，这提醒我们在教育智库共同体建设过程中要合理设计，把效率损耗降到最低。

九、美国教育信托基金会

（一）基本概况

美国教育信托基金会（Education Trust）是一个全国性的非营利组织，致

---

① 穆晓莉，黄忠敬. 美国教育政策研究中心成员组织及特色——以威斯康辛大学麦迪逊分校为个案 [J]. 中国高等教育评估，2009（2）：65-68.

力于缩小有色人种学生和低收入家庭学生机会差距，并帮助他们取得更高学术成就。基金会的宗旨是"公平驱动，以数据为中心，以学生为核心"①。基金会通过研究和宣传，支持扩大从幼儿园到大学阶段教育的卓越性和公平性的努力，增加学生尤其是低收入家庭学生的大学入学率和毕业率，吸引致力于推动教育公平的不同社区参与，并在公平问题上采取行动以增加政治和公众的意愿。基金会的使命是为需求及潜力被忽视的学生发声，评估并寻求最适合学生的政策、实践、资金使用等。

基金会的核心信念：相信教育的力量可以弥补低收入学生、有色人种学生与其他美国年轻人之间的差距；相信学校和学院通过适当的组织可以帮助几乎所有学生掌握他们成功所需要的知识；相信机会、成绩和成就方面的长期差距源自学校内外，虽然这些差距是顽固的，也不是不可避免的；相信强大的教育能改善年轻人的生活，对维护国家的民主和让美国强大至关重要。

与许多组织为学校和学院雇用的成年人辩护不同，基金会专注于为学生发声，尤其是那些需要和潜力往往被忽视的学生。基金会评估国家的每一项政策、每一项实践、每一美元的开支，以寻找什么是适合学生的。

（二）组织结构

教育信托基金会主要由董事会提供指导、监督和支持。董事会共有 10 名成员，下设总裁兼首席执行官 1 人，常务董事 1 人，成员 8 名。成员来自爱默生集团、雷曼学院、洛杉矶联合学区学校董事会、耶鲁法学院、科罗拉多州参议院、纽约大学史丹赫学院教育领导与政策研究项目、得克萨斯大学埃尔帕索分校教育改革研究中心等的负责人或高级管理人员。董事会成员涵盖政府、教育部门、大学、公司等利益相关方，体现出广泛的代表性。

从表 3－25 可见，教育信托基金会的管理运营团队共有 7 个部门，52 人，涉及 P－12 政策与实践、高等教育政策与实践的研究，同时注重伙伴关系的维护，信息交流的畅通。这样既保证了其高质量的教育政策研究，也利于研究成果的发布与传播，伙伴关系的维护保障了基金会充足的资金来源，使得基金会能正常运转。

---

① Who We Are-The Education Trust ［EB/OL］.https：//edtrust.org/who-we-are/，2024－12－08.

表 3‑25 美国教育信托基金会的高级领导团队①

部　门	人数	成　　员
高级领导团队	11	总裁兼首席执行官 1 人，P‑12 政策、实践和研究副总裁 1 人，教育信托基金中西部执行董事 1 人，运营和战略领导副总裁 1 人，高等教育政策与实践副总裁 1 人，合作与参与高级副总裁 1 人，教育信托基金西部临时联席执行主任 2 人，教育信托基金纽约执行董事 1 人，首席开发官 1 人，战略沟通副总裁 1 人
总裁办公室	2	执行助理 1 人，高级顾问 1 人
信息交流部	9	常驻作家 1 人，高级数字通信助理 1 人，数字通信经理 1 人，通信主管 1 人，管理编辑 1 人，高级平面设计师 1 人，高级编辑/作家 1 人，高等教育传播助理总监 1 人，P‑12 信息经理 1 人
P‑12 政策与实践部	9	P‑12 研究高级助理 1 人，P‑12 实践主管 1 人，P‑12 资源公平高级分析师 1 人，P‑12 研究主管 1 人，教师质量数据和政策分析师 1 人，P‑12 识字高级实践助理 1 人，分析副总监 1 人，P‑12 数据和研究分析师 1 人，P‑12 政策助理总监 1 人
高等教育政策与实践部	6	高等教育高级政策分析师 1 人，行政助理 1 人，高等教育政策主任 1 人，高等教育研究和数据分析高级主管 1 人，高等教育政策研究高级助理 1 人，高等教育政策分析师 1 人
运营部	7	信息技术经理 1 人，人力资源总监 1 人，人力资源协调员 1 人，会计 1 人；营运与项目经理 1 人，赠款管理副总监 1 人，客服接待和行政助理 1 人
运营伙伴关系和参与部	8	政府事务与通讯助理 1 人，伙伴关系和参与 P‑12 政策和实践执行助理 1 人，国家和州伙伴关系高级主管 1 人，路易斯安那州项目经理 1 人，国家和州伙伴关系高级助理 2 人，政策与对外关系经理 1 人，马萨诸塞州项目经理 1 人

　　从资金来源看，教育信托基金会获得一个强大而多样化的资助者群体的支持。资助者认同基金会秉持的理念"所有学生都有机会取得高水平的成就"，因而愿意提供资金赞助。基金会的赞助者包括彭博慈善机构、波士顿基金会、纽约卡内基公司、比尔和梅琳达·盖茨基金会、埃德温·古尔德基金会、乔伊

---

① 根据美国教育信托基金会官方网站资料整理。

斯基金会、凯洛格基金会、克雷斯基金会、鲁米纳基金会、莱克斯基金会、诺尔曼和鲁思·罗尔斯基金会、查尔斯和林恩·舒斯特曼家庭基金会、华勒斯基金会、沃尔顿家庭基金会等。① 数量众多且多样化的赞助机构，确保教育信托基金会获得充足的经费来源，既保障了基金会的日常运行，又可以确保基金会能独立开展工作。

（三）影响国家决策的方式及行动

基金会通过三种方式开展工作：与全国各地社区的教育工作者、家长、学生、决策者、公民和商业领袖一起工作，为他们努力将学校和学院转变为服务所有学生的机构提供实际援助；分析地方、州和国家数据，并利用专业知识帮助建立对成就和机会差距以及弥补差距所需行动的更广泛理解；积极塑造和影响国家政策，从实际工作中吸取教训，通过扎实的数据分析，为所有学生实现高水平的成就奠定政策基础。②

从 2013 年开始，教育信托基金会通过致函、提交报告、联合民权组织和教育倡导者发布声明等方式，对国家涉及教育的法律、事项向美国众议院、参议院、教育和劳动力委员会、美国教育部等提出政策建议，以此表达相关利益者的诉求，促使国家采纳相关政策，或改变现行政策（见表 3 - 26）。

表 3 - 26　美国教育信托基金会部分行动事项③

时　　间	行　动　事　项
2017 年 4 月 26 日	25 个民权和教育团体呼吁贝齐·德沃斯部长和美国教育部对根据《每个学生成功法案》（Every Student Succeeds Act，简称 ESSA）提交的国家责任计划进行彻底而有力的审查
2017 年 3 月 2 日	教育信托基金和商业、民权、教育和残疾倡导者联盟呼吁参议员对 S. J. Res.25/H. J. Res.57 投反对票

① Supporters-The Education Trust［EB/OL］. https://edtrust.org/who-we-are/supporters/，2024 - 03 - 03.
② Who We Are-The Education Trust［EB/OL］. https://edtrust.org/who-we-are/，2024 - 03 - 02.
③ 根据美国教育信托基金会官方网站资料整理. https://edtrust.org/what-we-do/advocacy-legislative-affairs/history-of-ed-trust-action-on-accountability-in-k-12-education/，2024 - 03 - 04.

续　表

时　　间	行　动　事　项
2016 年 11 月 28 日	教育信托基金会对美国教育部关于《每个学生成功法案》的问责制、公开报告和国家计划规定的发表声明
2016 年 11 月 7 日	教育信托基金会向美国教育部提交了关于《提高弱势群体的学业成绩——补充而非替代者的拟议规则制定通知》的评论
2016 年 2 月 23 日	教育信托基金会首席执行官卡蒂·海考克为参议院健康、教育、劳工和养老金委员会准备关于州和学区实施《每个学生成功法案》证词
2015 年 12 月 10 日	教育信托基金会主席卡蒂·海考克关于奥巴马总统签署 2015 年《每个学生成功法案》的声明
2015 年 2 月 5 日	教育信托基金会首席执行官卡蒂·海考克为美国众议院、教育和劳动力委员会、《初等和中等教育法案》再授权论坛准备证词
2015 年 7 月 14 日	教育信托基金会首席执行官卡蒂·海考克进入美国参议院：对《每个孩子成功法案》修正案 2241 投赞成票
2014 年 10 月 24 日	教育信托基金会与其他 12 个民权和倡导组织一起，向教育部部长阿恩·邓肯致函，敦促美国教育部确保各州的问责制系统关注所有学生群体的表现。这些团体认为，问责制也应该为表现不佳的学生群体提供有意义的支持和干预
2014 年 1 月 27 日	教育信托基金会向纽约州教育部提出公开评论，建议其寻求美国教育部的豁免，以允许一些残疾学生进行越级考试
2013 年 6 月 18 日	教育信托基金会致函教育和劳动力委员会主席约翰·克莱恩，在委员会审议《每个学生成功法案》时提出意见和建议
2013 年 6 月 10 日	教育信托基金会向艾奥瓦州参议员汤姆·哈金致信，感谢他对《初等和中等教育法案》进行重新授权，并改进《加强美国学校法案》

（四）研究内容

1. P-12 教育政策与实践研究

教育信托基金会认为所有学生都需要接受高质量、严格的 P-12① 教育，为进入社会面临的机遇和需求做好准备。但是太多的年轻人，包括非裔美国人、

---

① 　P-12 指学前班（preschool）至十二年级这个教育阶段，K-12 是美国的中小学教育阶段，涵盖从幼儿园（kindergarten）到十二年级，是一个比 P-12 广泛的概念。

拉丁美洲人、本地学生以及来自低收入家庭的学生，他们接受的教育远远不够。为了帮助改变这些不公平的模式，提高所有学生的成绩，基金会与教育工作者、倡导者和政策制定者合作，找出学生成绩产生差距的原因，并推动有助于弥补差距的实践和政策。基金会的工作围绕着以下关键问题展开：问责制、在整个学生成就系统中缩小差距、大学和职业准备标准和评估、年轻非法移民暂缓遣返行动计划（Deferred Action for Childhood Arrivals）、拨款公平、高绩效学校、2015 年《每个学生成功法案》、强大的教师和领导、学生体验：数字背后的故事。

教育信托基金会推进强有力的、注重公平的问责制。问责制本身并不能弥补差距或提高成绩，只有教育工作者和学生的努力才能实现。但好的问责制可以为人们树立明确、有意义、有抱负、可实现的目标，并促使让他们团结起来；向家长、教育工作者和社区成员提供有关学校如何运作的信息；在需要的地方及时支持改进；以及保护纳税人对教育的投资。① 教育信托基金会的研究重点是分析当前问责制的优缺点，以及促进联邦和州问责政策的具体建议。基金会研究问责制涵盖许多领域。以《每个学生成功法案》为例，总统奥巴马 2015 年12 月签署该法案。基金会认为自身有责任与国家领导人、倡导者、教育工作者、家长和决策者一道工作，围绕基金会的使命和目标，帮助推动国家努力缩小长期存在的机会和成就差距，这种差距会将有色人种学生和低收入群体学生与同龄人分开。为此，基金会提供了许多研究报告及资源，包括：理解法律的关键要素；向各州领导人提供深入的情况说明；最新的改善各州计划的分析和方法；《每个学生成功法案》下的学校改进；学校进步的证据；学校改进的早期干预措施；升级的干预措施；扩大儿童早期教育项目的覆盖面；招聘、公平分配、留住优秀教师，促进学校发展；学校领导；对所有学生进行严格的学习；确保积极的学校氛围和文化；资源分配审核：学校改进的一个关键步骤等。② 这些研究资源为法案在全美国范围尤其在各州的实施提供了有力的支撑。

教育信托基金会针对美国关涉学生的移民政策进行了倡导。"梦想法案"——"年轻非法移民暂缓遣返行动计划"，旨在为 16 岁以前随父母非法赴美、在美连续生活 5 年的无案底非法移民提供一条入籍途径。该法案在美国国会的通过一直受阻，而且美国各州的移民政策变得越来越苛刻。[①] 2017 年 9 月，特朗普政府宣布结束"年轻非法移民暂缓遣返行动计划"。基金会认为这个决定是不负责任和不道德的，使 80 万儿童和青年人的未来面临风险，其中许多人是学生。涉及的这些年轻人被称为筑梦者，他们面临驱逐出境的威胁。基金会认为这些筑梦者有的在公立学校教书和学习，有的在高等教育机构就读，有的加入了我们的劳动大军，这有利于美国的经济。他们是社区不可或缺的成员，在为自己和家人谋求光明的未来。[②] 据皮尤研究所的数据，美国每年有近 400 万名未登记学生，占 K - 12 学生总数的 7% 以上，65 万名高中毕业生——其中许多人渴望上大学。[③] 教育信托基金会与全美各地的倡导者一直呼吁国会通过"梦想法案"，为这些年轻人争取公民权，并采取了一系列行动。

2. 高等教育政策与实践研究

研究证实，与其他任何因素相比，高等教育与获取更多的收入潜力相关性最高，拥有学士学位的成年人失业的可能性只有一半左右。学生接受高等教育并取得学位是实现社会和经济流动的通行证，但是能够入学、承担费用并完成大学学业的学生很少。教育信托基金会的高等教育工作是以公平为中心，重点是缩小入学和学业成功方面的差距，使学生特别是低收入家庭和有色人种家庭的学生上大学更便捷实惠。教育信托基金会的工作以数据为核心，通过数据进行监控，发现问题，并找出存在问题的机构。教育信托基金会的高等教育工作主要关注入学、负担能力和财政援助、完成学业和成功、推迟儿童入境行动、突出成就模型、《高等教育法案》再授权。

在过去的 40 年里，美国大学入学率一直在上升，但不同群体入学率的差距仍然存在，特别是对于非裔美国人、拉丁美洲人和本地学生，以及那些来自低收入家庭的学生。有色人种学生和低收入家庭的学生不太可能上大学，而当他们上大学时，他们更可能上毕业率较低的营利性大学或社区大学。即使经过 40 多年的发展，今天低收入家庭的学生上大学的人数也比 20 世纪 70 年代中期高收入家庭的学生少。研究表明，在许多高校，白人学生和有色人种学生的

① 郑文阳，王睿昕. 奥巴马传：无畏的新征程 [M]. 北京：新世界出版社，2013：245.
② The Education Trust. DACA: Deferred Action for Childhood Arrivals [EB/OL].https://edtrust.org/issue/deferred-action-childhood-arrivals/，2024 - 03 - 04.
③ Let Young Dreamers Continue to Dream. The Education Trust [EB/OL].https://edtrust.org/the-equity-line/let-young-dreamers-continue-dream/，2024 - 03 - 04.

毕业率存在显著差异。为了缩小这些差距，让所有学生公平地获得高质量的高等教育机会，教育信托基金会的高等教育政策和实践团队开展一系列策略和行动。它们包括：（1）提供在线大学绩效检索系统，① 这是一个为学生和家长、学校顾问、研究人员和决策者提供的免费工具，可以根据绩效搜索和比较美国任何一所四年制大学或大学的毕业率等信息；（2）提倡高校通过增加校园社会经济和种族多样性来促进公平；（3）制定和推动改善低收入家庭学生和有色人种学生的大学入学机会的政策建议；（4）与州立大学和大学系统合作，减少低收入学生和有色人种学生的入学差距。

教育信托基金会开展的工作涉及高等教育的生源、财政、学习评估、政治、法律、社会等层面，体现出基金会研究、影响国家高等教育的全面性和深刻性（具体见表 3-27）。

表 3-27　美国教育信托基金会部分高等教育行动事项②

时　间	行　动　事　项
2017 年 9 月 5 日	教育信托基金会加入 70 个高等教育倡导团体，呼吁国会保护佩尔助学金，并负责任地增加最高奖励
2017 年 8 月 31 日	教育信托基金会与 35 个高等教育宣传团体呼吁特朗普总统拯救"年轻非法移民暂缓遣返行动计划"
2016 年 7 月 12 日	教育信托基金会在众议院拨款委员会审议的劳工卫生与公众服务部教育财政 2017 年度拨款法案声明中告知国会"不要离开低收入学生"
2016 年 6 月 23 日	教育信托基金会发布关于美国最高法院支持得克萨斯大学奥斯汀平权行动计划决定的声明
2016 年 6 月 9 日	教育信托基金会发布关于美国参议院拨款委员会通过《劳工、卫生和公共服务、教育和相关机构拨款法案》的声明
2016 年 4 月 13 日	教育信托基金会与教育倡导者和高等教育协会联合，敦促众议院和参议院拨款委员会成员拒绝任何将佩尔助学金拨款计划的资金转移到其他用途的行为

① College Results Online. https://www.collegeresults.org/, 2019-03-04. 教育信托基金会于 2018 年 5 月更新了该数据库。目前在线大学绩效包括 2015—2016 学年的毕业率和其他关键学生数据。2019 年，还增加新的数据，包括低收入学生（佩尔助学金获得者）和非低收入学生（未获得佩尔助学金）的毕业率。
② 根据美国教育信托基金会官方网站资料整理. History of Ed Trust Action on College Access-The Education Trust［EB/OL］. https://edtrust.org/what-we-do/advocacy-legislative-affairs/history-of-ed-trust-action-on-college-access/, 2024-03-04.

续　表

时　　　间	行　动　事　项
2015 年 5 月 29 日	卡蒂·海考克在美国民权委员会简报会的一个小组上就大学入学率、持续性和毕业率对少数民族社会经济流动性的影响发表了讲话
2015 年 5 月 19 日	教育信托基金会与世代进步组织、大学入学与成功研究所、美国学生协会和青年无敌组织联合向亚历山大和克莱恩主席以及排名成员默里和斯科特致信，敦促就如何基于出勤率按比例分配学生贷款如何影响大学的负担能力、入学率和成功率进行更多研究
2015 年 4 月 28 日	何塞·路易斯·桑托斯博士在得克萨斯大学埃尔帕索召开的题为"21 世纪美国高等教育中的拉美裔服务机构"的会议上发言
2015 年 4 月 13 日	何塞·路易斯·桑托斯博士在宾夕法尼亚州米德维尔市阿勒格尼学院福特分会举行的 2015 年经济执行官圆桌会议上，就高等教育和美国梦的未来进行了演讲，探讨了在一个变动的全球化世界中，高等教育对社会流动、机遇和经济繁荣的影响
2015 年 3 月 19 日	教育信托基金会关于众议院 2016 财年预算中佩尔助学金最高水平的声明
2015 年 3 月 16 日	何塞·路易斯·桑托斯博士在国会拉美裔高加索研究所年度国会山政策简介系列活动上就大学入学率、负担能力和问责制发表了讲话

（五）开发教育数据工具

教育信托基金会开发了一系列工具，帮助学生、家长、教育工作者、决策者和倡导者更容易找到和使用关键的教育数据。这些数据工具主要包括：州级教育监测报告，在线大学绩效系统，州级资金权益数据工具，P - 12 交互式作业分析工具，州级学术绩效与改进工具。州级教育监测为所有学生群体提供关于教育成就的关键州级数据，并比较了这些重要指标的状态性能，分享其他州的最佳教育实践。在线大学绩效系统提供了全国大学的大学毕业率、实际学费和其他重要信息，帮助学生识别高绩效的学校。州级资金权益数据工具提供了各州教育资金按家庭收入水平和种族分配及使用的情况。基金会认为资金不平等是造成学校及其他不平等的源头，国家应在教育低收入家庭学生和有色人种学生群体增加资金投入，这些学生可以从学校的额外支持中获益。该数据工具为资金的合理分配提供了数据证据。P - 12 交互式作业分析工具包括一系列中学各种年级和科目的作业，并从具有不同人口统计学特征的学校收集学生作业。这些作业按照读写任务分析框架分为低、中、高三个层次。该工具首先记录每个作业任务的得分情况，然后列出支持得分的详细信息。在注释的后半部分中，特别突出了任务中的关键领域，并提出了一些问题供学生思考。州级学术绩效与改进工具提供交互式服务，该工具使用了 NAEP 数据，这是全美国 50 个州唯一具有可比性的评估结果。工具能够方便地提供所在州当前学业成绩和进步总体情况，并可与其他州、全国平均水平数据进行比较。

教育信托西部基金会专门开发了针对西部的一系列工具。这些工具帮助加利福尼亚州的学生、家长、教育工作者、决策者和倡导者更容易找到和使用关键的教育数据。工具包括：加利福尼亚州地区在线报告卡、地方控制和责任计划（Local Control and Accountability Plan，简称 LCAP）监测系统、加利福尼亚州财政援助跟踪系统。① 加利福尼亚州地区在线报告卡是一个独特的社区友好型网络工具，它为加利福尼亚州最大的学区提供四个指标的分数和排名，这些指标显示他们为拉丁美洲、非洲裔美国人和低收入学生提供的服务情况。按照规定，每个加利福尼亚州学区、县教育局和特许学校必须有一个 3 年的地方控制和责任计划，称为地方控制和责任计划。② 地方控制和责任计划监测系统是地方控制、责任计划和资源的存储库，包含学区使用州级资金的计划，可以支持地区开发更好的执行方案。加利福尼亚州财政援助跟踪系统持续更新加利福尼亚州学校和地区的大学助学金申请率，可以了解加利福尼亚州高中和学区在帮助学生完成大学助学金申请方面的表现。它报告了完成联邦助学金（Free Application for Federal Student Aid，简称 FAFSA）和加利福尼亚州助学金（California-Financial Aid）申请的十二年级学生的百分比。加利福尼亚州助学金计划是美国最大的州级资助的财政援助计划，该计划为平均成绩至少为 2.0 的高中毕业生提供奖励。系统显示，2017 年，加利福尼亚州十二年级学生有66％申请联邦助学金，58％申请加利福尼亚州助学金，③ 申请比例只有一半多，表明还有数亿美元潜在的财政援助可能还没有得到开发应用。

---

① The Education Trust. Data Tools ［EB/OL］. https://edtrust. org/our-resources/data-tools/，2024 - 03 - 05.

② LCAP Watch. Watching California's Local Control and Accountability Plans ［EB/OL］. https://lcapwatch.org/，2024 - 03 - 05.

③ California-Financial Aid Tracker ［EB/OL］.https://financialaid. edtrustwest.org/，2024 - 03 - 06.

（六）宣传与出版

　　教育信托基金会的出版物内容主要涉及基金会研究领域的关键数据、分析和经验教训，探索有效的实践和政策，甄别无效的做法和政策，旨在填补机会和成就方面的空白，提供促进教育公正所需的信息和工具。教育信托基金会在其官方网站上提供了160种出版物的检索结果，其中包括研究报告、新闻稿、声明和评论、公开演讲和证词等。基金会为不同利益相关者提供了有针对性的资源。以《每个学生成功法案》为例，其官方网站提供了"《每个学生成功法案》概述"，下设6个关键词链接：标准、评估、问责制、公开报告、教师和领导、基金。① 点击不同的链接可以下载相应的文本内容。"标准""评估""问责制""公开报告""教师和领导""基金"部分均回答三个问题：为什么该事项对公平很重要？《每个学生成功法案》需要什么？公平主义倡导者应该问什么关键问题？这三个问题分别阐释了原因、各层面的需求、监督重点，为不同的利益群体提供了指导。这也是智库影响舆论，教育民众功能的体现。这些资源为所有学生设定高标准，提供满足这些标准所需的资源，评估并向所有学生汇报进展情况，并确保在任何学校或任何学生群体偏离轨道时采取行动。因而，这些资源代表了以公平为中心的学校体系的关键组成部分。教育领导者、立法者、家长、企业和民权团体成员以及倡导者可以利用这些资源来促进教育公平。

　　另外，教育信托基金会还提供情况说明书和信息图。情况说明书对教育中关键问题进行概述，为培训和提高认识提供了有用的数据简介。信息图是把数据、信息、图片、文字等融为一体，通过丰富而生动的信息图表向教师、家长、倡导者和决策者传达重要数据，表明政策主张和观点。

（七）启示

1. 明确的智库宗旨是行动的指南针

　　教育信托基金会明确其宗旨是公平驱动，以数据为中心，以学生为核心。目标是致力于缩小有色人种学生和低收入家庭学生机会差距，支持提高这类学

---

①　The Education Trust. The Every Student Succeeds Act：What's in It? What Does It Mean for Equity？［R］. JANUARY 2016：1－9.

生的成绩，并帮助他们取得更高学业成就。基金会紧扣自身使命采取一系列行动，包括 P‑12 教育政策与实践、高等教育政策与实践。基金会的行动方式与策略、出版与宣传均以其宗旨和目标为圆心，从而确保了智库教育政策研究的高效和质量。

2. 构建广泛的合作网络，形成强大的政策影响力

强大的合作网络是智库影响政府政策的重要力量。教育信托基金会与教育公平的倡导者们合作，从教室到州政府、社区中心到董事会会议室，形成了一个服务于基金会宗旨与目标的合作伙伴关系网络，共同致力于建设所有学生需要和应该获得的优质学校和教育系统。基金会还经常与有共同价值追求的社会团体共同发表声明，参加公众活动，力倡通过"梦想法案"、恢复"年轻非法移民暂缓遣返行动计划"、保障佩尔助学金等教育法律与政策，保障有色人种学生和低收入家庭学生的教育权益。

3. 注重影响政策的方式选择

智库以影响政府政策决策、制定进程为主要目的。教育信托基金会充分运用各种方式影响美国政府的相关教育政策。其方式主要包括开发在线数据系统，推出研究报告、情况说明书和信息图，针对专门事项发表声明，出席国会有关会议发表演讲或提供证词，向众议院参议员致函，与倡议组织联合声明，发布新闻和评论等方式。可见，基金会影响政策的方式多元化，针对不同主体，不同类别的事项采用不同的方式，以确保智库影响力的提升。

十、哈佛大学教育政策研究中心

（一）基本概况

教育政策研究中心（Center for Education Policy Research，简称 CEPR）是哈佛大学下设的世界知名高校智库之一。美国宾夕法尼亚大学发布的《全球智库报告》关于教育政策领域的顶级智库排名中，教育政策研究中心 2013 年排第四名，2014 年、2015 年、2016 年连续三年排第六名，2017 年排名第七

名，《全球智库报告 2020》[①] 显示，其排名居第六位。教育政策研究中心认为，要想取得显著改善所有儿童的教育成果，证据必须发挥关键作用。经过成立近十年来的探索，教育政策研究中心建立了通过有质量的研究和证据的力量来改变教育的系统方法；为了确保所有学生进行学习和茁壮成长，教育领导者作出重要决策时，应利用事实和发现，而不是趋势和未经检验的假设。教育政策研究中心的行动理论：开展确切的、可访问的研究来回答教育领域的关键问题；发展教育机构内在地发现和使用证据的技术和组织能力；创建一个致力于利用证据促成学校和系统进步的共同体。[②] 教育政策研究中心依据上述行动理论开展计划和提供服务，围绕教育系统中支持学生、教师和教育领导者需要的广泛主题提供及时、易理解的研究，开发并提供工具、培训和人才，以支持学校和学校系统使用证据。例如，通过战略数据项目奖学金计划（Strategic Data Project Fellowship Program）、暑期学院、数学教学质量辅导学院（Mathematical Quality of Instruction Coaching Institute）、在线培训课程以及教育研究伙伴关系博士奖学金计划（Partnering in Education Research Doctoral Fellowship Program）为数据人才提供渠道。同时，教育政策研究中心还召集研究人员和实践者组成网络和工作组，通过研究致力于发现和分享在教育领域最有效的实践，如试验场（Proving Ground）和战略数据项目（Strategic Data Project）。战略数据项目是一个由教育领袖、数据战略家和教师组成的多元化、充满激情的社区，致力于应用数据帮助所有学生取得成功。[③] 该项目已经推动了超过 125 个学校系统和组织的数据变革，适应了信息化时代的需求。

（二）组织和人员结构与资金来源

从组织人员构成看，教育政策研究中心领导机构由 8 人组成，其中培训与项目经理 1 人，外联经理 1 人，外联与合作副主任 1 人，外联与参与高级专员 1 人，高级主管 1 人，研究所与工具包项目专员 1 人，K-12 项目高级经理 1

---

① McGann，James G. 2020 Global Go To Think Tank Index Report（2021）. TTCSP Global Go To Think Tank Index Reports.18 ［EB/OL］. https://repository. upenn. edu/think _ tanks/ 18. P151.

② Center for Education Policy Research at Harvard University. About ［EB/OL］. https:// cepr. harvard. edu/about，2024 - 12 - 004.

③ Strategic Data Project. Who We Are ［EB/OL］. https://sdp. cepr. harvard. edu/who-we-are，2024 - 12 - 004.

人，高等教育项目主管1人（见表3-28）。

表 3-28　哈佛大学教育政策研究中心领导机构人员基本情况①

序号	职　位	姓　名	简　　　介
1	培训与项目经理	杜·莫雷拉（Du Moreira）	战略数据项目（Strategic Data Project）的培训与项目经理，负责奖学金项目线下和线上学习活动的管理工作。他拥有哈佛大学教育研究生院教育硕士学位，在设计学习体验和组织会议方面富有经验。他曾领导过一所虚拟学校，这使他拥有利用数据为教育决策提供依据的专业能力。工作之余，他喜欢讨论语言学习、参加音乐会、旅行，探索自己祖国巴西的文化和美食
2	外联经理	卡特里娜·布赫塔（Katrina Buchta）	战略数据项目的外联经理，她负责奖学金项目的推广、招募和选拔工作。在加入研究中心之前，她曾就职于新英格兰北部慈善机构，负责缅因州、新罕布什尔州和佛蒙特州的美国服务队项目的早期人才和多元、公平与包容招募策略的协调工作。她还在各种非营利教育机构工作过，特别是在校外实践、大学入学和基于体育的青少年发展领域。她拥有贝茨学院社会学和教育学士学位，以及哈佛大学教育研究生院教育领导力、组织和创业硕士学位
3	外联与合作副主任	艾莉森·西格尔·格雷里耶罗（Alison Segal Guerriero）	战略数据项目外联与合作副主任，负责领导战略数据项目的合作关系以及奖学金项目的招募和选拔工作，并为研究中心的内部组织规划提供信息支持。此前，她曾在战略事务（Strategy Matters）机构任职，负责监督业务拓展渠道，并作为非营利组织和政府机构的顾问，领导战略规划和资源开发工作。此外，她还曾在马萨诸塞洞察教育（Mass. Insight Education）机构工作过，负责管理学校转型州发展网络，管理联盟建设和合作伙伴关系协调工作，并协助开展宣传事务。还曾担任过幼儿教师。她获得布朗大学公共政策硕士学位，并持有康涅狄格大学人类发展和家庭研究学士学位
4	外联与参与高级专员	罗伯特·波拉德（Robert Pollard）	负责战略数据项目的校友网络相关工作。2015年加入战略数据项目团队，致力于战略数据项目奖学金项目长达8年。此前，他是研究中心下属的中学生数学教师与教学调查项目以及国家政策与实践研究中心的项目助理。在这些岗位上，他协助进行学

① Strategic Data Project. SDP Team［EB/OL］. https://sdp.cepr.harvard.edu/people/staff，2025-01-29.

序号	职 位	姓 名	简 介
4	外联与参与高级专员	罗伯特·波拉德（Robert Pollard）	区招募以及调研方案的制定，以评估行政人员对研究成果的应用情况。他还曾做过和平队的英语外语教学志愿者，拥有加利福尼亚大学洛杉矶分校国际发展研究学士学位
5	高级主管	米里亚姆·格林伯格（Miriam Greenberg）	负责监督研究中心的专业发展和培训项目，并致力于帮助教育机构建立和维持以数据为驱动的领导力和研究能力。她为战略数据项目奖学金计划、战略数据项目分析领导力学院以及教育研究合作奖学金计划等关键项目提供指导和支持。她还为该中心的战略领导活动作出贡献，并支持研究中心内部和外部外联沟通工作的成长与发展。她在《教育管理季刊》（Education Administration Quarterly）、《教育周刊》（Education Week）和《可用知识》（Usable Knowledge）等刊物上发表不少作品。她负责过与教师效能相关的评估项目，其中包括研究中心的最佳前行项目（Best Foot Forward Project），这是一项旨在确定视频技术能否改善课堂观察的研究。在加入研究中心之前，她负责《新教师项目》（The New Teacher Project）评估和评估部门的战略传播工作。她还从事课程开发工作，为相关教育组织设计过教学内容。她拥有哈佛大学肯尼迪政府学院公共管理硕士学位
6	研究所与工具包项目专员	朱莉娅·卢布纳（Julia Lubner）	负责开发和推广战略数据项目的评分标准和诊断工具。她获得纽约大学斯坦哈特文化、教育和人类发展学院教育与社会政策硕士学位，以及佛蒙特大学人类发展与家庭研究理学学士学位。在不为学生权益奔走呼吁的时候，她会花时间阅读、练习瑜伽、吃饼干以及观看纪录片。她目前居住在马萨诸塞州的波士顿
7	K-12项目高级经理	丽贝卡·马歇尔（Rebecca Marshall）	负责管理战略数据项目奖学金项目，该项目与教育机构合作，寻找和培训数据领导者，以发现趋势、衡量解决方案，并有效地向利益相关者传达证据。她将时间分配在支持全国这些数据领导者的个人发展和工作上，同时监督课程，提升研究员生成证据和组织变革的能力。在加入研究中心之前，她曾在特拉华州教育部教师和领导者效能部门担任数据策略师，负责监督该州首个教育者准备项目报告的开发工作。她拥有哈佛大学教育研究生院教育政策与管理硕士学位，以及特拉华大学的文学学士学位

序号	职　位	姓　名	简　　介
8	高等教育项目主管	犹大·斯马克（Juda Smack）	毕业于斯沃斯莫尔学院，并获得性别与性研究学士学位，辅修黑人研究。在斯沃斯莫尔学院就读期间，他与几个跨文化中心合作，专注于多样性和包容性的行政及活动相关工作。他是一名梅隆·梅斯本科生研究员，这使他有机会在本科期间对黑人女性主义和跨性别女性主义进行独立研究。他还在奥德丽·洛德项目（Audre Lorde Project）实习过。在担任高等教育项目主管之前，他曾在战略数据项目担任高级项目协调员

　　从表3-28可见，教育政策研究中心的领导组织人员精干，各司其职，分工明确，人员受教育背景较好，有丰富的研究经验及广泛的教育管理实践，与政府部门沟通顺畅。

　　教育政策研究中心有职员59人，其中哈佛大学职员24人，附属职员24人，核心成员41人，教育研究伙伴（Partnering in Education Research，简称PIER）研究员21人（均为博士生），博士生31人，咨询委员会11人，督导委员会7人。其中，哈佛大学职员主要来自教育研究生院、肯尼迪学院，附属职员来源广泛，包括约翰斯·霍普金斯大学教育学院、得克萨斯经济学院、俄勒冈州立大学数学系、马里兰大学教育学院、范德堡大学皮博迪学院、哥伦比亚大学师范学院、科罗拉多大学波德分校、达特茅斯学院、城市研究所等，囊括知名高校、研究机构、智库等，体现出开放性、多元化的特征。咨询委员会成员包括新学校风险投资基金首席执行官、大学委员会总裁兼首席执行官、马萨诸塞州中小学教育部首席战略和规划官员、马萨诸塞高等教育委员会主席、夏洛特梅克伦堡学校前校长、彼得·戈尔曼领导协会总裁兼首席执行官、数据质量运动创始人、教育信托基金总裁兼首席执行官、美国联邦教育部前部长、新墨西哥州教育部部长、达特茅斯学院教授、路易斯安那州教育督学等，囊括高校、基金会、学会、各级政府等。督导委员会成员则来自哈佛大学公共政策、政府管理、教育与经济、社会学等领域的专家学者。核心成员和督导委员会以中心所在学校为依托，保证了研究与监督力量的集中，附属职员及咨询委员会的多元化来源则为中心提供了广阔的外部合作伙伴与关系网络，有利于智库整合优质社会资源。

　　教育政策研究中心的资金来源广泛。资助者主要有比尔和梅琳达·盖茨基金会、彭博慈善机构、波士顿卓越计划、学校系统管理中心、马萨诸塞协会、福特基金会、公立学校基金会、赫克歇尔儿童基金会、教育科学研究所、雅各布基金会、未来工作、劳拉和约翰·阿诺德基金会、马萨诸塞州2020、马萨诸塞州中小学教育部、国家科学基金会、特拉华州罗德尔基金会、小贝克特尔基金会、史密斯·理查德森基金会、斯宾塞基金会、教育创业项目、战略赠款伙伴、公立学校峰会组织、大西洋慈善、大学委员会、乔伊斯基金会、美国教育部、沃尔顿家庭基金会等，涵盖各类基金会、政府教育部门、计划项目，资金来源的广泛性确保中心研究的客观性与独立性，保证研究质量。

构建合作伙伴关系网络。自2008年成立以来，教育政策研究中心建立了一个面向全美国的强大合作伙伴关系网络，与它合作的机构有100多个，包括州、市和县学区、政府教育部门、教育机构、公立学校、特许学校和非营利组织、基金会、智库等。成员有机会互相学习各自的优势，共同面对挑战。

（三）研究内容及特点①

教育政策研究中心的研究重点聚焦于教师效能、高等教育入学机会与成功、学校改进与再设计。②具体涉及测量和改进高中生获得的课程，帮助他们进入大学；对学校成就网络影响进行评估；探索课堂中应用视频技术，使课堂观察过程更容易实现、成本更低；特许学校研究，教师实习评价，探索改进教师教学素养等。教育政策研究中心之所以确定这些重点议题，在于研究持续表明，教学是学生学术成长中最重要的校本因素；大学文凭已经成为实现稳定就业和金融安全的必要条件；对新模式、政策和方案的评估具有预测和改善未来教育的潜力。这些问题的分析可以为教育政策决策提供信息，并帮助提出改革建议。

1.加强教师管理和提升教师效能的路径研究

教师在学生的学习和成就中起到关键作用，最近的研究表明，相比学校系统控制的其他因素，如班级规模和学生所读学校，教师的绩效对学生的影响更

---

① 该部分内容主要参考：李倩雅. 国家支持下的政策革新——美国教育政策研究中心评述［J］. 外国中小学教育，2016（7）：1-5.
② Focus Areas | Center for Education Policy Research at Harvard University ［EB/OL］. https://cepr.harvard.edu/focus-areas，2023-12-05.

大。目前有多种方式测量教师效能得到可用数据，对教育政策的制定和实践极为有利。为此，教育政策研究中心的战略数据项目设计了"教育家诊断"，使机构领导更好地理解教师的绩效模式，以及确定潜在领域的政策变化，运用教师效能这一杠杆提高学生成绩。2015年4月发布的教育报告《战略数据项目：教育家诊断（特拉华州教育部）》（SDP Educator Diagnostic Delaware Department of Education）就涉及州教育政策中的三个关键领域：教师的招聘、分配、新教师的成功；教师对学生学习的影响；教师留用和教师劳动的稳定性。报告发现：（1）新教师问题。特拉华州公立学校逾25％的教师从事教学仅5年或不到5年，8％的教师是新教师；极贫困学校的学生被新教师教的可能性更大；无论是从学校之间还是学校内部来看，特拉华州的新教师或初任教师所教学生的学业成就明显落后于老教师所教的学生。针对这些问题，特拉华州采取行动，对新教师进行培训与指导，政府开始实施政策确保新教师得到高质量的培训。2013年通过的《参议院法案51》（Senate Bill 51）目的是要提高特拉华州教师的培训标准和教学经验，实施严格的退出评估机制。政府于2013年推出了"综合指导创新拨款"，支持当地教育机构发展和实施创新指导方案，据此提高新教师的专业技能，帮助评估和反思，开发个性化的发展计划，提高教师的效率。（2）教师对学生学习的影响。特拉华州数学教师在教学的最初几年对学生的成长有实质性的影响；平均而言，特拉华州教师的学位高低对学生学习的影响不大；前两年对学生影响最大的教师在第三年继续保持最大影响；虽然教师对学生影响的评估是翔实的，但评估也因教师个人和时间的变化而变化。对此，特拉华州委员于2014年6月建立了教师薪酬和职业发展委员会（Committee to Advance Educator Compensation and Careers），负责开发一种选择性的薪资结构和教师职业生涯路径。该薪酬计划，除了考虑教师的知识、技能和经验外，还根据教师的表现提供奖励。（3）教师留用问题。特拉华州的教师稳定性高，超过80％的教师回到同一学校持续教学；整体而言，新上岗的教师不太可能被保留。当被录用5年之后，60％的教师坚持在特拉华州教学，只有40％坚持在同一所学校教学。特定类型学校的教师流动性更高，如贫困学校、特许学校。经过分析，特拉华州政府实施了几项教育举措，激励教师进入资源短缺的学校，从事关键科目的教学，提高教师的薪酬。该州还发起特拉华州人才合作计划，吸引并留住资源短缺学校的模范教师。除了学校补助和专业发展的教育方案，该计划还提供奖励（最高2万美元），使教师转移到或继续在资源短缺学校教学。另一项举措是推出大型的招聘活动，全州招聘门户网站是其中的一部分，目的是招募最好的教师到特拉华州任教。所有的学区都连接到这个中心招聘网站，这为学校招收和留住高素质的教师提供便利。此外，特拉华州还提出了一个试点项目，于 2011 年创建，鼓励早期聘用。

2. 提升大学入学率和毕业率研究

教育政策研究中心在 2012—2015 年通过战略数据项目（Strategic Data Project，简称 SDP）进行研究，发表了多份关于学生大学入学情况的调查报告。2015 年 1 月发表的报告《基于先前的学业成就，学生从九年级到大学的发展：科罗拉多州综合项目地区》调查了美国科罗拉多州的高中生毕业情况、大学入学情况和大学坚持情况。报告表明：第一，学生从高中到大学的发展变化明显受他们先前学业成就的影响。科罗拉多八年级学生在数学评估测试中成绩高的学生比成绩低的学生更可能坚持读到大学第二年。第二，学生进入大学的最大障碍是高中到大学的过渡，全州每 100 名九年级的学生，76 名能按时从高中毕业，其中 47 名能直接进入大学。这意味着 62% 的人能按时毕业直接进入大学，38% 能按时毕业却不能直接进入大学。在九年级数学评估测试中，成绩高的学生能按时从高中毕业，79% 能直接进入大学，21% 则不能。第三，选择直接进入大学的学生普遍能坚持下来，从全州来看，直接进入大学的 83% 的学生能坚持读到大学的第二年。本研究的结果表明，科罗拉多州当前的重点是促进学生从高中到大学的发展。研究结果还让地区管理者认识到以下问题：学生能申请和进入何种大学；决策如何影响高等教育的成功；学校系统如何帮助学生选择更好的高等教育；没有直接进入大学的高中毕业生能做什么，他们接受高等教育之后又能做什么。此外，鉴于八年级学生在"科罗拉多学生评估项目"（Colorado Student Assessment Program，简称 CSAP）中的表现和高中毕业情况之间的关系，高中和地区管理者应该作出决策让八年级落后的学生重回正轨，实现高等教育的成功。

科罗拉多州仍有许多工作要做，以实现高等教育的成功。为此，州实施了一些项目力图解决面临的问题。例如"科罗拉多儿童成就计划（Colorado Achievement Plan for Kids）"，也称"幼儿园对齐高等教育行动"，旨在监控学生从幼儿园到大学的成长，改善学校和地区的评估。学生大学入学情况还受到其他因素的影响。2015 年 4 月《匹兹堡公立学校高等教育成功的指标》（Pittsburgh Public Schools Indicators of Postsecondary Success）研究发现，学生的大学入学率与他们的大学准备状态有关。总体而言，匹兹堡公立学校

(Pittsburgh Public Schools) 的多数学生九年级结束时，还没有准备好上大学。大量匹兹堡公立学校的学生被认定为处于危急中或风险中。在研究群体中，九年级结束时 687 人处于危急水平，402 人处于风险水平，375 人高中毕业准备就绪，282 人做好了大学准备。学生中学后的去向普遍与他们九年级的大学准备状态有关。被评为危急水平的学生在九年级结束后的大学直接入学率是 11％。相比之下，处于风险水平的学生是 33％，高中毕业准备就绪和做好直接进入大学准备的学生的大学入学率分别是 58％、74％。早在 2011 年，为了帮助学生顺利从高中毕业，进入大学或就业，匹兹堡公立学校开始开发大学准备指标体系（College Readiness Indicator System）。该指标体系是一个工具，它为匹兹堡公立学校的管理者提供学生的高中毕业情况、中学后准备情况与成功的数据指标，它能识别需要额外帮助的学生，帮助他们实现中学后教育。具体来说，匹兹堡公立学校可以跟踪处于风险水平和高中毕业准备水平的九年级学生的表现，确保这些学生继续保持进步，成功毕业。再者，匹兹堡公立学校可以选择拓展大学准备指标体系，以识别在学校教育的前期就偏离轨道的学生。研究人员极力提倡对学生高中之前的表现进行跟踪分析，以支持学生进入或度过中学的关键阶段。同时，匹兹堡公立学校可以继续研究和细化大学准备指标体系，例如对学生课程的数据进行收集与整理，提高其精确度和预测能力。这些发现有助于匹兹堡公立学校的管理者确认潜在的最佳实践方案。同时，学校可以收集更多关于无法实现预期目标的学生大学准备情况的数据，更好地了解学生面临的障碍。最后，该地区可能考虑与地方高校发展伙伴关系，帮助合格的学生实现从高中到大学的过渡。

3. 教师绩效与学生入学率提升研究

2015 年 5 月《匹兹堡公立学校教师表现和学生的大学入学率的关系》调查了匹兹堡公立学校高中毕业生在九至十二年级的核心课程中得到的不同绩效水平教师的指导程度。在控制学生、学校和课程特点等因素后发现，在核心课程中接触不同水平的教师，对学生就读于两年或四年制院校有影响。简而言之，学生的大学入学率与他们在核心课程中接触到的教学水平有关。

当然，学生的大学入学率受多种因素的影响。例如，具有较好的大学发展前景的学生选择有更多优秀教师的学校就读的可能性更大。在学校内，成就更高的学生被分配给负责重点科目教学的、绩效高的教师的可能性更大。此外，同伴也有利于学生课程的成功。为了更好地理解教师的绩效和学生的大学入学结果的关系，需要对学生的特点、先前的学习成绩、就读的高中和高中课程情况加以控制。控制了以上提到的因素，匹兹堡公立学校高中学生的核心课程在表现达到熟练水平教师的教学下，其两年制或四年制的大学入学率为55％。如果教师的表现从熟练提高到精通，学生的大学入学率将上升到57％，如果学生的核心课程由两个或三个达到精通水平的教师教导，他们的大学入学率将上升到59％或60％。可见，在控制了学生、学校和课程特点后，匹兹堡公立学校的学生的大学入学率大不相同。实际上，由三名及三名高水平教师教导的高中毕业生的大学入学率超过70％；然而，在控制了前面指出的因素后可以预测，由三位精通水平的老师进行教学的高中毕业生的大学毕业率将达到60％。实际上，没有被精通水平的教师所教的高中毕业生的大学毕业率低于45％；同样可以预测，核心课程由精通水平的教师所教的大学入学率将达到55％。以上分析发现有如下启示：首先，即使在控制了一系列变量后，获得精通水平教学的学生的大学入学率高。加强核心课程中教师的绩效有可能影响学生的大学成果。目前匹兹堡公立学校加大资源的投入力度来提高教师绩效，这一举措对学生未来的成功影响巨大。其次，研究结果表明学校存在改进的空间。事实上，预测的匹兹堡公立学校的高中毕业生的大学生入学率很低（55％），其核心课程的授课教师的表现仅达到熟练水平。加强核心课程的教学质量需要大量的努力。努力提高教师的绩效和采取有针对性措施提高大学的入学率和坚持率十分重要。有研究表明，一些低成本的干预措施对中学后的教育成果有深远影响，如提供学生财政援助或发送短信提醒有关重要的期限。最后，虽然数据分析过程十分严谨，但是影响学生大学入学率的其他因素不能忽视。例如，大学入学咨询、测试资源的准备和核心学术课程之外的援助可能影响学生入学的结果。因此，进一步的研究有助于分析教师绩效与学生大学入学率之间的关系。

　　未来几年，教育政策研究中心计划研究一系列新的问题，如：创新技术激发学生学习热情，提高成绩；以更低的成本、更及时的方式对学生的概念性理解和开放式解决问题的技能进行评估；数字视频和反馈相结合，提高教师的实践。

（四）启示

1. 注重研究队伍的开放性和多元化

　　教育政策研究中心的研究人员包括哈佛大学的职员，也吸收来自其他知名大学和研究机构的人员，并通过"教育研究伙伴"机构把博士生组织起来，成为中心的重要研究力量。开放性、多元化的研究队伍有助于研究的客观性和质量保障。

2. 构建广泛的研究合作伙伴关系网络

研究网络的构建是研究得以全面、深入开展的基础，基于证据的教育政策研究需要智库能扎根社会的每个细胞，即社会的基层。教育政策研究中心开展合作的机构有 100 多个，包括州、市和县学区、政府教育部门、教育机构、公立学校、特许学校和非营利组织、基金会、智库等，形成了一个面向全美国的强大合作伙伴关系网络。这些机构之间已经形成了强大的组织网络与合作关系。教育政策研究中心不仅建立了强大的关系网络，还拥有以哈佛大学为平台的人才资源库和国家支持两大优势。通过项目研究，收集、分析有关学校、教师和学生水平的数据，以解决教育实践中的难题，促进美国教育改革，对美国的 K-12 教育改革起到了不可替代的作用。

3. 智库研究应聚焦重点及擅长领域

通过上文的梳理发现，教育政策研究中心的研究重点主要聚焦在教师效能、高等教育入学机会与成功、学校改进与再设计这几个领域。教育政策研究中心的研究重点体现了其宗旨"创建一个致力于利用证据促成学校和系统进步的共同体"。研究重点紧扣学生和教师两个教育教学的双主体，教学是学生和教师进行沟通的过程，也是学生学业成长中最重要的因素，中心研究的聚焦正是其宗旨的体现。

十一、哈佛大学全球教育创新中心
（教育研究生院）

（一）基本概况

哈佛大学全球教育创新中心（Global Education Innovation Initiative，简称 GEII）是哈佛大学教育研究生院下设的一个研究项目，也称为"全球教育创新计划"。该中心于 2013 年成立，是一个由哈佛大学教育研究生院与智利、中国、印度、墨西哥和新加坡等国教育研究者联合而成的跨国研究共同体。它针对教育政策研究与实践进行协作审查的活动，旨在为包括边缘化青年在内的所有学生提供与 21 世纪密切相关、强大和有效的教育政策与实践。中心通过研究有效的政策、实践和计划，支持 21 世纪全球教育领导力的发展。中心的目标是明确各类 K－12 教育机构是如何帮助学生发展 21 世纪必需的生活、工作和公民参与等方面的能力。该计划致力于增进对不同教育体系中的教育领导者和从业人员的界定、实践与 21 世纪相关教育的理解。

1947 年，教育权被列入联合国国际人权声明，国际教育运动兴起，极大保障了世界上大部分儿童享有基础教育的权利。进入 21 世纪，教育的持续发展需要在世界各地建立新的领导形式。21 世纪的信息经济需要面向未来的教育领导，而不是建立在过去的教育理论之上。领导能力对培养学生 21 世纪的能力越来越重要，这些能力包括批判性分析、创新、创造力、科学思维、自我认识和自我管理，以及人际、社会和观点理解能力等。它们不仅是为了个人和国家的经济福祉，也为了促进充满活力的公民领域，解决紧迫问题，以及培养有效的合作组织。然而，世界许多新兴经济体的教育领导力准备不仅依赖过去的理论，而且以过时的方式进行，如死记硬背的课堂教学。[①] 由于领导力是提高学生学习能力的关键手段之一，因此教育领导力培养的创新差距十分严重。此外，因为缺乏有效的领导方法的可信来源，知识差距阻碍了全世界的教育实践和政策，为世界上大多数儿童服务的教育系统建立领导地位的机会有失去的风险。全球教育创新计划受国际教育运动取得的成就和世界各国政府提高教育质量的努力鼓舞，更关注世界各国提高教育质量的迫切需求。提高教师和其他教育者的能力，可以为学生创造更多的学习机会，培养他们在知识学习、社会交往、心理素质等方面的能力，帮助他们更有意义地生活，更好地参与到经济与公民社会事务中，为社会可持续发展贡献力量。该计划尤其关注贫困儿童和边缘群体。

中心的工作分为三个部分：集合、研究、教育。集合的任务是构建致力于 21 世纪教育学习和实践的相关利益相关者的集合，包括投资人、政策制定者、研究人员、实践者、家长和普通民众，形成全球合作伙伴的动态学习网络。寻找教育系统和其他相关领域的领导者，共同实现与我们目标吻合的教育改革。

---

① Mission. Global Education Innovation Initiative［EB/OL］. https://globaled.gse.harvard.edu/our-mission，2024－03－10.

由此形成国际性的网络，并进一步使这些机构的各类活动形成更大的规模性和协同合作性的影响力。研究的任务是组织关于 21 世纪教育的系统科学性研究，发展 21 世纪竞争力的综合性理论，推动教与学的设计，寻找协调教育系统与学校的新方法，让教育在中央集权和地方自治之间取得新平衡。在现有众多提高教育重要性的努力前提下，中心希望研究的目标是明确、学习和传播以下相关知识：支持组织性学习，提升全球网络的效率，提高各机构和相关行动者推动 21 世纪教育的兴趣；与教育领导人和从业人员共同创造有益的学习机会、工具和协议，以促进学生参与、有效性和增强教学和学习能力。教育的任务是甄别出可以培养 21 世纪竞争力的学校、项目和实践，帮助学校大规模转型，从而更好地给学生提供有关 21 世纪竞争力的学习机会。中心与支持改进教育的机构进行合作，开展各类项目。① 三部分工作互相依赖，构成一个有机的研究系统。

哈佛大学全球教育创新中心的资金来源广泛，涉及政府部门、研究机构、基金会、个人等不同的主体。如雅可布基金会、哈佛大学教育研究所、智利教育部、哈佛—智利创新计划、戴维·洛克菲勒中心拉丁美洲研究所等，以及来自个人的资金支持。

（二）组织结构与人员

哈佛大学全球教育创新中心设主任 1 名，咨询委员会成员 10 名（见表 3-29）。现任中心主任为费尔南多·M. 雷姆斯教授（Fernando M. Reimers），他是福特基金会国际教育实践教授和哈佛大学国际教育政策硕士项目主任。② 雷姆斯教授是全球教育的专家，研究和教学的重点是了解如何教育儿童和青年，使他们能够在 21 世纪茁壮成长。他研究教育政策和领导如何促进教育创新和质量提高，包括设计和促进高等教育的创新。他在哈佛创新实验室（Harvard Innovation Lab）教授一门关于教育创新和社会企业家精神的课程，学生们通过该课程可以学习如何发展创新教育组织；他还教授了一门关于教育政策分析和比较研究的课程，探讨世界各国政府面临的核心教育政策挑战。作为他领导

---

① 《21 世纪的教育与学习：来自六国的教育目标政策与课程》大纲 [EB/OL]. https://globaled. gse.harvard.edu/files/executive_summary_chinese_final_160617.pdf, 2024-03-11.
② Global Education Innovation Initiative. Our People [EB/OL]. https://globaled. gse. harvard.edu/our-people, 2025-01-29.

的全球教育创新计划工作的一部分，他与他的同事完成了一项关于智利、中国、印度、墨西哥、新加坡和美国课程中反映的教育目标的比较研究，该研究由哈佛教育出版社出版了《21世纪的教育与学习：来自六国的教育目标政策与课程》一书。出版的另一本书《十五封关于新加坡教育的信：马萨诸塞州教育工作者代表团2015年访问新加坡的思考》，探讨了新加坡努力建设一个强大的教学专业所能吸取的经验教训。出版的《赋予全球公民权利：世界课程》一书讨论了为什么全球公民教育与帮助学生推进人权、为实现可持续发展目标作出贡献是我们这个时代的当务之急。他的著作对21世纪全球优秀毕业生的形象进行了概念化和定义。他主持一个每年举办一次的智库论坛，为哈佛大学带来了全球教育思想和实践的领导者。他还积极为美国政府、国际发展组织、大学、公立和独立学校以及其他教育机构提供建议，以提高这些机构教育决策的质量和相关性。此外，他还担任多种兼职。他是马萨诸塞州高等教育委员会的成员，在该委员会担任战略规划委员会主席，该委员会与该州所有大学合作，使其战略计划与该州的愿景项目保持一致。他是联合国教科文组织美国委员会成员，也是美国国际发展署冲突与危机教育指导小组的成员，与美国、亚洲、拉丁美洲和中东的政策制定者开展合作。他还是国际教育学院的研究员和外交关系委员会的成员。

表3-29　哈佛大学全球教育创新中心咨询委员会成员①

序号	姓　名	身　份
1	戴维·巴思（David Barth）	福特基金会青年机会和学习的负责人
2	吉姆·尚皮（Jim Champy）	麻省理工学院董事会终身成员、麻省理工学院董事会终身成员
3	路易·昂里克·加西亚·德布里加德（Luis Enrique García de Brigard）	哥伦比亚教育部前副部长
4	阿希尔·古普塔（Akhil Gupta）	哈佛大学高级领导研究员、黑石印度前董事长
5	阿尔琼·古普塔（Arjun Gupta）	风险投资公司TeleSoft Partners的创始人和管理合伙人

---

① 根据其官方网站内容整理. Advisory Board. Global Education Innovation Initiative［EB/OL］.https://globaled.gse.harvard.edu/our-advisory-board，2024-12-10.

序号	姓　名	身　份
6	M. 查里托·克鲁·万特（M. Charito Kru Vant）	全球专业服务公司、国际创意协会总裁、首席执行官和联合创始人
7	卢瑟·S. 吕特克（Luther S. Luedtke）	EDC 前总裁兼首席执行官
8	查尔斯·麦科马克（Charles Mc Cormack）	美国拯救儿童协会前总裁兼首席执行官
9	伦纳德·A. 施莱辛格（Leonard A. Schlesinger）	哈佛商学院工商管理学院贝克基金会教授
10	戴维·C. 温斯坦（David C. Weinstein）	"写世界"创始人、哈佛大学高级领导计划高级研究员

从表 3-29 可见，咨询委员会的成员来自包括教育、商业、基金会等机构，均是与教育有关的各行业高级管理者或专业人员，有利于不同行业、学科的交流、融合与创新。

（三）主要研究内容与工作

1. 研究的主要问题

全球教育创新中心正在研究的问题主要有：在一个日益相互依存的世界中，各类发达国家和新兴发展中国家的教育政策制定者和从业人员如何概念化和表达他们对教育目标和目的的理解？这些想法是如何在这些国家的示范性教育项目中表达和实践的？在不同情况下，尤其是对于边缘化青年，学习和教授21 世纪的能力面临哪些障碍和挑战？以及有哪些有效的援助和支持?[1]

哈佛教育研究生院的全球教育创新计划与世界各地的合作伙伴一起，利用哈佛大学丰富优质的知识资源，解决教育领导层的知识和创新之间的差距。通过合作研究、国际会议和在世界范围内传播教育领导方面的突破性材料，进而回答世界范围内教育面临的关键问题：如何引导学校和教育系统持续改进以帮助学生发展 21 世纪需要的能力。

---

[1]　Global Education Innovation Initiative. About Us［EB/OL］.https://globaled.gse.harvard. edu/about，2024-03-10.

在哈佛教育研究生院的全球教育创新计划中，合作者是研究人员和实践者，他们共同致力于增进关于什么是素质教育以及如何支持素质教育的知识，并且希望找到影响教育政策和实践的方法，以支持创造大规模高质量的教育方式，使所有学生包括边缘化青年都受益。

2. 研究21世纪教育

21世纪教育是全球教育创新中心研究与工作重点之一。21世纪教育的实质是全球教育，需要在情感、能力、学术层面具备相应能力。情感层面应对世界各地的文化差异持有积极的情感态度；能力层面需要具备在自己国家学会使用一门非主流语言进行理解、交流、思考的能力；学术层面要学习并理解世界地理与历史沿革，并了解当代的全球主流话题，如环境问题等。当前，21世纪教育在全球层面都面临困难，主要包括缺乏足够的反映世界各地历史与现状风貌的生动课程资源；缺乏具有多语种能力的教师资源；缺乏教师培训的相关内容资源；缺乏能够设置课程的时间资源。[①]

全球教育创新中心认为21世纪教育应注重：个人内部领域能力，人际关系领域能力，认知领域能力，价值观和态度，以及积极、参与和自主的教学法（见表3-30）。[②]

表3-30　21世纪教育的重点要素[③]

领　域	一级要素	二　级　要　素
个人内部领域能力	知识开放	灵活性、适应性、艺术和文化鉴赏力、个人和社会责任、文化意识和能力、多样性鉴赏力、适应性、持续学习、智力兴趣和好奇心
	职业道德和责任心	a. 主动性、自我指导、责任感、毅力；生产力、一类自我调节（元认知技能，包括前瞻性、表现和自我反思）、职业精神/道德；正直；公民身份；职业方向 b. 积极的核心自我评价，包括：一、二类自我调节（自我监测、自我评价、自我强化）、身心健康

① 哈佛 Reimers 教授谈全球教育创新［EB/OL］. https://www. sohu. com/a/210018005_660849，2024-03-12.
② Global Education Innovation Initiative. Educate［EB/OL］. https://globaled. gse. harvard. edu/educate，2024-03-11.
③ 根据其官方网站整理. Global Education Innovation Initiative. 21st Century Education［EB/OL］. https://globaled. gse. harvard. edu/21st-century-education，2024-03-11.

续　表

领　域	一级要素	二　级　要　素
人际关系领域能力	团队合作	沟通、协作、团队合作、合作、协调、人际交往技巧、移情/观点采纳、信任、服务导向、冲突解决、谈判
	领导	领导、责任、自信的沟通、自我展示、人际影响
认知领域能力	认知过程与策略	批判性思维、问题解决、分析、推理论证、解释、决策、适应性学习、执行功能
	知识	信息素养，包括利用证据研究和识别偏见的来源；信息通信技术素养，口头和书面交流，积极倾听
	创造力	创意与创新
价值观和态度		每个项目参与者培养的价值观和态度因国家、地区、哲学以及其他社会和文化因素而异。然而，价值观和态度对培养一个人的性格和塑造一个人的信仰、态度、决定和行动至关重要。每个组织应明确地说出他们在项目参与者中寻求培养的特定价值观和态度
积极、参与和自主的教学法		通过真实的现实环境进行个性化参与和学习，创造性地解决问题，从头到尾开发项目，与同事和导师合作，重点发展元认知能力，在将新知识融入现有概念框架的同时适应和应用新知识

全球教育创新中心向世界各地的教育领导者提供工具和信息，使他们能够更好地支持 21 世纪青年能力的发展，尤其是那些最脆弱和最没有特权的青年。21 世纪教育的主题涉及艺术、创意与设计思维，公民道德，数字媒体素养，创业，环境教育，金融素养，性别平等与女童教育，全球公民，STEM（科学、技术、工程、数学），社会情感学习。全球教育创新中心在全球范围内建立了开展 21 世纪教育的网络。这些区域包括非洲和中东、拉丁美洲和加勒比、亚洲、北美和澳大利亚、欧洲。同时，中心与全球 40 多个国际组织、基金会等密切合作，如阿夫拉图恩国际、民主教育研究所、联合世界学院、人口理事会、环境教育基金会、托尼·布莱尔信仰基金会等。

全球教育创新中心正筛选开展 21 世纪教育的组织，并与之合作建立一个虚拟的教育利益相关者网络。中心为筛选网络合作伙伴确定了标准，希望在世界范围找到不仅培养学生的认知能力，而且注重培养学生的社交、情感技能的教育机构。这些标准包括合作组织要从事 21 世纪教育涉及的主题，教授方法符合 21 世纪教育的重点要素要求，不仅有证明成功的证据，而且要证明其实践具有适应性、可扩展性、可传播的潜力，是教育中的行动者和创新者。中心经过初步研究，包括查看组织的网站，收集组织的现有信息及有效性证据，如果达到基本标准就会安排 30—60 分钟的电话访谈，进一步确定组织的特点是否可以合作。如该组织是否有一个鼓舞人心的教育愿景，这将激励学生和他们的社区在 21 世纪蓬勃发展，以及有一个充分发展的项目模式，立足于当地环境，有潜力帮助其他人在行动中认识到 21 世纪的教育不仅仅是为少数人，而是为所有环境下的所有儿童。据此，全球教育创新中心筛选出了部分合作组织，包括欧盟委员会、联合国环境规划署、经济合作与发展组织、卡塔尔基金会、世界联合学院等。以卡塔尔基金会为例，它发起的世界教育创新峰会（World Innovation Summit for Education），是一个为激发创新思维、辩论和行动而创办的国际性、跨领域平台。它通过一系列权威性研究和各种全年项目，为教育新方法提供了全球范例。同时，卡塔尔基金会还设置了世界教育创新项目奖，旨在挑选并推广能有效解决全球范围内教育面临的挑战的创新性教育实践项目。希望通过这一选拔和奖励机制，创造出一个连接全球各地教育变革者的网络，并在世界范围内激励创新。希望通过世界教育创新项目奖的认可和表彰，鼓励这些获奖项目不断推广创新的教育思想和实践，为人们带来更美好的未来。① 世界教育创新项目奖 2009 年创办至今，共有来自 150 个国家的 3 000 余个项目参与奖项角逐 60 个项目获奖。历年获奖项目代表了世界各国在教育创新领域的成功实践。2018 年 7 月，中国的 "一村一园计划" 获得 2018 世界教育创新项目奖。② 从全球教育创新中心选择卡塔尔基金会这一合作伙伴来看，与其倡导的 21 世纪教育理念相符，且具有强大的全球影响力，这为中心的活动开展提供了强有力的支撑。

　　中心还开展了其他研究项目。中心已经完成的项目有对智利、中国、印度、墨西哥、新加坡和美国六个国家的教育目标、政策和课程框架中表述的教

---

① 罗青. 2016 年度 WISE 教育项目奖揭晓 六个致力于迎接教育挑战的创新项目获奖 ［J］. 教育家，2016（41）：12 - 13.

② 中国政府网. 中国教育扶贫项目获 2018 世界教育创新项目奖 ［EB/OL］. https://www.gov.cn/xinwen/2018-07/18/content_5307253.htm，2019 - 03 - 12. "一村一园计划" 源于中国发展研究基金会 "山村幼儿园计划"，其中 "一园" 指的是山村幼儿园。2009 年，中国发展研究基金会通过和当地政府、捐赠企业、机构、个人及非营利组织深度合作，将山村幼儿园设在村一级单位，为偏远贫困村落 3—6 岁儿童提供低成本保质量的免费学前教育。截至 2018 年，"一村一园计划" 先后覆盖中国的青海、云南、湖南、四川、山西、新疆、贵州、甘肃和河北 9 个省区 21 个贫困县，惠及 17 万贫困地区儿童。

育目标的研究；目前正在进行的项目有：对 7 个国家推进 21 世纪教育项目的严格分析；对全球 50 个涉及 21 世纪 10 大主题：艺术/创意、公民/道德、创业、环境、金融、性别、全球公民、健康/体育、社会情感学习和 STEM 教育的项目进行识别和说明。

3. 构建全球合作伙伴网络

中心的合作伙伴参与的动机是能受益于与世界各地高质量机构的合作。教育创新中心与各国教育研究机构合作，包括巴西教育政策卓越与创新中心、智利高等教育研究中心、中国教育科学研究院、哥伦比亚大学教育学院、印度皮拉马尔基金会、墨西哥经济研究与教学中心、新加坡南洋理工大学国家教育学院，共同致力于教育创新研究。教育创新中心的合作伙伴的基本情况如下。

巴西教育政策卓越与创新中心（Center for Excellence and Innovation in Education Policies，简称 CEIPE-FGV）是巴西最优秀的高等教育智库之一，接受里奥·巴尔加斯基金会资助。其使命是在巴西的公共教育系统中发挥公平、创新和质量的作用，通过支持教育部部长和教育部制定和实施循证政策，产生和传播知识，为政策和实践提供信息，并培养对其教育系统发挥有效作用的领导者。

智利高等教育研究中心（Centro de Investigación Avanzada en Educación，简称 CIAE）是智利大学、康塞普辛大学和瓦帕拉索天主教大学三所主要大学联合倡议成立的。中心的使命是开展高水平的教育科学研究，从学术基础上促进智利儿童和青年的教育机会，同时为新研究人员的培训和发展提供空间。

中国教育科学研究院（National Institute of Education Sciences，简称 NIES）是教育部的科研机构，也是中国唯一的国家级教育科研机构。它通过在国家教育政策制定过程中提供建议、推进理论创新和指导实践，为中国教育的发展作出了贡献。该研究所与中国北部、东部、西部、南部和中部的五个地区建立了教育合作伙伴关系，为区域教育改革和创新提供咨询和信息援助。

哥伦比亚大学教育学院（Universidad Externado de Colombia，Facultad de Ciencias de la Educación）是一个高等教育教学和研究中心，为哥伦比亚和国际教师提供研究生课程。目前，教育学院提供两类硕士课程，一类是通识教育，另一类是教育评估和质量保证。学院的主要任务是通过教育发展学生能力、改变观念，使他们能够对当前变化的社会作出合适的应对。这些策略侧重于教育法、教学法、人类发展和评估。

印度皮拉马尔基金会（Piramal Foundation）为校长、教师、地区行政人员和青年人开设了多个领导力发展项目。"校长领导力发展计划"为期 4 年，旨在为学校校长提供全面的培训和发展，以提高他们学校的学习质量，成为更好的儿童学业和 21 世纪学习的领导者和教练。"教师领导力发展计划"为期 4 年，旨在为教师提供在职专业发展，使其成为更好的教学领导者，以此增进儿童的学业和 21 世纪的学习。"学区转型计划"为期 4 年，旨在为学区管理人员提供领导力课程，以改善可能影响儿童学业和 21 世纪学习的系统过程。甘地奖学金（Gandhi Fellowship）是一项为期 2 年的奖学金，提供给与农村校长、教师和行政人员共事的应届大学毕业生，帮助他们扭转失败的学校，进而发展他们的领导技能。皮拉马尔领导学院的成立将甘地奖学金的倡议进一步推进。学院与世界各地的各类社会部门（包括政府、学术界和企业）合作，以提高印度教育领导能力。

墨西哥经济研究与教学中心（Centro de Investigacióny Docencia Económicas，简称 CIDE）是一个领先的社会科学研究和高等教育中心。中心的主要目标是通过严谨的、相关的知识和培训，培养新一代领导人在开放和竞争的世界中具有创造性和责任感，促进墨西哥发展。

新加坡国家教育学院（National Institute of Education，简称 NIE）是南洋理工大学下设的研究机构。该机构提供各级教师教育包括从初始教师教育计划到在职教师的专业发展计划，以及校长、部门主管和其他学校领导的行政领导计划。它还管理研究生课程，颁发艺术、教育、体育和科学方面的高等学位。此外，它还提供兼职课程，使现有小学教师有机会获得教育学士学位。该机构与全球教育创新中心联合建立了一个全球教育创新中心实验室，[①]开展教育创新相关实验。

综合上述合作机构的情况，教育创新中心的合作伙伴在本国都具有强大的研究能力和影响力，这为中心与各国的高质量合作，产出高质量教育创新成果提供了资源保障，同时也为各国教育创新理论与经验的全球共享提供了畅通的渠道。

---

① Global Education Innovation Initiative. Related Organizations［EB/OL］. https://globaled. gse. harvard. edu/related-organizations，2024－03－12.

4. 举办会议凝聚共识

全球教育创新中心定期召集全世界的组织、从业人员、研究人员和其他公民行动者的网络来分享实践、政策和研究。全球教育创新中心推出了一个工作报告研讨会系列，工作报告包括实证研究论文、文献综述、案例研究、论文章节。以 21 世纪学习和教学为主题的研究性政策论文将作为建立对该主题感兴趣的学者和实践者社区的一种方式进行介绍和讨论。主题可能包括但不限于以下内容：青年参与行动研究，专注于 21 世纪青年能力发展的全球教育创新，如金融素养、创业技能、公民和领导能力、工程和设计技能和全球公民能力。[①] 工作报告研讨会每两周举行一次会议，每次会议讨论最多两篇论文，具体取决于提交的提案数量。

全球教育创新中心通过推特、脸谱网发布与 21 世纪教学相关的活动、新闻文章或资源，并与外界建立了畅通的联系渠道。

（四）提供丰富资源

出版物、视频、评估资源、课程资源、专业发展资源、中文资源、西班牙语资源。出版物包括大量的研究性书籍、报告等。《让教师做好教育全体学生的准备——国际比较研究》《21 世纪的教育与学习：来自六国的教育目标、政策与课程》《新加坡教育十五封信：新加坡之行的思考》《授权全球公民：世界课程》《为所有学生赋能》《在 60 节课上赋能学生改善世界（1.0版）》《一次一个学生，领导全球教育运动》《社会视角行为：早期青少年的功能构建和绩效测量的验证》《为韩国创新经济准备学生：教育改革的成功与挑战》《社会情感发展与学校学习》《将全球教育纳入本科核心课程》《21 世纪教育：来自哈佛大学高级领导智库的综合思想》《创造性成长：培养一生的创造力》《架起通向未来的桥梁：21 世纪教学的全球案例研究》等。这些出版物来自全球教育创新中心合作的不同机构，如雅可布基金会、斯坦福教育机会政策中心、创新教育基金会、加拿大亚太基金会等，展现出中心强大的研究网络构建能力。视频包括论坛、纪录片、演讲、采访等。专业发展资源是由 EL 教育（EL Education）提供的专业学习包，以在线研讨会的形式提供

---

① Global Education Innovation Initiative. Convene［EB/OL］. https://globaled.gse.harvard.edu/convene，2024 - 03 - 12.

EL 课程、教育学和基于研究的教育方法训练。课程资源包括 EL 教育提供的
"EL 共同核心成功""优秀模范：学生工作中心"网站。EL 教育是一家领先
的 K‑12 非营利组织，它创建课程、书籍和视频，并为学校、地区和州提供
专业发展。① EL 教育重新定义了全美国各地不同社区的学生成就，确保所有
学生掌握严格的内容，培养积极的性格，并能开展高质量的工作，还创建了优
秀的公立学校，鼓励教师和学生实现他们认为不可能实现的目标。20 多年前，
EL 教育就与哈佛大学教育研究生院及其他外向型大学合作，基于研究方法的
挑战，并赋予教师和学生权利。它把独特的挑战和学习乐趣相结合，在全美数
千所学校和地区改造教育。EL 教育与各式学校合作，包括学区和特许学校，
从学龄前到 12 年级，与 150 多所高成就公立学校组成国家网络。这反映出美
国人口服务的多样性。它创造了强大的资源——包括 800 多万次被老师下载的
课程——为他们提供熟练的指导和专业发展。课程在 44 个州的 600 多个地区
使用。"EL 共同核心成功"是为 3—8 年级开放源码的共同核心课程，以及为
教师和学校领导提供的专业开发工具。"优秀模范：学生工作中心"网站与哈
佛教育研究生院合作，是一个精心策划的开源 K‑12 学生工作和资源集合，以
支持学生的成就。

（五）结语

哈佛大学全球教育创新中心作为世界著名高校下设的智库，拥有无可比拟
的资源与优势，能有效整合本校及全球的相关合作机构。其倡导的 21 世纪教
育和全球教育创新计划，引领了全球教育发展的未来趋势，体现出研究活动的
前瞻性与预测性。全球教育创新中心构建了全球合作网络，为教育创新计划的
实施提供了支点；丰富的资源为全球教育利益相关者提供了认识全球教育创新
倡议的窗口，为合作伙伴提供了合作的桥梁。当然，尽管全球化是世界发展的
趋势，但当前教育活动的开展仍以民族主权国家为主要的责任主体，要想把全
球教育或 21 世纪教育的理论或实践推向全球，仍面临不少阻力与困难。这也
显示出智库自身天然的局限性，需要积极发挥国家及国际组织的作用，形成
合力。

---

① About Us. EL Education Curriculum [EB/OL]. https://curriculum.eleducation.org/about-us，2024‑03‑12.

十二、斯坦福大学教育学院
教育政策分析中心[①]

（一）基本概况

斯坦福大学教育学院教育政策分析中心（Stanford Center for Education Policy Analysis，简称 CEPA，中文简称"斯坦福教育政策分析中心"）是依托美国斯坦福大学教育学院建立的一所跨学科研究中心，其开设的教育政策课程被认为是全美第一。其宗旨是制定并推行有效的政策。教育政策分析中心是在"斯坦福挑战计划"（Stanford Challenge Initiative）的背景下成立的。它积极响应斯坦福大学跨学科的倡议，集合了全美各地跨学科领域的杰出学者，开展深入而具有规模的研究，以有意义的方式影响教育实践和政策。斯坦福教育政策分析中心 以其对教育背景的理解、数据的创新使用和严谨的分析而闻名，这些分析能真正解决实际问题。斯坦福教育政策分析中心 在《全球智库报告 2018》中位列"全球顶级教育政策智库"第 10 位，[②]《全球智库报告 2020》[③]显示，其排名居第 9 位，影响力有所上升。

斯坦福教育政策分析中心成立于 2009 年，其前身是 2006 年创建的斯坦福大学教育政策与实践研究所（Institute for Research on Education Policy and Practice，简称 IREPP）。2006 年，斯坦福大学发起"斯坦福挑战计划"，该计划是斯坦福大学的一项多学科计划，旨在通过汇集整个大学的学者来改善 K-12 教育，以解决教育政策中一些最持久和最紧迫的问题，如减少种族、族裔和社会经济成就的差异；联邦和州政策对学生成绩的影响；有效教师和管理人员的培训、招聘和留用。其目标是促使斯坦福大学能够在 21 世纪更好地承担领导力的角色。教育是培养领导力的重要方式，深入地研究教育政策及实践的

① 徐平. 重创新、助决策、促实践——美国斯坦福教育政策分析中心 [J]. 外国中小学教育，2017（1）：76-79+69.
② McGann, James G. 2018 Global Go To Think Tank Index Report [R]. TTCSP Global Go To Think Tank Index Reports，2019：120.
③ McGann, James G. 2020 Global Go To Think Tank Index Report（2021）. TTCSP Global Go To Think Tank Index Reports. 18 [EB/OL]. https://repository.upenn.edu/think_tanks/18. P151.

迫切需求促使研究所成立。2009 年，"教育政策与实践研究所"正式更名为"教育政策分析中心"，是"斯坦福挑战计划"的一部分。斯坦福教育政策分析中心的研究工作涉及一系列教育政策问题，包括贫困和不平等；联邦和州教育政策；教育技术创新；教学和领导效能。斯坦福教育政策分析中心社区包括斯坦福大学教员、博士后研究员、研究生和本科生，以及来自世界各地的访问学者和学生。该中心已经开展了一系列影响深远的研究，培养了一批教育政策研究人才，与各个学区、州教育机构和非营利组织建立了强有力的伙伴关系网络，扩大了研究的范围，包括幼儿和高等教育。其出版物包括期刊、书籍、报纸、报告，形式多样，学术成果丰富，在社会中影响深远。中心与教育从业者保持战略伙伴关系，与教育决策者紧密合作，确保研究工作的意义，并使所有学生不断进步。

（二）组织架构与人员

在管理架构方面，斯坦福教育政策分析中心的指导委员会负责领导工作，由 6 人组成，包括主任 1 人，执行主任 1 人，成员 4 人。中心有 13 名研究人员，1 名博士后，44 名研究生，16 名本科生。现任中心主任为埃里克·贝廷格（Eric Bettinger），他是斯坦福大学教育学院教育学教授。兼任斯坦福大学社会科学、人文科学和教育跨学科政策研究中心分区主席、巴西创业和教育创新莱曼中心联合主任、阿卜杜勒·拉蒂夫·贾米尔贫困行动实验室成员。他的研究兴趣包括：教育经济学；学生在大学中的完成学业和获得成功；大学的教师特点和学生成功的关系；教育代金券计划对学术和非学术成果的影响；决定学生在大学成功的因素。他的研究集中在免费申请联邦学生援助（Free Application for Federal Students Aid，简称 FAFSA）的简化对大学生成绩的影响。[①] 他的研究工作旨在使人们了解高等教育中这些因果关系，并为促进高等教育学生成绩的改善提供证据支持。

此外，中心还着力培养教育政策学的硕士和博士，致力于让他们成为下一代政策研究者。中心每年都会接受来自其他机构的研究员作为访问学者进入中心，访问时间可以为一个季度或者一年。截至 2019 年 3 月，有访问学者 15

---

① Center for Education Policy Analysis. Eric Bettinger［EB/OL］.https://cepa.stanford.edu/eric-bettinger，2024 - 03 - 13.

人，访问学生 7 人，已从中心毕业的校友 73 人。中心还为即将毕业的研究生开辟网页提供就业推介服务。

自成立以来，斯坦福教育政策分析中心在教育领域取得了丰硕成果。该中心研究探讨的主题涉及问责制、儿童发展、择校、课程与指导、教育管理、教育公平、教师职前准备与发展、教育财政、英语语言学习、领导素质、研究方法与测量、在线教育、社会背景、学生成就、教师就业市场、教师素养等。斯坦福教育政策分析中心研究的教育层次与类型涵盖早期教育、K-12 教育、高等教育、职业教育。中心最初主要研究 K-12 教育，尤其是加利福尼亚地区 K-12 教育状况。随着时间的推移，中心关注教育的领域和层次逐渐扩大提升。教育政策分析中心竭力解决在教育政策上最持久和紧迫的问题，如种族、民族和社会的经济差距部分缩小；联邦和各州对学生学习成果的影响；培训、招聘和留任优秀教师及行政人员。中心对加利福尼亚地区的教育状况，特别是对学生成就、教师绩效、教育贫困与公平问题尤为关注，自 2010 年开始，中心每年春、秋、冬季都会召开研讨会，邀请包括政治、经济、公共政策等领域的专家学者就某一主题展开研讨。

（三）研究历程

1. 关注美国国内教育问题（2006—2009 年）

2006 年中心成立初期，研究主要聚焦于美国教育的贫困现象和不平等、联邦和州的教育政策等问题。有研究表明，美国的教育系统当中贫困与不平等问题依然十分突出，种族和社会经济差距对弱势群体学生具有长期而显著的负面影响。减少教育不平等是教育工作者、管理者和决策者的首要任务。斯坦福教育政策分析中心通过实证研究，对贫困和不平等问题进行深入挖掘，探讨与贫困和教育不平等有关的各种问题。重点内容包括收入差距、种族、宗教、性别、家庭背景以及其他因素可能对教育结果的影响，以及贫穷和不平等产生的原因、模式和影响。[①] 此外，联邦和州的教育政策在创造有效和公平的教育系统中起着重要的作用。对教育政策的遵循决定了许多学区应该采取的行动，最终影响到学生的日常教育。对于教育政策的制定者来说，理解教育政策的结

---

① Center for Education Policy Analysis. Poverty and Inequality［EB/OL］. https://cepa. stanford.edu/research-areas/poverty-and-inequality，2024-03-13.

果、确保学生享有更好的教育成果是至关重要的。中心以实证、公正的方式研究州和联邦的政策如何影响教育机会、标准、权利、资金和其他与教育相关的方面以及各种政策实施的有效性。中心密切关注加利福尼亚州的教育政策以及初等教育状况。《加利福尼亚州教育财政体制的激励机制》《加利福尼亚州 K－12 教育财政系统概述》都详尽阐明了加利福尼亚州教育财政系统状况。此外，中心对加利福尼亚州教育的领导力管理、教师待遇、学校设施、特殊教育、特许学校等方面都有详尽的研究报告。

2. 由关注本土教育向关注全球教育拓展（2009 年至今）

2009 年，中心正式更名为"教育政策分析中心"，进入快速发展期。它从关注本国与本土的教育发展扩大到关注全球教育，包括发展中国家的教育，其中也包括中国在内。此外，斯坦福教育政策分析中心更加注重跨学科研究，关注教学与领导力的有效性、教育创新等问题。智库从 2010 年开始研究中国教育的贫困与不平等问题，尤其是农村教育、残疾人教育等。例如《小学合并对中国农村学生学业成绩的影响》《信息和咨询能够帮助贫困的农村学生进入高中吗？来自中国的证据》等都是对中国农村教育问题的研究。关于教学与领导的有效性，研究一致表明，高效的课堂教师是促进学生学习的关键因素。同样地，教师和学生需要依靠有效的学校领导来创造一个支持学习的环境。大部分的教育政策对如何提高教师和领导质量存在争议。中心研究有效教师与领导的品质以及相关的培训、知识和经验，同时也指出了一些问题：如何衡量有效性、旨在促进教师和领导的有效性项目的影响、教师和领导对学生成绩的影响等等。[1] 技术创新对各级教育系统有着重大影响。网络课程、教学辅助工具、教育软件、社交网络工具等新兴技术的发展正在打破传统的课堂环境。了解技术创新对学生、教师和学校的影响，是发展战略、技术管理、使用技术在教育中的关键。中心的研究使得教育领导者对如何利用技术创新以及技术如何有效帮助学生提高学习成果有了深厚的洞察力。[2]

[1]　Center for Education Policy Analysis. Teaching and Leadership Effectiveness［EB/OL］. https://cepa. stanford. edu/research-areas/teaching-and-leadership-effectiveness，2024 － 03 － 13.
[2]　Center for Education Policy Analysis. Technological Innovations Education［EB/OL］. https://cepa.stanford. edu/research-areas/technological-innovations-education，2024 － 03 － 13.

（四）研究领域与重点

纵观斯坦福教育政策分析中心十多年来对教育问题的探究，其研究重点主要围绕以下三个方面，领域涉及贫穷与不平等、联邦与各州的教育政策、教学与领导力的有效性、教育技术创新，以及教师劳动力市场与教师质量、课程与教学等。

1. 关注贫困与不平等，缩小群体差异

全球范围内均存在学生家庭收入差距导致学生成绩差距悬殊的现象。美国是移民国家，这就造成了国家人口种族构成多元，彼此之间的差异较大。收入、种族、宗教、性别、家庭背景等因素可能对教育产生巨大的影响。

美国家庭收入不平等在过去几十年中急剧上升，这一现象的后果之一就是居民隔离的加剧——尤其是富裕家庭那些有学龄儿童的人，与低收入家庭相比，越来越多地生活在不同的社区。因为大多数孩子上的公立学校都离他们的家很近，这导致按收入划分的公立学校越来越多，这反过来又至少通过三种机制造成教育结果的不平等：同伴效应、学生流动效应和教师素质效应。[①] 日益严重的不平等也可能导致公立学校和私立学校之间的经济隔离加剧。对于家庭收入差距所造成的学生学业成就差距问题，中心从成立初期就极为关注，至今仍作为重要议题。以《国情咨文——2016 贫困和不平等报告：教育》（State of the Union — The Poverty and Inequality Report 2016：Education）为例，其研究发现：一个相当大的变化是，在高度发达国家，来自高收入家庭的学生比低收入家庭的学生学习成绩好；在美国，相对于经济合作与发展组织其他 19 个成员国来说，其收入差距相当大；贫困与不平等现象越严重，学校之间的经济差距越大，往往收入差距就越大。[②]

私立学校在全球范围内扩张迅速，在为家庭带来优质教育资源的同时，也

① Richard J. Murnane，Sean F. Reardon. Long-Term Trends in Private School Enrollments by Family Income［R］. AERA Open，2017：3.
② State of the Union — The Poverty and Inequality Report 2016：Education［EB/OL］. https://cepa. stanford. edu/content/state-union-poverty-and-inequality-report-2016-education，2019 - 03 - 13.

导致了新的教育不平等。《按家庭收入分列的私立学校入学的长期趋势》① 使用来自多个国家调查的数据来描述 1968—2013 年按家庭收入划分的私立小学入学趋势。研究发现：第一，近 50 年来，中等收入家庭的私立学校入学率大幅下降，而高收入家庭的私立学校入学率保持稳定。第二，私立学校的入学趋势在种族/族裔、城市化和国家区域上存在显著差异。尽管私立学校入学的种族/族裔差异主要由收入差异解释，但私立学校入学模式的城市/郊区和地区差异很大，即使在收入相似的家庭中也是如此。促成这些模式的因素可能包括收入不平等、私立学校成本和可用性的趋势，以及地方教育选择相对质量的感知。

斯坦福教育政策分析中心分析了来自美国 100 个大型城市的区域数据，发现收入不公平性与种族隔离有一种牢固关系，从 1970 年到 2000 年收入的不公平性和收入带来的种族隔离现象在美国有实质性的增加。这种种族隔离的影响对于非洲裔家庭的影响比起白人家庭要更大些。相比于 1990 年，现在的学生因社会经济条件以及地区和学校不同引起的社会经济成就差距和种族间的教育公平问题更严重。

社会经济成就差距，即高社会经济地位学生与低社会经济地位学生之间学业成绩存在的差距，在教育社会学中是众所周知的。社会经济成就差距已在许多国家均有记录。在大多数国家，尚不清楚社会经济成就差距是否会随着时间的推移而变化。研究报告《1964—2015 年全球社会经济成就差距增加》试图回答这一问题。该研究分析了 50 多年来 30 项国际大规模评估，数据从 1964 年的第一次国际数学研究（First International Mathematics Study，简称 FIMS）到 PISA，TIMSS 与 PIRLS，代表了 109 个国家和大约 580 万名学生。② 该研究试图描述社会经济成绩差距的全球趋势，以及趋势的跨国变化情况，并确定这种变化的可能原因。社会经济成就差距是在家庭社会经济地位三个可用测量指标中的 90％ 和 10％ 之间计算得出的：父母的教育程度、父母的职业和家中的书籍数量。结果表明，对于所研究的三个社会经济地位变量中的每一个，大多数样本国家的成就差距都有所增加。然而，在社会经济成绩差距增加的规模

①　Richard J. Murnane，Sean F. Reardon. Long-Term Trends in Private School Enrollments by Family Income ［R］. AERA Open，2018.

②　Anna K. Chmielewski. The Global Increase in the Socioeconomic Achievement Gap，1964-2015（CEPA Working Paper No. 17 - 04）. Retrieved from Stanford Center for Education Policy Analysis ［EB/OL］.https://cepa.stanford.edu/wp17-04，2018：1.

上存在着重大的跨国差异。在入学人数迅速增加的国家中，增长幅度最大，这意味着扩大入学机会揭示了教育不平等现象，这种不平等现象以前被隐藏在学校系统之外。与此同时，许多入学率一直很高的国家的差距也有所增加，这表明认知技能是世界范围内影响教育分层的一个日益重要的维度。从研究数据来源看，参加国际评估的国家往往是高收入或中等收入水平，分析样本国家2015 年人均 GDP 平均值为 30 366.69 美元，而世界人均 GDP 为 15 546.30 美元。① 因而，这些分析样本与低收入国家间的社会经济成就差距可能会更大。从全球范围来看，社会经济成就差距都有扩大的趋势，需要积极采取措施来弥补这种差距，推动全球教育平等。

　　种族间的教育公平问题是美国面临的巨大挑战。儿童学业成绩的种族和族裔差异是美国教育状况的一个顽固特征，是教育机会种族不平等持续的标志。自从 1954 年最高法院的《布朗诉教育局法案》（Brown V. Board of Education，以下简称《布朗法案》）裁定结果实施以来，研究者和政策制定者对学校里的种族隔离的发展趋势给予了密切的关注。斯坦福教育政策分析中心的学者通过研究发现，有关种族隔离发展趋势一般认为是在 20 世纪 60 年代末 70 年代初有较大的衰减。从 20 世纪 70 年代末开始，可以认为最近几十年内的种族隔离变化情况并不大。然而近些年，这些新建学区内的学校种族隔离现象又开始变得严重。六七十年代种族隔离制度的废除对于非洲裔来讲是有利的，但几十年来的隔离对于社会的影响现象是复杂和不确定的。有研究者甚至直接表明《布朗法案》的作用在逐步衰退，法院规定的学校废除种族隔离走到尽头，而美国公立学校种族再隔离开始重生。② 斯坦福教育政策分析中心的研究报告《布朗法案衰落：法院下令的学校种族隔离与恢复美国公立学校种族隔离的终结》（Brown Fades：The End of Court-ordered School Desegregation and the Resegregation of American Public Schools）、《布朗法案 60 年后：学校隔离的趋势与影响》（60 Years After Brown：Trends and Consequences of School Segregation）深刻分析了《布朗法案》对美国教育平等问题的影响，《布朗法案》的逐渐衰退表明美国对非洲裔接受平等教育的包容程度逐渐上升，学校隔离的

① Anna K. Chmielewski. The Global Increase in the Socioeconomic Achievement Gap，1964 - 2015（CEPA Working Paper No.17 - 04）. Retrieved from Stanford Center for Education Policy Analysis ［EB/OL］.https://cepa.stanford.edu/wp17-04，2018：10.
② 马思腾. 美国教育公平研究的前沿进展——以哈佛大学和斯坦福大学教育政策研究中心近三年的研究为例 ［J］. 文教资料，2015（16）：110 - 111.

现象逐渐消失，教育愈加公平。此外，《种族/族裔和社会经济学习成绩差距的模式和趋势》（Patterns and Trends in Racial/Ethnic and Socioeconomic Academic Achievement Gaps）、《西班牙白裔低年级学生的数学与阅读成绩差距》（The Hispanic-White Achievement Gap in Math and Reading in the Elementary Grades）等报告也揭示了种族对学生学习成绩的影响。

近些年，斯坦福教育政策分析中心开展了《种族/族裔测试分数差距的地理位置》（The Geography of Racial/Ethnic Test Score Gaps）[①] 的研究项目，从美国种族或族裔分布的地理位置差异角度探究美国不同种族间成绩的差距，并进而寻找形成差异的原因。该项目利用国家教育统计中心 2009—2013 年对公立学校学生进行的大约 2 亿个标准化数学和阅读测试的结果数据，测算了美国数百个大都市圈和数千个学区的种族或族裔成就差距。结果表明，标准差从一些地方接近 0 到其他地方大于 1.2，成绩差距有很大的差异。经济、人口、种族隔离和学校教育特征大致解释了这些差距中 44%—72% 的差异，学校质量解释了额外的 1% 到 4%。与成就差距关联最大的是父母收入、当地父母平均教育水平、种族或族裔隔离模式在当地的差异，这与家庭社会经济因素通过居住和学校隔离模式部分影响教育机会的理论模型相一致。美国大都市圈和县的人口统计学差异很大，包括种族社会经济不平等和种族隔离的构成、模式，以及他们的教育系统。教育系统内部包括课程的自主性，学生和教师分配政策，以及资源在学校之间和内部的分配方式。这些人口和体制因素可能导致大都市和学区之间的成绩差距。该研究得到美国国家教育科学研究所、斯宾塞基金会、威廉·T. 格兰特基金会的资助。

通过技术人员的构成透视高等教育的种族和性别差异，无疑是一个独特的视角。过去几十年中，硅谷的技术员工的种族和性别构成发生了巨大变化。技术产业传统上是一个白人男性主导的产业，尽管 20 世纪 80 年代以来，白人女性越来越多地参与专业工作和管理。越来越多的研究表明，尽管性别和种族差异已经广泛存在于科学、技术、工程和数学（STEM）学科中，但计算机科学在这些学科中差距更为突出。《1980—2015 年硅谷计算机科学的种族和性别趋势》[②]

① Reardon，S. F.，Kalogrides，D.，& Shores，K. The Geography of Racial/Ethnic Test Score Gaps [J]. American Journal of Sociology，2019，124（4）：1164 - 1221.
② Author/s：June Park John，Martin Carnoy. Race and gender trends in computer science in the Silicon Valley from 1980 - 2015 [EB/OL]. https://cepa. stanford. edu/sites/default/files/JohnCarnoy_Sept2017_0.pdf，2017：1.

研究分析了 1980 年至 2015 年硅谷技术产业的种族和性别趋势，重点关注计算机科学。研究发现，在科技产业中，亚洲人在专业人士中迅速增长，在管理者中增长的幅度较小，同时白人，特别是白人女性的比例也在下降。拉美裔和非洲裔，特别是非洲裔女性的参与率仍然很低。这些种族趋势在程序员中更为突出；此外，研究还记录了程序员职业和高等教育中计算机科学专业的所有种族之间不断增加的性别差距。然而，这些人口变化并不总是与线性论证一致，即把原因解释为潜在的缺乏代表性的程序员供应不足或工资差异。研究结果表明，在代表性不足的群体中增加程序员数量的政策应该因种族和性别而有所不同。

研究表明，教育是促进保持社会流动性的重要驱动因素，学士学位可以为经济上安全的生活提供最好的机会之一。学生就读的大学选择性越高，潜在的经济回报就越高，尤其是对于来自不利背景的学生。进入选择性大学的机会并不平等，少数族裔和低收入群体之间的学生就读的选择性大学比例极低。美国教育研究协会（American Educational Research Association，简称 AERA）开展了《时间推移中大学招生的种族与分层》的研究。[①] 该研究通过种族/族裔来测量大学入学选择性差距，这种方法对学生入学的大学水平（2 年与 4 年）和选择性都很敏感。研究发现，1986 年至 2014 年期间，美国的西班牙裔白人、非洲裔、白人入学选择性差距总体上有所缩小。这种差距的整体缩小似乎与高中毕业差距的缩小有关。然而，这一收缩几乎完全是由未真正进入大学和大学招收非学位授予计划学生之间的差额推动的。在进入学位授予学校的学生中，非洲裔学生相比于白人学生，入学的选择性变得越来越低，而拉美裔白人学生的差距在近 30 年的研究中保持相对不变。这些差距之所以令人关注，是因为它们对长期经济不平等的影响。

2. 教师劳动力市场与教师绩效研究

学生与教师匹配的公平性，涉及学生在受教育过程中能否平等地享受教育资源，这属于教育过程公平问题的范畴。教师方面，主要是教师的非自愿流动。斯坦福大学的研究者率先关注此领域，通过分析迈阿密达德镇公立学校的管理数据来调查该地区的教师流动政策。结果发现，在这项政策下，一般会在表现水平较低的学校里选取水平较低的教师作为流动对象，不过，根据规定流

① Baker, R., Klasik, D., & Reardon, S. F. (2018). Race and Stratification in College Enrollment over Time [J]. AERA Open, 4 (1), 1-28. Retrieved from Stanford Center for Education Policy Analysis [EB/OL]. https://cepa.stanford.edu/wp16-14，2019-03-15.

程，这些教师会调动到一些水平较高的学校里，从这方面看，相关政策确实是有助于提升教育公平性的。学生方面主要是学生被分配的教师和课堂情况。斯坦福采用来自三个较大的城市学区的管理数据来描述学校内部的学生群体分化，结果发现具有最大比例的低学业水平、少数民族及贫困的学生群体很容易被分配给新任教师。哈佛大学的研究同样发现低水平学生被不成比例地分配给了新任教师，这种分配可能会在起点上就造成学生的两极分化。

由此可见，由学业水平引起的学生群体分化会使得少数民族学生、贫困学生被分配到低水平的教师和缺少资源的教室，在过程公平的微观问题上，仍然有待改进。虽然教师流动的合法性仍然受到质疑，却在一定程度上促进了教育公平。

教师招聘与留任。教师的招聘和留任是学区面临的主要挑战之一。斯坦福教育政策分析中心研究了导致教师加入和离开学区的因素，以及旨在鼓励留住优质教师的政策的影响。2008 年，旧金山以 69.8％的得票率通过了《优质教师教育法》。2013 年，加利福尼亚教育政策分析中心（Policy Analysis for California Education，简称 PACE）发布《区级教师薪酬激励政策可以促进教师招聘和留任吗？》，该报告分析了《优质教师教育法》（Quality Teacher and Education Act）对加利福尼亚州最大的旧金山联合学区教师招聘、留任的影响。有证据表明，增加薪资对当地教师招聘颇具吸引力，有针对性地增加薪酬可以吸引优秀的新教师，并促使教师改进教学质量，更好地为学生服务，促进城市附近的学区更繁荣更具竞争力。研究评估了《优质教师教育法》的政策是行之有效的，但许多地区的预算和领导的优先事项频繁变化，导致教师队伍出现波动。加利福尼亚州随后出台了《地方控制资金方案》，该方案可以帮助地区确保服务弱势学生，并且教师薪酬得到保障。

教师绩效与教师压力研究。优质的教师是确保学校和学生成绩优异的基础条件。教育政策分析中心研究优质教师的特点、培训和留任以及优秀教师对学生进行终身教育的影响，即对学生早期教育到大学毕业以后的社会发展的影响等。经过广泛的调查与深入的分析，中心发布了《建设教师团队：来自更高效的同事溢出效应的证据》《系统分类：教师的特点和课堂作业》《怎样采用增值措施改善教师？》《教师质量：提高教师质量与教师分布》等研究成果。通过相关报告，总结影响教师质量的因素主要有以下三种：教师的自身特点、教师的专业技能、教师的附加值。

经济焦虑与教师的绩效表现也息息相关。《繁荣时期的压力：了解高成本城区教师的经济焦虑》① 指出，尽管人们越来越关注教师在工作场所舒适生活的能力，但人们对负担能力对教师福利的系统影响知之甚少，特别是在高成本城市地区。研究使用来自旧金山的新的调查数据来识别教师的经济焦虑的模式和患病率，以及这种焦虑与教师的态度和行为的关系。结果发现，旧金山教师的经济焦虑水平远远高于全国就业成年人样本，年轻教师尤为焦虑。此外，焦虑与工作表现和幸福感有关，经济焦虑的教师往往对自己工作的态度更消极，出勤率更差，而且更可能长期缺勤。

3. 课程与教学研究

学校课程和教学计划决定了学生所学内容和教育者的教学方法，涵盖了从一般的教育要求到特殊教育、英语学习者和其他特定类型的学生的特定计划。斯坦福教育政策分析中心研究人员研究了教学技术在促进学生学习方面的有效性、种族文化与课程，课程要求如何影响学生和教师，以及这些结果的政策影响。近年来，斯坦福教育政策分析中心已发表了多个有关于课程与教学的研究报告。

种族文化与课程。《文化相关性的因果效应：民族研究课程的证据》②，该研究指出广泛的理论和定性文献强调了学校应提供与少数民族学生的文化经验相一致的教学实践和内容。民族研究课程提供了一个日益增长但备受争议的"文化相关教学"（culturally responsive teaching）的例子，然而，这些课程有效性的实证证据是有限的。该研究评估了在几所旧金山高中进行试点的民族研究课程的因果效应。研究通过一个"模糊"回归间断设计，基于这样一个事实：几所学校给比平均成绩低一个等级的八年级学生分配九年级的课程。研究结果表明，这门课程的任务使九年级学生的出勤率增加21％，平均成绩增加1.4％，学分增加23分。这些惊人的巨大影响符合这样一个假设：课程降低了辍学率，并表明在支持性、高保真的背景下实施文化相关教学，可以为辍学高危学生提供有效的支持。

---

① Dizon-Ross, E., Loeb, S., Penner, E., & Rochmes, J. (2019). Stress in Boom Times: Understanding Teachers' Economic Anxiety in a High Cost Urban District (Ed Working Paper No.19 - 71). Retrieved from Annenberg Institute at Brown University [EB/OL]. https://edworkingpapers.com/ai19-71.

② Dee, T., & Penner, E. The Causal Effects of Cultural Relevance: Evidence from an Ethnic Studies Curriculum [J]. American Educational Research Journal, 2017, 54 (1), 127 - 166.

斯坦福教育政策分析中心注重对不同种族或族裔英语学习者的研究，深入研究适合他们的学习与教学方式。2016 年的《为英语学习者提供的四种教学计划的有效性：基于种族和英语初始水平的差异》、2015 年的《不仅是内容：英语语言文学的教师教学持久性的跨学科效应》《双语双浸教育的前景》等，研究发现：从小学到初中，英语学习者的学习课程可分为四种不同类型：英语浸入式、双语过渡型、双语发展型、双浸入式课程。通过那些有同样的偏好但是学习不同课程的学生成绩的比较，发现在所有的双语课程当中，英语学习者的测验得分都没有浸入式学习者进步快。数学也是如此，除了发展型的双语课程，学生的平均得分都比英语浸入式的得分低。此外，拉丁美洲的英语学习者比中国的英语学习者表现更好。教师的附加值对学生学习具有跨越时间和学科领域的重大影响。在两个不同的州和地区，这种跨学科英语教师教学模式的差异影响是一致的。与数学教师相比，英语语言文学教师对学生成绩的影响更能代表广泛适用的技能，支持学生跨学科的学习。研究结果突出了潜在的重要变化的质量，教师诱导的学习，不同的学习效果作为衡量学生的短期成就结果的相对大小。[①] 研究报告《拉丁英语学习者在双语、双浸式和英语沉浸式教室中的重新分类模式》[②] 指出，要尽快将作为英语学习者的学生重新分类为"流利的英语能手"，学校正面临越来越大的压力。该研究分析了拉丁美洲裔学生在英语沉浸、过渡双语、维持双语和双重沉浸四种不同的语言教学环境中重新分类的时机。该研究利用一个大学区的危害分析和 12 年的数据，分析了重新分类的时间、模式或障碍是否因语言程序而异。研究发现，在小学阶段，两门语言课程的拉丁美洲裔学生重新分类的速度较慢，但到高中结束时，整体重新分类、英语熟练程度和学历门槛通过率较高。这些发现对英语学习项目中的问责政策和教育机会将产生积极的影响。

另外，斯坦福教育政策分析中心还对学期教育、影子教育、数学学科课程、体育课程等进行了研究。《大学体育激励对学生成绩的影响》[③] 对校园休

① Effectiveness of four instructional programs designed to serve English language learners: Variation by ethnicity and initial English proficiency [EB/OL]. https://cepa.stanford.edu/content/effectiveness-four-instructional-programs-designed-serve-english-language-learners, 2019 - 03 - 13.

② Umansky, I. M., & Reardon, S. F. Reclassification patterns among Latino English learner students in bilingual, dual immersion, and English immersion classrooms [J]. American Educational Research Journal, 2014, 51 (5): 879 - 912.

③ Fricke, H., Lechner, M., & Steinmayr, A. The effects of incentives to exercise on student performance in college [J]. Economics of Education Review, 2018, 66, 14 - 39.

闲体育锻炼对大学生学业成绩的影响进行了分析。研究选取两组大学新生的校园体育与运动进行对比，采用随机化的财政激励措施鼓励他们参加校园体育活动。在第一组中，激励措施增加了47%的参与频率，提高了0.14个标准差。在第二组中，这些激励措施在促进参与方面效果较差，并且没有提高他们的成绩。在第一组中，学生主要以校外体育活动代替校园体育活动，似乎更能将运动与学习结合起来。研究表明，提高成绩应通过提高学习效率和鼓励学生在课堂上花更多时间。

　　在线教育与慕课研究。随着计算机技术和网络信息技术的飞速进步，大规模在线教育——慕课（Massive Open Online Courses，简称MOOCs）在世界范围内得到推广，成为共享优质教育资源、推动教育公平的重要载体。斯坦福教育政策分析中心针对在线教育进行了大量研究。《大规模开放在线课程中的持续模式》[①] 利用44门大型开放在线课程的独特数据集，研究了在线高等教育学生的入学、参与、坚持和完成的关键模式。利用固定效果规范，基于2 900多场讲座中超过210万名学生的观察结果，分析了学生、讲座和课程级别的参与度、持续性和完成率。研究发现令人信服且一致的时间模式：在所有课程中，第一周的参与率下降很快，但随后几周逐渐平缓。然而，这种衰变并不完全一致。研究还发现，一些学生和课堂特定的特征与学生的坚持和参与有关。例如，一批已发布视频中的讲座顺序及其标题措辞与学生观看相关。此外，还发现了学生特征如何与坚持和完成相关联的一致模式。学生如果完成课程前的调查或遵循定量追踪（而不是定性或审计跟踪）时更可能完成课程。这些研究结果表明潜在的课程设计变化可能会增加这一重要的新教育环境中的参与度、持续性和完成度。《变化的分布：在线大学课程如何改变学生和教授的表现》指出，与传统的师生在课堂面对面教学相比，参加在线课程的学生学习减少了三分之一到四分之一的标准差。在未来的课程和大学的持续性学习中，学生参加网上课程将会越来越多。此外，在线学习学生的表现比传统课堂更多元。

（五）数据库项目建设

　　斯坦福教育数据档案（Stanford Education Data Archive，简称SEDA）是

---

① Evans, B. J., Baker, R. B., & Dee, T. S. Persistence Patterns in Massive Open Online Courses (MOOCs) [J]. The Journal of Higher Education, 2016, 87（2）: 206 - 242.

一项旨在利用数据帮助学者、决策者、教育者和家长学习如何提升所有儿童教育机会的倡议。[①] 斯坦福教育数据档案包括一系列关于美国各地学区和县的教育条件、背景和结果的详细数据。它包括一系列机构和地理层面的聚集数据，包括学校、地区、县、通勤区、大都市和州。它包括学区和县的学业成绩、成绩差距的测量数据，以及学区一级的种族和社会经济构成的测量数据，种族和社会经济隔离模式，以及学校系统的其他特征。随着更多可用数据的产生，数据将定期更新。更为难得的是，这些数据完全公开，任何人都可以获得关于美国学校、社区和学生成绩的详细信息。研究人员可以利用这些证据来证明哪些政策和环境对增加教育机会最有效，并且这些证据将为教育政策和实践提供信息。

教育机会监测项目（Educational Opportunity Monitoring Project）[②] 是由斯坦福大学教育贫困与不平等教授肖恩·F. 里尔登（Sean F. Reardon）指导的。该项目得到美国国家教育科学研究所和斯宾塞基金会的支持。项目于2015 年 2 月发布数据，并持续更新。教育机会监测项目的目标是利用现有的最佳数据，阐明美国教育机会和结果平等的模式和趋势。随着时间的推移，教育不平等的模式发生了变化；各州和学区不同；不同年龄的学生有差异；不同人口群体的趋势也不相同。教育不平等的某些方面正在改善，其他方面则在恶化。项目评估教育公平侧重两个维度：教育机会和经验模式、教育进展和成果模式。教育机会和经验的主要特征包括：儿童在幼儿时期获得适合发展和刺激的环境；获得由熟练教师组成的高质量幼儿园、小学和高中；接触严格、广泛的课程；可以选择负担得起和令人满意的大学。教育机会很难衡量，既因为"学校质量"不是简单定义或量化的，也因为美国没有收集到关于儿童有权获得和接受教育的质量的系统数据。该项目记录一系列教育相关特征的模式和趋势，而不是关于教育机会和经验的理想数据，包括隔离模式、学校资助、师生比和教师特征。教育进展和成果的关键指标包括幼儿发展和入学准备；学业成绩和熟练程度；社会、情感和行为发展；教育进展和成就，包括高中毕业、大学入学和大学毕业。利用现有的最佳数据，该项目监测不同种族/族裔、家庭

---

① Center for Education Policy Analysis. Stanford Education Data Archive ［EB/OL］. https://cepa. stanford. edu/seda/overview，2024 - 03 - 15.

② Center for Education Policy Analysis. The Educational Opportunity Monitoring Project at Stanford University ［EB/OL］. https://cepa. stanford. edu/educational-opportunity-monitoring-project/overview，2024 -03 - 15.

社会经济背景和性别学生在实现这些成果平等方面取得的进展。该项目特别关注教育机会和结果因种族/族裔、家庭社会经济背景和性别的不同而导致不同的方式，不同年龄、不同地区的儿童的这些模式是如何变化的，以及它们是如何随时间变化的。该项目进行教育公平模式和趋势的详细分析，对于理解教育不平等的原因和制定消除不平等的策略都有重要的参考价值。

（六）开设全美第一的教育政策课程

斯坦福教育政策分析中心的教育政策课程全美排名第一。[①] 其培训计划旨在为学生提供最先进的基于学科的教育政策分析定量方法的高级培训。斯坦福教育政策分析中心鼓励对定量教育政策感兴趣的本科生申请中心的研究助理职位。斯坦福教育政策分析中心为本科生提供直接与斯坦福教育政策分析中心教师和研究生合作的机会，让他们作为研究助理（research assistants，简称RAs）参与教育政策研究项目。为此，斯坦福教育政策分析中心设计了本科教育副教务长（Vice Provost for Undergraduate Education，简称VPUE）办公室支持的本科研究计划。本科生想加入该项目需经过几个环节：提出申请，资格审查，面试，工作。具体申请流程：学生应提供简历、斯坦福大学非官方成绩单和一页附信，说明申请人对教育政策的兴趣、以前的研究经验（包括任何定量分析经验），并说明学生感兴趣的特定研究项目。计划只对斯坦福大学的现有本科生开放。学生必须在申请补助金的季度内进入本科生学习，并在整个项目期间保持本科生身份。研究助理的选择将基于学生对项目表达的兴趣以及教师需求和学生技能集之间的匹配程度。有使用STATA统计软件进行定量数据处理的经验者优先，但不是必需的。该计划为研究助理提供补助，通过财政援助处理的津贴支付。根据指导教师设定的指导方针和工作的小时数，研究助理一个学术季度最高可获得1 500美元，而一个沉浸式的暑期项目最高可获得7 000美元。[②] 该计划提供了7个项目的研究助理岗位供本科生申请。这些项目包括：使用新型平板电脑收集现场和实验室数据，评估社会和情感学习；学业成绩差距的模式、趋势和原因；旧金山统一学区行动早期预警系统；学术自

---

① Center for Education Policy Analysis. We're the ＃1 Education Policy Program in the Nation［EB/OL］.https：//cepa.stanford.edu/training，2024－03－16.

② Center for Education Policy Analysis. Undergraduate［EB/OL］. https：//cepa. stanford. edu/training/undergraduate，2024－03－15.

由：美国最有益的大学生运动员的选择；幼儿教育定量研究的数据清理与分析；自我调节学习的生物学基础；提高低收入和第一代高中生的大学入学率。这些项目均是采用定量分析的研究方法，这也说明斯坦福教育政策分析中心注重培养学生的定量研究能力。

博士生培训。斯坦福教育政策分析中心的博士教育政策培训项目多次被评为全美顶尖项目，毕业生始终获得有影响力的教育政策方面的职位。[①] 斯坦福教育政策分析中心的定量教育政策分析中跨学科博士培养计划，为对定量教育政策分析感兴趣的博士生开设了斯坦福大学的跨学科培训课程。该项目旨在为社会科学学科和教育研究生院的博士生提供最先进的基于学科的教育政策分析定量方法的高级培训。该项目主要通过两种方式实现：教育定量研究证书课程、研讨会和专业发展活动。中心为对教育定量研究感兴趣的博士生提供定量研究证书课程（Quantitative Research in Education，简称 QRE）。证书课程与硕士课程不同，不是学位课程，而是向学生提供证书，表明他们已经完成了一套严格的教育定量研究方法方面的培训要求。在教育研究生院以外的学位课程中，对发展教育研究专业知识感兴趣的学生（例如，对教育社会学感兴趣的社会学学生，或对校本干预感兴趣的心理学学生），证书课程提供了一个课程来促进培训并授予证书，表明他们在定量教育相关研究方面的专长。斯坦福教育政策分析中心提供的第二种方式是的研讨会和专业发展活动。中心开设讲习班和小型课程，针对在校园现有课程作业中没有的主题，提供简短、深入的介绍和培训。这些机会旨在加强学生对教育政策主题的了解，并使他们接触到一系列的实证研究方法。

博士后培训。斯坦福教育政策分析中心寻求有兴趣在严格的定量教育政策分析中发展和应用其技能的博士后研究员。为此，斯坦福教育政策分析中心设立了博士后奖学金，进入该中心的博士后研究员可以获得斯坦福大学教育政策分析中心博士后项目的两年奖学金，该项目由美国国家教育科学研究所资助。斯坦福教育政策分析中心招收博士后研究员，要求研究员有兴趣在严格的定量教育政策分析中发展和应用其技能，并对三个重叠的教育政策领域中的一个或多个领域有实质性兴趣：提高低收入和低绩效学生教育成果的政策；影响英语语言政策和实践方面的学习者；提高高等教育入学率和成绩的政策和做法。[②]

---

① Center for Education Policy Analysis. Doctorate［EB/OL］. https://cepa. stanford. edu/training/doctorate，2024 - 03 - 15.

② Center for Education Policy Analysis. Postdoctorate［EB/OL］. https://cepa. stanford. edu/training/postdoctorate，2024 - 03 - 15.

斯坦福教育政策分析中心的培训形成了一个完整的体系，实现招收本科研究助理、博士生、博士后一体化。它注重兴趣与研究能力的结合，而且兴趣排在首位，以项目作为培训、培养学生的重要平台，以定量研究方法为主，涉及多个教育领域，让学生在研究中学会应用知识，形成技能。

（七）结语

斯坦福教育政策分析中心作为高校教育智库，充分应用高校资源，包括师资、学生、数据图书、社会网络等，为智库研究工作提供支撑。一是关注全球教育各领域发展问题。斯坦福教育政策分析中心的研究领域广泛，包含各类型各层级教育，从成立之初的关注美国国内教育问题，到后来拓展为关注全球教育的发展，体现出其理念和视野的开放性。二是注重定量研究与历史研究的结合。斯坦福教育政策分析中心既采用定量研究方法，又擅长对相关教育问题在历史上的具体情况进行挖掘、梳理、分析，纵向研究与横向研究有机结合。三是注重开设高质量的教育政策课程，培养不同层次的教育政策分析人才。斯坦福教育政策分析中心依托斯坦福大学教育学院的高水平师资、生源优势，开展针对本科生、博士生、博士后、访问学者等不同类型层级学生的教育政策课程，既培养了教育政策研究储备人才，又为中心研究项目提供了充足的人力资源保障。总之，斯坦福教育政策分析中心运用新的方法研究教育政策，通过严谨和系统的研究与分析为教育决策者提供有效的改革建议，用教育研究的成果促进教育实践的发展，并注重培养下一代教育政策研究人才，值得全球高校教育智库借鉴。

第四章

外国教育智库（下）

- 英国伦敦大学教育学院
- 德国国际教育研究所
- 德国高等教育国际化智库
- 瑞典斯德哥尔摩大学国际教育研究所
- 芬兰教育研究所
- 日本中央教育审议会
- 日本国立教育政策研究所
- 韩国教育开发院
- 印度国家教育规划与管理研究所
- 澳大利亚教育研究委员会

一、英国伦敦大学教育学院

（一）基本概况

英国是欧洲智库的发源地，其智库发展水平仅次于美国。在《全球智库报告 2018》中，英国智库数量以 321 个位列全球第 4 名，排在美国、印度、中国之后，共有 14 个智库列入全球顶尖智库名单，4 个智库入选教育政策专业领域全球顶尖智库名单。[1] 伦敦大学教育学院（Institute of

---

[1] McGann，James G. 2018 Global Go To Think Tank Index Report [R]. TTCSP Global Go To Think Tank Index Reports.16，2019：36，120 – 122.

Education，University of London，简称 IOE）是教育政策领域智库之一，也是唯一一家以整个学校为单位的高校教育智库。根据《全球智库报告 2018》，位列"全球顶级教育政策智库"第 18 名①，在《全球智库报告 2020》② 中其排名升至第 5 位。在 2014 年、2015 年、2016 年、2017 年、2018 年和 2019 年 QS 世界大学排名中，伦敦大学教育学院连续位列教育与培训专业排名第一。2015 年获得女王纪念奖。2014 年，伦敦大学教育学院通过了英国教育标准局对初等、中等和继续教育教师培训计划的各项标准测试，获得"优秀"评级。在最新的高校研究卓越框架评价中，伦敦大学教育学院在教育领域的"研究能力"排名第一。伦敦大学教育学院的使命是在教育、社会研究和相关专业实践领域追求卓越，坚持最严谨的学术标准，以追求真理和社会正义为导向，努力为个人、机构和社会的发展作出积极贡献。伦敦大学教育学院希望通过教育改善生活、增加机会、丰富经验、优化成果、推动社会参与，以应对本土和全球挑战。③

（二）发展历程

伦敦大学教育学院是伦敦大学联盟中的一所独立的研究生学院，是英国乃至欧洲最大的教育研究机构。伦敦大学教育学院经历了漫长的发展历程。它的前身是日间师资训练学院。20 世纪初期，在英国社会改革者、教育家西德尼·韦伯（Sidney Webb）的倡议下，伦敦学校委员会、伦敦郡议会技术教育委员会、伦敦大学和伦敦教育委员会四方直接推动建立日间师资训练学院。④ 1900 年，伦敦郡议会技术教育委员会（Technical Education Board）高等教育小组委员会发布了一份关于教师培训的报告，并建议伦敦大学创建一所新型的男女同校的教师培训机构。⑤ 在此提议下，1902 年 10 月，日间师资训练学院由负责全国教育事务的伦敦教育委员会拨款建立，专门教授教育理论，为伦敦

① McGann，James G. 2018 Global Go To Think Tank Index Report［R］. TTCSP Global Go To Think Tank Index Reports. 16，2019：36，61 - 67.

② McGann，James G. 2020 Global Go To Think Tank Index Report（2021）. TTCSP Global Go To Think Tank Index Reports. 18［EB/OL］. https：//repository. upenn. edu/think _ tanks/ 18. P151.

③ Meet our senior team. Institute of Education-UCL-London's Global University［EB/OL］. https：//www. ucl. ac. uk/ioe/about-ioe/meet-our-senior-team，2024 - 12 - 22.

④ 单中惠，王晓宇，王凤玉，徐征. 西方师范教育机构转型——以美国、英国、日本为例 ［M］. 济南：山东教育出版社，2012：32.

⑤ Wikipedia. Institute of Education［EB/OL］. https：// zh. wikipedia. org/wiki/institute _ of _ Education，2014 - 04 - 11.

地区小学培养师资，运行经费由伦敦大学和伦敦郡议会共同赞助。当时只招收有经验的在职教师前来深造培训，第一批学员仅有 58 人。[①] 1909 年，日间师资训练学院被接纳为伦敦大学的一所学院，院长由伦敦大学第一位教育学教授约翰·亚当斯（John Adams）担任，可见它与伦敦大学的关系较为特殊，并确立了其作为教育研究机构的学术地位。第一次世界大战后，英国教育家沛西·能（Percy Nunn）成为日间师资训练学院第二任院长，他在学院设置高级学位课程，引入教育学硕士和博士学位课程，为学院的学术发展奠定了基础。

1932 年，日间师资训练学院的教学、财政交由伦敦大学领导管理，正式改名为伦敦大学教师培训部（教育学院），成为依附于伦敦大学的教育学院。它下设分院及 3 个独立系，并开始为中学培养师资，还培养授予高等研究学位的学生。办学宗旨是通过科研促进教育理论和实践的发展，促进大学对教育问题的研究，加强并协调伦敦与周围地区的教师培训工作。除了为学生开设 1 年的教育专业课程外，还为教师开设可修教育文凭和更高学位的若干课程。学生在学校监督下进行不少于 60 天的教育实习。伦敦大学负责学院教学人员的任用、薪资支付及校舍的提供与维护。[②] 至此，伦敦大学教育学院的国际声望稳步提高，并且能与美国哥伦比亚大学师范学院媲美。第二次世界大战后，学院规模逐渐扩大。1949 年，伦敦大学教育学院不仅是以教育研究为主的研究机构，同时也是一个范围更广的学院——发展成包含 30 多个教育学院和教育系部的大型联合机构。[③] 它成为伦敦最大的地区师资培训组织。20 世纪 70 年代，英国高等教育部发布取消地区师资培训组织的决定。其后，伦敦大学教育学院作为伦敦地区最大的师资培训组织的作用逐步淡化，而学术地位得到了加强。伦敦大学教育学院进入发展困顿期，由于当时公众对教育的不信任，它在重重困难中挣扎生存，并调整重组，在应对政治与社会需求的过程中寻找新出路。1977 年，它在伦敦市中心获得了多处房产，并迁至其永久处所贝德福德路 20 号。1979 年，伦敦大学教育学院正式融入伦敦大学，成为伦敦大学一个独立的教育学院。1988 年 6 月颁布《以伦敦大学教育学院的名称和方式建立大学学院的合并章程》，该章程给伦敦大学教育学院在地位、财政和管理等方面带

---

① 张薇. 从伦敦大学教育学院看英国中小学教师培养 [J]. 外国中小学教育，2004（1）：40 - 42.
② 顾明远. 教育大辞典（第 11 卷外国教育史）[M]. 上海：上海教育出版社，1991：156 - 157. 引用时有修改.
③ 王晓宇. 英国师范教育机构的转型：历史视野与个案研究 [M]. 上海：上海社会科学院出版社，2008：235.

来了重大的变革。这使得它具有了法人资格，可以拥有自己的建筑、土地和经费，可以独立授予学位。伦敦大学教育学院委员会取代了它以前的管理机构——联合管理委员会。除了在教学方面接受大学校务会的咨询外，该委员会有权决定一切。① 至此，伦敦大学教育学院取得了真正的独立地位。

　　进入 21 世纪，伦敦大学教育学院经过矩阵管理模式改革及英国大学科研水平评估，在教育及相关社会科学领域中的国际领导地位日益凸显。自2007—2008 学年起，伦敦大学教育学院仍保留在伦敦大学联盟中，但已开始独立颁发学位。2014 年 12 月与伦敦大学学院（University College London，简称 UCL）合并，创建了伦敦最大的高等教育机构和英国最大的研究生机构，拥有 3.5 万多名学生、1.9 万名研究生。伦敦大学教育学院成为伦敦大学学院的一所单一学院，称为伦敦大学教育学院（UCL-IOE）。② 这次合并确保了伦敦大学教育学院的持久影响力和使命，提供了进一步扩大其全球影响力的机会，以新的和更具想象力的方式与学校和学院的传统利益相关者合作，以及在整个高等教育领域建立跨学科工作的机会。③

　　伦敦大学教育学院现有学生 8 000 余人，拥有英国教育领域最大的博士生学院，生源来自全球 100 多个国家。伦敦大学教育学院拥有教育及相关领域的世界一流专家、学者的人数是英国其他大学的 4 倍以上，并承担完成英国25％以上的教育研究。伦敦大学教育学院作为世界领先的教育和社会科学研究与教学中心，拥有 30 个专业研究中心，一直保持 200 多个项目的研究规模，研究重点在于学科教育，组织学习与改进，课程文化和知识，儿童、家庭和早教以及纵向与社会研究。同时，伦敦大学教育学院非常注重教育与各学科领域的交叉研究，包括社交机器人在孤独症教育中的应用，动态数学用于数字技术等。④ 伦敦大学教育学院的研究吸引了英国研究理事会资助经费 40％的份额以及各种慈善机构、政府部门和国际机构的研究资助。⑤

　　从伦敦大学教育学院一百多年的发展历程看，它经历了四种身份的转变，

① 单中惠，王晓宇，王凤玉，徐征. 西方师范教育机构转型——以美国、英国、日本为例［M］. 济南：山东教育出版社，2012：39.
② About the IOE. Institute of Education-UCL-London's Global University［EB/OL］. https://www.ucl.ac.uk/ioe/about-ioe，2024 - 03 - 17.
③ The history of the IOE. Institute of Education-UCL-London's Global University［EB/OL］.https://www.ucl.ac.uk/ioe/about-ioe/history-ioe，2024 - 03 - 17.
④ Research. Institute of Education-UCL-London's Global University［EB/OL］. https://www.ucl.ac.uk/ioe/research，2024 - 03 - 18.
⑤ 闫建璋. 师范大学教育学院发展转型研究［M］. 北京：中国文史出版社，2014：172.

从没有固定教室的日间师资训练学院，到附属伦敦大学的教育学院，到地区师资培训组织，到变成一个世界一流大学的教育学院，折射出英国教育研究机构的漫长而复杂的转型过程。

（三）组织结构与资金来源

1. 组织结构

伦敦大学教育学院设院长 1 名，副院长 3 名，副院长分别主管研究与发展，教学、质量与学习创新，学术发展。学院拥有 6 个学术部门和 30 多个研究中心。每个部门设主管 1 人，下属每个中心设主任 1 人，研究人员若干名。学院还拥有各类专家中心，作为对卓越教学和研究的补充。学院的学生和研究人员与世界著名的学者和行业专家合作，引领世界教育、社会科学教学和研究的前沿，促进科学研究和专业实践（见表 4 - 1）。

表 4 - 1　伦敦大学教育学院学术部门和研究中心①

序号	部　门	功能定位	下　设　机　构
1	文化、传播和媒体部	传播、文化和媒体领域的教学、研究和咨询	学术写作中心、应用语言学中心、多模态研究中心、孔子学院、教育数字艺术研究中心、伦敦大学学院知识实验室
2	课程、教学和评估部	世界领先的地理、商业、数学、历史、公民和科学教育中心	穆斯林教育研究与评价中心（CREME）、教师和幼儿教育中心、教师与教学研究中心（CTTR）、发展教育研究中心（DERC）
3	教育、实践与社会部	贯穿整个生命过程的教育研究	学生分组最佳实践中心、教育和国际发展中心（CEID）、工程教育中心（CEE）、全球高等教育中心（CGHE）、全球青年中心、高等教育研究中心（CHES）、知识经济与社会中的学习和生活机会中心（LLAKES）、14 岁后教育和工作中心、教育与公平社会学中心（CSEE）、国际教育史研究中心（ICHRE）、国际跨文化研究中心（ICIS）、教育学院哲学中心

---

① 根据其官方网站整理. Departments and Centres. Institute of Education-UCL-London's Global University［EB/OL］.https://www.ucl.ac.uk/ioe/departments-and-centres，2024 - 03 - 18.

序号	部　门	功能定位	下设机构
4	学习和领导部	学前和初等教育（出生至 12 岁）以及领导方面的研究	教育进步科学中心（CEIS）、海伦·哈姆林教育学中心（HHCP）、国际扫盲中心（ILC）、伦敦学习领导中心（LCLL）
5	心理学与人类发展部	从幼儿到成人学习、发展和教学的心理学研究	孤独症和教育研究中心（CRAE）、教育进步科学中心（CEIS）、刑事司法系统教育中心（CECJS）、教育神经科学中心（CEN）、语言、识字和计算研究与实践中心（LLNR & P）、伦敦大学学院全纳教育中心
6	社会科学部	开展世界领先的研究和教学，为教育、健康、劳动力市场、人类发展和儿童/成人福利政策提供信息	纵向研究中心（CLS）、队列和纵向研究增强资源（CLEAER）、社会科学研究中心（SSRU）、托马斯·科拉姆研究所（TCRU）、定量社会科学中心（QSS）

除表 4－1 所列的部门与中心外，还有一些研究中心未归入具体部门，如博士教育中心（CDE）、社会教育学理解中心（CUSP）、国际批判现实主义中心、政策和实践信息及协调证据中心（EPPI-Centre）。研究中心涉及领域广泛，实现了教育与社会的融合，把教育作为社会的一部分，抓住了教育的本质特征。

2. 资金来源

英国智库获取资金的额度很大程度上取决于该机构对决策影响力的高低。[1]英国智库研究资金来源主要有政府资助、欧盟资助、企业（含慈善机构）和个人捐赠、信贷支持、研究委托等渠道。伦敦大学教育学院的资金来源多样，主要包括基金委拨款、学费收入、英国研究委员会拨款、英国政府拨款、慈善机构捐款、国际组织资助等（见表 4－2）。

从表 4－2 可知，2012—2013 年的资金来源中，基金委拨款、学费收入和其他营业性收入占了 80.4%，是伦敦大学教育学院的资金主要来源。伦敦大学教育学院 2013—2014 年研究资金总计 2 100 万英镑，来源包括：慈善机构捐款

---

[1]　国务院发展研究中心公共管理与人力资源研究所"国外智库管理体系研究"课题组. 注重提升影响力的英国智库（下）[N]. 中国经济时报，2013－02－20.

表 4 - 2　伦敦大学教育学院 2012—2013 年资金来源（单位：英镑）①

序号	资金来源	金额（万）	比　例	备　注
1	基金委拨款	1 622.3	22.7％	
2	学费收入	2 359.7	33％	硕士学位占 53％，教师培训占 26％，研究型学位占 12％，证书占 7％，本科学位占 2％
3	英国研究委员会拨款	637.3	8.9％	
4	英国政府拨款	312.7	4.4％	
5	慈善机构捐款	144.8	2％	
6	其他赞助	100.6	1.4％	
7	欧盟资助	136.2	1.9％	
8	其他营业性收入	1 761.4	24.7％	
9	捐款与投资	66.5	1％	
	合计	7 141.5	100％	

占 7％，欧盟资助占 9％，英国政府拨款占 16％，英国研究委员会拨款 54％，其他来源占 14％。② 可见，伦敦大学教育学院的资金来源多元而充足，能确保其客观高质量地开展研究。

（四）研究内容及特点

学术研究是伦敦大学教育学院发展的基础。伦敦大学教育学院不仅是英国

---

① 根据这一文献内容整理分析：李甦，康耘坤. 东陆教育评论（2015）［M］. 昆明：云南大学出版社，2015：175.
② About IOE research. institute of Education-UCL-London's Global University［EB/OL］. https://www.ucl.ac.uk/ioe/research/about-ioe-research，2024 - 03 - 18.

中小学教师职前培训和在职培训的重要场所，其教育活动和社会服务功能也随
着时代的发展而不断拓展，其师生为政府、非政府组织及国际组织进行教育研
究，运用专业力量影响全球教育政策走向。伦敦大学教育学院研究领域十分广
泛，包括日常的在职教师培训、民族教育、语言教育、教育神经科学、特殊教
育，以及教育问题的长期社会跟踪研究。当前研究的重点在于学科教育，组织
学习与改进，课程文化和知识，以及儿童、家庭和早期学习。学科教育主要探
索早期工作经历和终身学习，以及儿童和家庭、健康和福利以及国际发展。学
习的组织与改进主要是在考虑到更广泛的社会、文化和历史因素的情况下，调
查实质改善学习的因素。课程、文化和知识主要是评价教育环境中知识、学习
与文化的关系。儿童、家庭和早期学习主要侧重考察家庭和正规机构儿童的早
期学习和教育。

1. 学习、教学和评估研究

　　教育中的学习、教学和评估问题一直是伦敦大学教育学院关注和研究的重
点。海伦·哈姆林教育学中心负责的研究项目"创意写作教学艺术还有一线生
机"，由首席研究员多米尼克·慧思（Dominic Wyse）教授负责。这项为期四
年的多学科写作研究始于 2012 年的故事部[①]，它鼓励来自弱势地区的儿童专
注于建立信心、提高创造性和探索创意写作的动力，以及这项研究如何影响学
生的表现。研究发现，作者的耳朵使分析精度、构图流畅性、创作和艺术写作
所需的技术技能得以发挥；文字的构成与音乐的构成有着重要的相似之处；书
面语言既是一种静态的又是不断变化的语言，教师应该鼓励学生分析和创造
"真实"的语言；语言的标准是由社会决定的，语言与写作相关但有所不同；
教育学应该强调惯例而不是规则；伟大的作家首先关注思想，教育系统和学校
应该提供选择，有时是完全的自由；创造性对写作至关重要，思想孵化需要时
间；鼓励对创意和价值的思考；国家课程必须以证据为基础，而不是以意识形
态为基础。[②]

　　其他相关研究如"民主：理论与实践"对民主理念在学校的实践状况进

---

① 　故事部（Ministry of Stories）是一个儿童慈善机构，总部位于伦敦，该机构帮助 8—18
　　岁的儿童及青少年进行创意写作。
② 　All is not lost in the art of teaching creative writing ｜ Institute of Education-UCL-
　　London's Global University［EB/OL］. https：//www. ucl. ac. uk/ioe/research-projects/2019/
　　mar/all-not-lost-art-teaching-creative-writing，2024 - 03 - 19.

行了研究。"学生们对大屠杀了解多少？英国中学的证据"是有关这方面世界上有史以来规模最大的一项研究，这项研究构建了学生对一个重要历史事件的知识和理解的最详细的国家肖像。"适应流行音乐家的课堂实践"研究如何快速传播，应用激进的新教学法显著提高学生的学习动机、技能发展和音乐作为一门学科的占有率。"为什么恢复阅读能力工作有效"通过分析超过100项国际研究记录，证明了恢复阅读能力的好处。"自然历史博物馆对科学教育的贡献"指出博物馆和学校可以互相补充，最大程度地提高学生的学习能力。"写作的创造力：能衡量我们的价值吗？"设计了评估儿童创造力发展的方法，采用了三个创造力标准——独创性、价值、想象适应，对学生的创造力进行判断。

　　上述研究从不同角度对学习方法、教学理论与实践、阅读、写作、教学资源等进行了研究，体现出伦敦大学教育学院视野的开阔，关注内容的丰富多样，展现出研究的创造性。

2. 注重开展纵向研究与社会研究

　　伦敦大学教育学院是英国乃至全球教育研究领域的顶尖机构，其最具代表性的研究是纵向研究中心（Centre for Longitudinal Studies，简称CLS）开展的一系列纵向研究，通过统计和定量研究，研究教育和技能对就业、健康、社会和其他结果的长期影响。纵向研究又称追踪研究，指在一段跨度较长的时间内对同一个或同一批被试进行重复研究。其数据是在多个时间点或时间段收集的，研究者重点通过时间跨度进行比较研究。[①] 最著名的纵向研究是纵向研究中心对世代群体的研究，即对出生于1958年、1970年和2000年的三个年龄群体的数万人所做的跟踪调查研究，包括1958年国家儿童发展研究（1958 National Child Development Study，简称NCDS）、1970年英国人群研究（1970 British Cohort Study，简称BCS70）、千禧世代研究（Millennium Cohort Study，简称MCS），[②] 被誉为"社会研究王冠上的珍珠"。它通过对上述三个年龄群体的长期跟踪调查，揭示英国社会中健康、财富、教育、家庭和就业对人们发展

①　伯克·约翰逊，拉里·克里斯滕森. 教育研究定量、定性和混合方法（第4版）[M]. 马健生，等译. 重庆：重庆大学出版社，2014：335.
②　Centre for Longitudinal Studies ［EB/OL］. https://cls. ucl. ac. uk/? sitesectionid＝851&sitesectiontitle＝Welcome％20to％20the％20Millennium％20Cohort％20Study，2024-03-22.

的影响，并且分析影响社会变化的因素。研究结果对塑造我们今天生活的世界起到了一定的作用，为个人和社会面临的许多选择提供了实证依据，并向许多领域通报了政府政策，促进了民众与政府之间的沟通，还揭示了面临的一些最大挑战。研究结果为英国民众了解本国社会、医疗卫生、就业、教育等问题提供了参考，也为英国社会、教育的改革与发展提供了重要依据。该研究引起了广泛的关注，研究数据被世界多个研究团队引用。① 2004 年，纵向研究中心开始关注 1989—1990 年出生在英国的大约 1.6 万人的生活，被称为"英国青年纵向研究"（Longitudinal Study of Young People in England，简称 LSYPE）。中心收集这一同龄群体的教育和就业、经济环境、家庭生活、身心健康和福利、社会参与和态度的信息。这些证据为提高教育和培训中的义务参与年龄、投资职业教育以及为学校制定如何防止欺凌的办法提供了依据，对教育政策产生了重大影响。② 同时，研究还为对残疾人和性少数群体的欺凌情况以及该群体在教育过程中学科选择和愿望实现的状况提供观点和证据。此外，伦敦大学教育学院还开设专门的教育循证研究门户网站，提供相关研究的搜索引擎。

代际流动问题也成为伦敦大学教育学院的一个重要研究方向。2014 年，伦敦大学教育学院发布研究报告《教育和代际流动：帮助还是阻碍？》③，报告认为已有关于英国代际收入流动的证据已经过时，并试图通过对 1958 年和 1970 年出生的同龄群体的收入进行新的流动性评估以更新现有知识。考虑到已有研究数据很差或缺失，研究采用间接方法来评估最近的流动趋势。研究充分利用了世代间的收入持续性与不同家庭背景下教育成就差距之间的紧密联系（称为教育不平等），收集了一套全面的数据，用于衡量教育体系中不同群体在不同点上的教育不平等。研究结论表明，1980 年后出生的人群的教育不平等程度有所下降，这与教育成就平均水平的上升有关。相比之下，关于高成就的证据并未表明教育不平等现象有所减少。这表明，旨在促进机会平等的教育政策应鼓励学生实现更高的目标。

伦敦大学教育学院在 2014 年发布的报告《收入不平等、代际流动及盖茨比曲线：教育是关键因素？》清楚地揭示代际流动和收入不平等之间的关系。

① 闫建璋. 师范大学教育学院发展转型研究［M］. 北京：中国文史出版社，2014：173.
② Centre for Longitudinal Studies. Next Steps［EB/OL］. https://cls.ucl.ac.uk/cls-studies/next-steps/，2024 - 03 - 22.
③ Jo Blanden, Lindsey Macmillan. Education and Intergenerational Mobility：Help or Hindrance?［J］. Institute of Education，2014：3.

代际流动指同一家庭上下两代人之间社会地位的变动（一般以个体职业等作为地位特征）。该报告采用了国际成人能力评估项目（Programme for the International Assessment of Adult Competencies，简称 PIAAC）的跨国可比数据，发现不同社会阶层的收入差距与一系列的关键代际传递过程要素有关系，如接受高等教育的机会、教育投资回报率、父母受教育程度对子女在劳动力市场收入的影响等。该报告还发现，教育成就通过代际流动扩大了收入差异。与劳动力市场回报对教育程度的影响相比，教育机会的代际差异对收入不平等影响更大。教育通过三个操作变量（即家庭经济条件、职业关系网络以及遗传因素）影响代际流动。以家庭经济条件为例，许多国家学生的无薪实习是他们步入劳动力市场的重要阶段；具备良好教育背景的家庭有充足的资源帮助孩子顺利完成这一过渡期，而低教育程度家庭则没有更多时间、经济资源支持孩子寻找一份更理想的工作。①

研究报告《文法学校在促进社会流动中的作用评估》②指出，英国扩大文法学校规模的主要动机之一是提高社会流动性。该报告通过调查评估进入文法学校的机会（它能区分出 85% 的非贫困学生）；评估与刚刚辍学的学生、在非选择性地区就读类似学校的学生相比，就读文法学校的学生的高等教育成绩；评估现有文法学校在促进社会流动方面的作用。研究发现，即使在比较具有相同关键阶段成就的学生时，在通过社会经济地位选择区域的文法学校出勤率也存在显著差异。文法学校的学生比在某些特定领域失学的学生更有可能接受高等教育或上一所高水平的大学。然而，以出勤率和以前的成就为参考指标，他们在大学里的表现并不好。令人担忧的是，与非选择性区域的同等学生相比，在小学具有成绩优异且在区域选择中错过文法学校的学生更不可能进入大学或特别是名牌大学。这显示出选择性系统对没有进入文法学校的人造成的伤害。上述在入学率和结果方面的不平等表明，文法学校并没有促进社会流动，实际上与初衷相悖。

研究报告《对终身代际经济流动及教育作用的非线性评估》③指出，以前

① 上海市高校智库研究和管理中心. 全球思想版图 2015 [M]. 上海：上海人民出版社，2016：104.
② Simon Burgess, Claire Crawford, Lindsey Macmillan. Assessing the role of grammar schools in promoting social mobility [EB/OL]. https://repec.ioe.ac.uk/REPEc/pdf/qsswp1709.pdf, 2024-03-18.
③ Paul Gregg, Lindsey Macmillan, Claudia Vittori. Nonlinear Estimation of Lifetime Intergenerational Economic Mobility and the Role of Education [EB/OL]. https://repec.ioe.ac.uk/REPEc/pdf/qsswp1503.pdf, 2024-03-18.

关于代际收入流动的研究主要集中在以子女收入分配的平均值来估计跨代的持续性。该研究使用较新的无条件分位数回归技术，检验了儿童时期父母的收入与子女成人后收入关系的变化。研究发现，对于处于底层的人来说，父母的收入是未来子女在劳动力市场是否成功的一个显著的预测因素。令人担忧的是，研究发现教育并不像期望的那样精英化，即教育占父母收入分配的主导地位。早期的失业经历对处于底层的人以及父母的收入有着长期的影响。

研究还发现，教育并未体现能力至上的原则。家庭富裕程度比受教育程度和能力高低更能影响子女的生涯发展，高收入家庭的教育和能力的回报率更高。其中就读精英院校和热门专业（如医学、法律、经济等），（而不是大学学位本身）更能带来高等教育的高回报率。为此，决策者需要设法清除低收入阶层学生进入精英大学的障碍，同时从政策角度鼓励雇主从更广泛的毕业生源（而不是集中在精英大学或特定学科）中招聘员工。此外，儿童时期的父母收入与后来的劳动力市场收入之间存在着很强的关联，随着子女的年龄增长，这一关联越加明显。这一研究结论与在美国、挪威、加拿大等国的调查有差异，英国以外的这些国家的居民随着收入分配的增加，代际之间收入的关系在削弱。研究者进一步指出，虽然报告揭示的是收入不平等与代际流动的相关性，而不是因果关系，但这种关系至少说明，教育成就的不平等性在收入不平等与代际流动之间扮演某种协调角色；同样还可以说明，家长拥有的财政资源在代际传递社会优势地位中起着关键作用。报告的研究结论提醒教育政策制定者应更加关注财政资源的再分配问题，尽量缩小穷人与富人之间的教育差距。如此，下一代年轻人才可能享有更平等的成功机会。[1] 伦敦大学教育学院的研究报告客观地表述研究结论，为英国的教育政策变革提供了依据。

3. 数字教育技术研究

数字教育技术方面的研究项目主要有回声项目和社交机器人研发。

回声项目（ECHOES）[2] 由伦敦大学学院知识实验室负责。该项目支持孤独症儿童通过智能技术学习社交技能，为5—7岁孤独症儿童提供技术增强型

① Paul Gregg, Lindsey Macmillan, Claudia Vittori. Nonlinear Estimation of Lifetime Intergenerational Economic Mobility and the Role of Education［EB/OL］. https://repec. ioe.ac.uk/REPEc/pdf/qsswp1503.pdf, pp23 - 24. 2024 - 03 - 18.
② ECHOES Project. Institute of Education-UCL-London's Global University［EB/OL］. https://www.ucl.ac.uk/ioe/research-projects/2018/oct/echoes-project，2024 - 03 - 18.

学习（technology-enhanced learning）环境，使他们可以探索和实践成功的社会互动所需的技能，例如与他人分享关注，通过轮值、启动和响应投标进行互动。该项目支持正常儿童和孤独症谱系障碍儿童的发展。项目还采用了参与式设计方法，允许研究人员与儿童和教师共同设计环境，并确定如何在真正的教室中使用环境。此外，还应用临床和教育干预框架，并利用人工智能技术来记录和解释儿童与环境之间的交互数据。这些数据加上通过项目评估获得的数据，为项目的发现和进一步研究提供了基础。

孤独症儿童在理解和使用社会和情感暗示方面经常面临困难。现有的研究表明，运用机器人辅助的干预手段可以向孤独症儿童教授社交技能和学业技能，包括情感识别。这项工作大多集中在主流环境中年龄较大的孩子身上，没有涉及幼儿或更广泛的认知和语言能力。鉴于机器人辅助干预可能比人类主导的干预带来更低、更不复杂的社会需求，研究其对接受传统干预造成障碍的儿童在发展社交技能、日常生活技能或语言技能方面的可行性尤为重要。教育学院的孤独症和教育研究中心的"社交机器人在孤独症教育中的应用"[①] 项目，为以人工智能为动力的情感教学制定机器人辅助干预方案。项目第一阶段（2016—2017 年）测试了情感识别培训计划的可行性。到目前为止，来自伦敦 3 所特殊学校的 66 名学龄孤独症儿童参加了这次活动，另有 66 名儿童参加了贝尔格莱德的活动。一半被随机分配参加一个由成人领导的情绪识别教学计划，另一半被分配到同一个由机器人 Zeno 协助的计划。项目第二阶段以机器人研究、教师访谈和课堂观察的结果和观点为依据，重新塑造情感教学计划，从"一刀切"的直接教学，转向更小、更灵活、更像游戏的模块化教学。初步结果表明，机器人辅助计划的许多方面在英国和塞尔维亚都非常成功，特别是在培养儿童对情感活动的兴趣和参与方面。这项研究的结果将对正在进行的研究讨论作出重要贡献，即讨论机器人是否可以成为孤独症儿童社交技能教学的有用工具。这种大而多样的样本也将有助于分析哪些儿童可能特别受益于与机器人或与人类一起工作。伦敦大学教育学院团队正与特温特大学密切合作，开展新的教学活动，这些活动将由技术团队开发的多模人工智能实现。经过几轮开发，机器人 Zeno 将能够实时处理音频、视频和手势输入，并自主规划与儿童用户的交互。2019 年，机器人 Zeno 将拥有更先进的功能，可以在混乱的现

---

① Social robots for autism education. Institute of Education-UCL-London's Global University ［EB/OL］. https://www.ucl.ac.uk/ioe/research-projects/2018/nov/social-robots-autism-education，2024 - 03 - 19.

实环境中实时分析语音、面部表情和动作，更多地了解孩子的言辞和表达方式，并将更多地提供个性化的情感教学。

除此之外，伦敦大学教育学院还开展了"谈话、教、学：智能辅导是提高小学生信心的关键""数字技术在动态数学中的应用""共享：智能化校园科研环境"等研究项目。这些研究都紧跟信息化、大数据时代的发展趋势，为教育提供最新的政策参考。

（五）提供教育相关决策咨询

高校教育智库学术理论基础雄厚，擅长对中长期教育及社会重点问题进行前瞻性研究，通过制定教育政策问题框架、提供相关问题背景信息和国际经验借鉴、递交教育决策咨询报告等方式，提醒政府防止出现重大教育政策失误和偏差，为政府提供中长期政策建议和解决问题的策略。伦敦大学教育学院充分利用这一优势，自成立以来一直是英国政府及教育相关部门的重要智囊团。伦敦大学教育学院曾为英格兰高等教育基金委员会、工党、英国教育与技能部、英国卫生部、英国贸易与工业部等提供高质量的决策咨询报告。伦敦大学教育学院国际教育政策咨询服务领域广泛，从临时的在职教师培训到长期的社会跟踪研究，从教育事业发展到卫生健康服务、地方政府治理、高等教育机构职能，从单一的专家顾问到跨学科的团队咨询等。[①] 伦敦大学教育学院的学者每年都会协助几十个国家解决教育发展问题，完善教育系统与实践。他们通常能够在最短的时间内，根据各国政府和教育机构的需求，提出适切的应对策略和项目设计。

伦敦大学教育学院历任院长的身份背景也促进了教育学院与政府等部门的沟通与合作。首任院长乔·亚当斯（Jone Adames）曾担任伦敦儿童研究中心副主席、大学监督委员会副主席等职，是伦敦地区教育领域发展的重要促进者。第二任院长沛西·能不仅对教育理论研究产生了重大影响，还具有参与政府决策的丰富经历。他的著作《教育原理》提出了"教育生物学化"的理论观点，推动了教育学和心理学理论的进步。他曾担任英国教育委员会委员、儿童委员会成员和考试调查中心委员，起草过众多具有影响力的教育报告。第三任

---

① 郭婧. 英国高校教育智库运作模式及资源保障研究——以伦敦大学教育学院为例 [J]. 中国高教研究，2014（9）：71-76.

院长弗莱德·克拉克（Fred Clark）是英国新教育团体主要成员、殖民地教育咨询人员以及麦克内尔委员会成员，参与起草全面改革英国师范教育的《麦克内尔报告》（McNair Report）①。前任院长苏·罗格斯（Sue Rogers）是社会科学院院士、政府社科院长期顾问，曾在伦敦国王学院担任教育和社会正义教授，承担过代表各种政策利益的角色，包括欧洲科学研究理事会研究资助委员会成员、英国高等教育资助委员会成员、国家学生奖金评审委员会成员、特别委员会咨询顾问、教育特别委员会常务顾问等。②现任院长李伟（Li Wei）曾担任伦敦大学伯克贝克学院副院长、纽卡斯尔大学教育学院院长。③从伦敦大学教育学院的历任院长的身份分析，绝大部分都有中央或地方政府教育部门、教育研究机构、国际教育组织等全职或兼职工作的经历，并提出过对伦敦地区、英国乃至整个欧洲教育领域发展有重要影响的政策建议。

（六）知识传播与社会服务

知识的生产与传播以及社会服务，是大学的两个重要职能。伦敦大学教育学院作为伦敦大学的重要组成单位，注重通过各种方式进行知识的传授与传播。学院的教学研究人员每年要完成数百项研究成果，并将这些成果通过各种途径发布，供教育决策者、实践者、研究者和公众参考。同时，提供在职培训、定制专业短期课程、项目评估、全国性调查、政策分析、组织职能变革、管理或领导优化方案。此外，伦敦大学教育学院众多的研究中心都会提供公共社会服务，使其学术成果惠及民众，并在社会生活中实践。

伦敦大学教育学院非常注重服务地方发展。伦敦大学教育学院与大伦敦市政府、地方教育工作者、社会合作伙伴及其他关注教育发展的公众广泛合作，通过教育改革与发展，促进伦敦建设世界一流的学习型城市，稳固其全球金融中心和文化创意中心的地位。伦敦大学教育学院是伦敦咨询顾问组织的核心成员之一，伦敦大学教育学院设有7个专门与伦敦城市发展相关的研究中心：为伦敦而学习中心，14岁以上学习者创新研究中心，伦敦卓越教师培训中心，

---

① 李绯. 伦敦大学教育学院发展研究 [D]. 上海：华东师范大学，2006.
② Meet our senior team. Institute of Education-UCL-London's Global University [EB/OL]. https://www.ucl.ac.uk/ioe/about-ioe/meet-our-senior-team, 2024 - 03 - 22.
③ Q&A with Professor Li Wei | IOE — Faculty of Education and Society [EB/OL]. https://www.ucl.ac.uk/ioe/people/academics/culture-communication-and-media/qa-professor-li-wei, 2025 - 02 - 02.

伦敦科学、技术、工程与数学教育中心，伦敦知识实验室，伦敦领导力学习中心，特殊教育需求联合初始培训中心。这些专门研究机构为伦敦打造"全球城市"提供智力支持。

传播和应用教育相关知识是为教育系统和社会生活服务，增强教育服务社会实践的基本手段。伦敦大学教育学院支持公众参与教育和社会研究，向研究者、决策者和公众发布教育研究成果，传播经济、政治、教育等相关领域知识，研究成果包括丰富的工作文件、简报、影像文档和视频库等。伦敦大学教育学院传播知识的方式主要有三种：一是同步发表期刊、书籍和网络新闻的纸质和电子版本。研究成果通常会在本院刊物或其他著名期刊发布，并同步发布电子版本。一些重要研究课题不仅发表系列论文、出版专题报告，还开设专门网站，提供详细研究成果。研究成果针对学术界以外受众的阅读需求，进行通俗易懂的改编，通过简报或媒体等渠道供决策者和公众阅读。二是举办教育、社会等领域焦点议题的学术讲座、研讨会、培训班、短期课程和主题活动，举办讲座或邀请其他国内外知名学者举办讲座以讨论热点话题，发布科研成果，以扩大学术影响力。三是组织大型国际研讨会或论坛发布先进的研究成果、传播教育发展理念，并探讨重大教育问题的解决对策等。① 研讨会邀请教育及相关经济、社会等领域著名学者参加，发布其研究成果，并共同探讨解决对策。

在网络化、信息化时代，媒体是公共舆论的制造者、传播者，智库与媒体保持良好的关系是教育政策纳入政策议程的关键。任何一个教育问题，如果没有得到公众的广泛关注，它就很难成为教育政策问题，进而无法进入政策议程。② 伦敦大学教育学院通过在《泰晤士报高等教育副刊》《独立报》《郝芬顿邮报》《卫报》等重要报纸媒介上发表文章或刊登研究报告，接受英国广播公司（BBC）教育与社会相关节目的专访，设置开放日和举办展览，通过博客、脸书、推特等社交媒体发布学术信息等，积极促进与社会大众之间的沟通和互动，进而对公众产生影响。

媒体的宣传可以迅速地将这些成果推广至一线教育工作者、学生、家长、社区和其他利益相关者，而且社会的热议也可以引起政府部门对相关问题的关注，为将这些研究成果转化成教育咨政报告甚至是教育政策内容提供机会。

图书馆和在线网站提供海量信息数据资源。伦敦大学教育学院拥有大量的

① 张晓光. 伦敦大学教育学院教育研究模式 [J]. 大学：学术版，2011 (2)：73 - 74, 72.
② 谷贤林. 智库如何影响教育政策的制定——以美国"教育政策中心"为例 [J]. 比较教育研究，2013 (4)：38 - 42.

馆藏与在线教育资源，并且调查数据和研究成果形成最具影响力的教育研究数据库，专门开设教育循证研究门户网站（Research Portal），与其他 30 余家教育研究机构共同通过这个门户网站分享调查数据和研究成果，为教育智库运作提供强有力的信息保障。伦敦大学教育学院的纽萨姆图书馆（Newsam Library）是欧洲教育学术研究藏书和期刊馆藏量最大的图书馆。纽萨姆图书馆拥有来自全球的 30 万册图书和近 4 000 种电子期刊和 2 000 种纸质期刊，教育资源平台由核心馆藏、基础技能资源中心、专门馆藏和档案馆四部分组成。核心馆藏涵盖所有与英国教育相关的出版物、国际组织教育相关出版物和英国教育数据、工具书、索引、法律法规等教育参考资料，以及大量的教育相关学科如心理学、社会学、语言学等的出版物。基础技能资源中心拥有成人教育教学资源和基础技能教育资源。专门馆藏针对 23 类教育相关领域研究的出版物进行专门的资源整合，包括最完整的英国教育文件资源、全英教科书资源、稀缺且珍贵的教育史资源、全英所有层次所有学科的教育教学资料等。档案馆收集了 20 世纪以来伦敦大学教育学院、世界教育协会、全英女教师工会等教育相关机构的详细史料，以及世界知名教育家、教育组织、教育项目的文档资料等。[①]

（七）构建合作网络，增强全球影响力

伦敦大学教育学院积极与相关部门或机构合作，共同推进教育及相关社会问题的解决。作为以教育为主要研究领域的智库，伦敦大学教育学院非常注重与学校开展合作，包括与托儿所、中小学校、大学和其他教育机构建立良好合作关系，这被认为是其成功的核心。学院高度重视科研合作，与地方、国家和国际机构建立了合作伙伴关系，先后与伦敦市政府、国际雇主组织、半数的英国大学、二十多个欧盟成员国的高等教育机构、威斯康星大学、墨尔本大学等进行了合作。[②] 伦敦大学教育学院在 100 多个国家开展工作。其最新的国际化战略是为实现全球教育公平，在全球视野下广泛建立国际伙伴关系，互惠互利、协调合作。其在世界各地的工作与伦敦大学学院的全球参与战略（Global Engagement Strategy，简称 GES）密切相关，因此伦敦大学教育学院的所有国

① 郭婧. 英国高校教育智库运作模式及资源保障研究——以伦敦大学教育学院为例 [J]. 中国高教研究，2014（9）：71-76.
② 闫建璋. 师范大学教育学院发展转型研究 [M]. 北京：中国文史出版社，2014：173.

际参与都涉及全球参与战略的一个或多个战略驱动因素。①伦敦大学教育学院注重全球参与，采取了一系列举措，包括：致力于开展具有全球视野的研究和设置全球奖学金；注重形成互利的国际伙伴关系；与合作伙伴一起寻找通过教育减少全球不平等的方法；鼓励员工和学生以国际为导向；进行负责任和可持续的国际学生招聘；开设国际化课程；强大的国际校友网络。2007 年，伦敦大学教育学院与北京师范大学教育学部、新加坡南洋理工大学国立教育学院等发起成立国际顶尖教育学院联盟（International Alliance of Leading Education Institutes，简称 IALEI），成员还包括美国威斯康星大学麦迪逊分校教育学院、加拿大多伦多大学安大略教育研究院、澳大利亚墨尔本大学教育研究院、丹麦奥尔胡斯大学教育学院、韩国国立首尔大学教育学院、南非开普敦大学教育学院、日本广岛大学教育研究院和巴西圣保罗大学教育学院。2013 年 11 月，联盟在北京召开年会暨"高等学校招生政策国际研讨会"，新联盟更名为"国际教育学院联盟"（International Network of Education Institute，简称 INEI）。②联盟除召开国际研讨会外，还组织暑期学校，促进世界范围内的教育交流。伦敦大学教育学院与国际上具有重要影响力的教育学院开展合作，旨在国际范围内分享教育者的经验和成就，为国际和各国公共教育政策提供支持。总之，伦敦大学教育学院的研究、咨询和合作伙伴关系影响了全球的政策，包括政府、国际组织、慈善机构和企业。

（八）学生来源多元化，人才培养成效显著

伦敦大学教育学院在教育及相关专业学术资源上独具优势，是整个欧洲地区教育及相关专业人才和知识最为集中的地方，它通过完善的研究生培养体系，为英国乃至欧洲其他国家培养教育领域实践人才。以 2012—2013 学年为例，攻读授课型硕士学位的人数占 53％、参加教师培训的占 26％、攻读研究型学位的占 12％、攻读文凭及证书课程的占 7％、攻读学士学位的占 2％。③

① Our global reach. Institute of Education-UCL-London's Global University［EB/OL］. https://www.ucl.ac.uk/ioe/our-global-reach，2024 - 03 - 23.
② 北京师范大学教育学部—国际顶尖教育学院联盟年会暨"高等学校招生政策国际研讨会"在京召开［EB/OL］.https://fe.bnu.edu.cn/html/002/1/201311/10692.shtml，2013 - 11 - 17/2019 - 03 - 23.
③ IOE. Facts and Figures-Student Profile by Level of Course 2012 - 13［EB/OL］.https://www.ioe.ac.uk/about/765.html，2024 - 03 - 23.

从生源地来看，国际学生来源：欧盟国家占 28％，东亚占 17％，北美占 12％，非洲占 10％，南亚占 9％，东南亚占 8％，中东占 6％，拉美占 4％，其他国家占 6％；[①] 现有实习教师 1 500 多人，硕士生 4 000 多人，研究学生 800 多人，有员工 800 余人。每年有超过 1 200 名本科毕业生申请研究生教育证书（Postgraduate Certificate in Education，简称 PGCE）课程项目，参加在大学学习、以中小学为实践基地的一年制研究生教育证书课程项目，成长为服务英国基础教育发展的实践人才。在过去的 10 年中，伦敦大学教育学院已与伦敦地区的 600 多所中小学和学院建立了合作联系，为它们提供教师在职专业发展培训，培训的教师人数超过 1 万人。[②] 除了为教育系统输送教育教学实践人才，伦敦大学教育学院还为世界各国教育行政管理机构和公共事业部门、国际组织、高等教育机构、教育研究机构培养教育事业的志愿服务者、教育理论与实践的研究者，教育政策的分析者、制定者和决策者，以及在世界各国政治、经济与社会生活中具有较高影响力的政治领袖和精英等。

（九）研究伦理审查

伦敦大学教育学院拥有自己的研究伦理委员会，伦理委员会由主席、部门研究伦理协调员或提名人、两名学生代表、至少一个外部成员、博士教育中心负责人或提名人组成。研究伦理委员会主席可根据需要增选其他成员，以确保伦敦大学教育学院各研究领域适当的代表性。

伦敦大学教育学院遵守伦敦大学学院的《研究行为准则》《研究完整性声明》《伦敦大学教育学院研究伦理指南》（IOE Research Ethics Guidelines）。伦敦大学教育学院致力于以最高的道德标准和严谨的学术态度保障创新和高质量的研究。全体员工及从事研究的学生将坚持研究伦理的基本原则和诚信，最大限度地提高研究的效益，同时最大限度地降低实际风险或在整个研究生命周期中潜在的危害。伦敦大学教育学院研究伦理和诚信主要以关注社会公正为指导，以便为包括教育和社会科学、专业实践等相关领域的所有利益相关者作出积极贡献。研究伦理委员会批准研究项目的决定，不意味着对所有可能的伦理问题都进行了专家评估，也不意味着以任何方式减少研究人

[①] 李甦，康耘坤. 东陆教育评论（2015）［M］. 昆明：云南大学出版社，2015：175.

[②] IOE. The Institute of Education in Focus［EB/OL］. https://www.ioe.ac.uk/about/documents/About_Overview/Introduction_to_IOE_final.pdf，2012：1，10-11.

员对他们进行的所有研究（包括对所有相关人员的影响）必须承担的最终责任（见表4－3）。①

表4－3 伦敦大学教育学院研究伦理申请清单

潜 在 风 险	数据管理与安全
1. 你考虑过研究团队面临的风险吗？ 2. 你是否考虑过参与者面临的风险（例如，伤害、欺骗、结果的影响?） 3. 如何收集数据（例如，存储、隐私考虑、质量）？对研究机构、项目合作伙伴及资助者的风险？ 4. 研究结果可能对其他任何人造成的风险？ 5. 还有其他风险吗？ 6. 将采取哪些措施来降低上述风险？	1. 在研究场地和远离研究场地时，你将如何保护你的数据？ 2. 将招募哪些类型的参与者（例如，学生、儿童、有学习障碍的人员、老年人）？ 3. 如何确定参与者知情同意的能力？ 4. 如何、在何处以及由谁来确定和接触参与者，以及招募？在招聘和潜在参与者中是否存在任何不平等的关系？ 5. 对参与者有什么好处吗？ 6. 是否需要对参与者进行简要介绍？由谁负责？ 7. 参与者将得到关于研究的哪些信息？ 8. 谁会从这项研究中受益？ 9. 你考虑过匿名和保密吗？ 10. 您将如何存储收集的数据？ 11. 数据将如何处理？需要多长时间？ 12. 进行此项研究是否存在利益冲突（例如，对成果的经济奖励等）？ 13. 你会通过第三方收集信息吗？
知 情 同 意 书	其 他 事 项
1. 你是否告知参与者他们有权退出？ 2. 参与者是否可以选择退出？ 3. 您的信息表（或同等文件）是否包含有关研究对象是否知情同意？ 4. 您的信息表是否包含关键信息和伦敦大学学院一般研究参与者隐私声明？ 5. 如果你的研究发生变化，如何重新协商同意？	时间安排：您是否考虑了获得伦理批准所需的时间（目前平均为25工作日，加急申请15个工作日），这取决于审核人的可用性？ 道德规范：你的项目将遵守什么职业道德规范？ 监督和程序：如何在整个过程中监督项目的道德问题？ 不良事件：如何管理研究过程中的不可预见或不良事件（例如，您是否有弱势参与者处理披露的程序）？

资料来源：IOE Research Ethics Application Checklist［EB/OL］. https://www.ucl. ac. uk/ioe/sites/ioe/files/ioe _ research _ ethics _ checklist.pdf.

---

① IOE Research Ethics Guidelines［EB/OL］. https://www.ucl. ac. uk/ioe/sites/ioe/files/1 _ FINAL _ UCL _ Institute _ of _ Education _ Research _ Ethics.pdf，2024－03－23.

由表 4-3 可见，伦敦大学教育学院研究伦理申请清单包括潜在风险审查、数据管理与安全审查、知情同意审查等内容，囊括了研究伦理的方方面面。由工作人员、学生或访客收集或使用来自人类参与者的数据的所有研究项目，包括二级数据分析、系统审查和试点研究，都必须在数据收集开始前提交伦理申请，经由伦理委员会审查批准，方能开展后续工作。严格的伦理审查确保了伦敦大学教育学院研究的高质量和创新性。

（十）结语

伦敦大学教育学院作为英国顶尖的、在全球具有重要影响力的高校教学单位和智库机构，是教育知识、教育思想和教育政策的全球生产中心之一。它在教育教学、基础研究、政策研究、政策咨询、社会服务和管理机制等方面为全球高校智库树立了典范。这得益于伦敦大学教育学院百多年悠久而深厚的历史积淀和传承创新，理论基础、科研经费、合作网络、信息资源和媒体互动等合力保障了其改革与发展。在基础理论研究方面，伦敦大学教育学院充分整合不同学科，尤其注重教育与社会的互通互联，把教育放在社会大环境中进行研究。学生既是教育的对象，也是研究可以整合的力量和资源。伦敦大学教育学院作为一个教学单位，充分发挥教师和学生在研究中的作用，也为研究的开展提供了充分的条件。伦敦大学教育学院通过严格的伦理审查，确保研究的高质量和创新。作为扎根伦敦地区的高校机构，首先谋求为地方提供高水平的研究与服务，再以此为中心向全球扩展。同时，它构建强大的全球学术与政策合作伙伴关系网络，与媒体保持良好的互动。这些因素都促成了伦敦大学教育学院能在教育研究及政策咨询方面发挥广泛而重要的作用。

二、德国国际教育研究所

（一）基本概况

德国是世界上最早建立智库的国家之一，德国的大部分智库建立于第二次世界大战之后。20 世纪 90 年代末，德国智库经历了新一轮的增长及运作模式的现代化，这主要是受到信息革命带来的新技术手段、政策议题复杂化与专业化、两德统一及德国迁都柏林、欧洲一体化与全球化深入等因素的影响。① 德国联邦政府将建设教育智库作为提升教育国际竞争力的重要措施。教育智库科学、及时、系统、持续的研究成果为德国教育发展提供了客观科学的决策研究与咨询支持。

进入 21 世纪，德国教育智库进入稳定发展的新时期，德国教育的稳步、快速发展与德国教育智库的贡献密不可分。德国教育智库主要有两大类：一类是政府或基金会资助成立的教育研究机构，如德国国际教育研究所（Deutsches Institut für Internationale Pädagogische Forschung，简称 DIPF，英文 German Institute for International Educational Research）、德国高等教育发展研究中心（Centrum für Hochschulentwicklung，简称 CHE）、德国成人教育研究院、德国科学与政治基金会等；另一类是高校附属教育研究机构，如卡塞尔大学国际高等教育研究中心（International Centre for Higher Education Research Kassel，简称 INCHER-Kassel）和马丁路德大学哈勒-维滕贝格高等教育研究所（Institut für Hochschulforschung，简称 HoF）等。德国教育智库独立运作，依托政府、高校或基金会，与国家政府部门保持紧密联系；深入开展教育理论、应用和管理等研究；打造跨学科、国际化合作平台；建立数据库，以信息化方式辐射社会，并参与全球教育治理，一定程度影响到全球的教育发展。德国教育智库的研究涉及各级各类教育，如基础教育、高等教育、成人教育、终身教育、比较教育等领域，它们为德国教育的改革与发展提供了大量科学的决策研究与咨询，也为德国参与全球教育治理提供了强大的智力支持。

德国国际教育研究所是德国第一个跨地区的国际教育研究机构，是德国教育研究和教育信息中心。2018 年更名为莱布尼茨教育与信息研究所（Leibniz-Institut für Bildungsforschung und Bildungsinformation）。② 德国国际教育研究所的宗旨是生成教育知识，编制教育知识索引和传播教育知识，为教育系统面临的挑战制定解决方案。它主要从事教育理论、教育实践、教育政策、教育管理研究、教育基础科学服务和教育系统评估。③ 德国国际教育研究所支持科学

---

① 顾俊礼. 德国［M］. 北京：社会科学文献出版社，2015：343.
② History of the DIPF-DIPF. Leibniz Institute for Research and Information in Education ［EB/OL］. https://www.dipf.de/en/institute/institute/a-history-of-the-dipf，2024－03－26.
③ DIPF News—DIPF | Leibniz Institute for Research and Information in Education ［EB/OL］. https://www.dipf.de/en/dipf-news，2024－01－29.

家、政治家和教育从业人员开展工作。它将研究、转让和基础设施建设结合起来，实现教育知识的汇集和传递，助力教育的成功和应对教育部门的挑战。它善于从法律、经济、政治、社会、文化、心理和历史的角度研究教育问题。它与德国其他研究机构一起，构成了德国教育科学领域不可或缺的核心力量。

德国国际教育研究所主要围绕以下领域开展工作：一是参与教育辩论，对教育研究作出重要的科学贡献，重点关注幼儿教育、教学质量、对有风险儿童的个人支持以及教育改革的效果。二是为整个教育领域提供广泛的创新数字信息服务，包括参考系统、数据收集和传输服务。三是研制教育报告，对德国教育进行比较、分析和评价，为教育特定部门提高质量提供科学依据。

德国国际教育研究所借助信息科学和计算机科学领域的研究成果促进自身研究和信息基础设施的进一步发展，以用户为导向，致力于遵守国际标准。其社会和文化科学研究着眼于教育过程的系统、制度和个人层面。其研究以理论分析、经验以及教育历史的发现为基础。其工作具有跨学科、国内和国际互联、基础研究和应用研究结合的特点。

（二）发展历程

根据德国黑森联邦州政府的决议，德国国际教育研究所成立于 1951 年 10 月，当时是作为国际教育研究大学（Hochschule für Internationale Pädagogische Forschung，简称 HIPF，英文 University of International Educational Research）和具有法律能力的公共基金会。美国军事办公室、黑森联邦州和法兰克福市都参与了该研究所的建立①，寻求用国际性的教育研究激活相关研究工作。

国际教育研究大学的概念由埃里希·希拉（Erich Sheila）教授提出。他在 1933 年之前一直是柏林中央教育与教学学院的负责人，1946 年作为美国政府委托的教育记者返回德国。1948 年 12 月，埃尔文·斯坦（Elvin Stein）在黑森担任教育部部长期间，曾表示希望开办一所国际教育研究大学，他也为研究所的成立作出了贡献。国际教育研究大学于 1952 年在法兰克福开始工作，成为德国国际经验教育研究的第一个制度基础。埃里希·希拉认为，教育和儿童保育的实证研究的重点是"按时代要求"确定的，而科学程序的特点是"通过

---

① History of the DIPF-DIPF. Leibniz Institute for Research and Information in Education [EB/OL].https://www.dipf.de/en/institute/institute/a-history-of-the-dipf，2024 - 03 - 26.

可靠、客观的方法确定事实"。此外，国际教育研究大学从一开始就在科学教育学的基础上实现了跨学科的合作。

在 20 世纪 60 年代中期，国际教育研究大学被纳入一个国家协议，并赋予了新的构成方式，基金会的宗旨被定义为开展具有国际视野的实践经验教育研究。同时，大学更名为"德国国际教育研究所"。除实证研究外，德国国际教育研究所还通过研究为教育工作者和教育管理专业人士提供培训。

在 20 世纪 70 年代至 80 年代，德国国际教育研究所逐渐发展成为一个专门的研究机构。其工作越来越侧重于教育问题的国际比较。由于信息技术和互联网的发展，扩大和改善国际交流成为可能。研究所与来自科学和政治领域的国际机构合作，成为了解德国教育体系的结构、特点和成就的一个连接点。

20 世纪 90 年代初，民主德国教育科学院、教育中心图书馆和信息与文献中心的部分机构合并后，德国国际教育研究所的结构发生了变化。此前，教育中心图书馆整合了已有一百多年历史的教师图书馆。它成为德国国际教育研究所的一部分，即新成立的教育史研究图书馆。自 1990 年以来，德国国际教育研究所一直是莱布尼茨协会的成员，该协会起源于"蓝名单"联盟，1997 年更名为莱布尼茨协会。此后，莱布尼茨协会为德国国际教育研究所的科学合作提供了基础的机构框架，塑造了德国国际教育研究所的形象，并持续保证了其工作质量。如今，德国国际教育研究所属于莱布尼茨协会的 A 部分——"人文与教育研究"，是该协会两个研究联盟的积极成员。

德国国际教育研究所注重通过建立新部门推动发展。从 1998 年到 2001 年，特别关注建立教育信息服务，发展成为现在的教育信息中心。自 2000 年以来，研究和信息服务一直是德国国际教育研究所工作的核心。2007 年，德国国际教育研究所成立教育与人类发展部，重新定义了学习和发展的个人行动标准。

德国国际教育研究所的国际视角是基于对德国学校质量、教育治理和科学基础设施的全面研究和分析。在此基础上，对德国教育体系进行系统的国际比较。此外，德国国际教育研究所教师与教学质量部在国际 PISA 研究的实施中发挥着重要作用。2012 年，德国国际教育研究所设立了一个教育史研究的教授职位，并由此成立了第五个研究部门。它与教育治理部共同提升了研究所的实力与形象。2018 年，德国国际教育研究所位于法兰克福西区的新大楼竣工，可将德国国际教育研究所的多个部门合并为一栋大楼。研究所搬迁到新址后，正式更名为莱布尼茨教育与信息研究所。

（三）组织结构

德国国际教育研究所有由基金会理事会管理，下设五个研究部门，包括教育史研究图书馆、教师与教学质量部、教育治理部、教育与人类发展部、教育信息中心，这五个部门构成德国国际教育研究所的研究工作网络（见图4-1）。

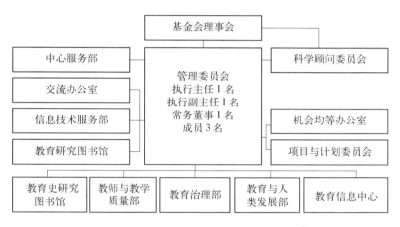

图4-1　德国国际教育研究所组织结构图①

1. 教育史研究图书馆

教育史研究图书馆（Bibliothek für Bildungsgeschichtliche Forschung，简称BBF）② 成立于1876年，是一个国际性的研究图书馆和档案馆，自1992年以来一直是德国国际教育研究所的一部分。教育史研究图书馆设科学主任1名，须经德国国际教育研究所和柏林洪堡大学联合任命，由拥有教育史教授职位的学者担任。教育史研究图书馆是德国最大的教育专门图书馆，拥有超过77万件藏品，长达1800延长米的档案资料，以及综合数据库和门户服务。图书馆由此发展成为教育史研究的服务机构和研究中心。

教育史研究图书馆收集德语国家教育史领域的印刷出版物和各类电子出版

---

① 根据其官方网站内容整理. Organisation Chart-DIPF［EB/OL］.https：//www.dipf.de/en/institute/institute/organisation-chart，2024-03-26.
② Research Library for the History of Education［EB/OL］.https：//www.dipf.de/en/institute/departments/research-library-for-the-history-of-education，2024-03-26.

物，同时收集了过去的初等和中等教育资源，并把这些教育资源作为与教育历史相关机构的档案。由于其独特的收藏，教育史研究图书馆成为德国研究基金会资助的特殊学科领域图书馆系统中的德语国家教育史收藏重镇。因此，教育史研究图书馆属于 40 个高度专业化的德国图书馆中的一个，这些图书馆共同组成分布式国家研究图书馆。

教育史研究图书馆保存着来自著名的教育机构和组织（如德国教育研究协会等）的文件，与教育历史相关的藏书，以及教育学家的个人藏品和论文。教育史研究图书馆将其档案和图书馆藏品编制成索引链接到定制的数据库中，这些数据库可以在互联网上公开访问，并集成到多个超区域和国家图书馆的官方网站和主题门户，其中包括教育信息中心提供的服务。

研究活动与提供给学术界的图书馆服务和档案服务密切相关。例如，教育史研究图书馆实现了基于计算机的编辑项目；它将源代码数字化，并能公开访问；开发了虚拟研究环境。教育史研究图书馆还向公众开放会议和展览，这些举措均有助于塑造图书馆的形象。

教育史研究图书馆也承担研究项目，如"从 1882 年到 1972 年的考试实践与论文""18 世纪德语区出版印刷材料的索引和数字化""德国教育科学学会记录索引"等。① 信息服务与科学研究并举，确保了图书馆的发展质量。

2. 教师与教学质量部

教师与教学质量部②聚焦研究教育过程的质量和有效性。它下设四个研究单位：多样性与教育，教育测量，学校情境下的教与学，基于技术的评估。从人员配置来看，设主任 1 名，研究单位主管 4 名，有 57 名研究人员。它特别关注与教育效果相关的学业成就、能力和人格特征的概念描述和测量。研究和服务的两个核心主题为：教学和学校研究；教育和心理评估。

在教学和学校研究的核心主题研究（包括多样性与教育，学校情境下的教与学）中，该部门的研究人员通过调查、视频和准实验干预来调查教育效果。它包括一系列特定主题的内容以及学习机会、实践和教学质量，例如课堂管理等。就这些主题取得的学习成果，评估教学内容（规定）与个别学习活动（使

---

① Research Library for the History of Education［EB/OL］. https://www. dipf. de/en/institute/departments/research-library-for-the-history-of-education，2024 - 03 - 26.
② Teacher and Teaching Quality［EB/OL］. https://www. dipf. de/en/institute/departments/teacher-and-teaching-quality，2024 - 03 - 26.

用）之间的互动。该部门的研究注重跨文化和历史比较，这有助于确定成功教学的基本模式，阐述教学和学校教育的基本方面，如处理异质性。在教育和心理评估（教育测量，基于技术的评估）的核心主题方面，研究人员进行学业成就、能力和倾向的理论描述、测量和统计建模。这两个核心主题都涉及参与国际大规模评估，如 PISA 和 TALIS 德国视频测试研究。在国家层面，该部门参加国际学生评估中心和德国国家教育跟踪调查（German National Educational Panel Study，简称 NEPS）的相关研究工作。

目前，该部承担了大量研究课题，如"自我调节干预有效性的元分析""教师专业能力的发展和影响：一项纵向研究""数学教学/学习与学生结果：二级元分析""寻找好教师：卓越研究中心"等。[①]

3. 教育治理部

教育治理部的研究重点是调查教育成就过程，关注影响教育成就的社会、结构和体制条件。该部设主任 1 名，研究单位主管 3 人，有研究人员 24 人。下设三个研究单位：教育决策、教育轨迹和教育成果，教育监测和教育报告，学校结构、教育改革的实施与效果、学校发展状况。

该部门主要调查研究教育系统的有效性，在系统内提供平等的教育机会，以及提高教育创新和治理工具的有效性。该部门的研究人员尤其致力于评估机构和个人条件因素对教育成败的影响，重点分析教育的转型和轨迹及其对进一步获得教育成就的影响，还分析结构变化和教育体制改革措施的影响。教育治理部的研究结果为基于证据的可持续教育治理提供了重要的参考。该部门的核心项目是德国国家教育报告和柏林研究（对柏林学校结构改革的科学监测）。其他研究项目如"奖金研究：科学监测和评估柏林面临挑战的学校奖金计划""柏林中学体系结构变化背景下的教育选择和教育途径（柏林研究）""个人发展轨迹和整个生命周期的制度环境""德国国家教育跟踪调查第五阶段国家教育报告"等。[②]

4. 教育与人类发展部

教育与人类发展部注重儿童在教育背景下的个人发展。总目标是在理论和

---

① Teacher and Teaching Quality [EB/OL]. https://www.dipf.de/en/institute/departments/teacher-and-teaching-quality#4，2024 - 03 - 29.
② Educational Governance-DIPF [EB/OL]. https://www.dipf.de/en/institute/departments/educational-governance，2024 - 03 - 29.

经验上为设计整个生命周期的教育过程打下基础（重点是早期教育），以便深入了解个体发展潜力和改变个人行为和经验的可能性。该部研究正式和非正式学习环境中个人的差异化发展过程，为德国国际教育研究所的研究范围添加了个人视角。该部设主任 1 名，部门主管 4 名，有研究人员 47 人。教育与人类发展部下设 4 个研究单位：成功学习的发展、认知发展、个性化学习、创意中心协调与实验室。

在基础研究领域，该部研究的关键问题涉及发展成功学习所需的个人先决条件和环境，如动机、意志倾向和多种认知能力，以及基于纵向研究进行个别教育途径的差异分析。除了基础研究外，该部的应用研究还侧重于幼儿园和学校的个别诊断和支持：诊断程序的制定和标准化，用于评估个别学习倾向和学习障碍。评估个人支持计划（如获取阅读技能）和预防教育失败（如语言培训）的现有方法。部分实践研究还设计和验证相关方法，以及对试点项目进行科学监测。

该部门开展了一系列把基础设施和网络进行融合的重要活动，包括与莱布尼茨教育研究网络联盟的协调，与风险儿童个体发展和适应教育研究中心的协调，通过语言和写作进行联合自主教育，以及与慕尼黑大学合作开展"特定学校相关发展障碍的原因及相关个体诊断、干预"研究计划的协调。在研的研究项目有"评估学习成功的个人先决条件的每日变化""赫克托儿童学院的形成性评价""儿童学习障碍诊断和修复在线平台开发""非货币教育成果""加拿大与德国关于难民融合问题的研究交流与合作""阅读困难儿童适应性支持的形成性评价"等。①

5. 教育信息中心

教育信息中心与不同的网络合作，提供广泛的基础设施资源。特别关注文献信息的传递，支持评估、处理和归档研究数据，以及提供德国教育系统的信息。教育信息中心和教育史研究图书馆共同构成了德国教育科学和教育研究的国家层面研究和信息基础设施中心。该中心下设 1 名主任，6 名研究单位主管，共有 73 名研究人员。中心下设 8 个研究单位：德国教育服务器、教育研究数据、基于技术的评估、国际教育合作、教育技术、信息管理、人文科学、

---

① Education and Human Development［EB/OL］. https://www.dipf.de/en/institute/departments/education-and-human-development，2024 - 03 - 26.

教育中的计算机科学。除了处理内容外，中心还专门负责协调工作，还为研究活动提供技术支持。

教育信息中心提供关键的研究和信息基础设施，如德国教育服务器、德国教育门户网站和德国教育索引、开放文件服务器、研究数据中心。作为研究数据联盟的一部分，该中心为科学数据的重复使用做准备。中心下设的国际教育合作联络处促进和支持德国教育研究人员网络建设，开发并交付用于设计和分析基于计算机的测试软件工具。该中心在信息管理、人体健康和教育技术领域的研究基础上，对活动进行监测和推进，并与达姆施塔特、希尔德塞姆和法兰克福的伙伴大学密切合作。开放科学和数字教育主题是其基础性和应用性研究的重点。教育信息中心开展了众多研究项目，包括"语言和写作教育""利用现代学习技术和评估方法实现数字化教育""教育数字化元项目""开放教育资源的信息、传输和联网""系统回顾：提高 3—6 岁儿童语言能力的干预措施"等。①

（四）研究内容及特点

德国国际教育研究所的研究注重跨学科和跨部门，主题包括学习结果与学习条件评估、实施研究、教育监测、教育研究数据服务、系统评价等。

1. 学习结果与学习条件评估

对学习结果和学习条件的可靠评估是研究教学、教育监测、评估学习环境以及在教育环境中进行个性化学习的重要基础。为此，德国国际教育研究所研究开发了创新的测试、技术和心理测量方法。除了研究其实际应用的可能性外，还进行实践的历史评估。实证教育研究依赖于对学习结果和学习条件的高质量测量。德国国际教育研究所的评估诊断在教育实践中也扮演着重要的角色，例如关于学习过程的个性化。德国国际教育研究所评估领域的研究主要集中于测试程序的构建和改进、创新技术的发展以及心理测量方法的完善。

测试程序的构建和改进。其重点在于学习结果的性能测试。研究涉及一系列问题：评估包括职业教育和高等教育在内的学校环境中的学习成果，以及工作记忆和处理速度等学习条件。此外，德国国际教育研究所还开发和研究了评

---

① Information Center for Education［EB/OL］. https://www.dipf.de/en/institute/departments/information-center-for-education，2024 - 03 - 26.

估学校和家庭学习环境特征的问卷调查程序（背景评估）。

创新技术的发展。关于诊断技术的发展，德国国际教育研究所的跨部门技术评估中心（Centre for Technology-Based Assessment，简称 TBA）的工作获得了国家和国际认可。技术评估中心参与德国国际教育研究所的各种研究项目，同时为其他教育研究机构和项目提供基础设施服务。技术评估中心开发的软件用于国家和国际大规模评估，如德国国家教育跟踪调查、国际成人能力评估项目。该中心还开发了动态评估技术，即在日常环境中在线测量认知表现。认知资源是学校学习和成功的重要基础，尤其是工作记忆能力已被证明是智力和成就的一个核心决定因素。2011—2015 年，教育与人类发展部负责的研究项目"学校环境中的认知绩效动态评估"① 旨在通过运用动态评估技术，调查儿童在学校环境中认知表现的日常波动。移动设备被用于评估学龄儿童工作记忆能力的动态情况，在一个学年中选择有代表性的几个周，每天对这些能力进行几次评估。

心理测量方法的完善。主要研究测试分析的心理测量方法问题。例如，在进行复杂的能力测试时，如何同时充分考虑几种能力。在基于技术的评估领域，德国国际教育研究所的研究人员研究了测试模式和媒体对应答行为的影响、基于计算机的自适应测试或处理时间和应答过程数据的建模等具体问题。② 研究项目"在学校环境中理解和改善儿童动态中的日常认知和情感"旨在调查儿童的情感、动机和认知过程之间的关系。通过分析不同儿童的过程差异，可以制定针对个别儿童的易于实施的支持措施。项目研究认知表现短期波动的预测因素，以及儿童的情感幸福感和社会体验。项目把身体活动和睡眠，以及营养、日常事件和动机作为潜在变量，研究了这些变量对儿童影响的差异。例如，在从事认知任务之前，哪些儿童从体育活动中获益更多？哪些儿童能从长时间的睡眠中获益更多？如何识别这些儿童？这些儿童是否从针对这种行为的干预措施中获益更多？③ 项目通过在儿童日常（学校）生活中运用动态评估来处理这些问题，并发展和评估以人为中心的干预措施。其他项目还有

---

① FLUX-Assessment of Cognitive Performance Fluctuations in the School Context ［EB/OL］. https://www.dipf.de/en/research/projects-archive/flux-assessment-of-cognitive-performance-fluctuations-in-the-school-context，2024 - 03 - 26.

② Assessment-DIPF. ［EB/OL］. https://www.dipf.de/en/research/research-themes/assessment，2024 - 03 - 27.

③ UPWIND-Understanding and Improving Daily Cognitive and Affective Within-Child Dynamics in the School Context-DIPF ［EB/OL］. https://www.dipf.de/en/research/current-projects/，2024 - 03 - 27.

"测试项目的教学敏感性""社会和文理学校转型挑战""使用切片技术分析学校课程：以大规模数据集对学生错误的建设性处理的再分析"等。

2. 实施研究

德国国际教育研究所力图将其实证研究的结果转化为教育实践。为了确定哪些因素有助于课堂实施，德国国际教育研究所与该领域的从业者、教育行政和管理部门密切合作，积极进行教育研究、管理和实践的结合。德国国际教育研究所为改革和试点项目提供概念和方法方面的专业知识以及基础设施，以便将研究结果由理论运用到教学实践中去。一方面，研究所通过调查学生成绩、干预措施和教学质量，评估措施是否有效以及如何有效；另一方面，确定在儿童日托机构和学校的日常环境中实施经科学证明的措施所需的条件。研究所注重综合考虑教育系统中不同利益相关者的不同行动逻辑和时间框架，与管理者和实践者进行深入交流。因此，研究所的工作能有针对性地实现教育改革。

教育与人类发展部的研究项目"幼儿教育工作者对幼儿园补偿教育实施的看法"①的目标是研究幼儿教育工作者接受创新（包括创新的实施方式和程度，以及实施的可持续性等因素）对幼儿园补偿教育实施质量的影响。这项研究在巴登-瓦-特滕贝格州作为示范项目开展，以在早期识别有发展风险的儿童，并启动相应的干预措施，以提高入学准备，并在幼儿园和小学之间开展更密切的合作。其他项目如"科学实践：什么在教学中有效？""柏林中学体系结构变化背景下的教育选择和教育途径""全日制学校发展研究"等。

3. 教育监测

教育是社会参与和个人发展的前提。教育监测对教育发展质量及趋势具有重要指导作用。教育监测是对教育系统连续和基于数据的观察和分析，范围涉及从获得教育的个别过程到机构设置和社会条件等。德国国际教育研究所的教育研究人员持续收集教育部门的数据，观察和分析变化过程，并协调德国教育监测的核心成果《国家教育报告》（National Report on Education）的编制，每两年发布一期，提供了有关德国整个教育系统全面的实证报告。报告提供了有关教育过程的一般情况、特点、结果和产出的指标性信息，并分析了从幼儿教

---

① PELIKAN-Perspectives of Early Childhood Educators on the Implementation of Compensatory Education in Kindergarten = DIPF [EB/OL]. https://www.dipf.de/en/research/projects-archive/，2024-03-27.

育和中小学教育到职业培训、高等教育和成人教育的整个教育体系结构。作为基于数据、以问题为中心的分析报告，不包括评估和建议。① 德国国际教育研究所自 2006 年出版《国家教育报告》第一卷以来，一直担任《国家教育报告》的协调者，并将一直持续下去。国际大规模评估为教育监测提供了重要的数据来源，德国国际教育研究所致力于进一步参与这方面的工作，为教育行政管理部门和教育机构的高质量发展提供了依据。

在德国，全日制学校是指每周至少三天，每天至少七小时提供全天课程（课程、课外活动和午餐）的学校。教学人员负责学校提供的所有课外活动，而且这些活动要求在概念上与常规课程相关。德国的上学时间传统上是从上午 8 点到下午 1 点，特别是在小学阶段。自 2003 年以来，由于政治原因和资金支持，德国的全日制学校数量稳步增长。德国大约 65％的学校被归类为全日制学校，提供延长的日常上课时间和课外活动。

"全日制学校发展研究"②是德国国际教育研究所的一项纵向研究，旨在描述全日制学校的一般情况及其对学生、校长、教师、教育人员和学生家长的影响。这种多视角的设计可以提供关于学校发展过程的详细信息。自 2005 年以来，该研究评估了德国联邦各州全日制学校的发展情况。在德国，将学校转换和配备成全日制仍然是教育辩论的关键问题之一。2003—2009 年，德国教育和研究部通过投资"未来教育和照护"计划资助了这一发展转变。2003 年，只有 23％的学校是全日制学校。这一比例在 2011 年已经增长到 50％以上。为了评估这一过程，德国国际教育研究所设计了一项关于全日制学校发展的研究。该研究由德国教育和研究部、欧洲社会基金会资助。德国国际教育研究所与德国青年研究所、学校发展研究所、吉森大学合作开展这项研究，行政和科学咨询委员会为研究小组提供咨询。第一个资助阶段是 2005—2011 年，第二个资助阶段是 2012—2015 年，第三个资助阶段是 2016—2019 年。三个阶段设计了不同的目标和任务。第三个阶段评估了 2016—2019 年德国全日制学校的一般情况。研究项目邀请 16 个德国联邦州的全日制学校校长在 2018 年完成问卷调查，以此收集全日制学校的组织、结构和变革方面的信息。该评估结果可

---

① Education in Germany-Bildungsbericht-EN ［EB/OL］.https：//www.bildungsbericht.de/en/the-national-report-on-education/education-in-germany? set ＿ language ＝ en，2024 - 03 - 28.

② DIPF. Study on the Development of All-Day Schools ［EB/OL］.https：//www.dipf.de/en/research/current-projects/study-on-the-development-of-all-day-schools-steg，2024 - 01 - 29.

以帮助管理者、政策制定者和校长进行系统的学校发展规划。

4. 教育研究数据服务

德国国际教育研究所的一项关键任务是，提供高质量的数据服务以及教育方面的图书馆和档案收藏服务。研究所特别关注使用数字技术从教育科学、人文科学和文化科学领域研究教育问题，并协调德国不同的数据基础设施的发展。

德国国际教育研究所通过与专家团体的持续对话以及自身在计算机和信息科学方面的研究，运行和开发了最先进的科学基础设施，用以处理和记录符合用户需求的教育信息。德国国际教育研究所的教育研究数据中心是教育研究者的中心联络点，主要提供有关学校和教学质量研究的定性数据集和定量工具。教育研究数据中心的任务是在德国教育研究中起主导作用，使中心能够访问全国分布的数据。在研究教育数据联盟试点项目中，德国国际教育研究所与教育质量改进研究所（Institute for Education Quality Improvement，简称 IQB）、格西-莱布尼茨研究所合作，创建和运营国家数据归档和研究的基础设施。此外，德国国际教育研究所还为人文科学和文化科学研究提供数字技术和数据支持。例如，通过图书馆为教育史研究提供数字化的文本和图像。此外，研究所还对支持协同研究的数字技术进行研究、开发和测试。

5. 系统评价

教育决策者在决策时越来越依赖于实证研究数据。为了使这一过程更有效，德国国际教育研究所在面向用户的系统评价中准备了大量的研究成果。当前，教育研究领域有丰富多样的发现，使用这些发现来解决教育实践的问题存在巨大的需求。当特定问题出现时，决策者可能需要对某些主题的经验知识进行概述。系统评价（systematic review）是处理这一知识的合适方法。它非常重要，具有良好的质量，并且与治理相关。在整个欧洲，教育领域的系统评价只由少数机构开展。系统评价的质量取决于将所有相关的研究结果整合到综述中，以及将它们结构化并给予科学评估和呈现。

德国国际教育研究所在处理与政策相关的研究结果方面经验丰富，并且是国际网络的一部分，如欧洲教育中的循证政策和实践。德国国际教育研究所与教育研究和信息方面的伙伴合作，根据坎贝尔合作制定的国际标准或政策以及实践信息与协调中心的证据，创建系统评价。为此，该研究所与莱布尼茨教育研究网络（Leibniz Education Research Network，简称 LERN）合作。该网络将莱布尼茨协会内的教育专业知识结合起来，整合到德国国际教育研究所的研究数据系统中，这些结果将成为教育政策和行政决策者、管理者、从业人员以及未来科学应用的重要参考。

　　语言能力是个人成功接受教育的先决条件之一。在德国，语言发育迟缓的儿童或移民背景的儿童（母语不是教学语言）比具备一般认知技能的儿童更容易学业失败，并导致职业发展受阻。儿童的认知、情感和社会性发展的延迟，使他们的社会参与受到限制。由于德国接受了来自亚洲和非洲战区的大批难民，这一情况变得更加严峻。研究项目"系统评价：提升德语国家日托机构中3—6 岁儿童语言技能的干预"①，旨在改善这种情况，系统记录和整合有关成功尝试和测试语言干预的现有信息。该项目综述了在德语国家儿童第一语言和国家教学语言中存在哪些有效提升语言技能的干预措施，还综述了在特定的制度和个人条件下，哪些语言干预方法将产生哪些影响。该研究项目由墨卡托基金会资助，由研究所下属的教育与人类发展部、教师与教学质量部、教育信息中心联合开展。

（五）建立国际研究合作网络

　　德国国际教育研究所的教育研究高度网络化，在应对教育挑战时，与国家和国际合作伙伴密切合作。智库的影响力是智库赖以生存的根本和核心竞争力。② 国际研究合作网络有效地提升了德国国际教育研究所的影响力。在许多合作中，德国国际教育研究所是各机构和项目主要的协调人。如德国教育门户网站、德国教育指数索引、研究数据教育联盟、开放教育资源信息中心、全日制学校发展研究项目、语言和写作教育项目、PISA 测试等，均由德国国际教育研究所协调，促使各部门之间开展高效合作。德国国际教育研究所的研究范围包括东欧、西欧和第三世界国家。跨国合作研究以多国合作项目形式开展，

---

① DIPF. Systematic Review: Interventions for Improving Language Skills in Three to Six-Year-Old Children [EB/OL]. https://www.dipf.de/en/research/current-projects/，2024 - 01 - 29.

② 朱瑞博，刘芸. 智库影响力的国际经验与我国智库运行机制 [J]. 重庆社会科学，2012 (3)：110 - 116.

采用比较和追踪研究方法。可见，德国教育智库一定程度地构建了全球化研究网络，积极介入全球教育治理。

德国国际教育研究所与莱布尼茨研究联盟、风险儿童的个体发展和适应性教育中心、技术评估中心等建立深度合作关系。莱布尼茨研究联盟包括莱布尼茨教育研究网和莱布尼茨研究联盟科学2.0。德国国际教育研究所与莱布尼茨研究联盟的众多机构合作研究。莱布尼茨协会在正规制度化教育和非正规教育问题上的专门知识的广度和深度在德国是独一无二的。莱布尼茨协会充分利用这一优势，将91个独立的研究机构联系起来，形成了莱布尼茨研究联盟。这些机构的研究重点涉及自然科学、工程科学、环境科学、经济学、空间科学、社会科学和人文科学，德国国际教育研究所既是莱布尼茨协会的会员，也是研究联盟的成员。

在莱布尼茨协会的各个研究所，来自经济学、教育科学、民族学、信息与计算机科学、神经科学、政治科学、心理学、社会科学和学科教学法领域的专家研究开展教育和教育潜力的相关研究。这些关注教育领域问题的研究所构成了莱布尼茨教育研究网（Leibniz Educational Research Network，简称LERN）。德国国际教育研究所负责莱布尼茨教育研究网的协调工作，并与莱布尼茨协会十几个研究所合作，利用它们的专业知识并进一步发展。

莱布尼茨研究联盟科学2.0跨学科研究了在科学和科学体系中以全新形式出现的与参与、沟通、协作和开放式对话等事实相关的变化。它的研究重点是新的工作习惯、技术发展和用户行为。该研究联盟由莱布尼茨经济信息中心进行协调。

德国国际教育研究所设立国际教育合作联络处，进行广泛的国际教育合作。其目标是在国际范围内开展德国教育研究。德国国际教育研究所的研究人员向实证教育机构和个体教育研究人员提供建议和支持，以建立和改进国际研究计划。德国国际教育研究所与大学、研究机构建立紧密的联系，为教育研究人员提供四个领域的服务。一是项目咨询。帮助建立国际联盟，并在项目的早期阶段向德国研究人员提供帮助，以确定主题和制定谈判策略。二是提供欧盟研究经费信息，以满足教育研究的需要。德国国际教育研究所积极开展双边和多边合作，通过第七欧盟研究框架计划、欧洲科学基金会、世界银行和在欧洲及国际范围内运作的基金会寻找开发项目的金融资源。三是支持年轻研究人员成长。研究所每年组织一次为期两天的布鲁塞尔之旅，将各种有关欧洲研究基金的详细信息传达给年轻的研究人员，并为他们提供关于如何编写成功建议的最佳实践示例。德国国际教育研究所还定期举办英语培训班，邀请年轻的教育研究人员改进他们的英语语言技能，以满足当今国际期刊出版日益增长的需求。英语培训班每周和每天都提供，由具有多年教学经验的母语人士举办，还可以协助学员制定培训理念，并推荐专业教师。德国国际教育研究所不断增加新项目，自 2010 年 7 月以来，为年轻研究人员提供"会议观众会话技能"培训。年轻研究人员通过该活动学会如何在会议上应对典型的对话情境。另一项创新重点是培训如何在论文会议上以海报形式有效展示研究成果。每周一次的研讨会以一对一的形式指导，每个参与者都有机会与老师一起分析自己的文章。四是教育专业知识转移。德国国际教育研究所积极加强德国与国际合作伙伴之间的教育研究交流，将德国教育政策方面的知识转让给外国，并适应国际研究的发展。德国国际教育研究所组织国际会议和专题讨论会，为全球范围内的组织开展评估研究。自 2006 年成立以来，德国国际教育研究所在循证教育研究和政策方面的专业知识不断增长。2010 年，德国国际教育研究所成为"欧洲教育中的循证政策和实践"项目的合作伙伴，该项目总部设在伦敦教育研究所，资助期至 2013 年。该项目旨在确定欧洲范围内用于联系教育研究和政策制定的活动范围、研究范围和性质，这些研究考察了欧洲用于联系教育研究和政策制定的活动的范围、过程和效力。该项目还旨在将整个欧洲的经纪机构联系起来，以支持循证教育政策和实践。①

（六）知识资源供给充足

德国国际教育研究所拥有丰富的知识资源，包括图书馆、档案馆、教育门户网站、教育研究数据中心、开放访问库、教育历史数字图书馆等。这些丰富的线下和线上资源，为研究所开展高质量研究和社会服务提供了坚实的基础。德国国际教育研究所知识资源库构成见图 4-2。

图书馆包括教育史研究图书馆和法兰克福教育研究图书馆。法兰克福教育研究图书馆是德国国际教育研究所自己的图书馆，负责向柏林和法兰克福的员工提供科学文献和信息。该图书馆是德国重点图书馆之一，对公众开放。它可以确保研究者、实践工作者以及对该领域有特殊兴趣的任何人在教育研究和教

① International Cooperation in Education-DIPF ｜ Leibniz Institute for Research and Information in Education［EB/OL］. https://www.dipf.de/en/networks/international-cooperation-in-education，2024-03-27.

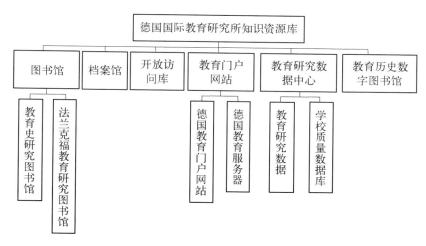

图 4-2　德国国际教育研究所知识资源构成①

育科学领域免费获取信息。法兰克福教育研究图书馆还负责运行出版物数据库和开放访问库。该图书馆还在信息检索、信息采购和出版物管理方面充当研究人员的合作伙伴，就开放访问及出版向研究人员提供咨询。

档案馆为研究者提供了对教育史相关论文和个人信托、收藏和档案感兴趣的机会。档案还记录了德语区儿童的成长和实际教育的历史。收集和保存具有教育历史意义的资料来源，以及组织和机构的私人收藏和档案，并对它们编成索引，但不强制存放到国家或其他档案馆。研究者和其他感兴趣的用户可以访问或调阅这些馆藏资源。

开放访问库提供了从德国国际教育研究所研究人员那里免费访问全文出版物的功能。它包括教育科学、心理学、信息和图书馆科学、社会科学和相关学科领域的一系列文献。可以通过简单搜索、高级搜索方式进行资源访问。

德国教育门户网站和德国教育服务器提供了德国教育各个方面的基本信息。这两个门户（网站）是同一技术和内容网络的一部分。他们为不同的利益相关者提供进入教育信息中心数据库的通道，以满足他们的特定兴趣。德国教育门户网站为用户提供科学文献、研究数据和工具的访问。其服务主要面向教

① 根据德国国际教育研究所官方网站内容整理. Knowledge-Resources〔EB/OL〕. https://www.dipf.de/en/knowledge-resources/，2024-01-29.

育研究和实践领域的专业人士。德国教育服务器是德国教育系统网上信息的中心指南，它提供所有相关方的信息、目录和主题档案以及联邦和州官方文件。

教育研究数据中心旨在促进研究数据在教育研究中的科学再利用。它提供从教育研究中获得的有质量保证的研究数据。它是为教育研究者和教育实践者提供定性和定量研究数据和工具存档和共享服务的一个中心。根据中央存储库中的数据保护要求，以及有关研究和相应出版物的上下文信息，提供用于二次使用的相关数据集和工具。教育定量研究的评估工具（问卷、量表和测试）记录在案，并可在学校质量数据库中获得。学校质量数据库是中心产品组合的一部分，旨在加强对研究工具的科学交流，这项服务是免费开放的。重复使用需要遵守科学最佳实践的准则，即版权引用（与书目引用类似），测试工具可在受保护的环境中使用。

教育历史数字图书馆是把教育史研究图书馆的部分内容数字化，方便通过互联网公开访问。这些数字馆藏是与其他机构合作开发的，规模在不断扩大。教育史研究图书馆通过对内容的深入分类，将教育历史资源数字化，公共领域内数字化的印刷文本、数字化图像、档案资料以及重要的教育史方面的信件，均可以开放访问。它还与其他机构合作，为教育和历史研究提供各种信息服务，包括各种信息服务，例如评论、参考数据库、机构目录、当前信息和公告。

德国国际教育研究所提供的丰富的知识资源，为教育研究者、决策者、利益相关者等主体提供了获取信息、资料和工具的途径，也为研究所的研究质量提供了支撑，既展现出智库知识生产、传递的功能，又具有服务社会公众的职能。

（七）结语

第一，德国国际教育研究所注重独立运作和与政府紧密联系相结合。其资金来源主要情况是：1952—1964 年由黑森州拨款；1964—1977 年，根据《哥尼斯堡协定》，由 11 个州共同支付；1977 年后，根据联邦与州签订的《促进科学研究的总纲协议》，由联邦和黑森州各承担一半。同时，根据不同的项目，会有各类社会机构、基金会等提供资金支持。德国国际教育研究所的资金来源经历了一个变化的过程，但主要由政府提供资金支持。德国教育智库在研究上具有独立自主的地位，发布的报告严谨、客观、中立，体现"德国学术与政治保持距离"的传统，有助于提升决策的质量。① 德国教育智库从资金来源、管理制度方面确保了其能独立运作，并与政府保持密切的合作关系。在资金来源方面，德国教育智库的经费来源多元，如联邦政府及教育部、州教育部、各种基金会，这样保证了智库正常运转的资金来源。

第二，研究人员及研究部门的专业性与异质性。社会迅速发展带来的复杂性和不确定性，使得现实教育重大问题的涉及面和复杂程度远远超过任一单一学科。跨学科、跨部门、跨国界成为研究教育问题的必然趋势。德国国际教育研究所研究人员的构成具有专业性和异质性特征，由多学科背景、多职业经历、不同国籍的人员组成。因此，智库擅长采用政治、经济、管理、文化等多元化视角对问题进行全方位研究。

第三，研究领域具有广泛性、多样性和前瞻性。德国国际教育研究所主张将基础研究与创新发展及其实施结合起来，造福社会。② 20 世纪 80 年代后，德国国际教育研究所的研究项目聚焦在社会与文化变动中的教育与学校、教育体制中的分散问题、多种文化混杂社会中的教育三个方面。其研究涉及教育的挑战、教育监测、国际大规模评估、教育改革与影响等。③ 由此可以看出，德国国际教育研究所研究领域的广泛性。德国国际教育研究所的研究内容广泛多样，既有教育理论探讨，又有教育历史、现实实践和未来发展趋势的研究；既有德国本土的研究，又有国际比较研究。其研究体现出历史与现实、国内与国际、横向与纵向相互融合的特点。德国在欧洲一体化进程中发挥着重要作用。"在欧洲一体化（也就是东西欧相互开放）的进程中，统一的德国在科学和研究方面也承担着特殊的政治责任。"④ 德国作为世界教育强国，智库成为受国家委托的公共机构，具有为政府决策提供咨询的义务，所做的研究都紧贴国家教育发展战略需求。德国国际教育研究所的研究内容体现出前瞻性、预测性的特点，具有对德国教育、欧洲教育乃至世界教育发展趋势的预测功能，体现出其承担的政治责任。

---

① Torsten Kaelvemark，Marijkvander Wende. National Policies for the Internationalization of Higher Education in Europe [M]. Stoekholm：the National Ageney for Higher Education，1997：96 - 97.
② DIPF News-DIPF ｜ Leibniz Institute for Research and Information in Education [EB/OL].https：//www.dipf.de/en/dipf-news，2024 - 01 - 29.
③ DIPF-Knowledge for Education-DIPF ｜ Leibniz Institute for Research and Information in Education [EB/OL].https：//www.dipf.de/en/directlinks/education-policy，2024 - 01 - 29.
④ Wissenschaftsrat. Empfehlungen des Wissenschaftsrates zur Internationalisierung der Wissenschaftsbeziehungen [R]. Köln：15. Mai 1992.

第四，成果传播多元化与数据化。教育智库的影响力提升离不开研究成果的有效传播。德国教育智库不仅注重成果传播的多元化，也特别注重数据化建设。德国国际教育研究所的图书馆是联邦德国教育研究领域中最大的专业图书馆，拥有各国的教育杂志、图书和精确的统计资料，出版研究报告和论文，主办刊物《观点与信息》。图书馆的大量资源转化为数据库，大量的免费开放性资源使其不仅仅为德国教育部门服务，而且成为世界了解德国教育的一扇窗口，为全球各国提供服务。可见，德国教育智库的研究成果内容数据化、开放化，呈现形式丰富，传播手段灵活多样，有效提升了其国际影响力。

第五，服务国家与参与全球教育治理并重。德国国际教育研究所体现出德国教育智库具有非常强的服务国家和社会的意识，即为国家教育发展服务，也为社会提供服务。此外，德国国际教育研究所还注重国际合作，参与全球教育治理，跨学科、多部门、跨国合作成为常态。德国国际教育研究所自 2009 年以来，参与了国际学生评估项目（PISA）的研究，在这方面开展了不少工作。德国国际教育研究所是第一家在 PISA 2015 和 PISA 2018 中负责制定和评估青少年学习状况调查问卷国际实施状况的德国机构。[1] 这些项目展现出德国教育智库研究网络与对象的广泛，折射出其参与全球教育治理的实践理念。因此，教育智库为国家服务可以与参与全球教育治理有机结合，互相促进。

三、德国高等教育国际化智库[2]

德国高等教育国际化的稳步快速发展，与德国高等教育国际化智库的贡献密不可分。德国高等教育国际化智库独立运作，依托高校，又与国家保持紧密联系，对高等教育国际化理论、应用和管理开展深入研究，打造跨学科、国际化合作平台，并建立数据库，以信息化方式辐射社会。

教育国际化是当今社会的热点，也是教育改革的基本趋势之一。自 20 世纪 90 年代以来，德国联邦政府将提高国际竞争力作为高等教育政策的一项中

---

[1] DIPF - Knowledge for Education — DIPF | Leibniz Institute for Research and Information in Education [EB/OL].https://www.dipf.de/en/directlinks/education-policy，2024 - 01 - 29.
[2] 内容来源于：袁琳，王莹. 德国高等教育国际化智库：职能、特点与启示 [J]. 现代教育管理，2014（4）：13 - 18.

心任务。① 除了推进高校自身的国际化外，德国还将建设教育智库作为推动这一进程的重要措施。其科学、及时、系统、持续的研究成果为德国高等教育国际化发展的科学决策提供了强有力的智力支持。目前，德国高等教育国际化智库主要有两大类：一类是隶属高校的高等教育研究机构，如哈勒-维滕贝格高等教育研究所和卡塞尔大学国际高等教育研究中心等；另一类是基金会成立的高等教育研究机构，如高校信息系统和高等教育发展研究中心等。

（一）基本概况

1. 哈勒-维滕贝格高等教育研究所

哈勒-维滕贝格高等教育研究所（Institut für Hochschulforschung Halle-Wittenberg，简称 HoF）隶属于萨克森-安哈尔特州的马丁路德·哈勒-维滕贝格大学。由于自身的历史沿革，该研究所的专长为"社会变迁中的大学"，涵盖三个重点领域：基础理论和历史研究、应用导向研究、信息化与知识转化研究。研究多以项目的形式开展，近年的主题以教育全球化和高校竞争为主线。研究成果多发表在自办杂志《高等教育》和电子报刊上，成果主要面向德国国内科研人员，资源以德语居多。研究所拥有藏书约 5.5 万册的特别图书馆和 IDS（高校与高校研究信息文献系统）的资源支持。在近 20 年的发展历程中，研究所成为德国东部地区首屈一指的高等教育国际化智库，在促进欧盟内部教育交流和提高德国高等教育的国际化水平上不断出谋划策，为德国联邦教育部提供了许多有价值的理论和建议。

2. 卡塞尔大学国际高等教育研究中心

卡塞尔大学国际高等教育研究中心（Internationale Centrum für Hochschulforschung Kassel，简称 INCHER-Kassel）可追溯至 1978 年成立的"高等教育和职业研究中心"，2006 年 3 月改为现名。它是德国乃至欧洲重要的跨学科研究机构。国际化与全球化是该中心的重要研究领域，现阶段的中心议题有信息化与知识变革、国际化框架下的高校发展、高校管理与毕业生、科

① Torsten Kaelvemark, Marijkvander Wende. National Policies for the Internationalization of Higher Education in Europe [M]. Stoekholm: the National Ageney for Higher Education, 1997: 96.

研创新与转型。围绕这些议题开展的项目都不同程度地与国外研究机构合作，以提高德国高校的国际影响力，促进国际范围内的师生流动。此外，它的官方网站国际化鲜明，语言有德、英两种版本，研究成果也有相当多一部分以英文撰写，提升了其国际学术影响力。研究中心还建有自己的图书馆，藏书约 2.5 万册，自办刊物《更新》，每年分两次刊发最新研究成果、项目、调查报告等。大量的免费开放性资源使其成为世界了解德国教育的一扇窗口。

3. 高校信息系统

高校信息系统（Hochschul Informations System，简称 HIS）是大众汽车基金会 1969 年资助成立的非营利组织。它一直是德国信息量最大的高等教育数据采集和发布机构，并对这些数据分析阐释以揭示高等教育发展的问题和趋势，为德国高等教育机构的管理和政策制定者提供相应的支持。随着该机构影响力的不断扩大，研究领域不断细化，2013 年 8 月改组为三个部门，即信息技术部、高等教育与科学研究部和高等教育发展中心，分别负责信息技术、基础研究和应用研究。在分工明确的基础上，三个部门协同合作，主要工作包括：收集数据，制定高等教育的质量标准；为德国高等教育的政策制定提供科学建议；为德国高等教育研究提供基础设施。该机构还创办了季刊《高校信息系统杂志》（*HIS-Magazin*），每年发布相关研究成果，并定期举办高等教育论坛，邀请外国学者共同研讨，成为研究高等教育国际化的重要平台。

4. 高等教育发展研究中心

高等教育发展研究中心（Centrum für Hochschulentwicklung，简称 CHE），1994 年由贝塔斯曼基金会和德国大学校长联席会议联合倡议成立，属非营利组织，宗旨是为高校改革服务，保证高校的教学和科研质量。中心的研究路径是通过国际比较，提出德国高校发展的新思路，并在高校中试验新的组织机构模式。同时，在高校和决策部门间搭建对话平台，促使改革方案更贴近现实，更加具体化。研究的主题主要涉及欧洲高等教育、国际合作办学、国际化策略和国际流动。围绕这些主题，高等教育发展研究中心和外国高校、研究机构开展广泛的合作，承担了许多高等教育国际化研究项目。同时，高等教育发展研究中心鼓励创新，并以示范试点落实改革成果。高等教育发展研究中心还常态监测科学体系、社会政治体系和国民经济体系的发展变化，提出建设性和批判性的意见和建议。

（二）主要职能

德国高等教育国际化发展是从零散的、非系统的、无组织的过程转向国际化的、系统的、有组织的过程。这与德国高等教育智库进行的科学、客观、务实、求真的研究有着紧密联系。这些智库对高等教育国际化的研究内容包括四个方面：高等教育国际化理论建设、高等教育国际化应用研究、高等教育国际化管理研究以及高等教育信息化辐射。这些研究为德国高等教育国际化战略重大问题进行了基础性、前瞻性探索，推动了德国高等教育国际化政策的制定、实施和评估，对于提高德国高等教育的世界认可度发挥着重要的智囊作用。

1.高等教育国际化理论建设

德国高等教育国际化智库深入开展了高等教育国际化理论的相关研究，主要包括：高等教育国际化的内涵、动因、策略；战略的制度化；跨国政策；高等教育质量保障体系；高等教育国际化指标和评估体系等。这些研究对于提升对高等教育国际化的理解，揭示高等教育国际化的本质和发展规律，确立德国高等教育国际化的战略地位，制定高等教育国际化的政策、战略目标，有效地解决德国高等教育国际化进程中的现实问题提供了坚实的理论依据。相关成果有《质量不均衡的挑战：人口转变中的高等教育》《学术生涯模型的国际比较》《EUROAC：欧洲的学术职业》《国际流动性与大学教席》等。

2.高等教育国际化应用研究

德国高等教育智库非常重视应用研究，主要包含三大类：一是研究德国高等教育国际化的重大政策和项目的实施效果，如《德国高校学士与研究生课程引进研究》《学习结构改革的机会、风险与副作用：博洛尼亚进程年鉴》《基于国际化视野的卓越计划研究》等。二是开展个案调查，研究各类高等院校国际化发展实践，这些应用型研究内容涉及广泛，包括师生的国际学术交流、学位制度的国际化、学分的互认、课程的国际化、语言的国际化、高等教育质量保障以及跨国高等教育等。如《KIS—不莱梅大学的交流、定位和发展策略》《卡塞尔大学国际高等教育市场：留学生课程的市场控制，以电器通信工程为例》等。三是开展区域合作，通过与欧盟其他国家对比来考察德国高等教育国际化问题。这些研究以多国合作项目开展，采用比较和追踪的研究方法，如《"欧洲高等教育区联合学位"研究》《博洛尼亚进程的进展：欧洲 46 国调查》《欧洲高等教育的流动性监测》等。

3. 高等教育国际化管理研究

随着高等教育国际化进程的发展，高等教育管理面临诸多挑战。因此，德国高等教育智库重视高等教育管理的研究，旨在为德国高等教育管理体制改革提供国际视野，突破旧体制。如《欧洲标准促进计划（EBI）——提高欧洲大学管理水平》《国际比较：33 个欧洲国家的高等教育体系管理》《欧洲高等教育管理改革的范围和影响》等，这些研究将德国高等教育体制改革与发展置于国际大背景下加以研究。建设世界一流大学已成为各国教育决策机构的远景规划。随着德国"卓越计划"实施以来，大学国际化的排名研究也成为德国高等教育智库近年来的研究热点，如《德国各专业的国际排名》《多维度的全球大学排名：欧盟多维度大学排名项目》《多维全球大学排名设计与可行性实验》等。

4. 高等教育信息化辐射

信息技术的普及推动高等教育的数字化和网络化，促进了国家和地区间高等教育资源国际化的交流和共享。因此，高等教育信息化也成为德国高等教育国际化智库研究的新热点。这些机构重点研究信息技术对高等教育带来的影响，如《高等教育管理网络》《网络转变，高等教育与知识社会》等。同时，智库还利用信息技术收集德国高等教育国际化发展的相关数据，建设数据库。其中最著名的是高校信息系统与联邦教育部、各州教育部、德意志学术交流中心等研究机构联合建立的"科学大都会"（Wissenschaft Weltoffen）数据库。该数据库收录了 1948 年以来德国高等教育国际化发展的数据，全面反映了德国高等教育国际化发展的轨迹。数据完全公开、透明，任何个人和科研机构都可以通过互联网获取，已成为研究德国高等教育不可或缺的资源库。

（三）主要特点

1. 与国家的关系：独立而紧密

在与国家的关系上，德国高等教育国际化智库是独立运作的，但又与政府紧密联系。在财政上，智库的经费来源多元化，如联邦教育部、州教育部、各种基金会。这样既保证了智库正常运营的费用来源，又防止了国家垄断经费、干预研究。

在管理上，高等教育智库仿照德国大学的经典管理体制，是一种较自由的内部自治的体系，类似于董事会管理模式，并设立专家委员会对财政事务、人事事务、学术事务等进行监督。由于德国政府素来在高等教育管理上的开明态度，所以国家并没有过多地干涉智库的科学研究。保护与保障关系的理顺对于智库的良性发展十分关键。因此，德国高等教育国际化智库在项目导向上具有独立自主的特点，发布的报告严谨、客观、中立，体现了德国"学术与政治保持距离"的传统，有助于提升决策的质量。此外，在公共财政危机和科研市场化的社会大趋势下，采取公司化模式运营的智库权责分明，一个项目就是一个契约，智库成为受国家委托的公共机构，具有为政府决策提供咨询的义务，所做的研究都紧跟国家教育发展战略。例如，高等教育发展研究中心就为非洲和亚洲国家的校长提供的"国际院长课程"，承担德国教育外援的任务。

2. 与高校的关系：依托和延伸

德国的高等教育智库或是依托大学而建，或是与高校紧密合作，主要目的是充分利用高校的智力资源。例如，在承担项目的时候，智库通常会与大学合作，这就减轻了智库平时的常规支出，只需为某次项目的参与者提供一次性的劳务费，但它并不隶属于大学，在资金和管理上是相对独立的机构。

在育人功能上，智库还是高等院校的延伸和补充。例如，哈勒-维滕贝格高等教育研究所的研究课题不仅提供给资深学者，而且还为广大学子敞开大门，并且自身也招收博士生。高校信息系统的下属部门高等教育与科学研究部已与汉诺威莱布尼茨大学展开密切合作，共同开设"科学与社会"硕士课程，并且积极参与科学对话，培养科研人才。

3. 研究视野：跨学科、国际化

高等教育国际化迅速发展带来的复杂性和不确定性，使得现实重大问题的涉及面和复杂程度远远超过单一学科的范围。德国高等教育国际化智库的人员组成具有较强的异质性，由多学科背景、多职业经历、不同国籍的人员组成。

研究采用多元化视角，如地缘政治的、经济的、管理的、文化的视角对高等教育国际化进行全方位研究。此外，也有政界、商界等人才参与智库。例如，哈勒-维滕贝格高等教育研究所的顾问委员会就吸纳了政府的高教立法顾问米夏埃尔·达克斯纳（Michael Daxner），高等教育发展研究中心的顾问团成员包括德国大学校长联席会议主席霍斯特·希普勒（Horst Hippler）和贝塔斯曼基金会主席阿尔特·德·赫斯（Aart De Geus）。跨国合作研究也是德国高等教育国际化智库的一个重要策略。例如，卡塞尔大学国际高等教育研究中心与芬兰的于韦斯屈莱大学、英国开放大学、葡萄牙技术大学、日本的广岛大学和美国的亚利桑那大学合作，研究欧洲、日本、美国的高校在知识生产与传播中的作用，比较在不同的历史发展模式和高校政策下，三个地区高校与知识社会间的关系。

4. 研究内容：广泛性、前瞻性

德国高等教育国际化智库的研究内容广泛，既有对高等教育国际化的理论探讨，又有对高等教育国际化的实践研究；既有对德国高等教育国际化的历史和现状研究，也有对其未来发展趋势的研究；既有对德国本土的研究，还有与他国的比较研究。重点是对德国和欧盟的高等教育国际化政策与项目的追踪研究，这对于欧洲一体化进程，以及德国依托欧盟发挥其大国影响力十分必要。正如德国科学委员会所指出的："在欧洲一体化，也就是东西欧相互开放的进程中，统一的德国在科学和研究方面也承担着特殊的政治责任。"①

作为国家教育决策的重要咨询机构，德国高等教育国际化智库的高级目标是预测高等教育国际化的发展趋势、可预见的问题及改进策略。高等教育系统不仅仅是教育问题，还涉及国家的政治、经济、外交、文化等。因此，研究的前瞻性就显得尤为必要。在这个理念下，上述智库既研究高等教育国际化的内部系统（如国际化的教育理念、国际化的课程、国际化的培养目标、国际化的人员交流及科研合作等），又研究高等教育国际化的外部系统（如欧洲及全球的政治、经济、社会文化等）。这有助于全方位、多层次地理解高等教育国际化的内涵，揭示高等教育国际化的本质和发展规律，更有效地解决德国高等教育国际化发展中的现实问题。

---

① Wissenschaftsrat. Empfehlungen des Wissenschaftsrates zur Internationalisierung der Wissenschaftsbeziehungen [R]. Köln: 15. Mai 1992.

5. 服务手段：信息化、数据库

影响力是智库赖以生存的根本和核心竞争力[①]，影响力的大小取决于服务于公众的广度和深度。在信息化时代，高科技的辐射范围远超其他手段，高等教育国际化战略势必要借助信息科学技术。因此，德国高等教育国际化智库善用现代科技的成果，以互联网、电子刊物、社交网络、多媒体技术等方式，定期公布研究成果，宣传和解读高等教育国际化相关政策，影响、引导公共舆论。

智库也特别注重数据库的建设。以高校信息系统创建的"科学大都会"为例，这个数据库内容丰富、数据翔实、更新速度快，涵盖了德国每年学生与学者的流动数据，包括留学类型、留学动机、资助类型、院校和专业选择分布、目标地区和来源地区、学者的学科背景、高校学位授予状况、国际交流与合作等。同时，邀请学者对数据进行分析，发布相关论文、分析报告和书籍，从量的方面揭示德国高等教育国际化发展政策和项目实施的效果和存在问题，为德国高等教育国际化政策的调整和完善提供了科学依据与参考。

（四）启示

1. 以与时俱进的社会服务支持国家发展

高等教育系统需要四种因素的支持，即社会支持系统下的个人能力（教育），知识引领下的发现和创造（科学）、有意义的导引（文化）和资金来源（经济），而智库正是串联起这些系统的链条，是文化和经济再生产的纽带。德国的高等教育国际化智库具有非常强的社会服务意识。高等教育发展研究中心每年发布全球高校的排名，为人们选择院校提供参考，为国家制定高校战略提供参考依据。2013 年高校信息系统适时地进行了改组，并将自身的主要任务转向信息技术，为高等教育提供软件开发、电子数据、在线咨询、高等教育管理流程等服务。这启示，我国智库在建设过程中应充分发挥智库的社会服务功能，使智库成为灵敏的风向标，用自下而上方式为国家教育政策提供咨询、预警、干预和改进。

2. 依托高校并拓展高等教育外延

从德国高等教育国际化智库的运作上看，高等院校仍然是建设智库的最佳

[①] 朱瑞博，刘芸. 智库影响力的国际经验与我国智库运行机制 [J]. 重庆社会科学，2012（3）：110-116.

合作伙伴。高等院校丰富的学术资源、大量的科研人员为智库提供了必需的人力和物力支持。在我国基金会体系尚不成熟、研究机构仍然主要依赖财政拨款的阶段，正如哈勒-维滕贝格高等教育研究所和卡塞尔大学国际高等教育研究中心的成功经验所揭示的那样，依托高校建立智库是最可行的方式。同时，智库应避免重复投入，除了日常的行政班子外，不需过多地聘请专任科研人员，"小而全"的模式应当尽力避免，不能成为一个微缩大学，而是应该以招投标的方式，让高校的精英竞标，为每个项目组建最优秀的团队。这样既减少了行政开支，又可保障研究的绩效，并且充分发挥了高校的智能优势，是双赢的结果。

高级人才培养的工作主要由各类高等院校承担，但是智库可以充分发挥科学研究和社会服务的作用，成为高校的有益补充，为学生提供科研项目，让更多的学子在实际的科研中成长，这就使智库不仅仅成为高校的附庸，而成为高等教育领域的延伸。

3. 大数据时代需跨学科、多部门、国际化协同合作

大数据时代必然带动教育领域的革命性变革，各种教育决策日益摆脱经验和直觉，而是基于数据和分析而作出。如此庞大的信息量是无法仅靠某一门学科、某一种专业技能甚至某一个国家独立处理的，未来的教育市场是一个基于信息技术的"云"市场，需要开展跨学科的、国际化的合作。首先，应跳出教育的视角，采取跨学科的视角是高等教育国际化研究的必然要求。正如伯顿·克拉克曾指出："在科学研究中，没有一种研究方法能揭示一切，宽阔的论述必须是多学科的，高等教育研究要在各学科专家所发展的研究方法和思想的力量中找到利刃。"[①] 其次，多部门合作也是智库建设的保障，德国的高等教育智库建设经验显示，政界熟悉政策及其运作流程，商界可以反映高等教育国际化的外在需求和提供必要的经费支持。学界、政界和商界共同参与研究，建立良好的对话和沟通机制，有助于成果更直接地抵达决策层，减少或消除研究成果转化的壁垒。再次，智库应与多国研究机构合作，构建平台、共享信息，既有利于及时了解国际教育的发展动态，又有利于扩大本国教育的国际知名度和影响力。最后，建立健全数据库将成为智库不可回避的责任，数据的收集、整理和分析正是智库对教育场域进行导引和规训的确切依据。

---

① 伯顿·克拉克. 高等教育新论——多学科的研究[M]. 郑继伟，等译. 杭州：浙江教育出版社，2001：2.

4. 保障投入，促进公平

智库建设既要国家财政保证稳定的经济来源，又要多方吸纳各种社会资本。首先，为保障研究机构享有自主权，做好研究，根本的方式就是从资金源头进行管理，国家投资应限制在一定范围内，以有效保证公权不会过多地干涉科研，保证科学研究的应有自由。其次，国家应出台相应的政策，鼓励社会资本对科研机构投资，如给予全额免税等优惠，使资本真正地有用武之地。此外，德国的高等教育智库也属于教育慈善范畴，基金会的资助客观上成为促进教育公平的途径。基金会日益成为公民志愿行为的现代化手段，这是一种社会进步的表现，因为公民自由意志与国家政治框架的博弈和平衡是推动民主化进程的重要力量。这些私人财富很大一部分被应用在民生领域，教育就是其中最大的受益者之一，真正实现了"取之于民，用之于民"的效果。我国的教育智库建设可借鉴这一优秀经验，促进教育的区域公平和个体公正。

四、瑞典斯德哥尔摩大学
国际教育研究所[①]

（一）基本概况

斯德哥尔摩大学建立于 1878 年，是瑞典规模最大的国立高等学校之一，也是瑞典高等教育科研的中心机构，是欧洲著名的高等学府。斯德哥尔摩大学的教育学科聚焦于教育学、教授法、国际比较教育三个方面，研究领域包括成人学习、职业发展与辅导、教授法、政策与历史、高等教育和教育哲学、国际比较教育、组织教育学、教学与健康、职业教育与训练。在斯德哥尔摩大学的教育学科中最负盛名的是国际比较教育，其声誉与托斯坦·胡森（Torsten Husén）教授息息相关。斯德哥尔摩大学于 1971 年成立了国际教育研究所（Institute of International Education，简称 IIE），隶属于该校教育系。胡森为首任所长，一直工作到 1986 年。在胡森的领导下，斯德哥尔摩大学国际教育

① 主要参考：陈延泽. 斯德哥尔摩大学国际教育研究所及其几年来的研究活动［J］. 外国教育资料，1983（2）：58-61. 范庭卫. 斯德哥尔摩大学国际比较教育研究的高峰［J］. 苏州大学学报（教育科学版），2017，5（1）：20-23.

研究所发展成为世界著名的国际比较教育研究机构。最初，国际教育研究所的主要研究活动集中于与国际教育成就评价协会和联合国教科文组织国际教育规划研究所开展合作，推动和促进国际范围的教育研究活动。自 1971 年以来，国际教育成就评价协会秘书处就设在该研究所，1962—1978 年胡森教授担任该协会主席，1970—1980 年胡森担任国际教育规划研究所理事会主席。可见，研究所与这两个国际教育研究机构的关系较为密切。

20 世纪 70 年代以来，国际教育研究所重点研究高等教育管理、高等教育经济学、教育规划、瑞典教育改革成效等课题，还考察和评估了瑞典及发展中国家的现行课程设置、考试与成绩测量，并发布了多篇重要的研究报告。20世纪 60—70 年代，胡森的建议被学者和政策制定者采纳，他成为世界多国教育改革的主要设计师。国际教育研究所不仅给当时的教育改革提供了富有价值的建议，而且对国际比较教育的学科发展具有深远的影响。

国际教育研究所涉猎的领域广泛，包括发达国家和发展中国家教育方面的争论和问题。国际教育研究所还经常为瑞典国际开发署、瑞典科学院、瑞典国家教育总署、欧洲经济发展组织、联合国教科文组织及其国际教育规划研究所和世界银行等国内及国际组织提供教育政策咨询服务。国际教育研究所除了开展广泛的教育科学研究活动外，还提供教育博士学位的课程，培养高级研究人才。课程用英语教学，学程为四年，课程学习和论文写作各占一半时间。近些年提供的课程有教育与发展、比较教育、教育思想史、教育评价、学校调查研究方法论和正规教育的前景等。国际教育研究所使用斯德哥尔摩大学的图书馆，有独立的电脑资料库，储存各种国际教育调查得来的信息。经过几十年的发展，国际教育研究所已发展成文化多元、学科交叉的教学和研究机构，开设硕、博士课程，每年会吸引教育界的访问学者和专家开展合作和交流，成为瑞典、北欧乃至世界研究和解决教育问题的重要智库。

（二）研究活动及特点

1. 与国际组织合作开展研究，建立教育数据库

主持国际教育成就评价协会的项目及相关研究，一直是胡森领导的研究小组以及后来的国际教育研究所的重要工作内容。国际教育成就评价协会致力于进行开放性的比较研究项目和其他教育方面的大规模评估，分享和改进大规模评估的过程、方法和成果。研究人员、决策者、技术专家和教育工作者能够获

得数据、结果和关键问题的深入分析，加强世界各地的教学和学习。①

胡森领导的研究小组以及后来成立的国际教育研究所，研究主题广泛，包括发达国家和发展中国家教育领域的各种争论和问题。1959—1961 年，胡森小组完成了"十二国可行性研究"。1962—1964 年，小组完成了"第一次国际数学调查"。1966 年，小组开始新的大型跨国研究项目"六学科调查"（科学、文学、阅读理解、作为外国语的英语作为外国语的法语、公民教育）。这项调查的主要目的在于明确社会、经济和教育因素在学生成就中的重要性。该项目的调查报告发表于 1973 年和 1976 年，并据此建成六学科数据库。该数据库贮存了从 21 个国家约 25 万名学生、5 万名教师和 1 万所学校收集的数据，是对六学科成绩进行的六项国际调查的一部分。每项调查均包括学生成绩等数据，学生家庭和经济背景的信息，学生态度和兴趣的信息，教师、学校的信息。这些信息来自对 10 岁、14 岁的学生和中学最后一年或入大学前学生的测量。国际教育研究所的数据档案室存放了六学科数据库的一部分数据，其他数据存放在美国密歇根州大学的美国政治与社会研究校际联合数据库（Inter-University Consortium for Political and Social Research，简称 ICPSR），以及澳大利亚、英国、加拿大、日本和新西兰的研究中心和大学的资料室中。② 六学科数据库成为世界教育领域较早的著名数据库之一。

六学科调查结束后，国际教育研究所的研究工作趋于多样化，研究重点开始转向发展中国家的教育问题，如对国际教育成就评价协会调查的资料开展大量的分析工作。在一些国家利用国际教育成就评价协会使用过的方法（成绩测验、问卷和谈话）进行了中小学调查，如对博茨瓦纳和西班牙的调查，对瑞典和澳大利亚学生六门课程调查的追踪研究。

20 世纪 80 年代初，国际教育研究所先后完成了"第二次国际数学调查"（1980—1981 年）、"第二次国际科学调查"（1983—1984 年）等项目。国际教育研究所开展的"第二次国际数学调查"在约 25 个国家进行数学成绩调查，国际教育研究所是这项调查在瑞典的研究中心。该项调查由以下部分构成：调查各参与国的数学课程，调查数学课的日常教学和管理，根据各国的课程和教学实际归纳学生对学习数学的态度和数学的造诣，并检验 1964 年数学调查以

① 　IEA. Research & Collaboration ［EB/OL］. https://www.iea.nl/research-collaboration，2024 - 04 - 01.
② 　Torsten Husen，T. Neville Postlethwaite. 国际教育百科全书（第三卷 D—E）［M］. 袁军，编译. 贵阳：贵州教育出版社，1990：21.

来学生学习数学的态度和数学成绩的变化等。瑞典的测试于 1980 年进行，被试包括约 5 000 名七年级以上的学生和大约 3 000 名中学教育最后一年的学生。国际教育研究所参与瑞典"第二次国际科学调查"，调查学生对科学学科的态度以及掌握的知识。被试包括小学三、四、七、八、九年级和所有高中最后一年的学生。测试在 1983 年 4、5 月间举行。该项调查的主要目的是评估新科学课程引入初中和高中后的效果；评价学生的科学基本技能水平，调查学生对科学和科学课程的态度；调查科学课程的成绩和对科学态度的性别差异，并对学生的科学态度和成绩进行国际比较。

对于教育问题的大型国际调查，胡森认为，调查的目标不限于对跨文化差异因素的单纯描述，以及说明这些因素是如何起作用的，更要注重预测，指向于普遍化。与一个国家取得的成果相比，这种跨国调查的成果能更好地服务于教育工作者、计划制定者和政策制定者。[①] 除了研究发达国家的教育问题外，国际教育研究所也致力于研究发展中国家的教育问题。1971 年，胡森担任设在巴黎的联合国教科文组织国际教育规划研究所董事会主席，促进了国际教育研究所的研究重心向发展中国家转移。

胡森团队研究了多项发展中国家的教育项目。例如："妇女、科学和发展"研究，对发展中国家妇女在中学科学教育中的地位进行了历史的和实验的分析；"撒哈拉以南非洲初级学习体系"研究，对索马里和塞内加尔乡村正规和非正规的学习体系进行了比较分析；"发展中国家高等教育的内部效力"研究（由世界银行发起），对影响各个不发达国家大学教育投资效益的决定因素进行了识别和分析。与广泛的研究课题相联系的是多渠道研究经费支持。例如，在完成"六学科调查"后，胡森从美国的福特基金会、斯宾塞基金会申请资助。他从福特基金会申请了 20 万美元，推动小组的研究向更深更广的领域拓展。从斯宾塞基金会获得的资助，用于资助 4 位青年学者在国际教育研究所工作一年，处理国际教育成就评价协会的数据资料。1972—1977 年，有不少于 20 位受资助的外国客座研究人员到国际教育研究所工作。同时，同样数量的研究者在国际教育研究所做短期研究。[②]

① Husén，T. Introduction to the reviews of three studies of the International Association for the Evaluation of Educational Achievement（IEA）[J]. American Educational Research Journal，1974，11（4）.
② Husén，T. An incurable academic：Memoirs of a professor [M]. Oxford：Pergamon Press，1983.

2. 研究发达国家的教育问题

作为发达国家的一员，除了参与国家比较研究，国际教育研究所也关注发达国家的教育问题。如"瑞典第二代移民的宗教倾向"研究，在父母都是移民的14—15岁青少年中调查宗教倾向问题。这个项目的目的在于调查：不同的社会因素，诸如家庭、学校、同辈和教堂怎样积极地或消极地促进了宗教倾向的增长；瑞典移民政策影响与宗教倾向的形成；未来经济和政治问题调查结果的内涵。"马尔摩市纵向研究"从1979年开始实施，该项研究运用1938年以来该市多次调查统计的资料，研究了社会经济背景、教育和一代或二代人间的职业这三者间的关系。"1950—1975年瑞典的教育改革：途径、手段和结果"，这项研究旨在讨论1950—1975年瑞典的教育改革，主要聚焦于义务教育，也简要地讨论有关成人教育和学前教育，不涉及高等教育。研究包括中、小学教育改革，以及职业教育和师范教育的变化。按照改革的内容和过程，对改革本身及改革的策略和方法进行阐述、分析和评价，对有关目标、计划、课程、评价、中央与地方当局合作等问题进行纵向研究。该项目1980年发表第一篇关于政治决议的专题论文，第二年发表第二篇论述50年代瑞典学校实验活动的专题论文。"英国和瑞典少数民族的教育策略"研究项目，这是一个英国和瑞典少数民族教育策略的比较分析研究，涉及中央、区域和地方的策略比较。自20世纪50年代以来，英国和瑞典因移民而发生了相似的变化，两国都存在多种语言和多种文化融合的问题。这些变化对教育体系提出了更高的要求。研究集中于义务教育和高中教育，也涉及部分师范教育的改革问题。

3. 研究发展中国家的教育问题

随着发展中国家在世界舞台上的地位日益提升，国际教育研究所的重心开始向发展中国家转移。"扫盲运动和几内亚建国"这项研究评估几内亚的教育体系，重点是成人教育和扫盲运动，目的在于评估扫盲成功的条件，识别关键的问题和矛盾。最后形成的研究报告提出了关于扫盲和其他成人教育活动的建议。"毛里求斯：初等教育评价规划"项目的目的在于评估"教育机会均等"和"学校教育效力"政策在毛里求斯初等教育中的执行程度，提出"平等效力的模式"，以便研究和测量学生成绩的差别。这个模式综合考虑了个人、家庭、同辈的特性和态度；学校设施的不同，即师范教育和教师资格，学校的设备类型和学校的特性；地区（城市和乡村）的、语言的、种族和文化的差异。"妇女、科学和发展"这项研究重视通过历史的和实验的分析，来评估发展中国家妇女在中学科学教育中的地位。目标在于：一是对科学输入发展中国家的历史分析，科学在这些社会中的作用和它对妇女地位的影响；二是对有关不发达国家科学成绩的性别差异的已有资料进行实验分析，以便考察国家发展的水平对妇女科学成绩的影响，并分析妇女成绩较低的原因；三是开展参加科学教育的性别差异研究，以找出妇女参与者少的原因；四是在不排斥妇女参与科技的关键领域的前提下提出多种途径，使不发达国家的科学教育得到发展和改革。

"撒哈拉以南非洲初级学习体系"项目对索马里和塞内加尔乡村正规和非正规学习体系进行了比较研究。在这两个国家，正规教育（即西方化）的一般模式与传统的宗教学习体系（即伊斯兰教学校教育）同时共存。这两种教育都赞成在家庭、同辈、部落中进行的非正规学习。这项研究检验和对照了索马里和塞内加尔两个村落三种学习体系的作用，试图了解这三种体系中的冲突和一致性的基础。这项研究包括一个从属于非洲伊斯兰教教育的文献调查，收集各国涉及该项目的历史、社会学资料，并与地方代表和不同村落的参加者谈话。

"孟加拉国教育成分调查：职业训练中正规和非正规课程的分析"项目的主要目的是调查孟加拉国的教育成分，包括历史背景、教育目标和规划、教育结构、教育领域中的重要争论和问题，特别重视职业教育领域，包括技能需要、目标分类、职业训练和劳动市场的关系，以及对需要特别援助领域的甄别。

"欠发达国家教育研究能力考察"这项研究的总目标是，在指导世界银行教育贷款的政策范围内，对不发达国家的教育研究能力进行评价。研究的主要内容是受教育和教育的平等状况、学习效力、内部效力。重点考察研究机构，而不是研究者个人。对研究机构的鉴别遵循以下三步：一是要求国际教育规划研究所、世界银行和联合国教科文组织秘书处在六地区（欧洲、北美洲、拉丁美洲、非洲、阿拉伯地区和亚洲）任命领导机构；二是由指定的研究所探讨和回答一系列问题，提出详细的信息和任何由他们发现的其他相关的材料；三是根据提出的信息材料，每个地区选 5—10 个研究机构，收集和分析从这些研究机构和被访问者中获得的信息，从分析中找出某些结论和建议。教育研究能力的全面评价要考虑到各区域研究的主要沿革及贫困因素。

国际教育研究所还开展了"在学校一起学习民主？波斯尼亚和黑塞哥维那的学生和教师态度"的研究。本研究的主要目的是通过问卷调查，调查波斯尼亚和黑塞哥维那小学最后一年级（八年级）的学生和教师在威权、民主、人权、儿童权利、冲突解决和立法等问题上的态度和价值观。第二个目标是通过二次数据来源、实地考察和观察，探索和分析国际社会在该国全球化背景下对其民主化和教育进程的作用。对学生样本的分析揭示了对学习民主的怀疑，特别是当民主与政治、政治家有关时。当民主问题从波斯尼亚和黑塞哥维那的实际情况中脱离出来时，学生对它表现出更积极的态度。学生普遍同意强烈的威权主义言论。高成就的学生比低成就者更民主，更有社会责任感，对宗教、种族和残疾的态度更宽容，权威主义更少。高成就者认为，他们对日常活动能产生影响，并积极参与社会和民间活动。高成就者对政治持否定态度，但在民主程度上得分较高。高成就者也在很大程度上认同违法是可以接受的，威权主义的学生更倾向于回答违法是不可接受的。教师样本的主要调查结果表明，他们同意非和平调解、对人际冲突采取不宽容和僵化的态度，也同意强有力的威权主义言论，民主程度较低。一般来说，教师重视品行端正、教养良好、听话的学生。他们非常关心教育在社会中的一般地位，他们认为这正逐渐被边缘化。教师对超负荷的课程不满意，他们对学习帮助有战争创伤的儿童的知识和技能表现出兴趣。当被问及积极改革时，教师对教育形势持高度批评和不满的态度，波斯尼亚和黑塞哥维那正经历着从国家计划经济和一党制向市场经济和多党制的转变。在这一过渡时期，国家比以往任何时候都更多地参与到全球化进程中。国际社会试图引入西方民主，本研究探讨了这一过程中的一些复杂性。全球化进程意味着对教育系统的要求和压力相互矛盾。学生和教师处于两种对立的理想之间——竞争和合作。①

4. 举办研讨会讨论发展中国家的教育问题

研讨会、论坛是智库传播观点、交流合作、提升学术话语体系传播力和影响力的重要路径。1991 年 9 月，在瑞典斯德哥尔摩皇家科学院举行主题为"加强发展中国家的教育研究"的研讨会。研讨会最终形成了一个报告，报告由斯德哥尔摩大学国际教育研究所与联合国教科文组织国际教育规划研究所共同完成。报告第一节分为两个部分，记录了研讨会的进程，包括正式陈述后的讨论总结，以及关于进一步采取行动解决教育研究问题的建议。第二部分包括

---

① 　Kolouh-Westin, Lidija. （2004）. Learning democracy together in school?：Student and teacher attitudes in Bosnia and Herzegovina ［D］. Thesis （doctoral） —Stockholm University，2004.

提交给研讨会的几篇论文。本节提供了最新的、全面的发展中国家教育研究情况。个别研究论文涉及关于发展中国家教育研究的一般背景。其中包括两篇关于非洲的论文，"撒哈拉以南非洲的教育研究优先事项"和"教育研究网络：欧洲教育网经验"。三篇论文涉及亚洲，"东南亚教育研究""中国教育研究：现状概述""挑战南北范式：东亚教育研究"。最后一部分包括两篇论文，"拉丁美洲的教育研究：趋势、挑战和需求说明""加勒比地区的教育研究"。① 研讨会为加强发展中国家的研究能力提供了对话渠道。研讨会让与会者了解了世界各国在过去 10 年中经历的经济和社会变化，以及这些变化导致了教育研究优先权、个人和机构承担教育研究的能力以及国家赋予教育研究的功能的转变。

（三）理论研究与政策咨询并重

　　斯德哥尔摩大学国际教育研究所的研究成果丰硕，不仅体现在产出了大量的论文和专著，而且还参与了众多国际及国家的教育政策咨询活动。国际教育研究所的第一任所长胡森教授非常热衷于在中国开展国际比较教育的研究，他担任了中国许多大学的荣誉教授。以胡森发表的著作来看，除了大量论文外，主要著作包括《数学学业成就的国际研究》（1967）、《天资、机会与就业》（1969）、《天资、平等与精英》（1974）、《困境中的学校》（1979）、《教育研究与政策》（1984）、《学习型社会》（1986）、《教育与全球关注》（1990）、《现代欧洲的学校》（1992）、《大学的作用：全球视角》（1994）。1982 年，胡森成为名誉教授后，还与德国的波斯尔斯韦特合作主编了巨著《国际教育百科全书》第一版（10 卷，1985）和第二版（12 卷，1994）。

　　《困境中的学校》一书论述了学校的定义问题，提出了学校的九个标准：（1）它是一种全日制学习的机构；（2）对入学和毕业有一定的年龄规定；（3）教学模式是教师"面对"学生的讲授式；（4）课程是分年级的；（5）基层单位的大小，也就是学校校舍或楼群，已随学区的城市化和一体化而不断扩大；（6）由于有更多的儿童延长了修业年限，因此体系的规模已有了扩大；（7）学校的教学目标已从传授认知技能和能力这种单一的目标扩大为构成社会教育的多种目标；（8）这种发展要求各方面的更好协调，而这种协调已通过建

---

① Miron，Gary，Ed.；Sorensen，Karen，Ed. Strengthening Educational Research in Developing Countries ［R］. Report of a Seminar Held at the Royal Academy of Sciences (Stockholm，Sweden，September 12 - 14，1991).

立各种专门的服务设施使行政管理机构有了扩大；（9）管理倾向于日益严密，而教学工作在更加中央集权化的规定下变得更为统一。① 胡森关于学校的定义成为现代学校基本特征的参照。斯德哥尔摩大学国际教育研究所时任所长维纳亚姆·齐纳帕（Vinayagum Chinapah，2009—2017 年在任）教授多年从事国际比较研究工作，编写、参编、发表论文 70 余篇，发表研究报告、会议论文、培训手册等 160 余部；他是"全民教育"和"可持续发展教育"理念的最初倡导者。他作为国际比较教育研究领域的知名专家，曾经在联合国教科文组织工作 16 年。1992 年，他赴联合国教科文组织巴黎总部任联合国教科文组织与联合国儿童基金会联合开展的国际教育质量与学习成绩监测项目总负责人（该项目历时 14 年，覆盖全球 80 多个国家和地区）。2007—2008 年，在联合国教科文组织黎巴嫩贝鲁特区域办公室工作，任阿拉伯国家区域教育顾问。2009 年，他返回斯德哥尔摩大学国际教育研究所并担任所长。他的研究领域广泛，主要包括国际与比较教育、教育规划与政策、教育监测与评估、可持续发展教育、教育促进农村发展、优质全民教育、学校调查研究等。维纳亚姆·齐纳帕具有丰富的国际教育经验，在过去的 35 年间，他的足迹遍及世界 140 多个国家和地区，为联合国机构、国际双边及其他多边组织以及 NGO 组织开展科研、培训、咨询等服务。② 他在 2011 年的第四届世界比较教育论坛上指出，近年来，基于公平视角的教育质量保障政策话语范式发生了一系列重要变化，然而一系列具有永恒意义的问题仍然没有得到回答。例如，谁决定这些政策话语，这些政策话语是在什么语境中提出的，基于何种目的，以及最关键的问题——代表谁的利益以及谁将从中受益。宏观教育范式只发生了微小变化，仍然无法从微观角度有效实现学习者中心的教学，学习和课堂活动。基于全球范围学习效果调查的高质量全民教育评估中采纳了一些新的举措，这些举措囊括在目前所能了解的有关学习与教学的新教育范式中。那些"为了研究而进行的研究"大多局限于学术团体中，对教育政策制定和具体教育实践的影响微乎其微，由此构建的所谓有关学习和教学的新教育范式对于学习者和教师的意义非常有限。这表明教育标准以及达到这些标准的措施应该按照每一位学生的需要来制定，而不能是单纯的公平与质量的平衡。这些对公平和多样性的关注反映了公众对从

① 中央教育科学研究所《世界教育展望》编辑组.世界教育展望：联合国教科文组织《展望》杂志文集（Ⅰ）［M］.北京：教育科学出版社，1983：182.
② 滕珺.中国正成为国际教育重要力量——访瑞典斯德哥尔摩大学维纳亚姆·齐纳帕教授［N］.中国教育报，2013－03－12.

国家或国际层面制定的外部标准的警惕。确保每个人有权接受高质量全民教育仍然是 21 世纪面临的最大挑战之一。

国际教育研究所还进行方法论的研究。如"学校体系分析的统计模式",这项研究的目的是继续发展新的统计模式,以运用部分最小方块的、具有可变量的分析方法分析学校体系。这项工作与国际教育成就评价协会的第二次国际科学调查和用于分析学校体系的统计模式的理论工作协调。该模式统一各种流行的模式,以便在方法结构和资料分析中给以具体的指导。这样的模式必须是普遍适用的,包括广泛的可变性,它必须提供对一个广泛实验结果重要性的说明和一个简洁的概念结构。①

在教育政策咨询方面,斯德哥尔摩大学国际教育研究所为众多国际组织及国内组织提供咨询服务。国际教育研究所成为瑞典、北欧乃至世界研究和解决教育问题的"智囊"机构。1968—1970 年,胡森在"瑞典全国教育委员会研究和发展处"赞助下进行了一项未来学研究,根据此项研究写成的报告提出了教育制度的若干显著特点,这些特点将有助于扩大人们对于学校作为一种机构在向何处去这个问题的视野,并有可能为解决这个问题提供一个试验性的方案。② 20 世纪 60—70 年代,胡森的建议被学者和政策制定者采纳,他成为世界多国教育改革的主要设计师。

(四)开展国际交流

斯德哥尔摩大学国际教育研究所不仅为现实的教育改革提供了富有价值的建议,而且对国际比较教育的学科发展具有深远的影响。胡森注重国际比较教育研究人才的培养。对于政策导向型研究,胡森指出研究者应发挥三个方面的作用。第一,借助分析训练及方法的技能,指出问题中易被忽视的方面,在重构问题和识别问题方面提供帮助。第二,担当启迪者的角色,让政策制定者、实践者和公众知道要特别注意哪些方面。第三,能成为批评家。③ 这三个方面,实际是对国际比较教育研究人才的具体要求。国际教育研究所开设"教育

---

① 陈延泽. 斯德哥尔摩大学国际教育研究所及其几年来的研究活动 [J]. 外国教育资料,1983(2):58-61.
② 中央教育科学研究所《世界教育展望》编辑组. 世界教育展望:联合国教科文组织《展望》杂志文集(Ⅰ)[M]. 北京:教育科学出版社,1983:184.
③ Husén, T. Research and policymaking in education:An international perspective [J]. Educational Researcher,1984,13(2):5-11.

发展"的博士课程。学程为四年，采用英语教学，课程学习和论文各占一半时间。课程主要有教育与发展、比较教育、教育思想史、教育评价、学校调查研究方法论等。国际教育研究所培养了一大批国际比较教育人才。据统计，1956—1982 年，胡森就培养了 38 名博士。1979—2009 年，根据博士论文题目显示，研究所培养了 76 名博士。①

2006 年，国际教育研究所并入斯德哥尔摩大学教育系，成为教育系的一部分，但其培养体系仍然保持不变。20 世纪 80 年代，中国正实行改革开放，迫切需要借鉴国外的教育科学理论，开展比较教育研究。胡森和他的著作受到中国学者的关注。1983 年 8—9 月，应中央教育科学研究所（现名为中国教育科学研究院）和华东师范大学的邀请，胡森到中国访问并进行学术交流，并被华东师范大学聘为名誉教授。② 从 20 世纪 80 年代后期开始，胡森和德国汉堡大学比较教育学教授波斯尔斯韦特合作主编的《国际教育百科全书》中文版陆续出版，先是由教育科学出版社选译出版了《简明国际教育百科全书》，2006年取名《教育大百科全书》（共 10 卷）由西南师范大学出版社与海南出版社联合出版，其后西南师范大学出版社又出版了有关分册译本。《国际教育百科全书》编委会其他成员有英国、美澳大利亚、以色列、比利时等国的教育专家、社会科学学者以及世界银行的经济学家。《国际教育百科全书》由 100 多个国家和地区的 1 300 多名专家、学者撰稿，反映了世界各国的教育情况、各类教育的发展和教育学研究的水平。全书有 4.5 万个词条，其中有 1 488 篇为学术研究或评论性文章的概述性论文。分 25 个主题领域，内容涉及人类发展、教育政策制度和规划、教育经济学、教育活动（包括教学、课程、管理、师范教育、职业技术教育和特殊教育）、成人和继续教育、比较教育以及与教育相关的学科。③ 全书还对 159 个国家和地区的社会文化渊源、教育目标、结构、行政管理和财政、课程、教师培养、教育研究及 20 世纪 80 年代教育发展等作了系统介绍，尤其是对发展中国家的教育发展给予了较大的关注，这在教育类工具书中尚属首次。1989 年秋又出版了补遗第 1 卷（Supplementary vol. One），

① Institute of International Education; Stockholm Univeristy. List of Doctoral Thesis [EB/OL].https://www.edu.su.se/polopoly＿fs/1.25962.1334906894!/menu/standard/file/List＿of＿thesis＿interped.pdf，2024 - 04 - 02.
② 金戈. 华东师大聘请托•胡森任名誉教授 [J]. 外国教育资料，1984（5）：38.
③ 国际教育百科全书 ［EB/OL]. https://baike.baidu.com/item/%E5%9B%BD%E9%99%85%E6%95%99%E8%82%B2%E7%99%BE%E7%A7%91%E5%85%A8%E4%B9%A6/7817606，2024 - 04 - 02.

新补充 179 个条目，约 70 万字，主要涉及成人教育、回归教育、终身教育和处境不利儿童教育。全书内容齐全，材料多为 20 世纪 80 年代的数据和资料，而且定期出版补遗，反映了世界各国的教育概况、国际上各类教育的现状与发展，以及教育学科领域的近期学术水平。[①] 全书已成为世界教育学研究最重要的权威工具书之一。

如今，瑞典斯德哥尔摩大学国际教育研究所仍然是北欧国际与比较教育研究中心和世界教育研究智库，而且具有广泛的世界影响。它注重多文化、多学科的教学和研究，吸引了世界各地的访问学者和学生，在研究和人才培养方面继续发挥着作用。

五、芬兰教育研究所

（一）基本概况

芬兰教育研究所（Finnish Institute for Educational Research，简称 FIER）是国际知名的多学科教育研究、评估和发展中心，它以芬兰于韦斯屈莱大学（University of Jyväskylä）为基础，成立于 1968 年。其目的是支持教师、教育机构和决策者促进教育的学习和发展。其研究与发展活动对教育现象展现不同的观点，提供可靠的信息，支持国家层面和教育机构的政策制定。[②] 其丰富的研究经验、广泛的研究领域和多学科的方法，加上充足的研究人员和丰富的成果出版，使其成为在芬兰独一无二、在国际上具有重要地位的教育研究机构。研究所的高学术性以及科学标准、可靠性、独立性、主题相关性和专业知识得到芬兰利益相关者的肯定与赞赏。

芬兰教育研究所的国家任务包括调查、评估和发展芬兰的教育系统和学校文化。它的研究涵盖了整个教育体系，从学前教育到高等教育，以及职业教育、学术教育与工作生活之间的联系。研究所的关键发展战略之一是与学校、教育管理人员、工作场所、决策者和媒体合作，以此提高研究结果的有效性。

---

① 顾明远. 教育大辞典（第 12 卷比较教育）[M]. 上海：上海教育出版社，1992：21.
② Introduction-Finnish Institute for Educational Research [EB/OL]. https://ktl.jyu.fi/en/introduction，2024 - 04 - 03.

不断增长的国际合作和研究人员交流使该机构的活动从成立至今都独具特色。该机构同经济合作与发展组织、美国教育研究协会，以及各欧盟机构如欧洲教育研究协会、欧洲学习与教学研究协会、欧洲成人发展研究学会等广泛合作。

（二）组织结构、资金来源与合作网络

芬兰教育研究所下设理事会和管理小组。理事会的职责是发展和评估研究所的运作情况。理事会还负责核查研究所的运营和财务计划，并监督研究、出版和人事战略。理事会成员包括来自国家教育机构、教育领域、于韦斯屈莱大学各部门代表和研究所工作人员。现任理事会有主席 1 人，成员 13 人，秘书 1人（见表 4 - 4）。

表 4 - 4　芬兰教育研究所理事会成员（任期为 2022 年
1 月 1 日至 2025 年 12 月 31 日）①

序号	姓　　名	角色	部 门 及 职 务
1	玛雅-莉娜·拉克索（Marja-Leena Laakso）	主席	于韦斯屈莱大学副校长
2	尤西·基维斯托（Jussi Kivistö）	成员	坦佩雷大学教授
3	武奥科·科塔马基（Vuokko Kohtamäki）	成员	坦佩雷大学讲师
4	梅里·卢梅拉（Meri Lumela）	成员	哈尔希拉学校校长
5	安特罗·海塔马基（Antero Hietamäki）	成员	教师培训学校行政校长
6	安娜-迈亚克列娃（Anna-Maija Poikkeus）	成员	教育与心理学学院院长
7	马蒂·劳蒂亚宁（Matti Rautiainen）	成员	教育与心理学学院
8	泰希-安娜·威尔斯卡（Terhi-Anna Wilska）	成员	人文社会科学学院教授
9	明娜·里塔·卢卡（Minna Riitta Luukka）	成员	人文社会科学学院院长
10	特里·诺卡拉（Terhi Nokkala）	成员	芬兰教育研究所高级研究员

① 笔者根据芬兰教育研究所官方网站整理. Institute Board-Finnish Institute for Educational Research [EB/OL]. https://ktl.jyu.fi/en/introduction/board，2024 - 04 - 03.

续　表

序号	姓　名	角色	部　门　及　职　务
11	卡里·尼西宁（Kari Nissinen）	成员	芬兰教育研究所高级研究员
12	安娜－玛雅·图柳艾宁（Anna-Maija Tuuliainen）	成员	芬兰教育研究所设计师
13	西妮·纳斯卡（Sini Narsakka）	成员	芬兰教育研究所项目秘书
14	塔伊娜·萨里宁（Taina Saarinen）	成员	芬兰教育研究所所长、研究教授
15	萨图·拉西拉（Satu Lassila）	秘书	

　　管理小组是协助研究所所长进行管理的非官方机构。它包括研究领域的领导和员工代表。管理小组共有 14 人，包括主任 1 人，副主任 2 人（分管研究发展、员工培训）；研究领域负责人 8 人；员工代表、项目主管 2 人，秘书 1 人。研究所有服务人员 11 人，研究人员 61 人，名誉和荣誉研究人员 3 人，访问研究人员若干名。①

　　芬兰教育研究所资金来源多元化。以 2017 年度为例，该年度资金预算约为 550 万欧元，其中于韦斯屈莱大学拨款 2 575 400 欧元，占 46.8%，外部资金 2 903 500 欧元，占 53.2%。外部资金来源主要包括：教育文化部 1 343 000 欧元，地方当局 597 300 欧元，芬兰学院 289 700 欧元，国内企业 150 000 欧元，其他 523 500 欧元。②

　　芬兰教育研究所与国际学术界、智库机构建立了广泛的国际合作网络，例如欧盟下设组织欧洲终身指导政策网络（European Lifelong Guidance Policy Network，简称 ELGPN）、欧洲扫盲政策网络（European Literacy Policy Network，简称 ELINET），国际教育成就评价协会组织的 PIRLS、TIMSS，国际评估项目 PIAAC、PISA、TALIS，为 21 世纪学习实践培养师范生项目，美国教育研究协会，高等教育研究者联合会，欧洲学习与教学研究协会，欧洲教育研究协会，欧洲成人发展研究学会，国际教育和职业指导协会等。芬兰教育

---

① Staff-Finnish Institute for Educational Research ［EB/OL］. https://ktl. jyu. fi/en/staff，2024 - 12 - 03.
② Cooperation-Finnish Institute for Educational Research ［EB/OL］. https://ktl. jyu. fi/en/introduction/cooperation，2024 - 04 - 03.

研究所与上述机构开展政策研究、评估等方面的合作交流。

（三）研究领域及特点

芬兰教育研究所的研究涉及从基础教育到高等教育和成人学习的整个教育体系，探索了教育与工作世界之间的关系，还包括在正规教育体系之外进行的学习，如在工作生活和各种网络中进行的学习。研究所专门从事大规模的国际比较研究，其中最著名的是 PISA。研究所还开展了国家和地区研究，以促进学校的学习和运作。

当前，芬兰教育研究所的研究主要集中于三个领域：学习、教学和学习环境，教育与工作世界，教育制度与社会。各研究领域下均按主题组建不同的研究团队开展相关研究。

1. 学习、教学和学习环境

在学习、教学和学习环境领域，芬兰教育研究所主要关注什么样的教学、学习过程的指导和学习环境能使学生获得高质量的学习。学习是在个人、群体和社区的各个层次及相互作用中进行的。研究所的重点是成人学习、高等教育背景以及促进专业能力的教育学，学校的学习问题，尤其是通过教学研究进行检测。

人们越来越多地在学校外的非正式环境中学习。这得益于围绕在我们周围新技术的支持。随着技术的发展，学习过程变得越来越多样化。学校也在利用新的学习环境和新技术，从而改变了教师的角色。该领域的研究包括：学习者与教师的互动；教师专业发展；协作学习和互动；对话学习；综合教学法；学习观念；评估和发展一般能力；评估合作解决问题的能力；发展终身职业能力和职业规划技能；辅导服务组织。研究项目通常与学校、大学、教师和国际合作伙伴合作进行。研究所获得的知识将有益于学习者、教师、教育开发者和其他参与教育的人。教育评估研究小组有 18 名研究人员，主要开展国际比较性大规模评估研究，如国际公民及素养调查研究（International Civic and Citizenship Education Study，简称 ICCS）、国际计算机与信息素养研究（International Computer and Information Literacy Study，简称 ICILS）、PIAAC、PIRLS、PISA、TALIS、TIMSS，这些研究是教育系统国家评估框架的一部分。这些研究提供了有关儿童、青少年和成人能力的知识，以及与学习、家庭背景和学校环境有关的因素。该团队还关注教育体系的变化和教育平等。这些评估为观察芬兰综合学校的成果和发展提供了一个国际框架和基准。该团队还提供学校和学生层面的影响学习成果有关因素的信息，以满足教育政策制定的需要。团队成员编写评估的国家报告，并将结果发表在国际学术出版物上。评估结果会在科学会议、学校及其他利益相关方的各种活动中公布。团队成员还担任国家和国际研发项目的专家和研究人员。在教师发展研究方面，教师专业发展研究团队有 8 名研究人员，其重点是将教育工作者的职业发展作为一个终生的旅程。目标是研究教育者的角色如何随着世界的变化而被重新解释，如随着信息技术的发展、国际化和多元文化的挑战，教师角色也随之变化。教育的未来是通过合作研发与教育领域的专家共同构建的。研究项目包括"芬兰同伴团体辅导网络""芬兰教师入职培训网络""教学国际调查"等。2008—2009 年，芬兰教育研究所对 27 个欧盟国家各级普通教师教育课程的状况进行调查研究后，发布调查报告《欧盟教师教育课程》（Teacher Education Curricula in the EU）。报告显示，在欧盟内部，不同国家要求教师具备的技能和能力大多是相似的，如学科教学能力、理论与实践相结合的能力等，这些必须包含在教师教育课程里。大多数成员国有关教师教育课程的文件中，也明确提出了教师应该具备的专业技能与能力。就具体课程的设置而言，各成员国都要在国家和教师教育机构两个层面或仅在教师教育机构层面设定教师教育课程。没有一个国家是直接在国家层面设定教师教育课程的。在联邦制国家（如奥地利、德国、西班牙和英国），虽然有国家制定的教师教育课程框架，但各州通常都有自己的特权。

　　研究人员根据教师教育课程内容的决策机构的不同，总结出了两个基本模型：一是有 24 个国家的文件、法律和法规提供了关于教师教育机构如何组织实施教师教育的一般指导原则和框架，教师教育机构可以据此独立设计它们的教师教育课程；二是在希腊、卢森堡和马耳他三个国家，教师教育机构拥有制定教师教育框架及教师教育课程内容的绝对自主权。① 这些教师教育课程的模型为全球其他国家的教师教育提供了参考。

　　智慧和学习研究。智慧和学习的发展是一种终身的、复杂的现象。智慧和学习研究团队由多学科成员组成，学者来自教育学、发展心理学、哲学、教育史和信息技术等不同学科，也有成人教育工作者。研究与发展的核心是智慧：

---

① 孔令帅，赵芸. 新世纪以来欧盟教师教育政策的演变、现状及启示 [J]. 徐州工程学院学报（社会科学版），2015（3）：104 - 108.

智慧是如何被研究的，它是如何被增强的，是如何被教导和学习的，以及什么样的教育现象是智慧行动、教学和学习的问题。这种方法具有强烈的人文主义和历史基础，也考虑了实证研究。团队的研究集中在智慧的认知成分（即后形式思维）、教育史（哲学家夸美纽斯及其作为智慧学校的人生观）、实用智慧、高等教育智慧教育学、对话与智慧（苏格拉底与波希米亚对话）、智慧与大学研究及学习。[①]

2. 教育与工作世界

教育与工作关系研究。在工作的世界里，成功需要什么样的能力？在不断变化的工作世界中，应如何提高能力？在工作和社会的世界中，如何促进富有成效和创新的参与，以支持技能和能力的发展？工作生活中所需的基本技能类型一直在变化，这就要求进一步发展和补充现有的劳动能力。要培养的技能包括，不同专业团体之间的合作交流能力，以及技术能力和解决问题的技能。这里的关键词是准备好改变和终身学习。该研究领域的一个突出主题是教育与工作在能力发展中的相互作用。研究内容包括：教育和工作场所之间的合作；在工作场所学习；识别和承认所获得的能力；与工作生活相衔接的教育发展；青年和成人的能力和能力需求；职业教育与培训；终身指导；技术挑战和可能性；学习活动和学习指导的个性化；支持成人学习的教学解决方案；个人的学习和工作生涯。[②] 这一领域的研究项目是与高等教育、高中教育（特别是职业教育与培训）、成人教育和在职培训以及工作生活组织合作进行的。这些研究产生的知识有益于决策者、工作场所和教育提供者以及个别教师、学习者和工人。以终身指导为例，芬兰教育研究所的终身指导研究团队收集资料数据并开展研究，作为一致性指导服务设计、实施和评估的证据基础。该小组与国家终身指导跨部级工作组合作，加强了国家终身指导服务质量保证框架。研究重点是政策制定与实施指导，信息与通信技术指导。终身指导研究团队开展了一些研究项目，如"终身指导实践与政策发展""社交媒体指南""社交网络中的道德实践""高等教育个人学习路径""国家终身指导服务质量框架""区域指导服务协调""欧洲终身指导政策网络""中等以上职业教育培训指导质量"等。

---

① Wisdom and learning-Finnish Institute for Educational Research［EB/OL］.https://ktl.jyu. fi/en/research/wisdom-learning，2024 - 04 - 24.

② Education and the world of work. Finnish Institute for Educational Research［EB/OL］. https://ktl.jyu.fi/en/research/education-world-of-work，2024 - 04 - 24.

工作、学习和教育研究团队主要研究在工作中和为工作而支持学习，以及教育和工作、学习和职业之间的衔接，旨在加深对多元文化和数字化环境中基于工作的学习的理解。基于研究的工作场所学习知识和相关的教学解决方案增强了创新的可能性，并为教育政策制定提供了良好的基础。

高等教育、职业教育与继续教育研究。研究项目"发展林业继续教育"的目的是在综合教学模式的基础上，对林业专业人员在职培训进行开发和考核。该项目由赫尔辛基大学森林科学系协调，培训由赫尔辛基大学继续教育中心实施。"劳动力市场不安全条件下的高等教育回报"研究了高等教育毕业生是如何找到工作的，尤其是通过学位获得的回报。回报指的是学位取得的成就（就业与失业、职业和社会经济地位、工作与教育的等效性、薪水）。该研究比较了不同年龄组、不同领域以及毕业生可能拥有的其他背景因素之间的回报率差异。使用的理论是基于人力资本理论、性别隔离理论和工作生活的最新变化。"职业教育的未来——从北欧国家学习"项目的目的是研究北欧国家（丹麦、芬兰、挪威和瑞典）职业教育和培训分散模式的优缺点，并产生相关重要的新知识。① 该项目调查北欧国家的职业教育和培训如何解决劳动力市场准入和高等教育的关键困境，旨在更好了解如何处理这种困境，以及对职业教育和培训的重视如何影响青年融入社会。该项目的方法是多学科的，除了比较国家职业教育和培训系统的历史轨迹外，还完成了选定职业的案例研究。北欧职业教育和培训模式的比较增强了未来循证教育规划的机会。该项目的研究结果不仅发表在该项目的网页上，还作为书籍章节和同行评议的期刊文章和会议论文发表。

3. 教育制度与社会

学习的新可能性和新环境要求传统教育机构变革。同时，教育提供的资格和学位保持甚至加强了一部分人在教育和劳动力市场上的地位。教育制度与社会这一主题主要关注芬兰的教育系统是如何运作的，在国际比较中，它是怎样的，芬兰社会的变化和改革如何影响教育体系的结构和运作。在这一领域，研究重点是评估和分析芬兰的教育成果及其分布，与教育成果相关的各种个人和社会因素，特别关注普通教育和高等教育及其相互联系。核心研究问题的产生既与教育公平有关，也与社会、经济、结构和运行方式的变化在教育体制和相

---

① Projects-Finnish Institute for Educational Research［EB/OL］. https://ktl. jyu. fi/en/research/wole/projects，2024 - 04 - 24.

关教育政策中的体现有关。重点领域包括国际评估研究、高等教育研究和终身指导系统研究。研究主题包括：学习成果及其影响因素；社会变革带来新的能力挑战；教育经济问题；全球化（包括移民）对教育的影响；教育结构、过程及其变化；教育体制改革的批判性分析；教育选择、过渡和学生流动对教育政策和指导系统的影响；教育、劳工和产业政策方面的行政实体为青年和成人提供指导服务的质量和发展；高等教育与社会的关系。①

公民和民主教育研究。民主参与应与学校和社会的日常生活相结合。如何促进学生和公民在学校和社会中参与民主？通过积极参与社区及其发展，可以获得什么样的能力和经验？应该创造和鼓励什么样的参与方式，以便每个人都有可能在社区多元化方面发挥积极作用？公民和民主教育研究团队有 10 人，他们特别关注社区参与的实际形式、可能性和存在的障碍。该团队致力于与所有利益相关者一起增进学校幸福感，同时更广泛地促进社会中的民主生活方式。这类项目包括与学校和其他合作伙伴进行的实践实验和开发工作。例如，"用社区艺术加深学校的社区意识"项目旨在通过社区艺术促进集体参与和学校福利。② 社区艺术是指以各种形式和途径与社区一起做事的艺术。在实施过程中创建社区艺术的过程是关键，促进学校社区中教师、学生和其他成员之间的互动、讨论和协作。该项目涉及四所小学，根据每所学校的实际情况和目标，分别以各自的发展主题展开。在每所学校中，都有一个由教师和学生组成的工作小组与校本贡献者一起规划行动。对于师范生而言，这个项目是他们硕士学位学习的一部分。在行动研究框架层面，该研究及其开发的项目建立在欧内斯特·斯金格（Ernest Stringer）的社区行动研究模型的基础上。它从情景评估到行动计划和执行，各阶段周期性循环进行。在秋季学期，与学校合作的学生团体在学校日常生活中收集、分析必要的背景信息，为春季学期开展的各种项目奠定了基础。学生设计项目，然后与校本贡献者一起审查和进一步阐述。在此基础上，进一步有针对性地开展专题活动。其目的是将现有的和新的行动形式和途径发展为可能的永久性参与形式。该研究问题聚焦于：如何通过社区艺术（结构、过程）提升学校的社区意识和民主？该项目对教师教育活动（学生参与、教学整合）的发展有什么样的支持？该项目对教师教育工作者、教

①　Educational systems and society-Finnish Institute for Educational Research［EB/OL］. https://ktl.jyu.fi/en/research/educational-systems，2024 - 04 - 24.

②　Projects-Finnish Institute for Educational Research［EB/OL］. https://ktl.jyu.fi/en/research/citizenship-democracy/projects，2024 - 04 - 24.

师专业发展有什么样的支持？从合作方看，该项目由芬兰教育研究所、于韦斯屈莱大学教师教育部和相关学校合作实施。该项目有诸多受益者。合作学校获得专业发展活动支持，大学的师范生也有机会作为学习的一部分参与真正的学校发展工作。大学的教师教育部从外部和内部合作中获得经验，以及如何将学生的学习任务和研究生工作联系起来，并将其作为长期发展项目的一部分。在该项目中，芬兰教育研究所从事跨部门的研究合作，这体现了大学的社会责任。

　　移民、人口流动和国际化研究。移民、人口流动和国际化研究团队聚焦于文献、知识、政策和实践方面日益扩大的差距，并认为这些差距是由教育中的非批判思维引起的。当对 21 世纪与移民、流动性和国际化有关的人群现实进行批判性分析时，教育中的盲点变得显而易见。这一点在芬兰历史遗留下来的包容性、可及性、社会流动性和普通人口的平等方面尤为明显。该研究团队的研究、教学和参与旨在正视社会中人口挑战的复杂性，超越了教育工作者对芬兰教育体系中包括谁以及不包括谁的认识和理解。团队的研究主题包括：批判性地考察由全球高等教育政策推动的 21 世纪移民、流动性和工作、生活一体化的结构和文化可能性及局限性；提出一种关键的途径、调查模式和方法，旨在调查更广泛社会中教育移民、流动性和国际化；为芬兰、北欧和欧洲的政府部门和利益相关者编写政策分析和简报材料；识别、培训和联系移民、流动和国际化的学者，以加强这一领域的下一代学生、学者和专家的能力；促进跨学科硕士论文研讨会：当代教育的复杂性。

　　芬兰的移民教育理念是文化同化，强调对移民进行融合教育，具体对移民进行的教育特别强调芬兰官方语言——芬兰语和挪威语的学习，强调移民对芬兰社会诸方面（包括教育、政治等）的了解，强调培训移民在芬兰社会学习生活所需的技能。从经济合作与发展组织 2000 年组织 PISA 测试开始，芬兰就参加且表现不俗，引起世界各国的关注。芬兰学生在 PISA 测试中取得的优异成绩与其开展的移民教育密不可分。芬兰教育研究所联合芬兰教育文化部于 2014 年 8 月公布了芬兰 15 岁移民学生在 2012 年 PISA 测试中的成绩研究报告。报告发现，第二代移民学生比第一代移民学生的 PISA 成绩高，移民学生学习数学的热情很高，与教师和同学之间的关系比较融洽，对学校的态度很积极，对社区的归属感也很强。① 因此，移民教育提高了移民学生的学习成绩，

① 王新俊，肖聪. 20 世纪 90 年代以来的芬兰移民教育 [J]. 世界教育信息，2017，30（5）：60－66.

缩小了他们与芬兰本土学生的学习差距。当然，由于芬兰移民教育历史不长，成效还有待进一步提升。与芬兰本土学生相比，移民学生的 PISA 成绩也有隐忧。第一代移民学生比芬兰本土学生落后两学年，有近一半的第一代移民学生达不到数学的最低学业要求。此外，移民因文化多样而产生的多元文化教育需求未得到充分关注，移民在教育中仍处于弱势地位，移民教育仍需要加强。

（四）出版与传播

出版物是芬兰教育研究所研究活动、研究过程和研究协作的重要方面。迄今为止，芬兰教育研究所已出版了一千多本书和系列出版物。其网站上列出了1996 年以来所有出版物的目录，2005 年至今的出版物还提供了链接地址。芬兰教育研究所的出版物在其网站上以英语提供。于韦斯屈莱大学的数据库和研究人员的网站上也提供了有关研究所出版物的信息。芬兰教育研究所与芬兰教育科学协会共同出版了《芬兰教育杂志》和《教育科学研究》系列出版物。

《芬兰教育杂志》（Finnish Journal of Education）每年五期。每年都有两个主题编号。主题涵盖从幼儿园到大学的各个领域。该期刊是了解教育研究与教学领域新研究成果和当前课题的有效途径。每年大约有 30 篇参考文章和评论发表，还有短文、评论和书评。该期刊为研究人员、教师、教育工作者和学生提供了重要参考。芬兰教育研究所网站提供了 2005 年至今的期刊摘要。

芬兰教育研究所还出版了《大学教育学杂志》（Journal of University Pedagogy），该期刊由芬兰大学教育学和学术发展专门知识网络（教育论坛）出版。该期刊每年大学教育网站在 www.yliopistopedagogiika.fi 上发布两次。该期刊包含有关学术发展的专题信息，以及大学教学实验和发展项目的账目和报告。每期都有一篇有关高等教育教学的评论文章。评论文章包括英文摘要和关键词。①

（五）结语

芬兰教育研究所作为芬兰的国家教育智库，紧扣促进芬兰教育发展的使

---

① Journal of University Pedagogy-Finnish Institute for Educational Research［EB/OL］. https://ktl.jyu.fi/en/publications/journal-of-university-pedagogy，2024 - 04 - 20.

命，研究主题紧密结合社会发展的实际需求，开展覆盖教育各个系统的研究工作。研究所与学校、教育管理人员、工作场所、决策者和媒体合作，提高了研究结果的客观性、有效性。研究所为教师、学生、教育研究者、教育决策者及其他利益相关者提供研究和咨询。研究所开展国际合作，与主要国家和国际组织、国际学术机构进行合作，构建了广泛的研究合作网络，确保了研究的国际性特征。研究所出版一系列专业期刊和出版物，促进了研究成果的广泛传播。于韦斯屈莱大学荣誉教授斯蒂芬·凯米斯（Tapani Kemis）博士于 2018 年 6 月在芬兰教育研究所成立 50 周年研讨会上做主旨演讲。他指出："如果我们从实践的角度思考教育和教育研究的任务，我们可以确定我们必须遏制和消灭的各种做法，如果我们的物种和其他物种将生存和繁荣。教育和教育研究可以帮助我们将用更有可能确保可持续性的做法来取代破坏性做法。"[1] 教师和研究人员工作中最重要的是寻找可持续的方法，以便世界能够为我们和子孙后代留下值得生活的地方。因此，教育智库的研究工作应从人类与其他生物是一个生活共同体的角度思考，研究才能实现可持续性发展。

六、日本中央教育审议会

（一）创立

日本中央教育审议会（中央教育審議会，简称"审议会"）是日本文部科学省的教育政策咨询机构。1949 年 5 月，日本修订颁布《文部省设置法》，明确规定文部省所辖事务的范围及权限，同时确定设立能高效率地完成所管事务的组织机构。[2] 该法规定文部科学省应设立教育审议会，于 1961 年改称为"中央教育审议会"。《中央教育审议会令》2023 年 11 月修订，对中央教育审议会的组织设置，委员、会长、干事任命及任期，分科会设置及职责、议事规则等作出规定，[3] 成为政府、文部科学省的永久性咨询机构。根据文部科学大

---

① Stephen Kemmis. Educational research and the good for humankind ［EB/OL］. https://ktl.jyu.fi/en/current/news/180524-ed-research-and-the-good＿23.pdf, 2019 - 04 - 24.
② 顾明远. 教育大辞典（第 12 卷比较教育）［M］. 上海：上海教育出版社，1992：34.
③ 文部科学省. 中央教育審議会令［EB/OL］. https://www.mext.go.jp/b＿menu/shingi/chukyo/chukyo0/gaiyou/05091501.htm

臣的咨询需求，中央教育审议会针对教育的重大问题及其基本政策措施进行调查审议，并向文部科学大臣提出决策咨询报告。中央教育审议会是文部科学省层级最高的教育政策咨询、审议机构。文部科学大臣的提案由文部科学省的中央教育审议会进行调查、审议和答复。审议工作是所有工作的中心环节，对政策的可行性和必要性的调查、具体方案等的最后实施都由中央教育审议会进行讨论，并作出结论建议。中央教育审议会为日本教育的关键改革和立法作出了重要贡献。

（二）机构设置

中央教育审议会成立之初，设立了体育运动·青少年、教育制度、终身学习、初等中等教育以及大学分科会等五个分科会。① 各分科会根据文部科学大臣的提案，对教育改革、终身学习的推进等重要事项进行调查审议，并对其进行答复。后来，行政改革决定中央审议会对其他各分审议会负责调整和进行统一设置，这些分审议会包括教育课程审议会、保健体育审议会、教育职员养成审议会、终身学习审议会、大学审议会、社会教育审议会、理科教育审议会以及产业教育审议会等，每种审议会都负有专门的职责。

进入 21 世纪，作为日本中央省厅改革的一个重要环节，2001 年 1 月，日本文部科学省以原有的中央教育审议会为母体，并整合终身学习审议会、理科教育及产业教育审议会、教育课程审议会、教育职员养成审议会、大学审议会、保健体育审议会的功能，在文部科学省设置新的中央教育审议会。审议会主要负责事务包括：（1）根据文部科学大臣的咨询，调查审议以振兴教育和推进终身学习为核心的、富有人文精神的创造性人才培养相关的重要事项，并向文部科学大臣陈述意见；（2）根据文部科学大臣的咨询，调查审议终身学习相关机会准备的重要事项，并向文部科学大臣或相关行政机关的负责人陈述意见；（3）根据法令的规定处理属于审议会权限的其他事项。

中央教育审议会下设四个分科会，分别是教育制度分科会、终身学习分科会、初等中等教育分科会、大学分科会（见图 4 - 3）。四个分科会的主管事务见表 4 - 5。

---

① 曲国洋. 日本竞技体育体制研究［M］. 济南：山东大学出版社，2015：32.

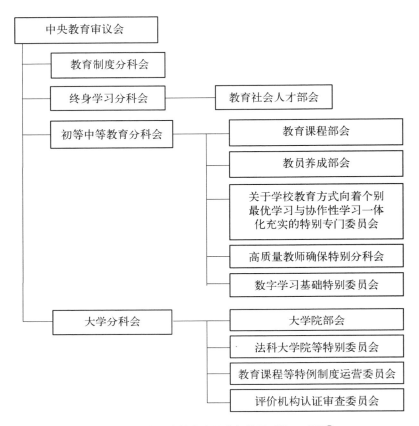

图 4-3　日本中央教育审议会机构图（第 12 期）①

表 4-5　日本中央教育审议会下设分科会主管事务简表②

分科会名称	主管事务
教育制度分科会	1. 培养富有人文精神的创造性人才的教育改革重要事项 2. 地方教育行政相关制度的重要事项
终身学习分科会	1. 终身学习相关机会准备的重要事项 2. 振兴社会教育的重要事项 3. 关于视听教育的重要事项 4. 青少年健康教育的重要事项

---

① 中央教育审议会机构图（第 12 期）［EB/OL］. https://www.mext.go.jp/content/20230710-mxt_soseisk01-100006164_1.pdf.

② 中央教育審議会について：文部科学省［EB/OL］. https://www.mext.go.jp/b_menu/shingi/chukyo/chukyo0/gaiyou/010201.htm，2020-12-26.

分科会名称	主　管　事　务
初等中等教育分科会	1. 关于振兴初等中等教育的重要事项 2. 关于初等中等教育标准的重要事项 3. 学校保健、学校安全以及学校供餐的重要事项 4. 教职人员的培养、资质的保持及提高相关重要事项
大学分科会	关于振兴大学及高等专门学校教育的重要事项

中央教育审议会委员由文部科学大臣从有学识者中选择任命，必须得到内阁承认，总数 30 人以内，委员任期 2 年，可以连任，会长从委员中选出，现设会长 1 名，副会长 2 名，会长因故不能履行职责时，由指定的委员代理职务。还可根据需要，设置临时委员和专门委员，当需要让审议会调查审议特别事项时，可以设临时委员，临时委员由文部科学大臣从该特别事项有学识者中选择任命；需要让审议会调查专业事项时，可以设专门委员，专业委员从该专业事项有学识者中选择，由文部科学大臣任命。两个委员可以连任，在特别事项、专业事项审议调查结束时，临时委员、专业委员将被解职。审议会和分科会可以根据其规定设置部会。属于部会的委员、临时委员和专门委员，由会长提名。部会设部会长，通过该部会所属委员的互选来选任，部会长掌管该部会的事务。部会长因故不能履行职责时，由本部会所属委员中部长预先指定的人代理该职务。日本中央教育审议会的成员包括学校管理者、学者、企业及非营利机构负责人、政府官员、教育部门管理人员等，具有高度的专业性和广泛的代表性。

审议会设干事，由文部科学大臣从相关行政机关的职员中任命，辅佐委员参与相关事务。审议会的会议一般公开举行。与审议内容有利害关系的委员、临时委员及专门委员不能参加审议。审议会、分科会或部会必须有过半数的委员和议事相关的临时委员出席，才能召开会议表决。审议会或分科会的会议由会长根据需要召集，分科会长还将向分科会咨询决定分科会的议事程序及其他与分科会运营相关的必要事项。

审议会履行其职责时，可以向有关行政机关的负责人寻求提交资料、陈述意见、说明及其他必要的协助。审议会的总务由文部科学省综合教育政策局政策科总结和处理。终身学习分科会的要求由文部科学省综合教育政策局生涯学习推进科进行处理，初等中等教育分科会的要求由文部科学省初等中等教育局初等中等教育企划科负责处理，大学分科会的要求由文部科学省高等教育局高等教育企划科进行处理。

此外，日本政府会根据需要设置临时机构开展教育政策审议咨询。20 世纪 80 年代，日本首相中曾根为了大力推行教育改革，于 1984 年 8 月设立了临时教育审议会，作为总理大臣的咨询机构。① 临时教育审议会用了三年多时间完成了教育改革方案，先后递交了四次教育改革咨询报告（1985 年 6 月、1986 年 4 月、1987 年 4 月、1987 年 8 月），前瞻性地预测了日本面向 21 世纪教育的基本形态、主要目标和向终身学习体系过渡的基本方向，并提出教育各领域改革的必要性、基本观点和改革的具体方针政策。

（三）审议及咨询

1. 审议咨询概况

从 1953 年至 2000 年，中央教育审议会就义务教育、后期中等教育、大学教育、社会教育、特殊教育、教员养成（教师培养）制度、教科书制度、考试制度、科学技术教育、私立学校教育、幼儿教育、终身学习、地方教育行政、少子化教育等，进行了 56 次审议或提交咨询报告。② 2001 年 4 月，日本文部科学大臣町村信孝首次向重新组建的中央教育审议会咨询四个教育事项，包括关于青少年服务活动和体验活动的促进措施、未来的教师资格证制度、未来促进高等教育改革的措施、提高孩子体力的综合措施，③ 并在每个事项之后附上理由。新的中央教育审议会截至 2023 年底，已进行 130 多次审议咨询（答复），涉及新时代及人口减少时代的各类教育、大学设置标准、函授教育、学校安全、学校组织运营、认证评价机构、学习指导要领、通识教育、终身学习等。教育政策议题涉及广泛，紧跟时代发展趋势及日本国情需求（见表 4 - 6）。

2. 中长期教育战略规划咨询

中央教育审议会参与日本中长期教育战略规划决策咨询。为了使教育适应

① 国家教委情报研究室. 今日日本教育改革 [M]. 北京：北京工业大学出版社，1988：1.

② 根据以下内容整理：审议会别. 咨问·答申等一览 [EB/OL]. https：//warp. ndl. go. jp/info：ndljp/pid/11293659/www. mext. go. jp/b＿menu/shingi/toushin. htm＃pageLin k1311470，2024 - 06 - 13.

③ 文部科学省. 文部科学大臣咨问理由说明 [EB/OL]. https：//warp. ndl. go. jp/info：ndljp/pid/11293659/www. mext. go. jp/b＿menu/shingi/chukyo/chukyo0/toushin/010401. htm＃r2，2024 - 06 - 13.

表 4‑6　日本中央教育审议会的咨询和答复（2022—2023 年）①

咨　询	答　复
1. 关于大学设置标准等的一部分修改（2023 年 7 月 14 日）	1. 关于大学设置标准等的一部分修改（中教审第 243 号）（2023 年 7 月 19 日）
2. 关于大学设置标准等的修改（咨询）（2023 年 7 月 14 日）	2. 关于大学设置标准等的修改（中教审第 244 号）（2023 年 7 月 19 日）
3. 关于专业研究生院设置标准的部分修改（2023 年 7 月 5 日）	3. 关于专业研究生院设置标准的部分修改（中教审第 242 号）（2023 年 7 月 5 日）
4. 关于大学设置标准的部分修改（2023 年 7 月 5 日）	4. 关于大学设置标准等的一部分修改（中教审第 242 号）（2023 年 7 月 5 日）
5. 改善确保高素质教师领导日本令和学校教育的环境的综合措施（2023 年 5 月 22 日）	5. 关于下一届教育振兴基本计划（中教审第 241 号）（2023 年 3 月 8 日）
6. 关于认证评价机构的认证（2023 年 3 月 8 日）	6. 培养、招聘和培训教师以领导"令和日本型学校教育"实现"新教师学习形式"，形成具有多样化专业知识的高素质员工群体（中教审第 240 号）（2022 年 12 月 19 日）
7. 关于函授教育的认定及废止等（2022 年 7 月 8 日）	7. 关于大学设置标准等的修改（中教审第 238 号）（2022 年 9 月 21 日）
8. 关于大学设置标准的修改（2022 年 7 月 7 日）	8. 关于函授教育的认定及废止等（中教审第 237 号）（2022 年 7 月 21 日）
9. 关于函授教育的认定（2022 年 3 月 28 日）	9. 关于大学设置标准的部分修改（中教审第 236 号）（2022 年 7 月 7 日）
10. 关于大学设置标准等的修改（2022 年 2 月 9 日）	10. 关于函授教育的认定（中教审第 235 号）（2022 年 3 月 29 日）
11. 关于下届教育振兴基本计划的制定（2022 年 2 月 7 日）	11. 关于大学设置标准等的一部分修改（中教审第 234 号）（2022 年 2 月 9 日）
	12. 关于第 3 次学校安全推进计划的制定（第 233 号）（2022 年 2 月 7 日）

社会发展的新要求，日本在 20 世纪 70 年代至 80 年代期间进行了一系列教育改革。1971 年 6 月，中央教育审议会提交咨询报告《关于今后学校教育综合扩充与整顿的基本措施》，对培养什么类型的人才、如何改革学校教育和教育体系提出了基本的指导思想。该报告成为日本第三次教育改革的蓝本。20 世纪 80 年代，新成立的临时教育审议会着重研究在全球信息化和技术革命新形势下，日本教育的发展问题，并确定了日本教育改革的三大原则和面向 21 世纪的教育目标。在审议会的咨询建议下，日本内阁会议 1987 年制定了《教育

① 根据以下内容整理：文部科学省. 中央教育审议会　咨问·答申等一览［EB/OL］. https://www.mext.go.jp/b_menu/shingi/chukyo/chukyo0/toushin/index.html，2024‑06‑13.

改革推行大纲》以推动日本教育改革。① 日本在 20 世纪 80 年代倡导"宽松教育",反对灌输式教育。为减轻学生负担,中央教育审议会推动了日本《学习指导要领》的出台,教学内容相比之前减少了三分之一。② 这一时期,中央教育审议会的研究咨询注重着眼未来发展以确定日本教育的发展方向,确立了教育的信息化、国际化发展及终身教育理念。

根据新修订的《教育基本法》,日本于 2008 年 7 月发布《教育振兴基本计划》,该计划是日本制定并颁布的第一个教育振兴基本计划,重新确定了"教育立国"的战略决策,并展望了今后 10 年日本教育发展的远景目标。中央教育审议会全程参与了该计划的制定过程。2001 年 11 月,中央教育审议会对日本首相主持的教育改革国民会议提出的 21 世纪日本教育改革的战略方向进行审议。2002 年 11 月,中央教育审议会发布咨询报告《适应新时代的教育基本法和教育振兴基本计划》。报告提出 21 世纪教育目标是以"开拓 21 世纪,培养心胸丰富、坚强的日本人"为目标,具体包含培养以自我实现为目标的自立人士,培养拥有丰富心灵和健全身体的人,培养引领"知"世纪的富有创造性的人,培养具备公共精神、积极参与 21 世纪国家和社会发展的日本人,培养生活在国际社会有教养的日本人。报告明确了《教育基本法》的修改方向,涉及教育理念、教育机会均等、义务教育、男女共同参与社会贡献、学校教师、家庭教育、社会教育,学校、家庭、地方社会的协同与合作,作为国家、社会的主体形成者的教养,宗教教育,国家、地方公共团体的责任和义务等的修改意见。报告阐明了制定教育振兴计划的必要性、计划时间和对象范围,今后的教育目标和教育改革的基本方向,政策目标的设定和措施的综合化、体系化、重点化、计划制定、推进时的必要事项。教育振兴基本计划的制定以《教育基本法》为根据,该报告认为在重新审视教育的基本理念和基本原则的同时,应结合具体教育制度的改善和政策的充实,教育改革才会有成效。该报告为日本今后一段时期的教育改革与振兴提供了决策支持。审议会经过为期两年的调查审议,2003 年 3 月提交了《适应新时代的教育基本法和教育振兴基本计划的方向》的报告书。2006 年,日本国会在中央教育审议会提交的报告的基础上审议通过了《改正教育基本法》。为适应教育改革的需要,对 1947 年制定的

---

① 范绮芹,凡斤斤. 人人平等的起点:义务教育的历程 [M]. 长春:长春出版社,2010:164.
② 韩家勋. 教育考试评价制度比较研究 [M]. 北京:人民教育出版社,2010:186.

《教育基本法》作出重大修改。2007 年 2 月，文部科学大臣向中央教育审议会再次提出审议《教育振兴基本计划》的要求。2008 年 4 月，中央教育审议会发布《面向教育立国的教育振兴计划》的咨询报告，该报告在同年 7 月的日本内阁会议上最终通过，并正式付诸实施，整个战略计划制定历时 8 年。[①] 日本《教育振兴基本计划》的出台经历了一个长时间研究、讨论和审议的过程，审议会在这一过程中发挥着重要的专业引领作用。科学技术振兴的成功与否首先取决于研究和教育水平的高低，科学技术教育要与科学技术领域最新的进步和产业技术革新相适应。1957 年 11 月，中央教育审议会发布咨询报告《关于科学技术教育的振兴方法》。[②] 报告内容包括：（1）大学学部、大学院及附属研究所的科学技术教育。科技系大学本科毕业生质量的提高需要改善教育内容及教育方法，提高教职员的充实和质量，充实设施和设备，增加研究经费，提高大学入学者的基础学习能力，加强大学和产业界的联系。增加科技系大学本科毕业生数量，包括制定培训计划，扩充学部、学科和增加学生定额，充实研究生院，协助大学附属研究所发展。（2）短期大学科学技术教育。要明确短期大学的目的、性质，并谋求该制度及内容的改善。应尽早设立包括短期大学和高中在内的五年制或六年制技术专业的学校。另外，在公共、私立短期大学扩充理工科教育的情况下，需要进行必要的补助。（3）高等学校及中小学的科学技术教育。提高中小学及高中毕业生的素质，包括教育内容及教育方法的改善、教职员的充实和质量的提高、完善高中及中小学的科学技术教育所需的设施和设备、进一步扩充从科学研究费中发放研究奖励金的制度、在高中工业课程中附设中学进行一贯教育、加强高中与产业界的联系。（4）社会教育中的科学技术教育。充实现行的科学讲座、科学相关的社会函授教育的内容、方法（特别是实验、实习）等。奖励与科学技术教育有关的创新。公民馆、广播、电视等社会教育设施应增设有助于普及科学知识和技能的设备。大力奖励与科学知识、技能相关的电影、幻灯、录音教材的制作、利用。鼓励科学博物馆的设置，参考国外经验进行内容的充实和运营。

3. 义务教育审议咨询

第二次世界大战后，日本的教育改革以民主主义为基本理念，清除军国主

① 汪辉，李志永. 日本教育战略研究［M］. 杭州：浙江教育出版社，2014：177.
② 文部科学省. 科学技術教育の振興方策について（答申）.［第 14 回答申（昭和 32 年 11 月 11 日）］［EB/OL］. https：//warp.ndl.go.jp/info：ndljp/pid/11293659/www.mext.go.jp/b_menu/shingi/old_chukyo/old_chukyo_index/toushin/1309464.htm，2024-06-13.

义教育的毒素，以弥补过去教育的缺陷为目的，重新研讨战后特殊形势下实施的教育制度。中央教育审议会自 1953 年 1 月第一届总会举行以来，对在战后特殊形势下实施的教育制度进行了重新研讨。审议会首先慎重地研讨了义务教育面临的问题，并提出相应改革措施。1953 年 7 月，中央教育审议会为应询文部大臣的请求，提交了《关于义务教育的咨询报告》，提出了义务教育坚持六三制，并努力完善、充实其设施和内容；明确教育委员会制度是战后教育民主改革的重要举措之一，必须尊重教育的中立性与自主性；明确了教育委员会的性质、设置单位、委员的选任方法；提出市、町、村义务教育学校教师的身份应是都、道、府、县的公务员，教师培养以四年制课程为原则。① 咨询报告对日本义务教育的基本制度建设、教育委员会制度、师资培养提出了符合日本战后时代变革需求的建议。

针对日本富裕府县和贫弱府县之间的工资不平衡、工资推迟支付或提升薪资待遇困难的问题，中央教育审议会经过 10 次审议，1954 年 8 月又在慎重讨论的基础上公布了《关于义务教育学校教师工资的答复》，提出一系列对策：建立适应教师职务的工资体系；必须充实符合公立义务教育学校教师工作实际情况的工资项目，特别是住宿日补贴、单级复式补贴、边远地区补贴、退休补贴等各种补贴；设定包含合理的教师定额计算基准在内的广义学校基准。② 此次审议对保障义务教育学校教师待遇，稳定师资队伍作出了回应。

21 世纪初，在经济合作与发展组织的 PISA2003 测试和国际成人教育评价协会开展的国际数学、科学教育调查中，日本学生的成绩均呈下降趋势。中央教育审议会针对此状况做了大量研究咨询工作。2003 年、2004 年审议会就推进初等中等教育改革的方针、地方分权体制下教育委员会的作用、教师培养和教师资格制度的更新，以及义务教育经费制度的调整等重大问题进行了多方面的调研，并提出了相关的政策建议。审议会还在 2005 年 2 月成立了直属的义务教育专门分会，负责义务教育改革与发展的审议工作。该分会自成立起即开展大规模的调研工作，在近 8 个月期间召开了 41 次研讨会，并于 2005 年 5 月发表了第一次中期咨询报告。该报告涉及儿童的现状、学力的问题、教育内

---

① 文部科学省. 義務教育に関する答申.［第 1 回答申（昭和 28 年 7 月 25 日）］[EB/OL]. https://warp.ndl.go.jp/info:ndljp/pid/11293659/www.mext.go.jp/b_menu/shingi/old_chukyo/old_chukyo_index/toushin/1309413.htm，2024-06-10.

② 文部科学省. 義務教育学校教員給与に関する答申［第 5 回答申（昭和 29 年 8 月 23 日）］[EB/OL]. https://warp.ndl.go.jp/info:ndljp/pid/11293659/www.mext.go.jp/b_menu/shingi/old_chukyo/old_chukyo_index/toushin/1309425.htm，2024-06-10.

容、义务教育制度、教师状况、学校状况、教育委员会的改革、国家和地方的关系、教育经费及分配等一系列与义务教育直接相关的重大问题。之后，又在集中讨论的基础上于 2005 年 7 月发表了第二次中期咨询报告。该报告的中心问题是有关义务教育经费的责任分担。后经广泛征求意见和反复讨论研究，中央教育审议会于 2005 年 10 月发布咨询报告《创造新时代的义务教育》。① 该报告指出保障和提高义务教育质量是国家战略；明确了义务教育的使命、目标和理念；新义务教育的面貌是要改善教育内容、验证教育效果、保证教育质量；确立对教师不可动摇的信赖，大力提高教师素质；改革义务教育体制，明确国家、地方和学校的权利、责任与合作关系，改革学校、地方教育委员会，发挥地方和学校的主体性、创造性；提高教育质量，保障完备的义务教育条件，合理分担保障义务教育经费、扩大地方自主性等重大问题。②

4. 大学教育审议咨询

第二次世界大战后，日本对大学教育从性质和内容等层面进行了一系列制度改革，但随着产业经济以及科学技术的发展，日本的大学教育面临新问题。1958 年 7 月，中央教育审议会发布咨询报告《关于师资培养制度的改善方略》，明确提出师范教育的基本方针，各类不同学习所需教员的素养及其培养，以培养教员为目的大学内的师范教育和一般大学的师资培养目的、性质、师范课程的标准，国家审定考试，教员资格的授予，在职教育等。③ 1963 年，中央教育审议会应时任文部大臣针对改善大学教育的咨询请求，设立特别委员会进行审议，历时 2 年 8 个月的调查、审议，最终提交了咨询报告《关于大学教育的改善》。④ 报告共六个部分：（1）大学的目的、性质，包括大学的类型与修业年限、教育内容与教育方法、附属研究所、学位授予等；（2）大学的设置及组织构成，包括大学的规模、设施、组织编制；（3）大学的管理运营，包括大学管理运营与大学自治、校内管理机构、教师的身份处理和待遇，大学与国家、社会的关系；（4）学生的健康保障，包括大学健康保障的意义与方法、对学生的自治活动、政治活动及其他社会活动的教育指导与管理方式、学生健康保障

---

① 朱小蔓. 对策与建议：2006—2007 年度教育热点、难点问题分析［M］. 北京：教育科学出版社，2007：437.
② 同上：434.
③ 瞿葆奎. 教育学文集［M］// 瞿葆奎. 日本教育改革（第 23 卷）. 北京：人民教育出版社，1991：171.
④ 李昕. 日本大学办学个性化研究［M］. 南京：南京师范大学出版社，2016：46.

的组织管理及其运营；（5）大学入学考试，包括大学入学选拔制度的现状与问
题、大学入学者选拔制度的考察、大学入学者选拔制度的改善方案；（6）大学
财政，包括符合教育研究长期计划的预算措施、预算执行的灵活运营、教育研
究费、教师工资等的扩充，捐款的接收与使用，提出关于国立大学的会计手
续、管理运营费的应有状态等，为了进行技术性的专门调查，应该讨论设立必
要的调查会进行调研。① 咨询报告《关于大学教育的改善》第一次全面系统地
研究审议了日本的大学教育，为日本大学中长期改革指明了方向，是日本高等
教育发展史上的一座里程碑。

　　1968 年 11 月，文部大臣滩尾弘吉向中央教育审议会发起《关于应对当
前大学教育课题的方案》的请求，以探寻日本大学内外学生运动的激烈化和
大量大学异常事件发生的原因，保障大学教育的正常实施和运营。随后，中
央教育审议会专门设置第二十四特别委员会进行审议。1969 年 4 月 30 日，
中央教育审议会经过慎重审议，发布了《关于应对当前大学教育课题的方
案》咨询报告。② 报告共五个部分：（1）大学纷争要因报告，包括大学纷争
根源各种要因，大学独特构造引起混乱的原因，新大学的基本制度。（2）大
学问题的解决期待相关人员的意见，包括大学管理者的职责和责任、政府的
任务。（3）大学的决策及其执行，包括在大学的中枢管理机关确立指导性、
贯彻大学管理机关的功能性分工和合理化的决策。（4）大学生的地位和作
用，包括大学生的地位、校内学生团体和学生自治会、学生的政治活动和
大学秩序的维持、学生处分制度、"学生参加"的意义和界限。（5）当前大
学纷争终结的大学和政府责任，包括大学应采取的措施、政府应该采取
措施。

　　为应对日本高等教育的迅速普及和社会的高度复杂化，中央教育审议会
1971 年提交了报告《今后学校教育综合扩充完善的基本政策》，报告第一编第
三章专门讨论了高等教育改革的基本框架，包括高等教育多样化、课程改革、
教育方法改革、开放高等教育与资格认证制度、教育组织与研究组织功能分

---

① 文部科学省. 大学教育の改善について（答申）［第 19 回答申（昭和 38 年 1 月 28 日）］
　［EB/OL］. https://warp. ndl. go. jp/info：ndljp/pid/11293659/www. mext. go. jp/b _ menu/
　shingi/old _ chukyo/old _ chukyo _ index/toushin/1309479. htm，2024 - 06 - 11.
② 文部科学省. 当面する大学教育の課題に対応するための方策について（答申）［第 21
　回答申（昭和 44 年 4 月 30 日）］［EB/OL］. https://warp. ndl. go. jp/info：ndljp/pid/
　11293659/www. mext. go. jp/b _ menu/shingi/old _ chukyo/old _ chukyo _ index/toushin/
　1309491. htm，2024 - 06 - 11.

离、研究院的组织形式、高等教育机构的规模与管理运营体制的合理化、教师人事制度与教师待遇的改善、解决与国（公）立大学设置形态有关的问题，国家财政援助、受益者负担以及奖学金制度等。① 上述基本政策有利于协调日本高等教育大众化和学术研究的高度化，高等教育的专门化与综合化，学术研究的自由与有效的管理，确保大学的自主性与开放性，尊重大学的主体性与国家规划的支持与协调之间的复杂关系，推动高等教育良性发展。

原大学审议会的 28 个答复（咨询报告）中，特别是 1998 年的答复中，基于《关于 21 世纪的大学形象和今后的改革方案》和 2000 年的答复"关于全球化时代所要求的高等教育应有的样子"所示的理念，② 是日本高等教育的各项改革至今仍在围绕的理念。之后，国立大学的法人化、公立大学法人制度的创立、法科大学院等专门职大学院制度的创立、设置认可的弹性化和新的质量保证系统的导入、构造改革特区的股份公司设立大学的加入等，这些改革在 1998 年时还没有具体的日程，但上述改革的讨论在不断地进行。21 世纪初，日本的高等教育改革从制度系统改革阶段向在新系统下实现教育、研究活动具体化阶段过渡。1999 年的德国科隆峰会之后，英国、美国、德国、中国、韩国等世界各国，以"知识基础社会化"为目标的高等教育改革提速。同时，欧盟以创建"欧洲高等教育圈"为目标的"博洛尼亚进程"也如火如荼地进行。2004 年 9 月，中央教育审议会大学分科会发布了《我国高等教育将来像》（简称"审议概要"），设想日本今后 10—15 年左右时间高等教育整体构造的未来图景，并描绘出具体的路线图。③《审议概要》展望 21 世纪初的国际社会和日本社会形象；描绘了新时代的高等教育与社会的双向关系，认为高等教育的危机是社会的危机；对日本高等教育进行中长期展望，包括高等教育未来图景的基本想法，实现高等教育的发展和普及，高等教育质量的保证，高等教育机构的个性、特色的明确化和质量的提高；展望了新的高等教育系统—面向实现通用接入的措施的方向性，包括强化教育功能，应对人才需求，研究机能的强化，对终身学习需求的对应，促进高等教育机构之间的合

---

① 李昕. 日本大学办学个性化研究［M］. 南京：南京师范大学出版社，2016：46.
② 文部科学省. 我が国の高等教育の将来像（審議の概要）はじめに［EB/OL］. https://warp.ndl.go.jp/info:ndljp/pid/11293659/www.mext.go.jp/b_menu/shingi/chukyo/chukyo0/toushin/attach/1409856.htm，2024-06-13.
③ 文部科学省. 我が国の高等教育の将来像（審議の概要）［EB/OL］. https://warp.ndl.go.jp/info:ndljp/pid/11293659/www.mext.go.jp/b_menu/shingi/chukyo/chukyo0/toushin/04091601.htm，2024-06-13.

作，应对国际化、信息化，管理功能的提高。①《审议概要》结尾补充了日本高等教育的四个发展历程：明治时期至战前、战后、大学审议会和大学改革、《21世纪答复》以后，还补充了美国、英国、欧盟、德国、法国、中国、韩国的高等教育改革动向。《审议概要》为日本高等教育中长期发展绘制了行动蓝图。

（四）结语

日本中央教育审议会作为日本文部科学省的最高教育政策咨询机构，在日本战后的教育改革与发展中扮演关键角色。中央教育审议会审议为日本教育发展战略规划制定、教育法律法规修订和幼儿教育、义务教育、初等中等教育、高等教育、特殊教育、社会教育、终身学习、教科书制度、教师培养、教育行政等领域的问题提供咨询，并提出相关政策建议，许多咨询报告最后通过内阁会议等法律程序成为日本的国家教育政策。中央教育审议会接受审议、咨询的议题十分广泛，囊括日本教育的方方面面，审议过程展现出日本教育决策严谨的运行机制和审慎态度，也反映日本教育的继承、变革与创新精神。当然，审议会制度也与日本政治制度、经济社会发展形态密不可分，具有其独特性，需要客观辩证地看待。

七、日本国立教育政策研究所

（一）创立与发展

日本国立教育政策研究所（National Institute for Educational Policy Research，简称 NIER）是日本国家级教育政策研究机构。在《全球智库报告 2015》② 中，

---

① 文部科学省. 新しい高等教育システムに向けて - ユニバーサル・アクセスの実現に向けた施策の方向性［EB/OL］. https://warp. ndl. go. jp/info: ndljp/pid/11293659/www. mext. go. jp/b _ menu/shingi/chukyo/chukyo0/toushin/attach/1409869. htm，2024 - 06 - 13.

② 2015 Global Go To Think Tank Index Report［EB/OL］. https://repository. upenn. edu/ think _ tanks/10/，2023 - 07 - 18.

日本国立教育政策研究所在"顶级教育政策智库"中排名第四，仅次于美国城市研究所、布鲁金斯学会、卡托研究所，在《全球智库报告 2017》与《全球智库报告 2018》① 中，其排名跃升为第一名，可见其发展势头强劲，在教育政策领域的影响力之大。

　　日本国立教育政策研究所其前身是 1932 年成立的国民精神文化研习所。1945 年改为教育研修所。1949 年 6 月改为国立教育研究所，"属文部省管辖，经费全部由国库支出，但它不是文部省的一个行政机关，而是同国立大学一样，依据委托的任务独立进行'有关教育的实际的、基础的研究调查'"②，主要进行教育方面的基础和实践调查研究。2001 年 1 月，日本中央政府重组后，研究所也被重组，重组成为一个全面的政策研究机构，命名为"国立教育政策研究所"。③ 重组更名的目的是让研究所作为研究组织的角色和特点更明确，有助于促进和改善教育政策的制定与规划。在研究组织上，废除了原教育研究所以各个领域的研究为独立单位的研究室制度，改为以项目研究为核心的研究部制，以此灵活地应对教育行政上的各种问题。2001 年 1 月，还成立了课程研究中心、心理辅导和咨询研究中心，目的是与政府合作进行更专业的调查研究，同时加强研究所对政府决策的支持和咨询建议功能。2021 年成立了教育数据科学中心，以此应对大数据、信息技术发展对教育的影响。从日本国立教育政策研究所的发展沿革来看，研究所在不断地根据社会发展的需求作出调整和改组，包括成立各种研究中心、更名、与政府建立合作关系等，展现出极强的适应性和自我发展能力，越来越体现出作为日本国家级教育智库的功能、作用和地位（见表 4－7）。

表 4－7　日本国立教育政策研究所重要事项

时　　间	事　　项
2021 年 10 月	成立教育数据科学中心
2019 年 5 月	创立 70 周年

① McGann，James G. 2018 Global Go To Think Tank Index Report ［EB/OL］. https://repository.upenn.edu/think _ tanks/13/，2023 - 07 - 02.
② 梁忠义. 日本的教育研究概况 ［J］. 外国教育动态，1980（3）：44 - 46.
③ Overview of the National Institute for Educational Policy Research ［EB/OL］. https://www.nier.go.jp/English/aboutus/menu _ 2.html，2023 - 07 - 14.

续　表

时　　间	事　　项
2016 年初	成立幼儿教育研究中心
2008 年 1 月	搬到当前地址（霞关、千代田区、东京）
2006 年 4 月	制定中期目标，课程研究中心成立学术能力调查小组
2004 年 4 月	成立教育设施研究中心
2001 年 4 月	成立教育社会实践研究中心，重组教育资源研究中心
2001 年 1 月	依照政府部门的重组情况进行调整和重组，并更名为国立教育政策研究所，课程研究中心、心理辅导和咨询研究中心成立
1989 年 5 月	调整和重组的研究中心
1987 年 5 月	建立教育信息中心
1972 年 5 月	建立科学教育与研究中心
1949 年 6 月	成立国立教育研究所

注：根据日本国立教育政策研究所官方网站内容整理。

（二）人员与组织结构

日本国立教育政策研究所设有评议委员会（见图 4 - 4），有所长 1 人，副所长 1 人，研究官 56 人，调查员 53 人，事务职员 29 人，总计 139 人，现任所长为有松育子。[①] 评议委员会审议研究研究所的工作计划、经费预算、人事调动以及其他重要事项，并协助所长开展工作。在所长缺额时，有责任向文部大臣推荐所长候选人。评议委员会是研究所的权力机构。所长负责研究所的全面工作，副所长协助所长处理内部事务，研究官和调查员主要从事项目的具体教育政策研究和实证调查工作，一般性事务职员负责处理研究所日常运行的综合性事务。从人员构成上看，研究所的调查员基本与研究人员持平，且在研究所的总体人员构成中占绝对比重，可见其研究与实证调查并重的取向，以此满足政府部门对教育政策需要的及时性和可操作性。

---

① 　定员［EB/OL］. https://www.nier.go.jp/03 _ laboratory/03 _ enkaku.html，2018/3/20.

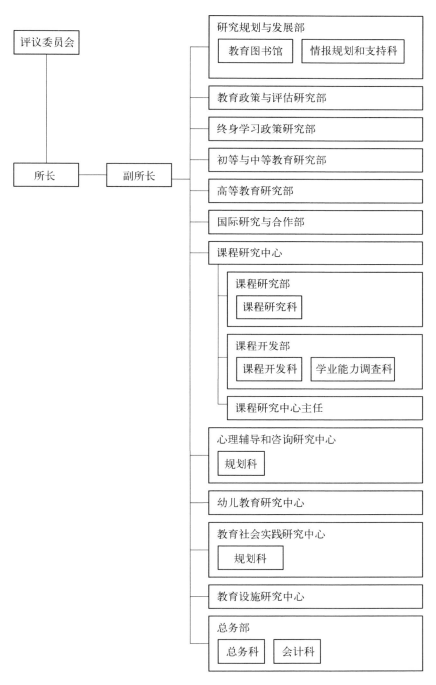

图 4‑4　日本国立教育政策研究所组织结构

表 4 - 8　日本国立教育政策研究所年度预算（单位：千日元）①

事　项	2024 年度	2023 年度	2022 年度	2021 年度	2020 年度	2017 年度
调查研究、事业等经费	1 606 643	1 612 144	2 217 247	1 653 669	1 622 761	1 583 754
人工费	1 270 353	1 297 261	1 297 231	1 136 823	1 375 583	1 405 674
管理运营经费	279 837	283 883	270 750	235 602	242 010	264 662
合计	3 156 833	3 193 288	3 785 228	3 206 094	3 240 354	3 254 090

从表 4 - 8 可以看出，日本国立教育政策研究所年度预算包含调查研究事业等经费、人工费、管理运营费三项，2017 年度预算按 2018 年 3 月 20 日的汇率计算，折合人民币约为 1.9 亿元。2020 年、2021 年度预算基本保持稳定，2022 年度上升，2023 年度和 2024 年度有所回落。可见，研究所的开支主要投向调查研究事业和人力劳务支出。从经费使用倾向，可以看出研究所的工作重心所在。

表 4 - 9　日本国立教育政策研究所年度科学研究经费补助（单位：千日元）

事　项	2015 年度		2014 年度	
科学研究经费	46 件	103 700	48 件	137 260
	（交付决定次数和金额）		（交付决定次数和金额）	

从表 4 - 9 可以看出，日本国立教育政策研究所在对外提供教育政策研究服务方面，也获得经费补助，体现出作为教育智库的政策咨询与服务功能。

从表 4 - 10 可以看出，日本国立教育政策研究所的评议员来源广泛，有小学和大学的管理者、教授、研究人员，还有独立行政法人，涵盖学科多样化，能为研究所的教育政策研究提供全面多样化的评议工作，保障研究所的政策研究质量和实践性品质。与 2018 年名单相比，大部分评议员作了更新，这也是保障评议工作客观公正的基础。

---

① 国立教育政策研究所. 组织 ［EB/OL］. https://www.nier.go.jp/03 _ laboratory/03 _ enkaku.html，2024 - 06 - 12.

表 4 - 10　日本国立教育政策研究所评议员
(截至 2022 年 11 月 1 日)①

姓　名	来　源
石田浩	东京大学特别教授
海真理子	大分县教育厅教育次长
漆紫穗子	品川女子学院理事长
大字弘一郎	全国联合小学校长会会长（世田谷区立下北泽小学校长）
大竹文雄	大阪大学传染病研究中心项目教授（全日制）
清国雄二	大分大学研究生院教育学研究科教授
坂越正树	广岛文化学园大学校长
彩子贞弘	千叶大学教育学部教授
中村真一	国立特殊教育研究所所长
津金美智子	名古屋学艺大学人类保健学院儿童保育系教授
丰福新平	日本国际大学国际交流中心、信息社会研究组 高级研究员/副教授
细田真由美	埼玉市教育委员会教育总监
美马百合	公立未来大学情报科学部教授
宫泽一典	禅日中校长协会顾问、板桥中学校长
吉田文明	早稻田大学教育与综合文理学院教授
若江真纪	（株）职业链接代表董事、（株）Accept 代表董事

（三）使命与职能

　　日本国立教育政策研究所是国家教育政策方面的综合性研究机构，负责收集和分析学术研究数据，并根据数据规划和设计教育政策。此外，研究所还在国际社会中代表日本，为国内机构和实体提供教育方面的建议、支持和信息。

　　日本国立教育政策研究所通过制定中期目标和年度目标来行使其职能。日

---

① 评议员 [EB/OL].https：//www.nier.go.jp/03_laboratory/03_enkaku.html，2023 - 03 - 20.

本国立教育政策研究所及其下属各部门被赋予五项职能：准确、恰当、迅速应对教育行政领域的诸多课题；回应教育基层实践的要求，进行全面综合的调查研究；向教育部门提供教育研究情报；开展教育领域的国际性研究；推进与地方政府的教育研究所或研究中心的合作研究。① 2006 年 4 月，研究所制定了中期目标，依据目标确定任务。其中期目标确定的任务：（1）通过科学调查、分析和预测来发现全球教育发展趋势，为日本未来的政策提供依据，这些发现将用来规划和设计中、长期教育战略政策。（2）为解决紧急的政治问题，对当前形势和社会背景进行科学的调查和分析，研究结果应该用于规划和设计教育政策，灵活地满足社会需求。（3）在必要时对社会和学校教育活动给予帮助、支持和建议。（4）搜集、编译和存储教育信息、数据和文档，利益相关各方在日本和国外均可使用。（5）为在日本和国外的机构开展教育研究，收集知识、促进信息共享，可以通过实施国际教育合作、举行会议、进行联合研究来实现。

（四）研究活动及特点

日本国立教育政策研究所积极开展教育规划和政策设计的基础研究，以及各种各样的联合研究和活动。研究所进行广泛的国际合作，包括研究人员之间与研究项目之间的国际合作。研究所通过内部和外部研究人员进行合作研究；研究所作为日本的代表与联合国教科文组织合作举办国际研讨会、亚洲太平洋经济合作组织（APEC）、经济合作与发展组织联合进行国际学生评估项目研究（OECD-PISA）、国际教学调查（TAILS）、国际成人能力评估，并编写了《成人技能的国际比较——经济合作与发展组织国际成人能力评估报告书》（明石书店，2013 年版）。② 与国际教育成就评价协会开展国际数学与科学测试（IEA-TIMSS），每隔四年一次，已连续六次，研究所均负责开展 TIMSS 在日本的测试工作。与韩国教育课程评价院开展联合研究。研究人员开展基于兴趣和原始创新的研究，主要由外部竞争性基金提供的科研资助基金来进行。这些研究表明，日本国立教育政策研究所积极主动参与全球教育合作交流，且起步较早，说明日本国立教育政策研究所的国际化进程走在前列。

① 侯定凯. 日本全国教育政策研究所终身学习政策研究部的主要职能与研究项目 ［J］. 世界教育信息，2015，28（10）：50 - 51.
② 国际成人能力评估 ［EB/OL］. https://www.nier.go.jp/04 _ kenkyu _ annai/div03-shogai-piaac-pamph.html，2024/3/19.

研究所在开发项目和联合研究方面，主要进行三方面的工作。第一，研究所在日本文部科学省指导下，开展全国性调查项目"国家学术能力评估"，以确保义务教育的机会平等和教育的标准化水平、检查学习结果存在的问题。此外，根据国家课程指南和促进课程指南的改善，引导"课程学习执行状况调查"和"指定实验学校项目"进入课程实施的循环状态。第二，提高社会教育领导者的水平，激发社会教育的活力，如社区学习等，研究所与文部科学省联合开展项目。第三，研究所与国家联合会教育政策研究所（该所由地方政府、私人机构和教育中心组成）合作举行联合研究和研讨会，研究学校面临的挑战。

1. **教育管理和财政研究**

教育效果研究（2015—2017 年）。项目由研究规划和开发部田口重典主持。项目旨在为决策提供基本数据。通过对日本内部和外部有关以往教育效果的实证研究资料的收集和分类，在此基础上进行新的研究，分析国内现有的数据，如政府调查、国家学术能力评估、课程实施调查、中年和老年人纵向调查等。项目还进行一项纵向调查，即测量日本学前教育效果，并验证其可行性。项目实证研究的成果，会逐步公布在研究所官方网站上。

地方教育管理专业化和多样化研究：区域振兴和教育管理（2016—2018年）。项目由教育政策和评价研究部渡边惠子主持。项目旨在通过分析地方政府教育管理的现实和面临的挑战，以及分权改革和新的教育系统委员会的效果和影响，获得全面的知识，帮助地方政府规划教育管理对策。2016 年，项目主要对教育委员会和地方政府行政长官进行有效合作和协调的案例进行研究，分析影响因素，并把这些因素与其他国家进行比较：核验教职员人事工作的多样化，分析学校合并或关闭对该地区的影响，分析源于地方政府高等教育措施的影响（如大学地理位置对学生的影响）。

2. **初等和中等教育研究**

课程开发能力研究（2014—2016 年）。项目由课程研究中心梅泽敦主持。项目旨在通过验证目标、内容、教学方法和评价，为培养课程开发能力提供综合全面的建议。项目仔细考察教学方法和学习活动，评估由中央教育委员会审议的培养能力的各种支持措施。在 2015 年，项目调查了国内和国际学习活动实施情况，考察了其他国家的发展趋势，并收集了相关信息，尤其是科学和社会研究方面的信息。项目组编译了一份关于其他国家学习活动的趋势和实践的中期报告。项目组还准备有关其他国家课程和学习活动的三份报告，分别是第二卷"总体趋势"，第三卷"科学"，第四卷"信息通信技术素养理论研究"。2016 年，项目继续提供研究数据，有助于中央教育委员会未来政策制定的审议，特别关注并继续开展以下工作：进行学习活动和评价的理论研究；比较国外能力评估案例；收集、分析和研究教学方法案例，评估学校培养能力的实践研究。

非认知（社会情感）能力开发和科学评价方法研究（2015—2016 年）。项目由东京大学研究生教育教授、高级访问学者远藤俊彦主持，旨在揭示非认知能力尤其是社会情感的发展。项目研究社会情感能力在人生每个阶段发展的具体内容，研究科学测量和描述社会情感能力的方法。通过获取自日本内部和外部的研究信息和数据，可以认识到有效的因素及环境以支持和促进非认知能力的发展。项目的目标是通过对社会情感能力进行有意义的讨论获得可行的观点，澄清日本的问题，并进行研究设计。2016 年，研究社会情感能力的每个发展阶段，列出从婴儿期到青春期促进社会情感能力发展的递进过程。同时，项目组通过实验和调查，测量婴儿、幼儿、小学生和其他学生的社会情感能力，为了获取日本国内社会情感能力的知识、信息和数据，项目组进行小规模实验和收集分析原始数据。

第二次全国学业能力评估结果分析（2015—2016 年）。项目由课程研究中心梅泽敦负责。基于国家学业能力评估的结果，项目组的目标是：开发利用数据的方法，通过近些年二级数据分析阐明见解（包括实现高成就学校实施的具体倡议）。

小学英语教育研究（2015—2016 年）。项目由国际研究和合作部小野明子负责。项目组从学校情境中寻找发展的方法，如通过在实验学校和课程异常学校小学低年级，发现外语教育作为学校学科（与学生表现评估有关）或者作为外语活动（与学生表现评估无关）两种情况。项目组从教育目标、教学方法、评价三个角度进行了分析。同时，对问题进行分类和分析，通过案例提供小学外语教育有用的信息，如小学外语教育的目标、教学方法、小学和初中学校之间的合作评价等。2016 年，项目组进行听力调查，同时研究其他国家外语教育的情况以深化分析。开展针对实验学校和课程异常学校管理员、教师、学生的问卷调查，为教育委员会寻找改进的方法。

从幼儿园到初等教育过渡期间的成长、学习以及幼儿教育和护理质量研究（2015—2016 年）。项目由早期儿童教育研究中心田口重典负责。从幼儿园过渡到学校教育以及幼儿教育和护理质量（early childhood education and care）一直被认为是全球性的重要问题。研究旨在为儿童在过渡时期的成长和学习提供资料信息，尤其是可以为幼儿园学习课程的修订提供帮助。同时，该研究可以获得幼儿教育和护理质量评价的基本见解，这将有助于未来的研究纵向覆盖早期幼儿和后期儿童。该项目找出儿童在过渡时期社会情感技能学习增长的方法，开发适合这一时期的课程，通过测试获得幼儿教育和护理质量的发展评价指标以应用于中心的在职培训。

3. 教师教育研究

培训、人员分配和教师发展学生能力继续教育综合研究（2015—2016 年）。项目由小学和中学教育研究部大山明秀负责。该项目的研究目的是运用综合方法（培训和继续教育）提高教师整个教学生涯的教学能力，从而使教师能掌握提高学生资格和能力的方法；运用措施（人员分配和管理）使教师和其他专业人员发挥专长，包括让整个学校组织作为一个团队积极有效地开展工作；还可以为教育政策制定获得基础数据。

教师和班级规模分配实证研究（2016—2018 年）。项目由规划和发展研究部田口重典负责。要保证学生及其能力的发展，必须研究班级规模、分配教师和教学方法的影响。此外，学校面临的问题，如欺凌、旷课和贫困等，让教师的任务变得越来越复杂和多样化。考虑到这种情况，利用地方学业能力评估数据，实地测试教师和班级规模对学业能力和非认知能力的影响，同时关注教师对学生的额外支持对问题行为（如缺席）的缓解效果的影响。研究也为教育政策制定提供基础数据。

利用大学的教师培训课程培养教师信息通信技术技能研究。项目由规划和发展研究部高级研究员吉冈龙荣负责。在每个学校交互白板的普及和有关数字教科书的前瞻性讨论背景下，调查研究培养教师信息通信技术技能对教师来说显得非常重要。在研究过程中，发现增进教师应对各种挑战有用的知识，提高教师信息通信技术技能，如在大学期间的教师培训课程。在研究中，项目组进行问卷调查和听证调查，主要针对提供教师培训课程的大学和地方政府教育委员会，还对国外积极进行教师信息通信技术技能培养的大学进行听证调查。此外，项目组计划建立一个研究合作者委员会，主要由大学教授构成，为了检测培养信息通信技术技能所使用的教学内容和方法，以及在大学期间的教师培训课程指南。

4. 高等教育研究

支持学生成长的教学和学习环境研究（2016—2017 年）。项目由高等教育研究部佐藤富香负责，旨在揭示大学学习成果与教学和学习环境之间的关系。在全国性调查数据的分析和案例研究基础上，项目旨在阐明教学和学习环境是否与下面几个方面相关：机构全球化策略；大学教学与学习内容和方法改革；学生多样化、招生规模、班级规模与广义的作为学生成长的学习结果的关系；知识和技能成就、学习时间和学生满意度、公民参与能力发展、延期和毕业率。

5. 研究数据库建设成果

日本国立教育政策研究所建立了研究数据库，数据库汇总了研究所研究项目最后取得研究成果、数据、资料，具体包括研究成果检索，教育相关内容检索，学术论文、教育实践研究搜索，图书馆资料检索四部分内容（见表 4 - 11）。

表 4 - 11　日本国立教育政策研究所研究数据库内容①

数据库类别	主 要 栏 目 或 内 容
研究成果检索	研究成果备份，包含纪要 223 件，研究成果报告书 1 365 件
教育相关内容检索	教育信息共享门户网站、灾区学校运营支持网站、学习指导纲要数据库、地方教育中心等的教职员进修讲座、初等中等教育诸学校的教育实践研究主题、高中入学考试问题
学术论文、教育实践研究搜索	教育研究论文索引、教育研究所、教育中心刊行论文、教育学相关博士、硕士学位论文题目、全国中小学研究纪要（学习指导案） 注：部分正文可以浏览
图书馆资料检索	图书搜索（Web OPAC）、教育研究论文索引 注：教育图书馆收藏的资料（图书、教材、教育相关论文在内）能够检索

① 根据其官方网站"检索·阅览"内容整理. https://www.nier.go.jp/contentsearch/index. html, 2023 - 07 - 15.

（五）启示

1. 注重实证研究，符合国际主流研究趋势

纵观日本国立教育政策研究所的研究项目，都倡导实证研究，注重从调查、数据收集中寻找到解决问题的证据和方法。教育效果研究，非认知（社会情感）能力开发和科学评价方法研究，从幼儿园到初等教育过渡期间的成长、学习以及幼儿教育和护理质量研究，教师和班级规模分配实证研究，支持学生成长的教学和学习环境研究，都明确提出运用实证研究、调查、数据收集、分析等方法。与此类似的是美国兰德公司教育研究部、布鲁金斯学会布朗教育政策中心都同样注重实证研究。可见，实证研究在当前教育政策问题研究的方法中处于主流地位，也是发现问题、分析问题、解决问题的重要步骤和策略。

2. 注重国家级机构与地方政府及其他国家的交流与合作

日本国立教育政策研究所的很多研究项目都与地方政府有直接关联和合作。研究所的众多项目均是为解决本国教育问题而设，基本都与地方政府部门有关。积极与地方政府部门进行合作，进行调查和数据收集，最终研究成果数据也实现全国共享。此外，国立教育政策研究所被日本政府赋予对外代表日本的权力，可以代表日本政府表达教育政策方面的立场，这也给研究所搭建了开展国际交流与合作的良好平台。因此，研究所的许多项目均提到与国际机构的合作事宜，关注其他国家研究同类问题的趋势。研究所与联合国教科文组织、亚洲太平洋经济合作组织、经济合作与发展组织联合进行国际学生评估项目研究、国际教学调查、国际成人能力评估与国际教育成就评价协会开展国际数学与科学测试的合作，与欧洲、英国、韩国等地区和国家开展联合研究。这些都表明研究所扎根本国本土实际，又具备广阔的国际视野，积极参与全球教育合作交流，从而保证其研究结果的客观性和前瞻性。

3. 注重信息与数据全球共享

日本国立教育政策研究所的研究项目最后取得的研究成果、数据、资料都纳入数据库进行共享。在研究所建立的研究数据库中，相关的研究成果、教育

相关内容、学术论文、教育实践研究、图书馆资料等都可以进行检索。此举保障了研究的客观性、准确性和累进性，避免重复劳动，提高研究效率。

八、韩国教育开发院

（一）基本概况

韩国教育开发院（Korean Educational Development Institute，简称 KEDI）是韩国政府资助的国家级独立自治的教育综合研究和开发机构，是教育政策制定和实施的主导机构。它是 1972 年 8 月成立的韩国财团法人，由 1973 年 8 月颁布的《韩国教育开发院育成法》予以确认。韩国教育开发院设立的目的是建立反映韩国传统和现实的新教育体系，对韩国当前的教育问题进行全面的科学研究，以寻求韩国教育面临问题的合理解决方案，创新未来的教育体系。[1] 其宗旨是对符合韩国传统和现实的教育观念、目的、内容、方法和评价等加以科学地综合研究，研究开发解决韩国教育所面临问题的各种新方案，提高学校教育效率，为国民教育的长期发展作出贡献。目标和战略是，作为教育政策的领导者加强研发，加强未来教育政策和领域创新的研发，加强全球合作研究开发，加强科学、循证教育政策研究与发展，通过提高可用性促进研发成果的利用，研发成果面向更广泛的用户，通过更强大的网络扩大研发成果的覆盖面，通过成功的迁移建立发展的实体平台，迁移与组织稳定，加强组织能力，创造创新的工作条件。

韩国教育开发院的任务包括：全面系统的国家教育发展政策研发；促进学校教育创新的专业研究与支持；有关学生、教师和家长的政策发展研究；高等教育创新与未来视野研究；大学评估与高等教育研发；人才终身教育发展战略研究；中小学、师范教育机构、教育行政机构综合评价；教育调查统计专业研发；英才教育研发；教育设施研究与对教育设施私人投资项目的支持；除信息收集和分析外的国际合作与联合研究；教师和教育政策官员培训计划的制定和管理。韩国教育开发院曾在 1992 年 10 月荣获韩国文化最高奖——世宗文化

---

[1] Korean Educational Development Institute ［EB/OL］. https://eng.kedi.re.kr/khome/eng/about/vision.do，2019 - 04 - 25.

奖，在 1994 年 10 月荣获联合国教科文组织和捷克共和国教育部授予的柯米尼亚斯奖。它作为韩国课程和教材的开发中心，发挥了重大作用。它作为一个国家智库，在制定韩国教育的国家议程方面发挥着关键作用。针对教育问题和挑战，它提出了创新教育体系，提高教育质量的指导方针。特别强调平等、包容和良好的全民教育，致力于构建一种新的教育范式，使学生能够发现自己的潜能，并培养未来社会所需的能力和专业知识。致力于打造世界一流的研究能力，履行其职责，努力提高教育质量，为世界的可持续发展作出贡献。

在不断努力取得突出的研究成果和扩大研究能力的同时，积极开展跨学科的研究和广泛的国内外合作，从而有助于提高国家和国际教育政策的有效性。通过与包括经济合作与发展组织、联合国教科文组织和世界银行在内的国际组织的广泛和一致的伙伴关系，跻身于世界一流的教育政策发展研究机构之列。它通过联合研究和国际关系加强其全球领导地位，寻求一种新的教育模式，以满足即将到来的第四次工业革命的需要。

（二）发展历程与组织机构

韩国教育开发院经历了一个逐渐完善壮大的过程，从 1972 年成立至今，其组织机构随着时代发展而不断变革，满足了社会进步对教育研究与咨询的需求（见表 4 - 12）。

表 4 - 12　韩国教育开发院发展历程①

时　间	事　件
2024 年 4 月	吴永孙博士就任第 20 任主席
2021 年 5 月	刘永植博士就任第 19 任主席
2018 年 3 月	潘基文博士担任第 18 任主席
2017 年 6 月	被指定为国家教育统计中心（自 1997 年起，韩国教育开发院被授权作为国家教育统计中心）

① 根据其官方网站内容整理. Korean Educational Development Institute. History | About Us | [EB/OL]. https://www.kedi.re.kr/eng/kedi/main/contents.do? menuNo＝200056，2025 - 02 - 02.

时　间	事　件
2015 年 5 月	组织"2015 世界教育论坛"展览及专题会议
2014 年 6 月	被评为国家高等学校评估中心
2013 年 4 月	被指定为免费学期计划中心
2011 年 1 月	韩国大学教育委员会移交高等教育机构信息披露中心
2010 年 1 月	被指定为第三教师培训学院评估中心
2010 年 6 月	被指定为学校增强研究中心 被指定为地方教育财政研究中心
2008 年 2 月	学术信用银行体系和国家终身教育中心独立于教育开发院，改名为国家终身教育研究所
2006 年 7 月	被指定为国家教育安全网络中心
2006 年 5 月	被指定为民办教育设施管理中心
2004 年 8 月	更新了企业形象识别系统和徽标
2003 年 3 月	国际教育与信息研究中心被转为韩国研究院下属机构
2002 年 12 月	被指定为国家英才教育中心 被指定为韩国形象推广项目国家中心
2000 年 5 月	被指定为国家终身教育中心
1999 年 1 月	国家颁布《政府资助的研究机构的设立、运作和促进法》：韩国教育开发院隶属于韩国人文社会研究院理事会（总理办公室） 教育开发院的多媒体教育研究中心成为韩国教育和研究信息服务机构
1998 年 1 月	教育开发院的课程开发研究中心成为韩国课程与评价研究所
1997 年 12 月	协理联合国教科文组织—亚太经合组织评选杰出教育和杰出服务奖 建立教育信用银行制度 被授权作为国家教育统计中心 下设职业教育研究中心已发展壮大，成为韩国职业教育与培训研究所
1997 年 1 月	教育广播系统独立
1996 年 6 月	成立多媒体教育研究中心

时　间	事　件
1994 年 10 月	获得教科文组织和捷克共和国教育部颁发的柯米尼亚斯奖
1992 年 10 月	获得文化旅游部颁发的世宗卓越教育研发机构奖
1990 年 12 月	建立教育广播系统
1988 年 2 月	成立计算机教育研究中心
1979 年 1 月	发起课程开发研究
1978 年 10 月	获得英国大不列颠十大教育研发机构金奖
1974 年 3 月	建立远程学习和函授高中
1972 年 8 月	韩国教育开发院成立

　　韩国教育开发院的最高领导机构是理事会，由文教部官员及著名教育专家组成。理事长为韩国文教部长官。几任院长曾被任命为韩国文教部长官。下设咨询委员会、研究规划与管理部（研究规划办公室、预算计划办公室、公共关系办公室、国际合作办公室、信息与知识管理办公室）、管理支持部门、审计办公室、5 个研究部门。承担具体研究任务的研究部门见表 4－13。

表 4－13　韩国教育开发院部门设置①

部　门	下　设　机　构
基础教育研究部	学校教育研究办公室、教师政策研究办公室、民主公民教育研究办公室、地方教育财政研究中心、中学信用系统研究中心
高等教育研究部	高等教育政策研究办公室、高等教育系统研究办公室、高校评估与咨询中心
未来教育研究部	数字教育研究中心、终身学习跨学科研究办公室、全球教育合作研究办公室、统一教育研究办公室
教育政策支持研究部	教育福利研究办公室、英才教育研究中心、教育设施研究与管理中心、免费学期计划研究中心

① 　根据其官方网站内容汇总整理. Korean Educational Development Institute ［EB/OL］. https://eng.kedi.re.kr/khome/eng/about/chart.do，2019－04－25.

续　表

部　门	下　设　机　构
国家教育统计研究部	教育统计中心、教育调查与数据分析办公室、教育指标研究办公室
管理支持部	一般事务和协议管理办公室、人力资源管理办公室、财务与会计办公室、设备管理办公室

（三）国内和国际教育政策研究与咨询

韩国教育开发院协助制定国家教育政策，同时开展国际教育研究交流与合作。1980 年进行有关"教育正常化与缓和课外补习"方案的研究；1982—1984 年制定了作为国家 2000 年长期发展规划之一的《教育人才开发国家发展长期构想》。

参与国家中长期教育改革与规划研究。1985—1987 年，开发院参加了曾经是总统咨询机构的教育改革审议会的教育改革方案研究，参与了"经济社会发展五年计划"有关中等教育方面的规划；1990—1992 年为了解教育问题和提出对策，进行了五次中长期综合研究。20 世纪末期，为迎接新世纪的挑战，韩国教育开发院开展了一系列前瞻性研究。《2020 年韩国教育愿景》旨在 21 世纪发生广泛的社会变革之前，为韩国教育制定长期政策计划。研究展望了未来社会的发展趋势（1996），分析了韩国教育的历史发展和未来的发展领域（1997），并在最后阶段提出了教育改革和政策选择的方向（1998）。受文教部委托，开发院制定《韩国长期综合教育发展计划》和《面向 2000 年国家长期教育发展计划构想》。韩国教育开发院的一系列研究深刻影响了韩国的教育改革与发展。

开展前途教育研究。1982—1986 年，韩国教育开发院接受驻韩联合国儿童基金会的教育资助，开展为期五年的小学前途教育研究。这一研究分为前途教育的基础研究（从 1982 年起的两年期间）、前途教育的资料开发（从 1984 年开始的两年期间）和前途教育的推广普及（1986 年）三个阶段。研究结束后，联合国儿童基金会对这一研究给予了高度评价：韩国进行的前途教育是有益的、卓有成效的，有充分的理由和必要限于小学的前途教育扩大到中等教育阶段。① 因此，从 1987 年开始至 1989 年，在驻韩联合国儿童基金会和教育部

---

① 代旭. 国外教育杂谈 [M]. 长春：吉林出版集团有限责任公司，2012：163.

的资助下，初、中等教育阶段的前途教育研究得以持续进行。初、中等学校的前途教育研究工作虽然只局限于在示范学校中运行，但已普及全国。

开展课外教育调查研究。2003 年，韩国教育开发院以 19 632 名学生、家长和老师为对象调查课外教育情况。结果发现，当年小学、初中、高中生家教、补习班等课外教育费用总计可达 13.648 5 万亿韩元。这一数字达到了上年 GDP（国内生产总值，590 万亿韩元）的 2.3％和当年教育经费预算（25 万亿韩元）的 55％，与两年前（2001 年）相比增加了 28％。另外，把 30％以上的收入投入到课外教育的家庭也增至 23.5％。2003 年课外教育费用首次突破了金融危机之前（1998 年）的 13.284 1 万亿韩元。1999 年曾下降到 6.772 万亿韩元，此后平均每年递增 1.7 万亿韩元。2003 年普通高中生、初中生和小学生的每月人均课外教育费分别为 28.8 万韩元、27.6 万韩元和 20.9 万韩元。参加课外教育的学生比率为小学生 83.1％、中学生 75.3％、普通高中生 56.4％、职业高中生 19.2％。费用额的高低，从学生居住地考察，可见汉城江南地区、汉城其他地区、广域市、中小城市、邑面（行政单位名称）地区递减。[①]

韩国教育开发院通过自身的专业研究积极促进一线教育改革发展。1988 年，根据韩国教育部加强学校电子计算机教育的方案，开发院建立了电子计算机教育研究中心，开发和普及了学校需要的各种软件，开展计算机教育的师资培训，为开发和普及学校业务的电脑软件和学校办公自动化作出了贡献，同时对其他机构开发的软件进行了评估，提高了教育软件的辐射作用。其他研究如"从佛教传统看教育政策的建议"（2010）、"教育在朝鲜经济增长中的作用研究"（2003）、"韩国学校创新支持体系分析"（2005）、"日本教育行政改革的问题与启示"（2010）、"多元文化教育政策论述分析：聚焦教育科技部 2006—2009 年多元文化家庭儿童政策"（2010）、"韩国地方教育研究领域现状"（2010）等，涉及教育的方方面面，不仅关注国内外教育，也放眼国际范围内的教育研究。

主导高等教育国际化研究。韩国教育开发院 1985 年发布《教育部门报告书》，提出要培养主导信息化、开放化和国际化的人才目标，自此正式确立了韩国高等教育国际化的发展理念。[②] 20 世纪 80 年代末，韩国高等教育的国际交流与合作显著增加。90 年代以后，以国际学术交流和国际合作为主要特征的高等教育国际化已成为韩国高等教育发展的重要趋势。韩国高等教育国际化

---

① 郑永福. 走进韩国：赴韩两年见闻录 [M]. 郑州：大象出版社，2016：136.
② 刘志东. 韩国高等教育管理 [M]. 沈阳：辽宁大学出版社，2010：230.

不仅是全球化趋势和高等教育自身发展的内在需要，也是韩国对国际化价值积极认同，以及政府、智库与国际组织共同推动的结果。

开展教育国际比较研究。2018年，开发院作为亚洲教育规划培训与研究机构网络组织（Asian Network of Training and Research Institutions in Educational Planning，简称 ANTRIEP）的成员，与联合国教科文组织、国际教育规划研究所共同发布研究报告《人口变化及其对教育政策的影响：来自亚洲三国的案例研究》。① 该报告分析了韩国、印度、马来西亚三个国家的人口变动情况如何影响亚洲的教育制度，同时也对各国教育制度结合人口变化因素来制定教育政策和规划的能力进行了分析。开发院2018年开展了名为"以亚洲国家为中心的教育指标制定与统计能力建设研究"的研究咨询项目，其主要目的是加强亚洲三个国家（蒙古、越南和斯里兰卡）的教育统计能力，建立和加强三个国家的人力资源、组织能力和机构能力。② 该项目旨在创建一个增强能力的咨询模式和基于能力的国际合作模式。一是建立行动计划提升发展中国家的教育统计能力加强。对三个亚洲国家的教育统计数据进行详细诊断，制定详细的实施计划，以反映其需求，全面帮助他们切实增强能力。二是在此基础上认真推进咨询项目，它包括一系列教育以及支持活动（本地旅行、邀请研讨会、国际研讨会等），旨在提高发展中国家的教育统计能力。

（四）开展教育统计与分析

教育统计是国家教育规划、实施、评价和研究的核心内容，也是国家教育科学、全面诊断和决策的核心内容。其重要性突出地体现为它是评估国家竞争力的一个重要因素。国家教育统计研究部不断收集、分析和服务满足公共统计需求、合理制定和实施相关政策所需的大量人力资源信息。

教育统计是指由国家授权的四个统计调查：教育基础统计调查（幼儿园、小学、中学、高中和大学）；高等教育机构（大专、大学、研究生学校）毕业生与健康保险数据库接口就业统计调查；终身教育统计；个人终身学习实际情

---

① H. -H. Kim and H. -N. Lim. Demographic change and implications for education policy: Three country case studies from Asia [R]. International Institute for Educational Planning, Paris, 2018.

② Korean Educational Development Institute. A Study on Education Indicator Development and Statistical Capacity Building Focused on Asian Countries（Ⅲ）[EB/OL]. https://eng. kedi.re.kr/khome/eng/archive/report/viewReports.do, 2019 - 04 - 26.

况调查。① 各类调查的统计结果可以作为教育政策制定的基础数据，以便开展教育相关研究，并以各种方式提供给公众，以满足人们的知情权。

国际教育统计调查可满足国际合作的需要，提供和分析国际可比的教育统计数据，并编制相关指标；审视韩国在国际环境中的教育地位，确定教育问题及其政策影响。上述调查涵盖了教育的各个层次及领域，调查为韩国的国家教育政策制定与实施提供了客观准确的数据依据（见表 4 - 14）。

表 4 - 14　韩国教育开发院教育统计项目基本情况

	学校基本统计		高等教育毕业生就业统计	调查终身教育统计	个人终身学习实际情况调查	国际教育统计
	中小学教育统计	大学教育统计				
更新周期	1 年	1 年	1 年	1 年	1 年	1 年
调查时间	4 月 1 日，10 月 1 日	4 月 1 日，10 月 1 日	12 月 31 日	5 月 31 日	7 月 1 日	4 月 1 日
调查对象	20 967 余所幼儿园、中小学、高中的全面调查	对包括学院、大学和研究生院在内的 1 628 所高等教育机构进行全面调查	对 58 万名高等学校毕业生进行全面调查	4 169 多所终身教育相关教育机构	全国 25 至 79 岁男女成年人中的 11 747 人（基准年 2018 年）	直接调查：与教育基础统计调查的调查对象相同 直接调查：教育部的省级、市级办公室、国立大学等
调查内容	机构、教师、文职人员、学校、学生、教育办公室、行政管理和财政等 8 个方面超过 100 个项目	学校、学生、教师、设施、行政、课程和研究等 7 个领域的 80 多个项目	超过 70 项，包括学校、学生信息和就业信息	学校信息、课程信息、教师和教员信息、文书人员等 7 个领域 40 余项	50 项，包括参加正规教育/非正规教育的实际情况	超过 12 个项目，包括受教育程度、教育计划类型和目的、性别和年龄分类的学生数量
出版周期	每年 8 月	每年 8 月	每年 12 月底	每年 12 月	每年 12 月	每年 9 月底
质量管理方法	使用自检程序验证输入 国家统计局定期进行自我质量诊断					

---

① Educational Statistics | 교육통계서비스［EB/OL］. https://kess. kedi. re. kr/eng/index，2019 - 04 - 25.

上述调查主要由国家教育统计研究部教育统计中心开展。它是韩国教育开发院的下设机构。1998年，教育统计服务从国家教育评估委员会移交给韩国教育开发院，并设立服务中心。2011年，被指定为联合国教科文组织教育统计合作机构。2017年被指定为国家教育统计中心，2008年升级为国家教育统计研究部，分为教育统计中心、教育调查与数据分析办公室、教育指标研究办公室三个部门。

教育统计服务的目的主要有五个方面：（1）提供定制的统计信息服务，具体包括提供在线和离线定制统计信息、基于准确可靠统计信息的服务。（2）制定教育政策并产生统计数据，具体为通过参与教育统计调查和经济合作与发展组织教育系统指标，生成统计数据，作为教育政策研究和制定的基础。（3）生成和提供教育统计。生成并提供能在科学决策、评估和教育研究中高度应用的教育统计分析数据。（4）加强统计定性信息，研究面向消费者的服务系统。（5）提高国家的教育竞争力。通过促进国际组织间的各种统计项目，提高国家教育的国际信用等级和国际竞争力。教育统计中心的服务内容参见表4-15。

表4-15　韩国教育开发院国家教育统计研究部教育统计中心服务内容①

项　目	具　体　内　容
基础研究服务	教育统计制度创新研究，教育统计调查的可靠性、准确性和及时性研究，教育统计学分析研究，教育统计服务研究
调查服务	基础教育、中等教育和高等教育统计、高等教育统计、毕业生就业统计（学院/大学/研究生院）、终身教育统计、国际教育统计、经济合作与发展组织教育财政统计、每项测量系统的建立和运行、数据库调查结果构建、小组委员会（教育统计委员会等）的运作
分析服务工作	出版教育统计资料来源书（9种类型，包括教育统计年报）、运营教育统计服务呼叫中心、运营数据库分析服务、运行教育统计服务主页和移动服务系统
系统开发	调查系统升级与开发、教育统计服务系统升级与开发、数据库互通共享系统开发、计算机资源维护管理
国际交换服务	参与经济合作与发展组织教育体系指标、出版经济合作与发展组织教育指标和分析资料来源书、与教科文组织统计研究所合作、履行SDG4-Education-2030事务、监控各种竞争力排名和高等教育排名

① 根据其官方网站内容整理. Korean Educational Development Institute［EB/OL］.https://eng.kedi.re.kr/khome/eng/about/chart.do，2019-04-25.

　　"2018 民意调查"研究报告，旨在调查公众对国家的学校和教育政策，对未来学校的看法，以及社会对教育工作者和政策制定者的期望。① 报告的结果是基于国家代表性、分层的样本。该报告选取韩国 2 000 名 19—75 岁成人样本。在 95％的置信水平下，结果的最大抽样误差为±2.19％。此次在线投票包含 9 个子类别和 55 个问题。子类别包括：教育政策和学校评估；教师；学生生活；课程和学习内容；高中政策与大学入学；教育福利服务和教育财政；高等教育；当前教育和未来教育问题；教育观。报告根据调查结果，提出了政策建议：(1) 在设计和实施新的教育政策时，韩国政府需要考虑到学校和社会的变化，重新思考高中体制改革的必要性，以满足国家的期望。此外，政府需要长期与公众沟通。(2) 教师专业发展和能力建设需要强调。有必要改进教师的人事管理，以及参加培训来提升教师的教育教学质量。(3) 希望有一个能够连接学校和社会的长期计划改善公众对公共教育的不信任，以满足社会期望。需要重新制定反映社会变化的教育政策学校政策，以获得多样化的学校学分，并采取面向未来的方式。(4) 适应社会的新期望可能需要教师修习多种专业，因此培养新教师的更好方法是希望在多个培训机构之间交换课程。(5) 对于高中政策，需要更详细和积极的政策建议，同时进行广告宣传。新的高中政策目标需要建立以学生为中心的学校体系。因此，应深入审查将不同类型学校转变为综合性学校体系的综合政策。(6) 大学入学过程，相比于特定科目的成绩，需要更多考虑学生个人的兴趣、能力和目标。此外，建议中小学在准备入学过程中不要受到压力。(7) 教育财政需要选择和集中战略政策，特别是需要一份详细的免费高中教育财务管理计划。(8) 必须制定中长期计划，提高高等教育质量。这些计划应包括加强高等教育管理、财政支持和年度大学评估的手段。必须建立一个连接高等教育和就业市场的体系。(9) 研究私人辅导的影响因素需要一种新的研究方法，并在此基础上制定相应的政策。(10) 有必要通过制度努力改善导致学术成就不平等的学术团体。值得注意的是，政策干预应在可能出现学业成就差距的最初阶段启动。这些政策建议为韩国的教育改革提供了充分的依据。

（五）同国内教育机构合作研发教育政策

　　韩国教育开发院与韩国教育部、各市（道）教育厅 40 多个研究及教育机

---

① Im，Sohyun. KEDI POLL 2018 ［EB/OL］. https://eng.kedi.re.kr/khome/eng/archive/report/viewReports.do，2019 - 04 - 26.

构密切合作。如：首尔市教育厅、仁川都市教育办公室、光州市教育厅、庆尚北道教育处、国家经济人文和社会科学研究委员会、韩国课程与评估研究所、韩国职业教育和培训研究所、国家青年政策研究所、韩国儿童保育和教育研究所、韩国教育研究协会、韩国国家科学院、韩国国家历史研究所等。韩国教育开发院选择的课题受各市（道）教育厅委托进行研究，反映各市（道）要求的教育需求。该院每年对各市（道）教育厅主管电脑教育的要员以及进修院、研究院的主管进行培训。1991 年 11 月，开发院与各市（道）教育研究院签订了建立研究合作体制协议，与 15 个市（道）教育研究院相互交换刊物和研究资料，共同进行研究，并共同管理专业人才培养、进修计划。1994 年 11 月，与西江大学教育研究生院签订了交流教授和研究人员共同进行研究、利用图书馆和研究设施的学研合作研究协议。

韩国教育开发院的基本研究课题有对教科书编写体制和内容构成方式的国际比较研究，市民教育的国际比较研究，对发展大学数学能力考试方案的探索研究，语言教育的国际比较研究，修正的有关教材开发的研究，国语、数学、音乐等课程具体化和评估标准开发的研究，英语学习资料开发事业和社会化课程研究，学生特长检查的开发研究，早期特殊教育研究，幼师资格进修课程开发研究，教育世界化构想及有关半岛南北学生和居民对统一和社会适应的研究，授课与学习空间改变模式的开发研究，教育自治背景下教育公务员人事行政制度的研究，奖学职能改善方案研究，改善教师进修制度的进修学分化方案开发研究，大学教育财政的扩充和提高投资效率方案研究，开发研究通过广播函授的教师进修体制，对学校管理委员会采用的管理方案的研究，教师手册开发事业及学校管理委员手册开发事业研究，21 世纪学习计划研究，终身教育研究，韩国的教育指标及建立教育研究信息资料库的研究等。韩国教育开发院研究内容还有研究编制反映学生个人差异的教育课程和管理的方案，韩国人技能性阅读能力调查研究，国语教育国际比较研究，高中共同课的讲授、学习及评估方法研究，信息化社会中的数学教育改善方案研究。如实介绍韩国的事业及教育课程修正教材的编纂研究，自律竞争时代的高中教育发展模式开发研究，面向地方化的教育行政和财政结构的方案研究，校园模式开发研究，用于学校信息教育学习资料开发研究，利用尖端信息工程学进行学校教育体制改革方案研究等。①

① 刘志东. 韩国高等教育管理 [M]. 沈阳：辽宁大学出版社，2010：86.

（六）建立广泛的国际教育合作网络

　　韩国教育开发院积极开展国际合作，自成立以来向亚太地区国家等世界各国宣传韩国的教育，通过和他们的共同研究和合作，在提高韩国教育的国际影响方面起到了示范作用。仅 1994 年，该院举办了 5 次国际研讨会，8 次外国学者讲演，3 次进修讲座，还先后 47 次邀请外国人士参观访问该院，人数共计达 750 人。作为韩国具有代表性的研究机构，韩国教育研究开发院参与过许多国际组织实施的研究交流事业。韩国教育开发院特别重视发展同中国的合作研究。自 1992 年两国建交以来，该院积极推动两国教育交流事业的发展。1993 年 12 月，韩国教育开发院主办了首次中韩教材问题研讨会，邀请中国的教育类出版社的教材专家出席，就改进教材问题进行了认真讨论，还请他们参观考察了韩国的产业、历史文物和教育部门。1994 年 6 月，韩国教育开发院在北京举行了第二次中韩教材问题讨论会。1995 年 6 月，韩国教育开发院举行了第三次韩中教材改进讨论会，该院还准备同中国教育开发调查中心签订教育合作方案。两国教育界的人员来往日益频繁。联合国教科文组织中国委员会秘书长、国家各级高等教育部门负责人等都访问过韩国教育开发院。2003 年 10 月，时任经济合作与发展组织教育与技能局副局长、韩国教育开发院院长李宗宰教授，受邀到浙江大学介绍韩国教育发展模式、韩国教育需求、韩国教育改革框架、韩国政府教育重组策略和公共教育危机感。2012 年，在韩国首尔举行了第二次中日韩国家教育研究院（所）长会议，日本国立教育政策研究所所长、韩国教育开发院院长和中国教育科学研究院领导及三家机构的相关部门负责人参加了会议。中日韩国家教育研究院（所）长会议是在中日韩国家领导人会议的框架下，于 2011 年在日本启动的。① 2011 年，在日本东京举行了第一次会议。2013 年 10 月，第三次会议在中国北京召开。会议加强了东亚国家教育政策的交流与沟通。

　　由于韩国政府要求扩大同经济合作与发展组织教育委员会和教育研究革新中心开展合作研究，韩国教育开发院从 1993 年起就积极着手开始这一工作。1992 年 8 月，亚太经合组织（APEC）15 个成员的教育部部长一致同意在亚太

---

① 　第三次中日韩国家教育研究院（所）长会议在中国教育科学研究院召开 [J]. 大学（学术版），2014（3）：13.

经合组织人力资源领域实务集团中设立亚太经合组织教育论坛。1994 年韩国教育开发院同韩国教育部一起参加了这一论坛。韩国教育开发院还是国际教育成就评价协会成员，国际教育成就评价协会是从事国家间数学和其他科学成就评价的机构，已有 40 多个会员。开发院每年均参加国际教育成就评价协会举办的会议和各种国际比较研究。①

韩国教育开发院与多个机构签署了谅解备忘录。这些机构包括：非洲教育发展协会，澳大利亚成人学习组织，柬埔寨发展资源研究所，德国比勒费尔德大学，印度教育领导基金会，加拿大阿尔伯塔大学，中国北京师范大学，中国教育科学研究院，哥伦比亚共和国教育部，中国香港大学教育学院，日本国立教育政策研究所，新西兰教育审查办公室，美洲教育、科学和文化国家组织，俄罗斯教育学院，新加坡国家教育学院，瑞典斯德哥尔摩大学国际教育学院，泰国国家教育委员会办公室，东南亚教育部部长组织，美国国家评估、标准与学生测试研究中心，美国伊利诺伊大学香槟分校，联合国教科文组织，乌兹别克斯坦部长内阁国家教育质量监督检查，越南国家教育科学研究所等。机构涵盖国际组织、研究机构、大学等，体现出韩国教育开发院国际网络构建的广泛性和包容性。

韩国教育开发院还参与了经济合作与发展组织、联合国教科文组织、联合国教科文组织曼谷办事处、联合国教科文组织北京办事处、联合国教科文组织国际教育规划研究所、世界银行、亚太地区教育革新与开发中心、亚太地区经济社会委员会等组织进行的各种地区共同研究事业，与国际教育规划研究所签订了有关教育研究的协议，并同上述组织积极进行交流与合作。自韩国与蒙古在 1991 年签订文化协定和加强合作计划协议以后，该院与蒙古教育科学部和教育研究所共同进行了研究与合作。

根据韩国教育开发院国际合作办公室公布的信息，开发院自 2003 年以来，共举办大型国际国内会议 79 次，如："2018 年韩国—OECD 国际研讨会'教育公平促进高质量生活：跨越障碍向前迈进'""第五届教育官方发展援助会议""2018 年韩国教育开发院—联合国教科文组织曼谷亚太区域政策研讨会""2017 年国际放学后论坛——放学后计划全球的趋势与政策启示"等。韩国教育开发院 2018 年接待了 15 次各类国外机构代表团的来访。这些访问团包括萨尔瓦多教育部、卡塔尔教育部、塞尔维亚教育改进研究所、越南教育和培训部

---

① 刘志东. 韩国高等教育管理［M］. 沈阳：辽宁大学出版社，2010：85.

和大学官员、乌兹别克斯坦国家测试中心、亚洲基金会、新加坡教育研究所、中国香港考试与评估局、哥伦比亚代表团、乌兹别克斯坦代表团、外国记者代表团等。代表团来自各国政府、教育研究机构、基金会等，显示出韩国教育开发院国际交流的广泛性、综合性特征。

（七）出版与宣传

提供教育信息和资料。韩国教育开发院每年都编辑出版和推广有关韩国教育指标的资料，供教育部和市（道）教育厅的教育行政人员、学校教师及教育研究人员参考，并将有关教育的各种信息和资料建成资料库，供他们使用。大力宣传韩国及其教育。从 1982 年起，韩国教育开发院开始对世界上 48 个国家和地区的教科书中介绍韩国的内容进行分析，每年以各国和地区社科教科书的编者和出版者为对象，举行国际研讨会或参加国外的有关学术会议。①

韩国教育开发院主办的《教育政策杂志》，旨在通过学术文章和国际范围内的研究项目报告，发表对理解和实践教育政策作出重大贡献的研究。② 其目的是使广泛的国际读者，包括研究人员、从业者和教育专业的学生都能接触到研究。欢迎鼓励和加强新老学者学术辩论的论文。主题主要涉及教育政策领域的理论、思想和研究方法，实证数据分析为教育政策提供依据，其他有助于教育发展的论文。期刊对作者的要求是，第一作者或通讯作者需拥有教育领域的博士学位，或具有教育领域的专业工作经验并拥有博士学位。

韩国从 20 世纪 60 年代开始实施以增长为导向的经济政策，取得了显著的经济发展。2006 年世界银行的统计数据显示，韩国的国内生产总值（GDP）位列世界第 13 名，取得了惊人的增长速度。③ 由于几乎没有可供利用的自然资源，韩国在进入 21 世纪高科技国家行列方面的成就归功于其人力资源。韩国快速发展背后的驱动力是教育。今天的韩国社会非常重视教育，鼓励学生按照自己的兴趣和内在动力去探索、追求和创造自己的新思想。韩国教育的发展离不开像韩国教育开发院这样的教育研究与咨询机构的高质量研究。韩国教育

① 　刘志东. 韩国高等教育管理 ［M］. 沈阳：辽宁大学出版社，2010：85.
② 　KEDI. Journal of Educational Policy ［EB/OL］. https://eng. kedi. re. kr/khome/eng/kjep/guide. do，2019 - 04 - 27.
③ 　General Inforamation ［EB/OL］. https://eng. kedi. re. kr/khome/eng/education/genernalInfo. do，2019 - 04 - 27.

开发院的管理、运作值得各类教育智库借鉴学习。

九、印度国家教育规划与管理研究所

（一）基本概况

印度国家教育规划与管理研究所（National Institute of Educational Planning and Administration，简称 NIEPA）是直属印度政府人力资源发展部，为印度和南亚开展教育规划与管理方面的能力建设和研究的专门机构。研究所现在也称国立教育规划与管理大学（National University of Educational Planning and Administration，简称 NUEPA）。研究所位于印度首都新德里。研究所的愿景是通过提升知识来发展人文学习型社会。其使命是通过提升高水平教学、研究和能力建设，在国家和全球范围内成为教育政策、规划和管理方面的卓越中心。[1] 研究所为印度政府提供人力资源建设、教育规划与教育管理等方面的政策咨询；通过高层次人才培养，为印度政府培养教育政策研究与咨询类专业人才。研究所在印度的教育机构网络中占有独特的地位。

研究所的功能涵盖了广泛的学术领域。其基本职能是：在教育规划和管理以及相关学科领域组织职前和在职培训计划；在教育规划和管理以及相关学科的各个方面承担、援助、促进和协调研究，包括印度不同地区和世界其他国家在规划技术和行政程序方面的比较研究；对从事教育规划和管理的机构、事业单位和人员进行学术和专业指导；开设哲学硕士、博士及博士后课程，并授予教育多个专业领域学位；充当教育规划和行政服务及其他项目研究、培训和推广的思想和信息交换所；准备、印刷和出版论文、期刊和书籍，特别是出版有关教育规划和管理的期刊；为中央和地方政府及联邦领土的教育人员组织培训会议、讲习班、研讨会和简报会；应要求向政府提供咨询服务，包括邦政府、教育机构、印度和国外的机构或组织；为教师、教育工作者以及从事教育规划和管理的大学、学院管理人员组织入职培训和进修课程；在中央和邦政府的决策层面，为包括教育规划和行政领域的立法者在内的人员组织定向计划、研讨

---

[1]　National University of Educational Planning and Administration-Vision & Mission［EB/OL］.https://www.niepa.ac.in/，2025 - 01 - 30.

会和讨论小组；向其他组织、个人提供咨询工作或服务；以促进目标所需的方式与其他部门、机构和组织合作，包括大学赠款委员会、印度和国外的大学、管理和行政学院以及其他联合机构；应要求向其他国家，特别是亚洲地区提供教育规划和管理方面的培训和研究设施，并通过项目开展合作；提供奖学金和学术奖励，以促进国家大学的目标；授予在教育规划和管理领域的杰出教育工作者荣誉奖学金；开展其他研究、推广计划和外联活动，促进社会发展；通过合适的学习分支机构提供教学、研究和推广设施来传播和推广先进知识，并为学生和教师提供必要的设施和氛围，以促进教育创新，促进课程结构调整、教学和学习新方法，人格的整体发展、各学科的学习、跨学科的学习以及国家融合和国际理解；在校外和境外校区举办上述课程；为促进国家研究所的上述事项，执行国家研究所认为必要、可取或附带的所有其他行为、职能和事项。①

（二）发展历程

印度国家教育规划与管理研究所可以追溯到 1962 年，当时联合国教科文组织根据联合国机构和印度政府签署的协议，建立亚洲地区教育规划与管理中心。该中心的主要职能是研究与教育规划、行政和学校监督有关的问题，为亚洲的教育规划人员、行政人员和学校监督人员开展短期培训计划，并为会员提供技术援助。1965 年 4 月，中心更名为亚洲教育规划与管理研究所。1973 年，在 10 年协议结束时，它被印度政府接管作为亚洲项目部门，并更名为国家教职人员教育规划与管理学院。联合国教科文组织为其转型为国家教职人员教育规划与管理学院铺平了道路。后来，随着学院功能和职能的增加，特别是在能力建设、研究和为政府提供专业支持服务方面，该学院于 1979 年 5 月再次改组并重新注册为国家教育规划与管理研究所，授权范围进一步扩大。为表彰该组织在教育规划和管理领域所做的开创性工作，印度政府 2006 年 8 月赋予其大学的地位，并改名为国家教育规划与管理大学，可以授予学位，同其他印度中央大学一样，国家教育规划与管理研究所完全由印度政府负责运转。②

---

① National Institute of Educational Planning and Administration-Objectives ［EB/OL］. https：//www.nuepa.org/New/Objective.aspx，2019 - 04 - 27.
② National Institute of Educational Planning and Administration-Home ［EB/OL］. https：//www.nuepa.org/New/Index.aspx，2019 - 04 - 27.

（三）组织结构

研究所由理事会、学术委员会、管理委员会、财务委员会、研究委员会组成。理事会共有 17 名成员，包括主席 1 人，副主席 1 人，当然成员 5 人，主席提名的杰出教育家 3 人，由主席提名轮流代表各邦成员 5 人（五区各 1 人），由校长提名的国立大学教员 1 人，秘书 1 人。主席由印度政府人力资源发展联合部部长担任，副主席由研究所副校长担任，成员由印度政府教育相关部门高级官员担任。学术委员会，由 18 人组成，其中主席 1 人，成员 13 人，特别受邀者 3 人，秘书 1 人。管理委员会有 9 人，其中主席 1 人，成员 7 人，秘书 1 人。财务委员会 6 人，其中主席 1 人，成员 4 人，秘书 1 人。研究委员会共 14 人，其中主席 1 人，成员 13 人。这些机构形成了研究所完善的运行架构和机制。研究所具体内设部门见图 4 - 5。

教育规划部的主要工作是在机构、地区、邦和国家层面整合规划的投入、过程和产品。随着经济自由化的开始以及从集中规划转向分散规划，工作重点也转移到传统意义上的战略规划，而不是全面规划。教育规划部制定培训计划，并在这些领域进行研究，向各机构提供咨询。

教育管理部的重点是教育管理方面的培训和研究，为机构负责人和地区一级官员制定培训方案。该部设计了一套创新的、多渠道的互动电视远程学习系统，用以加强机构的能力建设。目前的重点是通过虚拟教室提供教育全面质量管理课程。教育管理部的另一个重点是教育资源的规划和管理。

教育财政部主要负责处理教育经费筹措的政策问题、规划方法和技术，以及行政程序和管理方法。工作重点是，围绕教育筹资的三个关键问题展开，即动员政府和私人资源、资源分配和利用从小学到高等教育各级的资源，包括正规和非正规教育。该部门关注的问题包括公共和私人教育融资问题。教育财政的研究领域主要包括但不限于政策问题；培训项目的内容包括规划技术和管理方法；咨询包括政策问题以及规划技术和管理方法。

教育政策部致力于研究教育政策，分析和评估教育计划，确定趋势，了解结果，指导政策和实践，寻找解决当前教育治理和管理问题的方法。该部致力于在整个教育过程中加强对入学、公平、质量和面临的相关难题的认识，因此，经常就各种政策问题进行讨论，建立知识库，供政策制定者、从业者和教育界其他利益相关者使用，进而影响印度教育系统的公共政策。工作重点是研

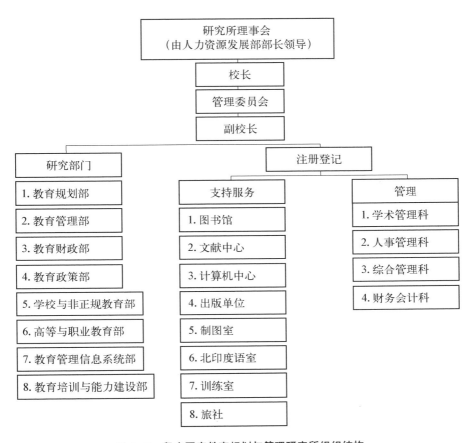

图 4‑5　印度国家教育规划与管理研究所组织结构

究上述政策和实践问题，以及教育机构的教学、学习和绩效问题，力图在教育研究和教育政策之间建立更好的关联。研究成果不仅旨在描述教育现象的复杂性，更为行动提供建议。随着社会的变化及其对教育的影响，该部门将作为国家利益攸关方的一个发声平台，不时采取必要的行动。该部还为规划者、管理者、实施者和学者提供有关政策问题的培训，促使他们可以在印度教育的既定结构、过程和文化背景下有效并合乎道德地行动。

学校与非正规教育部的工作重点是研究学校教育、非正规教育和成人扫盲等关键问题，为教育的发展和改进提供强有力的经验基础和更有意义的投入。六个月的教育规划与管理文凭课程是其最负盛名的培训课程之一。该部与政府、非政府机构和国际组织保持密切联系，在地方、国家和国际各层级重建教育制度。

高等与职业教育部致力于高等教育、职业教育的政策、规划及管理。它对高等和职业教育的质量、治理、融资和国际化等问题进行研究。它为高等和职业教育规划和管理方面的机构负责人、高级别大学和地方官员提供培训方案和工作坊。此外，该部还为高等及职业教育的政策、规划及执行机构提供技术与专业咨询。

教育管理信息系统部致力于开发和加强印度的教育管理信息系统。它成功地开发了地区教育信息系统，该系统提供了小学阶段学生、教师和基础设施的重要参数信息。在国家的所有地区，教育信息系统都已投入运行，并不断收集和传播来自这些地区所有受认可的基础教育学校及部门的数据。该部还计划为其他教育部门开发此类系统。除此之外，该部还为区和邦一级官员制定专项计划，包括基础教育规划、项目规划和监测、计算机辅助决策支持系统的使用、管理信息系统、教育发展指数、教育数据和其他相关领域的预测。

教育培训与能力建设部的目标是为国家和国际教育部门建立一支训练有素的关键团队。该部关注不同层级的能力水平建设，包括个人、邦、大学、地区级团队和机构的能力建设，以便使他们具备所需的知识和技能，用以改进构成能力发展干预措施重要组成部分的教育政策、计划和方案的设计、实施、监测和评估。该部向印度各部委、邦政府教育部门以及国家、邦和地区机构提供技术援助和咨询服务，实现能力发展；举办培训计划，包括提供教育规划与管理的国内和国际文凭；组织中央和邦政府的所有申请课程以及国际申请、赞助课程，并从其他部门、教员那里获得学术支持；进行需求评估和教育方面的研究、训练及能力建设策略。

研究所还下设研究中心，包括国家学校领导中心、高等教育政策研究中心、学校标准与评价分部。国家学校领导中心致力于印度学校的转型，培养新一代学校领导者，加强学校领导能力建设，实施素质教育，让每个孩子在学校学习优异。它的研究由课程和材料开发、能力建设、网络和制度建设、研究与开发四部分构成。① 课程和材料开发以实践者为中心、体验式学习、国家和国际实践融入材料和模块；能力建设通过项目提供方案、审查、反馈和现场支持；网络和制度建设要与国家级机构、民间社会组织、学者、全邦领导学院建立联系；研究与开发是促进政策对话，记录现场实践，通过研究开发不同的领导模式。它从更广的视角培养学校领导和管理者对变革和发展的领导能力。高等教育政策研究中心作为促进印度高等教育政策研究和支持政策与规划的专门中心，与教育部、大学拨款委员会等机构密切合作。中心将其工作重点放在扩

---

① 　NCSL［EB/OL］.https://ncsl.nuepa.org/flyer/ncsl_flyer_22-11-2018.pdf，2019 - 05 - 07.

大和改进高等教育提供、确保公平和包容、提高高等教育毕业生的质量、相关性和就业能力等方面的当前国家优先事项上，促进国际化，改善治理和管理。该中心计划建立一个由机构和大学部门组成的网络，以促进研究，并积极与各邦高等教育委员会等机构合作，以促进高等教育的邦和机构层面的规划。学校标准和评估分部是在印度政府人力资源部的支持下成立的。承认学校作为改进的重点，制定学校标准和评估的主要目标是建立和引用一套商定的标准和流程，所有学校都必须努力遵守这些标准和流程。它为每一所学校提供明确的途径，以便通过自我和外部评估学校的改进，并承担责任。该部倡导的基于证据的学校改进制度，以学校标准和评价为基础，作为一个新的努力领域，将使学校的发展走上一条进步的道路。

（四）研究内容

印度国家教育规划与管理研究所开展了一系列研究。例如，"印度小型小学研究：四个邦选定地区的学校报告卡分析""二级市场准入与公平问题研究""印度中等教育统计数据——基于 2009—2010 年中等教育管理信息系统统计数据""古吉拉特邦和中央邦潘查亚特机构的学校教育管理的参与、进展和展望""关于全民教育十年来亚太地区免费和义务基础教育的研究报告""使印度高等教育适应全球经济的就业需求""南亚就业技能""南亚中等教育创新模式""为提升技能创新中等教育：课程定义的技能""印度私立大学研究"等。①

1. 教育管理信息系统建设

印度的学校教育体系在过去 20 年多样性扩大，系统也变得越来越复杂。为了支持教育规划和管理发展政策与方案，需要一个基于学校系统不同方面的全面、可靠的数据库。研究所一直在创建教育规划管理综合数据库，已成功设计和实施了地区教育信息系统计划，全国各地中小学的教育综合信息每年都会被收集和处理。

报告《印度中等教育统计数据》基于 2009—2010 年收集的中等教育管理信息系统数据，对印度中等教育状况进行第一次尝试评估。研究所与印度政府

---

① National Institute of Educational Planning and Administration-Completed Reaserches ［EB/OL］.https://www.nuepa.org/New/completed%20reaserches.aspx，2019－05－04.

及邦政府合作，开展"中学地图规定"项目，2007 年覆盖所有邦和联邦领土的中学。作为该项目的一部分，中等教育管理信息系统在邦、地区、街区和学校级别具有分解数据。该系统收集了邦和联邦领土所有确认的中学数据。研究所开展了一系列工作，包括：组织了五次区域讲习班，以确定地区中等教育计划（年度和远景）发展的预测、诊断技术和方法的方向；更新中等教育管理信息系统应用软件；发布单独的用户 ID 和邦内每个地区和学校的密码；来自 34个邦及其他机构的 189 名官员接受了关于计划、预测和地区中等教育计划发展的诊断技术与方法的培训；在各邦或机构维护更新数据库时，提供技术和专业支持；为印度政府人力资源部提供专业支持，包括监测、评估和评价。该报告由前言、图表清单、概念、定义和技术说明、正文四部分构成。正文部分"印度中等教育概况"包括教育机构、入学、教师、基础设施、检查结果、数据表六部分。① 入学从按地点和资金来源登记、女孩入学、毛入学率、性别均等指数层面进行分析，教师从按地点和资金来源分列的在职教师、教师培训情况、每 100 名男教师中的女教师人数、师生比几个层面分析，基础设施从学校的建筑类型、教室和其他房间的可用性和条件、基本设施的可用性、核心设施的可用性四个方面进行评估。

2. 印度教育体系中的教师研究

研究所开展的印度教育体系中的教师研究分为国家级报告和邦一级报告。国家报告《印度教育体系中的教师》试图了解印度是否在招聘优秀教师，反思构建教师管理框架的过程，了解政府是否能够以透明的方式招聘和调配教师。报告的研究方法主要采用：对全球和印度的教师管理关键问题进行详细文献回顾；对现有关于教师管理和发展的信息材料进行案头审查（政府命令、通知和相关信息）；深入探讨已确定的问题，并与邦和地区一级的利益相关者进行对话；主要采用定性的方法，通过仔细阅读政策和其他文件，并与利益相关者面谈，对现有数据深入分析。② 报告第一章概述了研究的目的、方法和步骤。第

---

① National University of Educational Planning and Administration（NUEPA）. Statistics on Secondary Education in India based on SEMIS data 2009－10［EB/OL］. https://www. nuepa. org/New/download/Research/Statistics _ on _ Secondary _ Education _ in _ India _ 2009-10. pdf，2019－05－05.

② Teachers in the Indian Education System：How we manage the teacher work force in India ［EB/OL］. https://www. nuepa. org/New/download/Research/Teachers _ in _ the _ Indian _ Education _ System. pdf，2019－05－05.

二章介绍了印度教师队伍基本情况，并讨论了初等教育和中等教育的规模和趋势。分析的重点是 10 年来九个邦教师的就业情况，分析表明教师任用条件发生重大变化，尤其是师生比和学历方面。第三章、第四章探讨谁能成为教师。该部分对印度教师职业资格、教师招聘政策的变化进行了梳理。第五章是关于教师调配和调动，试图提出构建教师配置框架的问题，并探讨了教师调动过程中的权力寻租和腐败。第六章是关于工资和福利，给出了九个邦教师报酬的范围。第七章是关于教师与学校，对教师的角色和职责进行分析性的概述，指出解雇教师时面临的挑战。第八章是关于教师的专业成长，描述了九个邦的教师培训制度。第九章论述九个邦教师不满的补救制度。行政申诉补偿机制及法律途径，教育体系的法律和行政框架。第十章讨论了研究过程中未解决的问题，强调了一些研究无法公正处理的跨领域主题或问题。国家报告为全面、准确地认识印度教师的聘用、管理、培训等提供了详尽深入的剖析。

邦一级的教师工作条件研究报告包括旁遮普邦、北方邦、拉贾斯坦邦、泰米尔纳德邦、卡纳塔克邦、中央邦等。以旁遮普邦研究报告为例，《旁遮普教师工作条件研究》得到了研究所的支持，借鉴了国家报告目标和研究方法，并进行了拓展。旁遮普邦的研究试图记录和分析教师的招聘、政策、实践、薪资、服务福利和工作条件，包括教师部署、调动、首次和后续职位、职业成长、发展，以及正式教师和合同制教师的评估。研究分为三个主要阶段：第一阶段是文件的收集和案头审查，包括政府通知、主要日报的广告、政府办公令、政策文件等相关资料中关于教师工作条件的资料。第二阶段与旁遮普邦主要官员进行有关问题和主题的访谈，并进一步探讨地区一级确定的问题。第三阶段继续第二阶段的研究，通过焦点小组进一步探讨了旁遮普邦国家中小学正式教师和合同制教师的几种类型。研究的另外一个目的是发起对话，对已确定的与教师工作条件和不满有关的问题提出可能的解决方案。本报告内容分为五章：第一章介绍研究基本情况，包括研究目的、研究方法、研究步骤、研究团队等；第二章简要介绍旁遮普邦的概况；第三章讨论了旁遮普邦的教师概况；第四章描绘了旁遮普的教师政策及其实践，涉及招聘、调动和部署、工资和服务条件、职责和日常工作、日常管理、培训管理、专业评估和成长、申诉纠正；第五章讨论研究结果，以及关键合作者和教师提出的改善教师工作条件的建议。该研究报告表明，旁遮普邦的教师获得教师资格的比率和师生比高于规定比例。女性在教师队伍中占很大一部分。与教师有关的各个方面管理层正在不断改革，但需要更好的结构和进步。教师考试招聘规范化，并且已成立招聘委员会。各种教师和学校相关数据正在通过数字门户进行系统化。合同制教师的工资虽然与正式教师不相称，但令人满意。对农村教师和大城市教师实行货币补贴，补偿安置费用。教师培训计划定期组织，但缺乏教师的长期职业发展前景规划。申诉补偿在线系统已经建立。研究报告分析了利益相关者的文献、现场数据和建议，提出了改进措施：（1）保证教育系统中教师的长期权益，通过正规化的招聘条件规范教师职位。（2）任务时间评估。老师们报告他们花了40％的时间从事非教学活动，同时也没有对任务时间的实际评估，包括教师在不同地点、不同规模的学校、特定年龄或年级工作的时间。有必要花时间进行任务研究，以便可以提出适当的建议。（3）创建地区级、邦级富余教师库。（4）教育领域电子政务设计与实施研究，解决教师的不满，改进工作条件。（5）支持小规模学校，即在小规模学校工作的教师强调迫切需要适当的基础设施和人力资源支持学校一级的非教学活动。（6）将计划和方案合并为统一计划，避免通过各种计划和方案进行的教师分类导致管理和行政结构重复造成的浪费。① 报告全面系统地诊断了邦一级的教师工作状况，为改进教师的工作条件提供了客观科学的依据。

正在进行的相关教师研究还有"中学教师配置研究""中学布局培训教材开发""印度中学教师政策与管理的比较研究（教科文组织赞助）""中央邦简·希莎·阿希尼亚姆家长教师协会职能研究"等。②

3. 部落地区教育设施评估

研究所针对印度各邦部落地区的教育设施进行了评估。占印度总人口8％左右的在册部落在社会经济方面处于最不利地位和落后地位。印度中央和邦政府采取了几项特别政策以及教育发展计划，包括激励、建立学校并任命当地部族青年做教师的弹性规范、引入部族语言作为教学媒介、培训教师、补救性教学等特殊制度安排。这些措施特别注重在册部落成员的教育，以提高他们在小学教育的入学率和参与率，缩小他们与其他地区之间的差距。

受印度人力资源部的委托，研究所的报告《九个邦主要部落地区基础教育

---

① Study of Working Conditions of Teachers in Punjab［EB/OL］.https://www.nuepa.org/New/download/Research/Punjab_Report_Dr._V._Ramachandran_June_10,_2016.pdf，2019 - 05 - 04.77 - 80.
② National University of Educational Planning and Administration. ON GOING RESEARCH PROJECTS (as on Dec 2012)［EB/OL］.https://www.nuepa.org/New/on_going.aspx，2019 - 05 - 04.

可用设施评估》对部落地区基础教育设施的可用性和利用进行了评估。① 九个部落人口众多的邦包括安得拉邦、阿萨姆邦、恰蒂斯加尔邦、古吉拉特邦、贾坎德邦、中央邦、马哈拉施特拉邦、奥迪沙邦和拉贾斯坦邦。研究的主要目标是评估上述九个邦的部落地区农村居住地小学和小学高年级段教育设施的可用性，以及这些设施在多大程度上满足儿童的性别、语言和社会文化需要。研究还调查不同激励计划对在册部落儿童的覆盖程度，以及家长和学校管理委员会成员对他们所在村庄学校的运作以及改善这些学校的建议。研究团队从每个选定地区抽取 30 个村庄的样本，通过村庄的学校、家长群收集所需数据，从九个邦取样，共选定 25 个区，750 个村。在本研究选定的 9 个邦中，7 个邦的部落人口比例在 13％到 31％之间。马哈拉施特拉邦和安得拉邦的部落人口有9.4％和 7％。在 25 个选区中，所选地区的部落人口有 17 个超过 50％。部落人口的识字率远低于所有这些州的总人口，而部落人口的女性识字率甚至更低，9 个邦中 6 个邦低于 50％。

研究所人员使用不同的工具从校长、教师、学生，以及家长、邦和区级管理人员那里收集信息、数据。报告从以下方面进行分析：邦的人口和教育概况、抽样村庄的设施、小学和小学高年级提供的设施、部落地区学校的教师、部落儿童教育参与、对部落学生的激励、学校教与学、学生和家长对教育和学校的看法。

其他相关研究有"安得拉邦部落地区多语言教育方案的初步研究""正规种姓儿童的教育——拉贾斯坦邦两个村庄的深入研究"等。

（五）国际化的出版与传播

印度国家教育规划与管理研究所成立了自己的出版部门，出版了专业论文、期刊、通讯、书籍、报告、讲座、博士学位简介、博士项目和课程指南、培训计划日历、与各种培训课程相关的材料，以及国家和国际教育规划和管理文凭材料等。

期刊出版。《教育规划与管理杂志》（*Journal of Educational Planning and Administration*）1987 年创刊，每年 1 月、4 月、7 月和 10 月出刊。印地语期刊

① Assessment of Available Facilities for Primary and Upper Primary Education in Predominantly Tribal Areas in Nine States［EB/OL］. https://www.nuepa.org/New/download/Research/National _ Report _ of _ Tribal _ Areas _ of _ Nine _ States _ June10, _ 2016.pdf，2019 - 05 - 04.

《帕里普克什雅》（*PARIPREKSHYA*）1994 年创刊，每年 4 月、8 月和 12 月刊出，在教育规划和管理领域具有社会经济参考价值。研究所从 1995 年开始出版《时事通讯》（Newsletter），每年 1 月和 7 月出版，作为亚太地区教育规划培训研究机构网络的一部分。该网络是在国际教育规划研究所的支持下，于 1995 年 12 月建立。该网络的目标是定期在成员之间交流有关教育规划和管理能力建设具体问题的技术信息；通过学习彼此的经验，不断提高参与机构的专业人员的知识和技能；在共同关心的领域开展合作研究和培训活动。① 网络在参与机构之间建立协同效应，通过加强各会员机构并使它们处于更好的位置，有效利用该区域内现有的能力建设潜能，以应对亚洲地区各自国家教育规划和管理中日益增长和日益多样化的技能发展、培训需求。

联合发行出版物。出版部门还与许多机构/组织合作，推出了联合出版物：与教科文组织举行会谈，并以印地语出版著名出版物的翻译版本，即全民教育全球监测报告和报告概要。与欧盟合作出版专著，探讨印度校长在学校管理中的作用——来自六个邦的案例研究。还与联合国教科文组织国际教育规划所合作，出版了一套中等教育综合报告。出版尼泊尔政府"能力建设管理和规划"定制课程的报告。与英国苏塞克斯大学国际教育中心"创建"项目合作研究，出版报告。出版了关于全民教育十年中期评估未实现目标的一套报告（1 份国家报告、9 份专题报告和 27 份各邦报告）。每年都会与印度政府人力资源开发部合作，出版印度基础教育的报告。大学的作品通过自行出版（内部出版）和外包（聘请私人出版商）的方式进行。

（六）高级人才培养

研究所同时作为国立大学，是一所发展人力资源的机构，根据教育行政的宏观决策和规划以及与中小学和高等教育行政有关的微观层面的要求，专门从事教育政策、规划和管理人才培养。这些专家通过获得哲学硕士和博士学位的跨学科课程或培训而得到发展，他们具备在更大的动态背景下制定适当计划和战略的能力。国立大学特别注重教育政策、规划和管理，赋予年轻学者权力，为他们在教育管理和规划方面的职业生涯做好准备。

研究所有能力促进专门人力资源的开发，以支持教育政策、计划和方案的

---

① ANTRIEP. Objectives［EB/OL］.https：//www.antriep.org/objectives.html，2019 - 05 - 06.

设计、实施和监测。博士课程的范围遵循内置的动态和灵活的方法，逐步增加创新的多学科课程，将教育与其他社会发展领域联系起来。于 2007—2008 年启动的博士课程包括全日制综合哲学硕士课程、全职博士课程、兼职博士课程。硕士、博士学位课程旨在培养不同背景学者的研究能力，同时在教育政策、规划、管理和财务的相关领域提供强有力的知识和技能基础。学员完成学位课程的研究性学习，有望为丰富知识库作出重大贡献。在为政策制定提供关键投入的同时，实施教育改革方案及能力发展活动。学位课程包含广泛的研究领域，教育政策、教育规划、教育行政、教育财政、教育管理信息系统、学校教育、高等教育、教育公平与包容、教育中的性别问题、少数民族教育、比较教育和教育国际化等。

　　硕士学位是两年制，包括课程工作（30 学分）为期一年，论文工作一年（30 学分）。[①] 成功完成硕士学位课程的学者，达到规定标准可以注册进入博士课程计划学习。直接进入全日制博士学位课程的学生应在注册博士学位课程前完成一年的课程学习。这些博士学位的学者有资格在注册之日起两年内向博士学位授予单位提交博士论文。兼职博士研究生有资格在获得博士学位注册之日起至少四年内提交其博士论文。硕士、博士学位课程为印度及南亚培养了一批教育规划与管理的高级人才，为印度的教育发展提供了人才保障。

表 4-16　印度国家教育规划与管理研究所 2014—2015 年人才培养情况[②]（单位：人）

类　型	哲学硕士	哲学博士（全日制）	哲学博士（兼职）	总　数
录取学生人数	19	11	2	32
学者总数（在学术期修读不同的课程，2014—2015 年）	25	30	3	58
学者总数（毕业期间，2014—2015 年）	9	5	0	14

① M. Phil. and Ph. D［EB/OL］. https://www.nuepa.org/New/download/Publications/Annual%20Reports/Annual_Report_2014-15(English).pdf，2019-05-07. P25.
② Annual Report 2014-15（English）［EB/OL］. https://www.nuepa.org/New/download/Publications/Annual%20Reports/Annual_Report_2014-15（English）.pdf，2019-05-07. P26.

（七）结语

印度国家教育规划与管理研究所作为兼具科学研究、智库与人才培养功能的综合性机构，整合了智库政策研究咨询与大学教育教学的功能，不仅在教育政策研究与咨询领域卓有成效，为印度的教育改革与发展提供了大量的教育政策建议，还培养了大批教育规划与管理的专门人才。研究所完整的组织管理架构，广泛的研究领域，强大的教育信息系统建设，以及国际化的教育合作网络，健全的出版传播机制，完善的人才培养体系促成其在印度乃至南亚教育领域具有重要地位和影响力。研究所从联合国教科文组织设立的一个研究中心逐渐演变为兼具研究、智库与教学功能的大学组织，凸显出印度教育政策研究、智库建设与教育人才培养实力的进步。

十、澳大利亚教育研究委员会

（一）发展历程

澳大利亚教育研究委员会（Australian Council for Educational Research，简称ACER）是澳大利亚具有代表性的国家级教育智库。1930 年 2 月，由美国卡内基公司资助成立。成立于 1911 年的美国卡内基基金会，以"促进知识传播，增进理解"为宗旨，其资助除让美国受益外，也用于英联邦的其他国家。1928 年，詹姆斯·拉塞尔（James Russell）代表美国卡内基基金会访问澳大利亚，主要对澳大利亚的教育进行评估和调查，经过考察后同意对澳大利亚进行适当方式的援助。1929 年，接受官方命名"澳大利亚教育研究委员会"（Australian Educational Research Council），由每个州（昆士兰除外）出一个代表来执行委员会章程。1930 年 2 月，与卡内基基金会达成资助协议，澳大利亚教育研究委员会正式成立。更名后，更强调委员会的功能是教育研究。1930 年 4 月，首届首席执行官肯·坎宁安（Ken Cunningham）和秘书玛丽·坎贝尔（Mary Campbell）在墨尔本设立委员会的第一个办公室。20 世纪 30 年代末，委员会的员工已经增加到 5 人。1942 年之后的三年，由于第二次世界大战的影响，委员会常规工作暂停。从 1946 年起，联邦政府和州政府向它提供部分资金，确认它是一个重要的国家机构的地位。2003 年，政府停止对委员会的资助。

根据《澳大利亚教育研究委员会章程》，它的性质是一个独立非营利性的非政府组织，不依赖任何学校、教育部门或政治党派。由于没有直接的财政支持，委员会的收入主要来源于合同研究和开发项目，开发和销售政策产品和服务，收入的盈余部分直接返回到研究和开发中。澳大利亚教育研究委员会已发展成为世界领先的教育研究中心，在国际教育智库领域具有良好的声誉。澳大利亚教育委员会发展历程见表 4 - 17。

表 4 - 17　澳大利亚教育研究委员会发展历程

时　间	事　　件
1928 年	詹姆斯·拉塞尔代表美国卡内基基金会访问澳大利亚，对澳大利亚的教育进行评估和调查，同意对澳大利亚进行适当方式的援助
1929 年	接受官方命名"澳大利亚教育研究委员会"，由每个州（昆士兰除外）出一个代表来执行委员会章程
1930 年	2 月，与卡内基基金会达成资助协议，澳大利亚教育研究委员会正式成立；委员会开始运行，肯·坎宁安被任命为首席执行官，任期从 1930 年至 1954 年；委员会第一个出版物、教育研究系列第 1 卷、C. 芬纳和 A. G. 保罗写的《个人教育》正式出版；IQ 测试获得声望
1935 年	图书馆组织建立并运行到 1948 年。委员会帮助澳大利亚建立免费的图书馆服务
1937 年	委员会在澳大利亚举办国际新教育奖学金大会。8 月，大会开始在布里斯班举行，七周后移到珀斯进行总结。大会取得巨大成功，有超过 8 000 人参加
1939 年	卡内基基金会停止资助。委员会储存了一些最初的资助资金，这使组织在战争期间能正常运转，直到 1946 年获得政府支持
1940 年	委员会开始进行军队新兵能力倾向测试
1955 年	W. C. 雷德福博士开始担任主任，直到 1976 年。雷德福之前曾担任主任助理
1957 年	创立《澳大利亚教育杂志》上，出版至今
1958 年	委员会办公室从墨尔本柯林斯街搬到朗斯代尔街
1962 年	合作奖学金测试项目（CSTP）开始为私立学校测试

时　间	事　件
1963 年	委员会办公室搬到霍桑
1977 年	J. P. 基夫斯博士被任命为主任，直到 1985 年
1985 年	巴里博士被任命为主任，直到 1998 年
1994 年	办公室搬到当前总部所在地墨尔本的坎伯威尔
1997 年	出版社成立
1998 年	杰夫·马斯特斯博士被任命为主任（后改称首席执行官）
2001 年	委员会创立亚太教育研究协会（APERA），负责联系整个地区的组织
2002 年	在悉尼设立办公室
2003 年	政府停止资助。自 1946 年以来，委员会只收到来自联邦和州政府的一小部分资助。委员会中标管理"2006 年国际学生评估项目"
2004 年	获得澳大利亚校长中心办公场所，后来成为委员会领导中心
2005 年	委员会成功中标管理"2009 年国际学生评估项目"；肯·罗主持联邦政府项目"教学素养国家调查"
2006 年	在布里斯班设立办公室；《澳大利亚教育证书设置报告》交付给国家教育、科学、培训部，3 月公开发布；相比于前一年的 120 万美元，通过网络获得的收入超过 460 万美元
2007 年	在珀斯设立办公室；电子商务交易额在 2006—2007 年相比上一财政年度几乎翻番，通过互联网获得收入超过 840 万美元；坎伯威尔大道建筑出售
2008 年	铁路大道建筑完工，现在墨尔本大多数员工主要办公地点在坎伯威尔，与铁路大道建筑相邻
2009 年	委员会在印度的一个联络办公室变为全资子公司——澳大利亚教育研究委员会印度私人有限公司；委员会的员工超过 300 人
2012 年	在线评估和报告系统启动，使整套 PAT 系统首次能在网上测试
2013 年	在线评估和报告系统成功完成超过一百万次评估
2014 年	委员会通过澳大利亚政府高等教育质量和标准机构注册成为高等教育提供者

续　表

时　间	事　　　件
2015 年	在雅加达设立办公室
2016 年	与联合国教科文组织建立正式伙伴关系
2018 年	马来西亚吉隆坡办事处成立，430 名员工中有 14％以上在澳大利亚境外

注：该表根据澳大利亚教育研究委员会官方网站内容整理. https://www.acer.edu.au/about-us/corporate-profile/history.

从表 4 - 17 可见，澳大利亚教育研究委员会逐渐停止接受政府资助，与政府保持独立关系，并设立协会，还在世界各地设立办公室，逐渐把业务范围从国内扩展到全球，积极参与全球教育治理。

（二）使命、目标和价值取向

澳大利亚教育研究委员会的使命是创造和推广基于研究的知识、产品和服务，以促进人的终身学习。[①]

澳大利亚教育研究委员会的目标是重点支持学习者和专业人员学习，支持那些维持教育机构和系统运转的人员，支持我们学习社会。具体分为四个层面：一是学习者和他们的需求。每一个学习者能致力于合适他们的基础和需求、具有挑战性的学习机会。二是专业学习。每一个专业学习人员都具备高超的技能、知识和进行优秀实践。三是学习场所。每一个学习社区都有好的资源和热情致力于为所有的学习者改善学习结果。四是学习型社会。在学习型社会，每个学习者都能体验成功和有机会实现他们的潜能。澳大利亚教育研究委员会的目标围绕学习者、学习专业工作者、学习场所、学习型社会几个方面来阐释，从个人到社会，从普通学习到学习专业工作，学习环境也有涉及，可以说全面涵盖了实现终身教育的相关因素，与联合国教科文组织对终身学习倡导的理念与目标有共通之处。

澳大利亚教育研究委员会的价值取向是追求高标准的质量和公平：（1）知识专业化。创造高质量、创新研究和基于研究的服务和资源，以改善学习。

---

① ACER. About us [EB/OL].https://www.acer.edu.au/about-us/corporate-profile/mission-goals-and-values，2024 - 02 - 17.

（2）倡导创新。用创新、灵活和大胆的方法开发知识、服务和资源。（3）保持独立性。通过研究提供建议和评论，具备公信力、不结盟。在响应性上，预测、理解、满足并超越客户和顾客的期望。（4）进行反思和改进。自我反思、倾听和学习其他人，以改进工作质量、效率和生产率。（5）构建积极的人际关系。创建一个尊重、公平、开放和支持身体和情感健康的组织环境。（6）帮助个人取得成就。鼓励个人贡献、获得成功和追求卓越。

（三）人员与组织结构

澳大利亚教育研究委员会设有理事会，现有主席 1 人，副主席 1 人，成员 9 人，共 11 人。

表 4‑18 澳大利亚教育研究委员会理事会成员名单①

序号	姓　名	职　位	背　　景
1	比尔·劳登（Bill Louden）	主席	华盛顿大学文学学士、默多克大学学士、多伦多大学博士、西澳大利亚大学名誉教授
2	桑德拉·米利根（Sandra Milligan）	副主席	企业学教授、理学学士、华盛顿大学医学博士、墨尔本大学博士、执行董事兼企业教授
3	塔尼娅·迪里（Tanya Deery）	成员	澳大利亚南昆士兰大学理学学士（荣誉），墨尔本大学理学硕士、澳新银行集团总经理
4	杰夫·马斯特斯（Geoff Masters）	成员	教授，理学学士、芝加哥大学博士，华盛顿大学医学博士、澳大利亚教育研究委员会首席执行官。
5	克里斯廷·德里（Kristine Dery）	成员	教授、墨尔本大学博士，麦格理大学商学院工作、技术和创新教授，麻省理工学院信息系统研究中心学术研究员
6	杰弗里·纽科姆（Geoffrey Newcombe）	成员	新南威尔士大学理学学士、管理硕士、博士

① 根据澳大利亚教育研究委员会官方网站内容整理. ACER. ACER 2022‑2023 annual report［EB/OL］. https://research.acer.edu.au/ar/，2024‑03‑16.

序号	姓　名	职　位	背　　景
7	戴维·萨克斯（David Sacks）	成员	墨尔本大学学士学位、普华永道澳大利亚咨询公司行业领导者、合伙人
8	丹尼尔·爱德华兹（Daniel Edwards）	成员	莫纳什大学文学学士（荣誉）、博士、ACER 研究总监
9	马丁·韦斯特韦尔（Martin Westwell）	成员	教授、剑桥大学学士（荣誉）、博士、南澳大利亚州教育部行政长官
10	梅甘·莉莉（Megan Lilly）	成员	莫纳什大学文学学士、教育学学士、管理与政策学硕士、Ai 集团教育与培训中心执行董事
11	纳森·佐内蒂（Nathan Zoanetti）	成员	墨尔本大学博士、ACER 研究总监

　　由表 4-18 可见，理事会成员来自不同机构，有政府、大学、公司等，均有良好的教育经历，具备多学位、多学历，毕业于不同国家的知名大学，学缘结构合理，还有侧重实践的教育硕士和教育博士。这能保证澳大利亚教育研究委员会的教育研究决策和规划能做到高质量、高公平性。

　　现任首席执行官乔弗·马斯特斯（Geoff Masters）教授自 1998 年以来，一直担任澳大利亚教育研究委员会首席执行官一职，拥有芝加哥大学教育测量专业博士学位，发表了大量关于教育测量与研究的著作，曾担任亚太地区教育研究协会创会主席、经济合作与发展组织国际学生测评项目术咨询委员会主席，并在澳大利亚各州开展教育研究，他负责开发的国立学校改进策略在 2012 年被教育部门采纳。至今，乔弗·马斯特斯已经撰写 26 篇研究报告，[①]其中很多报告被直接采纳或间接影响了政策制定与实施。澳大利亚教育研究委员会现有 380 多名工作人员，分布于墨尔本、阿德莱德、布里斯班、迪拜、雅加达、伦敦、新德里、珀斯和悉尼。研究人员实现了全球化布局，这为开展全球范围内的教育政策研究提供了人才基础。[②] 委员会采用的人事制度非常灵活。"员工的聘用以合同制为主，有长期稳定的员工，也有因项目需求招聘的

---

① https：//works. bepress.com/geoff _ masters/＃intro-text-overlay，2023-07-18.
② ACER 2014-2015 annual report，Australian Council for Educational Research（ACER）［EB/OL］.https：//research.acer.edu.au/ar/，2023-07-16.

临时雇员和外聘的顾问、兼职人员。机构内外部有适度的岗位流动，机构内部新增岗位优先考虑内部员工，给员工尝试不同岗位的机会。"① 研究人员需要兼具深厚的学术底蕴和丰富的实践经验，同时委员会鼓励员工以各种方式积极进行专业学习，开发相关技能，致力于使员工在工作上拥有专业话语权。

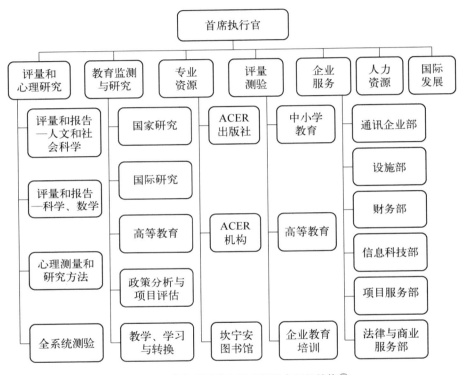

图 4-6　澳大利亚教育研究委员会组织结构②

（四）资金来源及财务状况

作为专业化的教育决策服务机构，澳大利亚教育研究委员会客观、公正、独立的信念源于财政上的独立性——不接受来自政府的直接财政拨款。委员会

---

① 苏红. 教育智库如何成长与发展——来自澳大利亚教育研究委员会的经验 [N]. 中国教育报，2014-10-01.
② 王建梁，郭万婷."专业化发展"理念下的澳大利亚教育智库建设——以澳大利亚教育研究委员会为例 [J]. 高校教育管理，2014，8 (2)：33-37，48.

财政独立的获得有一个过程。成立之初，委员会受到卡内基基金会的资助。从 1946 年开始接受联邦政府的财政资助，并延续到 2003 年。随着研究功能和服务范围的扩大，澳大利亚教育研究委员会逐步实现了财政自立。

据澳大利亚教育研究委员会 2022—2023 年度财政报表统计，收入 2022 年为 90 300 多万美元，2023 年已超过 97 800 万美元，1.1 亿美元，收入稳中有升。总资产在 2022 年达到 11 947 万美元，2023 年达到 11 668 多万美元，2024 年达 1.1 亿美元，2016 年为 7 300 多万美元，2012 年总资产只有 637 万美元，资产大幅增长。从公布的年度财务状况可见，作为独立的非营利性教育智库，澳大利亚教育研究委员会内部财务状况透明，运行良好，这样为其高质量地进行教育研究、咨询和服务提供了保障。

澳大利亚教育研究委员会的资金来源主要有三部分。第一，出售产品的收入。1997 年，澳大利亚教育研究委员会创立了出版社，出版产品已达 4 500 余种，包括各种教育学和心理学书籍、年度报告、自己编制的或译自英美等国的各种测验。委员会还开设了网上书店与在线知识库，客户可以在网上购买各种资源。第二，提供教育决策咨询服务的报酬。澳大利亚教育研究委员会服务教育决策主要通过开展大型调查研究、教育测评、开发教育质量标准、实施学业成就测试来实现。[①] 它的雇主包括澳大利亚民间机构、政府机构、大学，甚至是一些国际组织，如经济合作与发展组织。澳大利亚全国性学生学业成就测试就是以国家评估项目的形式委托给澳大利亚教育研究委员会，当然要支付相应的报酬。第三，接受社会各界的捐赠。澳大利亚教育研究委员会成立了自己的基金会，接受来自慈善机构、企业和个人的捐款，并将这些捐款用于解决教育中的不利问题和开展针对弱势群体的研究项目。

（五）研究与服务领域

澳大利亚教育研究委员会主要通过高质量的教育研究，为全球客户提供全面而客观的教育决策咨询服务。委员会下设四个研究中心，分别是全球教育检测中心、改革与创新评估中心、教育政策与实践中心、学习科学中心。委员会以这四个研究中心为基础，开展教育研究与服务。澳大利亚教育委员会承接委

---

① 曾天山，王小飞，吴霓. 澳新两国国家教育智库及其服务政府决策研究——澳大利亚、新西兰教育科研考察报告 [J]. 比较教育研究，2013，35（8）：35-40，53.

托项目，包括国内项目和国际项目。根据澳大利亚教育委员会发布的 2015—2016 年度报告显示①，承接的国际项目涉及阿拉伯联合酋长国、印度尼西亚、孟加拉国、印度、马里、沙特阿拉伯、巴布亚、菲律宾、津巴布韦等国家和地区，同时也参与很多国际组织的项目，如经济合作与发展组织、世界银行、联合国儿童基金会、国际教育成就评价协会、亚洲开发银行、波士顿学院、英国文化协会等国际组织、高校进行合作研究。发布的 2023—2024 年度报告显示②，澳大利亚教育研究委员会承接澳大利亚政府幼儿园成果评估，并与阿拉伯联合酋长国就"阿联酋学校建设评估转型服务"项目达成合作，与马来西亚和印度尼西亚开展合作，继续参与国际学生评估项目（PISA）。目前，其研究和服务领域包括测量和评价、学习和教学研究、教育的社会基础研究、社会服务。

1. 参与全球教育测量与评价

测量与评价的研究与服务对象主要是学校教育、高等教育与职业教育培训机构。教育测评的主要类型有中小学入学测试、中小学奖学金评估、大学入学测试与奖学金评估、医学院入学考试、人力资源测评、心理测试、职业测试等。测试的项目包括跟踪监测学生的学习、读写能力，数学科学能力，逻辑能力，选拔测试，语言发展，健康等。③ 澳大利亚国家评估项目（National Assessment Program，简称 NAP）是澳大利亚政府于 2008 年启动的全国性评价项目，由联邦政府采用招标的方式委托澳大利亚教育研究委员会和澳大利亚考试中心等机构分别承担。项目对中小学生进行持续的跟踪评估，以对各地的教育水平和发展作出定期、系统的评价。测试项目包括读写与数学、科学素养、公民意识、信息素养，目的是为教师提供学生各科知识和技能掌握水平的客观和常模参照信息，通过分析所得数据和信息，帮助教师改善教学。④ 澳大利亚教育委员会还参与经济合作与发展组织的高等教育学习成果测评项目（Assessment of Higher Education Learning Outcomes，简称 AHELO），主要由

---

① Australian Council for Educational Research（ACER）. "ACER 2015 - 2016 Annual Report"（2017）[EB/OL].https://research.acer.edu.au/ar/19，2018 - 3 - 17.
② Australian Council for Educational Research（ACER）. "ACER 2023 - 2024 Annual Report" by Australian Council for Educational Research（ACER）[EB/OL]. https://research. acer.edu.au/ar/69/，2025 - 02 - 02.
③ ACER. School Tests [EB/OL].https://www. acer.edu.au/tests/school/.2023 - 10 - 14.
④ 一帆. 澳大利亚国家评估项目（NAP）[J]. 教育测量与评价（理论版），2011（8）：20 - 20.

其下设的由国际化专家团体组成的教育援助委员会（Council for Aid to Education，简称 CAE）负责具体实施。项目的目的是分析学生的学习成果评价以及学生的背景因素是否有助于提升学习质量。项目的测评对象是即将获得学士学位的大学生，参与其中的准毕业生将面临两个方面的测评，即所有大学生都应该具备的"通用技能"（generic skills）和不同专业学生必须掌握的"学科专业技能"（discipline-specific skills）。① 已经有 16 个国家参与该项目的测评研究，在国际上具有一定的影响力。

2. 学习与教学研究

澳大利亚教育研究委员会是澳大利亚全国性的教育科研机构，主要目标是开发新的知识和工具，改善学习能力。其教学研究项目包括教育政策研究、学生进步监测、教师专业发展、学生参与、学习绩效评估、学习成果评定等。其领导机构由各州知名的教育学、心理学、教学法等专家组成，这些专家同时也是各州教育研究所的领导成员。这样的人员构成有利于研究者在实践中及时发现教育问题，切实把握教学规律，并与理论进行结合，为服务对象提供行之有效的对策。专业化的教学研究在微观层面有助于学习者改善学习方法，有助于教学专业人员改变教学策略、提高教学质量，在宏观层面上有助于提高教育管理人员专业水平，影响教育政策的制定。2012 年 10 月，澳大利亚教育研究委员会向国会听证会提交了一份有关教学与学习的建议——《为了使我们对中小学投资的效益最大化》。该建议以国内外研究证据为基础，建议联邦政府采取三项措施提高教育质量，提高教学与学习质量，提高中小学的成绩与福利水平。这三项措施分别是，提高教师职业地位，为教师注册设定最低成绩标准并进行认证，认可并奖励教师的专业知识与技能的发展。② 在 2014—2015 年度报告中指出，澳大利亚教育研究委员会正在进行学习评估中应用数字技术，优化课堂行为和学习资源，并帮助教育工作者识别并满足学生的需求。③ 数字技术在学习方面的应用研究主要包括数字化学习评估、高等教育大数据、平板电脑应用、研究型课堂创新、自我诊断评估、数字时代的学习。在教学研究方

---

① 廖青. 经合组织国际高等教育学习成果评价项目——AHELO 解析 [J]. 中国高等教育评估，2012（2）：40-44.
② 唐科莉. 为了使我们对中小学投资的效益最大化——澳大利亚教育研究委员会对提高教师质量的建议 [J]. 基础教育参考，2013（9）：88-89，91.
③ DIGITAL TECHNOLOGIES, ACER 2014-2015 annual report [EB/OL]. https://research.acer.edu.au/ar/，2023-7-16.

面，2014—2015 年度报告中指出，澳大利亚教育研究委员会在教学研究的重点是分析教师工作的人口学特征，告知学校领导者和决策者关于供给和需求及学校效能相关信息，具体包括以下几个层面的信息：教师的质量、供给和需求；教师工作规划；全球教学信息速递；印尼教师旷工情况研究。

3. 教育的社会基础研究

教育的发展从来不可能在一个孤立的环境下进行，教育决策者或者研究者需要以宏观的视野审视社会的变革与挑战，在复杂多变的社会大环境下把握教育改革的方向，作出科学决断。教育的研究必须将社会政治环境和文化环境考虑在内，澳大利亚作为一个多种族、多元文化国家，针对教育的社会基础研究就显得格外重要。随着社会的发展，澳大利亚教育研究委员会的社会基础研究内容不断丰富，涉及澳大利亚幼儿福利政策、澳大利亚留学政策、土著人教育政策研究等。澳大利亚教育研究委员会宣称："我们认可传统的土地所有者，尊敬长者和过去，也承认土著人和托雷斯海峡岛民，他们对我们关于提高土著居民的学习的研究和发展作出了持续而巨大的贡献。"[1] 澳大利亚教育研究委员会认为，提高少数民族或土著人、弱势群体学生的学业成就，是弥补政治性多元文化教育项目缺陷、促进多元文化融合和教育公平的重要手段。为此，澳大利亚教育研究委员会提出了一系列针对少数民族的措施建议：建立多元文化专项，促进多语言文化教育；分权管理课程，促进少数民族教育资源多样化；缩小学业成就差距，重点提高少数民族与弱势群体教育质量。针对澳大利亚土著人和托雷斯海峡岛民儿童，澳大利亚教育研究委员会专门设立了土著人教育研究数据库，为所有学习者和学习社区提供最新教育资源，它还开展了一项关于早期教育的研究项目——"通过电视提升土著儿童入学准备计划"，帮助土著儿童提高入学准备能力，为他们在未来教育中获得成功奠定基础。

4. 参与社会服务

作为一个非营利性教育研究与咨询服务机构，澳大利亚教育研究委员会除了提供有偿教育决策服务和相关产品，以获取收入维持正常运营之外，还免费为公众提供教育公共资源，比如建立了大量的图书馆组织，提供数量庞大的图

---

[1]　ACER. Indigenous Education：Statement of Commitment ［EB/OL］. https://www.acer.edu.au/indigenous.2013 - 10 - 14.

书资料和数字资源，实现信息资源的共享。ACEReSearch 是澳大利亚教育研究委员会设立的在线知识库，由坎宁安图书馆负责维护，里面包含委员会大量的研究报告、工作文件、会议文件、出版物、同行评议系列期刊、委员会人员档案、画廊（包含建筑、历史人物等图片），用户可以免费浏览、下载。此外，澳大利亚教育研究委员会通过举办年会、研究性课程以及针对教师与学校管理者的讲习班向社会提供教育培训。澳大利亚教育研究委员会基金会还为慈善机构、教育者和社区提供免费和专业的建议和咨询服务，并设立了国际学生专项奖学金（ACER International Student Scholarship，简称 AISS），为那些愿意在澳大利亚获取本科商业学位的国际学生提供资助，考试成绩最优异者将获得价值 50 000 澳元的奖学金。

（六）特点

为进一步获取公众支持，扩大影响力，澳大利亚教育研究委员会积极拓展多样化的运营方式，一方面，在政府与决策者层面，通过委员会成员在政府部门任职、政府咨询、学术会议、参与政府决策研究项目等途径扩大对政府部门的影响；另一方面，在社会和大众舆论层面，通过发行学术出版物、召开会议、开办讲座、参与大众传媒等方式扩大其公众影响力。① 澳大利亚教育研究委员会在运营过程中体现出如下特点。

1. 机构运作保持独立性

智库的重要特征之一是独立性。兰德公司、布鲁金斯学会等国际顶尖智库都以保持独立性作为其发展的基础保障。从澳大利亚教育研究委员会的发展历程来看，从依靠卡内基基金会资助，到接受政府拨款，直到最后实现完全财务独立，经过了一个漫长的过程。财政的独立保证了其立场的中立性，澳大利亚教育研究委员会通过出售高标准的教育测评与咨询服务维持机构的正常运营。另外，它有自己的董事会负责运作。澳大利亚教育研究委员会研究项目的开展不受澳大利亚联邦政府干涉，不受教育内部系统与各个利益团体的干涉，服从市场和客户的要求，并积极吸纳各种社会力量参与教育决策研究，得到政府与舆论界的双重认可。保持教育智库独立性和客观性，就需要研究教育领域存在

① 郝时远. 中国智库在全球智库排名中的启示（三）[N]. 中国社会科学报，2013-10-09.

的真问题，以实证研究为基础，在证据充足的前提下，收集汇总数据、信息，以此作出严谨客观的结论，这才是教育智库保持独立性的核心和根本。

2. 为全球教育领域提供高标准服务

想要成为知名的教育智库，仅有广泛的资源、闪亮的名头是不够的，拿出有影响力和前瞻性的政策建议才是一个教育智库的核心竞争力。① 澳大利亚教育研究委员会的专业性体现在多个方面，如专业的人员构成、研究领域等。作为国家一流的教育研究机构，其作用就是向教育部门提出改革框架或者批评建议。由澳大利亚教育研究委员会开发的"国家学校改进策略"2012 年已被澳大利亚教育部门采纳，从 2013 年起它作为学校改进计划在全澳中小学校施行。"国家学校改进策略"包含九个相互联系的维度：明确的改进议程，数据的分析与讨论，促进学习的氛围，有针对性地使用学校资源，专业的教学团队，系统的课程传递，差异化的教学和学习，有效的教学实践，家校合作。该策略的核心特征之一是设置了不同的操作水平，使学校明确哪里需要改进以及如何设置目标和设计改进策略，并随时监测学校的改进状况。② 澳大利亚教育研究委员会秉承专业知识、创新、自主、诚信、回应、反思与改进、积极的关系、成就感八大信念为顾客提供服务。与此同时，它还追求高标准的学业成就及品质，目标是成为世界级教育研究中心。研究的高质量，为服务的专业化提供了重要基础和保障。

3. 国际合作与交流广泛

澳大利亚教育研究委员会将自己融入不断变化发展的国际环境之中，它利用英语国家优势，在东南亚、中东、非洲等地建立了分支机构，为这些发展中国家提供教育测量与诊断，不断提高教育研究的国际化服务水平。它还与各国的教育部门和大学展开教育合作研究，并承接来自国际客户的教育决策服务委托。它积极参与 PISA，并与密歇根州立大学联合开展国际教育成就评价协会教师教育发展研究，同时澳大利亚教育研究委员会还是研究国际公民与公民教育的一个国际研究中心分支机构。澳大利亚教育研究委员会 2014—2015 年度报告显示，委员会承担了大量世界各国与国际组织的委托项目，如阿布扎比教

---

① 黄忠敬. 美国教育的"智库"及其影响力 [J]. 教育理论与实践，2009，29（5）：20-23.
② ACER. National School Improvement Tool [EB/OL]. https://www.acer.edu.au/document/NSIT.pdf.

育委员会的"大学教育学习结果评估"、阿富汗教育部的"阿富汗教育发展监测"、新加坡亚洲太平洋经济合作组织秘书处的"加强提供在亚太经合组织地区跨境教育"、波士顿大学、经济合作与发展组织（OECD）、PISA、世界银行（WB）等的委托项目。可见，澳大利亚教育研究委员会的研究与服务国际化程度非常高，也从一个侧面说明其研究和服务得到国际社会的广泛认可。

国际知名教育智库普遍重视国际合作。如同美国布鲁金斯学会在中国建立"清华—布鲁金斯公共政策研究中心"一样，澳大利亚教育研究委员会也与中国建立了教育科研合作关系，2012 年 10 月，中国教育科学研究院与澳大利亚教育研究委员会签署备忘录，双方就大型调研方法、教育质量标准、留学生等领域的有关问题进行深入交流，并就未来的交流合作进行探讨。①

4. 研究过程注重延续性和可回溯性

在开展研究项目时，澳大利亚教育研究委员会制定一个时间框架，但是很多的研究数据并不是短期可以获得的，需要长期的监测才能作出科学的预测，因此，其研究过程注重延续，以保证研究的客观性。澳大利亚教育研究委员会强调追踪调查，并定时对公众发布研究进程，吸收合理的建议和反馈，对研究进行修正和完善，这也是澳大利亚教育研究委员会特别注重公众参与的原因。比如，澳大利亚教育研究委员会在了解学生对自己的"大学经历"的满意程度时，创新性地采取了长期跟踪的方法对学生在读期间的"课程"和"校园生活"的参与程度进行了调查。② 由澳大利亚教育研究委员会和澳大利亚考试中心共同负责的澳大利亚国家评估项目，通过对中小学生学习成绩持续的跟踪调查，对全澳各地的教育水平和发展作出定期、系统的评价，为构建国家教育质量标准框架提供参考。

5. 注重专业化发展，广泛吸纳全球人才

澳大利亚教育质量和国际竞争力不断增强，吸引了大量海内外留学生。据统计，2011 年留学生人数占其高等教育学生总数的 19.8%，位居世界第一。③

---

① 曾天山，王小飞，吴霓. 澳新两国国家教育智库及其服务政府决策研究——澳大利亚、新西兰教育科研考察报告 [J]. 比较教育研究，2013，35（8）：35-40+53.
② 耿会芬. 澳大利亚用"参与程度"衡量学生满意度 [J]. 比较教育研究，2008（8）：94.
③ 王辉耀，苗绿. 国际人才蓝皮书：中国留学发展报告（2013）No.2 [M]. 北京：社会科学文献出版社，2013：8.

高水平教育成就的取得离不开像澳大利亚教育研究委员会这样的专业教育智库。在专业化发展理念的指导下，澳大利亚教育研究委员会以八大信念为教育改革和决策提供高水准服务。第一，澳大利亚教育研究委员会非常注重吸纳不同国家、学有专攻、不同学科的专业研究人员，组建跨学科研究团队联合攻关，且以各种方式促进研究人员的专业发展；第二，澳大利亚教育研究委员会要求研究人员兼具深厚的学术底蕴和相关专业领域的工作经验，招聘具有教育行政部门实践经历的人员承担研究任务；第三，澳大利亚教育研究委员会采用理事会负责制的专业治理机制，保证了整个机构的高效运转。正是这种专业化发展信念和专业化管理，推动澳大利亚教育研究委员会逐步发展成为世界级教育智库，为世界范围内的国家和地区提供高水准的教育研究服务。

第五章

中国教育智库

- 中国教育科学研究院
- 北京师范大学中国教育与社会发展研究院
- 北京教育科学研究院
- 上海市教育科学研究院
- 重庆市教育科学研究院
- 中国基础教育质量监测协同创新中心
- 北京大学中国教育财政科学研究所
- 清华大学教育研究院
- 浙江大学中国科教战略研究院
- 厦门大学教育研究院
- 华东师范大学国家教育宏观政策研究院
- 华中师范大学国家教育治理研究院
- 东北师范大学中国农村教育发展研究院
- 南京师范大学道德教育研究所
- 上海师范大学联合国教科文组织教师教育中心
- 21 世纪教育研究院
- 长江教育研究院

一、中国教育科学研究院①

（一）基本概况

中国教育科学研究院（National Institute of Educational Science）是教育部直属的国家级综合性教育科学研究机构。其前身是 1941 年中国共产党在延安建立的中央研究院中国教育研究室，具有光荣的革命传统。1941 年 7 月，马列学院成立，毛泽东发表著名演讲《实事求是》。1941 年 9 月，根据毛泽东《实事求是》报告精神，马列学院更名为中央研究院，下设中国教育研究室，时任中央宣传部副部长李维汉兼任中国教育研究室主任。徐特立、吴玉章等老一辈无产阶级革命家、教育家对中国教育研究室给予悉心指导。1957 年 1 月，经国务院和中央书记处批准建立中央教育科学研究所，开展教育科学研究工作。延安时期中国教育研究室的骨干成为中央教育科学研究所的主要创建人。"文化大革命"期间，中央教育科学研究所停办。1978 年 7 月，国务院批准恢复重建中央教育科学研究所。② 2011 年 8 月，经教育部和中央机构编制委员会办公室批准，中央教育科学研究所更名为中国教育科学研究院。2011 年 11月，中国教育科学研究院召开成立大会，时任国务院副总理刘延东出席大会。③ 2019 年 5 月，中国教育科学研究院入选中国教育智库评价 SFAI 研究报告的核心榜单。④ 2022 年 2 月，与国家教育发展研究中心整合组建为新的中国教育科学研究院。2022 年 12 月，中国教育科学研究院入选《2022 全球教育智库影响力评价 PAP 研究报告》"中国教育智库榜单"。⑤ 2023 年再次入选中国教育智库评价 SFAI 研究报告的核心榜单。

---

① 主要参考：中国教育科学研究院官方网站 https://www.nies.net.cn/jg/ysjg/jyll/；期刊文章《中央教育科学研究所 70 周年所庆公告》；书籍《普通高等学校人文社会科学重点研究基地"十二五"规划汇编（下册）》；付卫东，付义朝. 智库的转型：我国教育政策研究机构转型发展 [M]. 武汉：湖北教育出版社，2016.
② 朱永新. 中国教育改革大系·教育实验卷 [M]. 武汉：湖北教育出版社，2015：298.
③ 刘大为，李曜升. 中国教育年鉴 2012 [M]. 北京：人民教育出版社，2013：338.
④ 周洪宇，刘大伟. 中国教育智库评价 SFAI 研究报告（2019 年版）[M]. 北京：中国社会科学出版社，2019：53.
⑤ 《2022 全球教育智库影响力评价 PAP 研究报告》重磅发布 [EB/OL]. https://www.sohu.com/a/620438201_608848，2022-12-23.

（二）组织机构

中国教育科学研究院现任党委书记、院长是李永智。中国教育科学研究院的组织机构由科研序列、行政序列、编辑序列、产业序列四部分构成。其中，科研序列由 20 个研究所组成：教育理论研究所、教育战略与宏观政策研究所、教育体制机制改革研究所、区域教育研究所、教育史研究所、基础教育研究所、高等教育研究所、职业教育与继续教育研究所、心理与特殊教育研究所、德育与学校党建研究所、课程与教学研究所、体育美育教育研究所、劳动与社会实践教育研究所、教师发展研究所、教育评价与督导研究所、教育法治与教育标准研究所、教育财政研究所、教育统计分析研究所、比较教育研究所、数字教育研究所。行政序列包括党委办公室、院务办公室、纪委办公室（审计处）、科研管理处、人事处、财务处、教育实验协作处、国际合作交流处（港澳台办公室）、全国教育科学规划办公室、总务处、离退休工作处、图书资料与信息中心。编辑序列包括《教育研究》杂志社（含《教育文摘周报》）、《中国德育》杂志社。产业序列包括教育科学出版社（中国教育科学研究院音像出版社）、北京市国育教育科技有限公司、中国教育科学研究院培训中心。中国教育科学研究院中，高级职称人员占 56％，具有博士学位科研人员比例达75％。中国教育科学研究院的机构经历了一个变化的过程。中国教育科学研究院机构的变革是对时代变迁、社会进步的不断调整与适应。中国教育科学研究院设有博士后科研工作站以及访问学者培养平台，培养了大批教育研究专家和学者。

（三）承担重要研究项目，提供教育决策咨询

中国教育科学研究院以服务决策、创新理论和指导实践为己任，系统开展了马克思主义教育理论和教育改革与发展战略研究，为完善中国特色社会主义教育理论体系，为我国教育事业科学发展提供了重要的智力支持和理论贡献。该院以教育改革发展面临的重大理论和现实问题为主攻方向，以战略性、前瞻性研究为重点，加大改革力度，加快科研方式转型，取得了丰硕的科研成果。党和国家领导人多次对中国教育科学研究院报送的调研报告予以批示肯定。例如，在《国家中长期教育改革和发展规划纲要（2010—2020 年）》制定过程

中，中国教育科学研究院全面参与了战略调研、文本起草、意见收集、数据整理以及宣传解读等工作。不仅如此，中国教育科学研究院还围绕《国家中长期教育改革和发展规划纲要（2010—2020年）》重要议题，开展了教育发展战略目标、义务教育均衡发展国家标准、教育基本公共服务基本范围、高层次创新人才培养、农民工随迁子女和留守儿童教育等课题研究，进行了教育满意度等专项调查。"十一五"期间，共提交政策咨询报告300多份，为促进决策科学化提供了重要依据。"十二五"期间，中国教育科学研究院通过建立覆盖东中西部地区的义务教育发展数据库，形成了一套完善的义务教育监测系统。围绕着义务教育均衡发展、义务教育经费投入、义务教育学校标准化建设、义务教育教师资源配置、义务教育学生变动状况、义务教育质量等问题，发布了一批有质量、有影响的监测评估报告，如《中国60个项目县初中学生辍学情况监测报告》《中国60个项目县7577所中小学校办学条件情况监测报告》《中国355个县教师工作生活状况调查报告》。这些评估报告帮助建立起了义务教育领域有关标准、模式及基础数据库，为我国义务教育进一步改革发挥了引领作用。

中国教育科学研究院的主要职能是为教育部重大教育决策提供政策咨询与服务。其研究领域为教育政策、教育发展战略与规划、教育领导与管理、教育质量管理、农民工子女教育与留守儿童教育、农村教育、民办教育、民族教育、留学教育等，在农民工子女教育与留守儿童教育、区域教育战略与发展规划等。其主要工作：（1）围绕教育部中心工作开展各种支持性、前瞻性、战略性政策研究；（2）开展国家、区域、学校教育发展规划研究；（3）深入调查我国教育改革，特别是基础教育改革的现状，及时分析教育政策走向，对我国教育改革的战略问题进行前瞻性研究，对教育改革的热点难点问题进行梳理并进行跟踪研究，对年度国内教育政策进行梳理分析，编撰年度《重大教育政策要点》，通过研究，对教育部重大决策提出积极建议；（4）研究我国农村教育改革中的理论和实际问题，开展教育部特别委托项目"中国进城务工就业农民子女义务教育问题""中国农村留守儿童问题""农村中小学生源变化有关问题"的研究以及相关组织协调工作；（5）研究教育行政管理及学校管理的理论与实践问题，开展教育部特别委托项目"基础教育事业发展数据分析"的管理、分析及研究工作；（6）关于教育质量管理以及教育质量测量、评价和监控的理论与实践研究，重点开展现代质量管理体系应用于学校教育质量管理的研究及中介服务和相关咨询服务；（7）对部分发达国家及与我国国情相似的发展中国家的教育制度进行比较研究，开展中外教育改革和发展的基本经验的比较研究；
（8）开展中国留学教育历史与现状研究；（9）进行私立与民办教育、少数民族
教育、区域教育等方面的研究；（10）主办双月刊《新教育》杂志等；（11）协
助教育部有关司局等部门开展决策性研究；（12）开展与香港大学中国教育研
究中心的项目合作；（13）参与研究生、访问学者、博士后研究人员的指导工
作。就社会评价而言，作为我国农民工子女教育研究开始较早且具有一定社会
影响力的科研单位，先后多次为教育部提供了该领域的决策咨询报告，得到相
关领导的批示与好评。曾经参与制定的成都市青羊区、北京市石景山区教育规
划得到当地政府以及教育主管部门领导的高度认可。

　　中国教育科学研究院先后承担了世界银行、联合国儿童基金会、福特基金
会、韩国教育开发院资助的国际项目研究，以及教育部十五重点课题、"十一
五"国家青年专项课题、教育部哲学社会科学重大课题、教育部哲学社会科学
重大课题攻关项目等研究工作。作为骨干单位参与了 2005 年度教育部委托重
大调研课题"素质教育的理论、政策研究"、2006 年教育部哲学社会科学研究
重大课题攻关项目"教育公平问题研究"等项目的研究工作。由其下属研究所
承担的地方决策研究项目"江苏省宿迁市教育发展'十一五'规划研究"于
2006 年完成，并由江苏省宿迁市政府正式颁布实施；《北京市石景山区教育
"十二五"规划》于 2011 年完成，并由石景山区政府正式颁布实施。

　　中国教育科学研究院先后向国务院、教育部以及相关部门提交了《农村留
守儿童问题研究》《中国进城务工农民子女义务教育问题研究报告》《〈2020 年
中国教育发展纲要〉基础教育领域"农民工子女教育保障"问题研究》《北京
市大兴区农民工子弟学校撤并调研报告》《北京市海淀区打工子弟学校调研报
告》《浙江省、广东省民办教育调研报告》《江苏省宿迁市教育调研报告》等重
要研究成果，为决策服务提供了科学的依据。

　　近些年来，中国教育科学研究院全面参与了国家决策服务项目 300 多项，
多项成果得到国家领导人的批示，出版各级各类教育、专题年度报告 100 余
本，发表核心期刊论文 1 400 多篇。"十三五"期间，中国教育科学研究院将
继续坚持以服务决策、创新理论、指导实践、引领舆论、协同战线为己任，努
力建成一流国家教育智库，为我国教育事业发展和教育现代化提供重要智力
支撑。①

---

① 　中国教育科学研究院［J］. 教育导刊，2017（6）：1.

中国教育科学研究院的研究特色有五个方面：（1）理论联系实际、求真务实；（2）研究取向更体现国家利益、国家标准；（3）立足于全局性、全国性的要求，针对重大的理论和实践问题为主攻方向，借鉴西方的经验，产生形成具有中国特色，能够影响教育政策、影响教育理论和教育实践这样的成果；（4）在研究方式上更加强调联合创新、协同创新、联合攻坚；（5）研究方法上，更加强调数据、证据、实验、时政。成立了数据中心或者数据平台，还有调研大队，专门收集各地改革的经验和基本的数据。

（四）开展教育理论研究，引导全国教育科学研究

中国教育科学研究院组织开展了改革开放 40 年教育理论和实践研究，以 40 项重大教育决策案例为切入点和研究对象，深入梳理其改革发展历程、主要成就、基本经验、思想启示和未来展望，研究成果汇编成《教育强国之道》，并于 2018 年底由教育科学出版社出版。其研究人员在《教育研究》等核心学术刊物上发表了《进城务工就业农民子女接受义务教育的政策措施研究》《关注千万农村留守儿童的成长》等一系列研究论文，出版了《中国教育热点问题透视》《中国历代私学教育》《留学与中国社会的发展》《学校教育管理实施 ISO9000 族标准的研究与实践》《学校教育质量管理体系文件范本》《ISO9000 在学校管理中的应用—山东省昌乐二中实施 ISO9000 实例》《学校文化建设—校长与管理文化》等学术著作。学院下属教育发展与改革研究所 2016 年承担了院级委托招标项目"国家重大教育政策要点分析"，形成成果《重大教育政策要点 2017》。全书从综合政策、基础教育、职业教育与继续教育、高等教育、民办教育、体育卫生艺术、招生考试、教师队伍、语言文字、对外交流十个方面，对年度国家重大教育政策要点进行梳理，研究重大教育政策，有利于相关人员把握和了解国家教育政策。①

中国教育科学研究院通过下设的全国教育科学规划领导小组办公室（简称"规划办"）引导中国教育科学研究的方向。规划办正式成立于 1983 年，是教育部全国教育科学规划领导小组的常设办事机构。作为全国哲学社会科学规划单列学科管理部门，业务上接受全国哲学社会科学规划办公室的指导。规划办

---

① 重大教育政策要点 2017［EB/OL］. https://mp.weixin.qq.com/s/vfKAe3rRPIlKNt7r6R_xbg，2019 - 05 - 10.

设在中国教育科学研究院，中国教育科学研究院院长兼任规划办公室主任，统筹领导规划办公室的工作。其职责是：负责制定全国教育科学规划及课题指南；负责制定全国教育科学规划课题管理办法；负责全国教育科学规划各类课题的评审、检查与鉴定工作；负责编制重点课题经费预算；负责组织优秀科研成果和先进管理单位的评选奖励工作；负责课题成果的宣传、交流和推广活动。①

（五）开展教育改革试验，举办论坛，推动教育改革

为适应我国教育改革发展形势的需要，整体推进区域性教育改革发展，探索具有中国特色区域发展模式，本着"院区共建，整体推进，科研引领，创新发展"的方针，自 2008 年 5 月开始，中国教育科学研究院先后在东中西部有代表性区域成立了教育综合改革实验区和若干所实验校，开启了中国教育科学研究院与地方政府协同推进区域教育综合改革的探索和实践。截至 2019 年，中国教育科学研究院共建有杭州下城区、成都青羊区、大连金州新区、深圳南山区、宁波鄞州区、重庆九龙坡区、宁波北仑区、广州荔湾区、长春汽车经济技术开发区、天津和平、成都武侯区、绍兴袍江经济技术开发区、山东寿光市、宁波市、沈阳沈河区、福建石狮市、北京房山区、云南芒市等 20 多个教育综合改革实验区。②

通过各方面的共同努力，实验区整体水平不断上升，优势和特色不断彰显，在全国范围内产生了越来越大的影响。实践证明，实验区为我国区域推进教育改革提供了经验和样板，为区域之间联动发展搭建了桥梁，为中国教育科学研究院科研发展开辟了新路径。《光明日报》2010 年 11 月 10 日专题报道了中国教育科学研究院教育综合改革实验区的经验与做法。正如文章的编者按所说："一个具有中国特色，以小区域带动大区域，进而带动全国教育的整体均衡、优质发展的区域推进教育改革的新模式已初见端倪，并逐步成为引领国内区域教育改革发展的新亮点和创新品牌。"北仑实践基地是中国教育科学研究院推进教育现代化实践基地，是中国首家区域推进教育现代化实践基地。中国

① 全国教育科学规划领导小组办公室［EB/OL］.https:// baike.baidu.com/item/全国教育科学规划领导小组办公室/10051579，2019－05－10.
② 中国教育科学研究院.教改实践［EB/OL］.https:∥www.nies.net.cn/syq_1353/，2019－05－08.

教育科学院和区政府签订的《教育项目实验合作协议（2011 年—2015 年）》实施以来，成效显著。基于北仑教育的综合水平，中国教育科学研究院将把北仑教育的均衡化、优质化、信息化、国际化作为"北仑实践基地"的主要内容，组建"特色示范高中建设、名校长与名师发展学校、教育均衡优质水平监测、中外合作办学领域拓展、智慧教育系统构建、教育现代化品牌提炼"等六个项目组，推动北仑率先高标准成为省教育现代化区。

近些年来，中国教育科学研究院与各地方党委、政府、教育行政部门、学校通力合作，在广大校长和教师的积极参与和支持下，教育综合改革实验区工作不断取得新进展。通过各方面的共同努力，实验区整体水平不断上升，优势和特色不断彰显，在全国范围内产生了越来越大的影响。在实验区建设取得成功经验的基础上，中国教育科学研究院继续深化指导实践职能，于 2013 年开始探索实验学校建设，通过科研引领为地方学校发展搭建平台的同时，也为教育改革和学校发展积累鲜活经验。中国教育科学研究院共建有福建厦门、北京丰台、大连金州、宁波鄞州、杭州下城等多所实验学校。

实验区是中国教育科学研究院建设新型教育智库的重要支撑，是中国教育科学研究院整体发展战略的重要组成部分。实践表明，实验区为我国区域推进教育改革提供了经验和样板，为区域之间联动发展搭建了桥梁，院区（市）合作推进区域教育改革的思路和模式经受住了实践的检验。同时，通过实验区建设，中国教育科学研究院指导和服务教育实践的能力也得到了全方位提升。特别是 2015 年以来，中国教育科学研究院进一步强化了实验区的地位和作用，不断创新实验区工作机制，在稳步扩充实验区规模的基础上，提出要强化研究中心对口指导机制，打造精品菜单项目，建设资源服务平台，努力使实验区工作再上新台阶。2018 年 12 月，中国教育科学研究院与广州市人民政府共建教育综合改革实验区项目启动，并共同设立中国教育科学研究院粤港澳大湾区教育研究中心。中心围绕大湾区教育发展大局，制定前瞻性、科学性、系统性、创新性的实施方案，有序推进落实各项教育改革专题工作。

召开研讨会、论坛是中国教育科学研究院增进交流，推动教育改革理念落实的重要方式。例如，2018 年，中国教育科学研究院主办了中国教育科学论坛暨产教融合与职业教育创新发展论坛、大中小（幼）一体化体育课程体系建设研究推进会、全国民办教育协作创新联盟第五届年会暨改革开放 40 年民办教育发展的成就与经验研讨会。2019 年 1 月，主办改革开放四十年与流动人口子女教育研讨会。每年召开全国教育科研工作会议暨教育科学论坛。2022

年 9 月 28 日，中国教育科学论坛（2022）以"中国智慧教育与教育智慧"为主题在北京召开特别高端会议，旨在持续推进教育理论思辨和学术创新，努力打造新时代引领教育改革创新的策源地、服务国家教育决策的思想库和搭建教育科研共同体的大舞台。这些研讨会、论坛扩大了教育合作交流的范围，增强了中国教育科学研究院在中国教育智库领域的影响力。

（六）出版与传播

中国教育科学研究院主办期刊《教育研究》《中国特殊教育》《大学》（学术版）《中国德育》《教育史研究》《教育文摘周报》《综合实践—劳动技术教育》《新教育》，还有下设教育科学出版社（中国教育科学研究院音像出版社），在教育领域出版了大量专业书籍，在出版界具有重要影响力和知名度。《教育研究》是全国性、综合性教育理论学术刊物，是我国改革开放以来创办历史最长的综合性教育理论刊物。《教育研究》杂志始终关注教育理论的前沿问题，以刊登教育科学论文，评介教育科研成果，探讨教育教学规律，传播教育教学经验，宣传教改实验成就，开展教育学术讨论，报道学术研究动态，提供国内外教育信息为主旨，是目前国内教育理论界首选的权威刊物。《中国特殊教育》是我国特殊教育领域唯一核心学术期刊，是中国学术期刊网（CNKI）来源期刊，被南京大学社会科学数据库研究开发中心选录为《中文社会科学引文索引》（CSSCI）。作为反映我国特殊教育研究最高水平的主要窗口，《中国特殊教育》不仅在中国特殊教育界享有很高的声誉，在国际上也有一定影响。《中国德育》是专业性期刊，秉承"民族性、科学性、大众性、开放性"办刊宗旨，坚持"大德育、低重心、高品质"办刊方针，紧扣德育研究和工作的关键点、热难点，以服务决策、交流思想、分享做法和引导舆论为重点，推动德育特别是中小学德育改革发展。《教育史研究》旨在传播古今中外教育理论和实践经验，评介教育史研究最新著作，交流教育史研究论文，荟萃全国教育史研究最新论文观点，报道教育史研究动态，推动我国教育史学科建设与学术交流，为繁荣和发展中国特色社会主义教育科学、促进教育改革与发展服务。《教育史研究》已出版百余期，发表中外教育史研究论文和普及教育史知识的文章 2 000 余篇，成为广大教育科研人员和教育工作者交流最新学术研究成果和学术信息的平台，普及教育史知识的园地，对推动我国教育史学科的建设和学术交流发挥了重要的作用。《大学》（学术版）是国家新闻出版署批准、中国教育科学研究院主办，面向国内外公开发行的高等教育领域的学术期刊。以"传播大学理念，丰富大学文化，促进大学发展"为办刊宗旨，推行站在文化发展与创造的视野上对大学复杂的现实问题与事件进行深刻观察、思考和研究，同时又以便于文化传播与弘扬的简约方式对学术研究成果进行可读性强的表达，实现学术与文化的结合。品牌栏目"高端访谈"自 2009 年 10 月开设以来，已访谈了 30 多位教育部领导、国内外大学校长（书记）、专家学者、企业高管等知名人士，凸显了面向高校改革与发展的主题特色，取得了很大的社会反响。《教育文摘周报》是综合性文摘类教育行业报，力求搭建丰富高效的交流、沟通、互动平台，向广大教育工作者提供丰富的教育信息和富有思想内涵和实践智慧的精神食粮。《综合实践——劳动技术教育》是全国中小学劳动技术教育的专业刊物，是直接面对中小学综合实践——劳动技术、通用技术教育的专业刊物，也是中国教育学会中小学劳动技术教育专业委员会指定会刊。《新教育》是面向各级党政领导和教育行政管理部门领导、教育科研人员、一线教师，以及关心和支持教育的社会各界人士需求的杂志。本杂志主要研究国家最新教育政策法规，分析区域教育发展规划，传递国内外教育改革最新信息，介绍国内外最新教育教学理论与一线教师教育教学实践动态，反映教育科研最新成果，探索教育发展规律，链接教育改革试验基地。

制作简报和成果要报，为教育决策咨询服务。《科研与决策》是中国教育科学研究院科研管理处编辑的简报，于 1994 年 1 月创刊，2008 年 8 月停办，其间出刊 315 期。2013 年 10 月，为开通服务教育决策的传播渠道，切实增强服务国家战略需要的针对性和实效性，中国教育科学研究院召开院务会研究决定恢复《科研与决策》简报，并在原有基础上不断提高质量，努力扩大影响力。办刊宗旨是：坚持正确导向，发挥引领作用；坚持实事求是，反映真实情况；坚持质量为重，形成真知灼见；坚持优化改进，提出可行对策。《教育成果要报》是全国教育科学规划办公室创办的、致力于服务党和政府决策的内部参阅刊物，创刊于 2012 年。《教育成果要报》以"推动教育科研优秀成果转化应用，更好地发挥教育科学界思想库和智囊团作用"为使命，围绕教育事业改革发展中的重大理论和现实问题，着重反映对决策有重要参考价值、对实践有重要指导意义的应用研究成果。

中国教育科学研究院针对不同领域创办了一系列期刊、简报等，有力地促进了其教育理论、实践、政策建议的传播，增强了中国教育科学研究院在中国的影响力。

（七）开展国际教育交流与合作

开展国际教育交流与合作是教育智库提升国际影响力、传播知识观念和经验的重要途径。中国教育科学研究院多年来，一直注重教育的国际交流与合作，与联合国教科文组织、世界银行等国际组织和美国、日本、韩国等国家高校、智库建立了长效合作机制。2006 年主办第二届现代儿童识字教育国际研讨会。2012 年召开《教育概览 2012：经济合作与发展组织指标》中文版首发式暨 2012 教育指标与教育决策研讨会。2014 年联合举办"中国—东盟教育政策与研究研讨会暨第一届中国—东南亚教育研究网络会议"，参加第四届中日韩国家教育研究院（所）长会议。2015 年，联合举办第二届中国—东南亚教育研究网络会议暨中国—东南亚教育体系与教育改革指南发布会。2016 年举办"G20 教育对话：面向 2030 的教育研究、决策和创新"研讨会；亚太经合组织（APEC）第六届教育部部长会规划会暨亚太经合组织教育研究网络协商会，第六次中日韩国家教育研究院（所）长会议。2017 年，举办中韩幸福早教研讨会。2018 年 11 月，中国教育科学研究院主办的第二届"一带一路"教育对话在北京召开，教育部副部长田学军出席并讲话，来自近 40 个"一带一路"共建国家和部分国际组织的教育官员、专家学者等 200 余人出席会议。这次会议主题是"研究、决策与展望"，旨在充分发挥教育科研机构的智力优势和组织优势，瞄准国家决策和发展战略，深入研讨面向 2030 年的"一带一路"国家间教育交流合作，更好地发挥教育在"一带一路"建设中的作用和使命，探讨国家间教育交流合作的优先领域与实现途径，助力共建"一带一路"建设。2018 年 11 月，中国教育科学研究院参与承办的第三届职业教育国际开放论坛在宁波召开，会议主题是"中欧对话——应用型人才培养的国际合作与交流"，旨在进一步加强中国与欧洲职业教育的交流合作，提升我国应用型人才培养院校的国际合作办学水平，为"一带一路"建设提供人才支持和智力支持。来自俄罗斯、德国等国家的专家、学者、企业家以及全国各地的职业教育工作者，共 200 余人参加会议。2018 年还主办了第六届海峡两岸教育论坛，第二届 G20 教育对话，第四届中国—东南亚教育研究网络会议，承办亚太经合组织教育与经济发展政策对话会议。可以看出，中国教育科学研究院的国家交流与合作日益频繁，合作领域逐步拓展。

（八）结语

时代呼唤与时俱进的教育政策，办好人民满意的教育需要好的教育政策支持。目前，我国教育改革已进入关键期。受经济、政治、社会发展的影响，教育领域诸多矛盾与问题亟待解决。强化教育政策制定的公平、提升并保障教育质量、创新人才培养模式建设、改革招生制度与模式、完善教育评价等，这些都是影响和制约我国教育改革与发展的非常重要的问题。新时代催生教育政策创新诉求，我们必须准确研判我国教育的新形势，不失时机地推进教育改革创新，以中国教育改革发展的真问题为出发点和落脚点，深入探索教育发展规律，切实体现教育政策研究的实践意义，建立教育改革和发展的支持系统。中国教育科学研究院在研究部署 2019 年重点工作的会议上指出，要进一步增强使命感，切实提高政治站位，把握时代脉搏，找准历史方位，用大格局大视野来谋划推进教育科研工作，努力实现一流国家教育智库建设新突破；加强组织性，加强协同攻关，共同打造富有影响力的重大创新成果，为加快推进教育现代化、建设教育强国、办好人民满意的教育提供更有力的智力支持和人才支撑。①

面向未来，中国教育科学研究院将以服务国家决策为宗旨，以教育改革发展面临的重大理论和实践问题为主攻方向，建立"职责明确、评价科学、开放有序、管理规范"的科研管理体制和运行机制，发挥专业优势，提高研究水平，取得体现国家水准、国际视野的高质量研究成果，努力建设成为有中国特色的国家教育智库，为教育改革和发展作出更大贡献。

二、北京师范大学中国教育与社会发展研究院②

（一）基本概况

中国教育与社会发展研究院（China Institute of Education and Social

---

① 我院召开中层干部会议通报 2018 年度院领导班子民主生活会有关情况 研究部署 2019 年重点工作［EB/OL］.https://mp.weixin.qq.com/s/fcvKHHvJGts6zw1mXWPWJg, 2019 - 05 - 08.

② 主要参考：中国教育与社会发展研究院 https://baike.baidu.com/view/3686781.htm；新型智库：中国教育政策研究院的探索之路［M］.人民政协报，2015 - 12 - 16；（转下页）

Development）由民进中央和北京师范大学共同组建而成，是国内高校建立的第一家教育领域高端智库。其前身之一是成立于 2010 年的中国教育政策研究院。中国教育政策研究院由民进中央和北京师范大学共同组建成立，致力于研究国家教育改革发展中的关键问题，服务国家重大教育战略需求，推动我国教育决策的科学化和民主化，为中央和地方政府的重大教育决策提供科学支持。2017 年，在合并北京师范大学中国教育政策研究院与中国社会管理研究院的基础上，中国教育与社会发展研究院成立。北京师范大学立足综合性、研究型、教师教育领先的中国特色世界一流大学的办学定位，依托"高原支撑，高峰引领"的学科发展策略和"一体两翼"的空间战略规划，充分调动学校优质科研资源，将研究院建设成为具有全球影响力和国际知名度的一流国家高端智库。①

2017 年 9 月中国教育与社会发展研究院获批国家高端智库建设培育单位，2020 年 3 月正式获批国家高端智库建设试点单位。2019 年 5 月，中国教育与社会发展研究院入选中国教育智库评价 SFAI 研究报告的核心榜单。② 2020 年入选第二批国家高端智库建设试点单位。③ 2022 年 12 月入选《2022 全球教育智库影响力评价 PAP 研究报告》"中国教育智库榜单"。④ 2023 年再次入选中国教育智库评价 SFAI 研究报告的核心榜单。

（接上页）期刊文章《推动区域教育改革提升区域教育质量——2011 年区域教育发展论坛》《公平、质量与选择——教育改革中的伦理问题学术研讨会报道》《教育改革、经济政策与社会管理创新——教育改革中宏观问题政策建议研讨会综述》《高等教育改革与大学社会责任——首届"大学社会责任高峰论坛"会议论述》《教育改革与教育政策研究——教育政策成果交流暨国家教育政策重大选题研讨会综述》《当前我国教育改革的重大战略主题与政策建议——中国教育政策研究院第三次专家委员会扩大会议综述》《城镇化进程中教师队伍建设的体制机制与政策创新——"庆祝第三十个教师节暨 2014 中国教师发展论坛"会议综述》《新形势下农村教师队伍建设政策——"2013 年中国教师发展论坛"会议综述》；付卫东，付义朝. 智库的转型：我国教育政策研究机构转型发展 [M]. 武汉：湖北教育出版社，2016.

① 中国民主促进会. 中国教育与社会发展研究院理事会成立暨第一次会议召开 [EB/OL]. https：//www.mj.org.cn/news/content/2018-10/08/content_303239.htm，2019-05-10.
② 周洪宇，刘大伟. 中国教育智库评价 SFAI 研究报告（2019 年版）[M]. 北京：中国社会科学出版社，2019：53.
③ 北京师范大学新闻网. 北师大召开国家高端智库 2020 年度工作总结暨 2021 年度重点课题研究和重要活动工作推进会 [EB/OL]. https：//news.bnu.edu.cn/zx/ttgz/122606.htm，2021-05-25.
④ 《2022 全球教育智库影响力评价 PAP 研究报告》重磅发布. https：//www.sohu.com/a/620438201_608848，2022-12-23.

（二）组织结构

中国教育与社会发展研究院院长是程建平，现担任北京师范大学党委书记。执行院长是孙宇。研究院设有理事会和学术委员会。第一届理事会成员共15人，蔡达峰任理事长，副理事长为国务院研究室原主任、北京师范大学中国社会管理研究院、社会学院院长魏礼群，北京师范大学党委书记程建平，庞丽娟任副理事长。民进中央社会法制委员会主任、中国国际发展知识中心常务副主任贡森，北京师范大学原校长董奇等是理事会成员。

研究院的学术委员会成员有全国人大常委会原副委员长、民进中央原主席严隽琪，北京师范大学资深教授顾明远，十四届全国政协副主席、民进中央常务副主席朱永新，中国教育学会原会长、全国政协委员钟秉林，北京师范大学资深教授林崇德，北京师范大学教育学部教授王英杰，全国人大常委会委员、民进中央副主席庞丽娟，清华大学教育研究院院长石中英，《求是》杂志原经济部主任李建军。

在中国教育政策研究院时期，研究院以创新、开放的机制，由民进中央与北京师范大学按照"资源共享、优势互补、成果互利、长期合作"的原则共同建设。北京师范大学提供了 500 平方米的办公与科研用房和 200 万元的先期启动经费，同时将中国教育政策研究院建设发展纳入"985"工程三期建设规划和教育学科的整体建设与发展规划之中，每年给予研究经费支持；提供了 10人的固定岗位编制，组成核心研究队伍，人事职称管理挂靠教育学部。民进中央积极利用多方资源筹措研究经费，推动中国教育政策研究院得到国家领导、国务院有关部委在政策和资金上的支持。研究院实行院长负责制，同时建立院长例会制度，负责制定研究院发展战略和商定重大发展事宜。研究院还设立理事会和专家委员会，理事会着力为研究院建设发展提供支持服务与条件保障；专家委员会为研究院队伍建设、科学研究和成果转化等提供指导与咨询。研究院实行项目制，以研究项目为纽带，建立公开、公平、高效的项目招标与管理机制；建立开放的研究平台，根据研究需要动态设置专题研究组或中心，面向全国和国际招聘研究人员，采取首席专家加团队、专兼职和长短期聘任相结合的人员组织方式；建立博士后工作室，实施访问学者计划。

（三）研究内容

1. 中国教育政策研究院时期（2010—2016 年）

中国教育与社会发展研究院在中国教育政策研究院时期就开展了大量卓有成效的研究咨询工作，为研究院的设立奠定了坚实的基础。中国教育政策研究院当时设定的目标是：为中央和地方政府提供教育政策咨询和决策支持服务；开展高层次、专业化的教育政策科学研究；建设我国教育政策研究的基础数据库与信息平台；建设高水平的研究团队，培养培训教育政策高级专门人才；开展高层次的国内外教育政策学术交流与合作。其重点研究领域包括：区域教育政策研究；国民教育体系各学段教育政策研究；我国教育政策的重点与热点专题研究；国际教育政策比较研究；教育政策的基本理论研究。中国教育政策研究院坚持体制机制创新，主要包括：（1）实质上机制共建。北京师范大学将研究院定位为"改革特区"，在体制机制创新、人才队伍、办公场所、经费投入等方面给予大力支持。（2）院长负责制和定期会议制度。院长会议作为研究院决策机构，讨论决定发展战略和商定重大发展事项，审定发展规划、年度计划、机构设置、人员配备等。理事会着重为政策院的建设发展提供支持服务与条件保障。（3）灵活、多元、动态的人事管理机制。不同于传统高校与科研单位，政策院的研究力量随着研究与工作需要，进行动态性的过程调整。建立了灵活多样，不求所有但求所用的专兼职相结合、长短期聘用相结合、单聘和双聘相结合的动态的新机制，形成了结构、类型、性质、来源、层次多样，优势互补的研究队伍。（4）开放、协同机制。不仅向北京内外高校、科研院所开放，而且向政府、党派、全国人大、全国政协、社会机构、企业等开放，综合吸收了相关跨领域、跨机构、跨部门的领导、专家和学者。（5）以政策建议、咨询服务的质量与贡献为核心的考核与绩效制度。在中国教育政策研究院，成果形态不再是一般的学术论文，而主要是研究报告、咨询报告、政策建议和舆情分析等；业绩在于对决策、政策制定的服务与贡献。（6）基于目标责任的管理与年薪制度。根据院建设发展目标、岗位职责和任务需求，试行了多元多级的评价与薪酬制度，"重贡献而不重身份""重业绩而不论资排辈"，稳妥地探索试行有序、合理的转岗与退出机制。（7）与智库相适应的多元孵化平台，包括设立了八个专门的政策研究中心；在实践中创建了与区域内高校、科研院所、行政机构等交流、合作的片会制度等。（8）分类培育、集成转化的机制。

经过几年的探索，研究院已经逐步建立与智库相适应的政策研究分类培育、集成转化、中期孵化、后期转化等成果形成机制，以积极、及时有效地回应国家战略与教育改革需求。

正是这种体制机制的创新，吸引了一批国内外专家学者参与研究院工作。有着丰富国外教育智库研究工作经验的留美归国经济学专家胡必亮教授，建院之初就加入中国教育政策研究院相关重大政策研究工作中，发挥其多学科背景的优势，持续主持或参加了研究院的多项重大研究，共同产出了多项高质量、有影响力的政策成果。再如，有着长期政府部门工作经验的清华大学何晋秋教授，也通过灵活的机制被聘为研究院的研究员，为国家有关重大问题的决策提供了多份政策建议。到目前为止，中国教育政策研究院已经形成跨部门、跨地域、跨机构、跨学科领域的200多人的专兼职、长短期、单双聘相结合的高水平的研究力量，实现了建院之初设立的"集智聚力"目标。

中国教育政策研究院一开始就明确把政策建议研究作为政策院基础性和核心的工作任务。2010年，研究院共组织专家合力完成研究项目7项并提交研究成果10项，主要有：（1）关于大力加强我国高校国际研究的研究，形成了《国内外高校国际研究机构分析》和《关于大力加强我国高校国际研究》2份报告，严隽琪院长在此基础上撰写了《关于加强高校国际研究机构建设的建议》，呈报时任国家主席的胡锦涛同志。该建议得到胡锦涛同志、刘延东同志的高度认可并作出了重要批示，对国家作出在全国高校建立100个高水平的国际研究机构起到了直接的推动作用。（2）桥头堡战略背景下云南重点大学重点学科建设研究。该政策建议得到刘延东同志的重要批示，并被国务院纳入国家"十二五"发展规划。（3）义务教育教师绩效工资政策实施问题、原因与对策建议研究。该研究成果得到了刘延东同志和教育部的充分肯定。

2011年中国教育政策研究院开展的政策研究有自主立项7项、中后期资助课题16项。主要有：（1）深入开展新生代农民工职业教育与社会融合政策研究。"城市化进程中新生代农民工职业教育与社会融合问题研究"是教育部哲学社会科学研究重大课题攻关项目，课题组动员了全国人大农村与农业委员会、内务司法委员会、教科文卫委员会、民进中央教育委员会和多个地方组织，教育部、农业农村部、国家发展和改革委员会，地方人民政府部门的领导与专家，以及北京师范大学、中国社会科学院、中国人民大学等高校和科研机构的专家学者，还有培训机构和企业等的负责人，开展了跨学科、跨领域、跨部门、跨单位的协同研究。先后就北京、辽宁、安徽、河南、浙江、江西、湖北、山东等地情况进行了调研，到企事业单位调研 10 余次，已形成和提交了 4 份政策建议。（2）深入开展促进教育公平发展的政策研究，形成并报送了 5 份高质量的政策建议。其中建议国家出台《关于农村学校布局调整若干规定》，得到时任国务委员刘延东同志的重要批示，受到民进中央领导和全国政协的高度重视，成为民进中央提交 2012 年全国政协会议的重点提案，直接支持了国务院 2012 年 9 月《关于规范农村义务教育学校布局调整的意见》的出台。（3）持续开展学前教育体制机制改革与政策创新研究，形成和提交了《关于加快制定〈学前教育法〉的提案》，不仅成为民进中央提交 2011 年全国政协会议的重点提案，被全国政协评为 2011 年两会重点提案，而且得到教育部的高度重视和充分肯定。（4）多角度开展高中教育多样化与综合化发展政策研究，提出了 3 份改革和发展的政策建议，其中《促进我国综合高中快速发展的政策建议》，得到了国家领导人和教育部领导的充分肯定。（5）深入展开教育体制机制改革与增强教育活力政策研究，提交了 8 份具有宏观、战略意义和创新性的政策建议，得到了国家领导人和教育部有关领导的高度重视。（6）深入实践开展教育改革试点与地方改革典型案例研究，提出了关于推进我国中小学校长职级制改革、中考评价制度改革和教育督导评估制度改革等 3 份政策建议，报送国务院、教育部和全国人大教科文卫委员会等，供国家和有关部门领导参考。

2012 年中国教育政策研究院中后期资助和委托研究课题 21 项，主要有：（1）教育的双重属性及其对教育改革战略建议研究；（2）重大教育政策执行效果监测与评估研究；（3）学前教育法的立法框架及主要内容研究；（4）基于公共教育服务均等化理念的转移支付制度研究；（5）教育财政投入支出结构、投向体制研究；（6）义务教育均衡发展与布局优化政策研究；（7）异地高考制度设计研究；（8）高中教育发展战略研究；（9）"超大中学"的现状、深层原因与对策建议研究。研究院已提交了《关于制定当前异地高考政策的建议》《"超大中学"：深层原因与对策建议》《重大教育政策执行效果监测与评估建议》《关于加强农村中小学布局调整后续工作的政策建议》等 10 余项政策建议。

"没有调查就没有发言权"，教育政策问题非常复杂，不深入实践一线，没有深入细致地了解政策目标群体的实际状况和真实想法，就不可能提出有针对性的、管用的政策建议。正是基于这种认识，研究院自成立之初就非常重视调研工作。研究院上至院长、理事长，下到年轻的教授、副教授、博士后、博士，均以实事求是的原则和严谨求实的态度坚持深入我国中西部，深入老少边穷地区，深入农村基层，足迹遍布了西至新疆，东至山东，北达黑龙江、内蒙古，南至云南、广西等地的村小、教学点。近年来，研究院已经完成并向党中央、国务院、全国人大、全国政协、教育部、财政部等报送了110余份政策建议和咨询报告，56份《教育政策决策参考》，其中近50份转化为全国两会提案，4份为全国政协重点提案，80余份被中共中央、国务院、全国人大、全国政协、民进中央、教育部、财政部等采纳，得到了党和国家领导50余人次的重要批示。研究院主办《教育舆情》，采集最新的国内外重要教育信息，每周1期，报送国家有关部门。

2. 中国教育与社会发展研究院时期（2017年至今）

中国教育与社会发展研究院近期的政策研究与活动重点是：社会治理现代化、习近平教育与社会治理思想、《当代中国社会大事典》发布、基础教育系列问题、党的教育方针、教育扶贫、二孩政策下的学前教育、城镇化与教育资源配置、脱贫攻坚教育战略、"一带一路"教育输出、疏解非首都功能的教育布局和战略规划等。研究院针对教育领域的热点、难点问题开展研究，并在各级各类期刊上刊登。近几年先后在《教育研究》《教育发展研究》《清华大学教育研究》《全球教育展望》《教育与经济》等期刊发表针对学前教育、民办教育、家庭教育、高等教育、教育扶贫等问题的研究成果，如《发展公平而有质量的教育——中国教育改革和发展的形势与政策分析》《京津冀高等教育布局结构优化的政策研究》《第四次工业革命背景下未来教育与教师专业化再构》《打造中国特色新型高校智库》《教育扶贫与社会分层：兼论阻断贫困代际传递的可能性》《加快立法，为学前教育发展提供法律保障》《精准扶贫：职业教育改革新思考》《中国教育脱贫的政策设计与制度创新》等，引起学术界的关注。

发布调查报告。2018年9月，北京师范大学中国基础教育质量监测协同创新中心、北京师范大学中国教育与社会发展研究院与北京师范大学儿童家庭教育研究中心和中国教育报家庭教育周刊联合发布了《全国家庭教育状况调查报告（2018）》。该调查覆盖了全国31个省（自治区、直辖市）和新疆生产建设兵团的共计325个区县，11万余名四年级学生、七万余名八年级学生和他们的三万余名班主任参与了调查。该调查基于全国代表性取样，其结果能反映全国家庭教育的状况，是我国家庭教育第一次真正意义上的国家报告。① 报告不仅客观呈现了我国家庭教育的现状及存在的突出问题，还为我国家庭教育领域的科学研究与相关政策的制定提供了科学依据。

开展"一带一路"国家教育发展研究。2017年4月，"一带一路"倡议下文化与教育高端论坛在陕西师范大学举行。该论坛目的是在"一带一路"倡议下推进理解、加强合作、互学互鉴、勇担共同责任，开展更大范围、更高水平、更深层次的人文交流，推动教育深度合作。中国教育与社会发展研究院"一带一路"国家教育发展研究课题组发布了系列成果，包括：建成了"一带一路"国家教育发展研究数据库；出版了《"一带一路"国家教育发展研究》著作；完成了《"一带一路"国家教育信息化发展报告》和《国际开放教育资源发展研究报告》；成立了"一带一路"开放教育资源国际联盟，依托共创共享资源平台，实现开放教育资源的国际协同创建与发展。② "一带一路"国家教育发展研究数据库由课题组与企业合作搭建，可为关注"一带一路"国家教育发展现状的用户提供直观、便捷的数据查询和分析。从内容范围上，包含国家教育发展、教育热点、教育信息化及开放教育资源等方面；从学段覆盖上，包含幼儿保育、初等、中等及中等后教育、青年与成人教育、教育性别平等和教育结构等信息；从呈现形式上，包含蛛网图、表格、折线、分段设色、等级符号、饼状统计、柱状统计等形式；此外，可以通过国家、地区、年份、学段、性别等多种方式检索。学术著作《"一带一路"国家教育发展研究》以联合国教科文组织和国际社会两份具有里程碑意义的文件《达喀尔行动纲领》（2000年）和《教育2030行动框架》（2015年）为参照框架，涵盖各级各类教育以及跨领域的7大议题：幼儿保育与教育、普及初等教育、中等及中等后教育、青年与成人扫盲、教师队伍建设、性别平等和教育信息化。此外，课题组还特别结合不同国家的教育政策及代表性案例对数据进行了深入分析，该著作已由北京师范大学出版社出版。研究报告《"一带一路"国家教育信息化发展报告》教育信息化注重信息技术与教育的全面深度融合，在促进教育公平，实现优化教育质量方面具有重要作用。它不仅是实现教育2030教育愿景的重要

---

① 北京师范大学中国教育基础质量检测协同创新中心，北京师范大学中国教育与社会发展研究院，北京师范大学儿童家庭教育研究中心，中国教育报家庭教育周刊.《全国家庭教育状况调查报告（2018）》权威发布［J］. 中小学心理健康教育，2018（30）：79-80，封3.

② 刘梦蓉，邻红艳. "一带一路"战略下文化与教育高端论坛举办［N］. 中国教育报，2017-05-06.

手段，也是"一带一路"共建国家有效开展政治、经济、文化交流的重要保障。该报告对"一带一路"共建国家教育信息化发展状况进行了梳理和分析，以期对"一带一路"国家教育信息化发展提供有力支撑。《国际开放教育资源发展研究报告》为了系统认识开放教育资源，充分依托开放教育资源推进"一带一路"教育共同体建设，课题组对开放教育资源的兴起、发展及现状等进行了大量调研，并通过计量分析法对开放教育资源研究进行分析，充分了解研究趋势、研究热点等信息；通过个案展示及分析，为"一带一路"倡议下的开放教育资源建设提炼建议及启示。"一带一路"开放教育资源（OER）国际联盟是为贯彻落实教育部《推进共建"一带一路"教育行动》，课题组联合"一带一路"共建国家高校、教育机构、企业及其他相关机构共同组建"一带一路"开放教育资源国际联盟。该联盟为开放的非营利性国际社团组织，致力于发挥各自的优势，透过发达国家或发展中国家在实施开放教育资源中的经验，协助"一带一路"共建国家规划开放教育资源发展方向，依托共创共享资源平台，实现开放教育资源的国际协同创建与发展。①

（四）举办重要会议和论坛影响教育决策

研究院举办了一系列的会议、论坛，对中国教育政策改革起到重要作用。例如，2011 年 11 月，中国教育政策研究院与杭州市人民政府主办"中国杭州名师名校长论坛·2011 年区域教育发展论坛"。该论坛以区域教育综合改革与质量提升为主题，推动了《国家中长期教育改革和发展规划纲要（2010—2020年）》关于"推进县（市）教育综合改革试点"要求的进一步落实，促进了区域教育综合改革经验与模式的交流与借鉴，搭建了区域教育局局长深入对话的渠道和平台。2011 年 11 月，中国教育政策研究院、北京师范大学教育基本理论研究院、中国教育学会教育政策与法律研究分会、北京师范大学教育法研究中心在北京师范大学举办了"教育改革中的伦理问题学术研讨会"，研讨会在对中国教育改革历程进行反思的基础上，对中国教育改革和教育政策中的基本伦理问题，如公平、效率、质量与选择等进行了深入的分析；通过理论分析与总结，提出了构建中国教育改革伦理体系的初步构想，对于中国教育改革的伦

---

① 北师大发布"一带一路"国家教育发展研究成果［EB/OL］. https://edu.sina.com.cn/l/2017-04-22/doc-ifyepsec0258989.shtml，2019 - 05 - 10.

理取向及其实现路径进行深入的研究。2012 年 9 月，中国教育政策研究院会同北京师范大学社科处联合举办教育改革中的宏观问题政策建议研讨会，针对国家宏观教育政策、经济发展与社会改革政策、社会管理与制度改革创新等方面的问题，交流探讨了研究团队的研究进展及政策建议。2012 年 11 月，中国教育政策研究院与香港理工大学联合举办了第一届"大学社会责任高峰论坛"，就大学社会责任的战略与政策、大学社会责任的承担与实践、大学社会责任的课程与培养等问题进行了深入交流。2013 年 1 月，中国教育政策研究院在北京师范大学成功召开了"教育政策研究成果暨国家教育政策重大选题研讨会"，会议上充分交流了近年来具有教育政策建议参与或转化价值的教育政策研究成果，就新形势下我国教育改革发展战略、基础教育、高等教育、职业教育、教师政策、军事教育等领域的教育政策研究成果进行了充分探讨。2013 年 1 月，中国教育政策研究院第三次专家委员会扩大会议在北京师范大学召开，会议以"当前我国教育改革的重大战略的主题与政策建议"为主题，围绕国家重大教育战略、关键性政策问题、教育改革发展中的热点难点问题等展开了热烈、深入的讨论，聚集了诸多宝贵的建设性意见和建议。2013 年 7 月，中国教育政策研究院与北京大学教育学院共同举办、中国人事科学院协办"国家人事制度与高教改革的政策协同与对策"研讨会，围绕国家人事制度与高教改革的政策协同、问题与对策，特别是高校人事管理制度的顶层设计与政策、高校教师招聘、任用及退出机制、高校教师考核和晋升机制、高校教师激励机制、高校高层次人才引进与管理政策等进行了集中、深入的探讨，特别是高等教育内涵式发展对国家人事制度的新挑战及其对高教人事制度加快改革完善的政策需求与建议，探索国家人事制度与高校改革的政策协同机制，积极为政府和相关教育决策部门建言献策，提出了若干政策建议。2013 年 5 月，中国教育政策研究院举办"我国研究生教育的问题、对策研讨会"，就新形势下我国研究生教育中的问题、对策建议展开深入讨论，提出了诸多建设性意见和建议。2013 年 9 月和 2014 年 9 月，中国教育政策研究院、北京师范大学教师教育研究中心在河北邯郸和内蒙古呼和浩特市分别举办了"2013·中国教师发展论坛"和"庆祝第三十个教师节暨 2014·中国教师发展论坛"，论坛就教育城镇化进程中的农村教师队伍建设政策，与会学者通过主题发言、专题演讲和会议探讨等形式，立足国情，结合形势，对当前我国农村教师队伍建设中存在的主要矛盾和深层次的问题进行了深入分析、研判，以在政策层面影响和推动我国广大农村地区教师队伍建设，推进教育改革，促进教育公平，提高教育质量。2013 年 9

月，中国教育政策研究院与河南大学举办了"公共政策研究与教育政策建议"
为主题的研讨会，会议围绕中西部高等教育发展、高校录取方式变革、职业教
育改革、教育督导评估制度及学前教师队伍等内容进行了热烈的交流与研讨，
提出了一些具有政策咨询价值的建议。

2017 年 8 月，首届京师教育大数据挖掘与应用年会召开。本次年会由中
国教育与社会发展研究院与北京师范大学中国基础教育质量监测协同创新中
心、教育部基础教育质量监测中心、英国剑桥大学心理测量中心、北京师范大
学互联网教育智能技术及应用国家工程实验室、北京师范大学主办，中国教育
技术协会教育测量与评价专业委员会协办。国内外 40 余位从事大数据分析与
挖掘的专家在会上做了专题报告，来自各高校、科研机构、教育行政部门、企
业等机构的 700 余人参会，同步收看会议直播的机构、单位和个人达到 2 000
个。会议展示了教育质量监测与评价领域大数据研究和实践的丰富成果，为学
校、科研机构、企业之间的深度合作搭建桥梁，为我国教育大数据领域的发展
助力。① 2017 年 8 月，中国教育与社会发展研究院与北京师范大学中国教育创
新研究院、中国基础教育质量监测协同创新中心和北京师范大学教育学部共同
承办的第三届中国教育创新成果公益博览会（以下简称教博会）召开。参会人
员覆盖了全国 32 个省、自治区和直辖市以及香港和澳门特别行政区。有近
140 多所大学和科研单位、180 多个省市区县教育行政教研机构、1 300 多所中
小学幼儿园、70 多家媒体、620 多家企业、近 60 家公益机构的负责人或代表
参会。本届教博会以"聚焦核心素养，全力推动教育供给侧结构性改革"为主
题，集中展示一批以立德树人、培养学生 21 世纪核心素养为主要目标的教育
创新优秀成果。同时，教博会同期举办百余场活动，以促进参会者与教育创新
成果研发机构之间的深度交流和对话。中国教育创新成果公益博览会在举办之
初，就设定了四大目标：第一，建立一套行之有效的发现、培育和推广教育创
新成果的新机制；第二，发现和展示一批可复制、可推广的优秀教育创新成
果；第三，搭建政府、教育机构、公益组织共同参与教育创新的平台；第四，
建立广泛吸收公益基金参与教育创新的新机制。借助教博会平台来凝聚中国教
育创新智慧，共建共享教育创新成果；服务中国教育创新实践，全面提升教育
整体水平；发出中国教育创新声音，推动中国教育走向国际。② 中国教育创新

---

① 张生，骆方，赵茜，等. 中外教育大数据的前沿研究进展——首届京师教育大数据挖掘
与应用年会的思考与启示 [J]. 中小学信息技术教育，2017（9）：29 - 31.
② 第三届中国教育创新成果公益博览会在京召开 [EB/OL]. 央广网，2019 - 05 - 10.

成果公益博览会是北京师范大学服务基础教育领域创新实践的重要举措，它为基础教育内涵发展提供了共建共享的展示交流平台。教博会面向全国与基础教育相关的教育行政、教研机构、大学与科院所、教育企业、公益机构，打通了教育与各界的联系，形成了跨界间共同推动教育转型与升级的合力。2017年11月，中国教育与社会发展研究院与北京师范大学高等教育研究所联合召开了"中国特色视角下'双一流'建设高端研讨会"，旨在贯彻落实党的十九大报告精神，探讨新时代背景下中国"双一流"建设的新范式、新逻辑、新维度和新内涵，为实现我国教育强国的国家宏观战略提出建设性意见与建议。本次研讨会邀请了来自教育部、高等教育学会、各大高校和科研院所的专家学者与会。① 专家学者们着重围绕"双一流"建设在学科发展、人才队伍、经费拓展、战略规划等方面展开了深入而全面的探讨，提出了诸多具有前瞻性与战略性的政策建议。2017年11月，中国教育与社会发展研究院和北京师范大学教育学部高等教育研究所、中国民办教育研究院联合召开"推进分类管理支持和规范社会力量兴办教育"高端研讨会，旨在学习贯彻党的十九大报告精神，探讨分类管理改革背景下，支持和规范社会力量兴办教育的重点、难点和热点问题，为我国民办教育的健康发展建言献策。②

2018年3月，中国教育与社会发展研究院与北京师范大学智慧学习研究院、美国教育传播与技术协会承办的第三届中美智慧教育大会在北京国际会议中心开幕。中国工程院院士潘云鹤、赵沁平，教育部科技司司长雷朝滋，北京师范大学校长董奇，中国教育学会会长钟秉林，美国教育传播与技术协会（AECT）主席尤金·G. 考奇（Eugene G. Kowch）等中美两国教育科技界的知名专家围绕人工智能2.0和教育信息化2.0前沿话题展开了深入研讨。来自研究机构、学校和企业的800多名代表参加了会议。大会还特邀来自国家自然科学基金委员会、美国自然基金委员会、国家信息中心、教育部中外人文交流中心、教育部职业技术教育中心研究所、中国教育技术协会、美国教育传播与技术协会、美国国际教育技术协会等机构的专家学者围绕人工智能、智慧教育、产教融合、中美教育交流合作等作了精彩报告。大会期间，举办了"创新创业教育论坛""人工智能与教育论坛""智慧校园论坛"等多个论坛，并发布

---

① 李健，薛二勇. "中国特色视角下'双一流'建设研讨会"综述［J］. 大学教育科学，2018（1）：29-31.
② "推进分类管理 支持和规范社会力量兴办教育"高端研讨会举行［J］. 教育学报，2017，13（6）：17.

了《2018 中国职业教育技术展望：地平线项目报告》。此外，还举办了智慧学习环境国际会议和智慧教育展览，中国移动、科大讯飞、网龙、百度、新道科技、蓝墨科技、学堂在线等企业带来了最新的智慧教育解决方案，为参会代表们营造良好的沟通平台。①

2018 年 7 月，中国教育与社会发展研究院主办的第八届中国社会治理论坛在北京师范大学举行。论坛以"社会治理：40 年改革开放回顾与新时代展望"为主题，以习近平新时代中国特色社会主义思想为指导，回顾总结 40 年来我国社会治理变革的历史进程、宝贵经验和重大成就，深入研讨新时代社会治理需要解决的重点问题，对于我们坚定走中国特色社会主义社会治理之路，站在新起点上再出发、再奋进，推进社会治理体系和治理能力现代化，具有重要的意义。国务院研究室、国家发展和改革委员会、民政部、人力资源和社会保障部、国务院发展研究中心、中共中央党校（国家行政学院）、中国社会科学院等国家机关部委，北京、上海、天津、广东、浙江、河北、河南、江苏、安徽、福建、黑龙江等近 20 个省（市）地方政府，中国行政体制改革研究会、中国联通集团等 30 多家社会组织和企业，清华大学、北京大学、中国人民大学等 30 多家国内外高校和科研机构，新华社、人民网、求是杂志、光明日报等 10 多家学术期刊和新闻媒体，300 余位代表参加会议。② 2019 年 1 月，教师法修订调研座谈会在北京召开，该会由教育部政策法规司、教育部教师司、全国人大教科文卫委教育室主办，研究院与北京师范大学教育学部、教育部普通高校人文社会科学重点研究基地北京师范大学教师教育研究中心、北京师范大学教育立法研究基地共同承办。本次座谈会旨在贯彻全国教育大会精神，根据十三届全国人大常委会五年立法规划总体安排，加快推进教师法修订工作。③ 与会委员、专家、校长教师代表重点围绕教师法修订的目标指向、重点内容、路线计划等关键工作进行了充分研讨，探讨了问题，分享了观点，凝聚了共识，提出了建议，为下一步推进教师法修订工作奠定了良好基础。

---

① 北京师范大学智慧学习研究院，中国教育与社会发展研究院，互联网教育智能技术及应用国家工程实验室. 第三届中美智慧教育大会召开聚焦人工智能 2.0 与教育信息化 2.0 [J]. 教育学报，2018，14（2）：129.

② 北京师范大学中国社会管理研究院/社会学院. "第八届中国社会治理论坛"在京举行 [EB/OL]. https://casm.bnu.edu.cn/zsyxw/3833.htm，20019 - 05 - 10.

③ 北京师范大学. 教师法修订调研座谈会在北京师范大学召开 [J]. 教育学报，2019（1）：46.

（五）结语

中国教育与社会发展研究院依托北京师范大学的优质教育资源，研究能力得到了保证，与中央民进共建，建言渠道得到了畅通。这为教育智库的研究咨询、咨政建言、舆论引导、人才培养等功能的发挥奠定了基础，提供了便捷通达的渠道。研究院通过理论研究、发布研究报告、召开国内国际研讨会等形式，为国家教育改革与发展出谋划策，取得了显著的成效，提升了在国内外的影响力。未来，可为中国教育智库建设，尤其是高校智库建设提供更多参考和借鉴。

三、北京教育科学研究院

（一）创立及发展历程

北京教育科学研究院成立于 1996 年 1 月，是一个涉及教育宏观决策、教育教学、教育理论的综合性教育教学研究机构。北京教育科学研究院依据北京市政府办公厅关于北京市教委"三定"方案（京政办发［1996］63 号）和北京市编制委关于成立北京教育科学研究院文件（京编办［1996］176 号）的要求成立。① 根据中共北京市委常委会第 123 次会议通过的《关于成立北京市教育委员会的方案》精神，本着改革、精简、高效的原则，设立符合教育研究工作特点的管理机构，在建立北京市教育委员会的同时，组建北京教育科学研究院。北京教育科学研究院设立的目的是"加强对教育宏观决策、教育教学、教育理论的综合研究，加强对教育科学、教学研究的领导和管理，提高北京教育综合研究的能力和北京教育科学研究的总体水平，为北京市教育决策和管理提供依据"②，为提高学校的教育教学质量提供服务。

---

① 北京教育科学研究院基础教育教学研究中心. 新时期教学研究工作的继承与创新［M］. 北京：同心出版社，2003：5.
② 北京市教育委员会办公室. 北京市教育委员会文件选编 1996［M］. 北京：航空工业出版社，1998：111.

北京教育科学研究院为北京市正局级财政全额拨款事业单位，2014年被确定为公益二类事业单位。[①] 其业务行政工作隶属于北京市教育委员会领导，党的工作和干部工作隶属于中共北京市委教育工委领导。北京教育科学研究院是在整合原北京市教育科学研究所、北京市高等教育研究所、北京市成人教育科学研究所、北京市职业技术教育中心、北京市教育发展研究中心、北京市教育局教学研究部、北京市教材编审部等单位基础上组建而成的综合性教育研究机构。北京教育科学研究院的研究涵盖教育发展战略、基础教育、高等教育、成人教育、职业教育、环境教育、科学教育、健康教育等领域。北京教育科学研究院坚持"为教育行政管理和决策服务，为教育改革和发展服务，为提高教育质量服务，为繁荣教育科学服务，为首都经济建设和社会发展服务"的办院宗旨，树立"团结、敬业、求实、创新"的院风，秉承"崇德守正，为学强教"的院训，确定了争创一流教育科学研究院的奋斗目标。[②] "智以助教、策以咨政"昭示着北京教育科学研究院的职能任务和功能定位，体现了为教育决策服务、为提高教育教学质量服务、为学校发展和广大师生服务的办院宗旨。北京教育科学研究院致力于为首都率先实现教育现代化发展提供理论支持和实践咨询，是北京市委市政府、教育行政部门、学校和师生发展的智库，为实施"科教兴国"战略作出的贡献。[③] 北京教育科学研究院正全力推进"具有首都特点、中国特色和国际影响的高水平新型教育智库"建设。

北京教育科学研究院是北京市从事教育改革发展理论和实践问题研究的最高专业机构，对全市各级各类教育科学研究工作负有领导管理的责任。[④] 北京教育科学研究院不仅是从事教育科学研究的主力军，同时也是组织和协调全市教育科研力量的主要管理力量。[⑤] 上海社会科学院发布的《2017中国智库报告》显示，北京教育科学研究院在教育类智库专业影响力榜单中排第8名。[⑥] 2022年12月入选《2022全球教育智库影响力评价PAP研究报告》"中国教育

① 北京市教育科学研究院. 简介 [EB/OL].https://www.bjesr.cn/yqzl/jianjie/，2020 - 12 - 30.
② 北京市社会科学界联合会. 北京市社会科学年鉴2000 [M]. 北京：北京出版社，2000：497.
③ 北京教育科学研究院. 院训 [EB/OL].https://www.bjesr.cn/yqzl/zzwh/，2021 - 01 - 04.
④ 史根东. 可持续发展教育报告·2003年卷——中国EPD教育概论 [M]. 北京：教育科学出版社，2004：119.
⑤ 全国教育科学规划领导小组办公室. 中国教育科学规划回顾与展望 [M]. 北京：教育科学出版社，2006：331.
⑥ 杨亚琴，李凌，等. 智库报告2017年中国智库报告影响力排名与政策建议（上）[M]. 上海：上海社会科学院出版社，2019：35.

智库榜单"。[1] 北京教育科研机构的重组及北京教育科学研究院的设立遵循社会发展和教育改革形势顺时而为，机构设置、工作职责、工作领域的调整受内部因素和外部环境的双重影响。

（二）组织结构及人员配置

北京市机构编制委员会办公室核定了北京教育科学研究院的机构设置、人员编制和领导职数。成立之初，北京教育科学研究院内设机构 18 个，其中党政机构 9 个，科学、教学研究及辅助机构 9 个；事业编制 483 名；处级领导职数 52 名。[2] 党政机构分别为：院长办公室/党委办公室、组织宣传部（统战、老干部）、纪检监察处、人力资源开发与管理处、财务处、科教研管理与合作交流处、基建行政处（信息中心、保卫处）、北京市教育科学规划领导小组办公室、院工会（团支部）。经过二十多年的发展，北京教育科学研究院下设的科研机构已从成立之初的 9 个发展为 14 个，分别是教育发展研究中心、基础教育教学研究中心、基础教育科学研究所、高等教育科学研究所、职业教育研究所、终身教育与可持续发展教育研究所、早期教育研究所、基础教育课程教材发展研究中心、德育研究中心、教师研究中心、教育创新与推广研究中心、北京市教育督导与教育质量评价研究中心、北京市特殊教育研究指导中心、期刊部（班主任研究中心）。北京市教育学会、北京市高等教育学会、北京市成人教育学会、北京市职业教育学会和北京市教育史志编纂委员会办公室挂靠北京教育科学研究院。北京市教育信息化领导小组办公室和北京市职业教育、成人教育教材建设领导小组办公室设在北京教育科学研究院。[3] 目前，北京教育科学研究院是国内门类最全、规模最大的教育科学研究院之一。业务及研究范围纵向贯穿学前教育、义务教育、高中教育、职业与成人教育、高等教育等各级各类教育，横向涵盖教育规划、教育政策、学校与教师发展，课程、教材、教学、评价，德智体美等方面。与同类机构相比，北京教育科学研究院的业务覆盖面最宽，与市、区教育行政

---

① 《2022 全球教育智库影响力评价 PAP 研究报告》重磅发布.https://www.sohu.com/a/ 620438201_608848，2022 - 12 - 23.
② 北京市教育委员会办公室. 北京市教育委员会文件选编 1996［M］. 北京：航空工业出版社，1998：113.
③ 北京市教育委员会. 1997 北京教育年鉴［M］. 北京：北京出版社，1997：69.

部门的联系最紧密，与基层学校的联系最广泛。

　　北京教育科学研究院实行院长负责制，现任院长冯洪荣。经过多年建设，形成了一支具有较高素质的教科研队伍。目前，在职职工384人，具有专业技术职务334人。其中，高级专业技术职务201人；具有本科以上学历370人，其中，博士75人、硕士165人。①

（三）教育研究与决策咨询

1. 开展课题研究

　　北京教育科学研究院承担并完成了多项国家级、部委级、省市级科研课题。"十三五"以来，北京教育科学研究院共承担300多项重要课题和项目的研究任务，同时还承担了教育部、北京市教育行政部门临时性委托任务450余项，北京市各区县及学校委托等横向项目150项（见表5-1、表5-2）。获得各类科研成果奖60多项，其中北京市教育教学成果奖26项，国家级教学成果奖5项。北京教育科学研究院基础教育研究中心承担的"八五"规划重点课题"中小学各科教学中的德育研究"1999年获得第二届全国教育科学研究优秀成果二等奖、北京市基础教育首届教学成果二等奖和北京市第二届"胡楚南优秀中学教学成果奖"。《北京市"十三五"教育规划前期研究与编制》荣获北京市第十二届优秀调查研究成果二等奖。

表5-1　北京教育科学研究院承担的全国教育科学
规划立项课题汇总（2016—2018年）②

序号	课题名称	课题负责人	所在部门	课题类别
1	香港地区大学学术治理体系研究	李曼	教育发展研究中心	国家一般课题
2	劳动力市场的技能需求及其对教育供给的启示	曹浩文	教育发展研究中心	国家青年基金课题

① 北京市教育科学研究院. 简介［EB/OL］. https://www.bjesr.cn/yqzl/jianjie/，2024-04-11.
② 北京教育科学研究院. 我院承担的2016年—2018年全国教育科学规划立项课题［EB/OL］. https://www.bjesr.cn/d/file/kxyj/kyxm/2019-05-31/882860a9bdd5f7355045a0fd2de1bd71.pdf，2019-05-31/2021-01-04.

续　表

序号	课题名称	课题负责人	所在部门	课题类别
3	京津冀高等教育协同发展中的政策风险评估及其控制对策	李　旭	教育发展研究中心	国家青年基金课题
4	我国残疾人高考政策优化路径研究	陆　莎	北京市特殊教育教学研究指导中心	教育部青年专项课题
5	预防中小学校园欺凌和校园暴力研究	耿　申	期刊部	国家重点课题
6	"互联网＋"背景下家校合作开展小学生性健康教育的实证研究	张文静	基础教育科学研究所	国家一般课题
7	促进中小学生问题解决能力发展的学习活动设计及课堂评价研究	王　薇	北京市教育督导与教育质量评价研究中心	教育部重点课题
8	推进教育公平对策研究	褚宏启	院部	国家重点课题
9	美国公立研究型大学与区域经济互动机制研究	桂　敏	终身学习与可持续发展教育研究所	教育部重点课题

表 5－2　北京教育科学研究院承担"两委一室"
委托 2016—2018 年课题汇总①

序号	课题名称	课题负责人	所在部门
1	北京市高端技术技能人才贯通培养试验研究	柳燕君	职成教研
2	中小学校增殖性评价体系研究	赵学勤	评价中心
3	京津冀职业教育协同发展探索与实践	侯兴蜀	职成所
4	与我市居住证制度和积分入户管理办法相配套的异地中高考政策研究	高　兵	发展中心

① 北京教育科学研究院承担两委一室委托 2016 年—2018 年课题汇总表［EB/OL］. https://www. bjesr. cn/d/file/kxyj/kyxm/2019-05-31/e5a44bdb480c692ef7e068098e42ce43. pdf, 2019－05－31/2021－01－04."两委一室"是指中共北京市委教育工作委员会、北京市教育委员会、北京市人民政府教育督导室。

序号	课　题　名　称	课题负责人	所在部门
5	学校督导规程研究	王宇波	职成所
6	北京市义务教育优质均衡发展督导评价研究	李海波	基教所
7	北京市职业教育布局结构调整的方案研究	吉　利	职成所
8	中小学教师激励机制研究	鱼　霞	教师中心
9	新考试方案背景下教师在线服务模式的实践研究	詹伟华	基教研
10	区域教育现代化发展水平督导评价研究	李　政	发展中心
11	计划生育政策对北京市教育资源配置影响研究	桑锦龙	院部
12	北京教育 2030 发展目标研究	高　兵	发展中心
13	近年来发达国家教育发展最新趋势研究	唐科莉	信息中心
14	北京市中小学节约型学校建设实践特色、模式和发展趋势的实证研究与政策建议	谢春风	ESD 中心
15	高中多样化特色发展实践与研究	张　熙	基教所
16	中小学校培育和践行社会主义核心价值观督导实践研究	韩淑萍	评价中心
17	北京市职业教育人才培养质量评价研究	王春燕	职成教研
18	北京市教师队伍建设研究	鱼　霞	教师中心
19	教育督导队伍专业化建设研究	郝保伟	教师中心
20	首都教育改革基本经验研究	桑锦龙	院部
21	国际教育发展趋势比较研究	李　旭	发展中心
22	北京职业教育及产业发展契合度深化研究	侯兴蜀 吉利	职教所
23	民办非学历高等教育机构设置标准与监管办法研究	丁秀棠	发展中心
24	加强学前教育管理实践研究	苏　婧	早教所

续　表

序号	课　题　名　称	课题负责人	所在部门
25	构建以社会主义核心价值观为引领的中小学一体化德育体系调查研究	谢春风	德育中心
26	减轻中小学课外负担的实践研究	张　熙 李海波	基教所
27	督学专业化培训实效性研究	鱼　霞	教师中心

北京教育科学研究院承担的课题涉及京津冀高等教育协同发展、教育供给、大学学术治理体系、校园欺凌、教育公平、教师队伍建设、教育督导、中小学生课业负担、职业教育、比较教育等主题，研究地域以北京为主，兼顾其他地区或全国范围的教育问题。此外，北京教育科学研究院的科研人员在各类学术期刊发表教育类学术论文 1 000 余篇，出版专著、编著、译著等著作类成果 192 本，省部级以上教材 61 部，体现出极强的科研实力。

2. 发布北京及京津冀教育发展研究报告

研制发布《北京教育发展研究报告》。北京教育科学研究院承担着为首都教育改革发展提供智力支持的使命，北京教育科学研究院研制发布《北京教育发展研究报告》，为北京教育发展提供决策参考。北京教育科学研究院主编的年度性报告《北京教育发展研究报告·2015 年卷》，对首都教育改革与发展中的宏观综合改革发展问题和专题性重大基本理论与实践问题进行研究，较为全面系统地反映"十二五"期间首都教育改革发展的实际，服务于"十三五"首都教育规划的谋划和制定。报告分为"综合问题研究"和"专题问题研究"两大部分，共计 29 章。"综合问题研究"部分围绕首都各级各类教育进行回顾和展望，内容涉及"十二五"时期北京市教育规划主要领域实施情况终期评估及北京市各区县教育规划实施状况评估等规划实施情况的总结分析，还涉及"十二五"时期北京市学前、义务、高等、职业等各级各类教育的研究，以及北京市基础教育课程改革、教师队伍建设、教育经费投入、国际交流与教育开放、可持续发展教育等的回顾与展望。"专题问题研究"部分主要是"十二五"期间首都教育发展的重点性研究问题，涉及中小学生心理健康、教育教学质量监测、教师职业倦怠、信息与通信技术、随迁子女受教育、普通高中特色建设、京津冀高职专业布局、市属高校管理体制等问题。① 报告多角度多层次反映首都教育改革与发展的进展及面临的挑战，进而提出推动教育事业发展的政策建议，为参与首都教育现代化建设的教育决策部门、教育管理者、教育科研工作者提供有益参考。北京教育科学研究院主编的《北京教育发展研究报告·2016年卷》，在内容上分为"前沿热点"和"现状深探"两大部分，共计30篇研究报告。"前沿热点"涉及北京市"十三五"时期教育规划监测信息供给机制改进策略、北京市教育供给侧结构性改革、北京城市副中心教育资源优化与政策保障、北京职业院校转型与突围、京津冀一体化背景下高等教育及职业教育的协同发展等面向新挑战、新任务的首都教育改革问题分析，还涉及发达国家教育战略与政策、全球学前教育发展、国际可持续发展教育、教育智库建设等，在国际视角下对教育发展新理念、新举措的梳理与展望，以及"互联网＋教育"发展新形态的研究等。"现状深探"部分涉及北京市学前教育督政指标体系与运行机制、基础教育资源配置状况、义务教育入学政策实施效果、基于核心素养五大领域的教学实验、义务教育阶段学生课业负担状况、义务教育阶段学生实践能力表现、九年一贯制学校发展、普通高中国际课程发展现状、中考改革政策对学校的影响、高考改革中北京市学生综合素质评价、中小学社会主义核心价值观融入课堂教学、中小学教师师德建设政策、中小学教师激励机制、首都高校创新人才培养体制改革进程的监测与评估、市属高校改革发展的协同机制、高校创业教育的开展、社区教育课程标准及资源开发、政府购买民办教育培训机构服务的实施情况、大数据背景下的教育督导信息化建设等问题。② 该部分对首都各级各类教育改革与发展现状的全景描绘与深入分析，为改进相关领域工作提供了重要参考。

发布京津冀教育发展研究报告。北京是京津冀教育协同发展的先导，北京教育科学研究院开展京津冀教育发展研究具有得天独厚的优势。北京教育科学研究院主编的年度性报告《京津冀教育发展研究报告（2016～2017）》，在内容上分为"总报告""实践篇""政策篇""专题篇""地区篇""经验篇"六大部分，共计15篇研究报告。"总报告"站在全局高度，从京津冀区域教育发展现状、构建京津冀教育协同发展平台的战略意义、区域教育协同发展平台体系

---

① 北京教育科学研究院.《北京教育发展研究报告·2015年卷》正式出版［EB/OL］. https://www.bjesr.cn/kxyj/kyzc/2016-02-26/24527.html，2016－02－26 /2021－01－04.
② 北京教育科学研究院.《北京教育发展研究报告·2016年卷》正式出版［EB/OL］. https://www.bjesr.cn/kxyj/kyzc/2017-04-12/28709.html，2017－04－12/2021－01－04.

的组建形式、京津冀教育协同发展存在的主要问题、京津冀区域教育平台体系建设的思路、原则和目标以及实现京津冀教育平台体系有效运转的政策建议六个方面对京津冀教育协同发展平台体系建设的核心问题进行了提纲挈领的系统分析。① 报告力图理论联系实际，多角度、多层次反映京津冀教育协同发展平台体系建设的形势、进展与问题，进而提出推动和完善不同层级领域平台建设的改革建议。《京津冀教育发展研究报告（2017～2018）》内容上分为"总报告""分报告""实践篇""地区篇""专题篇"五大部分，共计 12 篇研究报告。② 报告从京津冀区域教育资源的疏解与承接在区域协同发展中的作用和意义、首都教育在区域教育协同发展中的定位与要求、区域教育资源疏解与承接的内涵、教育资源疏解与承接的基本思路、教育资源疏解与承接的路径安排进行了系统分析，为京津冀区域教育协同发展，构建京津冀教育生态圈奠定理论研究基础。

3. 开展首都及区域教育发展战略研究

　　北京教育科学研究院单鹰、刘娟的专著《首都高等教育发展战略创新与探索》提出高等教育发展的三种模式，首次提出了北京高教体系厘清一个统一起点的问题。该著作通过实证发现：高教就近入学原理的作用明显；首都高教不仅面临欧美高等教育的挑战，也面临国内多个新兴高等教育中心兴起的挑战；对专业类的选择，北京籍学生与外地籍没有实质区别，集中在理工类和文理兼收类，这个并非所谓后工业化的反应模式。求学趋高和对高职不看好，本地高中学生和外地高中学生的反应一致，导致就业压力持续不减。首都高教发展的核心为三点：围绕北京作为东方现代都市定位和内涵提供支撑和服务；拓宽办学的制度空间；加大财政性投入，提升首都高等教育底部结构的公益化水平。③ 该著作在理论和实证上可以为制定首都高等教育发展战略，以及为首都高等教育体系的构建，提供依据、方向和指导。

　　开展面向中国特色世界城市建设的首都教育对外开放战略研究。北京教育对外开放一直处于国内领先地位，在出国留学、吸引国际学生、引进境外智力

① 北京教育科学研究院.《京津冀教育发展研究报告（2016—2017）》正式出版［EB/OL］. https://www.bjesr.cn/kxyj/kyzc/2017-04-12/28707.html，2017-04-12/2021-01-04.
② 北京教育科学研究院.《京津冀教育发展研究报告（2017—2018）》正式出版［EB/OL］. https://www.bjesr.cn/kxyj/kyzc/2018-05-08/32221.html，2018-05-08/2021-01-04.
③ 北京教育科学研究院. 北京教科院 2012 年著作成果摘要［EB/OL］.https://www.bjesr.cn/kxyj/kyzc/2014-01-06/10693.html，2014-01-06/2021-01-04.

资源、中外合作办学、国际学术主动交流与合作等方面发展迅速。但作为中国的首都，北京与世界大城市的教育国际化水平相比，仍有较大差距。教育对外开放战略对加强北京的国际教育合作与交流、着力培养国际化人才，进一步扩大首都教育的国际影响力具有重要意义。首都教育对外开放战略研究是北京教育科学研究院教育发展研究中心承担的 2011 年科研专项。北京教育科学研究院教育发展研究中心于 2013 年在北京出版社出版了阶段性研究成果《面向世界的首都教育——更加积极主动地扩大北京教育对外开放的战略思考》，是落实"教育要面向现代化，面向世界，面向未来"战略思想的体现。[①]《让学生在全球化的环境中获得成功——更加积极主动地扩大首都教育对外开放的战略构想》的报告提出了政策建议：以提升学生国际素养为突破口扩展首都实施素质教育的新生；采取创新举措引进国际优质教育资源；提升北京在国际教育与研究市场上的地位；发展北京与国际化大都市间双边、多边科学技术及教育领域；通过国际比较来衡量和提高北京教育发展的质量和水平；加强我北京教育外事机构的能力建设。[②]

京津冀教育协同发展的根本目的是缩小地区间教育差距，提升区域整体竞争力，根本动力是合理分工和定位，让"强者更强，弱者变强"。高兵的《京津冀教育协同发展战略探究》一书从理论、实证、战略三个层面探讨了区域发展的历史演进，以及教育在推进区域融合与发展中的重要作用；实证侧重关注"五个要素"（经济产业结构、教育发展阶段、人口与人力资源、区域发展定位、地理位置与环境），比较"三个差距"（比较长三角、珠三角、京津冀区域差距）；指明了京津冀教育协同发展的着力点。京津冀区域教育总体空间布局是一轴双核三带。打造"京—津—廊"教育发展轴；以京、津两大城市为教育发展核心地区，凸显两市教育强项。集中优势科研力量，打造"大滨海地区"高等教育研发带；规划"8＋X"网状职业教育发展带，储备职业技能型人才；以环京津燕山和太行山生态区为基础教育均衡发展带。同时，进一步明确京津冀教育协同发展的现代路径，建立多方协调的三级运作体系，建立高端引导的现代治理机制。[③] 在民办教育研究方面，北京教育科学研究院的课题"'十一

---

① 桑锦龙，李政. 面向世界的首都教育——更加积极主动地扩大北京教育对外开放的战略思考 [M]. 北京：北京出版社，2013：249.

② 同上：18 - 19.

③ 2015 年北京教科院出版基金资助著作摘要 [EB/OL].https://www.bjesr.cn/d/file/kjygl/kjcgzs/2016-11-07/1282f23dfab7dfe98fbe9d3764cac051.pdf，2016 - 11 - 07/2021 - 01 - 04.

五'以来影响北京民办高等教育存在与发展的主要因素"研究了"十一五"以来，北京民办高等教育从发展规模、发展质量以及发展内容等的新变化。指出需求与供给是教育的发展最为基本的主导因素。

开展新时期加强我国教育科研人员队伍建设的研究。针对我国教育科研人员队伍建设存在的结构问题、职业道德问题、中青年科研骨干培养等问题，北京教育科学研究院牵头开展了相关研究。"新时期加强我国教育科研人员队伍建设的研究"由北京教育科学研究院党委副书记、高级政工师李凤琴担任课题组长，① 该研究对新时期我国省市级教育科研院所人员构成状况、特点及其存在问题、青年优秀人才成长机制与激励机制、科研人员素质结构、教育科研人员队伍建设的途径和方法进行了系统研究。该研究有助于进一步发挥全国教育科研人员在教育改革和发展中的积极作用。

4. 开展以服务北京发展为核心的基础教育研究

北京教育科学研究院李海波的专著《教育资源配置与效益——北京市基础教育资源配置的实证研究》注重运用调研与比较的方法，立足于北京市中小学校办学实际情况的调研，对北京区域教育政策、实践进程进行分析。该书对我国教育资源的性质作出了更加明确的定位——从公民受教育权利来看，教育权利平等，尤其是平等享有公共教育资源和自由的教育选择权是教育公共性的体现，由此倡导、促进学校间优质教育资源的共享，进而达到均衡，保障公民教育权利的基本平等，并揭示出合理配置教育资源是深化教育改革、提高教育质量、促进教育均衡发展基础性工程。

赵学勤的《普通高中学生综合素质评价——基于北京市的理论与实践研究》一书研究确定了综合素质评价应遵循的原则，并对学生综合素质评价系统进行了结构、功能分析；论证制定了评价指标体系采用的方法和程序以及倡导采用多元评价标准——绝对标准、相对标准和个体内差异标准；在详细讨论了普通高中学生综合素质评价信息收集方法的基础上，重点阐述了与之相对应的评价工具；比较系统地阐述了具有北京特色的学生综合素质评价电子平台的结构以及他的采集、存储等功能；最后分别介绍了高中学生综合素质评价的类型（包括诊断性评价、形成性评价和终结性评价）、评价主体（包括学生自我评

---

① 李凤琴，等. 教育人才专业化发展策略——我国教育科研院所队伍建设研究［M］. 北京：首都师范大学出版社，2007：164.

价、同学评价、教师评价、班主任评价、家长评价等)、评价的实施及评价的
组织管理等。

　　基础教育研究所的"不同类型指导方式对高中学生自主发展能力影响的研
究"对北京市 17 所高中学校的近 700 名学生、150 名干部教师进行调研,并提
出"对话式指导",优化学校内部发展环境,为学生发展指导提供保障,在具
体指导过程中,通过规范指导的关键要素和关键环节,建立健全学生发展指导
体系。"新课标背景下的京版教材特色"课题研究提出,修订后的京版教材的
主要特点为:德育为先,进一步体现社会主义核心价值体系;结合实际,创造
性地落实新课标;与时俱进,体现北京教育发展的新要求;科学编写,突出北
京教材的新结构。[①] 为促进义务教育优质均衡发展,在北京市政府"名校办分
校"政策的倡导下,名校办分校呈现迅猛发展之势。《透视与反思:北京市"名
校办分校"政策的实施》对北京名校办分校现象研究发现,从实施的短期成效
来看,带来了全市学位数及部分分校在校生人数和教学质量的变化。但是从整
体来看,名校办分校政策实施的背后暗藏着诸多隐忧,如名不副实的办学定位、
利益驱动的分校扩张、良莠不齐的分校质量、事出多头的分校管理、难以突破
的配套政策。要解决这些存在的实际问题,提升名校分校的办学质量,需要透
过纷繁复杂的表象进行理性的思考,并通过政府、名校、分校和社会各利益相
关方各司其职,办好让人民满意的学校,推动城乡义务教育优质均衡发展。[②]

　　北京教育科学研究院积极与区域内各级各类学校开展合作,构建教研网
络。北京教育科学研究院与北京教育学院及北京城六区(东城区、西城区、朝
阳区、海淀区、丰台区和石景山区)的教科研部门和 17 所学校达成合作意向,
极大地推动了"研校结合""科研兴校""专业引领"局面的形成。[③] 北京教育
科学研究院牵头建立教研工作运转的良性机制,在北京地区形成了市——区
(县)——校三级教研工作网络;根据"三走进",即走进学校、走进课堂、走
近教师,指导课程实施的要求,逐步建立并完善了教学视导制度;通过组织各
类观摩课、研究课、示范课,交流研讨,学术报告,骨干教师培训等形式多样
的教研活动,在研究教学、管理指导教学、提高学科教学质量方面发挥了重要

① 北京教育科学研究院. 北京教院 2011 年度院级课题成果摘要[EB/OL]. https://www.bjesr.cn/kxyj/kyzc/2013-11-08/9783.html,2013-11-08/2021-01-04.
② 北京教育科学研究院. 尹玉玲副研究员荣获第五届钱学森城市学金奖"城市教育问题""优秀奖"[EB/OL]. https://www.bjesr.cn/kxyj/kyzc/2016-01-21/24434.html,2016-01-21/2021-01-04.
③ 李奕,等. 首都基础教育的战略转型与模型建构[M]. 北京:教育科学出版社,2015:16.

的作用，与区县逐步形成了良好的业务指导和合作关系。

5. 可持续发展教育研究

　　北京教育科学研究院参与了联合国教科文组织主导的环境、人口与可持续发展教育项目（UNESCO Project on Education for Environment Population and sustainable Development，简称 EPD）。可持续发展是 21 世纪人类面临的重要课题，我国可持续发展面临严峻形势，教育是可持续发展的重要组成部分，但我国的可持续发展教育及相关人才培养仍处于起步阶段，任务紧迫。20 世纪 90 年代，联合国为了落实有关环境与发展会议精神，推动全球可持续发展进程，着手研究并制定了联合国教科文组织环境、人口与可持续发展教育项目。[①] 该项目的目的是通过对青少年和全体社会成员进行环境教育、人口教育和可持续发展教育，促进改善环境、提高人口素质和社会的可持续发展。1998 年，中国联合国教科文组织全委会委托北京教育科学研究院主持在全国范围内实施 EPD 项目。北京教育科学研究院专门成立可持续发展教育研究中心，并配备了重要骨干力量、编制、专项经费和办公楼，[②] 确保了 EPD 项目的顺利实施。2003 年，全国 EPD 项目工作委员会扩大实验学校范围，把 EPD 项目从 9 个省（市、自治区）逐步推广到全国，壮大成员校、实验校、示范校的数量，形成一定规模，并坚持质量、注重实效地推进 EPD 实验。培养一大批自觉、热心并有能力推进 EPD 实验的校长、教师，组建世界最大规模 EPD 事业的力量，建立并完善 EPD 项目评估体系和质量标准。2003 年在京召开的 EPD 项目国际研讨会，积极争取承担国际特别是亚太地区 EPD 培训任务，努力争取成为亚太地区 EPD 项目培训中心，让亚太地区其他国家分享共同的研究与实验成果。还要努力争取成为国际 EPD 项目的研究、培训与信息资源的重要基地。EPD 项目成为我国教育扩大对外开放的一个新领域。[③] 北京教育科学研究院及下设的可持续发展教育研究中心与中国联合国教科文组织全国委员会、联合国教科文组织北京办事处等组织联合翻译了联合国教科文组织 2005 年 1 月发布的文件《联合国教育促进可持续发展教育十年（2005—2014）

---

① 　EPD 教育项目简介. 联合国教科文组织中国可持续发展教育项目 [EB/OL]. https://www.esdinchina.org/newsitem/271011338，2021 - 01 - 05.
② 　史根东. 可持续发展教育报告·2003 年卷——中国 EPD 教育概论 [M]. 北京：教育科学出版社，2004：118.
③ 　同上：117.

国际实施计划》。① 2005 年 3 月，联合国正式启动《十年计划》，中国 EPD 教育项目于 2006 年初正式更名为中国可持续发展教育项目。到 2010 年，有 11 个省、自治区、直辖市的 1 000 多所中小学校参与并启动实施了环境、人口与可持续发展教育项目（EPD），后来拓展为可持续发展教育（ESD），收到了显著效果。② 经过多年的理论研究与实践探索，这一项目取得了深化课程改革、促进素质教育的良好成效。国务院和教育部领导对可持续发展教育的理念及实践予以充分肯定。1999—2010 年，北京教育科学研究院与联合国教科文组织中国全委会等部门已联合举办联合国教科文组织中国可持续发展教育（ESD）项目国家讲习班共 12 期，为我国可持续发展教育理论研究和实践研究提供人才和智力服务作出重要贡献。

　　将可持续发展教育纳入正规教育课程体系，提高教学质量是全世界可持续发展教育关注的焦点。可持续发展教育地方课程的开发与实施是中国可持续发展教育融入课程体系的特色经验与实践亮点。北京教育科学研究院王巧玲的《可持续发展教育：地方课程的开发与实施》一书在系统总结北京市、云南省红河哈尼族彝族自治州、黑龙江省、陕西省可持续发展教育地方教材开发与实施的实践基础上，初步构建了较为完整的、逻辑严密的可持续发展教育地方课程开发与实施的理论体系，是可持续发展教育从边缘走向中心的创新性尝试，为其他省市可持续发展教育地方课程开发与实施提供可借鉴的经验，尤其是《可持续发展的未来——哈尼梯田与青少年》地方课程研发成为 2013 哈尼梯田申报世界遗产打出的一张名片，四套教材研发的行动研究为 2014 年世界可持续发展教育大会提供鲜活的中国特色成果。③ 这些创新实践也为全球可持续发展教育提供了有价值的参考。

6. 教育决策咨询

　　北京教育科学研究院发挥学科业务管理职能，为国家及北京地方教育行政部门决策提供服务。北京教育科学研究院为教育部、北京市教委等教育行政部门起草或参与起草了大量学科教学和教研工作、教师队伍建设、教学管理等方

---

① 田道勇. 可持续发展教育理论研究 [M]. 济南：山东科学技术出版社，2013：81.
② 联合国教科文组织中国可持续发展教育项目. 中国可持续发展教育项目第十次国家讲习班在上海普陀召开 [EB/OL]. https://www.esdinchina.org/newsitem/271091424，2021 - 01 - 05.
③ 北京教育科学研究院. 北京教科院 2012 年著作成果摘要 [EB/OL]. https://www.bjesr. cn/kxyj/kyzc/2014-01-06/10693.html，2014 - 01 - 06/2021 - 01 - 04.

面的文件、会议报告、调研报告；在完成常规性工作的基础上承担着政策咨询、应答人大代表议案等工作。如有关"减负""教学内容调整意见"等文件被教育部采纳；根据北京市教委提出的"三个引导"的精神——将中小学干部和教师的主要精力引导到教学工作上来、引导到课堂教学工作上来、引导到课堂教学改革工作上来，于 1995 年印发了《北京市进一步加强和改进中小学学科教学的意见》《北京市中小学学科教学常规（试行）》《北京市中小学学科课堂教学评价方案（试行）》，统称"三个教学文件"，它们对于深化教学改革，提高课堂教学质量起到了很大的指导作用。① 北京教育科学研究院下设的各类研究中心承担着为相应领域提供教学研究、指导和服务，及为教育行政部门决策提供科学依据的工作。

7. 教材建设、教学改革、师资队伍建设与考试评价

北京教育科学研究院不仅参与了国家教学大纲、课程标准的制定，还承担了北京市 21 世纪基础教育课程改革部分课程标准的研制和教材编写工作，同时部分教研室参与编写的高质量教材，如《北京市九年义务教育初中地理教科书》（实验本）获得北京市首届基础教育教学优秀成果一等奖和北京市第二届"胡楚南优秀中学教学成果奖"；《北京市初中语文实验教科书》获得北京市首届基础教育教学优秀成果二等奖；《北京市九年义务教育初中生物教科书》《北京地方民间音乐教科书》获得北京教育科学研究院首届优秀教育研究成果一等奖；《思想政治课计算机辅助教材》《北京市中小学地方民间美术教科书》获得北京市第三届"胡楚南优秀中学教学成果奖"等，为北京市的课程建设作出了重要贡献。

积极开展学科教学改革活动，创造、总结、推广了一批有影响的学科教改经验，逐步形成推进课程改革实施的工作模式。依据教育形势的发展和素质教育的要求，北京教育科学研究院指导北京中小学各学科开展了有特色的教改实验工作，如"马芯兰小学数学教改实验""中学化学实验教学改革""初中几何入门实验""大面积提高英语课堂教学质量的实验研究""中小学'规范码'教学实验研究"等重大教改成果，逐步转化为广大一线教师共同的实践活动与教育理念，为提高学科教学质量发挥了重要作用。

---

① 北京教育科学研究院基础教育教学研究中心. 新时期教学研究工作的继承与创新［M］. 北京：同心出版社，2003：5.

北京教育科学研究院参与北京市基础教育师资队伍建设。北京教育科学研究院通过组织教师评优、骨干教师培训、研究会活动和北京市中小学教师教学基本技能竞赛，提高了教师的业务能力与师德修养，为北京市的教育教学改革提供了有力保障。在推进北京市基础教育课程改革的过程中，北京教育科学研究院逐步形成了教师培训、组织新课程实施的工作模式，同时在民主化培训方式、互动式培训途径、建立培训反馈机制等方面也进行了积极的尝试。

开展考试与评价研究。北京市教育科学研究院承担了小学数学、小学语文《考试说明》的制定，北京市中考、高中会考《考试说明》的制定、试题命制、阅卷指导及总结工作；在中考改革后承担了对区县抽测与试题的评价工作、市级题库的建设工作，有效地发挥了评价对教学的导向作用。在课程改革的背景下，研制与实验课堂教学评价方案，在考试和评价方面进行了有益的探索,[①]推动了区域考试改革与评价水平的提升。

此外，北京教育科学研究院在北京市职业教育，成人教育教材编写、审查、研究管理、开展教学研究、指导教学工作、培训骨干、组织中考、教学评价等方面发挥着重要作用。

（四）对外教育交流

近些年来，北京教育科学研究院坚持业务性、针对性与实效性原则，通过外派人员、举办国际学术研讨会、实施国际合作研究项目等活动，引进国外及港澳台地区优质教育资源，为教科研事业发展、提高研究人员的国际合作研究能力服务。2004—2006 年，北京教育科学研究院共派出约 80 个团组 200 余人次，分赴北美洲、南美洲、欧洲、非洲及亚洲的三十多个发达国家与发展中国家开展学术调研、专题研修、参加国际学术研讨会、讲学及学术交流。北京教育科学研究院到联合国教科文组织统计研究所、联合国教科文组织终身学习研究所、世界银行进行专题学术交流和考察，到德国、瑞典、考察职业教育。北京教育科学研究院还积极引进国际组织与境外优质资源，先后举行举办了第二届、第五届可持续发展教育国际论坛（2005），义务教育的现状、挑战与前景——第一届国际义务教育研讨会（2005、2011），普及·质量·均衡——第

① 北京教育科学研究院基础教育教学研究中心. 新时期教学研究工作的继承与创新［M］. 北京：同心出版社，2003：7.

二届国际义务教育研讨会（2005）、北京青少年公民教育国际论坛（2006）、基础教育质量监控与评价国际研讨会（2013）、中德职业教育课程改革合作交流研讨会（2014）、学习型城市建设与评价指标国际研讨会（2016）等。参加上述会议人员来自近 40 个国际组织、国家与地区，汇集中国与外国及港澳台地区前沿的研究成果与实践经验。

北京教育科学研究院与国际组织及外国有关机构开展教育领域合作，引进或参与一系列双边或多边国际合作研究项目，包括"终身学习与学习型城市研究"（欧盟），"产学研合作教育研究"（福特基金会）、"中国农村义务教育发展研究"（世界银行）、"中国义务教育发展研究"（英国国际发展部），"中国普通高中生能力评价研究"（澳大利亚教育研究会）、"孟加拉国基础教育高级管理人员培训"（世界银行）、"国际儿童安全教育资源开发"（联合国儿童基金会）、"早期教育专项培训"（澳大利亚 BBC 全球有限公司）等。① 北京教育科学研究院在中共北京市教工委、市教委、北京市外办的支持和协助下，挖掘国外优质科研资源，与教育相关国际组织、各国教育机构广泛开展深度交流、互动与合作，提升了其在国内与国际教育领域的影响力，促进了科研水平的提高与科研人员的能力建设。

（五）出版与传播

北京教育科学研究院主办《教育科学研究》和《班主任》两份专业性教育期刊。《教育科学研究》坚持为教育决策、教育实践、教育科研服务的办刊宗旨，以"评说教育热点，透视教育冰点；探索教育难点，前瞻教育视点"为办刊目标，坚持贴近教育现实和实践问题的学术风格，积极引领和推动教育理论和实践发展，旨在为广大一线教师、教育教学研究人员和教育行政管理人员提供优质的学术研究成果、营造宽松的学术争鸣空间以及创新实践的学术交流平台。② 栏目设置理论探索、决策参考、热点与冰点、管理与评价、调查与实验、课程与教学、德育与心理、比较与借鉴、教师教育、学校科研、教育史、课题成果公报和三分钟教育学。《教育科学研究》入编《中文核心期刊要目总

---

① 张铁道. 跨文化视野中的教育改革动态——北京教育科学研究院国际交流报告集（2004—2006）[M]. 北京：北京出版社，2007：1-2.
② 《教育科学研究》简介 [EB/OL]. https://www.bjesr.cn/ywbm/qkb/jykxyj/2017-01-12/27855.html，2020-05-12/2021-01-06.

览》（2017 年版），入选"中文社会科学引文索引（CSSCI）扩展版来源期刊"，被评定为"中国人文社会科学期刊 AMI 综合评价"A 刊核心期刊。《班主任》为全国广大班主任和德育工作者服务，致力成为全国班主任的心灵家园、交流平台、专业读本和培训教材。《班主任》设置的栏目有："特别关注""理论与实践""我该怎么办""全国优秀班主任讲坛""工作笔谈""班级发展与管理""学生教育与转化""家校合作""班队活动""心理健康教育""教书育人""反思与成长""教育随笔""我心目中的好班主任""班级文化之窗""互动平台"等。办刊 30 多年来，《班主任》已成为"学校德育的得力参谋，广大班主任的最好助手"。① 两份期刊在国内教育界具有较高的知名度和影响力。北京教育科学研究院还编写内部参考咨询《教育快报（国际教育动态）》，反映美国、英国、日本、新加坡等国的教育改革与发展最新动态，为教育研究与决策咨询提供前沿信息。如 2020 年第 14 期"美国联邦政府和纽约市应对新冠疫情的教育举措"、2020 年第 26 期"新冠疫情对教育的影响及各国应对措施"、2020 年第 32 期"后疫情时代澳大利亚高中教育改革方向"、2021 年第 9 期"东京：致力于减轻教师工作负担"、2022 年第 11 期"新加坡：着力完善家庭教育支持体系"、2023 年第 4 期"面对 ChatGPT，不同国家和地区的应对策略"等，② 均反映了最新的国际形势，而且契合国内教育面临的挑战，具有很强的借鉴和指导价值。

在教育信息化及传播方面，北京教育科学研究院在建设与管理北京教育信息网、北京教育在线、北京教育科研网，承办中国高等教信息网、中国成人教育信息网、北京青少年科技信息网，成功开展了北京市小学现代远程教育实验等项目。③ 上述活动体现了北京教育科学研究院的在教育信息化建设及传播方面发挥着积极作用。

（六）结语

北京教育科学研究院作为区域性教育智库，在地方教育科学研究院中，其研究人员规模、研究实力和资源配置均处于领先地位。北京教育科学研究院围

① 《班主任》简介［EB/OL］. https://www.bjesr.cn/ywbm/qkb/bzr/2017-01-12/27856.html，2017‐01‐12 /2021‐01‐06.
② 北京教育科学研究院. 教育快报（国际教育动态）［EB/OL］. https://www.bjesr.cn/xskw/nbck/jykb/，2021‐01‐06.
③ 北京市教育工会. 北京高校青年教师优秀教学科研成果展［M］. 北京市教育工会，1999：164.

绕基础教育、学习型社会、可持续发展教育、教育评价、教育信息技术、国际教育、全纳教育、职业教育、创新教育、高等教育、早期教育等领域开展研究与决策咨询、社会服务、对外教育交流与合作等工作，有力地推动了北京教育的改革与发展，强化了北京作为中国首都，在教育领域的基础性地位，也一定程度上引领了全国各级各类教育变革与创新。北京教育科学研究院也为我国地方教育科学研究院系列教育智库的发展提供了可资借鉴的范本。

四、上海市教育科学研究院①

（一）基本概况

上海市教育科学研究院（Shanghai Academy of Educational Scineces）隶属于上海市教育委员会，是从事教育科学、人力资源开发和社会发展的专业研究和决策咨询机构。上海市教育科学研究院于 1995 年 2 月经上海市委、市政府批准成立，② 同时撤销成立于 1980 年的上海市教育科学研究所，以及市高等教育研究所、市职业技术教育研究所、市成人教育研究所和市智力开发研究所的建制。新组建的上海市教育科学研究院设智力开发研究所、高等教育研究所、普通教育研究所、成人教育研究所、职业技术教育研究所等。③ 上海市教育科学研究院弘扬"求实、创新、合作、奋进"的核心价值观，以加强教育智库建设为核心，"坚持一个中心，做好两个服务，加强三个建设"为工作目标，加强一流学科、一流平台、一流团队建设，立足上海，服务全国，面向世界，把上海市教育科学研究院建设成为全国领先、国际一流的教育科研机构和智库。上海市教育科学研究院的主要功能包括：从事教育规划、教育管理、教育政策与人力资源研究，为教育部、上海市人民政府有关教育发展与改革的重要政策决策提供咨询服务；从事教育教学理论与应用研究，承担全国及本市的教育科研课题，促进我国教育学科的发展；开展教育教学实验研究，总结科研经

---

① 主要参考：上海市教育科学研究院官方网站；付卫东，付义朝. 智库的转型：我国教育政策研究机构转型发展［M］. 武汉：湖北教育出版社，2016.

② 全国教育科学规划领导小组办公室. 中国教育科学规划回顾与展望：从"六五"到"十五"［M］. 北京：教育科学出版社，2006：342.

③ 《上海年鉴》编纂委员会. 上海年鉴1996［M］. 上海：上海年鉴社，1996：281.

验，推广教育科研成果，为各级各类院校的教育教学改革发展提供理论研究和实践指导；开展教育科研的国际国内合作与交流，借鉴和汲取世界各国教育发展的有益经验，为国家和上海教育改革发展服务。2019 年 5 月，上海市教育科学研究院入选中国教育智库评价 SFAI 研究报告的核心榜单。① 2022 年 12 月入选《2022 全球教育智库影响力评价 PAP 研究报告》"中国教育智库榜单"。② 2023 年再次入选中国教育智库评价 SFAI 研究报告的核心榜单。

（二）组织结构

上海市教育科学研究院的组织机构由职能处室、科研机构、其他机构三个板块构成。职能处室包括院长办公室、党委办公室、科研处、财务处、图文信息中心、期刊管理处。科研机构包括研究所和研究中心。其中，研究所有普通教育研究所、高等教育研究所、职业教育与成人教育研究所、智力开发研究所、民办教育研究所和德育发展研究院；研究中心包括教育部基础教育监测中心、教育部国际教育研究与咨询中心、SHPISA 秘书处和研究中心、上海市教育法制研究与咨询中心、教师发展研究中心、家庭教育研究与指导中心、台湾教育研究中心、WTO 教育服务研究中心、社区教育研究中心、高等职业技术教育发展研究中心、现代教育实验室、国家语委国家语言文字政策研究中心。其他机构包括上海学生心理健康教育发展中心、上海市决策咨询委员会秘书处办公室、上海市教育科学规划办公室、上海教育信息调查队、上海市教育史志办公室、国际交流进修学院。

上海市教育科学研究院现有专职研究人员 123 人，具有高级职称的研究人员 54 人，占专职研究人员的 44%，其中 19 人具有正高级职称；具有研究生学历的研究人员 98 人，占专职研究人员的 80%，其中 36 人具有博士学位；1 人被聘为第八届国家督学，1 人被评为上海市教育功臣，10 人被北京大学、复旦大学、交通大学、北京师范大学、同济大学、华东师范大学等高等院校聘为博、硕士研究生导师。③ 经人力资源和社会保障部批准，上海市教育科学研

---

① 周洪宇，刘大伟. 中国教育智库评价 SFAI 研究报告（2019 年版）[M]. 北京：中国社会科学出版社，2019：53.

② 《2022 全球教育智库影响力评价 PAP 研究报告》重磅发布. https://www.sohu.com/a/620438201_608848，2022 - 12 - 23.

③ 上海市教育科学研究院. 我院概况 [EB/OL]. https://www.cnsaes.org.cn/Information/Detail/13121，2024 - 12 - 29.

究院设立博士后科研工作站。同时，上海市学位委员会批准上海市教育科学研究院为上海研究生协作培养单位。上海市教育科学研究院设院长 1 人，党委书记 1 人，党委副书记 1 人，副院长 4 人。现任院长为桑标，他曾任华东师范大学心理与认知科学学院副院长、学前与特殊教育学院院长、教育学部副主任，上海市教育委员会高等教育处处长。历任院长为胡瑞文、张民选、陈国良。

（三）研究内容

上海市教育科学研究院在人力资源与教育规划、教育财政、教育管理、教育政策法规、教学论、课程论、教育心理、教育评价、国际比较以及普通教育、高等教育、职业与成人教育、民办教育等领域有较强的研究力量和较高的研究水平。近年来，上海市教育科学研究院每年承接教育部、国家发展和改革委员会、财政部和上海市人民政府、市教委及其他有关党政机构，以及世界银行、联合国有关机构和全国各地区教育行政部门、各类教育机构委托课题、实验项目 100 余项，每年完成科研、咨询项目合同经费总额超过 1 000 万元。近些年，上海市教育科学研究院聚焦教育关键领域的重大问题研究，如教育与人力资源开发、长三角一体化与教育联动发展、上海终身教育体系研究、高教结构调整与内涵发展、教育经济与财政、教育公平与均衡发展、基础教育发展研究、教育管理体制改革、教育现代化、幼儿早期教育等。上海市教育科学研究院逐渐在宏观系统研究、决策咨询研究、教育实践研究、数据分析研究、智库规划研究等领域形成了自身的特色与优势，为区域和国家教育改革与发展作出了重要贡献。

1. 教育与人力资源开发预测性研究

把教育大国建设成为教育强国，把人口大国建设成为人力资源强国，把中国建设成为世界最大的学习型社会，是全面建成小康社会、实现中华民族伟大复兴的关键所在。中国正处于从人口大国迈向人力资源强国转型的关键阶段，教育是提升人力资源质量的重要因素。上海市教育科学研究院 2010 年发布的《从人口大国迈向人力资源强国》研究报告收集了国际组织有关人力资源与教育的各国统计数据，以及我国第五次人口普查和教育事业发展的大量统计资料，通过详细的实证分析，回顾了新中国成立以来我国教育与人力资源的巨大进展，客观评价了我国教育与人力资源的现状及其在世界上的地位；定量分析了我国教育、人力资源同发达国家与新兴工业化国家之间的差距，并多角度地研究了我国教育与人力资源开发亟待解决的若干重大问题；从国际国内急剧变化的环境出发，探讨了我国教育与人力资源开发面临的挑战和机遇，勾画了未来 50 年，特别是近 20 年的发展蓝图，并提出了为实现该目标所必须采取的体制改革与制度创新的若干政策建议。[①]

教育经费投入问题是未来一段时期我国教育事业发展的最基本保障条件之一。教育投入的充足与否直接制约我国教育事业发展目标的实现。上海市教育科学研究院进行了"2005—2020 年国家财政性教育投入占 GDP 比例的研究"，从国际视野、从教育事业发展的经费需求、从经济和财政的能力与可行性等方面，对 2005—2020 年我国财政性教育经费占 GDP 比例进行初步分析和预测。研究报告分为四个部分：第一部分从世界范围内看中国的差距与定位，比较得出中国财政性教育经费占 GDP 的比例远低于发达国家和发展中国家的平均水平，财政教育投入严重不足。第二部分从我国教育事业发展的需要分析经费需求，在预测基础（即确定生均经费指数）上，参考各级各类教育事业发展目标、教育事业发展的重点和政策取向，综合考虑事业与经费两个方面的问题，对 2020 年全国教育经费需求进行了全面测算。第三部分重点从经济与财政的角度分析财政性教育经费的能力与可行性，从 GDP 指标、财政收支与 GDP 关系、预算内教育经费拨款与财政支出的比例，来预测未来我国教育经费的能力，使教育经费的分析建立在切实可行的基础上。第四部分为研究结论。结论建议政府在 2005—2007 年间，财政教育经费占财政支出（决算数）的比例每年提高 0.5 个百分点，即 2007 年我国财政性教育经费占 GDP 的比例将达到 4%，2010 年达到 4.3%，2020 年达到 5.1%。[②] 该研究为我国增加财政性教育投入提供了重要依据。

上海市教育科学研究院进行了"教育与人力资源开发 2020 年普及高中阶段教育的资源需求研究与测算"项目研究。研究与测算的主要内容包括：(1) 当前资源缺口的测算。选择了 7 项指标进行普通高中办学资源缺口的测算。基于 2014 年到校的教育事业统计数据，对我国所有高中阶段学校的主要

---

① 从人口大国迈向人力资源强国 [EB/OL]. https://www.cnsaes.org/homepage/html/publication/publicationbook/585.html，2019 - 05 - 14.

② 2005—2020 年国家财政性教育投入占 GDP 比例的研究 [EB/OL]. https://www.cnsaes.org/homepage/html/gallery/jiaoyujingjiyucaizheng/512，2019 - 05 - 14.

办学指标进行测算，甄别存在资源缺口的学校，并对这些学校的资源缺口进行汇总，从而测算出当前我国高中阶段学校主要办学资源的缺口。（2）2014—2020 年高中阶段办学资源需求测算。对 2020 年高中阶段在校生规模进行测算。根据 2014 年的小学相应年级到 2020 年将成为预期高中阶段学生，再依据预期的毛学入学率，测算 2020 年预期高中阶段在校生规模。基于 2014—2020 年高中阶段在校生规模的预期增量，对高中教育的基本办学资源指标进行相应的资源需求测算。（3）进行实地调研。根据测算结果，在全国选取 2—3 个具有代表性的省市进行实地走访与调研，了解高中阶段办学要素及标准的实际状态，资源缺口测算依据的可靠度等。当前资源缺口的测算。研究确定高中阶段基本办学资源指标，根据相关办学标准，测算当前我国高中阶段办学的资源缺口。测算 2020 年预期高中阶段在校生规模，根据基本办学资源指标，测算相应的资源缺口。根据测算结果，选择 2—3 个省市进行高中阶段办学条件需求的实地调研。该报告得到教育部基教二司领导的高度表扬，为教育部向发改、财政等部门争取更多的"高中攻坚"项目投入提供了直接依据。部领导表示此测算报告进行了扎实的数据测算分析，为落实《国家中长期教育改革和发展规划纲要（2010—2020 年）》提出的到 2020 年"普及高中阶段教育，毛入学率达到 90％"的战略目标，完成党的十八大作出"基本普及高中阶段教育"的重要部署，作出重要贡献。①

"小规模学校办学条件和师资队伍建设需求分析研究"在梳理小规模学校建设标准文件，进行文献分析，掌握政策文本指向信息的基础上，深入到贵州等地的小规模学校，包括不足 20 人，80—100 人的学校进行调研，重点了解这些学校发展面临的问题，包括办学条件需求、教师配备需求，以及教师发展需求等。从地区分布、规模分布方面进行全面分析，从不同的地形地貌、少数民族、连片特困等多个视角进行分析，为全面掌握小规模学校的现状提供扎实的数据基础。本研究主要内容包括：小规模学校（将有在校生且学生不足百人的小学和教学点统称为"小规模学校"）的地区分布、规模分布情况；全国小规模学校办学资源缺口测算；小规模学校面临的困境；政策建议。项目研究首次摸清了全国分地区、分城乡、分地形地貌小规模学校主要办学条件和师资配置的基本情况和存在的缺口，引起相关部委、司局的高度重视。项目研究提出

---

① 2020 年普及高中阶段教育的资源需求研究与测算 ［EB/OL］.https://www.cnsaes.org/homepage/html/gallery/jiaoyuyurenliziyuankaifa/11698.html，2019－05－14.

的政策建议，具有重要的参考价值，为合理制订乡村小规模学校建设标准和补齐短板提供了坚实的数据支撑，得到教育部基教一司领导的高度肯定。①

"西部地区普通高等教育发展专题分析研究"运用时间跨度较长的数据积累，对西部高等教育事业发展、毕业生就业的社会适切性进行了翔实的分析，图文并茂，为科学配置高等教育资源、合理设置西部普通高校提供全面的数据信息。研究聚焦了 1999 年扩招以来西部新设 155 所普通本科院校（全国 616 所，西部占 1/4），对其发展规模、办学条件、学生就业情况进行了详细分析，突出了教育部西部高校布局结构调整优化的重点；研究从比较研究的视角，对国内外高等学校分类管理的经验与启示，进行了梳理和分析，为推动高校分类管理提供路径探索。研究成果包括"西部地区普通高等学校布局发展状况""西部地区普通高等学校毕业生就业基本状况""西部地区新设本科院校发展状况""国内外高等学校分类管理的经验与启示"等四个专题分析报告。②

此外，上海市教育科学研究院参与地方中长期教育规划。2009 年，上海市在制定《上海市中长期教育改革与发展纲要（2010—2020 年）》时，委托市教委、上海市教育科学研究院和华东师范大学三家单位做了 A、B、C 三卷，分别从教育管理、宏观经济社会和教育学三个视角加以研究，最后在综合各家意见的基础上形成的纲要比较客观全面，获得了社会各界的好评。上海市教育科学研究院作为主要参与方，在此次教育规划中发挥了重要作用。其他预测性研究还包括"十三五"时期我国普通本专科在校生层次结构问题研究、新时期人力资源强国战略目标、实现途径及保障机制研究、西部地区普通高等教育发展专题分析研究、上海建设学习型社会指导意见研究等。这些研究为国家一定时期的教育规划、教育财政投入提供了可靠的依据。

2. 区域教育发展研究

上海市教育科学研究院开展"长三角区域教育联动发展战略研究"。在上海市政府发展研究中心的支持下，课题组成员通过跨区域召开座谈会、走访调研和系统研究，广泛听取了两省两市（浙江、江苏、上海市、宁波市）教育部门负责人、各类教育专家、各级学校校长的多种观点、意见和建议，通过理论

---

① 小规模学校办学条件和师资队伍建设需求分析研究［EB/OL］．https://www.cnsaes.org/homepage/html/gallery/jiaoyuyurenliziyuankaifa/11697.html，2019 - 05 - 14.
② 西部地区普通高等教育发展专题分析研究［EB/OL］．https://www.cnsaes.org/homepage/html/gallery/jiaoyuyurenliziyuankaifa/11693.html，2019 - 05 - 14.

研究、国际比较研究以及定量结合定性研究，在完成上海、浙江、江苏、宁波四份分报告的基础上，形成了有关观点及初步结论。与此同时，上海市教育科学研究院与政府、民间组织召开长三角教育联动发展研讨会、长三角地区民办教育合作会议、共建"长三角教育综合改革试验区"课题研讨会、长三角地区民办教育高峰论坛、长三角地区职业教育联动发展推进会、长三角城市群教育科研黄浦论坛暨征文颁奖大会、制作"长三角"简报等一系列活动，推动长三角教育联动发展的理念和实践得到逐步落实。

　　"上海市应用型本科专业设置与建设改革研究"对上海高职高专的专业目录接续本科专业目录的情况进行了专题分析，并充分对接上海前期高教和职教规划的工作基础，对应用型本科专业目录设置进行了分析，初步得出了未来应用型本科专业发展的思路。同时，综合分析国家和上海"十三五"事业发展规划以及各主要行业领域发展规划与发展趋势，课题组提出金融、贸易等八大上海发展的重点领域应该成为上海应用型本科人才培养的主要领域，并对每个领域的发展目标和人才需求进行深入剖析，并与现有本科专业进行初步匹配，从中梳理现有专业设置的"短板"。同时，课题组还组织专家对上海拟探索设置18个应用型本科专业中的10个专业的培养方案进行逐一论证。该研究内容得到了上海市领导和上海市教委领导的肯定，成为《上海市应用型本科专业设置和建设改革方案》的重要组成部分，也为下一步推进应用型本科专业的设置工作提供了支撑。

　　上海市教育科学研究院高等教育研究所承担了"澳门高等教育中长期发展规划前期研究"。研究报告第一部分为主体研究部分，主要介绍我国的香港、台湾、广州、深圳等城市与新加坡等地发展高等教育的共同经验以及相关指标的比较分析；第二部分为附件，分地区深入分析我国的香港、台湾、广州、深圳等城市与新加坡等地高等教育发展的现状、特点、挑战、对策等。高等教育研究所进行了"伊犁师范学院转型发展及其更名论证"研究项目，课题组半年内两次赴疆，对伊犁州15个部门、自治区教育厅、霍尔果斯经济开发区，以及伊犁师范学院方方面面进行了现场访谈、座谈和问卷调查。在深入了解学校发展实际和诉求的基础上、结合新疆和伊犁地区教育、经济、社会发展实际，课题组提交了研究成果，为学校的转型发展提供了科学的论证。

3. 普通教育及其他领域研究

　　上海市教育科学研究院普通教育研究所，是上海市专门从事基础教育宏观、中观和微观研究的教育科研机构。普通教育研究所建所 30 多年来，始终按照"理论与实践相结合，普及与提高相结合"的宗旨开展基础教育科研工作，参与了上海历次重大教育决策的研究与实践过程。"八五"期间，上海市教育科学研究所整合全市的科研力量，承担了"初中学习困难学生教育研究""中小学生爱国主义教育心理学研究""学生品德测评研究""中国幼儿家庭教育研究"等国家重点规划课题。"九五"期间，普通教育研究所参加了全国和上海重大的宏观决策研究，为教育部起草了《素质教育实施纲要》和《素质教育宣传纲要》，参与了《建设上海市一流教育规划》的起草工作。"十五"至"十一五"期间，普通教育研究所增设了上海市教育信息调查队，专门搜集社情民意，为有关部门解决热点、难点问题提供决策咨询和预警信息；参与了国家和上海市中长期教育改革和发展规划纲要的制定，为上海教育工作会议和上海基础教育工作会议做了大量筹备工作。普通教育研究所也积极深入基层，提炼一线改革经验，指导中小学幼儿园开展科学研究。

在职业教育领域，上海市教育科学研究院连续七年研制发布《中国高等职业教育质量年度报告》，高等职业教育质量年报逐步形成了由学生成长成才、学校办学实力、政策发展环境、国际影响力和服务贡献力等五方面构成的"五维质量观"，建立了不同维度质量评价的指标体系。报告成为推动中国高等职业教育改革与发展的诊断书，是社会了解高等职业教育的重要窗口。

（四）出版与传播

上海市教育科学研究院在教育领域出版许多专业著作。近些年来出版的专著有：《2014 年上海教育发展报告：开放推动教育卓越发展》（2014 年）、《2013 年上海教育发展报告：价值引领发展》（2013 年）、《PISA 测评的理论和实践》（2012 年）、《2012 年上海教育发展报告：追求基于平等的优质教育服务》（2012 年）、《2012 中国高等职业教育人才培养质量年度报告》（2012 年）、《"十一五"期间上海市教育事业发展简明统计分析》（2011 年）、《中国义务教育公平推进实证研究》（2011 年）、《上海教育发展报告——迈向现代化的上海教育》（2011 年）、《新时期上海教育发展研究》（2010 年）、《办学体制改革：多元化的教育诉求》（2010 年）、《新观察：中国教育热点透视》（2009 年）、《新时期中国教育发展研究》（2010 年）、《中国民办教育发展报告（2003—2009）》（2010 年）、《中国教育现代化进程研究》（2010 年）、《从人口大国迈向人力资源强国》（2009

年）、《中国人力资源开发与教育发展战略研究报告》（2010 年）、《2002—2007年中国教育经费发展报告》（2009 年）等。这些著作紧扣教育热点、难点问题，为国家及上海地区的教育改革与发展提供理论支撑。

上海市教育科学研究院主办的期刊主要有《教育发展研究》《上海教育科研》《思想理论教育》《中国高等教育评估》，涵盖了教育理论、教育实践、基础教育、高等教育等各领域。《教育发展研究》创刊于 1980 年，由上海市教育委员会主管，上海市教育科学研究院主办，在中国人民大学报刊复印资料（教育科学类）全文转载量（2001—2008）中一直名列前茅。教育发展研究坚持大教育的视角，综合关注各级各类教育，注重从教育与社会、经济、文化和科技的联系研究教育问题；坚持从中宏观层面研究和探讨教育改革与发展的热点和难点问题；坚持前沿与纵深相结合、理论与实践相结合、学术性与可读性相结合；坚持做实践指向、问题指向、政策指向的专业性学术刊物。杂志纸质版本发行覆盖全国 31 个省、自治区、直辖市，日本、美国等国也有部分长期订户。而随着网络技术的不断发展和期刊电子化进程的不断提速，《教育发展研究》网络版的机构和个人用户激增，网络浏览和下载量连续呈现翻番之势。[①]《上海教育科研》杂志创刊于 1982 年，是由上海市教育科学研究院普通教育研究所主办的综合性教育理论月刊。杂志面向基础教育，注重反映教育理论研究与实践探索中的新观点、新实践和新成果，设有热点聚焦、理论经纬、课程教学、调查分析、境外视点、幼教天地等多个栏目，文章内容充实、风格鲜明，在理论与实践结合上有独到之处。[②]《思想理论教育》杂志（半月刊）是由上海市教育科学研究院与上海市高等学校思想理论教育研究会联合主办的全国中文核心期刊。杂志始终坚持"实践立场、人文情怀、问题导向、前瞻研究"，聚焦于学校思想政治教育与德育的理论研究和实践应用，服务于广大思想政治教育与德育理论工作者及一线教师。[③]《中国高等教育评估》（季刊）创办于1988 年，是中国高等教育评估领域最早的专业刊物，由上海市教育科学研究院高等教育研究所与中国高等教育评估研究会主办。原名为《高教评估信息》，1994 年更为现名。办刊宗旨与目标为：紧扣中国高等教育评估实践与理论、关

①　教育发展研究［EB/OL］［EB/OL］.https://baike.baidu.com/item/教育发展研究/3313133?fr=aladdin，2019 - 05 - 14.

②　《上海教育科研》杂志简介［EB/OL］.https://www.cnsaes.org/homepage/html/magazine/shjyky_zzjs/2027.html，2019 - 05 - 14.

③　《思想理论教育》杂志简介［EB/OL］.https://www.cnsaes.org/homepage/html/magazine/sxlljy_bkjj/2029.html，2019 - 05 - 14.

注中国高等教育改革与发展的热点、反映国际高等教育评估发展动态。经过二十余年的不懈努力,《中国高等教育评估》已得到国内、外高等教育评估领域专家、学者及广大高校师生的高度认可和大力支持。本刊已成为我国高等教育评估领域富有影响力的重要刊物。① 上海市教育科学研究院的期刊方阵为传播自身的研究成果、教育理论、政策建议等提供了丰富全面的平台。

(五)结语

上海市教育科学研究院经过多年的实践探索,逐渐形成了自身的特色与优势:宏观系统研究,把教育发展问题置于社会经济大背景下进行理论与实践的研究,并用国际比较的多视角系统进行研究;决策咨询研究,与教育行政部门密切合作,为加快推进宏观教育管理和教育科学决策提供有力支撑;教育实践研究,积极开展教育实践研究,推广教育科研成果,为各级各类学校的教育教学改革提供有效指导;数据分析研究,以系统的数据信息处理分析为基础,不断强化教育实证研究,有效提升决策咨询研究成果的应用价值。上述特色与其他功能相融合,构成了上海市教育科学研究院的整体优势,在推动上海的区域教育乃至国家教育改革进程中占有重要地位。上海的基础教育在全球处于领先地位也与上海市教育科学研究院高质量的教育政策研究密不可分。

五、重庆市教育科学研究院

(一)基本概况

重庆市教育科学研究院(Chongqing Academy of Education Science)是重庆市教育委员会直属的教育科研机构。其宗旨是开展教育科学研究,促进教育事业发展。其职责任务是开展教育理论研究,开展课程与教学研究工作以及开展培训交流工作。重庆市教育科学研究院具备一批有较高学术影响力和教研能

---

① 《中国高等教育评估》简介 [EB/OL].https://www.cnsaes.org/homepage/html/magazine/gjpg/gjpg_bkjj/2939.html, 2019 - 05 - 14.

力的教科研人员，积极落实立德树人根本任务，深化基础教育改革，推动课堂教学变革、地方中小学教材及课程资源开发、教育评价改革以及职业教育、高等教育改革发展，启动高素质人才培育、高水平项目牵引、高标准平台建设、高效能教研转型、高质量成果转化、高效率协同创新"六大行动"，着力建设新型教育智库，并取得了一系列成果。2019 年首次入选全国（地方）核心教育智库榜单，2022 年荣登全球教育智库影响力评价中国教育智库榜单排名前三，教育决策影响力、学术影响力和社会大众影响力提升，在国内外教育界产生较大影响。[1] 2023 年入选中国教育智库评价 SFAI 研究报告的核心榜单。

（二）发展历程

重庆市教育科学研究院的发展历经四十多年。1984 年 11 月，在重庆市教师进修学院教研部基础上成立重庆市教育科学研究所，1991 年 4 月增挂"重庆市中小学教学研究室"牌子，2002 年 4 月更名为重庆市教育科学研究院，2003 年 6 月升格为副局级单位。2017 年 10 月，经重庆市人力资源和社会保障局批准，在该院设立博士后科研工作站。2023 年 11 月，由重庆市教育科学研究院等共同倡议发起的省级教育智库联盟在北京外国语大学成立。

（三）组织结构

重庆市教育科学研究院设有办公室、组织人事处、纪检处、科研处、财务处、教育政策研究所、高等教育研究所、基础教育教学研究所、基础教育科学研究所、职业教育与成人教育研究所、创新教育研究所、德育研究所、教育督导研究所、教师发展研究所、生命安全与健康教育研究所等 15 个正处级机构。重庆市教育科学规划领导小组办公室、重庆市青少年创新学院、重庆市中国特色社会主义理论体系研究中心、重庆市教育科学研究院分中心、重庆市高等学校课程思政研究与指导中心、重庆市青少年法治教育研究中心、重庆市心理健康教育研究与指导中心、重庆市家庭教育研究中心、重庆市职业技能大赛办公

① 《2022 全球教育智库影响力评价 PAP 研究报告》重磅发布.https://www.sohu.com/a/620438201_608848，2022 - 12 - 23.

室、重庆市语言文字测试工作中心等 10 个市级科研平台也设在该院，同时建有教育学博士后科研工作站（见图 5-1）。

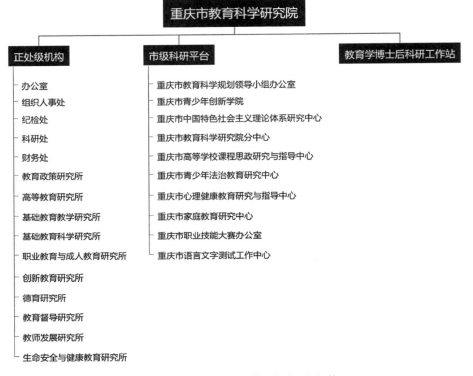

图 5-1 重庆市教育科学研究院组织架构

重庆市教育科学研究院现有博士后合作导师 4 人，在站博士后 2 人。有重庆英才·创新创业示范团队 1 个。现有在职在编人员 156 人，其中博士 30 人、硕士 68 人，硕博占比达 63％；正高级 31 人，副高级 55 人，高级职称占比达 52％；国家高层次人才特殊支持计划领军人才 1 人、享受国务院政府特殊津贴的专家 1 人、重庆英才·创新创业示范团队领军人才（负责人）1 人，等等。① 现任院长蔡其勇。他研究生学历、教育学博士、教授，博士生导师。重庆市学术技术带头人，重庆市高等学校优秀中青年骨干教师，优秀中青年骨干教师资助计划获得者；入选教育部中小学校长国家级培训和重庆市社会科学专家，教

① 引自重庆市教育科学研究院官方网站：www.cqjy.com/dwgl/dwjj.

育部"校长国培计划""农助工程项目"首席专家。

(四)研究领域

1. 职业教育研究

近年来,重庆市教育科学研究院围绕重庆市职业教育重点工作积极履行"研究、指导、服务"职能职责,以实绩实干赋能新型教育智库建设,切实统筹推进科研高质量发展和教研深度转型,为加快建设高质量现代职业教育体系和现代化教育强市作出积极贡献。坚持服务教育决策,完成教育部职成教司委托的多项研究报告、调研报告,完成市教委委托的多个教师队伍建设文件,支撑教育行政部门建构重庆职业教育发展样板。发挥"教育部(重庆)职业教育教学研究中心"平台作用,制定"落实立德树人根本任务实践研究"等六大研究任务,构建起共同开展研究的发展格局。指导职业院校申报各级各类课题,直接助力重庆市取得中等职业教育教学成果建设的重大历史突破。聚焦教研深度转型,构建了省域职业教育"所组、校、坊"教研新体系,形成了"研、培、训、赛、展、评"教师培养新模式。开展标准建设、资源建设、强化教学指导、促进赛教融合,夯实教育教学改革"落地力"。牵头研制出版《重庆市中等职业学校专业核心课程标准》等,推动国家标准在重庆落地实施。开展"重庆云课堂"职业教育板块建设,培育 25 个精品课程资源建设基地学校,持续为教师成长发展赋能。

在服务教育决策、深耕教研转型的同时,重庆市教育科学研究院强化教育协同发展"共享力",联合四川、陕西省级教育科学研究院创办"西部职业教育论坛",主办第三届西部职业教育论坛等,共研现代职业教育高质量发展新路径。常态化开展川渝网络联合教研,3 年累计开展 62 次,受益教师达 10 万余人。

2. 区域教育改革与发展

重庆市教育科学研究院坚持与时俱进,积极推动区域教育改革与发展。深入学习贯彻习近平总书记关于打赢脱贫攻坚战系列重要指示精神和重庆市深化脱贫攻坚战略部署,在重庆市委、市委教育工委坚强领导下,坚持精准扶贫精准脱贫基本方略,把教育扶贫作为最重要的政治任务,充分发挥教育科研在教育扶贫中的智库参谋和引领帮扶作用,举全院之力推进教育脱贫攻坚,真正把科研论文写在重庆教育脱贫攻坚的主战场。

重庆市教育科学研究院针对石柱县中益乡创新实施"五同步"教育脱贫攻坚推进策略，集中人力、精力、火力，攻克"贫中之贫、坚中之坚"，提高贫困乡教育质量，从根本上阻断贫困代际传递。五年来为中益乡援助扶贫资金109万元，职工以购代扶金额20万元。通过院乡合作推进精准帮扶策略；文化入手提振师生精气神；精准帮扶促进教师专业成长和扶志扶技激发村民内生动力的举措为山村教育带去了希望。同时，2015年6月至2017年6月，重庆市教育科学研究院选派助理研究员、法学理论博士研究生梁西圣同志赴石柱县挂职担任县教委副主任，出色完成了扶贫帮扶任务。2017年9月，重庆市18个深度贫困乡镇脱贫攻坚战役正式打响，职业教育与成人教育研究所教研员韦永胜主动请缨，赴石柱县中益乡坪坝村担任驻村第一书记，接续战斗在脱贫攻坚最前线。通过为群众脱贫思想"补钙"；打通服务群众最后"一公里"；让绿水青山也变成"金山银山"和"四点半"课堂探索教育扶贫新路的举措，成功让坪坝村整村脱贫。另外，重庆市教育科学研究院与山东省教育厅联手，打造鲁渝教科研协作。鲁渝教科研协作是鲁渝教育扶贫协作框架协议的重要组成部分，重庆市教育科学研究院主动对接，积极推动省市、区县两级教研机构合作交流，推动14个贫困区县教育内涵发展提档升级。①

"卓越课堂"是2012年重庆市教育科学研究院为响应新课程改革的要求提出的。它的总要求和总目标是，坚持德育为先、全面发展、能力为重、以人为本、与时俱进，突出"一切为了每一位学生的发展"的核心理念，转变教师教学方式和学生学习方式，建立师生学习共同体，彰显多元、开放、包容的课堂教学文化，最大程度地优化教学环境、教学内容、教学方法与手段，形成最优化的课堂形态，全面提高课堂教学效率和育人质量。计划实施以来成效显著，对各区县各学校的教育发展都起到了极大的促进作用。以课程的建设计划为例，原本基础雄厚的中小学实施课程建设计划后，课程更为丰富和全面，学校也得到了更多的发展机会，很大程度上提升了其教学质量；而原本基础相对较弱的学校也逐渐形成了自身的特色课程和品牌课程。其中，巴蜀小学的律动课堂获国家级教学成果奖，谢家湾小学的小梅花课程获中国教育领域第一个中国质量奖。

普通高中发展促进计划于2015年启动，旨在通过普通高中精品选修课这一

---

① 钟儒成. 把论文写在重庆教育脱贫攻坚主战场 重庆市教育科学研究院教育扶贫侧记 [J]. 今日教育，2020（12）：6-11.

载体，促进特色普通高中建设，到 2020 年重庆市级重点中学全部转型发展成为特色高中，其中不少于 30 所发展成为特色示范高中。到 2025 年，全市建成 150 所人文、数理、科技、艺术、体育等特色普通高中和 50 所特色示范普通高中。

2018 年 12 月，为进一步贯彻落实教育部第五届全国学校体育联盟（体育教育）大会的精神，将培养学生的学科核心素养真正落实在体育与健康课堂教学实践之中，有效提升体育与健康课堂教学质量，使教师能够更好地在体育与健康课程教学中落实"立德树人"的根本任务，培养学生的体育与健康学科核心素养，由全国学校体育联盟（体育教育）重庆分盟主办的"基于核心素养的体育与健康课程'大中小'一体化教学改革与研讨暨 2018 年全国学校体育联盟（体育教育）重庆分盟大会"在西南大学召开。

2022 年 4 月，为更好地推进"双减"工作，全面了解全市各区县贯彻落实"双减"政策要求，推进区域教学改革工作的好做法好经验，揭示政策执行过程中教育教学质量提高、作业管理、课后服务等存在的问题并汇集咨政建议。研究决定面向全市组织开展落实"双减"政策，推进区域教学改革专题调研。2022 年 5 月，各区县教研机构要将学习宣传新修订的义务教育课程方案和课程标准作为一项重要任务列入议事日程，将学习研究课程方案和课程标准作为教研赋能教学改革的重要内容，切实加强组织领导，落实职能职责，精心部署安排，持续深入开展学习宣传活动。2023 年 3 月，为贯彻落实《教育部关于加强和改进新时代基础教育教研工作的意见》和《中共中央 国务院关于深化教育教学改革全面提高义务教育质量的意见》，落实立德树人根本任务，提高科学教师教育教学能力，提升科学课堂教学质量，教育部基础教育教学指导委员会科学教学指导专委会拟在重庆举办全国小学科学课程教学改革论坛。2023 年 6 月，为深入贯彻党的二十大精神，认真学习贯彻习近平总书记关于教育的重要论述，落实立德树人根本任务，办好人民满意的教育，教育部等十八部门联合印发《关于加强新时代中小学科学教育工作的意见》，教育部办公厅印发《基础教育课程教学改革深化行动方案》。重庆市教育科学研究院要求各区县教研机构组织教研科研人员认真学习，在教研科研工作中贯彻落实。

（五）教育人才培养

重庆市教育科学研究院十分重视教育人才的培养。重庆市教育科学研究院积极响应"国培计划"，2020 年重庆市教育委员会遴选"国培计划"项目承担机构，重庆市教育科学研究院有 4 个"国培"项目中标，项目经费 131 万元。这是重庆市教育科学研究院第十年承担"国培计划"项目。近年来，重庆市教育科学研究院积极拓展各级各类培训项目，在坚持特色、质量和效益的前提下，主动作为，抢抓发展机遇，及时共享信息，齐心协力，克难攻坚，积极争取项目，认真组织实施，逐步开创师资培训新局面。

　　2017 年，经重庆市人力资源和社会保障局批准设立博士后科研工作站。为加快高水平教育智库建设，推进重大科研任务和项目研究，不断拓展教育研究的新领域，更好地服务教育决策、推进教育理论创新、指导教育教学实践。根据《重庆市教育科学研究院博士后科研工作站管理办法》和《西南大学博士后科研工作站管理办法》，决定与西南大学合作，面向社会公开招聘 2022 年博士后研究人员。2023 年 12 月，重庆市教育科学研究院博士后科研工作站全晓洁博士后出站报告会召开。全晓洁博士后是重庆市教育科学研究院博士后科研工作站培养的首位博士后，在站期间，她与合作导师在《华东师范大学学报（教育科学版）》《中国教育学刊》等高水平学术期刊上发表论文 5 篇，主持国家级课题 1 项、省部级课题 4 项、市级教学改革项目 1 项。在中国社会科学出版社出版专著 1 部，获得重庆市教学成果奖三等奖 1 项，获得重庆市巴渝学者青年学者荣誉称号。同天，谭舒予博士进站开题报告会议召开。谭舒予同志于 2023 年 6 月取得华中师范大学博士学位，是博士后科研工作站引进的又一博士，目前在站学习的博士后共三位。

（六）推动课程思政建设

　　根据教育部《高等学校课程思政建设指导纲要》，各高校依据本校学科专业建设思路和要求推出了不同专业课程思政建设试点示范课程，对提高学生的思政认知、价值认同和职业素养等起到了积极作用，为高校"双一流"建设和教学改革奠定了坚实的基础。各大高校采取各项措施大力推动专业课课程思政教学改革，主要包括强化教师培训、优化课程教案、完善课程设置、统一"马克思主义理论研究和建设工程重点教材"选用、修订人才培养方案等，取得较好成效。①

---

① 童洪志，冉建宇. 高校专业课课程思政教学效果影响因素实证分析——基于重庆本科院校的调查 [J]. 重庆三峡学院学报，2023，39（2）：117-128.

重庆市教育科学研究院发挥带头作用，积极推动课程思政建设，近年来举办了许多相关的活动，并采购《课程思政理论与实践》等出版服务。2021 年下半年，为深入贯彻中共中央办公厅、国务院办公厅《关于深化新时代学校思想政治理论课改革创新的若干意见》，深入落实教育部《高等学校课程思政建设指导纲要》和市教委相关工作安排，切实加强新时代学校思政课程与课程思政（学科德育）工作，提升广大教师思政课程与课程思政（学科德育）的教育教学能力，推动立德树人根本任务的系统化落实。经研究，决定开展重庆市思政课程与课程思政（学科德育）优秀案例及论文评选活动。共评选出获奖案例及论文 1 636 篇，其中案例获奖 792 篇，论文获奖 844 篇。

2022 年 6 月，重庆市教育科学研究院和四川省教育科学研究院联合主办的川渝两地中等职业学校英语教学改革联合教研活动在重庆市两江职业教育中心召开。活动以"落实国家课程标准，推进中职英语课程思政建设"为主题，以聚焦新课标下的中职英语课程改革为着力点，以培养学生英语学科核心素养为目标，推进中职英语"三教"改革，深耕中职英语课堂。此次主题教研活动是学习贯彻新修订的职业教育法，落实立德树人根本任务，推进"三教"改革，提高中职教育教学质量的实际行动，是贯彻落实成渝地区双城经济圈重要战略、两地协同提升中职教师素质能力的具体举措，是落实中职英语国家课程标准，促进中职英语课程思政教学建设，川渝中职教师同学共研，整体提升的良好机会。

2023 年 5 月，为贯彻落实中共中央、国务院《关于深化教育教学改革全面提高义务教育质量的意见》《关于深化新时代学校思想政治理论课改革创新的若干意见》和教育部等十部门印发的《全面推进"大思政课"建设的工作方案》，全面贯彻党的教育方针，坚持为党育人、为国育才，提高科学教师课程思政教育教学能力，优化教学方式，决定开展重庆市小学科学课程思政课堂教学展示交流活动。

（七）开展国内外学术交流与知识传播

2016 年 12 月，由北京、上海、天津、重庆、成都、沈阳、深圳、武汉、青岛等二十多个城市教育科学研究院参与组建的"大城市教科院发展联盟"在深圳成立。联盟肩负着推动国内教育领域脑科学科普以及智能化的使命与责任。2018 年 7 月在青岛举办"大城市教科院发展联盟"全国一次学术年会暨脑科学与教育论坛。此次论坛介绍了脑科学的研究进展给教育的启示，重新认识脑与学习的关系。

2022 年 6 月 15 日，《中国教师报》头版"推进强师计划"系列笔谈栏目全文刊发了重庆市教育科学研究院院长蔡其勇《创新教师教育制度，赋能教师成长》一文。该文对于全面构建新时代教师教育体系、建设高质量教师队伍、加快推进教育现代化具有较高的理论研究。

2023 年 12 月，由重庆市教育科学研究院与陕西省教育科学研究院、四川省教育科学研究院共同举办的"第四届西部职业教育论坛"在陕西咸阳举行。西部职业教育论坛已在西安、成都、重庆举办三届，搭建起西部省（市）合作交流平台，促进了西部职业教育的科研互通和实践互动，加强了职业教育改革问题研究。

2023 年 11 月，金砖国家工商理事会（南非）技能发展工作组一行到重庆市教育科学研究院开展职业教育交流活动。院党委书记范卿泽、金砖国家工商理事会（南非）技能发展工作组主席马普莱·恩坎瓦（Mapule Ncanywa）等出席本次交流活动。马普莱·恩坎瓦表示，对重庆市职业教育规模和发展情况印象深刻，对重庆市教育科学研究院提出的各项拟合作提议十分赞同，希望能尽快推动落实。双方围绕中国—南非职业教育合作体制机制和路径方法研究、职业院校国际教学标准和核心课程标准开发、职业院校师生（南非）高技能人才培养、职业教育技能大赛城市赛、职业教育发展论坛、成立中国重庆—南非（城际）职业教育教学研究中心等合作事项进行深入友好交流。

2024 年 3 月，山东省教育科学研究院副院长曾庆伟一行到重庆市教育科学研究院访问交流。副院长万礼修主持会议，办公室、组织人事处、科研处、财务处、教科所相关负责人参加座谈。万礼修详细介绍了重庆市教育科学研究院在人才队伍建设、科研平台建设、科研成果培育、数字赋能、科研经费管理以及职业教育研究等领域的工作情况。曾庆伟对重庆市教育科学研究院在服务教育决策能力的培养、高质量成果产出、内部治理结构及人员配备等方面的成功经验深表赞赏，并强调要深入学习和借鉴。双方坚持数字赋能的发展方向，积极对接教育基础数据库和教育专项数据库，开发多功能信息采集系统，建立数据完善的教育决策支撑系统，以提供可靠的数据支持，推动教育科研工作高质量开展。通过座谈交流，促进了重庆市教育科学研究院与山东省教育科学研究院的深度合作，为数字化赋能、科研数据支持等方面提供了有效路径，为鲁渝教科研协作奠定了坚实基础。

（八）结语

回望近 40 年的发展历程，重庆市教育科学研究院积极发挥榜样和带头作用，通过高素质人才培育、高水平项目牵引、高标准平台建设、高效能教研转型、高质量成果转化、高效率协同创新"六大行动"促进教育发展。重庆市教育科学研究院在职业教育、产教融合、推动成渝地区双城经济圈发展、推动区域教育改革与发展、推动课程思政建设、教育人才培养和开展国内外学术交流与知识传播等方面取得了令人瞩目的成绩。重庆市教育科学研究院把教育与经济发展结合，提高了落后地区人民的文化水平。还通过一系列举措，努力促进东西部地区的交流，推动教育资源的合理配置。总之，重庆市教育科学研究院是推动国家与区域教育改革的重要教育智库之一。

六、中国基础教育质量监测协同创新中心

（一）基本概况

中国基础教育质量监测协同创新中心成立于 2012 年，并于 2014 年 10 月通过教育部认定，是我国教育学和心理学领域唯一的国家级协同创新中心。中心由北京师范大学牵头，华东师范大学、华中师范大学、东北师范大学、西南大学、陕西师范大学、中国教育科学研究院、教育部考试中心和科大讯飞信息科技股份有限公司等 8 家机构作为核心协同单位共同建立。2012 年 7 月，为了实现中国共产党第十八次全国代表大会提出的创新驱动发展国家战略，贯彻国家中长期教育改革与发展规划纲要精神，落实教育部加强中小学教育质量综合评价的意见，中心正式组建。该中心汇聚了 10 个研究研发团队和 1 个应用推广团队。协同创新中心自成立以来，获得了教育部、省级教育行政部门和新闻媒体界的大力支持，以北京师范大学作为牵头单位，负责中心的整体建设和日常运行管理；依据专业优势、技术优势建立核心协同单位，负责 1—3 项工作任务，汇集领域内专家和优质资源，联合攻关。

中心的使命是构建具有中国特色、国际可比的国家基础教育质量监测体

系，科学、准确、及时"把脉"全国基础教育质量状况；推动教育管理和决策的科学化，引导全社会树立和践行科学的教育质量观；推动我国基础教育质量水平不断提升，促进亿万儿童青少年全面、个性发展；全面提升我国人力资源开发水平，为建设教育强国和人力资源强国奠定坚实基础。

中心的发展目标是成为国际领先的基础教育质量研究中心；国内权威的基础教育质量监测实施机构；具有社会公信力的国家基础教育质量信息发布与共享平台；国际一流的基础教育质量高端人才汇聚与培养中心；国家基础教育质量决策支撑平台。

中心的协同任务：国家基础教育质量标准体系研究；国家基础教育质量监测体系构建与相关制度建设；基础教育质量大数据采集、存储与分析平台建设；国家基础教育决策支持；基于监测与诊断的基础教育质量提升。2019 年 5 月，中国基础教育质量监测协同创新中心入选中国教育智库评价 SFAI 研究报告的核心榜单"双一流"高校教育智库系列。① 2022 年 12 月，中国基础教育质量监测协同创新中心入选《2022 全球教育智库影响力评价 PAP 研究报告》"中国教育智库榜单"。② 2023 年再次入选中国教育智库评价 SFAI 研究报告的核心榜单"双一流"高校教育智库系列。

（二）组织架构与研究团队

中国基础教育质量监测协同创新中心的组织架构如图 5-2 所示。从中心成员的研究基础和整体实力看，牵头单位北京师范大学具备雄厚的教育学、心理学等学科实力，并且与协同单位拥有长期合作基础；成员单位具备国内任何机构都无法具备的学科优势，以及多学科、多技术的研究平台；2010 年以来，中心各成员单位科研成果卓著，累计到账科研经费上亿元，完成各种规划和课题共 107 项，获得全国教育科学研究优秀成果一等奖共 7 项，占一等奖总数的37%；中心成员单位聚集教育学、心理学领域的国内顶尖级专家共 115 人。在咨政服务与质量提升方面，中心自组建以来，对国家重大教育决策产生了重要作用，形成了高水平的"教育智库"的雏形，从 2010 年北京师范大学与东北

① 周洪宇，刘大伟.中国教育智库评价 SFAI 研究报告（2019 年版）[M].北京：中国社会科学出版社，2019：54.
② 《2022 全球教育智库影响力评价 PAP 研究报告》重磅发布.https://www.sohu.com/a/620438201_608848，2022-12-23.

师范大学、陕西师范大学等单位合作，已完成提交 65 份高质量政策咨询报告，提出了上百条主要政策建议，其中有 23 条以基础教育为主题的报告，得到了党和国家领导的高度重视与批示，教育部领导多次给予高度评价。从协同基础看，成员单位具有良好的质量监测、培养监测基础，2007—2011 年，教育部依托北京师范大学建立了教育部基础教育质量监测中心，该中心组织全国 800 余名不同学科、领域和层面的专家，研制了语文、数学、科学、体育和心理健康领域的监测指标体系和相应的监测工具，对 28 个省（自治区、直辖市）及新疆生产建设兵团的 278 个区县进行了监测，共有 4 718 所中小学（初中及小学）的 188 844 名中小学生、24 441 名教师和 4 718 名校长参加了监测。

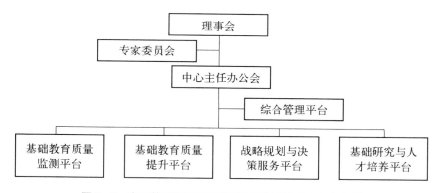

图 5 - 2　中国基础教育质量监测协同创新中心组织架框①

在人员聘用方面，中心根据任务需要，整体设计了聘用岗位，统一聘用标准，实行多种聘用方式相结合，建设了一支稳定的高素质人员队伍。截至 2014 年 3 月 31 日，实际聘用 299 名，其中首席专家 28 名，骨干人员 271 名。已聘用人员中，来自国内教育研究领域综合实力较强的高等院校的优秀人才有 180 名，中国教育科学研究院 7 名，教育部考试中心 8 名，科大讯飞公司 14 名，其他单位机构 58 名，中心自聘 32 名。其中，正高级职称 165 名，副高级职称 58 名，中级职称 31 名，其他类型成员 45 名。

中心通过一系列创新措施，将"聚集"到中心的各类人才，逐渐"聚合"成能够产生巨大"聚变"能量的创新团队，具体包括：第一，科研组织、研究生招生培养以及人事考核、激励均以团队为基本单元，目前已经有 12 个团队，包括 10 个研发团队、1 个应用推广团队、1 个管理运行团队。第二，

———————————————
① 根据中国基础教育质量监测协同创新中心官方网站内容整理绘制。

创造性探索并实践了三种创新团队组织管理模式，即以理论问题为纽带，建立特长互补、不同学科背景专家组成的团队；以明确时间节点、工作进度要求统一的任务为核心，建立任务分工明确、工作进度统一、技术规范一致的统一工作团队；以监测关键技术为核心，建立了既独立开展技术研究研发，又与其他创新团队有机融合、联合攻关的技术团队。第三，建立高水平的国际合作团队和教育实践知名专家团队，确保中心开展工作能够"顶天立地"。

从基础研究团队的组成看，有林崇德、张斌贤、康萤仪等 3 名首席专家和朱旭东、王本陆、杜时忠等 24 名骨干人员；关键技术团队有刘庆峰、Cody Ding 等 2 名首席专家和 24 名骨干人员；学生发展标准工具研发团队有辛涛、郑广美、方晓义等 3 名首席专家以及 91 名骨干人员；基础教育质量影响因素标准工具研发团队有宋乃庆、周宗奎等 2 名首席专家和 15 名骨干人员；数据采集团队包括王耘、李光明等 2 名首席专家以及 18 名骨干人员；数据分析团队有史宁中、郭建华、刘红云等 3 位首席专家以及 17 名骨干人员；教育决策支持与政策模拟团队有庞丽娟、斯科特·罗兹勒（Scott Rozlle）等 2 名首席专家和 14 余名骨干人员；基于监测的督导模式创新团队有胡平平、曾天山等 2 名首席专家以及袁桂林、褚宏启等 11 名骨干人员；监测结果的社会传播创新团队有石中英、翟博等 2 名首席专家和 10 名骨干人员；教育质量改进模式创新团队有胡卫平、朱德全等 2 名首席专家和 13 名骨干人员。从应用推广团队的组成看，有刘坚、郭为禄、靳玉乐等 3 名首席专家和 17 名骨干人员。从管理运行团队的组成看，有董奇、陈光巨等 2 名首席专家以及 17 名骨干人员。

（三）研究内容

1. 质量监测标准与工具研发

中心自成立以来，全面设计与规划了基础研究、关键技术、标准与工具研制、数据采集与分析、监测结果应用等五大方面的科研任务。质量监测标准与工具研发涵盖语文、数学、科学、艺术、体育与健康等学科。中心通过整合各学科领域专家力量，召开研讨会、研修工作坊、审核会、培训会、说明会等形式，对质量监测标准与工具进行高质量打磨，确保监测的客观性、科学性。研制完成义务教育阶段语文、数学、科学、品德、体育和艺术等六个学科领域监测标准，并通过教育部的审定，这套标准具有四个显著特点：权威性，科学性，可操作性，国际性。研制的义务教育阶段六大学科领域的监测指标体系由教育部正式发布。组织开展了 2012、2013 年全国监测工作，涉及 31 个省（区、市）及新疆生产建设兵团的 338 个区县。承担了教育部基础教育二司"中小学教育质量综合评价资源建设"任务，开展评价指标、工具、平台开发的系统研究。在地方政府委托下，开展了 73 个区域教育质量监测与改进服务项目。2019 年 3 月，中心与东莞市教育局在北京签署"2019—2024 年义务教育阶段教育质量综合评价五年战略协议"。① 中心将依照协议开展研究，将结合东莞市教育实际，通过义务教育阶段学生发展状况及其影响因素的评价与分析，构建东莞市义务教育阶段教育质量综合评价体系，完善质量评价方式和工具，促进东莞教育优质健康发展。2013 年，中心与郑州市教育局合作开展"区域教育质量健康体检与改进提升"项目，对教育质量进行综合评价。2014 年，郑州市人民政府在政府工作报告中将"推进教育质量综合评价改革"列为政府重点工作。② 2015 年，中心与山东聊城市合作，县域教育质量进行综合监测，探索建立县域教育工作、校长、教师、学生精准化评价体系。③ 中心与地方的广泛合作，为地区教育监测提供了优质服务。

实施基础教育质量提升实验研究与推广应用，实施"1-3-1"基地建设工程，建设 10 个省级、300 个县级、1 000 个校级基础教育质量提升综合改革实验基地，总结区域和学校教育质量提升的有效模式，为大面积推广奠定基础。

2. 开展各类教育质量监测

国家义务教育质量监测的目的是科学评估全国义务教育质量总体水平，客观反映影响义务教育质量的相关因素基本状况，系统监测国家课程标准和相关政策规定执行情况，为改进学校教育教学、完善教育政策提供依据和参考。《国家义务教育质量监测方案》通过教育部党组会议审议，中心正式承担全国义务教育质量监测任务。2018 年 7 月，中心发布了《中国义务教育质量监测报告》。这是我国首份国家义务教育质量监测报告。2015—2017 年，教育部基

① 中国基础教育质量监测协同创新中心北师大总中心. 北京师范大学与东莞市教育局签署 2019—2024 年义务教育阶段教育质量综合评价项目五年战略协议 [EB/OL]. https://cicabeq.bnu.edu.cn/shtml/3/news/201903/1073.shtml，2019-05-15.
② 新型智慧城市建设部际协调工作组. 新型智慧城市发展报告 2015—2016 下卷 [M]. 北京：中国计划出版社，2016：423.
③ 山东省人民政府研究室. 山东省政府系统优秀调研成果选编 2015 年度 上册 [M]. 北京：中国经济出版社，2016：437.

础教育质量监测中心组织实施了第一周期国家义务教育质量监测，监测以四年级、八年级学生为对象，分年度开展德育、语文、数学、科学、体育与健康、艺术六个学科监测工作，并对各学科的课程开设、条件保障、教师配备、学科教学以及学校管理等相关因素进行测查。2015—2017 年期间，抽取了 31 个省（自治区、直辖市）和新疆生产建设兵团的 973 个县（市、区）的 572 314 名学生参加监测。同时，监测还对 19 346 名中小学校长、147 610 名学科教师及班主任教师进行了问卷调查。① 报告对我国义务教育阶段学生德智体美和学校教育教学等状况进行了客观呈现，并对如何进一步提升义务教育质量提出了建议：健全德育工作机制，落实立德树人根本任务；补齐体育和美育短板，促进学生全面发展；深化教育教学改革，提升学生创新与综合实践能力；实施校内外综合治理，减轻学生过重课业负担；加强教师队伍建设，促进教师素质和水平提升；合理配置、强化应用，提高教学资源使用率；完善家庭教育指导体系，健全家庭教育公共服务网络。报告对于摸清我国中小学生的发展现状、提高义务教育质量具有重要意义。

家庭教育监测。2018 年 9 月，北京师范大学中国基础教育质量监测协同创新中心与北京师范大学中国教育与社会发展研究院、北京师范大学儿童家庭教育研究中心和中国教育报家庭教育周刊联合发布了《全国家庭教育状况调查报告（2018）》。该调查覆盖了 31 个省（自治区、直辖市）和新疆生产建设兵团的 325 个区县，共计四年级学生 11 万余名、八年级学生 7 万余名及其班主任 3 万余名参与了调查。② 该调查基于全国代表性取样，其结果能反映全国家庭教育的状况，是我国家庭教育第一次真正意义上的国家报告。报告不仅客观地呈现了我国家庭教育现状及其存在的突出问题，还为我国家庭教育领域的学术研究与政策制定提供了科学依据。

3. 建成国家基础教育质量数据采集平台

中心建设国家基础教育质量大数据采集、存储与分析平台，在第一代监测技术（基于纸笔测验的监测）的基础上，重点研究第二代监测技术（自适应网

---

① 教育部基础教育质量监测中心. 中国义务教育质量监测报告 ［EB/OL］. https://cicabeq. bnu. edu. cn/upload＿dir/editor/20180725154433889.pdf，2019－05－15.
② 中国基础教育质量监测协同创新中心北师大总中心.《全国家庭教育状况调查报告 （2018）》权威发布 ［EB/OL］. https://cicabeq. bnu. edu. cn/shtml/3/news/201809/961. shtml，2019－05－15.

络监测技术）和第三代监测技术（动态实时监测技术）。该平台实现了我国教育数据的四个"拓展"，从教育投入数据拓展至教育结果数据，从横断面数据拓展纵向追踪数据，从国内区域性数据拓展至国际可比数据，从静态数据到动态数据。基于监测数据提出的建议被大量采纳，为提升教育决策的科学化提供了有力的专业支撑，已定期向国家相关部委提交了累计 80 份政策咨询报告，如《国家基础教育质量年度报告》和相关专题报告直接推动了国家教育质量问责制度的实施、《省域基础教育质量年度报告》推动各省教育管理部门更准确地把握基础教育状况，科学制定质量提升的政策措施。

建构了基于监测结果的区域基础教育质量提升模型，带动地方基础教育明显提升，如直接推动"国家中小学教育质量综合评价改革"的实施，为扭转"唯分数论"的应试教育局面提供专业支撑；建构了"管办评"分离的区域教育管理模式，成为国家推动政府职能转变的成功试点；提炼出可操作、易推广、经得起检验的教育质量提升模型，已在全国 85 个市（区、县）得到了推广应用；为有特殊需要的学生制定了家校联动的帮扶制度及保障措施，推动社会对弱势学生群体教育问题的关注，比如，经过帮扶政策干预，杭州市上城区学业成绩处于全市"后 1/3"学生比例从 10％下降到 5％，成都锦江区的学生在实施区域质量提升综合模型一年后，其学业成就、心理健康等多个方面表现出明显的进步。

建设国家基础教育决策支持系统。该系统持续丰富基于地理信息系统（GIS）的涵盖学生全面发展、师资队伍、学校环境、区域管理的中国基础教育质量地图，定期发布《中国基础教育质量蓝皮书》，研究撰写《中国基础教育2020 规划》，重点对农村学校布局调整、义务教育阶段教师绩效工资、考试招生改革、农村教师"特岗计划"、课程改革、教师培训等重大政策实施情况进行效益评估，提交一批对国家教育改革与发展有重大贡献的高质量教育决策咨询报告。

（四）人才培养

中心创新人才培养模式和机制，制定并实施了研究生招生—录取—培养—课程设置等系列方案。第一，自主设置教育统计、测量与评价二级学科，制定相关的学科建设方案和人才培养方案。依托中心及各分中心，已招收硕博士研究生 153 名。此外，中心研究制定了针对教研、督导、一线教育管理人员的特色化培训方案，成立"教研员联盟"及"督导人员工作室"，培训 1 000 余名教研员和督导人员、1 500 名教育管理者，基于监测结果的教育督导体系基本建立。第二，不断创新体制机制改革，实行特区化人事聘任与评价考核制度。专门为"2011 计划"设立研究员、副研究员岗位。第三，探索和实践高校资源汇聚模式。设立"一卡通"制度，实现课程资源、图书资源、仪器设备的充分共享。第四，建立学科发展与人才培养体系，促进教育学科转型，汇聚一流人才团队，深化培养模式改革，实施"五个一"工程，即到 2017 年培养与培训 1 万名教育督导人员、1 万名教研人员、1 万名教育行政人员、1 万名中小学校长和 10 万名中小学教师，使其能够熟练运用监测结果指导教学实践、提升教育效能。总之，经过近些年的努力，中心在人才队伍、协同机制、科学研究、条件保障等方面取得了显著成效。

人员培养培训为全国基础教育质量监测提供了强有力的支撑。从人才培养成果看，学术型研究生在 *Psychomatrika*、*Applied Psychological Measurement*、*Educational and Psychological Measurement* 等国际测量学杂志上发表学术论文，而应用型研究生则在就业市场上供不应求；从人才培养模式看，课程资源辐射全国师范院校和社会专业机构，得到了协同单位内外部的广泛认同和推广；从中心的传播功能看，它不仅成为地方监测人才培训和核心技术传播基地，也对省域、全国各地教育质量监测机构产生了指导性和先锋性作用。创新了体制机制改革，不仅高效率地完成了中心培育工作任务，作为第三方机构的服务能力也明显增强，同时社会认可度与国际影响力不断提升。《人民日报》、《光明日报》、中央电视台等知名媒体多次对中心研究成果进行报道，百度搜索中以"中国基础教育质量监测协同创新中心"为词条的新闻转载量达到上百万次，中心的首席专家还应邀到武汉、青岛、湖北、山东、浙江、河北、海南、福建、江西等地主讲监测能力培训，平均每月开展一次培训活动。最后，以协同创新中心为纽带的教育服务功能还能广泛吸引大量社会资金捐助。

（五）建立完善的保障体系

中心建立了完善的保障体系，确保监测工作能顺利开展。第一，提供条件保障。从工作用房保障看，中心各单位提供近 1.8 万平方米办公空间；从研发条件保障看，各协同单位提供了价值近 4 亿元的各类软硬件设施设备供开发使用，包括数据存储与处理系统，数据采集、传输与实时评价系统，评价与分析技术研发系统，权威教育图书文献；从人力资源投入与配备保障看，北京师范大学专门核定了 300 个科研编制，确保中心运行的组织领导团队 56 人已任命到位；从专家团队保障看，中心聘任包括专职研究人员 61 人在内的总共 260 名研究人员；从监测队伍保障看，满足中心实施国家和地方监测任务的监测团队配置到位；从信息保障看，三个大型数据库已经实现在线开发共享，包括中国儿童青少年心理发育特征数据库、区域教育质量健康指数库、学校积极心理环境指数与信息平台；同时，网上在线交互学习平台已经正式运行，如全国教师教育联盟和 IPv6（互联网协议第 6 版）教师教育创新支持系统已成功实现在线学习和培训；建立起中国基础教育质量监测中心信息门户系统，对教育质量等相关信息进行管理和发布。第二，提供政策支持，由牵头单位北京师范大学给予管理体制、人事政策、人才培养政策以及经费政策保障，由其他协同单位给予认可中心管理制度与中心政策对接保障、给予中心固定人员编制和组建创新团队的统筹权；给予中心提供研究生指标和导师组成员。国家和教育部授权委托协同创新中心实施义务教育质量监测，并发函支持中心的全面建设，教育部给予充分的行政支持和管理保障。全国各省市也为此设立专项经费，建立起长期工作机制。第三，经费投入充足，2012 年 7 月至今，协同创新中心已经获得了 1.62 亿元的资金投入，包括教育部提供的专项教育质量监测经费 2 400 万元，国家重大项目及各类省部级项目经费 1 412 万元，地方政府合作经费 2 187 万元，社会捐赠已到位 2 000 万元，国际合作与行业部门支持经费 242 万元。

中心近些年出版的书籍有：张咏梅等的《大规模学业成就调查的开发：理论、方法与应用》（北京师范大学出版集团，2015）、杨涛等的《国际基础教育质量检测实践与经验》（北京师范大学出版集团，2015）、张丹慧等的《基础教育质量监测抽样设计与数据分析》（北京师范大学出版集团，2015）、边玉芳等的《基础教育质量监测的工具研发》（北京师范大学出版集团，2015）、汪文义等的《教育认知诊断评估理论与技术研究》（北京师范大学出版集团，2015）。这些著作的出版，为中心的研究成果传播与普及提供了媒介。

（六）结语

从机制体制创新看，中心始终坚持以下改革思路：（1）坚持以需求为导向，根据中心承担的国家质量监测任务复杂性、系统性、整体性极强的特点，设计出最为适应的体制机制。（2）坚持继承创新，借鉴中心前身——教育部基础教育质量监测中心在整体推进、动态评估、调整专家团队积累的成功经验。（3）坚持综合推进，在协同体制机制、科研组织、人事管理、评价机制等方面统筹安排、综合推进。（4）中心重点持续激发协同单位和专家参与协同工作的积极性。

中心以基础教育质量监测的重大科学问题、技术问题和应用问题为导向，围绕中心的五大协同创新任务开展工作，取得了显著成效。一是构建了支撑国家基础教育质量监测的"两体系一模型"，"两体系"即公民核心素养体系、基础教育质量标准体系，"一模型"即影响基础教育质量的因素模型。二是开展国家基础教育质量监测，实现基础教育质量监测的"三拓展"，即实现监测内容从学业成就向综合素质拓展，监测学段从义务教育阶段向学前教育和高中教育阶段拓展，监测领域从学生发展向教师发展、课程实施、学校环境、区域管理拓展。中心不仅为基础教育质量检测提供了理论、方法和工具，也为中国其他教育领域提供了借鉴和参考。

七、北京大学中国教育财政科学研究所[①]

（一）基本概况

北京大学中国教育财政科学研究所（China Institute for Educational Finance Research）由财政部、教育部和北京大学于 2005 年 10 月共同设立，为我国第一所专门致力于教育财政研究的学术机构。北京大学中国教育财政科学研究所的成立是中央政府部门与著名大学合作尝试科学研究体制机制创新的有益探索。它主要承担财政部、教育部等政府部门委托的重大项目，组织大量前沿性与严谨的实证研究，以服务于我国教育财政政策的制定。

其发展目标是"努力建设中国教育财政领域最重要的思想库和能力建设基地，为中央有关部门和各级地方政府的重大决策者提供参考依据；组织与推动研究者、政策制定者和各类教育利益相关者进行有效的交流和对话，提高国内

---

① 主要参考：北京大学中国教育财政科学研究所官方网站；期刊文章《北京大学教育学院》《知识生产的模式与教育研究——北京大学教育学院的案例分析》《走向明天的教育学院——对北大教育学院的一些观察》《北大教育经济研究：30 年起承转合》《应全面放缓实施中等职业教育政策》. 著作《学术的力量——教育研究与政策制定》《中国教育财政咨询报告（2005—2010）》《中国教育财政政策咨询报告（2010—2015）》；付卫东，付义朝. 智库的转型：我国教育政策研究机构转型发展 [M]. 武汉：湖北教育出版社，2016.

教育财政领域的整体研究水平"。北京大学中国教育财政科学研究所的成立，正如北京大学原党委书记闵维方教授在教育财政科学研究所成立时讲话谈到的那样："北京大学中国教育财政科学研究所的成立是中央政府部门与著名大学合作尝试科学研究体制机制创新的有益探索。"北京大学中国教育财政科学研究所的职能是深入研究公共财政在教育事业发展，并进而在促进国民经济高速增长和社会和谐发展中的重要作用，将最新的理论研究成果和国际成功经验提供给政府部门，参与决策咨询和政策设计。该所主要承担财政部、教育部以及世界银行等国际组织委托的诸多重大项目，通过组织大量基础性的实证研究，服务于我国教育财政政策的制定。2019 年 5 月，北京大学中国教育财政科学研究所入选中国教育智库评价 SFAI 研究报告的核心榜单"双一流"高校教育智库系列。[①] 2022 年 12 月入选方略研究院、长江教育研究院联合发布的《2022 全球教育智库影响力评价 PAP 研究报告》"中国教育智库榜单"。[②] 2023 年再次入选中国教育智库评价 SFAI 研究报告的核心榜单"双一流"高校教育智库系列。

（二）组织机构与人员构成

北京大学中国教育财政科学研究所实行指导委员会领导下的所长负责制。研究所团队有全职教师 5 人，客座教授 8 人（国内 1 人，国外 6 人），博士后 6 人，科研助理 11 人，行政人员 2 人。现任所长由北京大学王蓉教授担任。她毕业于美国加利福尼亚大学伯克利分校教育经济学专业，获哲学博士，是北京大学教代会常务委员会委员，民盟中央教育专委会副主任，中国教育经济学研究学会副会长，中国教育发展战略学会教育财政专业委员会筹备副会长，世界银行、联合国儿童基金会、欧盟、英国国际发展部等国际机构教育咨询专家。为了集思广益，为北京大学中国教育财政科学研究所的未来发展出谋划策，自2012 年起，该所设立了咨询委员会。咨询委员会由教育财政及相关领域的知名专家、学者组成，设主任 1 人，委员 16 人。

北京大学中国教育财政科学研究所拥有一支优秀的科研团队，他们往往到

① 周洪宇，刘大伟. 中国教育智库评价 SFAI 研究报告（2019 年版）［M］. 北京：中国社会科学出版社，2019：53.
② 《2022 全球教育智库影响力评价 PAP 研究报告》重磅发布. https://www.sohu.com/a/620438201_608848，2022-12-23.

贫困地区的最基层调研中小学和学前教育机构的教育财政状况，条件非常艰苦，但是他们严格坚持科学标准，严格要求自己，圆满完成调研任务。

（三）研究内容

自 2005 年建所以来，北京大学中国教育财政科学研究所开展了大量课题研究，其中有大量的来自政府部门委托的课题任务，同时还有来自国际、国内合作机构的共同合作项目，以及本所研究人员的自发研究项目。研究以"怀仁怀朴，唯真唯实"为宗旨，坚持独立的研究作风，不仅为决策者提供了大量的决策信息支持，也为学术发展和知识分子的社会公共责任作出独特的贡献。研究人员深度参与了国家一系列重要教育财政政策的酝酿出台，发挥了积极重要的作用。参与的政策咨询涉及宏观体制机制、高等教育、中职教育、普通高中、义务教育、学前教育等各个教育阶段。其主要研究成果主要集中在义务教育、高等教育预算拨款制度、高等教育学生资助体系、职业教育、学前教育和民办教育等方面。

在学前教育研究方面，主要研究成果有"OECD 国家学前教育的财政体制、资金提供机制""我国学前教育财政政策——1978 年以来我国学前教育财政制度沿革"等。研究人员宋映泉的《关于倾斜性学前教育财政投入模式的实证研究——来自 3 省 25 县 591 所幼儿园的微观证据》，利用研究所 2010 年 4—6 月在河北、安徽、浙江三省 25 县抽样获得的 591 所幼儿园层面的微观数据，描述和分析地方政府在县城及县镇以下幼儿园办学经费中的分担比例和财政投入基本情况。① 研究所开展教育部委托课题《学前教育财政投入、事业发展与成本分担》的研究。2018 年 10 月，研究所联合云南文山学院教育科学学院在云南省富宁县开展了"一村一幼"幼儿园评估项目。本次调研由 61 位来自文山学院学前教育专业的同学担任调研员，两个研究团队 10 位教师负责带队，共完成了 64 所幼儿园 1 300 余名幼儿的发展测查和 70 个班级的学习环境评价，并完成了 64 所幼儿园的园长、教师、家长及所在社区和村委及乡镇的问卷回收工作。本次富宁县的调研项目由上海互济公益基金会和三一基金会共同发起并提供资助，并得到云南省教育厅和富宁县教育局的支持。本项目为期两年，

① 宋映泉. 关于倾斜性学前教育财政投入模式的实证研究 [EB/OL]. https://mxliuvip. blog.sohu.com/276649534.html, 2019 - 05 - 15.

本次调研活动为第一次基线调研，课题组将分别于 2019 年 5 月和 2020 年 5 月执行第一次跟踪调研和第二次跟踪调研。[①] 该项目旨在科学研究的基础上，提出推动学前教育政策尤其是农村学前教育成本分担、资源分配等相关政策建议，以促进我国农村地区尤其是农村村级学前教育更好地发展。

在义务教育研究方面，主要研究成果有"义务教育支出功能分类改革浙江省试点地区学校教育成本分析报告""中美义务教育阶段学校预算制度比较研究""我国义务教育的办学条件和农村中小学办学条件的经费保障""国家与公共教育：新人力资本理论的分析框架""以县为主背景下的西部农村教育人事体制和教师激励机制""关于我国流动儿童接受义务教育的现状及'两为主'政策的总体分析思路""县级学生资助管理中心调研报告"等。研究所研究人员薛海平和王蓉从教育生产函数的视角探讨了教育公平，通过分析研究所2007 年在东部和西部两个省份"中国农村义务教育状况调查"数据，他们发现，学校公用经费和教师资源对中小学数学教育质量有着显著正向影响。[②] 这些研究从义务教育与财政的不同层面关系进行了调查、分析，为义务教育的改革提供了重要参考。

在职业教育研究方面，主要研究成果有"关于中等职业教育发展状况的田野调查报告""职业技术教育与培训的提供及财政问题——经验""建立以雇主为导向的职业技术教育体系""2009 年全国高职高专院校分析报告——经费情况""2009 年全国高职高专院校分析报告——生源与专业情况""应放缓全面实施中等职业教育免费政策"等。教育智库不是教育部门的附庸，而应成为其建设性的批评者。在这一点，北京大学中国教育财政科学研究所树立了很好的榜样。例如，针对国家近年逐步推行的"中等职业教育免费政策"这一"我国政府继全面实现城乡免费九年义务教育之后又一重大举措"。2012 年，研究所王蓉教授在多次田野调查和数据分析的基础上，得出了中职免费政策在"促进中职招生"和"资助贫困学生"两个目标没有达到预期效果的结论，并明确提出放缓全面实施中等职业教育免费政策。该研究旨在对中等职业学校农村家庭经济困难学生和涉农专业学生免学费政策的阶段性成效进行评估，并就 2012年加大中等职业教育财政投入的举措提出建议。主要结论和建议是：中等职业

---

① 我所学前教育课题组完成在云南省富宁县 64 所幼儿园的调研工作［EB/OL］. https://mp.weixin.qq.com/s/AiiO9hjuTcjWeiR-B8hB3w，2018-11-02/2019-07-03.
② 周惠. 中小学教师队伍人力资本发展的阶段性（1978～2011）［M］. 北京：知识产权出版社，2016：62.

学校的办学行为与办学质量存在诸多不尽如人意的现象，这影响了中等职业教育助学金和部分学生免学费政策效果的达成。在中等职业教育的学校布局和管理体系尚不成熟的情况下，目前加大中等职业教育的中央财政投入应以引导地方政府完善学校布局、改革管理体系、提高办学质量为核心目标。换言之，不赞成近期内以实施全面免费为加大中等职业教育财政投入的优先选项。① 这是第一份对一项正在实施的教育政策明确提出"放缓"建议的研究报告，这一报告本来是有关政府部门委托北京大学中国教育财政科学研究所对 2012 年加大中等职业教育财政投入、实行全面免费举措提出的一个政策建议报告，而北京大学中国教育财政科学研究所却没有一味迎合政府的需要，而是坚持客观科学的研究取向，更加凸显了北京大学财政所的独立性，这种不人云亦云的独立性正是教育智库的价值所在。

在高等教育研究方面，主要研究成果有"高等教育学生资助体系建设：国际经验与中国实践""政府对大学科研资助体系的国际比较研究""高校负债问题的专题研究""国家开发银行生源地助学贷款县级学生资助管理中心调研报告""中国助学贷款改革：问题与挑战""中国政府对大学科研的资助体系研究""英国研究生教育财政支持机制——拨款、收费与资助"等。

北京大学中国教育财政科学研究所承担了近些年国家一系列重大教育改革实质性的咨询任务。这些任务报告：2005 年的农村义务教育经费保障新机制改革、2006 年的 4％财政性教育经费统计口径调整、2007 年的学生资助体系政策的建立健全、2008 年的中央高校预算拨款制度完善、2010 年的提高地方普通本科高校生均拨款水平政策的制定、2012 年研究生投入机制改革和资助体系的建立健全，学前教育、职业教育、一流大学建设、特殊教育等投入政策的出台与调整。由于这种合作和互信的关系，政府部门为学者从事调查研究提供了多方面的帮助，学者也为政府部门提供了更高质量的决策支持。

（四）广泛开展国内外合作交流

北京大学中国教育财政科学研究所与国内外相关部门、机构建立了广泛的合作交流关系。这些机构包括政府职能部门、高校、智库、研究机构等，如财政部教科文司科、教育部教育发展研究中心、教育部民族教育发展中心、国家

---

① 王蓉. 应放缓全面实施中等职业教育免费政策［J］. 教育与经济，2012（2）：1-6.

卫生健康委员会国际合作司、中国社会科学院经济研究所、上海市教育科学研究院、北京师范大学、清华大学经济管理学院、财新智库、广东省教育厅、香港大学拨款委员会、香港城市大学、香港教育学院、英格兰高等教育拨款委员会、世界银行、俄罗斯高等经济大学教育研究所等。

举办国际暑期学校，分享中国教育发展与创新经验。作为全世界教育体量最大的国家，中国在过去三十年中，在普及义务教育、扩大受教育机会、减少成人文盲等方面取得了显著进展。另外，上海等地在 PISA 中的优秀表现也让世界瞩目，证明了中国教育制度下的教育质量的不断提升。在中国与世界银行 37 年的教育合作历程中，中国从接受资金和技术帮助，逐步发展为推动世界教育发展的主力。如今，中国教育因其质量而为人称道，越来越多的国家热衷于研究中国的教育政策、实践和经验，包括教育财政、教育创新、教育公平等领域。世界银行发展中国家成员可从中国教育的发展中汲取经验。暑期学校项目由北京大学中国教育财政科学研究所和世界银行全球教育实践局联合举办，由"中国—世界银行"政府伙伴基金（CWPF）进行为期三年的支持。2017、2018 年已连续两年举办了国际暑期学校，与发展中国家分享中国教育发展与创新经验。以 2018 年国际暑期学校为例，它整合了全球最佳实践案例，详细分析如何推动教育普及、如何规避教育政策制定和落实过程中的关键误区等，为政策制定者、研究人员和教育从业者提供改进其教育体系的理论和实践借鉴，推动"一带一路"倡议中的国家实现教育的包容和可持续发展。[1] 国际暑期学校有效地传播了中国教育的理念及其实践经验，同时也为国际教育交流提供了平台。

（五）出版与传播

从 2005 年开始，北京大学中国教育财政科学研究所开始编写《科研简报》，目前已经编辑发布 160 余份。《科研简报》展示北大教育财政所开展的与教育财政密切相关的研究报告、论文、调查、研讨会等的最新动态。2019 年第 1-1 期《科研简报》题为《为新时代基础教育改革发展提供财政保障》，该期简报对 2018 年 11 月 "第四届中国教育财政学术研讨会暨 2018 年中国教育发展战略学会教育财政专业委员会年会"上，国家教育咨询委员会委员、教育

---

[1]　北京大学中国教育财政科学研究所. 暑期学校（2018）［EB/OL］. https://ciefr.pku.edu. cn/SummerSchool/Simplified＿Chinese/2018／，2019－05－16.

部原副部长王湛同志的主题演讲全文进行了刊发。以 2019 年第 2－2 期（总第
163 期）《香港私立非营利学校用地制度简述》为例，该期简报对香港地区政
府的私立非营利学校用地供给政策进行简要介绍，以期对我国的民办教育用地
制度有所启示。

近年来，北京大学中国教育财政科学研究所出版了一批著作：王蓉著的《公
共教育解释》，闵维方主编、王蓉副主编的《2005—2006 中国教育与人力资源发展
报告》，王蓉主编、鲍威副主编的《高等教育规模扩大过程中的财政体系：中日比
较的视角》，王蓉主编、魏建国副主编的《公共教育支出统计的可比性研究》，王
蓉主编、魏建国副主编的《中国教育财政政策咨询报告（2005—2010）》，王蓉主
编、魏建国副主编的《中国教育财政政策咨询报告（2010—2015）》。这些著作
逐渐形成了北京大学中国教育财政科学研究所的教育财政理论体系。

（六）结语

北京大学中国教育财政科学研究所秉持民主开放、严谨求实、创新卓越的
风气，积极坚持研究型、国际化的办学特色，致力于探索和发展教育领域的专
门知识，培养知行合一的高层次教育研究与教育实践管理人才，追求和保持卓
越的教学和科研水平，为推动教育科学进步、繁荣教育事业服务。北京大学中
国教育财政科学研究所在独立、科学研究的基础上，提出了"放缓全面实施中
等职业教育免费政策"的建议。这体现出北京大学中国教育财政科学研究所不
受领导决策部门意志的影响，开展独立研究，坚持学术精神，坚持依据事实说
话，依据数据说话，依据原理和规律说话。因此，这也在一定程度上使北京大
学占得教育财政、教育经济等方面研究的先机，为北京大学在中国教育领域赢
得了荣誉。

八、清华大学教育研究院

（一）基本概况

清华大学教育研究院（Institute of Education Tsinghua University）是一个

高校国家教育政策研究智库。清华大学教育研究院坚持"顶天、立地、育人"的传统，以"培养优秀人才、探究高深学问、服务社会民生"为己任，致力于作出高水平、国际化、创新性的成果和贡献。高水平，就是在教学、研究和服务上注重质量，追求卓越。国际化，就是构建国际学术网络，开展广泛、深度的国际交流和合作，培养国际化人才。创新性，就是以创新驱动学科发展，通过加强学科交叉、团队建设、科教协作等，激发创新活力，形成创新成果。[①]清华大学教育研究院以小而精的学术队伍、特色鲜明的研究领域、高质量的研究成果全力打造高端人才培养基地、学校战略研究中心和国家教育政策智库，为清华大学的世界一流大学建设和我国的"双一流"建设及高等教育发展贡献力量。教育研究院学科建设已呈现多学科交叉与融合、高水平国际合作、基于数据的循证研究、基于实践探索的院校研究、学科发展与政策咨询相促进的特色。第四轮一级学科评估教育学获得 B$^+$，公共管理学科与清华大学公共管理学院共同获得 A$^+$。2017 年清华大学教育研究院在 QS 教育学科全球排名中居中国内地高校第三位。2019 年 5 月，清华大学教育研究院入选中国教育智库评价 SFAI 研究报告的核心榜单"双一流"高校教育智库系列。[②] 2022 年 12 月入选《2022 全球教育智库影响力评价 PAP 研究报告》"中国教育智库榜单"。[③] 2023 年再次入选中国教育智库评价 SFAI 研究报告的核心榜单"双一流"高校教育智库系列。

（二）发展历程

清华大学教育研究院始建于 1979 年 10 月，当时名为"清华大学教育研究室"。清华大学建校伊始就设有哲学教育学科。1926 年秋，清华大学建立教育心理学系，是清华大学最早设立的学系之一。1985 年 11 月扩建，改名为清华大学教育研究所。1986 年 5 月，清华大学教育研究会成立，秘书处设在教育研究所。1990 年 10 月，高等教育学硕士学位授权点获得教育部批准。1993 年 12 月，教育经济与管理硕士学位授权点获得教育部批准。1998 年教育技术学

---

① 教研院简介［EB/OL］. https://www.ioe.tsinghua.edu.cn/publish/ioe/11207/index.html，2019 - 05016.
② 周洪宇，刘大伟. 中国教育智库评价 SFAI 研究报告（2019 年版）［M］. 北京：中国社会科学出版社，2019：54.
③ 《2022 全球教育智库影响力评价 PAP 研究报告》重磅发布. https://www.sohu.com/a/620438201_608848，2022 - 12 - 23.

硕士点获得教育部批准，之后成立教育技术研究所。1999 年 9 月，清华大学教育软件研究中心成立。2000 年 11 月，清华大学现代教育技术研究所成立。2002 年 9 月，大学文化研究与发展中心成立，挂靠清华大学教育研究所，同年 12 月，清华大学亚洲研究中心成立。2003 年 9 月，教育经济与管理博士学位授权点（公共管理一级学科）、高等教育学博士学位授权点、应用心理学硕士学位授权点获得教育部批准。同年 12 月，现代教育技术研究所与教育软件研究中心合并成立教育技术研究所。2004 年 12 月，清华大学高等教育学会成立，秘书处设在教育研究所。2008 年 12 月，清华大学工程教育研究中心成立，秘书处设在教育研究所。为适应新时期高等教育事业发展和学术研究质量提高的需要，2009 年 3 月经清华大学学术委员会讨论通过，由校务委员会批准，清华大学教育研究院正式成立。[①]同年 6 月，清华大学教育研究院素质教育研究中心成立；8 月，教育博士专业学位（Ed. D.）授权点获得教育部批准。2011 年 1 月，清华大学教育研究院大学文化研究与发展研究中心成立；7 月，清华大学教育研究院学位与研究生教育研究中心成立；8 月，教育部—清华大学教育战略决策与国家规划研究中心成立；12 月，清华大学教育研究院天行教育研究中心成立。2015 年 11 月，联合国教科文组织国际工程教育中心成立，秘书处设在清华大学教育研究院。2017 年 4 月，清华大学全球学校与学生发展评价研究中心成立；4 月，中国高等教育学会大学文化研究分会成立，秘书处设在教育研究院；5 月，清华大学未来教育与评价研究院成立；9 月，中国学位与研究生教育学会研究生教育学专业委员会成立，秘书处设在教育研究院。清华大学教育研究院不断发展壮大，从国内走向国际。

（三）组织结构

清华大学教育研究院设有学术委员会、常聘教授委员会、院党总支部、院行政、研究所、研究中心、学术机构秘书处。其中，学术委员会有主任 1 名，副主任 2 名，委员 6 名。常聘教授委员会有主任 1 名，委员 5 名。研究院现有在职教师 25 人，其中教授 7 人，副教授 9 人，讲师 7 人；另外兼职教授、其他研究及工作人员 40 余人。在行政层面，设院长 1 人，常务副院长 1 人，副

---

① 清华大学教育研究院成立 [J]. 清华大学教育研究，2009（6）：122.

院长 3 人。首任院长为谢维和教授，曾担任清华大学副校长。现任院长是石中英教授，曾任北京师范大学教育学部部长。

　　清华大学教育研究院有高等教育研究所、教育政策与管理研究所、教育技术研究所、基础教育研究所等。高等教育研究所立足清华大学，继承和发扬梅贻琦、蒋南翔老校长和一大批清华名师的教育教学理念，初步形成了自己的学科特色和风格。在高等教育学、中外教育史、比较教育学领域作出了一批有影响力的研究成果，形成了以著名学者谢维和、史静寰为学术带头人，以一批具有丰富国际化教育背景、坚实学科基础训练的中青年研究人员为骨干的精干的研究团队，设有高等教育学博士点和硕士点。教育政策与管理研究所一方面开展全球与国家战略层面重大的教育政策研究，另一方面立足本土开展以提升学校管理和领导力为目标的院校行动研究，为各层次、各类型教育事业输送富有教育情怀、能有效应对全球化和未来挑战的领导型人才。研究分别覆盖教育发展理论、教育经济学、教育社会学以及学校管理、战略与领导力等相应学术领域。教育技术研究所承担清华大学教育技术学的学科建设和人才培养工作，也是教育教学信息化研究、设计、开发、应用与评价的专职业务部门，拥有教育技术学硕士、博士和教育专业博士学科点，以及教育学博士后流动站。下设数字化学习研究室、数字化教育管理研究室和数字化学习与管理推进中心，开展混合教育教学的相关理论研究，特色高校职校信息化教学模式研究以及数字校园建设和应用研究。基础教育研究所的研究范围覆盖学前教育、九年义务教育和普通高中教育三个学段，侧重基础教育的政策性研究、战略性研究。在推动基础教育改革创新方面取得了较为丰硕的成果。[①] 8 个研究中心，包括联合国教科文组织国际工程教育中心、教育部—清华大学教育战略决策与国家规划研究中心、清华大学亚洲研究中心、清华大学工程教育研究中心、清华大学全球学校与学生发展评价研究中心、清华大学未来教育与评价研究院、教育研究院学位与研究生教育研究中心、教育研究院天行教育研究中心。[②] 5 个学术机构秘书处，包括清华大学教育研究会、清华大学高等教育学会、教育部教育学类专业教学指导委员会、中国高等教育学会大学文化研究分会、中国学位与研究生教育学会研究生教育学专业委员会。

---

① 研究所［EB/OL］.https://www.ioe.tsinghua.edu.cn/publish/ioe/5352/index.html，2020－02－14.
② 研究中心［EB/OL］.https://www.ioe.tsinghua.edu.cn/publish/ioe/5352/index.html，2020－02－14.

（四）研究领域

1. 高等教育学研究

清华大学教育研究院在高等教育学领域，主要研究高等教育学原理，大学制度的演进与创新，教育与人力资源开发，大学生的心理健康与教育。当前主要聚焦于一流本科教育、高等教育评价、在线学习等主题。相关研究项目有"中国高等教育大众化进程中的结构变化——1998—2004 的实证研究""高校数字校园建设水平评价指标体系、评价方案与评价支持软件的研究""基于知识管理的大学数字校园的研究""中德工程教育比较研究""中国工程教育的发展态势与需求""国际竞争力背景下的大学发展研究""中国学位与研究生教育发展规划战略研究报告""国家创新体系下大学、政府与企业间的关系研究""改进我国高等教育质量保障观和评估体系""对口支援西部地区高等学校研究""高等教育领域优质教育资源共享方式研究"等。研究成果《知识生产模式转型驱动下研究型大学改革路径研究》认为，知识的价值边界在知识经济时代被极大地拓展，知识的生产、传递、交换、消费日益成为社会发展的关键动力。而伴随着知识经济、高等教育大众化与普及化、信息技术革命等现代社会的多重特性，知识生产模式正从传统的"模式 1"向"模式 2"转型。新模式与传统模式具有多重本质性差异，知识范式的转型或将成为以知识为本质属性并兼具知识生产密集性特质的研究型大学结构性变革的外驱力。在转型时代，研究型大学应保持改革的敏锐性、主动性、自觉性与前瞻性，悦纳知识范式转型、积极与弥散性知识生产机构开展互动与合作、基于自身优势建构具有内在独特性的知识生产体系、控制知识生产者的生产过程、改革并完善评价体制机制以驱动知识生产与人才培养等多重职能的整合性发展，从而继续处于社会知识生产体系的中心并对其发挥持续性、根本性影响。①

2. 教育经济与管理研究

在教育经济与管理领域，清华大学教育研究院主要关注公共政策，政府管理与创新，国际经济政治与国际组织，公民社会与治理，教育经济与管理。相

---

① 陈乐.知识生产模式转型驱动下研究型大学改革路径研究 [J].高校教育管理，2019，13 (3)：10-18.

关研究有"学校改进：基于案例的政策分析与推广研究""外籍教师进入我国外语教育市场的准入与管理制度优化研究"等。研究成果《远程教育经济学关键议题与未来关注重点》认为，远程教育是一种历史悠久、形式多样、能够为大量学习者提供"任何时间和任何地点"学习服务的教育类型。远程教育中蕴含着丰富的经济学问题值得研究者深入挖掘。慕课的崛起使得远程教育受到该领域以外的学者和民众的关注，为远程教育经济学研究提供了重要的时代契机。综观远程教育自诞生以来的经济学议题，集中体现在成本与效率、私人收益、社会收益、交互与社会资本、辍学等方面。具体而言，远程教育不仅具有成本优势，而且具有效率优势；远程学习者的私人收益体现在获得的收入更高、健康水平更高、更容易实现城乡迁移；远程教育的社会收益体现在能提高普通大众尤其是弱势群体的受教育机会；远程学习者虽然存在社会资本的劣势，但其交互成本的逐渐降低正在弥补这种劣势；辍学率高虽然是远程教育的常态并可能带来诸多损失，但远程教育机构依然应积极采取措施进行干预。未来远程教育经济学研究应重点关注远程教育对经济增长的贡献、远程教育生产函数分析、远程教育的财政问题、公平问题和培训等。①

3. 教育技术学研究

在教育技术学领域，清华大学教育研究院主要关注数字校园理论、规划与设计，E-Learning 理论与实践，远程教育的理论与实践，教育软件的研究、设计、开发、应用与评价。研究项目有"农村地区依托学习支持中西促进教师专业发展及学习型社区建设的理论与实践研究""网络教学综合平台研究""实验教学与实验室管理平台与研究与设计""面向本科教学质量工程网络支撑平台研究计""基于云计算的校际数字教育资源共享共建模式：教学组织形式和技术平台架构""解码 MOOC：大规模在线开放课程的教育学考察"等。如《高校教师信息化教学能力培训迁移的分析框架》借鉴企业人力资源管理领域的研究成果，系统梳理了培训迁移的概念、过程、影响因素以及效果评价，并综述了高校教师信息化教学能力培训迁移的研究现状。文章进一步界定了高校教师信息化教学能力培训迁移过程的范围，并从培训迁移的过程、影响因素、培训效果评价三个方面提出了高校教师信息化教学能力培训迁移的分析框架，其中

---

① 李锋亮. 远程教育经济学关键议题与未来关注重点 [J]. 现代远程教育研究，2019（1）：53 - 65.

培训迁移的过程不仅要包括学习结束后的教学应用阶段，还要包括培训学习阶段这一前提且贯穿教学应用过程的阶段；影响因素方面主要包括教师特征、培训干预、学校环境三部分；培训效果评价方面主要包括培训学习结果评价与教学应用结果评价；在分析框架中，迁移动机既是培训学习阶段与教学应用阶段的中间结果，又是影响因素与教学应用阶段的中间环节。①

（五）教育人才培养

清华大学教育研究院拥有教育学一级学科博士学位授权点和教育学学科博士后流动站。已具有学术型硕士、学术型博士和专业学位教育博士等学位项目。教育研究院师资队伍实力雄厚、学术视野开阔、研究经验丰富、国际化水平高。清华大学教育研究院致力于培养具有国际竞争力的未来学者，有高等教育学、教育经济与管理和教育技术学三个专业方向。通过课程学习、科研参与、实践学习等，培养博士生热爱教育事业，成为具有良好学术品质、坚实理论基础、深厚教育学专业知识和能力，并能胜任高等学校、科研机构、政府或社会组织的教学、科研和管理工作，成为在国内外具有竞争力的未来学者。②

专业学位博士研究生培养。清华大学教育研究院同时招收专业学位博士研究生（Ed. D.），旨在培养具有社会影响力的未来领导者，即具有良好研究品质、深厚专业知识、较强问题解决能力的高层次学校领导与管理者。通过高水平的专业训练，使学生在掌握相关专业知识的基础上，发展从事教育教学管理的专业技能，造就有行业影响力的研究型、专业化教育管理高级人才。

开展教育治理与创新硕士项目。项目旨在培养具有行业影响力的教育工作者，为国内外教育组织及其相关机构培养具有全球胜任力的高层次专门性治理人才。项目重在拓展国际教育视野和教育专业素养，提升硕士生在全球视野下的教育治理与创新能力。

开设"学习科学与技术"本科辅修专业。2017年，清华大学教育研究院在全国率先开设"学习科学与技术"本科辅修专业，③ 学习科学与技术作为跨

---

① 姜蔺，韩锡斌. 高校教师信息化教学能力培训迁移的分析框架［J］. 中国电化教育，2018（4）：17-25.
② 博士研究生［EB/OL］. https://www.tsinghua.edu.cn/publish/ioe/5372/2019/20190408110546826537896/20190408110546826537896_.html，2019-05-16.
③ 刘威童，汪潇潇. 清华大学教育研究院新设"学习科学与技术"本科辅修专业［J］. 现代教育技术，2017，27（6）：后插1-后插3.

学科的领域，支撑的学科包括认知科学、教育学、信息科学、人类学、社会学及设计学科等。学习科学与技术课程联结了四个关键领域，包括学习科学、学校发展、在线教育产品设计、教育创业与政策，该专业满足了国内教育学科发展和人才培养的双重迫切需要。

实施研究生教学能力提升证书项目。该项目由清华大学研究生院、清华大学教育研究院、清华大学教学研究与培训中心共同设计并组织实施，面向在校研究生；同时欢迎感兴趣的高年级本科生（特别是本校已经推研的同学）参加该项目。其目的是鼓励研究生在攻读学位期间，学习教育学、教学设计、心理学的原理和思维方法，并通过助教工作的实践深化对教育的认识，也促进个人的学业发展。学生通过学习能成为拥抱创新、并能熟练掌握"教育、教学、管理"方面创新技术的高质量教师、教育管理及教育研究人员。

（六）开展国内外学术交流与知识传播

清华大学教育研究院积极开展包括港澳台在内的国内外学术交流、研讨活动。以国际性交流为例，研究院与曼彻斯特大学、德国卡塞尔大学、美国佐治亚大学、世界工程组织联合会等机构进行交流合作。2010 年 3 月，研究院主持召开了"清华大学 2010 中日素质教育论坛"。来自日本的著名教育家大田尧先生和我国杰出的教育家顾明远先生分别就日本和中国的素质教育问题，发表了各自独到深刻的见解。2017 年 3 月，研究院举办"双一流建设"与大学国际评价研讨会。① 研讨会是探索大学与学科发展国际大势和中国位势的一种创新之举。来自教育部、62 所高校与中外教育媒体的专家学者和学生 150 余人参加了会议。研讨会展示了扎根中国建设世界一流大学与学科的创新模式与路径，推介了中国高等教育研究对全球视野下大学质量评价的前沿学术成果，有力推动了中外高等教育领域对"双一流建设"战略增进理解、加强共识、密切合作交流。2017 年 7 月，由联合国教科文组织国际工程教育中心与国际工程科技知识中心主办的 2017 在线工程教育国际论坛召开，国内外专家围绕"链接未来：工程教育中的在线学习"进行了深度研讨。2017 年 11 月由清华大学教育研究院国际工程教育中心举办的工程教育援外培训班顺利在清华大学举

① 清华大学教育研究院 ［EB/OL］. https://www.tsinghua.edu.cn/publish/ioe/5412/2017/20170322085937206555922/20170322085937206555922_.html，2019 - 05 - 17.

行。来自肯尼亚、赞比亚、孟加拉、巴基斯坦等"一带一路"沿线七个发展中国家的 14 名留学生进行了为期 10 天的学习和交流。① 其他活动还有"第七届国际工程教育工作坊"等。这一系列交流活动有力地促进了清华大学教育研究院的国际影响力。

清华大学教育研究院办有《清华大学教育研究》、*International Journal of Chinese Education*（《中国教育国际期刊》）、*Journal of Educational Technology Development and Exchange*（《教育技术发展与交流杂志》）三本学术期刊。

《清华大学教育研究》创办于 1980 年，早期名为《教育研究通讯》，1986 年更为现名。自创办至 2018 年底，已编辑出版 160 多期，累计发表论文 3 000 余篇，现为全国《中文核心期刊要目总览》核心期刊、CSSCI 来源期刊、社科基金资助期刊。《清华大学教育研究》以"百花齐放，百家争鸣"、理论与实践相结合为办刊宗旨。力求全面反映和介绍国内外最新学术成果，努力跟踪和追赶当今国际学术发展的潮流，在积极保持和发挥清华大学理工学科研究优势的同时，力求继承和发扬历史上清华的人文社会科学传统，"古今贯通，中西融汇"，为中国的教育改革与发展服务，为教育科学繁荣作贡献。其主要栏目包括教育思想与理论、教育改革与发展、教育经济与管理、教育政策与法律、国际与比较教育、教育历史与文化等。

International Journal of Chinese Education 旨在加强中国与世界各国的学术交流与合作，促进教育研究和教育发展。期刊欢迎前沿政策问题的实证和理论研究、比较研究。文章可以解决所有与中国相关的教育学科、教育现象和教育问题，文章应该引起学者和优秀学生、专家和知情读者以及政策制定者的兴趣。

Journal of Educational Technology Development and Exchange 由国际华人教育技术学会于 2008 年创办，旨在为国际教育技术领域的学者提供一个平台，鼓励学术合作、交流和专业支持。2012 年编辑部转至清华大学教育研究院。目前该刊已经被 EBSCO Publishing、Cabell Publishing、The Standard Periodical Directory、Ulrich's Periodical Directory 等数据库收录。② 上述期刊促

① 　清华大学教育研究院. 国际工程教育援外培训班顺利举办［EB/OL］. https://www.tsinghua.edu.cn/publish/ioe/5412/2017/20171120135055712869416/20171120135055712869416_.html，2019‐05‐17.
② 　期刊［EB/OL］. https://www.tsinghua.edu.cn/publish/ioe/5354/index.html，2019‐05‐16.

进了清华大学教育研究院研究成果的传播，促进了国内外教育研究的交流、分享与合作，扩大了研究院的影响力。

（七）结语

回望近 40 年的发展历程，清华大学教育研究院始终与国家高等教育发展和清华大学世界一流建设同向而行。学术研究坚持将理论研究与现实教育问题相结合，将宏观教育政策研究与微观院校改革实践相结合，形成了本土立场、国际视野、基于问题、理论导向的清华教育研究特色。人才培养秉承清华大学"价值塑造、能力培养、知识传授"的教育理念，形成了跨学科、国际化、重体验、有温度的鲜明特色。故而，清华大学教育研究院在人才培养、科学研究、社会服务、学术传播和国际交流等方面取得了令人瞩目的成绩。清华大学教育学科产生了一批具有代表性和影响力的研究成果，为国家培养了大批优秀人才，成为清华大学建设世界一流大学的支撑力量和国家教育改革的重要智库。

九、浙江大学中国科教战略研究院

（一）基本概况

浙江大学中国科教战略研究院是浙江大学的直属单位，其工作目标是搭建研究平台，组合研究力量，发挥整体功能，促进交叉合作，承担重要任务，通过"三个面向"发挥战略研究的思想库作用，为科教兴国、科教兴校服务。一是面向国家科技和高等教育发展战略需求。通过构建大平台，承接国家部委和浙江省的重大研究任务，体现浙江大学发展战略研究特色和品牌，努力在发展战略研究领域形成更多有深度的理论成果和政策建议，为国家科教兴国战略实施提供咨询意见，充分发挥思想库作用。二是面向学校改革与发展重大需求。围绕学校争创世界一流的目标，会同相关职能部门、学部、院系等单位，针对浙江大学长远发展的战略性问题和每一阶段亟待解决的紧迫性问题，组织开展发展战略研讨和重点改革方案的预研工作，深入调研，谋划思路，研究对策，为提高学校决策水平、管理水平提供政策建议，为有效破解改革与发展中的难题出谋划策，推动学校科学发展，和谐发展。三是面向发展战略研究发展前沿。分析国内外科技发展和高等教育发展形势，跟踪世界一流大学改革动态，把握世界高等教育发展趋势，提供高质量研究成果。加强与国内外同行的交流与合作，组织或参与重要的论坛等研讨活动，扩大浙江大学在高等教育和战略研究领域的国内外学术影响。

浙江大学中国科教战略研究院的近期目标是，建立完善工作体制机制，加强队伍建设，建立大学发展相关数据库，围绕学校中心工作，以任务和项目驱动，重点开展协同创新与大学创新力研究、一流大学发展战略与政策研究、现代大学制度建设研究等，加强科教研究交流与合作，为浙江大学的改革与发展提供宏观决策咨询。其中长期目标是，立足浙大，面向全球，打造国内外知名的大学发展研究平台，成为科教创新与发展的一流智库。①

2019 年 5 月，浙江大学中国科教战略研究院入选中国教育智库评价 SFAI 研究报告的核心榜单的"双一流"高校教育智库系列。② 2022 年 12 月入选《2022 全球教育智库影响力评价 PAP 研究报告》"中国教育智库榜单"。③ 2023 年，浙江大学中国科教战略研究院聚焦科技创新、科教融合、数字创新等方向，产出一批高水平智库研究成果。全年共获得省部级以上采纳批示 67 篇，其中 6 篇获得正国级领导人批示，2 篇获得副部级领导人批示。在学校第六次智库成果认定中，获认定成果总数 86 项，其中 A + 成果 4 项，A 类成果 10 项，在全校智库单位中名列前茅。全年高质量完成国家高端智库课题 6 项，顺利通过浙江大学"双一流"智库重点项目中期评估，荣获浙江大学 2022 年度智库建设工作优秀组织单位。④

（二）发展历程

浙江大学中国科教战略研究院（原浙江大学发展战略研究院）成立于

---

① 战略院简介 ［EB/OL］. https://www. icstep. zju. edu. cn/2016/0920/c2555a188049/page. htm，2024 - 04 - 06.
② 周洪宇，刘大伟. 中国教育智库评价 SFAI 研究报告（2019 年版）［M］. 北京：中国社会科学出版社，2019.
③ 《2022 全球教育智库影响力评价 PAP 研究报告》重磅发布. https://cjjy. com. cn/％e3％80％8a2022qqjyzkyxlpjpapyjbg％e3％80％8bzbfb/，2022 - 12 - 23.
④ 战略启真 ［EB/OL］. https://mp. weixin. qq. com/s/H0F9IyDDw-lBcypbe1vGjA，2024 - 01 - 18.

2013 年 1 月，是浙江大学直属单位。1981 年，浙江大学教育研究室（浙江大学高等教育研究所前身）成立、《教育研究》杂志开办。1986 年，国务院学位委员会批准浙江大学"工业管理工程"（科技教育管理工程）博士点（管理系负责）、浙江大学"工业管理工程"（科技教育管理工程）硕士点（管理系负责），是全国最早且唯一授权专供科技教育管理工程的硕博士点。1987 年，管理工程硕士点开设"工程教育规划"研究方向（学校高等教育研究所负责）。1995 年，国务院学位委员会批准浙江大学"高等教育学"硕士点（学校高等教育研究所负责），同时继续运行管理工程（工程教育规划）硕士计划。1997 年，国家学科目录调整，浙江大学管理工程更名为"管理科学与工程"（一级学科）。1998 年，新浙江大学成立，"管理科学与工程"博士点增设"科教发展与规划"研究方向；"高等教育学"硕士点改由教育学院负责。2000 年，国务院学位委员会批准浙江大学"教育经济与管理"硕士点（管理学院负责）。2001 年，国务院学位委员会批准浙江大学"公共管理专业硕士"（MPA）（经济学院主持，管理学院等参与）。2003 年，国务院学位委员会批准浙江大学"教育经济与管理"博士点（管理学院负责）。2005 年，浙江大学公共管理学院成立；"教育经济与管理"硕博士点划归公共管理学院。2006 年，教育部战略研究基地浙江大学科教发展战略研究中心正式挂牌。2010 年，浙江大学工程教育创新中心成立，挂靠科教发展战略研究中心。2013 年，浙江大学发展战略研究院成立，科教发展战略研究中心进入战略研究院。2016 年 5 月，浙江大学发展战略研究院更名为浙江大学中国科教战略研究院。[①]

（三）组织架构

浙江大学中国科教战略研究院组织架构见图 5-3。研究院实行理事会领导下的院长负责制，同时聘请国内外现代大学发展战略研究与实践领域的资深专家组成专家咨询委员会。

研究院设有《科教发展研究》编辑部。《科教发展研究》是由教育部主管、浙江大学主办、浙江大学出版社出版的学术刊物，于 2021 年底创刊，办刊宗旨为"坚持正确的舆论导向和办刊方向，刊载基于我国国情的科教发展战略路

---

① 战略院简介 [EB/OL]. https://www.icstep.zju.edu.cn/2016/0920/c2555a188049/page.htm，2024-04-06.

径研究成果，促进学术交流，推动构建科教协同创新理论体系，助力科技与教育融合发展"。① 获评"2022 年度中国人文社会科学期刊 AMI 综合评价"新刊入库期刊。②

研究院直属研究机构包括高教发展战略研究所、工程教育研究所、科技管理研究所。高教发展战略研究所的研究方向为高教战略与规划、大学分类与评价、现代大学制度（治理结构）、大学组织变革、学术生产。工程教育研究所的研究方向为工程教育元研究（RREE）、科技人力资源、工程科技人才开发、工程领导力与创业能力等。科技管理研究所的研究方向为科教创新战略、国家/区域创新体系、产学研联盟、协同创新、科技与教育协调发展、科技管理与创新政策等。附属研究机构包括浙江大学高等教育研究会、浙江大学党建研究中心、浙江大学教师教学研究中心、浙江大学科技信息研究中心、浙江大学管理学院案例中心、浙江大学高等教育研究所。中国科教战略研究院设有专家咨询委员会和理事会。③

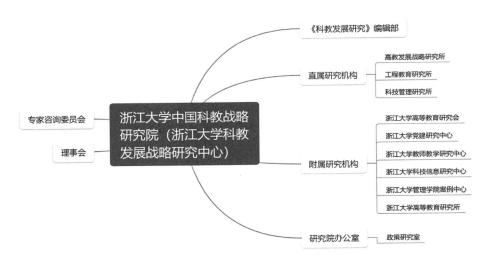

图 5-3　浙江大学中国科教战略研究院组织架构

浙江大学中国科教战略研究院现有 3 位副院长。副院长（兼）侯万军研究员，也是浙江大学北京研究院副院长，主要研究领域为科技创新、教育科

---

① 战略院简介［EB/OL］. https://www.icstep.zju.edu.cn/2557/list.htm，2024-04-06.
② 战略启真［EB/OL］. https://mp.weixin.qq.com/s/H0F9IyDDw-lBcypbe1vGjA，2024-01-18.
③ 战略院简介［EB/OL］. https://www.icstep.zju.edu.cn/2557/list.htm，2024-04-06.

技人才一体化。副院长徐贤春，也是浙江大学政策研究室主任，兼党办、校办副主任，主要研究领域为高等教育与管理。副院长张炜研究员，博士生导师，浙江大学科教发展战略研究中心副主任，主要研究领域为高等工程教育。[①]

（四）研究领域

1. 工程教育研究

浙江大学中国科教战略研究院在工程教育领域，主要研究工程教育生态系统、工程教育发展战略与规划、科技人力资源开发、工程领导力、工程创业与创新、工程与公共政策。相关期刊论文有《工程教育范式转型的中国道路："新工科"建设探索研究与理论形成》《全球工程教育改革历史文献评述》《工程教育支撑科技自立自强的理论逻辑与实现路径》《学术共同体建构视域下美国工程教育研究的演进进程及其经验启示》《"计算"是什么——计算与工程教育发展》。研究成果《新工业革命驱动下的浙江大学工程教育实践》认为，全球科技创新进入空前密集活跃的时期，新一轮科技革命和产业变革正在重构全球创新版图。自然科学、技术科学和人文社会科学之间日益呈现交叉融合趋势，信息、生命、制造、能源、空间、海洋等前沿技术、颠覆性技术的突破对培育"新一代"工程科技人才提出了更高的要求和挑战。从我国工程教育改革与发展现状来看，我国高等工程教育规模巨大，但新兴科技领域专业人才培养不足，高等工程教育质量已显著提升，但仍未满足学生对卓越质量的需求，"新工科"建设是新时代中国高等工程教育改革的必然选择。面对高等工程教育的新环境，浙江大学经过多年的改革、探索与实践，试图通过优化学科生态布局、学科交叉催生复合专业、多元贯通主动升级传统学科、建构创新创业教育体系等途径，为工程教育回归工程实践提供进一步的实践探索，进而为打造中国工程教育的 3.0 范式奠定基础。在对策建议层面，我国工程教育改革应坚持"新生"与"转型"相结合，推动新时代工程教育持续变革；坚持"存量"与"增量"相均衡，优化需求导向的学科专业结构；坚持"学术"与"应用"相协调，优化工程人才培养的层次结构。[②]

---

① 战略院简介 ［EB/OL］. https://www.icstep.zju.edu.cn/78612/list.htm, 2025 - 01 - 06.
② 邹晓东, 李拓宇, 张炜. 新工业革命驱动下的浙江大学工程教育改革实践 ［J］. 高等工程教育研究, 2019（1）：8 - 14＋33.

2. 科技管理研究

在科技管理领域，浙江大学中国科教战略研究院主要关注创新战略管理、创新国际化、科教战略与政策、创新驱动发展战略、知识产权管理、科技成果资本化。相关研究有《新公共服务视角下科技管理部门职能转变研究——以浙江省为例》《科教融合一元论：概念内涵、整合性框架与未来展望》《探索元宇宙》《生命健康科技创新高质量发展的科学思维与行动建构：以浙江省为例》等。研究成果《智能领域科教融合战略及人才培养：以智慧交通和智慧物流为应用场景》认为，"未来已来"，随着智能时代的逐渐来临，人工智能、大数据、云计算、VR/AR等技术正在全方位影响工程科技领域，智能技术在工程科技中的综合应用已成为现实工程和社会生活的重要部分，对相应专业领域的工程人才培养提出了新挑战。基于智能领域科教融合发展的前瞻性需求和重要的现实意义，我国近年来印发了《新一代人工智能发展规划》《国务院办公厅关于深化产教融合的若干意见》《"十四五"大数据产业发展规划》等多份政策文件，大力推进智能领域科教融合并强调相关人才培养的重要性。以"智慧交通、智慧物流"的科教融合战略及人才培养等选题为发端，文章拟围绕多个专业领域的科技创新发展战略、科教融合人才培养等主题开展专家访谈和重要报告发布等系列工作，为我国在智能领域的科教战略及人才培养等重要研究工作提供交流借鉴。①

近些年相关论坛也相继召开。例如，2022年4月，由浙江大学中国科教战略研究院主办的国家创新体系与新型研发机构建设论坛在浙江大学紫金港校区举行，会议在浙广平台同步直播，在线观看人数累计突破30万。论坛采用线上线下结合的方式，旨在为从事"国家创新体系与新型科研机构建设"研究的学术同行提供一个高水平交流平台，传播学术思想。来自中国科协创新战略研究院、中国科学院大学、北京理工大学、香港科技大学（广州）（筹）的5位专家学者受邀作会议报告。② 2023年6月，中国科教发展高端论坛在浙江大学紫金港校区举行，论坛研讨我国科教发展重大理论与实践议题，展望科教兴国、人才强国、创新驱动发展的战略蓝图。

---

① 陈婵，乔迎迎，邓勇新，等.智能领域科教融合战略及人才培养：以智慧交通和智慧物流为应用场景——浙江大学伊利诺伊大学厄巴纳香槟校区联合学院院长李德纮教授访谈录［J］.科教发展研究，2022，2（3）：1-18.

② 新闻动态［EB/OL］.https：//www.icstep.zju.edu.cn/2022/0426/c78614a2846700/page.htm，2024-04-06.

3. 高等教育发展战略研究

在高等教育发展战略领域，浙江大学中国科教战略研究院主要关注大学战略与规划、学科竞争力分析、现代大学制度、创新创业教育、高校创新系统。相关研究有《基于"学科-专业-产业链"的创新创业型大学：概念内涵与显示路径》《斯坦福大学创业教育实施的特点与启示》《众筹理念下高校精准式创业教育课程的生成逻辑与建设策略》《基于角色认同的学术创业协同创新机理——来自高校跨学科创业团队的实证研究》《"双一流"建设背景下大学筹款运动的战略与举措》等。研究成果《论经济转型升级背景下我国高等教育结构改革》认为，经济转型和产业升级驱动高等教育深化结构改革，发挥提供智力支撑、激发创新活力、提高全要素生产率、联通全球经济的重要角色。当前，人才层次、学科专业、研发经费、科技创新中存在的结构性矛盾掣肘高等教育良性发展。高等教育结构改革应遵循"创新、协调、绿色、开放、共享"五大发展理念，优化区域结构、培养结构、经费结构，促进政府、高校、社会、企业等多方联动，在稳定发展中提高各层次人才培养质量，激发高校办学活力，推动我国加快从世界高等教育大国迈向世界高等教育强国的步伐。① 2023年12月29日，在浙江大学高等教育研究会成立20周年之际，高等教育研究会换届大会暨首届高等教育发展论坛在求是大讲堂举办，聚焦高教领域前沿问题，共话新使命引领下的高等教育理论研究与实践探索。杜江峰强调，要加强高等教育战略研究，聚焦"国之大者"，围绕国家教育科技人才一体推进的战略部署，瞄准"十五五"规划，牵头谋划一批基础性、战略性、前瞻性课题，为浙江大学谋划和实现更高质量发展提供战略参考。要深化高等教育理论研究，深入研究全球科教发展趋势，探究世界一流大学建设和发展规律，勇担建构中国自主知识体系的战略任务，助力形成具有浙江大学特色的高等教育理论体系和话语体系。要做实高等教育实践研究，进一步凝聚力量，开展有目的、有组织、有实效的研究，将理论研究成果及时转化为服务浙江大学世界一流大学建设的实效，为学校编制发展规划、制定战略和政策等提供智力支撑。②

① 徐小洲，辛越优，倪好. 论经济转型升级背景下我国高等教育结构改革 [J]. 教育研究，2017，38（8）：64-71.
② 浙大发布 [EB/OL]. https://mp.weixin.qq.com/s/N4OiY6rDBbmm5oT8aP1Vfw，2023-12-30.

（五）教育人才培养

浙江大学中国科教战略研究院拥有浙江省重点学科教育经济与管理硕士点、博士点和博士后流动站，还参与管理科学与工程、教育管理等一级学科博士点，以及技术创新管理等二级学科博士点、博士后流动站建设。学科构建了跨公共管理学院、管理学院和教育学院的专兼职研究生导师队伍，并通过"研究生培养质量提升计划"和"教授工作坊"等制度的建设，为研究生的培养提供更好的学术资源和条件。

研究院现有教授/研究员 14 名，其中教育部长江学者特聘教授 1 名，长江青年学者 1 名，副教授/副研究员、助理教授/助理研究员 11 名，其中博士生导师 9 名、硕士生导师 11 名，同时还延请一批兼职的国内外著名学者。2013年至 2017 年，累计培养博士毕业生 15 名，硕士毕业生 45 名，目前在站博士后、在读博士生、硕士生 30 多名。共承担国家自然科学基金 9 项，其中重点项目 1 项，国家社会科学基金 1 项，教育部、工程院、科技部等国家部委课题18 项。发表论文 80 余篇。其中权威期刊论文、SSCI 论文近 20 篇。出版专著10 余部。提供高质量咨询报告 50 余篇，其中向中央办公厅报送 4 篇，在教育部科学技术委员会《专家建议》刊发 12 篇。2017 年，战略院入选浙江省新型高校智库、中国智库索引（CTTI）来源智库，并获评第五届全国优秀高等教育研究机构和第三届浙江省优秀高等教育研究机构。[①]

研究院举办"科教战略博士生论坛"，旨在搭建自由、平等、争鸣的高水平学术交流平台，为深入实施科教兴国、人才强国、创新驱动发展等国家重大战略，实现高水平科技自立自强提供青年智慧、汇聚青年力量。论坛自创办以来为国内知名高校从事科教战略相关研究的博士生提供了一个校际学术沟通和人文交流，拓展博士生学术视野，加强科研创新活力的高质量平台，也展示了不同高校博士生在新时期站在国家战略的高度研究我国科技、教育、创新发展的优良风貌，获得了广大师生的一致好评。[②]

2018 年，研究院举办教育经济与管理专业夏令营活动，目的是促进全国各高校优秀大学生之间的互动与交流，增进对"教育经济与管理"专业的了解

---

① 浙江大学中国科教战略研究院 [J]. 高等工程教育研究，2018（1）：4+201-202.
② 新闻动态 [EB/OL]. https://www.icstep.zju.edu.cn/2023/1228/c78614a2853213/page. htm，2024-04-06.

与认识。参加夏令营的同学若获得所在学校的当年研究生推荐免试资格，可于教育部当年推免工作文件出台后向浙江大学中国科教战略研究院提出录取申请。

（六）开展国内外学术交流合作

1. 国际学术交流

浙江大学中国科教战略研究院积极开展广泛的国际国内合作。以国际性交流为例，2016 年 10 月 28—29 日，由浙江大学和中国工程院教育委员会、中国高等教育学会工程教育专业委员会联合主办，巴黎综合理工大学、浙江工程师学院（浙江大学工程师学院）协办，浙江大学中国科教战略研究院、浙江大学工学部承办的 "2016 年'面向先进制造的高等工程教育变革'国际会议" 在浙江大学举行。来自法国、英国以及国内 70 余所高校的近 200 名嘉宾、代表参加了会议，围绕 "国内外工程教育的变革与挑战" "我国工程教育的改革与战略" "欧洲工程教育的经验与模式" "面向先进制造的工程教育" 等主题进行了研讨和交流。

2019 年 5 月，美国罗文大学斯科特·斯特赖勒（Scott Streiner）教授带领十余名罗文大学体验式工程教育专业（experiential engineering education）的工学本科生前来浙江大学中国科教战略研究院进行学术访问交流。战略研究院副院长张炜教授，国际合作部主任姚威副教授，以及教育经济与管理博、硕士研究生参加了本次活动。[①]

科教发展战略国际研讨会是一个专注于探讨国际工程教育、科教发展战略以及科教管理政策的重要学术交流活动。该研讨会由浙江大学主办，浙江大学中国科教战略研究院承办，旨在汇聚国内外相关领域的专家学者，共同交流思想、分享经验，推动科教研究创新发展。多年来，科教发展战略国际研讨会得到中国工程院、教育部、联合国教科文组织、国内外高校等各方的大力支持，取得丰硕成果。它已成为国内外专家学者进行理论研讨和思想交流的重要平台，也是促进国际科教交流与合作的重要桥梁。

2019 年 12 月，第十四届科教发展战略国际研讨会在杭州开幕。来自国内

---

① 战略启真［EB/OL］. https://mp. weixin. qq. com/s/yoooao4rlRkbVpZ4aUSEfA，2019 - 05 - 29.

外学界和业界的 300 余位嘉宾，围绕"大科学时代的科教融合与创新发展"主题，分享经验、交流观点。姜恩来表示，"新工科建设"既是高等工程教育对中国制造 2025 在内的国家战略的积极响应，更是加快培养新兴领域工程科技人才的有益实践，也是从工程教育大国向工程教育强国转变的必由之路。高东锋指出，当前世界处于百年未有之大变局，我国已迈入以创新驱动为主导的工业化后期。我们要主动应答、前瞻谋划，积极推动高等工程教育创新发展，建设高等教育强国。严建华介绍，长期以来浙江大学通过科教协同加强人才培养，交叉汇聚培育重大成果，开放联动优化生态布局，持续推动更高阶的科教融合与创新发展。①

2020 年 12 月，应对全球性挑战的工程教育系统创新暨第十五届科教发展战略国际研讨会在杭州举行。来自国内外近百所高校、机构、企业的 200 余人通过线上、线下多种方式参加会议，围绕"应对全球性挑战的工程教育系统创新"的主题进行了深入研讨和交流。杨卫作题为"开放式工程教育"的报告，回顾总结中国工科院群的特色发展为类型决定发展路径，特色决定组织架构，人才决定上升高度，文化决定历史地位。曾勇通过线上参会的方式作题为"高水平'科研育人'进课程、进课堂、进实践——电子科技大学'科研育人'新工程教育探索与实践"的报告。布伦特·凯尔·杰西克（Brent Kyle Jesiek）以视频录制的形式分享了"应对全球重大挑战的工程伦理教育"报告（"Engineering is Ethics：Preparing Engineering Graduates for Wicked Global Challenges"）。②

2022 年 4 月，创新范式变革与科教融合发展暨第十六届科教发展战略国际研讨会在杭州举行。来自国内外近百所高校、机构、企业的参会人员，围绕"创新范式变革与科教融合发展"的主题进行了深入研讨和交流，在业界产生了广泛影响。在线数据显示，此次会议受到 73 万余人的关注。吴朝晖校长作题为"发挥高质量的高等教育的功能 支撑高水平的科技自立自强"的报告。李培根院士通过线上参会的方式作题为"超越——谈创新范式与工程教育的变革"的报告。阿德里安娜·R. 米内里克（Adrienne R. Minerick）教授通过线上视频录制的方式作题为"美国工程教育与重塑工程文化包容系统思维：未来工程的必要性"（American Society for Engineering Education ＆ Re-Crafting

---

① 浙大发布 ［EB/OL］. https://mp. weixin. qq. com/s/TEWXa-7WgbEGru9D3EKMsw，2019 - 12 - 07.

② 战略启真 ［EB/OL］. https://mp. weixin. qq. com/s/k3sWyYqi2E9 _ M-KCa4IgNg，2020 - 12 - 18.

Engineering Culture to Embrace Systems Thinking：A Necessity for Engineering for the Future）的主题报告。①

2022 年 12 月，面向现代化产业体系的卓越工程师培养——第十七届科教发展战略国际研讨会以线上线下相结合的方式在浙江大学举行。来自国内外高校、机构、企业的参会人员围绕"面向现代化产业体系的卓越工程师培养"主题进行了研讨和交流，从产教联盟、课程改革、师资队伍、认证标准等多个维度探讨我国的工程教育人才培养模式。例如，中国科学院院士、华中科技大学学术委员会主任丁汉教授作了题为"面向新工科的智能制造创新人才培养体系构建与实践"的报告，重点介绍了华中科技大学的人才培养理念。美国辛辛那提大学工程教育系主任、航天航空与工程力学系英布里（P. K. Imbrie）教授作了题为"Curriculum Reform and Curriculum System Reform Strategies in Engineering Education"（工程教育的课程改革与课程体系改革策略）的报告。清华大学副教务长、原普渡大学生物工程教授欧阳证作了题为"清华大学高层次工程人才培养模式的探索"的报告。②

2023 年 12 月，第十八届科教发展战略国际研讨会在浙江大学开幕。大会以"新时代科教兴国战略"为主题，一批国内外专家学者在线上线下云集，共襄国际学术盛会，探讨面向未来的科教发展战略，推进理论创新与实践探索，进一步促进国际科教交流与合作。此次大会由浙江大学主办，教育部高等教育司、科技部战略规划司、中国高等教育学会支持，中国高等教育学会工程教育专业委员会、浙江大学科学技术研究院、浙江大学社会科学研究院联合协办，浙江大学中国科教战略研究院、《高等工程教育研究》编辑部、《科教发展研究》编辑部共同承办。在为期两天的学术研讨中，与会代表将围绕教育改革、人才培养、科技发展等主题开展 16 个主题报告，22 个学术报告。③

2. 国内学术交流

2019 年 4 月，浙江大学中国科教战略研究院师生团队参加 2019 年 CDIO

① 战略启真 ［EB/OL］. https：//mp. weixin. qq. com/s/WMz7EEJxKKP8rIBa9diuOA，2022 - 04 - 26.
② 战略启真 ［EB/OL］. https：//mp. weixin. qq. com/s/BHHZjVF6WghuVuRg8iyiOA，2022 - 12 - 12.
③ 浙大发布 ［EB/OL］. https：//mp. weixin. qq. com/s/qqLq46KyG-nZFGjZNAW3Fg，2023 - 12 - 08.

工程教育联盟年会暨地方高校新工科研究与实践项目进展交流会。会议汇聚国内外诸多知名工程教育专家以及全国工程教育院校、产教融合企业代表，探讨一流本科建设背景下我国高等工程教育，分享高水平的工程教育经验和成果，将进一步推进加快我国工程教育深化改革步伐，对中国高等工程教育发展起到积极推动作用。①

2021 年 5 月，第一届工程教育创新论坛暨"高等工程教育专业认证与卓越工程师培养"学术研讨会在杭州举行。会议由中国高等教育学会工程教育专业委员会指导，浙江大学中国科教战略研究院和《高等工程教育研究》编辑部主办，北京中培研教育咨询有限公司承办。来自国内近百所高校的学者通过线上、线下多种方式参加会议，围绕"高等工程教育专业认证与卓越工程师培养"的主题进行了深入研讨和交流。

2021 年 10 月，第三届启真智库论坛暨第 20 期西湖学术沙龙在浙江大学紫金港校区举行。论坛由启真智库（民盟中央-浙江大学）主办，浙江大学中国科教战略研究院、浙江大学科学技术研究院、浙江大学北京研究院、浙江大学社会科学研究院、浙江大学清源学社协办。来自民盟浙江省委会、浙江省自然资源厅和浙江大学的领导和专家，以及启真智库特聘研究员共 30 余人参会。

2024 年 3 月，浙江大学中国科教战略研究院主办的"教育强国征程上的学术评价转型"专题研讨会在杭州召开。会议围绕"实施科教兴国战略，强化现代化建设人才支撑"，交流探讨新时代我国高等教育高质量发展，尤其是"双一流"建设中的学术评价创新问题。会议由浙江大学中国科教战略研究院吴伟和北京大学教育学院马莉萍主持，来自同济大学、西安交通大学、宁波大学、电子科技大学的 4 位专家学者受邀作会议报告。②

3. 地方合作

浙江大学中国科教战略研究院建立浙江大学金华研究院科技创新与政策研究中心，贯彻落实新发展理念，服务新发展阶段金华地区重大战略需求，建成服务支撑新发展格局的高端智库平台。研究中心以科技创新为核心要素驱动高

---

① 新工科在线［EB/OL］. https://mp. weixin. qq. com/s/pz0GeZOWKWx8IdrOPjsBpA，2019 - 04 - 26.
② 新闻动态［EB/OL］. https://www. icstep. zju. cn/2024/0403/c78614a2897252/page. htm，2024 - 04 - 06.

质量发展，推动建设国内一流的区域创新体系和高水平开放的创新创业
生态。①

4. 学术期刊

浙江大学中国科教战略研究院办有学术期刊《浙江大学教育研究》。《浙江
大学教育研究》初创于1980年，2008年改为网络版，始终坚持"以创新促管
理、借管理创一流"的发展宗旨，紧密围绕浙江大学建设世界一流大学的目
标，服务学校的教育、科研、学科建设及党政管理、政策研究工作，为学校各
项事业的发展提供一个理论和政策研究交流平台。

其近期研究成果包括《高校安全类专业学生社团建设路径探索》《新型
研发机构产业转化人才队伍建设探析》《化工类院系学生党建与实验室安全
管理双融双促的机制探索》《中国高校公益慈善专业教育调查研究》《基于近
10年CNKI文献分析的高校满意度调查研究》，等等。其中，研究成果《中
国高校公益慈善专业教育调查研究》调研梳理了中国高校公益慈善专业教育
现状，采用专家座谈、调查问卷等方式，分析了学生、慈善组织、企业、政
府部门、社会公众等利益相关方对公益人才培养的需求情况。作者认为，推
进共同富裕为公益慈善事业提供了更为广阔的发展空间，然而专业化公益人才
供给严重不足，亟需示范性的公益慈善教育课程体系、人才培养体系和科学研
究体系。②

（七）结语

浙江大学中国科教战略研究院定位于"全球视野，国家智库，浙大战
略"，始终致力于服务国家和区域重大科教战略决策，关注学术前沿，聚焦
工程教育、科教融合、科技创新等研究领域，稳步推进建设成为国内领先、
国际有较大影响力的科教类专业智库和学术高地。研究院成立以来，聚焦科
教领域重大战略问题，开展决策，咨询研究，深耕中国特色科教创新理论，
关注学术前沿进展，落实立德树人根本任务，培养交叉学科人才，搭建科教

---

① 交流合作［EB/OL］.https://www.icstep.zju.edu.cn/2568/list.htm，2024 - 04 - 06.
② 浙江大学教育研究［EB/OL］.https://www.icstep.zju.edu.cn/jozer/main.psp，2024 - 05 -
03.

战略研究学术平台，打造学术交流品牌活动，构建全球高水平合作网络，机构影响力不断提升。

浙江大学中国科教战略研究院心系国家科教领域重大议题，积极助力区域协同发展，承担国家科技、教育规划等重要咨询任务，产出大量高质量决策咨询报告，获得党和国家领导人批示，为国家决策提供重要支撑，已成为科技部、教育部、中国工程院、民盟中央等国家部委定向委托的高水平智库机构。它是国内最早从事工程教育研究的机构之一，长期致力于开展工程教育、科教融合、科技创新等的理论研究和实践活动，建设科教战略研究数据库，出版科教发展论丛、工程教育创新论丛、工程教育译著等系列研究成果，在国内外产生重要学术影响。举办"中国科教战略论坛""启真智库论坛"等系列学术品牌活动，连续主办十七届的"科教发展战略国际研讨会"，已成为具有一定国际影响力的科教领域高端学术盛会，重视智库和学术载体建设，定期编报《科教决策参考》《启真智库专报》等成果内参。2006 年起，受中国工程院委托编印的内刊《国际工程教育前沿与进展》获众多院士的高度认可。2021 年底，创办国内第一本科教领域的学术期刊《科教发展研究》，品牌建设已初成体系。

浙江大学中国科教战略研究院与国家部委、国内智库机构、国内外知名高校等建立了良好的合作关系，依托中国高教学会工程教育专业委员会，构建国内工程教育研究的广泛网络。2018 年 11 月，推动浙江大学牵头成立"一带一路"国际工程教育联盟；2021 年 3 月，浙江大学与民盟中央签署战略合作协议，依托战略研究院成立"启真智库"。

几十年的接力建设，十年的寒来暑往，在国家部委的支持下，在校领导的关心下，在师生的共同努力下，浙江大学中国科教战略研究院与国家发展同向同行，与浙江大学共同成长，在科教战略研究领域取得了重要成就。十年磨一剑，整装再出发，未来，浙江大学中国科教战略研究院将继续坚持新发展阶段的使命愿景，面向科教发展学术前沿，国家科技创新和高等教育发展战略、学校改革发展重大需求，培养胸怀"国之大者"，担当民族复兴大任的杰出人才，打造具有中国特色、全球影响的科教战略研究学术平台和高端智库。①

---

① 战略启真［EB/OL］. https://mp. weixin. qq. com/s/btDOaDBH2GKE5Tm613y5pA，2023 - 12 - 31.

十、厦门大学教育研究院①

（一）基本概况

厦门大学教育研究院（Institute of Education，Xiamen University）是中国第一个以高等教育学为研究对象的专门研究机构。它以服务社会为宗旨，面向各级政府、教育行政部门和高校，接受委托承担与高等教育相关的重要课题，开展多层次的咨询服务，为各级政府和高校提供政策咨询服务。其目标是繁荣中国高等教育学术，建设国际化的一流高等教育智库。厦门大学教育研究院的主要任务是研究中国和世界高等教育的理论与发展动态，研究中国高等教育管理问题，研究青年心理，建立与发展高等教育学科和青年心理学科；培养高等教育、高等教育管理、青年心理的理论工作者和实际工作者；积极促进教育学、心理学领域的国内外学术交流，积极推动和组织全国高等教育研究活动，为中国和世界的高等教育发展和学科建设作出贡献。

厦门大学教育研究院是中国第一个高等教育学硕士学位授予单位和第一个高等教育学博士学位授予单位，是全国第一个高等教育学国家重点学科所在单位、高等教育研究的国家"985工程"创新基地，依托研究院成立的厦门大学高等教育发展研究中心是全国唯一的专门研究高等教育的教育部人文社科重点研究基地。2019年5月，厦门大学教育研究院入选中国教育智库评价 SFAI 研究报告的核心榜单"双一流"高校教育智库系列。② 2023年，再次入选中国教育智库评价 SFAI 研究报告的核心榜单。

---

① 厦门大学高等教育发展研究中心 https://baike.so.com/doc/8191212-8508200.html；教育部社会科学司. 普通高等学校人文社会科学重点研究基地"十二五"规划汇编［M］. 北京：高等教育出版社，2011；厦门大学高等教育发展研究中心［J］. 北京师范大学学报（社会科学版），2012（6）；付卫东，付义朝. 智库的转型：我国教育政策研究机构转型发展［M］. 武汉：湖北教育出版社，2016.

② 周洪宇，刘大伟. 中国教育智库评价 SFAI 研究报告（2019年版）［M］. 北京：中国社会科学出版社，2019：54.

（二）发展历程

厦门大学教育研究院历史悠久，底蕴深厚。1921 年厦门大学建校之初便设有师范部，此后历经教育学部、教育学院、教育学系的变迁。20 世纪 30 年代，厦门大学曾经成立教育学院，设有教育原理学系、教育行政学系、教育心理学系、教育方法学系等四系，后又合并为教育学系，曾有一大批全国著名的教育学家在厦门大学任教。1953 年院系调整时改设教育学教研室，并保留至 1965 年。1978 年 5 月，潘懋元先生领导创建了厦门大学高等学校教育研究室，1981 年招收第一批硕士生；1984 年 2 月经教育部批准改为厦门大学高等教育科学研究所，并下达编制；1986 年该所被评为第一个高等教育学博士授予点；1988 年该所被评为全国重点学科点；1998 年该学科被批准为国家"211 工程"重点建设项目；2000 年 1 月以厦门大学高等教育科学研究所为基础，组建成立了厦门大学高等教育发展研究中心，并于 2000 年 9 月被批准为教育部人文社会科学重点研究基地。2003 年 10 月，经人事部和全国博士后管委会批准，厦门大学设立教育学博士后科研流动站；2004 年 4 月，以该所为基础，建立了厦门大学教育研究院，该院目前拥有中国高等教育研究领域唯一的国家"985 工程"创新基地；2007 年 12 月，教育部批准厦门大学设立全国首家教育部研究生教育创新计划（高等教育学）研究生访学基地。[①]

（三）组织机构与人员构成

厦门大学教育研究院下设研究所和研究中心。研究所包括教育理论与历史研究所、教育发展与治理研究所、课程教学与心理研究所、比较与国际教育研究所等。研究中心包括民办高等教育研究中心、大学教学研究中心、研究生教育研究中心、国际高等教育研究中心、闽台高等教育研究中心等。挂靠研究机构有厦门大学考试研究中心、厦门大学高教质量与评估研究所、厦门大学中外合作办学研究中心。厦门大学考试研究中心正式建立于 2003 年 1 月。其前身是 1998 年 2 月成立的厦门大学高等教育研究所考试研究中心，该所长期以来

---

① 熊建辉. 新时期中国高等教育的责任与使命：访厦门大学教育研究院教授潘懋元 [J]. 世界教育信息，2012（2）：4-10，18.

将考试作为重点研究方向之一。厦门大学考试研究中心依托高等教育学国家重点学科，以及教育部文科重点研究基地厦门大学高等教育发展研究中心雄厚的研究力量，开展考试研究。厦门大学高教质量与评估研究所成立于 2009 年 3 月，所长为史秋衡教授。涉及主要学科领域包括高等教育学、教育经济与管理、职业技术教育学和比较教育学。当前研究重点在宏观政策咨询与建议、高校分类设置、大学教学与课程、高校规划与设计以及高教质量建设等研究领域。厦门大学中外合作办学研究中心成立于 2010 年 3 月，是中国第一家以中外合作办学为研究对象的专门研究机构。它是教育部中外合作办学理论研究基地、政策咨询平台和中心。研究院另有资料室 1 个。

研究院设党委书记 1 人，院长 1 人，党委副书记 1 人，副院长 2 人。现任院长是别敦荣，同时担任厦门大学高等教育发展研究中心主任。研究院秉承"自强不息、止于至善"的校训，努力建设一支高等教育研究的国家队，致力于发展高等教育研究的中国学派，打造国家级高等教育研究智库。现有教职员工 45 人，其中专任教师 32 人，包括教授 14 人、副教授 11 人和助理教授 7 人，博士生导师 12 人。其中有国务院学科评议组成员、享受国务院政府特殊津贴专家等。

厦门大学教育研究院广泛吸纳国内外高等教育专家。专职研究员中有国务院学科评议组成员、"教育部跨世纪人才"邬大光教授，"教育部新世纪人才"史秋衡教授、林金辉教授、王洪才教授、郑若玲教授，福建省"百千万人才工程"李泽彧教授等。除国内有名的高等教育专家外，研究院还聘请美国、日本、俄罗斯等国家的高等教育研究著名学者。

（四）研究领域及特色

近些年，厦门大学教育研究院在巩固前期成绩的基础上，更加注重质量提高、注重内涵发展，研究院成为"211 工程""985 工程"平台建设的核心和支撑，成为国家哲学社会科学创新体系的重要组成部分。

厦门大学教育研究院开展了一系列重要项目研究。2000 年以来，教育研究院先后承担教育部人文社会科学重大课题攻关项目 1 项，国家社科基金（教育学科）国家重点课题 3 项，国家社科基金（教育学科）国家一般项目和国家青年项目 6 项，教育部重点重大项目 20 多项。如国家社科基金国家重点课题"高校招生制度改革研究""大学生学习情况调查研究""高素质创新人才培养模式研究""高等教育应用型创新人才培养研究"。教育部人文社会科学重大课题攻关项目"高等学校分类体系及其设置标准研究""我国本科人才培养质量研究",以及全国教育科学规划教育部重点课题、国家社科基金项目、教育部人文社科项目等。许多政策建议被政府部门采纳,在国家和地方的教育决策中发挥了作用。

一是高等教育基本理论研究。该研究方向在该领域处于国内领先地位,获2项国家社科基金(教育学科)国家重点课题、2项中国高校人文社会科学研究优秀成果奖二等奖,学术论文被 SSCI 收录 9 篇,CSSCI 高引用率论著多篇,体现了该系列研究成果的社会认可度,是国家重点学科的核心研究领域。潘懋元主编的《多学科观点的高等教育研究》是若干奠基性著作之一,于 2006 年获第四届中国高校人文社会科学研究优秀成果奖二等奖。

二是高等教育考试研究。该研究方向史论结合,在高校招生考试制度研究和科举学研究方面处于国内领先地位,获全国教育科学优秀成果奖一等奖 1 次和福建省社科成果奖一等奖 3 次,承担教育部首批哲学社会科学重大课题攻关项目"高校招生考试制度改革的理论与实践研究"。科举学属于国内原创的学科,被同行专家誉为"国内领先、独树一帜"。1992 年,在我国经济体制改革的关键时期,以刘海峰教授为学术带头人,对影响千年的古代科举考试制度正式进行首创性的全面梳理和系统研究,成为学术界广泛认可的"科举学"。这也是厦门大学教育研究院原创性的专学。对高考改革的理论与实践展开全方位考察,为高考改革出谋划策,既是研究院在高等教育考试研究领域处于全国领先水平的成就体现,也是对国计民生重大议题的具体回应。[1]

三是高等教育体制与管理研究。该研究方向学术带头人是邬大光教授、史秋衡教授,国家社科基金(教育学科)国家重点课题和教育部首批人文社会科学重大课题攻关项目,《教育产权与大学制度构建的相关性研究》成为国内第一篇高等教育学科的全国百篇优秀博士学位论文,已向教育部、省政府提供了8 项省部级咨询报告,获得省社科优秀成果奖 9 项。史秋衡教授研究团队以高等教育质量、大学生学情研究来践行立德树人,并在破解全国高校难以分类设置的问题上,以"强化分类发展、完善设置标准"为核心,通过高等学校分类

---

① 文静. 聚育英才铸就高教研究"国家队"——写在厦门大学教育研究院建院 40 周年之际 [N]. 中国教育报,2018 - 05 - 14.

设置与发展来助推高等教育质量提升。① 该领域的研究为中国高等教育体制与管理变革起到了积极的促进作用。

厦门大学教育研究院充分发挥咨政建言、舆论引导的功能，为教育决策部门提供咨询和研究报告，成为全国知名的教育决策思想库和咨询服务基地之一。研究院为教育部发展规划司、高等教育司、高校学生司、考试中心、教育部港澳台办公室以及地方政府部门等提供决策咨询报告。以研究院为依托的高等教育发展研究中心兼职教授徐辉博士于 2006 年 8 月为中央政治局委员主讲"世界教育发展趋势和我国教育体制改革"。邬大光教授、潘懋元教授和刘海峰教授还参与了《国家中长期教育改革和发展规划纲要（2010—2020 年）》的制定和咨询工作。刘海峰教授于 2010 年成为国家教育咨询委员会首届委员。由张亚群教授担任学术总设计的厦门"中华教育园"一期、二期工程已经基本完成，这成为教育理论工作者参与地方文化、社会建设的生动案例。近年来，潘懋元教授、刘海峰教授、邬大光教授等多次接受中央电视台、中国教育电视台、凤凰卫视等中央及地方媒体采访或做专题讲座，有效地实现了理论研究与社会服务的有机结合。谢作栩教授主持的"中国高等教育研究型数据库"，目前浏览量超过 2.4 万人次，已经引起包括欧美、港澳台等地区学者的关注，成为服务高等教育研究者的重要平台。

厦门大学教育研究院取得了一系列标志性成果。一是刘海峰教授主持完成的"高等教育考试系列丛书"。该丛书由"高考改革研究丛书"（12 本）和"科举学丛书"（7 本）两部分组成。"高考改革研究丛书"是全国第一套成系列的高考改革理论丛书，是刘海峰教授为首席专家的教育部哲学社会科学重大课题攻关项目"高校招生考试制度改革的理论与实践研究"的成果。该丛书包括《高考改革的理论思考》《高校招生考试政策研究》《高校招生考试法治研究》《高考内容于形式改革研究》《中国高校招生考试的区域公平问题》《高考与教育教学的关系研究》《高考效度研究》《美国高校招生考试制度研究》《英国高校招生制度研究》《台湾地区大学入学考试制度研究》《中国高校自主招生研究》等 11 部专著。该丛书的出版将高考研究推向深入，为高考改革提供决策参考和理论支撑，受到教育部领导和考试学界的好评。"科举学丛书"包括《科举学导论》《书院与科举关系研究》《科举革废与近代中国高等教育的转型》

---

① 文静. 聚育英才铸就高教研究"国家队"——写在厦门大学教育研究院建院 40 周年之际[N]. 中国教育报，2018 - 05 - 14.

《科举、高考与社会之关系研究》《二十世纪科举观之变迁》《科举制的终结与科举学的兴起》《科举学的形成与发展》等 7 部著作。此外，还包括《中国科举史》《学优则仕：教育与科举》《二十世纪科举研究论文选编》等 4 本著作。2009 年在教育部高等学校科学研究奖（人文社会科学类）评选中，《科举学导论》荣获一等奖。标志性科研成果之二是谢作栩教授等主持的"中国高等教育研究型数据库"。该数据库是由厦门大学高等教育发展研究中心建立的有关中国高等教育调查与统计的全国性数据库。本数据库主要通过问卷抽样调查，收集全国高等院校基本状况、各科系在校学生基本状况、各专业毕业生、课程、教职工以及校园环境设备等多方面的数据，旨在为高等教育科学研究、管理决策及其他相关人员提供正确、完整、可靠的数据服务。研究院还办有《中国高等教育评论》半年刊和《国际高等教育》季刊。

厦门大学教育研究院是中国高等教育研究重镇，在高等教育基本理论研究、高等教育体制与管理研究、考试制度研究与科举学等领域取得了奠基性的科研成果。研究院的多项研究成果获部省级以上奖励 32 项。其中，研究成果获部省级优秀科研成果奖一等奖 17 次，其中包括高等学校科学研究优秀成果奖（人文社会科学）一等奖 3 次、吴玉章人文社会科学一等奖 1 次、全国教育科学优秀成果奖一等奖 3 次。这些成果有《高考改革论》《应用型人才培养的理论与实践》《现代高等教育思想的转变——从 20 世纪到 21 世纪初》《科举学导论》《中国科举文化》《高校招生考试制度改革研究》等。《2000—2004 年我国"教育学"研究报告——基于 CSSCI 的机构和区域学术影响力分析》（《教育发展研究》2006 年 9A 卷）一文指出，在 2000—2004 年教育学论文篇均被引前 40 名机构中，厦门大学发文 324 篇，被引 306 次，篇均被引 0.944 次，位居全国各高校第一。历年发表论文被《新华文摘》全文转载较多，仅 2008 年 1 至 4 月就被全文转载了 5 篇。另据统计，长期以来，厦门大学教育研究院的学术论文被转载次数和被引用次数均高居全国榜首。2008 年 1 月，中国高等教育学会主办"全国高等教育研究机构协作组会暨第二届全国优秀高等教育研究机构表彰会"，教育研究院继 2005 年之后，再次获得"全国优秀高等教育研究机构"称号。①

研究院积极开拓境内外高等教育学术交流与合作，与国内众多大学保持了密切的学术交流关系，与 10 多所国外知名大学教育研究机构，比如，美国哥

---

① 厦门大学教育研究院［EB/OL］. https://baike. baidu. com/item/厦门大学教育研究院/2192695，2019 - 05 - 17.

伦比亚大学师范学院、英国伦敦大学教育学院高等教育研究中心、荷兰莱顿大学教师教育研究院、俄罗斯国立人文师范大学等签订了学术交流与合作协议，开展了卓有成效的国际合作。厦门大学教育研究院在学术交流的频率，交流国家的数量和交流的深度和广度上都有所提高。该院召开了多次国际学术会议，科研项目的开展和影响已经开始逐步实现走出国门，走向国际的预定目标。潘懋元曾指出，21 世纪以来，教育研究院在国际化上，已经做了一些工作，打下一定的基础：包括前后邀请了一批国外专家讲学，聘请了五位国外兼职教授，接待了多批国外学者和研究生的学术访问团，举办多届国际学术会议，与欧洲几个国家建立长期合作关系，教师轮流出国考察、进修或参加会议，和日本、荷兰等国的研究机构合作培养博士生，开出多门双语课程……但是，总的来说，接纳多而输出少，在国外影响甚微。国际化的意义在学术交流，既要有所接纳，也应有所贡献。因此，进一步国际化的着重点，应当是将中国高等教育学学科及其研究成果推向国际，扩大和提高国际影响的力度。① 未来，进一步推进中国高等教育学学科的国际化是厦门大学教育研究院发展的战略重点。

（五）学科建设与人才培养

厦门大学教育研究院的学科人才培养体系建设完善，形成了国家重点学科、博士学位授权学科、教育学博士后流动站，教育部研究生教育创新计划（高等教育学）研究生访学基地、硕士学位授权学科的学科建设体系。它是中国第一个以高等教育学为研究对象的专门研究机构，拥有中国第一个高等教育学硕士学位授权学科和第一个高等教育学博士学位授权学科，潘懋元教授成为中国第一位高等教育学的博士生导师（1986）；它拥有中国第一个高等教育学国家重点学科、中国唯一的高等教育学国家"211 工程"重点学科。

厦门大学教育研究院为教育学一级学科博士授予单位，在高等教育学、教育史、教育经济与管理、比较教育等学科招收和培养博士生，在高等教育学、教育史、比较教育学、课程与教学论、教育经济与管理、发展与教育心理学等学科招收和培养硕士生，是国家首批教育博士（Ed. D.）学位授予单位。研究院以培养一流的高等教育研究人才和高等教育领导管理人才为己任，积极探索

---

① 潘懋元. 潘懋元文集［卷二·理论研究（上）］ ［M］. 广州：广东高等教育出版社，2010：302.

中国特色的高层次人才培养模式，"学习—研究—教学实践三结合的研究生课程教学方法"获福建省教学成果一等奖，"高等教育学学科建设、人才培养与教学改革咨询"获国家级教学成果奖一等奖，"学术沙龙：情理交融中的人才培养实践"获国家级教学成果二等奖。

厦门大学教育研究院是全国最早培养高等教育学硕士和博士研究生的单位，多年来向国内高校及研究机构输送了大批高质量的毕业生。迄今为止，研究院共培养104名博士、259名硕士；现有在学全日制博士生68人、全日制硕士生107人，高校教师在职攻读硕士学位研究生57人，中职教师在职攻读硕士学位研究生16人。① 厦门大学教育研究院培养的高素质硕士、博士，已成为全国各地高等教育教学科研领域的学科带头人、骨干教师，为中国高等教育理论、实践的发展提供了优秀的智力资源。

（六）结语

潘懋元先生曾指出，大学中的研究机构所做的工作，不论培养研究生或从事科学研究，都应当是处于学科前沿、有创新意义的工作。这种工作，需要勇气和自信心。就是"敢为天下先"。"敢"字当头，不是暴虎冯河的莽撞，而是经过苦苦的探索，找准方向，深思熟虑，敢坐冷板凳、敢于失败、敢于持恒。正是这种"敢为天下先"的勇气和自信心，厦门大学教育研究院才能在高等教育学科点创下了10个"第一"（建立了第一个高等教育研究机构，出版了第一部《高等教育学》专著，获得了第一个高等教育学硕士点和第一个博士点，成为第一个重点学科点，建立了本学科第一个国家人文学科基地、第一个"211工程"和第一个"985工程"项目，获得了本学科第一个国家级优秀成果一等奖和第一篇博士论文进入"全国百篇优秀博士论文"系列）。这些"第一"，都不是轰轰烈烈的宣传效应，而是艰苦而坚定地"敢于坐冷板凳"（学科创建的预备阶段就坐了22年的冷板凳）、"敢于失败""敢于持恒"的收获。②

厦门大学教育研究院在悠久的办学、研究进程中，聚集和培养优秀学术人才，围绕国家发展战略，针对学科前沿和社会经济发展中的重大理论与实践问题，组织高水平研究的新型科研组织，在产出创新成果，形成学术交流开放平

---

① 教育部教育管理信息中心. 科教兴国（下卷）[M]. 北京：中国画报出版社，2005：476.
② 潘懋元. 潘懋元文集 [卷二·理论研究（上）] [M]. 广州：广东高等教育出版社，2010：303.

台等方面发挥着重要作用。厦门大学教育研究院将继续充分发挥思想库和人才库的功能，在高教基本理论、高考改革、高校分类设置、高教质量建设、中外合作办学等研究领域为国家教育决策提供重要的咨询，以学科发展、实践研究和智库建设为高等教育强国建设提供新的动力。厦门大学教育研究院以习近平新时代中国特色社会主义思想作为高等教育理论研究及发展的指导思想，扎根于中国优秀的传统文化，不断借鉴西方国家高等教育的经验，积极推动中国学派的高等教育理论的建设与形成。① 研究院积极推动高校人文社会科学研究体制改革和科研工作的全面发展，进一步推进中国高等教育学学科的国际化。它将为培育高等教育研究和实践的高级人才、发展中国高等教育理论、建设一流的高等教育智库作出新的贡献。

十一、华东师范大学国家教育宏观政策研究院②

（一）基本概况

华东师范大学国家教育宏观政策研究院（National Institutes of Educational Policy Research，ECNU）暨教育经济宏观政策研究院（简称"宏观院"），成立于 2013 年 12 月。2015 年 12 月，教育部与上海市人民政府协议共建教育经济宏观政策研究院，由华东师范大学与上海市教育科学研究院联合建立。国家教育宏观政策研究院的使命是提高教育决策科学化、民主化水平，促进中国教育治理体系和治理能力现代化。国家教育宏观政策研究院站在国家宏观战略的高度，以国家重大需求为导向，针对经济产业布局、社会发展与制度创新等重大问题，从经济、产业、区域、社会等多角度全方位地对教育问题开展综合研究。目的是全面对接国家和经济社会对教育发展的需求，为国家宏观和全局教育决策提供支持，为国家教育决策科学化和治理现代化提供专业支撑。

国家教育宏观政策研究院以促进国家现代化进程，完善中国特色社会主义

---

① 潘懋元. 主动适应新时代新形势 发展高等教育中国学派——在厦门大学教育研究院 40 周年庆祝大会上的讲话 [J]. 高等教育研究，2018 (6).
② 该部分内容主要参考其官方网站 https://www.niepr.ecnu.edu.cn；付卫东，付义朝. 智库的转型：我国教育政策研究机构转型发展 [M]. 武汉：湖北教育出版社，2016.

现代化教育体系，促进教育公平，提高教育质量，办好人民满意的教育和建设人力资源强国为价值追求。以国家宏观政策和教育发展战略研究为重点，结合国家改革与发展中的重大理论及现实问题，以教育整体规划及综合改革为突破口，为破解重大问题提供思路和理论依据。落实国家关于新型智库建设的要求，服务国家社会的发展，聚焦国家急需，着眼社会未来长远需要，努力贡献既有前瞻性、战略性，又有针对性、操作性的研究成果，着力打造服务国家宏观决策的思想高地，一流的国家教育智库和有世界影响力的中国智库品牌。国家教育宏观政策研究院的建设目标：（1）聚焦国家需要，建成中国特色新型智库；（2）瞄准学术前沿，建成教育决策研究世界高地；（3）发挥专业优势，建成教育改革创新策源地；（4）打造数据平台，建成世界一流教育大数据中心；（5）汇聚人才队伍，建成教育决策研究人才基地。[1] 2019 年 5 月，国家教育宏观政策研究院入选中国教育智库评价 SFAI 研究报告的核心榜单。[2] 2022 年 12 月 17 日，入选方略研究院、长江教育研究院联合发布的《2022 全球教育智库影响力评价 PAP 研究报告》"中国教育智库榜单"。[3] 2023 年，入选中国教育智库评价 SFAI 研究报告的核心榜单。

（二）组织结构

国家教育宏观政策研究院下设 5 个中心：成果传播中心、教育与社会调查研究中心、决策系统研发中心、区域与教育发展战略研究中心、教育政策与管理研究中心。

成果传播中心的使命是积极致力于开展学术研究，提升国家教育宏观政策研究院的政策影响，咨政建言，在打造一批具有高度专业性和政策价值的咨询报告成果方面发挥积极作用。积极传播研究成果，引导公共舆论，切实发挥国家教育智库的使命，更好地服务国家教育宏观决策。成果传播中心的主要职能是开展有关高等教育管理、高等教育政策领域的研究，负责国家教育宏观政策研究院科研管理工作，组织科研人员进行各类课题和奖项的申报，负责院内课

① 机构简介［EB/OL］.https://www.niepr.ecnu.edu.cn/10546/list.htm，2019 - 05 - 13.
② 周洪宇，刘大伟.中国教育智库评价 SFAI 研究报告（2019 年版）［M］.北京：中国社会科学出版社，2019：53.
③ 《2022 全球教育智库影响力评价 PAP 研究报告》重磅发布.https://www.sohu.com/a/620438201_608848，2022 - 12 - 23.

题的发布、评审、结题等全过程管理。其职能是开展有关科研成果发布和传播、负责编辑呈报《教育宏观政策专报》《国际教育政策观察》《教育发展信息与观察》等。出版以教育政策研究为主题的书刊及丛书，发布高质量的学术成果。策划组织召开和宣传国际国内高端学术研讨会。关注国内外教育、政治、经济、社会、民生等有关宏观政策领域专家的研究方向及进展，延聘相关专家，建立数据库，组织召开专家咨询会。以问题为导向，开展高等教育相关理论和实践研究，成果转化应用与传播研究。团队以有关科研人员、科研管理人员、专报编辑人员组成。

教育与社会调查研究中心的使命是致力于持续开展教育与社会调查，建成高质量、品牌性教育数据库，为教育政策研究和教育决策提供实证基础，并在此基础上开展研究，服务教育决策。其职能是以"中国教师发展调查"和"中国教育政策文献数据库"的建设工作为主线，同时根据需要开展其他主题的调查研究。"中国教师发展调查"（Chinese Teacher Development Survey，简称CTDS）主要针对教师政策实施情况和教师个体发展情况开展调查：一是常规、连续的调查内容，包括教师培养补充、任职资格、专业发展、聘任制度、岗位管理、待遇保障等政策；二是每年选取特定主题，开展针对性的调查研究。"中国教育政策文献数据库"（China Education Policy Document Database，简称CEPDD），系统采集改革开放以来国家和省级层面教育政策文献，为提升教育决策科学化水平、促进智库内涵建设、服务教育政策研究和学科建设提供基础支撑。研究团队由教育政策、社会学、统计学等领域的研究人员、博士后等组成。

决策系统研发中心的使命是紧密围绕"以数据支撑科学决策，以教育决策科学化推进教育治理体系与治理能力现代化"这一主题，致力于深入融合教育与信息技术，借助教育科学决策系统整合各类行业数据，以问题为导向深度挖掘数据资源，充分发挥系统监测评价、预测预警功能，全方位立体反映各级各类教育进展、问题与未来。其职能是国家、省级教育科学决策服务系统的总体设计和研发；基于决策系统，以问题为导向的教育科学决策专题研究；教育与经济、科技、人口、产业以及国际比较的系统框架和分析模型研究；教育宏观决策数据相关标准研究；围绕决策系统开展的各类前沿技术应用研发；国家教育宏观政策研究院的实验室设备管理、数据管理、信息化应用建设、系统运维、决策系统研发相关人才队伍培养等方面工作的开展。

区域与教育发展战略研究中心的使命是着力增强为区域发展服务的针对性和实效性，努力将中心打造成研究国家与区域发展战略的重要咨询机构、教育发展的一流智库、具有中国特色的高水平学术研究中心，为党和政府科学决策提供科学依据，为国家与区域发展提供智力支持。其职能是围绕国家与区域发展战略需求，聚焦国家与区域教育改革和发展的重大理论、政策和实践问题，以教育现代化目标为引领，以统计数据信息集成为基础，以理论创新为支撑，以前瞻性研究为重点，以服务科学决策为目的，开展相关的研究包括区域经济增长与教育发展、区域人力资源和教育需求、创新区域教育合作体制机制、教育区域发展理论模式、区域教育协同发展的科学运行机制研究等。研究中心的人员由区域经济学、教育经济学、教育管理学、教育政策学等方面研究人员组成。

教育政策与管理研究中心的使命是教育政策与管理研究中心是国家教育宏观政策研究院下设研究机构，致力于从多学科视角开展实证研究与规范研究相结合的教育政策分析与教育管理研究。其职能是聚焦教育领域的政策实践，关注社会转型背景下教育改革的需求、能力和机制，依托高等教育数据挖掘与调查数据库、高校办学质量监测数据库，以及各类专题调研数据库，逐步启动实施一批研究项目。包括教育政策过程研究和政策评价、教育治理机制研究、教育问责机制研究、风险社会与教育突发事件危机管理研究、新型城镇化背景下教育资源配置研究、教育治理体系与治理能力提升研究、高校办学质量监测研究、教育标准化改革与教育治理技术和手段创新研究等。研究团队由政府与公共治理、教育与社会发展、教育管理与政策分析等方面的研究人员组成。

国家教育宏观政策研究院设院长 1 人，常务副院长 1 人，执行院长 1 人，副院长 2 人。现任院长由华东师范大学党委书记梅兵担任，常务副院长是上海市教育科学研究院院长桑标，执行院长是华东师范大学教育学部副主任柯政。国家教育宏观政策研究院的研究团队由专家团队、博士后合作导师、全职科研人员、博士后构成。其中，专家团队 20 人，博士后合作导师 25 人，[①] 全职科研人员 6 人，博士后 4 人[②]。

（三）研究内容

1. 国家及区域教育改革研究

国家教育宏观政策研究院开展了一系列教育改革的宏观政策课题研究，如

---

① 博士生导师 [EB/OL].https://www.niepr.ecnu.edu.cn/bshhzds/list.htm，2024 - 12 - 29.
② 博士后 [EB/OL].https://www.niepr.ecnu.edu.cn/bsh/list.htm，2024 - 12 - 29.

"现阶段我国教育公平的实现困境及其社会政策支持""教育现代化区域发展模式研究""教育改革与创业创新教育发展的研究""学界有影响力研究成果评判""二孩生育政策实施效应及其上海教育规模变化预测研究""上海教育现代化""上海浦东新区教育资源配置经验及其对雄安新区建设的启示"等。"现阶段我国教育公平的实现困境及其社会政策支持"主要采用定量分析的方法，通过考察影响教育公平的区域、城乡和阶层三个因素，以教育资源分配为研究对象，对基础教育中呈现出的基本状况进行数据分析。首先通过对 2013 年国家教育统计年鉴中各省、直辖市的相关数据进行基础教育资源区域的差异进行分析；其次以中国基础教育资源的城乡分配状况为切入点，通过 2003 年与 2013 年国家教育统计年鉴的相关数据进行对比，探析中国城乡基础教育资源分配的发展、变化和趋势；最后通过有关教育追踪调查数据对基础教育阶段父母的最高学历和家庭经济条件对子女产生的学业影响进行对比，进而提出对教育不公平的学理思考和对策建议。教育公平的实现在很大程度上依赖于教育系统内部和外部社会关系的双重调整。在此基础上，研究提出对社会政策以下几个方面的建议：强调服务性活动的开展而非简单的经济支出来优化教育公平的支持环境，为受教育者提供长期性和预防性而非短期性和事后弥补性的服务；强调受教育者主体优势的挖掘以及多元激励手段的并用，在政策上给予多种教育机会获得的方式，并通过激励型政策的设计来实现教育机会获得的公平性；强调被排斥群体对于受教育机会和地位的获得性。为了达到以上目标，教育政策需要从系统性的角度加以设计。[①]"教育现代化区域发展模式研究"课题认为，在国家总体布局之下，区域教育的发展既在全局中占据一席之地，又带有鲜明的地方性特质；不同经济文化发展水平会制约其教育发展的水平，教育发展策划及推进的立意、目标、路径、战略及运行机制等，又在改变反过来也提升本地区经济文化发展的格局和水平。研究对区域教育现代化发展模式理解为包括发展愿景及目标、推进路径及策略、运行机制及评价在内的总体的和动态的系统，不仅对我国东中西部区域推进教育现代化的经验和模式进行梳理、提炼和比较，还对先发教育现代化国家的模式、路径进行筛选和比较，汲取其有益的经验以作参照。研究还将上海的教育现代化发展置于全国教育发展大背景下，分析其在全国的引领地位和示范功能，同时还开展了先发型及追赶型现代化国

---

① 　文军. 现阶段我国教育公平的实现困境及其社会政策支持 [EB/OL]. https://www.niepr. ecnu. edu. cn/28/cc/c17388a207052/page. htm，2019 - 05 - 13.

家区域教育发展的模式及启示研究、上海市教育现代化发展定位及模式选择的
演变与趋势研究、区域教育现代化发展的制度与政策保障研究。① "教育改革
与创业创新教育发展的研究" 主要研究中国教育政策如何促进创业创新教育的
发展，在借鉴发达国家在创业创新教育各方面（理念、支撑体系、实践活动）
都相对成熟的基础上，系统梳理中国教育政策在支撑创业创新教育上的现状。
我国创业创新教育目前存在教育理念滞后、课程体系不健全、师资队伍力量
薄弱、教育投入不足等问题。通过对比分析其中的不足，以事实、数据和案
例为佐证，研究提出了如何调整教育政策以促进创业创新教育的后续发展，
即在全社会树立科学的创新创业教育理念，认识创新创业教育的战略重要
性；将创新创业教育融入基础教育阶段；尽快建立包括高水平的师资队伍、
完善的教育课程体系、科学的评价体系等主要内容的高校创新创业教育的学
科体系。②

2. 高等教育研究

研究院在该领域的研究主要有："高等学校设置标准研究""高等教育发展
与改革的重大问题研究""高等教育招生计划管理系统研发""当前高等教育类
型层次结构研究""'双一流'对高等教育发展的影响研究""'双一流'建设资
金管理系统研究""普通本科学校设置的财务评价指标体系研究""普通高校专
业评价研究""毕业生职业能力发展状况与行业人才素质需求调查""放权松绑
背景下现代大学制度体系研究"等。

"高等学校设置标准研究"分析了我国高等教育研究型、应用型和职业技
能型三大类型高校的核心特征，从办学定位、师资队伍、人才培养、科学研
究、学科专业、国际交流合作、办学条件这七个方面，以及其相应的主要观测
点出发，围绕高等教育质量提升的核心目标，结合三类高校核心特征进行问卷
调查，研究修订高等学校分类设置标准。提出遵循教育规律，强调高校的共性
要求，也要分类指导，体现不同类型学校的个性特色；坚持规划先导，加强监
管评价，完善两级管理、以省为主的管理体制，保证规划的严肃性，探索建立
对新设高校的过程监管与评价制度，加强事中事后监管评价。通过发挥资源配

---

① 杨小微. 教育现代化区域发展模式研究 [EB/OL]. https://www.niepr.ecnu.edu.cn/d6/
09/c17388a185865/page.htm，2019-05-13.
② 殷德生. 教育改革与创业创新教育发展的研究 [EB/OL]. https://www.niepr.ecnu.edu.
cn/d6/04/c17388a185860/page.htm，2019-05-13.

置和政策引导作用，逐步形成不同类型高校之间各安其位、相互协调，同类型高校之间有序竞争、争创一流的发展格局。①

"高等教育发展与改革的重大问题研究"详细调研了 75 所教育部直属高校的定位，在此基础上对各高校的定位进行梳理，根据高校人才培养主体功能、承担科学研究类型、主干学科类型等依据对现有教育部直属高校进行了分类。依据经济、社会发展的主要指标与高等教育的互动关系，探究部属高校在全国各个省市的主要布局，并对现有部属高校跨地区办分校、分校区、研究生院、研究院等情况进行了系统的梳理，探讨了部属高校跨地区办学的合法性、合理性、可行性。针对近三年教育部直属高校再次出现了异地办学的高峰，本课题提出需防范新一轮高校异地办学高潮导致高等教育布局的另一种失衡—地域上的新失衡，即高等教育资源的流向呈现出从四周集中流入东南沿海经济发达城市的趋向。建议建立教育部直属高校异地办学的专业论证与行政许可机制，防范经济因素主导下的高等教育资源配置失衡；构建教育部直属高校对接国家战略开展异地办学的申请与受理机制，促进优质高等教育资源向中西部地区流动；通过国家政策引导和市场双重作用，构建更加均衡合理的高等教育资源配置新格局；制定《教育部直属高校异地办学管理办法》，将高校异地办学行为纳入法治化管理轨道。同时指出高校异地办学需谨防地方政府行为的"短视效应"，从政府的角度出发，建议地方政府需要对高等教育的发展规律有清楚明晰的认知，并将地方的发展和高等教育紧密结合起来，制定长远和明确的规划。②

"高等教育招生计划管理系统研发"通过对现阶段我国高等教育招生计划管理工作信息化现状的描述和分析，指出我国高等教育招生计划管理仍主要通过传统方式进行，如单机测算、邮件传送、会议磋商等，地区之间、高校之间由于信息不充分、不对称，影响了高等教育资源配置效率以及招生计划管理科学性，难以适应新形势下调整优化学科专业结构的需求。课题组在充分调研的基础上，确定教育部、主管部门、招生单位三级用户要求，并对这些需求进行综合分析，编写了一套顶层设计方案和详细建设方案，具体包括：功能模型、数据模型、用户视图等全局成果文档；分析功能模型、数据模型等顶层设计方

① 冯晖. 高等学校设置标准研究［EB/OL］. https：//www. niepr. ecnu. edu. cn/d6/03/c17388a185859/page.htm，2019－05－13.
② 张端鸿. 高等教育发展与改革的重大问题研究［EB/OL］. https：//www. niepr. ecnu. cn/d6/02/c17388a185858/page.htm，2019－05－13.

案；在顶层设计方案的基础上，编写了详细建设方案。①

3. 基础教育研究

研究院在该领域的研究主要有："职业教育与普通教育融合的问题及其发展对策的研究""规范义务阶段教育办学秩序的研究""上海中小学教育信息化建设进展跟踪研究""上海中小学教师职业工作及其满意度研究""上海高考改革的学校与社会反响"等。"职业教育与普通教育融合的问题及其发展对策的研究"主要通过可视化分析系统与工具 CiteSpaceⅤ，对我国普职融合的相关研究进行可视化分析，并深入分析职业教育与普通教育融合的现状。综合相关研究和调研指出了当前我国普职融通存在的困境主要包括：缺乏相关政策支持；普通教育与职业教育课程设置分离；应试导向考核；传统观念影响深刻，大部分家长及学生更倾向于进入普通高中，对职业教育甚至存在一定的歧视；经费投入不平衡等。针对以上问题和现状，提出以下对策：建立生涯发展中心，形成系统的学生生涯规划与指导体系；建立普职联席会议制度，划拨专项经费支持开展普职融合活动；逐步改革招生考试制度，拓宽技术技能人才成长与上升空间；搭建校长联合培训平台，形成学教师互动与交流常态机制；整合优质社区资源，以区为单位布局生涯与技术体验中心；积极做好普职课程规划，共同打造"普职融合"类课程。② "规范义务阶段教育办学秩序的研究"在上海、山东、广东、四川等省市，围绕规范义务教育培训机构市场、规范义务教育阶段民办学校办学和规范义务教育阶段学校内部教学秩序三大领域展开专题调研，并梳理近年来国家、教育部和地方政府在规范义务教育办学秩序方面的相关政策要求，分析相关资料与数据，发现和分析义务教育阶段办学秩序不规范现象，主要表现如下：部分义务教育阶段民办学校利用自主招生权，违规"抢生源"，提前招生，筛选网罗优质生源；办学过程违规采用"掐头去尾"的方式保持较高的"升学率"；部分民办初中应试导向明显；"公参民"学校"两头吃"问题加剧学校间不平等竞争。部分学校内部教育教学管理不力；学生作业负担重；教育评价方法不当；招生考试入学制度和方式仍需改进；家校共育协同效应不

① 唐灿. 高等教育招生计划管理系统研发 ［EB/OL］. https://www. niepr. ecnu. edu. cn/d6/ 00/c17388a185856/page.htm，2019－05－13.
② 石伟平. 职业教育与普通教育融合的问题及其发展对策的研究（职业教育与普通教育融合的专题研究）［EB/OL］. https://www. niepr. ecnu. edu. cn/d6/0b/c17388a185867/page. htm，2019－05－13.

明显，晚托服务安排有待改进；家长对学校教育理念和相关政策举措认同感不强，部分家长过度关注孩子的分数比较等。在此基础上，本研究围绕规范义务，教育阶段学校内部秩序这一中心思想，从教育均衡化、开足开齐国家课程、减轻课业负担、改进评价方式等方面，提出了解决上述问题政策建议。①

4．比较教育研究

研究院在该领域的研究主要有："北美和大洋洲国家的教育改革与发展研究""国际组织与国际教育智库的跟踪研究""中小学教师制度（教师公务员）与教师队伍管理的问题与策略研究""欧洲国家的教育改革与发展研究"等。"北美和大洋洲国家的教育改革与发展研究"主要关注美国、加拿大、澳大利亚、新西兰四个国家2000年以来的教育改革举措与重大教育政策、战略。四个国家都是发达国家，拥有众多世界一流大学，且移民政策相对宽松，吸引了大量国际高端人才。研究内容包括：四国国际大都市（科创中心）与教育规划布局、四国世界一流大学建设与人才战略研究、四国国际研究生奖学金政策与中国国际学生奖学金改进研究、四国学位类教育产品出口与移民政策的关系研究、四国大学入学考试改革（SAT、ASSCE、NCEA）与国际化策略研究、四国大学入学要求与高中课程体系比较研究、四国基础教育出口战略与学校、社区支持体系研究。着重介绍了北美和大洋洲四国的教育出口战略、移民政策、国际高端人才政策。将城市发展、科技创新、教育发展视为整体进行资料收集、比较和分析，政策文本、政策变革与决策机制研究相结合。该研究有利于我国借鉴发达国家经验，制订符合我国未来发展战略的一系列教育政策，使我国在政策本土化过程中既能聚焦重点，亦能把握全局。②"国际组织与国际教育智库的跟踪研究"结合中国教育决策和实践的当前需求和未来趋势，按政策主题（教育公平、教育质量和评价、教育技术、教育经费、教师教育、教育体制、教育与社会等），跟踪有影响力的国际组织（联合国教科文组织、经济合作与发展组织、世界银行、欧洲联盟）、国际教育智库（美国、加拿大、英国等世界主要发达国家及印度、巴西等发展中国家）发布的最新调查报告、教育新政、政策评估、政策建议、教育规划、有争议的政策议题等，分析国际教育

① 范国睿. 规范义务阶段教育办学秩序的研究［EB/OL］. https://www.niepr.ecnu.edu.cn/d6/12/c17388a185874/page.htm，2019-05-13.
② 董轩. 北美和大洋洲国家的教育改革与发展研究［EB/OL］. https://www.niepr.ecnu.edu.cn/d6/0e/c17388a185870/page.htm，2019-05-13.

发展最新动态和趋势，并结合当前中国，尤其是上海的教育现状，针对国家和城市重大战略目标和需求，提出了相应的、可行的建议。① "中小学教师制度（教师公务员）与教师队伍管理的问题与策略研究"对世界主要发达国家（美国、英国、芬兰、日本、新加坡）及我国香港地区的教师身份制度进行了较为详细的研究，总结了其主要特征，即立法明确教师身份、教师职业的公务性质、教师职业具有较高的稳定性。结合我国目前中小学教师队伍管理现状，就教师身份保障、教师准入与流动、教师教育与专业发展、教师评价与职务晋升等方面的问题进行考察，揭示我国当前教师队伍管理的问题实质与根源，重点研究了我国乡村学校师资困境和原因。针对我国教师队伍管理的实际情况，结合国外经验，本研究提出了以下建议：建立独立的教育公务员制度，明确教师身份的公务性和专业性，保障教师的地位和待遇；加强教师资格认证及选拔制度与教师培养的联系，选拔以培养为基础，培养以选拔为导向，实现教师教育的规范化管理；实行基于岗位的开放式晋升制度，将职级与职责挂钩，变身份管理为岗位管理，强化晋升制度的激励作用；完善教师流动政策，将免费师范生制度和轮岗制度有机结合，实现区域间、城乡间教育公平；强化政府购买导向的城市教育反哺乡村的类市场化新机制，完善行政化和道德化的城市教育反哺农村的制度安排，促进城乡教育双向一体化，推动城乡教育互动发展；突破师资在空间和时间上的限制，采取"集中招聘、集中培养、适度储备、统筹使用"的"蓄水池"机制，探索多校集群的集团化办学模式，并借助信息技术的力量，促进优质资源网状式灵活共享，促进师资的无形流动。②

（四）出版与传播

国家教育宏观政策研究院通过出版一系列研究报告、专著、学术论文、期刊等，宣传其教育政策观点与主张。研究报告包括中国教育政策蓝皮书、中国教育网络舆情分析报告、中国高中阶段教育发展报告等。以 2017 年度《中国教育政策蓝皮书》为例，该书全面、系统地反映我国年度的各项教育政策与重大教育改革，监测宏观教育政策执行过程中存在的问题及影响因素，评估其成

---

① 侯定凯. 国际组织与国际教育智库的跟踪研究 ［EB/OL］. https://www.niepr.ecnu.edu.cn/d6/07/c17388a185863/page.htm，2019 - 05 - 13.
② 张晓峰. 中小学教师制度（教师公务员）与教师队伍管理的问题与策略研究 ［EB/OL］. https://www.niepr.ecnu.edu.cn/d5/fc/c17388a185852/page.htm，2019 - 05 - 13.

败得失，提出相关建议。编者从立德树人、教育体制机制改革、学前教育、基础教育、职业教育、特殊教育、高等教育、民办教育、民族地区教育、教师发展与教师队伍建设、考试招生制度、教育投入、教育信息化、教育对外开放、坚持和加强党对教育工作的领导等 15 个核心领域展开评述，目的是全面、系统地反映我国 2017 年度的各项教育政策与重大教育改革，监测宏观教育政策执行过程中存在的问题及影响因素，评估其成败得失，提出相关建议，动态预测宏观教育政策的未来趋势，供广大教育工作者参考，促进我国教育改革与整个教育事业的健康持续发展。① 《2014 年中国教育网络舆情分析报告》通过大数据技术，全面搜集了 2014 年中国教育政策和主要教育事件的相关网络舆论数据，总结出网络对当前国家教育政策和主要教育事件关心的状态及其特点。其中包括网民对国家教育改革与发展的评论与期望等信息。研究结果有助于政府在国家教育改革与发展的顶层设计中，认识与把握社会对教育改革与发展的反馈、诉求或者支持等的内容与程度。其他相关研究还有《中国经济转型中高等教育资源配置的制度创新》《创建创新创业型大学——来自美国商务部的报告》《创新引擎——21 世纪的创业型大学》《教师教育研究手册：变革世界中的永恒问题》《中国基础教育管理新进展丛书：教育管理的伦理向度》《教育精准扶贫与代际流动》《新时代人民满意的教育：多学科视角》《城镇化与农村中心学校出路》《基于系统支持的教育决策研究》《区域教育竞争力评价》等。

发布《国际教育政策观察》《教育发展信息与观察》，主题涉及教育现代化、教育体制机制改革、学习危机、人工智能、大学排名、学前教育、世界一流大学发展、大学教学评估、高考改革、职业教育等。2017 年第 1 期《国际教育政策观察》的主题是"国际人才的储备、培养和流动"，通过梳理国际范围的人才储备和流动趋势、人才培养机制与支持政策，揭示未来全球人才竞争的多种可能，为我国建设人力资源强国提供启示。2017 年第 3 期的主题是"何为教育强国？"，以加拿大、新加坡、芬兰等得到公认的教育强国为案例，勾勒其共同特征：面向 21 世纪的多元能力培养；质量保持高位运行的教育公平；跨越国界、服务世界的教育使命感，还引述了西方学者对其中政策、社会因素的独特反思。我国应该积极参与和自主开发高质量的国际教育测试项目，以更好融入关于教育强国的国际教育体系，并不断完善"基础学科和多元能力""教育质量和教育公平""教育传统与教育创新""服务本国和服务世界"

---

① 范国睿. 2017 中国教育政策蓝皮书 ［M］. 上海：上海教育出版社，2018.

等多重关系相互协调的教育制度。①

　　向政府部门报送政策咨询报告。《教育宏观政策专报》是国家教育宏观政策研究院重点打造的内参类政策咨询报告，以报送重大研究成果与重大发现为主要内容；旨在就教育领域的重大问题和社会关切的重要现象提供最为及时的专业建议和政策方案，为领导作出科学决策提供有价值的研究支撑和理论依据。报送范围为教育部、上海市等政府机构负责人和有关职能部门。2017 年 6 月创刊以来，国家教育宏观政策研究院共报送《教育宏观政策专报》逾 50 期，其中近 20 期获得包括中央领导在内的各类批示或部门采纳，获批率接近 40%。就当前教育领域重要的难点和热点问题开展调查研究，找出问题、分析成因并提供针对性和可操作性的对策建议，或将已有的学术研究成果凝练转化为政策建议。2019 年，国家教育宏观政策研究院提交的咨询报告《进一步加强"三区三州"教师队伍建设的建议》入选全国政协十三届二次会议党派提案，并获评中国民主促进会中央委员会 2019 年度参政议政成果一等奖。②

（五）培养教育政策研究高端人才

　　在教育部与上海市政府支持下，国家教育宏观政策研究院按照国家一流智库建设要求，协同多学科、多部门、多领域，创新人才培养模式，开展"教育决策与政策分析"专项计划博士生培养工作。本专项计划以培养教育宏观研究及决策分析高级专门人才为目标。服务于国家教育决策科学化和民主化，致力于提升教育决策咨询研究水平。旨在通过博士培养方向与方式的探索与创新，为各级教育行政部门或管理机构提供具备基于决策系统和大数据开展政策研究分析、管理改进和决策支持系统驾控能力的人才。

　　国家教育宏观政策研究院的人才培养专项计划思路是：（1）以服务决策为核心培养方向。专项计划首先突出服务决策研究和政策分析的培养导向，服务于国家教育规划、战略和决策研究，服务于中央和地方教育管理部门的决策需要与专业支撑。近中期培养方向主要聚焦教育决策系统开发、教育现代化研究

---

① 何为教育强国？［EB/OL］. https://www.niepr.ecnu.edu.cn/d7/ab/c17384a186283/page. htm，2019 - 05 - 13.

② 国家教育宏观政策研究院. 工作简报 2019（3）季度［EB/OL］. https://www.niepr.ecnu. edu.cn/_upload/article/files/70/cf/3b692527413696c79c0ac243bf50/5a945e08-61db-46a9-ac22-15903c3c06d1.pdf，2019 - 12 - 20/2020 - 02 - 14.

与监测、国际教育规划与政策比较、高等教育发展与决策、人力资源开发与人力资本测量、教育与经济社会发展等。（2）以协同联合为基本培养方式。依托华东师范大学和上海市教育科学研究院各自的优势，组合多学科的专业资源，以教育学为基础，联合经济学、管理学、社会学、财政学、金融学、统计学、人口学、政治学、地理学、软件信息工程等学科，开展跨学科、跨部门、跨领域联合培养。（3）以政策研究和决策分析为关键能力。积极探索政学研全方位合作的培养体制与机制，有效促进学生关于教育政策与决策的知识学术、科学研究、系统研发及管理实务等综合能力的训练与整合，强化实践培养环节，开展情景模拟教学、决策仿真实验、体验式教学、案例分析教学等，将课堂讲授、学员互动和实践体验相结合。在教育行政部门和智库机构设立实习实践基地，为人才培养提供实践场景和平台。强化数据分析能力，关注教育实践问题，通过到国际组织和欧美国家教育智库交流、到教育部和省市教育行政部门挂职等方式，提升专项计划博士生进行政策研究和决策分析这一关键能力。[①]博士研究生学习年限一般为四年，最长不应超过六年。原则上，第一学年在华东师范大学集中学习基础理论课程，第二、三学年需在国际、国内研究机构或者政府部门参与实践研究活动，第四年主要完成学位论文。本专项计划博士生将要授予的学位学科在招生时，由博士生、导师或导师组选择确定，可以是教育学学位，或导师所在学科的学位，博士生完成相应的课程学习和学位论文后授予相应学位。截至 2020 年 2 月，国家教育宏观政策研究院累计招收博士生44 名。[②]

（六）结语

华东师范大学国家教育宏观政策研究院通过引领时代教育发展的项目研究、发布研究报告、发行出版物、高端人才培养等途径，充分发挥教育智库的功能与作用。在中国的教育智库体系中，国家教育宏观政策研究院尽管成立时间不长，但能有效整合华东师范大学和上海市教育科学研究院的资料与力量，使得其影响力迅速增强，为国家及区域教育决策科学化、教育改革与发展提供了有力支撑。

[①] 宏观院"教育决策与政策分析"专项计划博士研究生培养方案［EB/OL］.https://www.niepr.ecnu.edu.cn/17390/list.htm，2019 - 05 - 13.

[②] 2014 - 2019［EB/OL］.https://www.niepr.ecnu.edu.cn/2014/list.htm，2020 - 02 - 14.

十二、华中师范大学国家教育治理研究院

（一）基本概况

华中师范大学国家教育治理研究院（Institute for Educational Governance Studies，Central China Normal University）初创于 2006 年，正式设立于 2017 年，现为湖北省人文社会科学重点研究基地。

华中师范大学国家教育治理研究院以教育治理、教育政策、教育指数、教育评价、大数据与决策咨询等为主要研究对象，秉持"全球视野、中国立场、专业精神、实践导向"的价值追求，奉行"顺势、明道、优术、践行"的办院风格，以"服务国家战略需求，专注教育治理研究"为根本任务，以"建成服务教育决策思想高地，打造教育治理研究高端智库"为最终目标，立足时代高度，着眼于建设高质量教育体系、推进教育现代化、建设教育强国，结合国家教育改革发展中重大理论问题、政策问题、实践问题，积极对接国家重大战略需求、创新研究体制机制、凝练教育研究方向、开展跨学校、跨学科协同合作；聚焦教育治理理论创新，为国家教育战略决策、第三方评估贡献专业智慧并提供可行性方案；建设教育治理与智库研究数据库，提升研究保障能力。努力贡献既有战略性、全局性、前瞻性，又有针对性、可行性和可操作性的研究成果，致力于建成教育治理研究领域国内一流并具有国际影响的研究高地与高端智库。

华中师范大学国家教育治理研究院以推进国家教育治理体系与教育治理能力现代化为使命，贯彻"全球视野、中国立场、专业精神、实践导向"的院训和"顺势、明道、优术、践行"的院风，围绕"民间立场、建设态度、专业精神""工作研究化、研究理论化、理论实践化"的理念，致力于达成以下六个目标：一是建成教育治理与教育政策研究中心；二是建成教育智库与战略规划研究中心；三是建成教育发展研究评估与发布中心；四是建成教育质量与舆情监测研究中心；五是建成人工智能与未来教育研究中心；六是建成教育治理与智库人才培养中心。①

---

① 研究院简介［EB/OL］.https://jyzc.ccnu.edu.cn/yjyjs/yjyjj.htm，2024 - 04 - 15.

2019 年 5 月，华中师范大学国家教育治理研究院入选中国教育智库评价 SFAI 研究报告的核心榜单"双一流"高校教育智库系列。① 2022 年 12 月入选《2022 全球教育智库影响力评价 PAP 研究报告》"中国教育智库榜单"。② 2023 年 11 月，由华中师范大学国家教育治理研究院、长江教育研究院、北京外国语大学国际教育学院主办的"第八届教育智库与教育治理 50 人圆桌论坛暨第四届北外比较教育与国际教育论坛"在北京外国语大学举行。论坛发布了《2023 全球教育智库影响力评价 PAP 研究报告》和《中国教育智库评价 SFAI 研究报告》（2023 年版）等成果。其中，华中师范大学国家教育治理研究院入选"中国教育智库榜单"（CETTE），此次共有 43 家国内智库入选，其中高校类教育智库有 20 家，华中师范大学国家教育治理研究院在高校类教育智库榜单中位列第四，在总体教育智库榜单中位列第六。③ 2023 年 12 月，南京大学、云南大学与江苏省社会科学院共同举办的新型智库治理论坛在云南省昆明市举行。在本届论坛上，华中师范大学国家教育治理研究院获中国智库索引（CTTI）2023 年度智库建设示范案例和 2023 年度智库建设优秀成果特等奖。④

（二）发展历程

华中师范大学国家教育治理研究院是中国首个以教育治理命名并致力于推动国家教育治理体系和治理能力现代化的综合研究基地。研究院依托成立于 2006 年的"长江教育研究院"，其前身是 2015 年获批的湖北省人文社科重点研究基地"湖北省教育政策研究中心"和 2017 年成立的华中师范大学教育智库与教育治理研究评价中心，两家于 2019 年整合为"华中师范大学教育治理与智库研究院"，2020 年正式更名为"国家教育治理研究院"。⑤ 2017 年 4 月，教育智库与教育治理研究评价中心成立大会在华中师范大学召开，来自华中师

---

① 周洪宇，刘大伟. 中国教育智库评价 SFAI 研究报告（2019 年版）[M]. 北京：中国社会科学出版社，2019.
② 《2022 全球教育智库影响力评价 PAP 研究报告》重磅发布 [EB/OL]. https：//cjjy.com. cn/%E3%80%8A2022qqjyzkyxlpjpapyjbg%E3%80%8Bzbfb/，2022 - 12 - 23.
③ 长江教育研究院 [EB/OL]. https：//mp. weixin. qq. com/s/M5OUvF3_17b-gytOZCySlw，2023 - 12 - 18.
④ 长江教育研究院 [EB/OL]. https：//mp. weixin. qq. com/s/JHpFuv7CUG38f4zdP5Ccjg，2023 - 12 - 19.
⑤ 国家教育治理研究院 [EB/OL]. https：//mp. weixin. qq. com/s/sXorgKOybobD3Gaje LMPLg，2022 - 02 - 22.

范大学、华中科技大学、湖北大学、河南大学、河北师范大学、湖北第二师范学院等高校的专家教授共 30 多人参加成立大会。中心以华中师范大学为依托，与长江教育研究院共建。这是全国首家教育智库与教育治理研究评估机构。[①] 2017 年 10 月，湖北省教育政策研究中心在华中师范大学成立。作为省人文社科重点研究基地建设项目之一，该中心设立了教育智库研究、大数据与教育治理研究、教育政策与咨询研究、教师教育政策研究等研究方向，将对教育政策相关理论问题和热点问题展开深入研究，力争取得一批有代表性的理论成果，为各级教育行政部门提供决策咨询，推动教育事业改革发展。[②] 2023 年 5 月，华中师范大学国家教育治理研究院与重庆课堂内外共建学校高质量发展研究院并揭牌"生活·实践"教育研究重庆中心。2023 年 7 月，华中师范大学国家教育治理研究院福建研究中心在厦门集美区正式揭牌成立。

（三）学术队伍

华中师范大学国家教育治理研究院研究团队实力雄厚，包括周洪宇、申国昌、涂艳国、雷万鹏、王继新、左明章、欧阳光华、付义朝、刘欣、毛齐明、李先军、戴伟芬、熊淳、唐斌、刘来兵、郑刚、吴云汉、王莹、马红梅、陶光胜、周文鼎、付卫东、黄艳、张炜、操太圣、李忠、刘训华、李木洲、徐莉、刘大伟、付睿、李艳莉等专家学者。[③]

周洪宇教授在长达 40 余年的教育研究工作中，以马克思实践唯物主义为统领，从陶行知研究起步，贯穿融会在其教育历史、教育政策、教育实践、教育理论之中，探索将教育史学、教育政策、教育实践、教育理论四者融为一体，以陶学为基、史论结合、知行合一的本土教育实践学术话语体系。

在教育史学研究领域，周洪宇提出了"活动·实践史观"。2011 年《学术新域与范式转换——教育活动史研究引论》与《教育活动史研究与教育史学科建设》等著作出版，确立了教育活动史在中国教育史研究中的地位。他主编的《中国教育活动通史》（8 卷本）获第八届高等学校人文社会科学研究优秀成果一等奖，专著《学术新域与范式转换——教育活动史研究引论》和《陶行知大传》分获第五届、第六届全国教育科学研究优秀成果一等奖，为华中师范大学

---

① 基地动态 [EB/OL].https://jyzc.ccnu.edu.cn/info/1042/1061.htm，2017 - 04 - 26.
② 基地动态 [EB/OL].https://jyzc.ccnu.edu.cn/info/1042/1092.htm，2017 - 10 - 24.
③ 学术队伍 [EB/OL].https://jyzc.ccnu.edu.cn/xsdw/xsdw.htm，2024 - 04 - 15.

教育学科近年进入世界"双一流"建设行列并成为"A＋"提供了有力支撑。

在教育政策研究领域，从 2006 年至今，周洪宇先后组建长江教育研究院、华中师范大学国家教育治理研究院，致力于教育领域重大战略问题研究与决策咨询，提出"全球视野、中国立场、专业能力、实践导向"主张。定期举办"长江教育论坛""教育智库与教育治理 50 人圆桌论坛"，发布年度《中国教育政策建议书》《中国教育黄皮书》《中国教育热点前瞻》《中国教育现代化进程指数报告》《中国教育竞争力报告》等，产生了广泛的社会影响。2016 年，长江教育研究院入选首批中国智库索引（CTTI）来源智库，在社会智库内 MRPA 测评综合排名全国第三（国内教育类第一名）。他还以全国人大代表、全国人大常委会委员的身份，通过全国人大、民进中央、教育部等各种途径积极建言献策，推动了中国多项重大教育政策的实施。担任全国人大代表 20 年间共提交建议议案 410 余件，其中近七成被采纳。

在教育实践与教育理论研究领域，周洪宇以马克思主义实践哲学、人的自由而全面发展的教育学为理论基础，以陶行知的生活教育为理论渊源，以习近平总书记实践育人指示精神为指导思想，在全国中小学幼儿园组织开展大规模的生活·实践教育实验。生活·实践教育实验坚持省市区多级区域推进，截至 2024 年 12 月，生活·实践教育实验学校数量达到 1 000 多所，22 个省、直辖市成立了省级研究中心、在 2 个城市成立了市级研究中心，在 19 个区县（市）级教育局建立了实验区。他在此基础上不断总结提炼教育理念，努力探索具有中国特色、中国风格、中国气派的教育理论，建构中国自主的知识体系。周洪宇秉持"民众的立场、建设的态度、专业的精神"，主张"工作研究化、研究理论化、理论实践化"。通过 40 余年深入研究、不断探索，不仅建立了陶行知学，开拓了教育史研究领域，推动了中国教育智库、教育决策的进步，还探索将教育史学、教育政策、教育实践、教育理论四者融为一体的中国本土教育实践学术话语体系。①

中国昌教授任华中师范大学教育学院二级教授、博士生导师，国家教育治理研究院执行院长，教育部新世纪优秀人才。兼中国陶行知研究会副会长、中国教育学会教育史分会副理事长。主要研究方向为教育史、教育政策。他出版《抗战时期区域教育研究》《中国师范教育发展史》《中国学习思想史》《守本与

---

① 国家教育治理研究院［EB/OL］. https://mp. weixin. qq. com/s/D23rZ2Km06Vy9nOWzcY9gw，2023 - 05 - 24.

开新——阎锡山与山西教育》《生活的追忆：明清时期学校日常生活》《义务教育的开端》等专著 7 部；联合主编《中国教育活动通史》（八卷本，任副总主编），主编《胡适画传》、《新理念　新领域　新范式》、《教育史学通论》（上下册，任副主编）、《智库的成长》、《智者的思想》、《教育经典导读》（中、外卷，任副主编）、《中外名家教育美文选》（副主编）等著作 18 部。参编《教育公平论》《中国道家道教教育思想史》《中国教育黄皮书》（2010 年至今每年 1 册，副主编）等著作 20 余部。在《教育研究》《课程·教材·教法》《高等教育研究》《华东师范大学学报（教育科学版）》《全球教育展望》等 CSSCI 期刊发表论文 200 多篇（其中《教育研究》6 篇），有多篇被《新华文摘》、《高校文科学术文摘》、人大复印资料《教育学》等全文转载。主持国家社会科学基金一般项目、国家社科基金教育学一般项目、中国博士后科学基金特别资助项目、国家社科基金教育学重大招标项目子课题、教育部人文社会科学项目等课题 20 余项，获第八届高等学校科学研究优秀成果奖（人文社会科学）一等奖（排名第二），获湖北省社会科学研究优秀成果著作类二等奖，著作获第四届中华优秀出版物奖。①

刘来兵，教育学博士、历史学博士后，教授、博士生导师，主要研究方向为中国教育史、教育政策。兼任国家教育治理研究院院长助理、长江教育研究院副秘书长、《教育治理研究》副主编、《长江教育论丛》编辑部主任。学术兼职有中国陶行知研究会理事、中国教育发展战略学会人才专委会理事等。曾于2011 年 11 月至 2012 年 12 月在湖北红安干部学院挂职服务；2017 年 11 月至2018 年 11 月在澳大利亚墨尔本大学做访问学者。在《教育研究》《课程·教材·教法》《江汉论坛》等刊物发表论文 60 余篇，出版专著《视域融合与历史构境：中国教育史学实践范式研究》，主编《中国教育活动通史》（第八卷）、《全球视野下的陶行知研究》（第一卷）等 5 部，参著 10 余部。主持国家社科基金项目、中国博士后基金特别资助和面上资助项目、教育部人文社科基金项目等课题 10 余项。曾获中国教育学会教育史分会首届优秀教育史博士学位论文提名奖，华中师范大学"教学优秀工作奖"，指导本科生获湖北省大学生挑战杯竞赛二等奖等。②

---

① 专任教师［EB/OL］.https://edu.ccnu.edu.cn/info/1294/6203.htm，2019－12－01.
② 专任教师［EB/OL］.https://edu.ccnu.edu.cn/info/1321/6763.htm，2019－12－01.

（四）研究领域

1. 教育治理研究

华中师范大学国家教育治理研究院在教育治理研究领域的相关研究成果有《2023 中国教育治理研究热点与未来前瞻》《全球教育治理的丰富图景——评"全球教育治理研究导论"丛书》《改革开放与中国参与全球治理》《数字化赋能高校内部治理现代化的动因、内涵及路径》《究竟何谓教育治理——一种教育治理研究的反思》等。《生成式人工智能技术 ChatGPT 与教育治理现代化——兼论数字化时代的教育治理转型》认为数字技术嵌入教育治理是应对时代之变与社会之变的战略选择。数字化时代的教育治理蕴含两方面内容，即基于数字化的教育治理以及对于教育数字化的治理。前者启发我们充分利用 ChatGPT 的治理动能；后者则启发我们要加强对 ChatGPT 的风险治理。沿此思路可以发现，新一代人工智能技术 ChatGPT 的问世，使教育治理体系臻于至善与教育治理能力有效提升迎来重大契机。但是，当前的 ChatGPT 并非尽善尽美，现有的教育治理体系与 ChatGPT 之间的张力也尚未消解，导致其在教育治理中的应用潜力无法充分释放。从 ChatGPT 涌现的潜力来看，数字化时代的教育治理日益走向科学化、高效化、民主化、法治化、智能化的发展道路。应从完善"一核多元共治"治理体系、提高教育治理能力、构建主动式教育治理框架、共建全球教育治理体系等方面入手，在防范 ChatGPT 应用风险的同时，借其动能助推教育治理现代化，以教育治理现代化推动中国教育现代化。[①]

随着国家对提高治理体系和治理能力现代化的高度重视，提升教育治理体系和治理能力现代化水平已日益成为教育改革发展的当务之急。为顺应这一教育变革大趋势，促进高质量教育体系建设，创办于 2015 年的《长江教育论丛》从 2022 年起正式更名为《教育治理研究》。《教育治理研究》（半年刊）由华中师范大学国家教育治理研究院、长江教育研究院联合主办，致力于成为以教育治理研究为主题和特色的集刊。教育家、中国教育学会原会长、北京师范大学教育学部顾明远教授担任集刊顾问。朱永新、徐辉、张力、王定华等一批全国

① 周洪宇，李宇阳. 生成式人工智能技术 ChatGPT 与教育治理现代化——兼论数字化时代的教育治理转型［J］. 华东师范大学学报（教育科学版），2023，41（7）：36 - 46. DOI：10.16382/j.cnki.1000-5560.2023.07.004.

知名教育专家组成本刊编委会。① 2023 年，《教育治理研究》入选中国人文社会科学（AMI）核心集刊。

2. 教育政策研究

研究院在教育政策研究领域的相关研究成果有《美国智库民族教育政策研究的差异性公平观建构——以教育信托为例》《乡村学校"双减"政策执行：重点、难点及应对策略》《公平视野下农民工随迁子女教育政策研究》《进一步推进"双减"政策落地　构建良好教育新生态》等。《公平视野下农民工随迁子女教育政策研究》认为，伴随城镇化发展与大规模人口流动，有效推进农民工市民化成为中国式现代化发展面临的重要战略议题。在城乡一体化发展进程中，解决好农民工随迁子女教育问题成为牵引农民工安居乐业、加快农民工市民化转化的重要推动力。近 20 年来，我国农民工随迁子女教育发展取得了显著成效，农民工随迁子女教育的主要问题逐渐从"有学上"向"上好学"转变，但从教育公平视野看，农民工随迁子女教育在起点公平、过程公平和结果公平等方面还有待提高，旨在促进农民工随迁子女教育发展的政策还需与时俱进。进一步发挥政府的主导作用，理清中央与地方政府权责关系，进一步彰显随迁子女教育权利，深入探究农民工家庭教育决策机制是农民工随迁子女教育政策制定和实施中亟须关注的议题。②

长江教育研究院是由华中师范大学和湖北长江出版传媒集团联合发起成立的研究机构。从 2009 年起，该院每年都会联合华中师范大学国家教育治理研究院，围绕国家教育改革中重大理论、政策、实践问题，发布《中国教育政策建议书》。2023 年 2 月，长江教育研究院与华中师范大学国家教育治理研究院共同主办"2023 长江教育论坛"，发布《中国教育政策建议书》（2023 年版）。③

3. 教育指数研究

华中师范大学国家教育治理研究院在教育指数研究领域的相关研究成果有

① 国家教育治理研究院［EB/OL］.https：//mp. weixin. qq. com/s/c4BO5wbawWMYSxcgAT Gutw，2022 - 06 - 06.
② 雷万鹏，张子涵.公平视野下农民工随迁子女教育政策研究［J］.华中师范大学学报（人文社会科版），2022，61（6）：144 - 153.DOI：10.19992/j.cnki.1000-2456.2022.06.015.
③ 武汉教视［EB/OL］.https：//mp. weixin. qq. com/s/qjWdIl8dWUoYfkGP _ dhulQ，2023 - 02 - 27.

《中国乡村教育指数的构建与测算》《基于可持续竞争优势理论的研究生教育指数构建》《从中国教育指数看中国教育发展"十四五"开局——基于 IEC 2022年版与"十三五"时期均值的比较》《国家教育治理指数的构建》等。《中国乡村教育指数的构建与测算》认为，在大数据时代背景下，为推进教育强国建设，面向中国乡村教育的指数研究亟待开展。文章利用乡村教育现代化 CQS模型、德尔菲法、层次分析法构建并测算了 2016 年和 2021 年的中国乡村教育指数，结果显示，与 2016 年相比，2021 年中国乡村教育发展势头持续向好，中西部地区省份不仅在综合指数的得分上持续提升，而且在师资建设指数、学生支持指数、教育生态指数上与北京的整体差距均有不同程度的缩小。分区域来看，中国乡村教育发展虽不存在马太效应，但仍然存在"中部塌陷"现象，其"东南强、西部弱、东北滞、中部塌陷"的旧格局仍未被打破。在加快建设教育强国的重大战略部署下，充分利用好制度、政策、技术等方面的后发优势，因地制宜、持之以恒地改善乡村教育生态，最终实现"破局"，将成为"十四五"时期至 2035 年国家教育治理推进"义务教育优质均衡发展和城乡一体化"目标的重点和关键。①

　　2020 年 12 月，长江教育研究院和华中师范大学国家教育治理研究院共同主办"全面提升国家教育竞争力　建设高质量教育体系——《中国教育国际竞争力指数报告》（2020 年版）发布会"。此次发布会以《中共中央关于制定国民经济和社会发展第十四个五年规划和二〇三五远景目标的建议》为指导思想，以"全面提升国家教育竞争力　建设高质量教育体系"为主题，推出《中国教育竞争力指数报告》，以期助力新时代高质量教育体系建设。② 2024 年 12月在北京举办的"2024 教育智库与教育治理 50 人圆桌论坛"发布了《全球教育竞争力研究引论》《中国教育竞争力研究》《美国教育竞争力研究》《德国教育竞争力研究》等系列成果。

4. 教育评价研究

　　华中师范大学国家教育治理研究院在教育评价研究领域的相关研究成果有《陶行知的教育评价思想与实践》《论深化教育评价体系改革》《以科学的教育

① 张炜，周洪宇. 中国乡村教育指数的构建与测算 [J]. 统计与决策，2024，40（1）：41 - 45.DOI: 10.13546/j.cnki.tjyjc.2024 - 01 - 07.
② 国家教育治理研究院. https://mp.weixin.qq.com/s/3 _ Hi760UNtkecNiGKh _ yBQ，2020 - 12 - 30.

评价推动新时代教育学发展》等。《深化教育评价改革　加快推进教育现代化——〈深化新时代教育评价改革总体方案〉解读》指出，《深化新时代教育评价改革总体方案》（以下简称《总体方案》）是新时代关于教育评价系统性改革的纲领性文件。《总体方案》注重坚持正确的政治方向，注重问题导向，注重系统整体推进，注重落地见效。《总体方案》提出"改进结果评价，强化过程评价，探索增值评价，健全综合评价"，是教育评价改革重要的思路创新、路径创新，体现了对教育规律和人才成长规律的尊重。《总体方案》强调改革党委和政府教育工作评价，抓住了教育评价改革的关键点，是《总体方案》的亮点所在。《总体方案》坚持把立德树人成效作为检验学校一切工作的根本标准，引导各级各类学校认真落实立德树人根本任务。《总体方案》通过改革教师评价，引导教师履行教书育人第一职责，扭转"唯论文""唯帽子"倾向。《总体方案》提出改革学生评价的 7 项措施，意在改变以分数给学生贴标签的做法，破除"唯分数""唯升学"顽瘴痼疾。《总体方案》强调改革用人评价，目的在于破除"唯文凭"的弊端，树立正确用人导向，正向牵引教育事业健康发展。①

2021 年 6 月，华中师范大学国家教育治理研究院与长江教育研究院、江苏大学教师教育学院联合举办的镇江·长江教育论坛在江苏大学举行。钟秉林、徐辉、胡钦太、邬大光、靳玉乐、刘志军、孙杰远等知名学者汇聚论坛，重点探讨如何系统推进教育评价改革，切实提高教育评价的科学性、专业性和客观性，推进高等教育改革向纵深发展。②

5. 大数据与决策咨询

华中师范大学国家教育治理研究院在大数据与决策咨询领域的相关研究成果有《大数据时代的教育宏观治理体制现代化变革》《大数据时代教育治理现代化的内涵、愿景及体系构建》《大数据时代教师教育的变革》《为教育决策咨询培养专业人才，需全面推进高校自主设置教育政策学》等。《大数据时代教育治理现代化的内涵、愿景及体系构建》认为，大数据时代赋予了教育治理现

---

① 周洪宇. 深化教育评价改革　加快推进教育现代化——《深化新时代教育评价改革总体方案》解读 [J]. 中国考试，2020（11）：1 - 8. DOI：10.19360/j.cnki.11-3303/g4.2020 - 11 - 01.
② 国家教育治理研究院 [EB/OL]. https://mp.weixin.qq.com/s/c4BO5wbawWMYSxcgATGutw，2021 - 06 - 15.

代化新的内涵和愿景。大数据时代教育治理现代化的内涵需要从教育治理体系和治理能力现代化两方面去理解，形成五个方面的新愿景：治理理念上要求由管理意识迈入服务意识；治理主体上要求从一元管理转到多元治理；治理方式上要求由经验预判转为数据预测；治理模式上要求由静态治理转向动态治理；治理维度上要求由自上而下变成上下联动。依据大数据时代教育治理的内涵和愿景，大数据时代教育治理现代化体系构建应实现数据、制度、政府、学校、社会的"五位一体"。① 大数据时代，教育治理该如何进行？2017 年 12 月，ETTG 执行主任（常务）、华中师范大学教育学院副院长、博士生导师申国昌教授在"教育智库与教育治理 50 人圆桌论坛"发表演讲，提出了教育治理运行机制现代化的观点：一是转变观念，确立大数据治理思维；二是革新技术，发挥数据治理效用；三是重视人才，释放大数据治理潜力；四是打破壁垒，实现数据共享共生；五是依法治理，保障数据信息安全。②

（五）人才培养

举办 2017 年优秀大学生暑期夏令营活动。2017 年 7 月，华中师范大学国家教育治理研究院参与举行优秀大学生夏令营活动，在全国范围内接收对教育学研究有兴趣的优秀本科生进行集中交流，帮助其增强科研兴趣，拓展学术视野，明确未来的研究方向。营员在 2018 年硕士研究生推免和统考中，如果考试合格，在同等条件下将予以优先录取。③

2022 年 3 月，研究院成立"新时代小先生"项目组。为了深入贯彻落实习近平总书记实践育人的指示精神，"新时代小先生"项目组秉持"新时代小先生"理念，和多单位合作实施"新时代小先生行动"，并参加华中师范大学第十五届"挑战杯"。项目组的作品"'新时代小先生行动'探寻综合实践教育新模式——基于全国 97 所中小学（园）的调研"，在比赛中获得校赛决赛一等奖。④

为贯彻落实党的二十大关于教育、科技、人才一体化部署新要求，建制化

---

① 刘来兵，张慕文. 大数据时代教育治理现代化的内涵、愿景及体系构建 [J]. 教育研究与实验，2017（2）：30 - 35.
② 国家教育治理研究院 [EB/OL]. https://mp. weixin. qq. com/s/3nshP4 _ -jTuubzbvMQBnAw，2018 - 06 - 15.
③ 基地动态 [EB/OL]. https://jyzc. ccnu. edu. cn/info/1042/1071. htm，2017 - 06 - 19.
④ 基地动态 [EB/OL]. https://jyzc. ccnu. edu. cn/info/1042/1485. htm，2022 - 11 - 18.

培养符合中国式现代化新要求的高水平智库人才，有效应对智库人才培养所面临的问题和挑战，2023 年 3 月，智库人才培养联盟在京成立。智库人才培养联盟于 2022 年 9 月由中国科学院科技战略咨询研究院发起成立倡议，目前已有 71 家智库单位加入联盟。联盟旨在持续完善智库人才的建制化培养体系和培养模式，培育和丰富智库科学相关的新兴交叉学科生长点，推动"智库科学与工程"交叉学科建设，建设跨单位跨领域跨学科的智库导师队伍，努力提升我国智库人才培养质量与水平，为中国特色新型智库建设提供强有力的人才保障。①

2023 年 11 月，中国教育学会教育史分会第二十三届年会在武汉顺利召开。此次年会设有 8 个主题分论坛和 2 个研究生论坛。华中师范大学国家教育治理研究院申国昌教授、戴伟芬教授、刘来兵教授、邢欢副教授、教育学院李先军教授以及来自全国各高校的 400 余名专家学者和研究生参会。通过参与本次年会，展现研究院师生良好的精神风貌，与各高校、科研机构、学术期刊、媒体进行交流与研讨，开阔学术视野。②

（六）国内外学术交流

1. 国外学术交流

2018 年 12 月，国际著名教育史学家、伦敦大学学院教育学院（University College London，Institute of Education）布赖恩·西蒙（Brian Simon）讲座教授加里·麦卡洛克（Gary McCulloch）博士为研究院做了题为"教育研究转向"的学术讲座。加里·麦卡洛克认为，投稿人应对自己的研究领域及方向做到了然于胸，在突出论文写作的专业性和创新性的同时，要有针对性地向期刊投稿，以此来增加论文发表的概率。投稿人还应该加强学术交流，积极参与国际学术会议，既能让西方学者对中国学术的背景知识有所了解，也能让大家更加了解国际学术前沿动态。此外，地道的英语表达方式在论文中是必不可少的，这可以让国际学者突破语言差异了解论文的深层主旨。③

① 国家教育治理研究院［EB/OL］. https://mp.weixin.qq.com/s/17Nx5UaVOOboHaGOVM ZkWA，2023 - 03 - 25.
② 国家教育治理研究院［EB/OL］. https://mp.weixin.qq.com/s/AuGSMl6GpsqWWvIhYU DWTg，2023 - 11 - 05.
③ 基地动态［EB/OL］. https://jyzc.ccnu.edu.cn/info/1042/1295.htm，2018 - 12 - 05.

2023 年 11 月，周洪宇院长受邀参加美国哥伦比亚大学教育学院国际研究所 100 周年纪念学术研讨会并作学术报告，进一步促进了国际学术交流与合作。2024 年，华中师范大学国家教育治理研究院开展"海外学人桂子论坛"系列活动，第一期邀请韩国首尔大学李相武教授作"朝鲜的庙学制度"报告，第二期邀请美国哥伦比亚大学程贺南博士作"高等教育机构国际影响力的形成与辐射"报告，为研究院乃至全校师生提供了良好的学习交流平台。

2. 国内学术交流

2022 年 10 月，"桂子道场"（第六期）学术交流活动在华中师范大学国家教育治理研究院会议室圆满举行，活动交流主题为"新时代陶行知研究如何再上新台阶"。华东师范大学基础教育改革与发展研究所副所长、教育学系教授黄书光，华中师范大学教育学院教授、国家教育治理研究院执行院长申国昌，南京大学教育研究院教授、教育研究院·陶行知教师教育学院副院长操太圣，宁波大学教师教育学院教授、宁波大学学报编辑部副主任刘训华，南京市教育科学研究所常务副所长刘大伟，国家教育治理研究院秘书长刘来兵，福建教育学院学术与资源建设科副主任周志平出席论坛并发言。另外，湖北省北大校友会副秘书长周文鼎现场参会、多位北大校友线上参会，华中师范大学国家教育治理研究院部分硕博研究生、2022 级教育学本科生也参与了会议，线上会议超过 300 人参与，吸引了学术界专家、学者乃至一线教育工作者继续推进新时代陶行知研究再上新台阶。①

为进一步了解国内先进教育智库定位目标、转型路径和运行机制，学习高端教育智库在人才建设、协同机制、成果输出、数据支撑、项目管理、科研组织等方面的先进经验和实践做法，明晰方向、提升质量，深化推动学部科研智库平台进一步发展，2024 年 1 月，由华南师范大学教师教育学部部长、粤港澳大湾区教师教育学院院长王红教授，华南师范大学教师教育学部党总支书记华维勇副研究员带领的学部中层干部和青年教师一行 7 人赴华中师范大学国家教育治理研究院、长江教育研究院进行调研学习。②

2017—2024 年，华中师范大学国家教育治理研究院与长江教育研究院合作主办了各年度教育智库与教育治理 50 人圆桌论坛，论坛针对各年度热点难

---

① 基地动态［EB/OL］.https://jyzc.ccnu.edu.cn/info/1042/1433.htm，2022 - 10 - 27.
② 国家教育治理研究院［EB/OL］.https://mp.weixin.qq.com/s/rqh7TPZyt0SAVg7lB8ympQ，2024 - 01 - 09.

点教育问题进行研讨交流，发布了《中国教育现代化指数》《中国教育智库评价 SFAI 研究报告》《创新创业教育质量评价标准》等重要成果，在全国教育领域产生了积极影响。

（七）结语

华中师范大学国家教育治理研究院以深厚的学术积淀、前瞻的研究视野和务实的实践精神，为我国的教育治理研究与实践贡献智慧和力量。研究院的专家学者致力于探索教育治理的现代化路径，不断推动教育政策的科学制定和有效执行。他们深入基层，倾听一线声音，将理论与实践相结合，为解决教育领域的实际问题提供了有力的理论支撑和实践指导。展望未来，华中师范大学国家教育治理研究院将继续秉持开放、创新、务实的理念，不断深化研究、拓宽视野、提升能力，为我国教育事业的繁荣发展贡献更多的智慧和力量。

十三、东北师范大学中国农村教育发展研究院①

（一）基本概况

东北师范大学中国农村教育发展研究院（Research Institute of Rural Education，Northeast Normal University）是东北师范大学直属的实体性科学研究机构。其前身是东北师范大学普通教育研究所，历史可以追溯到 20 世纪 80 年代。1988 年 2 月，为了实践"为基础教育服务"的办学特色，东北师范大学与吉林省白山市人民政府签订了关于开展教育科技协作的协议书，拉开了东北师范大学与边远农村地区"校府教育合作"的序幕。1999 年 8 月在原普通教育研究所基础上，吸纳教育科学学院、课程教材教法研究所、国际与比较教育研究所以及政法学院、经济学院有关专家，组建成立东北师范大学农村教

---

① 主要参考：东北师范大学农村教育研究所官方网站 https://ire.nenu.edu.cn/；书籍《普通高等学校人文社会科学重点研究基地"十二五"规划汇编》；付卫东，付义朝. 智库的转型：我国教育政策研究机构转型发展 [M]. 武汉：湖北教育出版社，2016.

育研究所，2001 年被批准为教育部普通高校人文社会科学重点研究基地。2016 年经教育部社科司批准，农村教育研究所更名为"中国农村教育发展研究院"，扩大原来研究机构的研究功能和体量，以利于更广泛地整合国内外优势的农村教育研究资源，同时也充分体现东北师范大学的学术自信和学术担当。① 在教育部的直接指导下，中国农村教育发展研究院依托东北师范大学的学科和人才优势，以"研究农村教育，服务农村教育，发展农村教育"为宗旨，以"建成国际知名、国内一流，具有重要影响力的国家级农村教育研究中心"为目标，在科学研究、队伍建设、人才培养、学术交流、数据库建设等方面取得了长足的发展。中国农村教育发展研究院持续关注国家农村教育发展的重大理论与实践问题，以大规模调查研究为特色，以形成有解释力的学术话语为理论追求，现已初步形成了研究城镇化和教育现代化进程中重大的农村教育理论和实践问题、注重大规模实证调查、为各级政府的教育决策提供咨询服务的研究风格与特色，在国内教育研究领域产生了较大的影响。2019 年 5 月，东北师范大学中国农村教育发展研究院入选中国教育智库评价 SFAI 研究报告的核心榜单"双一流"高校教育智库系列。② 2022 年 12 月入选《2022 全球教育智库影响力评价 PAP 研究报告》"中国教育智库榜单"。③ 2023 年再次入选中国教育智库评价 SFAI 研究报告的核心榜单"双一流"高校教育智库系列。

（二）组织机构

中国农村教育发展研究院设学术委员会，至今已有三届。第一、二届学术委员会设主任 1 人，委员 3 人，秘书 1 人组成。第三届学术委员会设主任 1 人，委员 7 人，秘书 1 人。第一届学术委员会由东北师范大学王逢贤教授担任主任，第二、三届学术委员会主任由东北师范大学史宁中教授担任主任。学术委员会主要负责农村教育发展研究院的发展规划、重大研究课题及主题的设定等。

在农村教育研究所时期，设有 4 个研究机构，即农村教育发展战略研究

---

① 我所正式更名为"中国农村教育发展研究院"［EB/OL］. https://ire.nenu.edu.cn/info/1036/2415.htm，2019 - 05 - 20.

② 周洪宇，刘大伟. 中国教育智库评价 SFAI 研究报告（2019 年版）［M］. 北京：中国社会科学出版社，2019：54.

③ 《2022 全球教育智库影响力评价 PAP 研究报告》重磅发布［EB/OL］. https://www.sohu.com/a/620438201_608848，2022 - 12 - 23.

室、农村教育战略研究室、农村教师与教学研究室、国际农村教育研究室。农村教育发展战略研究室是为了适应农村教育发展与改革的需要，从事教育发展战略、规划和教育决策、管理的相关机构和人员自愿组成的学术团体，农村教育发展战略研究室的宗旨是：推动和组织国家和地区教育发展战略、教育规划和教育领域中具有战略性、全局性、综合性的问题研究与交流，为国家农村教育与发展和决策服务，为地方和学校教育改革服务。农村教育发展战略研究室的研究方向是农村发展战略研究，由邬志辉教授负责，成员包括柳海民教授、杨兆山教授等。农村教育战略研究室是为国家和地方政府、行业制定教育战略、教育规划和政策提供咨询服务，接受委托开展教育评价、科研立项评审和成果鉴定等中介服务工作；推动和组织国内外学术交流，召开国内和国际学术报告会、研讨会和学术论坛；开展有关农村教育发展、政策和管理培训；编辑学术刊物，出版学术专著，编发学会简报，通过互联网、媒体、电子出版物等交流学会活动信息。农村教育政策研究室的研究方向是从事农村教育研究，由秦玉友教授负责，成员包括杨颖秀教授、王景英教授等。农村教师与教学研究室是围绕农村教师研究和农村课程与教学研究的学术机构，该研究室以"探索教育理论，不断创新；服务教育政策，提供咨询；参与教育实践，共享智识"为宗旨。近年来研究室直接参与中国基础教育课程改革各项方针、政策、规划的制定，并承接教育部有关基础教育课程改革的重大课题，还承担了大量国家级课程改革的培训任务。农村教师与教学研究室为推动我国的教育改革和发展，促进教育决策的科学化、民主化发挥了重要作用。该研究室的负责人是洪俊教授，成员包括曲铁华教授、于伟教授等。国际农村教育研究室的使命是通过教育研究与培训促进农村人口思维和行为发生积极变化，实现农村地区社会经济的可持续发展，达到全民教育的发展目标。工作目标是促进农村教育方法技术的国际研究和进步；通过制定农村人力资源发展的政策策略，促进成员国之间的协商与合作；建立广泛网络，在各国专家间进行农村教育领域的学术与科技信息交流；组织协调合作研究，向国际专家提供专业支持、指导意见以及实验室研究和实地研究所需设备；举办专题国际培训班、研修班并提供跨国研究奖学金；编写发布中心各项目相关出版物和资料。负责人张德伟教授，成员包括盖笑松教授、解月光教授等。①

---

①　东北师范大学农村教育研究所. 研究机构［EB/OL］. https://ire.nenu.edu.cn/jdgk/zzjg/yjjg.htm，2019 - 05 - 18.

2016 年更名后，东北师范大学中国农村教育发展研究院成立 7 个核心功能性研究中心，即农村教育数据库与大数据研究中心、农村教育政策与模拟仿真实验研究中心、农村教育国际比较研究中心、中国乡土教材研究中心、农村教育历史研究中心、农村教育试验研究中心和农村教育实践经验推广研究中心。同时，研究院的专职研究人员增加一倍，并充分吸纳经济学、社会学、人口学等多学科高端人才。这些举措将有利于提升研究院的政策咨询、学术研究和社会服务等职能。①

研究院现任院长是东北师范大学副校长邬志辉。研究院一直注重吸引经济学、社会学、文化学、统计学等多学科研究人员参与研究，凝聚了一批有志于农村教育研究的科研团队。以"研究农村教育，服务农村教育，促进农村发展"为宗旨，研究院的专家学者硕果累累，青年教师迅速成长，形成了一批具有较强战斗力和强烈归属感的研究团队。研究院实行院长负责制、科研人员流动制、项目合同制、全面开放的科研管理体制。截至 2024 年 12 月，农村教育研究所有专职研究人员 18 名，其中教授 8 人，研究员 1 人，博士生导师 11 人，副教授 1 人，获得博士学位者 12 人。校内外兼职人员 26 人，其中博士生导师 17 人，博士学位获得者 18 人。

（三）研究内容及特色

1. 研究发布中国农村教育问题相关报告

中国农村教育发展研究院研究发布年度中国农村教育发展报告。《中国农村教育发展报告 2011》以《国家中长期教育改革和发展规划纲要（2010—2020 年）》（以下简称《教育规划纲要》）为重要背景。该报告围绕《教育规划纲要》提出的农村教育发展目标开展研究工作。在年度进展报告方面，从事业发展、政策发展、学术发展和实践发展四个维度重点关注了农村学前教育、农村义务教育、农村普通高中教育、农村职业教育在一年半时间里的进展情况，并从国际典型经验与本土典型经验相结合的角度为中国农村教育的下一步发展提出了政策建议。在专题研究报告方面，研究院选择了五个国家关注度和社会关注度都比较高的重大农村教育问题，运用自主开发的调研工具在全国范

---

① 我所正式更名为"中国农村教育发展研究院"［EB/OL］. https://ire.nenu.edu.cn/info/1036/2415.htm, 2019 – 05 – 20.

围内开展调查研究，内容涉及农村学前教育、农村义务教育、农村职业教育等众多领域，主题包括学前教育普及、县域内义务教育均衡发展、农村教育质量、农村学校布局调整、农村职业教育公益性等。在这些研究中，研究院着力形成自己的分析框架，彰显自己的学术立场，真实反映农村教育发展的成就以及在发展进程中出现的问题，并提出问题的解决思路。① 《中国农村教育发展报告 2013—2014》由三部分组成：一是年度进展报告。运用国家公布的统计数据和文本数据，全面记录和分析了 2013—2014 年间中国农村学前教育、义务教育、普通高中教育和职业教育在事业发展、政策发展、学术发展和实践发展上的情况。二是专题研究报告。运用自主调研的大样本数据，重点分析了县域内义务教育资源配置均衡、农村教师职业吸引力、农村教师流动、农村寄宿制学校生活教师、城乡学生身体发展条件、农村寄宿生营养餐计划实施情况等问题，并提出对策建议。三是经典个案报告。以城市边缘区、城乡接合部——长春市宽城区为个案，全面分析了他们对现代学校制度建设的成功探索，探讨了宽城模式对深化农村教育改革的启示意义。② 《中国农村教育发展报告 2015》以《教育规划纲要》提出的农村教育发展目标的实现情况和当前农村教育的热点难点问题为着眼点，全面分析《教育规划纲要》实施三四年来所取得的成就，以及教育改革进入深水区后面临的新问题、新挑战。报告由三部分组成：一是年度进展报告。二是专题研究报告。运用自主调研的大样本数据，重点分析了县域内义务教育资源配置均衡、农村教师职业吸引力、农村教师流动、农村寄宿制学校生活教师、城乡学生身体发展条件、农村寄宿生营养餐计划实施情况等问题，并提出对策建议。三是经典个案报告。③ 《中国农村教育发展报告 2016》以《国民经济和社会发展第十三个五年规划纲要》提出的农村教育发展目标为着眼点，重点关注 2016 年度中国农村教育的热点难点问题，深入分析当前中国农村教育面临的新形势、新问题、新挑战。报告也由三部分组成：一是年度进展报告。描述 2016 年度中国农村教育发展的总体概况。二是专题研究报告。运用自主调研的大样本数据，重点分析了城乡义务教育学校班主任、城乡教师职称、城乡教师交流、乡村多学科教师、农村幼儿园教师、农村寄宿制学校和乡

① 东北师范大学农村教育研究所. 2011 中国农村教育发展报告 [EB/OL]. https://ire.nenu.edu.cn/info/1040/1625.htm，2019 - 05 - 20.
② 东北师范大学农村教育研究所. 中国农村教育发展报告 2013—2014 [EB/OL]. https://ire.nenu.edu.cn/info/1040/1722.htm，2019 - 05 - 20.
③ 东北师范大学农村教育研究所. 中国农村教育发展报告 2015 [EB/OL]. https://ire.nenu.edu.cn/info/1040/2827.htm，2019 - 05 - 20.

村小规模学校等问题，并提出对策建议。三是经典个案报告。以四川省阆中市为个案，全面分析了他们充分运用农村教育资源发展教育、运用创新思维改革农村教育的经验，探讨了阆中模式对深化农村教育改革的启示意义。①

此外，研究院在 2001—2003 年多次大规模调查基础上完成《农村初中学生辍学问题调查报告》，得到教育部部长批示，并获"部长基金"资助开展深入调查，对 2003 年"全国农村教育工作会议"的召开和关于农村教育改革与发展政策的制定产生了重要影响，国家相关权威报刊纷纷刊载，引起了强烈反响。这一系列农村教育问题研究报告的发布，为政府教育决策提供了重要参考，也为研究者及大众了解中国农村教育提供了窗口。

2. 开展农村教育各类重大问题研究

研究院先后承担了一大批农村教育问题相关研究课题，包括教育部哲学社会科学研究重大课题攻关项目招标课题、教育部人文社会科学研究基地重大招标课题、全国教育科学规划课题、年度发展报告项目、国家重点项目、基地重大项目、横向课题，以及世界银行项目、教育部部长项目、华夏基金会项目等，向国务院、教育部等相关部门提交了一系列重要咨询报告。

研究院开展的课题研究包括"城镇化背景下我国义务教育改革和发展机制研究""新农村建设与城镇化推进中农村教育布局调整研究""中国农村教育调查年度报告""中国农村教育发展报告"子课题"农村高中教育问题研究""当前农村教育发展现状、问题与对策研究""农村学校布局调整政策研究""义务教育质量指标体系研究""贫困地区农村义务教育课程发展模式研究""新农村建设与农村教育发展战略调整研究"等。这些课题涉及农村义务教育改革、农村高中教育、农村教育布局、贫困地区农村义务教育课程、农村学校布局等重要议题，为深入认识和深刻理解农村教育，进而制定适合农村教育发展的政策措施提供了决策参考。在这些研究课题的基础上，出版了一批著作，如《农村初中学生辍学问题研究》《吉林省农村教育问题与对策研究》《欠发达地区农村义务教育课程改革的现状与对策》《我国欠发达地区农村职业教育问题研究》《农村教育体系调整研究》《农村义务教育整体办学模式与评价》《贫困地区农村义务教育课程改革研究报告》《农村义务教育经费保障新机制》《教育卸责问

---

① 东北师范大学农村教育研究所. 中国农村教育发展报告（2016）［EB/OL］. https://ire.nenu.edu.cn/info/1040/2828.htm，2019 - 05 - 20.

题研究——基于农村教育实践的考察》《中国农村教育发展指标研究》《义务教育公平指标体系研究——基于县域内义务教育校际差距的实证分析》《中国城乡教育关系制度的变迁研究》等。农村教育布局调整问题是新农村建设与城镇化推进中面临的长期复杂且事关农村百姓教育利益的重大问题，特别是进入21世纪以来这一问题尤为突出。《新农村建设与城镇化推进中农村教育布局调整研究》基于工业化、城镇化和新农村建设的宏大背景，对农村学校布局调整的系列问题进行了深入的探讨。该书全面阐述了农村学校布局调整的内涵、要素、发展历程、标准、合理化模型及分类规划等理论问题。中国地域广大，情况复杂，该书对人口输入型、校车主导型、学区型、寄宿型、人口稳定型、多民族聚居型、小规模学校保留型等不同的农村学校布局调整类型进行了分类调查研究，并有针对性地提出了相应的布局调整策略。许多先发国家经历过的问题正是我们今天在经历的问题，该书对美国、俄罗斯、日本和韩国的农村学校布局调整经验和教训进行了深入的剖析，并指出了别国的经验对我国农村学校布局调整的借鉴意义。农村学校布局调整问题十分复杂，涉及多方面的政策问题，该书在对我国农村学校布局调整变迁历程进行长时段分析的基础上，详细探讨了农村学校撤并的程序公正政策、农村学校撤并后的成本分担政策、教师安置政策、寄宿学校政策、闲置校产处置政策、校车政策以及小规模学校质量提升政策等一系列政策议题，并提出解决农村学校布局调整后续问题的政策建议。[①] 2009 年 9 月，教育部哲学社会科学研究重大课题攻关项目"我国农村教育发展现状调查及农村教育发展指标体系研究"的最终成果《中国农村教育发展指标研究》一书出版。该书由五个部分构成，总论、指标专题研究、义务教育现状调查与指标研究、非义务教育指标研究、指标与规划案例研究。总论部分主要研究了与农村教育发展指标相关的基本理论问题。主要内容包括教育指标研究的取向与思维方式、农村教育发展指标概念与导向、农村教育发展指标领域的确定与指标陈述、农村教育发展指标与教育发展规划。指标专题研究部分是对农村教育发展指标的一些主要要素构成展开的研究。主要包括城乡学龄人口变动趋势分析、农村适龄人口人均预期受教育年限展望、政府教育投入努力程度研究、农村教师发展指标体系研究、农村中小学教育信息化发展指标体系研究。义务教育部分内容包括农村义务教育现状调查，农村义务教育发展指

---

① 东北师范大学农村教育研究所. 新农村建设与城镇化推进中农村教育布局调整研究 [EB/OL].https://ire.nenu.edu.cn/info/1040/1715.htm，2019－05－21.

标体系研究，义务教育绩效评价指标研究。非义务教育指标部分，目的是尽量将农村存在的教育类型和阶段全貌地反映出来。主要包括农村幼儿教育事业发展指标体系研究，农村普通高中教育发展指标体系研究，农村职业教育发展战略及指标体系研究，农村高等教育发展指标体系研究，农村成人教育发展指标研究，农村社区教育发展指标研究。本书最后一部分，以东北某县教育事业发展规划（2007—2020）为例，初步探讨了教育指标和教育规划的关系。① 研究利用了对农村教育多年的调查数据，在大量感性认识和第一手真实数据基础上发掘提炼，将实践收获提高到理论层面思考，将农村教育和农村社会整体发展紧密结合，提出了一些关于发展指标的新认识。该书填补了农村教育发展指标研究空白，具有重要理论意义和重大实践价值。《我国欠发达地区农村职业教育问题研究》一书立足我国农村教育实际，深入进行农村教育研究是农村教育研究工作者的主旨，该书是 2005 年 10—12 月期间针对吉林、贵州、河南、山东、四川及浙江六省中的十个县的农村职业教育的发展与改革情况进行调查研究的理论成果。② 上述研究既回答了农村教育现实紧迫性问题，又丰富了教育学、社会学、经济学、未来学、战略规划等学科，以及我国欠发达地区农村职业教育问题研究领域的基本知识。

3. 坚持服务农村教育

坚持服务农村教育是中国农村教育发展研究院的基本宗旨和文化传统。它主要包括三个方面：一是直接服务农村学校。2004 年 9 月，研究院在吉林省东丰县和抚松县设立东北师范大学农村附属实验学校。2006 年，研究院与吉林省长春皓月清真肉业股份有限公司联合创办东北师范大学皓月中等职业学校。之后，又同一些地方教育局和中小学校建立项目合作关系，开创了本科实习生顶岗实习、研究生挂职锻炼的教育服务方式以及"研培结合"教师教育模式，大大提高了服务农村学校的水平。二是科研服务农村教育。20 世纪 80 年代以来，积极与基层地方教育建立合作关系，以吉林省长白山区作为农村基础教育服务区和改革实验区，在大学、政府、中小学合作过程中坚持理论与实践相结合，探索出了一条推动农村地区经济繁荣发展和农村青少

---

① 东北师范大学农村教育研究所. 中国农村教育发展指标研究［EB/OL］. https://ire.nenu. edu.cn/info/1040/1813.htm，2019 - 05 - 21.

② 东北师范大学农村教育研究所. 我国欠发达地区农村职业教育问题研究［EB/OL］. https://ire.nenu.edu.cn/info/1040/1923.htm，2019 - 05 - 21.

年健康成长的希望之路——"长白山之路"。"长白山之路"受到高度重视，何东昌、王文湛、金长泽、马力、陈小娅等领导同志多次听取汇报，并深入到实验校检查和指导工作。三是咨询服务政府决策。① 自 2001 年以来，研究院选择重大农村教育实践问题，开展大规模调查研究，基于大型课题项目的强力推进和农村教育经验的理论反思下，形成系列高质量的教育政策咨询报告，先后被国务院、教育部、民进中央、调研对象省教育厅等采纳，为政府制定农村教育决策提供了有益的帮助，受到上级部门领导的高度赞扬。近年来，研究院继承并大力发扬了为社会服务的特点，形成了兼顾教育研究与服务实践的良性机制。2008 年，研究院学术委员会主任史宁中教授、所长邬志辉教授受邀参与《国家中长期教育改革和发展规划纲要（2010—2020 年）》研讨、起草等相关工作。② 这标志着研究院的教育决策咨询服务能力和影响力在不断扩大。

4. 开展大规模调查研究

中国农村教育发展研究院注重开展大规模调查研究。掌握事实是研究农村教育的基础。研究院立足农村实际，开展了大量的实证调查研究。以实事求是的数据、严谨治学的学术风范与国内、国际同仁开展广泛合作。为农村教育的相关学术研究提供了丰富、翔实的数据支持和研究服务。

研究院在成立之初，就以"农村学生辍学"为主题，在全国抽样进行大规模调查，基于调研形成的报告引起教育部领导的高度重视，并拨付专项资金进行后续调研。之后，基于调研形成的报告被国务院、教育部采纳，对 2003 年"全国农村教育工作会议"的召开及形成农村教育改革与发展的重大决策产生了重要影响。截至 2010 年，研究院已开展各种大型专题调查 20 余次，调查研究不仅为国家教育决策提供了重要的咨询服务，而且推进了中国农村教育数据库建设，一些研究数据还被联合国教科文组织引用，产生了良好的学术交流影响和社会影响。

研究院广泛建立实验基地，开展合作研究。与基层学校和政府的互动是弥合理论与实践之间鸿沟的重要途径，实验基地是中国农村教育发展研究院服务农村学校的桥梁，已经形成福建厦门、浙江永嘉、辽宁鞍山、四川蒲江以及吉林通榆、抚松、东丰等重要的农村教育实验基地。研究院还积极参加社会公益

---

① 全国高校社会科学科研管理研究会. 中国高校人文社会科学研究通鉴（2001—2010）（下册）[M]. 武汉：武汉大学出版社，2013：1873.
② 同上：1872.

活动，联系社会团体和部门为落后农村地区提供力所能及的物质援助，为中西部贫困地区、边远山区的学校提供智力支持。

研究院还面向广大农村教师开展定期的在职培训。研究院本着服务农村教育的理念，以优质的师资力量、优良的学习环境，帮助提升农村教师的职业素质和人文关怀，开阔农村教师的思维，借以达到逐步提高农村教师队伍质量的目的。

5. 建立中国农村教育专题数据库

2009 年年底，中国农村教育发展研究院以前期调查数据和资料为基础，整合相关国际组织以及国家公布的与农村教育相关的研究报告、资料和统计数据，论证并设计"中国农村教育数据库"的主要框架及基本功能，并初步建成了中国农村教育数据库，为后续研究提供了丰富的资源。2014 年 12 月，"中国农村教育专题数据库"正式上线。"中国农村教育专题数据库"主要源于研究院 12 次全国大型农村教育调研活动，调查网点遍布全国，调研范围覆盖全国 30 个省市、自治区。调研对象广泛，涉及教育行政领导、校长、教师、学生、家长等。数据库主要包括 2001—2013 年的已经数字化的部分数据，收录统计数据达 120 万条、乡土教材 1 500 余本、视频资料共计 600 余小时、音频资料共计 900 余小时、照片共计 4 万多张。"中国农村教育专题数据库"旨在运用现代信息技术，完善农村教育数据管理和应用，以网络为平台整合农村教育研究团队，交流和共享农村教育研究资讯，提升我国农村教育科研的整体水平和协同创新能力。数据库正式上线后，无论是教育管理部门、组织和个人，都可以浏览和下载各种共享文献和数据，并且参与农村教育调查活动。① 该数据库面向公众开放，目前开放的模块主要包括文本库、图片库、视频库、音频库、统计库以及在线调查系统等。中国农村教育专题数据库既立足于现有的农村教育调查数据，又充分考虑未来农村教育的发展需要，通过采用全新的功能模块和更高级的网络系统架构，更好地完善了农村教育数据管理和应用，为相关研究机构和研究者提供了有力的实证依据。

（四）教育研究成果传播

研究院在课题研究的基础上出版了一批学术著作，在学术界产生了重要影

---

① "中国农村教育专题数据库"在长上线 ［N］. 吉林日报，2014 - 12 - 18.

响。同时，研究院在农村教育改革和发展领域取得了一批高水平科研论文。在《求是》《教育研究》《教育发展研究》《中国教育学刊》等权威刊物发表学术论文，其中多篇论文被《新华文摘》《人大报刊复印资料》全文转载。如《求是》上发表的《农村学校布局调整要警惕辍学率反弹》引起国家领导的高度重视并就论文中涉及的问题做了重要批示。2008 年 3 月，在《教育研究》上共发表了"提高农村教育质量凸显内涵发展"为主题的 5 篇系列文章在学术界引起了强烈的反响，相关思想在《国家中长期教育改革和发展规划纲要（2010—2020 年）》中得到体现。此后，受教育部委托开展"义务教育质量指标体系研究"，成果被教育部规划司采纳。在《教育发展研究》上发表的以"免费义务教育政策相关问题分析"为主题的文章（共 6 篇）均被人大报刊复印资料全文转载。农村教育研究所出版了具有广泛影响力的学术专著，研究院出版的《农村义务教育经费保障新机制》，研究了农村义务教育经费保障新机制的实施进程、成功经验与存在的主要问题，为国家制定有针对性的教育财政政策提供了丰富的数据资料，对农村义务教育经费保障机制改革具有重要的意义。农村教育研究所还形成了持续性的《中国农村教育发展报告》，多篇政策咨询报告被国务院、教育部以及民进中央等部门采纳。研究院研究人员的科研项目和科研成果，获得学术界和相关行政部门的高度认可。在过去几年内，研究人员获得"全国教育科学研究优秀成果奖""高等学校科学研究优秀成果奖""宝钢优秀教师奖""吉林省学科领军教授""吉林省第八教育科学优秀成果奖一等奖""吉林省有突出贡献中青年专业技术人才""吉林省教育厅新世纪科学技术/人文社科优秀人才"等奖项。

（五）培养农村教育研究高级人才

中国农村教育发展研究院于 2001 年 9 月开始招收硕士研究生。2006 年，其自主设置的农村教育二级学科博士点获教育部批准，这是全国第一个"农村教育"二级学科博士点。2007 年，研究院成为东北师范大学教育学博士后流动站博士后研究人员接收单位。2008 年以来，参与国际教育硕士培养。① 中国农村教育发展研究院现为东北师范大学教育学博士后流动站"农村教育"方向博士后研究人员接收单位，拥有"农村教育"二级学科博士学位授权点和硕士

① 全国高校社会科学科研管理研究会. 中国高校人文社会科学研究通鉴（2001—2010）（下册）[M]. 武汉：武汉大学出版社，2013：1871.

学位授权点，独立招收博士研究生和硕士研究生。此外，还招收农村教育研究领域的博士后、留学生。在过去 10 多年间，农村教育研究所在学生培养上常抓不懈，一向重视研究生培养方法，开设"农村教育经济学专题""农村教育社会学专题""农村教育学专题""农村教育文化学专题""农村教师问题研究""农村课程改革研究"等研究生课程，研读教育学、经济学、文化学、政治学、人类学等学科的经典文献，逐渐形成一套严谨的研究生培养体系。目前，农村教育研究所已经培养出了一大批有志于农村教育研究事业的突出人才。硕士毕业生一般服务于市区县教育局或教育研究机构，基于在学期间坚实的学术训练基础和丰富的经验积累，很多人已经成为单位或部门的精干力量。博士毕业生的就业单位基本上是我国"211"高校或者其他重点大学，他们长期活跃在农村教育研究和实践的前沿阵地，一大部分毕业生已经在学界崭露头角，逐渐成为未来我国农村教育研究领域的中坚力量。

（六）开展国内外交流合作

中国农村教育发展研究院非常注重与国内外知名教育同行的学术交流，积极参加并主办、承办、协办全国性、国际性学术会议；围绕有关科研项目同美国、加拿大、日本、韩国、俄罗斯等互派专家学者进行教育考察、学术交流、合作研究。学术交流的重要性在于促进农村教育研究新思想、新经验和新知识的创新、论证和共享，致力于激发新的研究思路和新问题，为后续研究提供有意义的学术积淀。高水平的学术交流能够开阔研究人员的学术视野，让有识之士共同分析解决学术和政策难题的办法，使得农村教育思想得到及时的沟通和交流。研究院 2011 年主办了"农村教育国际学术研讨会"，以城乡教育一体化与教育制度创新为主题；2013 年，研究院与教育部教师工作司联合主办了"统一城乡中小学教职工编制标准研讨会"；与中国教育政策研究院主办了"城乡教育一体化的国际经验与本土实践"国际学术研讨会。在城乡教育改革和发展的关键期，举办重大学术会议和论坛已经构成了研究院集中学术智慧的重要法宝，中国农村教育发展研究院已然成为我国交流农村教育研究思想的前沿阵地。

（七）结语

近年来，中国农村教育发展研究院在科学研究、人才培养、社会服务、团队建设、国际交流、数据库建设等方面取得了长足发展。研究院因其长期关注农村教育问题，形成了独具特色的研究领域与专长，在中国教育智库界产生了重要影响力。未来，中国农村教育发展研究院将着眼于推进世界一流大学和一流学科建设，深化科研体制综合改革，不断提高学术研究水平和教育教学质量，完善优化资源配置，推动学术研究创新，提升农村教育研究的学术统领力，引领农村教育研究的学术话语；创新人才引进与培养体制机制，使农村教育研究院成为汇聚和培养农村教育研究精英的基地；关注国家重大决策，根据国家重大农村教育问题需求，服务国家重大决策，充分发挥基地的智库作用；建立农村教育数据库，为国家农村教育重大决策以及农村教育研究提供数据支持，成为国家农村教育最重要的数据信息中心。① 研究院将进一步促进学科交叉和校际、国际合作，加强与国外知名大学与国际教育组织机构的联系与沟通，提高国际化的程度和基地的国际影响力，为我国农村教育事业的发展作出更大的贡献。

十四、南京师范大学道德教育研究所

（一）基本概况

南京师范大学道德教育研究所② （Institute of Moral Education at Nanjing Normal University）是道德教育领域的专业研究机构，直接隶属于南京师范大学，成立于 1994 年 8 月，2000 年 9 月被教育部正式批准为百所人文社会科学重点研究基地。南京师范大学道德教育研究所以深化道德理论研究、推动道德教育实践创新以及培养道德教育领域的专业人才为主要任务和目标。在理论研究方面，通过下设的各个研究中心，全面、系统地探索道德教育的内在规律和外在影响因素，为道德教育的实践提供科学的理论指导，关注国内外道德教育理论的前沿动态，不断吸收新的研究成果，以期在道德教育理论上取得突破和创新。在实践创新方面，注重将理论与实际问题相结合，通过实证研究、案例

---

① 全国高校社会科学科研管理研究会. 中国高校人文社会科学研究通鉴（2001—2010）（下册）［M］. 武汉：武汉大学出版社，2013：1874.
② 南京师范大学道德教育研究所简介 ［EB/OL］. https://dys.njnu.edu.cn/jdjs/jdjs.htm.

分析等方式，探索道德教育在实际操作中的有效方法和途径，积极与中小学、社区等教育机构合作，开展道德教育的实践活动，推动道德教育的普及和深入发展。在人才培养方面，重视道德教育领域专业人才的培养工作，通过开设硕士、博士等研究生课程，培养具有深厚理论素养和实践能力的高层次人才，为道德教育事业的持续发展提供人才保障。

近年来，南京师范大学道德教育研究所以立德树人为根本任务，积极参与义务教育道德与法治课程标准和统编教材的修订等工作，承担国家哲学社会科学重大项目、重点项目、基地重大项目多项，发表了大批高质量的成果，引领国内道德教育理论研究以及义务教育道德与法治课程与教学的改革。南京师范大学道德教育研究所在国内外智库排名中取得显著成绩。2022年12月，南京师范大学道德教育研究所入选"中国教育智库榜单"。[①] 2023年11月再次入选"中国教育智库榜单"。[②]

（二）发展历程

南京师范大学的道德教育拥有悠久的文化传统，从陶行知先生、陈鹤琴先生的"生活教育""活教育"思想，到吴贻芳先生的"厚生"思想，在先贤奠定的深厚文化传统影响下，几代学人形成了独特的治学理念与研究方式。改革开放后，在鲁洁先生带领下，更形成以人为本的道德研究传统。南京师范大学始终坚信，德育应该成为最有魅力的学科，因为德育面对的是人而不是物，它面对的是一个个有血有肉的人，是人心，而不是抽象的概念和冷冰冰的理性；它面对的是人的向善之心，它展示的是人对美好生活的向往和对美丽人生的追求。1994年8月，南京师范大学道德教育研究所就在这样的学术传统与学术信念下成立了。道德教育研究所的成立标志着道德教育研究的系统开展，为后续的深入研究奠定了基础。1999年6月，为了优化资源配置、提升研究实力，道德教育研究所进行了重组，以更好地适应道德教育领域的发展需求。2000年9月25日，道德教育研究所被教育部正式批准为百所人文社会科学重点研究基地，这是国内唯一一所面向中小学道德教育的教育部人文社会科学重点研

---

① 南京师范大学道德教育研究所入选"中国教育智库榜单"［EB/OL］. https://dys.njnu.edu.cn/info/1114/11990.htm.
② 南京师范大学道德教育研究所入选"中国教育智库榜单"（CETTE）［EB/OL］. https://dys.njnu.edu.cn/info/1114/14298.htm.

究基地。我国德育专家鲁洁先生、班华先生、朱小蔓先生曾在道德教育研究所工作，为道德教育研究所的发展作出了巨大贡献。南京师范大学道德教育研究所始终将"把握时代精神，研究当代道德教育问题；根植文化本土，探寻中国道德教育路向；回归生活世界，创建生活道德教育；培育道德风尚，提供社会伦理精神"作为办所理念，在这样的理念指导下一直以"成为道德教育理论的发展创新基地，道德教育研究人才的培养基地，国际道德教育研究与交流的平台，具有国际影响的开放型研究机构"作为目标，形成道德课程与教材研究、公民道德教育研究、德育心理研究、德育数据开发、情感教育研究、德育人类学研究、古典教育与心灵教育研究、班主任研究、传统文化教育等特色研究方向。2012年，受教育部委托，鲁洁先生担任小学统编教材《道德与法治》①　总主编，朱小蔓先生担任初中统编教材《道德与法治》②　总主编。2014年，南京师范大学道德教育研究所的"儿童道德生活的建构——小学德育课程改革与实践研究"荣获国家基础教育教学成果一等奖。2020年12月，江苏省教育科学研究院公布了2010年全省教科研工作先进集体和先进个人评选结果，南京师范大学道德教育研究所被评为"教科研工作先进集体"。2021年，小学《道德与法治》教材获得首届全国教材建设奖（基础教育类）优秀教材特等奖。进入新时代，基地以"时代新人培养与德育改革"作为主攻方向，聚焦"立德树人"，以问题为导向，服务国家重大战略需求，建设中国特色、中国气派、中国风格的德育理论，加强中国道德教育的国际交流与对话，将基地建设成国内一流、国际知名的道德教育学术研究高地。2023年，南京师范大学道德教育研究所参与发起成立"教育强国建设智库联盟"。

（三）组织结构

南京师范大学道德教育研究所组织结构见图5-4。研究所下设班主任研究中心、德育基础理论研究中心、德育课程发展研究中心、传统文化与道德教育研究中心、品德心理研究中心、公民教育研究中心、情感教育研究中心7个专门研究机构。现有专职研究人员51人，其中教授35人，兼职研究人员7人。

---

① 鲁洁. 道德与法治［M］. 北京：人民教育出版社，2018.
② 朱小蔓. 道德与法治［M］. 北京：人民教育出版社，2016.

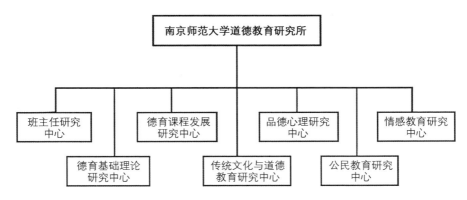

图 5-4　南京师范大学道德教育研究所组织结构

班主任研究中心主要关注班主任在道德教育中的角色和作用，研究如何更好地发挥班主任在德育工作中的引导与管理作用。德育基础理论研究中心致力于德育基础理论的研究和探索，为道德教育提供坚实的理论支撑。德育课程发展研究中心则专注于德育课程的设计、开发和实施，致力于建构科学、有效的德育课程体系。传统文化与道德教育研究中心关注传统文化在道德教育中的价值和作用，探索如何将传统文化元素融入现代道德教育实践中。品德心理研究中心主要研究品德形成的心理机制，以及如何通过心理教育手段促进个体品德的发展。公民教育研究中心则专注于公民教育的理论和实践研究，培养具有社会责任感和公民意识的现代公民。情感教育研究中心由我国当代情感教育理论的奠基人和开拓者朱小蔓教授开创，致力于道德教育中的情感教育研究。这些研究中心共同构成了南京师范大学道德教育研究所的核心组织机构，它们之间相互协作、共同推进，为道德教育领域的学术研究和实践工作提供了有力的支持，同时研究所还拥有一定数量的专职研究人员和兼职研究人员，他们在各自的领域开展深入研究，为研究所的持续发展贡献智慧和力量。

（四）主要研究领域

1. 情感教育研究

南京师范大学在情感教育研究方面有着显著的成果和深厚的积淀。作为教育部人文社会科学重点研究基地，南京师范大学道德教育研究所是国内唯一一所面向中小学道德教育的重点研究基地，也是中国当代情感教育研究和实践的发源地。

研究所首任所长朱小蔓教授早在 20 世纪 80 年代就提出凸显教育中的情感层面,通过情感教育关注个体的精神世界、反映人类的人文文化世界,培养身心完整而健全的人。经过 30 多年的情感教育研究与实践,研究所形成了一系列情感教育研究与实践成果,如《情感教育论纲》《教师情感表达与师生关系构建操作手册》等,建构了较为完整的情感教育理论体系和操作框架。2020年 10 月,叶飞教授在《高等教育研究》2020 年第 1 期发表的学术论文《公共参与精神的培育——对"唯私主义综合征"的反思与超越》①被人大复印资料《教育学》2020 年第 6 期全文转载。其主要内容为,党的十九大提出要打造共建共治共享的社会治理新格局,如何通过公共参与精神的培育来提升人们共治、参与的意识和能力显得愈来愈重要。但是,从当前教育现实的角度看,青少年学生的公共参与精神正遭受着来自个体私利主义、竞争性个人主义等观念的不良影响,甚至引发了"唯私主义综合征"的产生乃至膨胀。因此,有必要通过学校制度、公共文化以及实践行动等层面的整体性建构,形成一种参与式、交互性的教育体系引导青少年学生在公共参与中形成"他在性"的视野构建个体与他者、个体与社会的有机联结,最终更好地培育具有共建共治共享精神的道德主体。

2023 年 3 月,《中国教育报》发表冯建军教授撰写的《雷锋精神在新时代绽放更加璀璨的光芒》一文,文章从深刻把握雷锋精神的时代内涵、充分认识雷锋精神的时代价值和推动学习雷锋精神的常态化制度化三个方面详细阐述了当代雷锋精神的内涵与价值以及推动社会全体公民共同学习雷锋精神的举措。这些成果不仅在学术界产生了广泛影响,也在相关学校的合作研究中获得了基础教育国家级教学成果奖,为教育研究和改革贡献了扎根中国本土的理论和实践范式。

朱小蔓教授坚持在实践中结合哲学架构与科学意识,用现代科学知识综合考察教育问题,彰显教育的"情感"维度,突出人的"情感"层面以及情感在人的成长特别是道德成长和教育中的地位与价值。中心秉持"培育大情感,修养活道德,润泽全生命,迈向新文明"的理念,倡导严谨的治学精神、高尚的师德风范、崇高的人格境界和有温度的学术生活。现有一支由高校、科研院所和一线中小学教师、学生等构成的专兼职研究队伍。未来,情感教育研究中心

① 叶飞. 公共参与精神的培育——对"唯私主义综合征"的反思与超越 [J]. 高等教育研究,2020,41(1):18-24.

将着力在情感教育的儿童发展、课程教学、教师教育、道德与价值观教育、学校文化建设和管理等领域进行持续性研究和开创性探索，在情感教育理论研究、实践基地建设、研究队伍组建等方面进行重点建设，为研究所在科研、人才培养学科建设、教学、社会服务等方面提供必要支持。通过对情感教育理论和实践方面的系统研究，回应现实教育关切，服务重点教育需求，落实"立德树人"根本任务，培养时代新人。此外，南京师范大学还积极开展情感教育的实践活动。例如，2023 年 12 月，其师生曾赴四川等地考察调研，与当地的学习合作开展读书分享、课堂展示等活动，提升教师的情感教育素养和理论水平，推动情感文明建设活动的开展。南京师范大学在情感教育研究方面拥有强大的研究实力和丰富的实践经验，其研究成果和实践经验对于推动中国情感教育的发展具有重要的影响和价值。

2. 德育基础理论

　　南京师范大学德育基础理论研究中心是在南京师范大学道德教育研究所的基础上进一步深化和发展而成的研究机构。该中心以德育基础理论为主要研究方向，致力于探讨德育的本质、目标、内容、方法以及德育在现代社会中的重要性和实践途径。研究内容涵盖了德育的多个方面，包括德育哲学、德育心理学、德育社会学、德育课程与教学论等。研究中心在近年来取得了显著进展，这些进展不仅体现在学术研究成果上，也展现在实践应用和国际交流等多个方面。

　　在学术研究领域，南京师范大学德育基础理论研究中心的研究团队围绕德育的核心理念和关键问题进行了深入探索，提出了许多富有创新性的观点和理论。他们关注德育的现代化、德育与心理发展的关系、德育在多元文化背景下的挑战与机遇等前沿问题，通过实证研究、案例分析等方法，为德育学科的发展提供了有力的理论支撑。南京师范大学道德教育研究所于 2003 年 10 月 19日发表"学校德育何以可能"的论说，认为传统德育误将德育目的作为德育活动的逻辑起点，实际上，"学校德育何以可能"才是根本问题。2005 年 3 月 23日，南京师范大学道德教育研究所赵志毅发表论文《不同地区中小学生生活交往的实证研究——从江苏北部与南部地区比较的角度》①，对中国江苏省苏北

---

① 赵志毅. 不同地区中小学生生活交往的实证研究——从江苏北部与南部地区比较的角度 [J]. 教育理论与实践，2004，24（12）：52 - 55.

与苏南城乡在校中小学生的自我定位、与家人关系、烦恼担忧、同伴交往以及师生关系等问题进行问卷调查，并对结果进行分析，旨在探索不同经济条件下中小学生生活交往和心理发展的特点和规律。2005年，道德教育研究所承接教育部重大课题"社会转型时期学校德育模式建构研究"。

章乐副教授在《中国教育学刊》2020年第6期发表的学术论文《论新时代中小学教师的德育意识和能力培养》被人大复印资料《中小学教育》① 2020年第10期全文转载。其主要内容为：在中国特色社会主义新时代，中小学德育面临着三重挑战：对"德育专业化"的简单化理解，造成"全员育人"的落空；学科教学与德育的割裂，造成非德育教师忽视其德育责任；学校生活的"去道德化"，削弱"全方位育人"的作用。面对这些挑战，新时代的中小学教师应具备借助所教学科开展"教育性教学"巧用学校整体生活涵养学生德性，以及引导学生进行自主道德学习的意识和能力。为了更好地培养这些意识和能力，应提升职前师范教育的现实针对性，拓展职后的德育培训的人员和内容。2022年9月，闫旭蕾教授发表于《中小学德育》2022年第5期的《"双减"境遇下的德育生态建构理路②》被人大复印资料《中小学教育》2022年第9期全文转载。叶飞教授发表于《课程·教材·教法》2021年第1期的《回归本体价值的德育评价改革》③ 被人大复印资料《教育学》2022年第5期全文转载。冯建军教授和学生张晓晨发表在《中小学教材教学》2022年第10期的《统编小学〈道德与法治〉教材中公民道德教育的内容与逻辑分析》④ 一文，被人大复印资料《素质教育（小学道德与法治及其各科教与学）》2023年第1期全文转载。2023年4月，闫旭蕾教授发表于《教育研究与实验》2022年第4期的《教育的道德构成要素及其价值取向》⑤ 一文，被人大复印资料《教育学》2023年第1期全文转载。冯建军教授发表于《教育研究》2022年第7期的《道德教育：如何面对陌生人》⑥ 一文被人大复印资料《教育学》全文转载。

在实践应用方面，研究中心与多所中小学建立了紧密的合作关系，共同开展德育实践项目。这些合作学校遍布江苏省内外，包括一些知名的中小学，如

---

① 章乐. 论新时代中小学教师的德育意识和能力培养 [J]. 中国教育学刊，2020 (6)：1-7.
② 闫旭蕾. "双减"境遇下的德育生态建构理路 [J]. 中小学德育，2022 (5)：9-12.
③ 叶飞. 回归本体价值的德育评价改革 [J]. 课程·教材·教学，2022 (5)：147-154.
④ 冯建军，张晓晨. 统编小学《道德与法治》教材中公民道德教育的内容与逻辑分析 [J]. 中小学教材教学，2022 (10)：15-21.
⑤ 闫旭蕾. 教育的道德构成要素及其价值取向 [J]. 教育研究与实验，2022 (4)：1-10.
⑥ 冯建军. 道德教育：如何面对陌生人 [J]. 教育研究，2022，43 (7)：42-53.

南京晓庄学院附属小学、南京市第十三中学。这些项目不仅将研究成果转化为实际的教育教学策略，还针对当前德育实践中存在的问题和挑战，提出了有效的解决方案。通过实践应用，研究中心的研究成果得到了广泛的验证和推广，为提升德育工作的质量和效果作出了积极贡献。

在国际交流方面，南京师范大学德育基础理论研究中心也取得了重要突破。中心积极与国际同行进行学术交流与合作，参与国际德育研讨会，发表高水平的学术论文，提升了研究中心的国际影响力。通过与国外研究机构的合作，中心还引进了先进的德育理念和方法，为中国的德育改革提供了有益的借鉴和参考。

3. 班主任工作研究

南京师范大学班主任研究中心专注于班主任工作研究和发展。中心创建于1994年。其主要工作包括开展班主任工作的理论研究、实践探索、政策咨询以及培训推广等。中心致力于提升班主任的专业素养和教育能力，推动班主任工作的创新与发展，为学生的全面发展和健康成长提供有力保障。从2007年开始，中心承担了教育部班主任国家级培训项目（简称"国培项目"）。齐学红作为班主任国培项目的首席专家，承担了全国中小学班主任案例式培训教程《班主任与每一个班级》的编写工作。为了完成这一任务，她邀请了很多一线老师撰写自己班级的案例，经过几个月的集体研讨、反复修改，案例式培训教程得以顺利开发。在案例开发过程中，一线班主任把自己的工作用案例的方式加以呈现，通过案例开发和研究，这些班主任得到了迅速成长。项目完成后，参与的老师受益良多，希望将这种方式延续下去。于是，齐学红与七八位班主任一起发出倡议，每月开展一期沙龙式研讨，这就有了"随园夜话"的创立。这种依托高校专业研究机构开展的系列沙龙式研讨活动，为班主任提供了一个专业的发展平台，而不仅仅是普通的班主任故事分享会。

中心的研究成果丰硕。2024年3月，叶飞教授发表在《南京社会科学》2023年第8期的《面向数字化转型的教师育人能力结构及其提升路径》[1] 一文，被人大复印资料《教育学》2023年第12期全文转载。中心还出版了不少学术专著和教材，并在国内外享有很高的声誉，如2009年出版的《班主任专业化论纲》[2]。此外，中心还积极开展与国内外相关机构的交流与合作，推动

[1] 叶飞. 面向数字化转型的教师育人能力结构及其提升路径 [J]. 南京社会科学，2023(8)：114-122.
[2] 黄正平. 班主任专业化论纲 [M]. 南京：南京大学出版社，2009.

班主任工作的国际化发展。

（五）人才培养

南京师范大学道德教育研究所对于人才的培养，始终坚持高标准、严要求，旨在培养出既有深厚道德教育理论素养，又具备实践能力的专业人才。道德教育研究所为研究生和本科生提供了丰富的道德教育课程，包括基础理论课程、实践应用课程以及前沿研究课程等。这些课程旨在使学生全面掌握道德教育的理论知识，并具备将理论应用于实践的能力。

除了课堂教学，南京师范大学道德教育研究所还注重培养学生的实践能力。通过组织参与道德教育实践活动、实地考察、案例研究等方式，学生能够亲身感受道德教育的实际运作，提升解决实际问题的能力。

南京师范大学道德教育研究所拥有一批资深的道德教育专家和学者，他们不仅在教学上经验丰富，而且在道德教育研究领域有着深厚的造诣。学生在导师的指导下，可以深入参与科研项目，积累研究经验，提升研究能力。道德教育研究所还注重培养学生的职业道德和素养，通过课程教育、实践训练等多种方式，引导学生树立正确的价值观和职业观，为未来的职业生涯奠定坚实的基础。

（六）开展国内外学术交流与知识传播

南京师范大学道德教育研究所一直以来都积极开展国内外学术交流活动，以促进道德教育领域的学术合作与知识共享。这些交流活动为师生提供了宝贵的学习和研究机会，有助于推动道德教育学科的发展。

在国内交流方面，道德教育研究所经常组织学术研讨会、座谈会等活动，邀请国内知名道德教育专家、学者前来交流讲学。这些活动不仅为师生提供了与国内同行交流的机会，也促进了道德教育理念的传播和实践经验的分享。此外，还积极与国内其他高校和研究机构建立合作关系，共同开展道德教育领域的科研项目和学术活动。

2013年5月，美国威斯康星大学的国际知名学者托马斯·S. 波普科维茨（Thomas S. Popkewitz）教授应教育科学学院、道德教育研究所、教育社会学研究中心邀请，为学校师生做了六场有关德育学和教育社会学方向的系列学术报告。2017 年 7 月，美国印第安纳大学基思·巴顿（Keith Barton）教授和威斯康星大学麦迪逊分校何丽清（Li - ching Ho）博士来道德教育研究所讲学。2018 年 3 月，美国日内瓦学院院长卡尔文·特鲁普（Calvin Troup）教授应邀到道德教育研究所进行学术交流，并做了题为"精英化的高等教育：博雅学院"的讲座。2023 年 5 月，"中国教育学自主知识体系"学术论坛在南京师范大学召开。论坛围绕"中国教育学自主知识体系的历史演变与时代境遇""中国教育学自主知识体系的内涵、特征与要素""中国教育学自主知识体系的主要范畴、命题与逻辑""中国教育学自主知识体系的生产与传播"四个议题展开，每个议题由引导报告和嘉宾对话组成，共同探索中国教育学发展的方向和路径。2023 年 7 月，由教育部人文社会科学重点研究基地南京师范大学道德教育研究所、中国社会心理学会人类智慧心理学专业委员会以及曲阜师范大学学院共同承办的中国社会心理学会人类智慧心理学专业委员会 2023 年学术会在曲阜师范大学举行。年会以"多元文化视角下的智慧心理学"为主题，共举办五场主题报告、六场专题论坛、七场口头报告和一场圆桌论坛。圆桌论坛就"智慧心理学发展中的机遇与挑战"进行了热烈讨论。2023 年 10 月，由教育部人文社会科学重点研究基地南京师范大学道德教育研究所主办的第三届"培养时代新人：情感文明与道德教育"学术论坛暨情感教育的学校实践"种子学校"培育项目启动会在南京师范大学仙林校区顺利召开。2023 年 12 月，由重庆市教育学会举办"新时代学校德育变革与提升"学术研讨会，南京师范大学道德教育研究所叶飞教授应邀参加并作大会主题报告"面向数字化生存的高质量德育体系建设"，指出高质量的德育体系建设需要面向人的数字化生存，充分运用互联网、大数据、人工智能等来改造德育目标、内容及方法等，以更好地培养能够适应数字生存与实体生存、兼具数字道德与实体道德的现代人。在面向数字化生存的过程中，高质量的德育体系建设还需要进一步去弥补数字鸿沟，避免因为数字鸿沟而带来的技术歧视和社会漠视，推动人们平等共享数字化改革的成果，过一种有尊严的数字化生活从而实现亚等而有尊严的德育。

南京师范大学道德教育研究所办有期刊《小学德育》，于 1985 年创刊，设有名家谈德育、视野资讯、理论前沿、课程教学、实践探索、教育人生等栏目。

通过国内外学术交流活动，南京师范大学道德教育研究所不仅提升了自身的学术水平和影响力，也为我国的道德教育事业贡献了智慧和力量。

（七）结语

回顾 30 余年的发展历程，南京师范大学道德教育研究所作为道德教育领域的重要学术机构，长期以来致力于道德教育理论与实践的研究，为我国道德教育事业的发展作出了积极贡献。研究所不仅拥有一批优秀的专家学者，还积极开展国内外学术交流与合作，推动道德教育学科的创新与发展。通过深入研究和实践探索，南京师范大学道德教育研究所取得了丰硕的学术成果，为提升我国道德教育的质量和水平提供了有力的理论支持和实践指导。同时，研究所还注重培养具备高素质和创新能力的道德教育人才，为我国道德教育事业的未来发展储备了人才资源。

展望未来，南京师范大学道德教育研究所将继续秉持学术研究的初心和使命，加强与国际道德教育界的交流与合作，推动道德教育学科的国际化发展。同时，研究所还将积极应对新时代道德教育面临的新挑战和新问题，为推动我国道德教育事业不断进步和发展贡献智慧和力量。

十五、上海师范大学联合国教科文组织教师教育中心

（一）基本概况

联合国教科文组织教师教育中心（Teacher Education Centre under the auspices of UNESCO，简称 UNESCO TEC）是由联合国教科文组织批准，中国（上海市）政府设立，上海市教育委员会管理，上海师范大学运行的国际机构。上海师范大学国际与比较教育研究院是联合国教科文组织教师教育中心（UNESCO TEC）的依托机构，肩负成为"全球教师教育领域的服务提供者、标准制定者和研究中心与资源管理中心"的使命，在国际教育公共产品开发方面正逐步形成国际影响力。上海师范大学国际与比较教育研究院以"学术研究为基，决策咨询为用"为指针，作为教育部国际教育研究基地、上海市高校一类智库，在长期开展教育政策国际比较研究的基础上，在大型国际教育测评、

国际教师教育比较、中国教育走向世界、国际组织与全球教育治理等领域形成了独特优势。①

作为新的联合国所辖二类机构，联合国教科文组织教师教育中心奉行"教育大计、教师为本"宗旨，为全球教师教育服务，特别是为亚太和非洲发展中国家的师资能力建设提供服务与支持。② 中心主要承担知识生产、能力建设、技术服务、信息共享四项职能。知识生产是指依托基础教育和教师教育领域的著名专家，开展基础教育和教师教育的发展、行政管理评估和创新等领域的研究并传播其研究成果。能力建设则是利用多级研修方案建设基础教育和教师教育机构的能力，包括为国内外各级人员提供基础教育和教师教育研修。技术服务旨在利用信息通信技术为亚洲和非洲最不发达国家提供基础教育和教师教育专业服务。信息共享就是与联合国教科文组织各总部外办事处和地区办事处、全国委员会、第一类机构和其他第二类中心开展密切合作。③ 中心的主要工作包括科学研究、基础教育和教师教育发展、行政管理评估和创新等领域的研究，以及国际公共教育产品的提供。中心已经实施多个项目，如"一带一路"教育行政官员高级研修、中英数学教师交流、非洲国家能力建设、东盟国家教育工作者培训等，以推动全球范围内的教育交流和合作。中心依托机构上海师范大学国际与比较教育研究院以建设具有全球影响力的"国际比较教育重镇、教育决策咨询智库、高级人才培养基地、重大成果培育中心"为愿景，重点开展教育政策国际比较、中国教育走向世界、国际教育大型测评、国际组织与全球教育治理、教师教育国际比较等研究，先后引入和组织了上海 PISA、TALIS、SABER 等多个国际大型测评项目，承担中英、中坦、中巴（西）数学教师交流、"一带一路"共建国家教育行政官员高级研修班等中国教育"走出去"项目，出版《比较教育学报》学术期刊。④ 在《2022 全球教育智库影响力评价 PAP 研究报告》中，105 家教育智库入围智库排行榜，其中上海师范大学联合国教科文组织教师教育中心排名 27，并获批教育部国际教育研究培

①　招生资讯［EB/OL］. https://untec. shnu. edu. cn/b6/f5/c26038a767733/page. htm，2022 - 09 - 18.
②　赵玉成. 联合国教科文组织教师教育中心正式落户上海［J］. 上海教育，2021（31）：8 - 9.
③　国际教育中心［EB/OL］. https://untec. shnu. edu. cn/26030/list. htm，2024 - 03 - 14.
④　国际教师教育中心［EB/OL］. 联合国教科文组织教师教育中心青年学者沙龙［EB/OL］. https://untec. shnu. edu. cn/3d/1e/c27591a802078/page. htm，2024 - 03 - 08.

育基地和上海市高校重点智库。① 2023 年，中心入选中国教育智库评价 SFAI 研究报告的核心榜单。

（二）发展历程

2009 年在经济合作与发展组织的"国际学生评估项目"（PISA）测试中，上海学生的阅读、数学和科学成绩均名列第一。② 2012 年上海市教育委员会推行"教师专业发展工程"，上海师范大学教师专业发展领导小组领导组建上海师范大学教师专业发展中心。③ 2014 年 2 月，时任英国教育部国务大臣（副部长级）的伊丽莎白·特拉斯（Elizabeth Truss）访问中国，提出在"中英人文交流机制"中增设"英格兰-上海数学教师交流项目"。2014 年 4 月，中英两国政府签署《中国上海市教育委员会与英国教育部关于数学教师交流的谅解备忘录》，并委托上海师范大学国际与比较教育研究院实施该项目。④ 上海学生参与 2009 年、2012 年、2015 年三次"国际学生评估项目"（PISA）以及 2013 年"教师教学国际调查"（TALIS）的成绩傲人、震惊世界，让各国甚而发达国家在对外寻求其他国家先进经验上，将视线投向上海。⑤ 2015 年 10 月，为及时主动回应和服务新时代的国家外交战略，基于对联合国教科文组织等国际组织教育的长期研究，上海师范大学团队就向上海市教育委员会提交关于创建联合国二类机构的决策咨询报告。2015 年 11 月，上海师范大学团队向上海市委市政府呈交该专报及关于申报"联合国教科文组织教师教育中心"的咨询报告。2016 年 5 月，由世界银行举办的"公平与卓越：全球基础教育发展论坛"在上海召开，推动上海教育走向世界，进一步加强了世界各国的交流合作。经中国（上海市）政府申请以及 2 年的筹备工作，2017 年 11 月，联合国教科文组织（UNESCO）于 2017 年第 39 届全体大会在巴黎总部以"无辩论"方式通

① RIICE 要闻［EB/OL］. https://untec. shnu. edu. cn/d9/a6/c26038a776614/page. htm，2023 - 01 - 16.
② 李军作. 区域基础教育对外开放研究 基于上海市浦东新区的实践［M］. 2022
③ 《一切以教师的发展为本——上海师范大学教师专业发展中心工作总结》［EB/OL］. https://hr. shnu. edu. cn/_ upload/article/files/33/54/10ea82904a2f9f8be5dbcd6a3403/2eee29e4-73e8-4b5e-a9ea-61682d665c7a.pdf，2024 - 03 - 12.
④ 张民选，闫温乐. 英国教师眼中的中国数学教育秘密——上海师范大学国际与比较教育研究院院长张民选教授专访［J］. 外国中小学教育，2015（1）：1 - 5.
⑤ 郭梦涵. 联合国教科文组织教师教育中心：讲好上海教育故事的讲台［J］. 上海教育，2023（29）：52 - 53.

过，决定在上海师范大学设立教师教育中心。经过 4 年的规划建设，2021 年
10 月，联合国教科文组织教师教育中心在上海师范大学以南桂林路 55 号正式
揭牌。2022 年 11 月，联合国教科文组织教师教育中心正式入驻上海市桂林路
55 号。① 中心的创建源于对国家参与全球治理的主动回应、对上海建设全球城
市的积极参与，以及中国一代代教育学者创建国际教育组织的夙愿。入驻新址
标志着上海师范大学可以依托这一平台，在更好的软硬件条件基础上开展更大
规模和更深入的教师教育研究和实践。立足中国上海，联合国教科文组织教师
教育中心的成功设立，体现中国教育实力的增强，也说明中国教师教育国家化
走出了关键一步，中国教育的话语权、国际影响力和文化软实力会进一步
提升。

（三）组织结构

联合国教科文组织教师教育中心组织结构见图 5 - 5。中心采用理事会领
导的主任负责制。作为中心的最高决策机构，理事会全面监管中心的工作，确
保中心的发展方向与联合国教科文组织的目标保持一致。理事会成员由来自不
同国家和地区的专家组成，他们在教育领域具有深厚的学术背景和丰富的实践
经验。在理事会的领导下，中心主任负责中心的日常运营和管理工作。中心主
任需要具备出色的领导能力和教育专业知识，能够带领团队完成中心设定的各

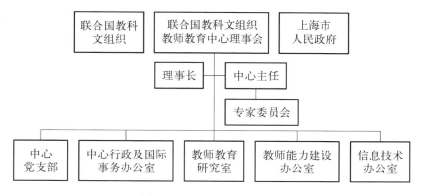

图 5 - 5　联合国教科文组织教师教育中心组织结构

---

① 　上海师范大学 ［EB/OL］. https://www.shnu.edu.cn/71/5b/c16a749915/page.htm，2021 -
　　10 - 07.

项任务和目标。为确保中心的工作质量和水平，中心设立了专家委员会。该委员会由一批在教育领域具有卓越成就的专家学者组成，他们为中心主任提供宝贵的建议和意见，帮助中心制定科学的发展策略。与此同时，中心设有多个主要部门，包括中心党支部、中心行政及国际事务办公室、教师教育研究室、教师能力建设办公室、信息技术办公室等。这些部门各司其职，共同推动中心各项工作的开展。中心党支部负责党的建设和思想政治工作，确保中心的发展始终沿着正确的方向前进。中心行政及国际事务办公室负责中心的行政事务和国际合作事宜，协调各部门之间的工作，促进中心同外部机构的交流与合作。教师教育研究室专注于教师教育的理论研究和实践探索，为教师教育机构提供科学的指导和支持。教师能力建设办公室负责开展教师能力建设项目，提升教师的专业素养和教育教学能力。信息技术办公室负责开展教师能力建设项目，提升教师的专业素养和教育教学能力。为了进一步提升中心的研究水平和影响力，中心每年会聘请国际、国内一流的教师教育专家作为客座教授或研究员来中心工作。同时，中心还会聘请若干项目专员参与中心的能力建设、技术服务和信息共享等工作。

（四）研究领域

1. 教育制度与政策国际比较研究

教育制度与政策国际比较研究旨在探讨不同国家和地区的教师教育政策、制度及其对教师教育发展的影响，为优化教师教育制度提供决策参考。教师教育政策是教育政策的重要范畴，属于教育政策的有机组成部分，是国家根据教育基本政策为解决教师教育问题而制定的政策法规。自成立以来，联合国教科文组织主要出台了系列与教师教育相关的报告和文件：2006年《教师专业发展》、2007年《教师学习的全球视角：改善政策和实践》、2011年《教师信息通信技术能力框架》和《教师信息通信技术能力标准》、2012年《2012—2015年教师战略》、2014年《通过信息通信技术准备下一代教师》等。孔令帅副教授在其著作《国际组织教师教育政策研究》（2015）中介绍了联合国教科文组织教师教育政策的发展，从关注教师培训和教师专业化到关注教师招聘、教师培养与培训，同时介绍了职前、职后教师教育政策的现状及影响。[①] 2016年2

---

① 孔令帅. 国际组织教师教育政策研究 [M]. 上海：上海教育出版社，2015.

月，孔令帅副教授赴曼谷参加了"校本评价：亚太地区的政策与实践"（School-based Assessment：Policies and Practices in the Asia Pacific）国际科研合作项目的研讨会议。此外，还有来自印度、韩国、不丹、马来西亚、尼泊尔、泰国、中国上海、中国香港、吉尔吉斯斯坦、塔吉克斯坦、乌兹别克斯坦等国家和地区的专家和学者参与。该项目旨在探索亚太地区各国和地区的校本评价在何种程度上反映教育政策和框架，以及在教学改善上如何实施和应用等问题。2024 年 2 月，联合国教科文组织教师工作组（UNESCO Teachers Task Force）发布首份《全球教师报告》。受工作组委托，中心专家团队张民选教授、卞翠副教授、宋佳副教授、孙阳博士为该报告撰写了中国教师发展案例，包括中国如何吸引学生从教、提升教师地位与待遇、公费师范生计划、乡村教师支持计划等，为世界各国补充教师队伍提供了中国经验。[①] 中心作为联合国教科文组织的重要国际教育机构，加强和深入我国在国际组织方面的系统和理论研究，有利于我们了解、参与和走向国际组织，让世界了解中国及上海教育都有一定的积极作用。同时，由于联合国教科文组织的性质和宗旨使其不同于其他国际组织，大多数情况下代表发展中国家的利益，因此对教育政策的价值取向开展研究具有深远意义。

2. 教师专业发展研究

教师专业发展研究关注教师的专业成长过程，研究如何提升教师的专业素养和教育教学能力，以满足不同教育阶段的需求。国际合作课题——Securing the 21st Century Teacher Workforce：Global Perspectives on Teacher Motivation Professionalism and Retention-The Teacher Motivation Project（确保 21 世纪教师队伍：全球视角下的教师激励、专业精神和留任——教师激励项目）[②] 是由伦敦大学学院教育研究所和 STIR 教育机构共同领导的一个创新项目。该项目探讨了不同辖区、不同层次的教育系统如何努力提高教师的工作和生活水平。报告借鉴了近期的文献综述和基于政策文件和轨迹分析的辖区研究，以及对高级政策领导人的访谈。这些案例研究了约旦、苏格兰、乌干达、安大略省（加

---

① 中心团队参加《全球教师报告》研制并撰写中国案例［EB/OL］. https://untec.shnu.edu.cn/3a/47/c26038a801351/page.htm，2024 - 02 - 27.

② Securing the 21st Century Teacher Workforce：Global Perspectives on Teachers Motivation，Professionalism and Retention［EB/OL］. https://www. wise-qatar. org/2017-wise-research-21st-century-teacher-workforce/2017 - 07 - 23.

拿大）、北方邦（印度）和上海（中国）的政府、邦、地区、学校和非政府组织是如何激励、培养和留住教师的。重点介绍了影响教师激励、发展和留任的关键后勤因素和全系统条件。研究提出了若干项建议，如针对政策制定者，提出启动不同的教师激励支持和干预措施，以反映地区、职业阶段和代际差异；为教师提供有目的和有意义的机会，让他们相互学习，并为系统提供信息；激发关于教师知情循证策略的讨论，以支持教师自主性和动机；在寻求教师激励的解决方案时进行差异化和创新等。随着政府和机构面临的压力越来越大，政府和机构必须了解是什么促使教师加入教师队伍并发展成为有能力的教师。国家一般课题包括中心王洁教授主持的中小学教师专业发展测评的指标体系研究，闫温乐负责的国际组织高级专业人才培养研究。在 2021 年 6 月于上海师范大学联合国教科文组织教师教育中心举办的"新时代教师评价——第二届全国教师教育发展论坛"上，王洁教授分享了如何从 TALIS 出发构建中国教师专业发展指标，并进一步延展为全人视角的教师专业发展测评框架，以期为国家各级政府的教育政策制定提供可靠的、有针对性的依据。① 2023 年 11 月 2 日下午，联合国教科文组织教师教育中心举行"一带一路"共建国家教师队伍建设国际研讨班开幕式，以"高素质教师，高质量教育"为主题，旨在搭建一个互联互通、互学互鉴的国际交流平台，成就更好的教师教育，为全球教师发展作出有益探索和积极贡献。②

3. 国际组织与全球教育治理研究

以国际组织与全球教育治理的关系为研究对象，具体包括国际组织与教育治理相关的政策文件、主要项目以及相关的国际组织人才问题，旨在加强与国际教师教育机构的合作与交流，分享成功经验，共同推动全球教师教育的进步，为完善全球教育治理献计献策。相关研究项目有"世界主要国家教育监管的做法、经验与启示""国际组织高级专业人才培养研究""'以本为本'背景下本科教学评估制度的校本研究""美国教师资源公平配置研究"等。取得的重要成果包括《世界银行与教育发展》《重塑辉煌：欧盟终身教育计划研究》《专业视野中的 PISA》。翻译国际教育规划研究所、世界银行、经济合作与发

---

① 上海师范大学国际与比较教育研究院［EB/OL］. https://cice.shnu.edu.cn/5c/75/c18761a744565/page.htm，2021 - 06 - 22.
② RIICE 要闻｜"一带一路"共建国家教师队伍建设国际研讨班开幕［EB/OL］. https://untec.shnu.edu.cn/21/8b/c26038a795019/page.htm，2023 - 11 - 02.

展组织的近 10 部著作和报告。在研的课题有国家博士后基金课题"国际组织人才培养"、联合国教科文组织的"21 世纪技能研究"项目等。张民选教授著的《国际组织与教育发展》（2011），是我国系统研究国际教育组织的第一部。全书既有对国际组织历史发展的全景式勾画描述，又有对国际教育组织深入的个案分析；既有对国际组织细致的概念厘定和功能研究，又有对国际教育组织独到的分类梳理。书中还简要介绍了联合国教科文组织的创建及发展进程，分为在冷战中发展、遭遇经济危机和跨越新千年三个发展阶段，同时还对联合国教科文组织的组织与财政、职能与运作、使命与行动以及下属机构作了详细、系统的描述。① 2020 年 1 月，国际与比较教育研究院院长张民选教授在学术沙龙活动中就全球治理、全球教育治理等相关话题进行分享和讨论，提出全球教育治理是全球治理中的一个领域。参与全球教育治理，需要持有积极参与全球治理，建设人类命运共同体的理念，开辟世界活动空间。闫温乐著的《世界银行与教育发展》，是"国际组织与教育发展"系列之一，全书分为关于世界银行与教育发展；世界银行与教育发展的研究现状；世界银行支持教育发展特征的成因探讨——三种"力"等内容。该书对世界银行支持教育发展的特征、成因及对全球教育产生的影响进行了全新、深入的挖掘和呈现。② 成果展现出中心扎实的学术研究实力。

（五）教育人才培养

中心以培养具有全球视野和卓越教育能力的教师为目标，注重提升教师的教育理念、教学方法和教育技术，使其能够适应全球化背景下的教育发展趋势。国际与比较教育研究院完善了组织管理构架，组建了以民盟中央副主席徐辉教授为主席的理事会、以上海师范大学副校长刘晓敏教授为主任的管理委员会，张民选教授任研究院院长。同时，研究院形成了院内专职、校内兼职和国内外特聘的三层面的学术队伍结构。2011 年，研究中心获得了博士学位授予点，并被批准招收"博士后"研究人员；同年，研究中心被教育部批准为"教育部国际教育研究与咨询中心教育政策研究室"；2012 年被教育部命名为"国际教育研究培育基地"；2013 年被上海市教委命名为"上海高校智库"和"上

① 张民选. 国际组织与教育发展［M］. 上海：上海教育出版社，2010.
② 闫温乐. 世界银行与教育发展［M］. 上海：上海教育出版社，2013. 01.

海市高校 E 研究院"。现今，一支学术造诣深、专业能力强、掌握语种多、国际经历丰富、善于团队合作的研究队伍正在迅速成长。

有关专业学位博士研究生培养，研究院致力于培养具有国际教育情怀和学术竞争力的未来学者。具体而言，通过课程教学、科研参与、助教课程、国外访学等方式，培养热爱教育事业、具有国际教育情怀，具有深厚专业知识水平和研究能力，能够运用多种研究方法开展具有批判性和创新性的国际比较研究，并使用中外文进行学术交流和发表的高水平研究型人才。开设课程包括教育政策与领导、国际组织与教育发展、国际教育基准与测量等。

中心拥有先进的教育资源和优秀的教师团队，能够为学员提供丰富的学习和实践机会。课程设置上，中心结合国内外教育发展的最新动态，不断更新和完善课程内容，确保学员能够学到最新的教育知识和理念。具体包括全球教育治理与国际组织、教育绩效与评价的国际比较研究、上海教师教育政策与行动、国际教师政策与研究前沿议题等课程，旨在运用比较分析的方法来研究当代国内外教育的理论和实践，通过促进相互对话来取长补短、共同发展。教学实践上，中心积极为学生提供平台和机会。2024 年 3 月，"乡村振兴教育人才共建基地"在上海师范大学成立，联合国教科文组织教师教育中心主任张民选教授表示，每一代教育人都有每一代教育人的梦想，但是最重要的是行动。①基地的成功建立可帮助学生利用新技术去亲身体验和感受乡村教育的魅力和挑战。

中心致力于开展教育研究，不断探索教育发展的新趋势和新模式，为教育改革和发展提供理论支持和实践指导。研究院主持实施了 PISA、TALIS、SABER 三大国际教育测评。PISA 是"国际学生评估项目"的英语缩略语（Program for International Student Assessment），由经济合作与发展组织（OECD）研发举办，从 2000 年起，每三年举办一次，至今已举办两轮六次。测试的对象是 15 岁学生（义务教育末），测试的基本内容是阅读、数学、科学三大学习领域。② 上海参加了 PISA2009 年和 2012 年测试，连续获得了两届阅读、数学和科学的世界第一。上海学生在国际学生评估项目（PISA）数学测试中的优异表现（55.4％的上海学生数学成绩为"优秀"，英国学生为 11.8％，

---

① 乡村振兴教育人才共建基地在上海成立 ［EB/OL］. https://www.shnu.edu.cn/3e/40/c16a802368/page.htm，2024 - 03 - 13.

② 张民选. PISA、TALIS 与上海基础教育发展 ［J］. 外国中小学教育，2019，316（4）：1 - 9.

发达国家学生平均为 12.6%）①，将中国教育推到了世界基础教育舞台的中央。TALIS，即"教师教学国际调查"的英语缩略语（Teaching And Learning International Survey）。因经济合作与发展组织通过 PISA 测试成绩和问卷调查的相关数据发现，除家庭因素，教师是对中学生影响最大的因素，而教师培养、保持高质量的教师队伍，各国政府应该是可有作为的。于是，经济合作与发展组织即从 2008 年起研发实施了教师教学国际调查。2016 年 2 月，经济合作与发展组织公布了上海教师参加调查的结果。上海教师的问卷调查结果反映出上海教师专业发展水平、教育教学的实践水平和为人师表的敬业精神。大部分指标都远高于世界平均值，十多项问卷结果为世界第一。此外，中心发表了百余篇 SSCI 和 CSSCI 论文，出版了近 20 部专著译著，承接了 30 多项国家和地方决策研究课题，递交了 40 多份教育咨询报告，举办了 10 多次国际教育研讨会，获得了 20 多项国家和省部级科研和教学成果奖。如何看待中国基础教育和这个教育事业的发展水平和问题，如何让世界分享中国教育发展的有益经验，如何回应各国对中国教育的误解、如何从全球视野来观测中国教育、克服中国教育弊病，这些问题都激励着学者从国际比较的视野研究中国教育。

（六）开展国内外学术交流与知识传播

中心自成立以来，每年与国内外教育组织和相关机构进行广泛且深入的交流，旨在增进教育工作者的相互了解和学习。例如，APEC 经济体教育网络会议、OECD 教育政策改革对话会议以及 UNESCO 第 11 届教师政策对话论坛等项目。同时，各国各地的一线骨干教师及教育行政官员也主动前往上海师范大学国际与比较教育研究院参加研修或交流，例如"一带一路"共建国家教育管理者高级研修班、中英数学教师交流项目等。

"一带一路"共建国家教育管理者高级研修班是由联合国教科文组织教师教育中心与上海师范大学国际与比较教育研究院联合主办，由教育部和上海市教育委员会提供经费支持的国际研修项目。该项目旨在分享中国经验的同时，向国际同行学习，不仅将各国经验应用到中国的教育改革和实践当中，也为世界其他国家的教育发展作出贡献。至今为止，该项目已举办了三期，有来

---

① 张民选，闫温乐. 英国教师眼中的中国数学教育秘密——上海师范大学国际与比较教育研究院院长张民选教授专访 [J]. 外国中小学教育，2015（1）：1-5.

自五大洲 20 余个国家的近 50 名政府官员和高级研究人员参加了学习、考察和交流活动。项目的实施无疑从很大程度上提高了上海师范大学的国际化水平，培养了知华友华的教育行政官员、学者与教育工作者，促进民心相通。与此同时，研究班项目充分发挥了联合国教师教育中心的基本职能，扩大了上海教育经验与中国教育发展成就的国际影响力，提升了中国的国际形象与软实力。①

　　中英数学教师交流项目是中英高级别人文交流机制中的重点项目，指的是英国和中国（上海）数学教师之间的互派教学培训工作，由中英两国教育部共同领导，上海市教育委员会、上海师范大学、英国卓越数学教学中心共同实施。2014 年 2 月，时任英国教育部国务大臣（副部长级）的伊丽莎白·特拉斯访华，其间提出希望观摩上海小学阶段的数学教学情况。随后，双方达成一致，2014 年 9 月至 2016 年初决定分批开展上海英国双向互派数学教师的拓展研修和实践教学工作，是第一个由发达国家全额资助、与发达国家之间的教师互派项目。迄今为止，该项目已举办了三期，在前两轮的合作中，以小学数学教师交流为主，在新一轮的合作中，双方的合作将全面进入中学阶段的领域。中英数学教师交流项目通过数学教育理论研讨，沉浸式教学交流，课堂模拟教学、实地考察和经验分享等方式促进了中英数学教学交流的有效及深入开展。从上海教育发展的角度来看，该项目对于扩展上海基础教育教师的国际视野和教学能力，具有引领性的推动作用；对于推动中国教育走出去、扩大上海乃至我国在全球教育格局中的影响，也具有深远的战略意义。②

　　为更好地推动"上海数学"在国际上传播，中心在继承和发扬上海数学教育传统的基础上融合技术，依托"共享数学"资源库，与多国专业协会、高校建立合作。2021 年与美国高校开展跨文化在线课例研究；2023 年与美国教育部前副部长苏珊·斯克拉法尼（Susan Sclafani）、宾夕法尼亚大学前校长助理严正教授、哥伦比亚大学教育学院伊琳娜·柳布林斯卡娅（Irina Lyublinskaya）教授商谈与纽约、波士顿等地区私立中小学开展数学教师交流的合作计划。2023 年 12 月，中心顺利举办数学教师上海研修班欢迎仪式，并希望以与坦桑尼亚国家教育研究院成立的联合教育研究中心为契机，不断拓展中坦两国教育

---

① "一带一路"高级研修班［EB/OL］. https://untec.shnu.edu.cn/26743/list.htm，2024 - 03 - 17.
② 中英数学教师交流项目［EB/OL］.https://untec.shnu.edu.cn/26742/list.htm，2024 - 03 - 17.

合作的广度和深度，为两国乃至全球教育的发展注入新的活力。①

　　自创立以来，中心已经与美国哥伦比亚大学、马萨诸塞大学、加利福尼亚大学北岭分校、英国牛津大学、伦敦大学学院、伦敦大学教育学院、诺丁汉大学、加拿大多伦多大学、新加坡南洋理工大学暨国立教育学院、香港大学、澳大利亚墨尔本大学、悉尼大学、堪培拉大学建立了稳定的学术交流联系；与联合国教科文组织、世界银行、经济合作与发展组织等国际政府间组织建立了渠道通畅的决策咨询联系，与联合国国际教育规划研究所、联合国终身学习研究所等建立了紧密的合作交流关系；还与国际教育成就评价协会、亚洲协会、美国兰德公司、美国国家教育与经济研究中心建立了智库合作交流关系。

　　联合国教科文组织教师教育中心和上海师范大学教育学院联合承办《比较教育学报》。期刊创办于 1980 年，早期名为《外国中小学教育》，经国家新闻出版总署批准，自 2020 年起更名为《比较教育学报》，目前为双月刊。该刊一直由上海市教育委员会主管，由上海师范大学主办，中国教育学会比较教育分会协办。本刊为"中文社会科学引文索引（CSSCI）扩展版来源期刊""全国中文核心期刊"，并连续多年获选"人大复印资料重要转载来源期刊"。《比较教育学报》将继续传承和发扬《外国中小学教育》的办刊宗旨，加深对国外教育理论与实践的研究，为国内教育界带来新思路、新启示，同时将响应习近平总书记"讲好中国故事、传播好中国声音"的号召，通过国际比较的视角，加强在全球化背景下的中国教育研究，将中国教育经验和模式推向世界。② 此外，2020 年，中心创办了中英文版"UNESCO TEC 通讯"（半年报），2022 年成为季刊，发布"UNESCO TEC"研究成果概要及各项活动概要，同时出版纸质版与网络版，扩大影响范围。2020 年，中心计划启动"UNESCO TEC"英文版学术期刊论证。2021 年，着手组建期刊专业队伍。2022 年，着手延聘国际专家，组织稿源，试办"UNESCO TEC"英文版学术期刊。

（七）结语

　　上海师范大学联合国教科文组织教师教育中心虽正式成立不久，但其创建

---

① RIICE 要闻｜坦桑尼亚教育官员与非洲多地数学教师来沪参加上海教研研修班［EB/OL］.https://cice.shnu.edu.cn/2c/41/c18761a797761/page.htm，2023-12-14.
② 《比较教育学报》［EB/OL］.https://www.shnu.edu.cn/main.htm，2021-08-11.

不仅是一个高水平对外开放的标志性事件，也是一件具有深远意义的标杆性大事。在持有崇高的发展目标与使命愿景之下，联合国教科文组织教师教育中心积极承担四大职能，开展国际教师教育方面的研究与开发活动，学习世界各国先进教育经验与理论以促进自身的教育改革与发展；共享教师教育知识与先进方法，传播中国教育经验的同时讲好中国教育故事；参与国际教师标准设立，为服务全球教师发展提供了巨大可能。教师教育中心的创建为我们提供了一个难以替代、永续发展和双向服务的国际高端平台。① 中心不断探索地方高校自身优势，服务国家战略、传播中国声音，自成立以来已为二十多个发达国家和发展中国家举办教育官员和专家校长研修班，极大地提升了中国教育和上海经验的国际影响力，也增强了中国在联合国教科文组织中的影响力和亲和力。在"百年未有之大变局"中，随着中国逐渐走向世界舞台的中央，中心也将继续为世界提供国际公共产品，探索中国教育经验走向世界的路径，为推动全球教育水平的提高，以及为实现可持续发展作出贡献。

十六、21 世纪教育研究院②

（一）基本概况

21 世纪教育研究院（21st Century Education Research Institute）是以教育公共政策和教育创新研究为主的民办非营利性组织。2002 年成立。致力于以独立的立场开展教育研究与政策倡导，聚集教育界内外的民间智慧，推动中国的教育改革与发展，追求好的教育、理想的教育。其使命是"以独立的力量研究教育问题，以社会的力量推动教育变革"，其愿景为"成就最具公信力的民间教育智库"。
21 世纪教育研究院与地方教育行政部门、教育集团、公益组织和学校有

---

① 张民选. 联合国教科文组织教师教育中心创建纪实与价值意义 [J]. 比较教育学报，2022（1）：3-15.

② 主要参考：21 世纪教育政策研究院 [EB/OL]. https://baike. so. com/doc/7563118-7837211.html；21 世纪教育政策研究院官方网站；书籍《2020：中国教育改革方略》《中国教育蓝皮书》（2003—2015）、《激流勇进：地方教育制度理论与实践——中国地方教育制度创新研究（2008—2012）》《农村教育何处去——对农村撤点并校的评价与反思》；付卫东，付义朝. 智库的转型：我国教育政策研究机构转型发展 [M]. 武汉：湖北教育出版社，2016.

广泛的合作，是国内外基金会、研究机构、企业与学校及教育行政部门沟通交流的重要桥梁，并为教育行政机构和学校提供管理和咨询服务。在上海社会科学院智库研究中心发布的《中国智库报告——影响力排名与政策建议》中，21世纪教育研究院在2014年、2015年连续两年位列中国顶级智库民间智库系统影响力第二名，2016年在教育类智库专业影响力中排名第三，超过中国教育科学研究院等机构，2017年入选中国社会科学院核心智库名单。2019年5月，21世纪教育研究院入选中国教育智库评价SFAI研究报告的核心榜单社会/企业教育智库系列。① 2022年12月入选《2022全球教育智库影响力评价PAP研究报告》"中国教育智库榜单"。② 2023年再次入选中国教育智库评价SFAI研究报告的核心榜单社会/企业教育智库系列。

（二）组织结构

21世纪教育研究院下设理事会、学术委员会及行政机构。理事会设理事长1人，副理事长1人，理事13人，名誉理事1人（见表5-3）。学术委员会有学术委员20人（见表5-4）。行政机构（管理团队）包括院长1人，执行院长1人，运营总监1人，研究总监1人，农村教育研究中心主任1人，南方中心主任1人，职教创新中心主任1人，长三角中心执行主任1人（见表5-5）。杨东平担任21世纪教育研究院名誉理事长，他是北京理工大学教授，著名教育学者。知名学者熊丙奇担任院长。③

表5-3　21世纪教育研究院现任理事会

姓　名	机构内职务	机　构　外　职　务
杨东平	名誉理事长	21世纪教育研究院名誉院长、国家教育咨询委员会委员
张守礼	理事长	奕阳教育集团董事长

① 周洪宇，刘大伟.中国教育智库评价SFAI研究报告（2019年版）[M].北京：中国社会科学出版社，2019：55.
② 《2022全球教育智库影响力评价PAP研究报告》重磅发布[EB/OL].https://www.sohu.com/a/620438201_608848，2022-12-23.
③ 刘波，李梅华.民间教育评估机构的问题及改进策略——以21世纪教育研究院为例[J].教育评论，2016（8）：47-50.

续　表

姓　名	机构内职务	机　构　外　职　务
姜跃平	副理事长	企业战略顾问 & 投资人
陈长河	理事	北京均优教育创办人
储朝晖	理事	中国教育科学研究院研究员
顾　远	理事	Aha 社会创新学院创始人
黄胜利	理事	21 世纪教育研究院执行院长
李　霞	理事	远播教育集团董事长
李一诺	理事	一土学校创始人
梁建章	理事	携程集团联合创始人之一，知名人口经济学家
姜跃平	理事	企业战略顾问 & 投资人
孙爱永	理事	广西工业学院董事长
谢　波	理事	西交利物浦大学中国文化教学中心主任
熊丙奇	理事	21 世纪教育研究院院长
杨东平	理事	21 世纪教育研究院名誉院长，国家教育咨询委员会委员
张守礼	理事	奕阳教育集团董事长

表 5－4　21 世纪教育研究院现任学术委员会委员

姓　名	机构内职务	机　构　外　职　务
张卓玉	学术委员	国家教育考试指导委员会专家组成员、山西省教育厅原副厅长
康　健	学术委员	北京大学教育学院教授、北大附中原校长
曾晓东	学术委员	北京师范大学教育学部教授
程红兵	学术委员	深圳明德实验学校总校长
柴纯青	学术委员	《中小学管理》杂志社社长

续 表

姓 名	机构内职务	机 构 外 职 务
储朝晖	学术委员	中国教育科学研究院研究员
蒋 莉	学术委员	浙江外国语学院、浙江师干训中心副教授
韩嘉玲	学术委员	北京社会科学院研究员
贾西津	学术委员	清华大学公共管理学院副教授
梁晓燕	学术委员	北京市西部阳光农村发展基金会执行董事、资深公益人士
史静寰	学术委员	清华大学教育研究院教授
汤 勇	学术委员	中国陶行知研究会农村教育实验专委会理事长、四川省阆中市教育局原任局长
王 烽	学术委员	中国教育科学研究院教育体制改革研究所所长
王 雄	学术委员	江苏扬州中学历史特级教师
熊丙奇	学术委员	上海交通大学教授
杨东平	学术委员	国家教育咨询委员会委员
袁连生	学术委员	北京师范大学经济与工商管理学院教授
朱永新	学术委员	民进中央副主席
郑新蓉	学术委员	北京师范大学教育学部教育基本理论研究院院长
邬志辉	学术委员	东北师范大学中国农村教育发展研究院院长、长江学者特聘教授

表5-5 21世纪教育研究院现任管理团队

姓 名	机 构 内 职 务
熊丙奇	院长
黄胜利	执行院长
曾国华	运营总监

续　表

姓　　名	机　构　内　职　务
郭婷婷	研究总监
赵宏智	农村教育研究中心主任
臧敦建	南方中心主任
刁　文	职教创新中心主任
张梦月	长三角中心执行主任

（三）研究领域及特色

1. 农村教育研究

21 世纪教育研究院长期关注农村教育。伴随农村学龄儿童减少、大规模人口流动，以及持续十年的农村义务教育学校"撤点并校"，农村教育出现上学远、上学难、上学贵，流失辍学、大班额、流动儿童和留守儿童等问题，暴露出"撤点并校"的严重后果。2012 年，21 世纪教育研究院在全国范围内开展了有关农村撤点并校的讨论与调查，并于 12 月份举办了"一切为了农村学生"的高峰论坛，对撤点并校政策进行了集中反思与评价。后来，这些讨论与调查结集成书《农村教育向何处去——对农村撤点并校政策的评价与反思》。近年来，各地农村教育出现了丰富多彩的探索实践，表明农村教育具有不可替代的独特价值。新的时代背景下农村教育的健康发展，会使得农村教育成为新农村建设和新的乡村文明的生长点，使得中华民族的古老的乡村文明得到继承、滋养和更新。在这样的时代背景下，2013 年，21 世纪教育研究院研讨"新农村·新教育"，探索城镇化进程中农村教育的科学发展之路。研究发现以村小、教学点为主的农村小规模学校是农村学校最后的 20%，是关涉农村教育公平实现的关键。因此，研究院在 2012 年农村学校布局调整政策研究的基础上开始重点关注"农村小规模学校"，进行跟踪性调研及政策倡导。2013年，研究院对"后撤点并校时代"农村小规模学校恢复重建的案例进行了实地调研，发布《农村小规模学校建设研究报告》，并对美国、日本、东南亚国家和我国台湾地区建设振兴农村小规模学校的实践进行了研讨。

成立农村小规模学校联盟，促进农村教育均衡发展。21世纪教育研究院于2014年牵头成立了"农村小规模学校联盟"，旨在联合分散在各地的农村小规模学校，推动各地小规模学校内部间的交流、学习与合作；搭建小规模学校与公益组织、政府部门的沟通桥梁，形成双方的资源对接；形成小规模学校共同体，让小规模学校的声音和诉求得以被社会听见，从而更有力地影响政府政策以及凝聚社会资源；形成小规模学校的研究共同体，为学界研究小规模学校提供一个平台。通过以上目标的实现，最终探索出一条推动农村小规模学校内涵发展、提升教育质量的有效路径，更好地发挥小规模学校在推动教育公平、提高教育质量中的积极作用，实现自下而上地推动农村教育改革。① 这些研究及组织的设立，为国家农村教育改革与发展提供了决策支持。

2. 高考改革研究

由于高考制度的每一项具体措施都"牵一发动全身"，利弊互见，错综复杂具有高利害性、高风险性的特征。正因为如此，就更需要提高决策的科学化和民主化水平，通过社会参与、公开讨论，凝聚改革共识。为此，21世纪教育研究院启动高考改革研究，并通过政策倡导活动推动中国高考制度实质性的变革。

2007年，21世纪教育研究院曾发布首份民间版高考改革方案，并于2009年《国家中长期教育改革和发展规划纲要（2010—2020年）》问计于民时再次发布方案升级版《21世纪教育研究院民间高考改革方案2.0版（2009）》；2014年，在国家高考制度改革政策酝酿的关键期，21世纪教育研究院结合中国教育现状与未来需求，提出《21世纪教育研究院民间高考改革方案3.0版（2014）》，方案认为目前一些将高中学业水平考试与高考挂钩、将等级化的高中学业成绩折合为高考总分的改革思路在评价的科学性、成绩的可比性、考试的公平性都存在一定问题，由高校、院系根据对人才的不同需要，形成多元化的招生标准和自主录取机制，才是破除"唯分数论"的关键，亟须从招考分离开始，以招生录取制度改革为重点，形成高校自主招生、高校和学生双向多选的招生录取制度，走出应试教育的困境。方案提出招录应形成"双向多选"的

---

① 21世纪教育研究院. 农村小规模学校联盟［EB/OL］. https://www.21cedu.org/?g/id/360.html, 2019-05-24.

自主录取模式，取消录取批次，明确不同主体改革责任，渐进式改革的策略。① 同时，研究院发布了《"我们需要什么样的高考？"——深化高考制度改革的公众网络调查报告（2014）》，问卷包含评价现行高考制度的主要弊端、主张高考制度改革的取向和重点、判断高考改革的若干招考举措三方面内容，其中以判断高考改革的若干招考举措为重点。上述关于高中改革的研究及方案反映了民间的呼声，为中国高考改革广泛吸收不同利益方的观点提供了依据。

3. "小升初"择校问题和义务教育均衡发展研究

21 世纪教育研究院重点关注北京"小升初"择校问题。它试图以推进信息公开作为治理"小升初"择校问题的有效抓手，通过督促政府和公办学校在义务教育阶段的招生信息公开，来逐步推进"小升初"招生过程的阳光化、透明化，从而推动北京市义务教育的均衡发展。

2011 年 8 月，21 世纪教育研究院发布调查报告《北京市"小升初"乱象和治理：路在何方》。该报告从学生及家长、学校及教师、利益相关机构等三个层面，分析北京义务教育"小升初"问题的乱象及民意。描述小学"占坑班"、推优生、特长生、共建生、"条子生"、电脑派位生等主要"小升初"渠道，深层剖析奥数培训、择校到择班、幼升小等联动环节。

2013 年，21 世纪教育研究院对北京市 17 个区县的教委、招生考试中心，以及择校最严重的四个区（海淀区、西城区、东城区、朝阳区）的 16 所中学、18 所小学进行信息公开工作监测，本报告将对网络监测、电话监测、实地走访和书面申请四个方面的监测结果进行汇报，呈现北京市 2013 年"小升初"教育信息公开的情况。为了评价北京市"小升初"改革的效果，21 世纪教育研究院联合腾讯教育，于 2014 年 9 月对 2 255 名家长开展网络调查。研究院发布的《北京市"小升初"改革评价报告（2014）》显示，家长总体肯定北京"小升初"改革的成效。2 255 名受访者中认为"小升初"改革有成效的比例占 63.55％（包括"非常有效""比较有效""有成效但不明显者"），认为"没有什么成效"的占 36.45％。

同时，21 世纪教育研究院举行了一系列研讨会，如"我们需要怎样的小升初政策"研讨会、"义务教育阶段信息公开"研讨会等，为解决义务教育均衡发展面临的问题，凝聚共识，提出对策，寻找破解之道。

---

① 21 世纪教育研究院. 21 世纪教育研究院民间高考改革方案 3.0 版（2014）[EB/OL]. https://www.21cedu.org/?gcon/id/219/m/451.html，2019 - 05 - 24.

4. 高等教育信息公开研究

研究发布《高校信息公开情况评价报告》，督促引导高校信息公开工作。在各级教育中，高等教育享有力度最大的国家财政投入。作为公共部门，高等学校肩负对公众的社会责任，理应向纳税人乃至整个社会汇报其独占的学校信息，高等教育行政管理部门更是如此，均应保证公众知情权，并为其监督权的行使提供便利。然而，由于中国高校的经费来源主要依靠政府划拨，不像国外（如美国等）依靠社会资金筹措的大学那样，存在回应公众问责、依靠信息公开来维持其或提高社会声誉的内动力；因而对信息公开重视程度不够，即便在有政府明令（2010 年《高等学校信息公开办法》）要求的情况下，执行情况也良莠不齐（据 2011 年中国政法大学的调查，没有一所"211"高校主动公开了学校的经费来源和年度经费预决算方案；仅 13.4% 的"211"高校提供公民申请公开的信息）。在这样的情况下，21 世纪教育研究院于 2014 年起开展"推进高校信息公开"项目，对教育部直属高校 2014 年的信息公开情况进行了第三方评价，该评价可以视为对各直属高校信息公开工作是否达到底限的评价。与教育主管部门、高校共同推进信息公开，推动社会对高等教育的参与，进而推动现代大学制度的建立。研究院发布的《2014 年度高校信息公开情况评价报告》显示，75 所直属高校信息公开综合评价平均得分为 71.30 分，得分在 60 分及以上的直属高校共计 60 所，八成直属高校信息公开综合合规性"及格"。《2015 年度高校信息公开情况评价报告》显示，75 所直属高校信息公开综合评价平均得分为 86.64 分，较 2014 年度平均得分 71.30 分提高了 15.34 分。所有 75 所高校信息公开综合合规性全部"及格"，及格高校数量较 2014 年度增加了 15 所。[①] 通过两年的评价结果可以看出，直属高校在要求公开的各事项完成情况、信息公开工作年度报告内容完备性、信息公开工作年度报告发布规范性有了很大幅度的提升。但仍有部分直属高校未按时发布信息公开年报，存在一些问题，如最受瞩目的一批名校排名却相对靠后，高校相关网站用户体验较差的问题仍然存在，部分高校不重视信息及时更新与日常维护，栏目空设、未提供链接，网站运行不稳定等。报告据此提出了一些提升信息公开工作的建议。

研制发布《"高校就业质量年度报告"发布评价排名》。根据 2013 年 11 月

---

① 21 世纪教育研究院. 2015 年度高校信息公开情况评价报告 [EB/OL]. https://www.21cedu. org/?gcon/id/220/m/1244.html，2019 - 05 - 24.

教育部办公厅下发《关于编制发布高校毕业生就业质量年度报告的通知》，21世纪教育研究院对当年2月至3月发布的75所教育部直属高校2013年度"就业质量年度报告"的内容完备性、信息公开化及公信力作出评价、排名，形成《"高校就业质量年度报告"发布评价排名（2013）》。报告指出部属高校"就业质量年度报告"发布情况整体不达标，部属高校年报内容完备性与公信力平均得分55.4分，四成高校未及时发布就业质量年度报告，各高校在信息公开的便利性方面仍亟待提高。① 《"高校就业质量年度报告"发布评价排名（2014）》显示，内容完备性与公信力评价的平均得分为58分，信息公开评价的平均得分为73.9分，得分相较2013年均有所上升。

5. 其他研究

开展前瞻性研究，积极建言献策。21世纪教育研究院参与制定《国家中长期教育改革和发展规划纲要（2010—2020年）》（以下简称《教育规划纲要》）。2009年，研究院联合北京大学民办教育研究所等多家机构，围绕《教育规划纲要》召开了一系列专题研讨会，组织包括学生、家长、教师、学者、企业和教育管理者等相关人士，就教育改革和发展中的重点、难点问题进行专题研讨。研讨会主题涉及：（1）我们要培养什么样的人？关于教育方针、培养目标的探讨；（2）重点学校该不该取消？关于义务教育均衡发展的改革路径探讨；（3）教育经费投入"差不差钱"？关于增加教育经费投入、扩大教育资源的探讨；（4）怎样实现"儿童优先发展"？关于学前教育政策的探讨；（5）重建职业教育魅力，关于职业教育改革的探讨；（6）如何振兴中国民办教育？关于民办教育政策的探讨；（7）关于高考制度改革的探讨；（8）如何转变政府教育职能？关于教育行政体制改革的探讨。在此基础之上，研究院撰写了若干个政策建议和民间版的教育改革方案，为制定出一个能够引领中国在新世纪发展的《教育规划纲要》建言献策，发挥了积极的作用。随后，21世纪教育研究院出版了《2020：中国教育改革方略》，被称为"民间版的教育规划纲要"。该书对我国教育公平问题进行了理论梳理和实证研究，涉及中小学"择校热"、重点学校制度、示范性高中、"转制"学校、"校中校""名校办民校"、教育投入、教育乱收费、教育发展的城乡差距和地区差距、性别之间的教育差异、

---

① 21世纪教育研究院."高校就业质量年度报告"发布 评价排名（2013）[EB/OL].https://www.21cedu.org/?gcon/id/220/m/837.html，2019-05-24.

高校招生中的不公现象、高校扩招、高校贫困生现象、"独立学院"现象、"教育产业化"等若干热点问题，以及义务教育、高中教育和高等教育公平的评价等。该书不但深刻剖析了中国教育不公的诸多症结，而且对症一一开出了医治良方，对教育投入、教育规划、教育政策等诸多方面的深化改革，具有重要的参考作用。该书在《教育规划纲要》的基础上，围绕国家和地方政府关心的教育问题，结合我国地方政府教育创新的案例以及国际教育改革的经验，提供更加丰富的前瞻性的理论思考，以及具有建设性、操作性的政策建议。① 因而，该书是有利于理解与贯彻《教育规划纲要》，促进教育改革和制度创新的延伸性、拓展性，为国家和地方政府落实《教育规划纲要》提供了参考和服务。21 世纪教育研究院开展的其他研究还涉及民办教育政策研究、公民教育、平民教育等。

开展课题专项资助计划。21 世纪教育研究院于 2010 年、2011 年发起专项资助计划，支持小型教育类项目的调查研究。资助项目分为指定选题和自主选题。其中，指定选题由 21 世纪教育研究院在其官方网站上发布，申请人自行申请。获得资助的申请人将与资助方签署资助协议。项目要求课题密切关注教育前沿话题，深刻挖掘教育热点问题，凭借创新的理念和扎实的方法进行实证研究，支持教育学者的学术发展。2010 年，共资助 13 个研究课题，课题方向集中在农村教育、教师的培养与轮岗。2011 年，共资助 15 个研究课题，课题方向集中在教育政策、办学与教学模式。该计划的目的是通过独立的专业化研究和广泛的公众参与来推动中国的教育改革和发展。

开展"在家上学"研究，发布相关报告。"在家上学"是满足社会公众对教育需求越来越多样化和个性化的重要方式，可以有效补充体制内教育不足，丰富多元教育的发展。2013 年、2016 年、2017 年，21 世纪教育研究院均发布了《中国在家上学研究报告》。以《中国在家上学研究报告（2013）》为例，报告显示，在家上学主因对学校教育不满，六成孩子逃离学校；在家上学实践广东最多，集中在小学阶段；母亲顶起半边天，家长有学历不一定有钱有闲；但也面临合法化、社会化、学习的成效与质量保障、信息沟通与专业发展等问题。21 世纪教育研究院建议加强对在家上学的持续关注和深入研究，探索具有本土特色的在家上学模式，以确保在家上学孩子的学习权和家长对子女教育

① 21 世纪教育研究院. 教育规划纲要的参与制定［EB/OL］. https://www.21cedu.org/?g/id/224.html，2019-05-24.

的选择权；建立行业内交流沟通的长效机制，建议相关自组织机构从学生成长的需求出发，"走出去""请进来"，互通有无，必要时建立定期的"访学"机制；尊重、鼓励多样化的自主探索；整合社会资源，构建社会支持系统，建议家长充分利用博物馆、图书馆、艺术馆等社会教育资源，利用社区的资源优势给孩子提供各方面实践、锻炼的机会，让孩子在活动中充分融入社会。"在家上学"研究报告为公众及政府教育部门认识这一新的教育方式提供了平台，也为"在家上学"未来的健康发展奠定了基础。

（四）设置各类奖项，推动教育创新

实施 LIFE 教育创新项目。"LIFE 教育创新"（Learners' Innovation Forum for Education）项目于 2014 年 2 月正式启动，缘起于 21 世纪教育研究院对教育的反思：什么是好的教育？我们相信，教育关乎生命、融于生活、适于终身，教育创新源于社会中每个个体在自己的位置上作出点滴改变。在 2014 年月度系列活动中，研究院与多个实践教育创新的组织及个人合作，针对不同专题开展系列围绕教育创新的活动；2015 年春天的年度峰会，汇集了社会各界和中西方的教育创新力量，活动形式包括主题论坛、工作坊、辩论赛、艺术展等。"LIFE 教育创新"通过年度峰会和月度系列活动，旨在反思教育哲学和真伪命题，促进公众参与教育的对话与创新性的行动，以期增强中国教育的生命力和多元化。旨在发现、支持和汇聚创新型教育个人和团体，并帮助这些行动传播、反思和成长。

评选"地方教育制度创新奖"。由社会组织和学术机构对政府绩效进行独立的第三方评估，对政府创新行为进行研究和奖励，是世界许多国家的普遍做法。如由哈佛大学肯尼迪政府学院承办的"美国政府创新奖"，就是对政府行为声誉最高的奖项。第三方独立评价本身是教育制度创新的组成部分。为了推动地方教育制度创新的发展，21 世纪教育研究院于 2008 年联合社会多方机构共同发起"地方教育制度创新奖"评选活动，每两年一届，通过专家评选、媒体记者评选和网络评选，从全国各地汇集的案例中，精选出一定数量的入围案例，并将通过调研和评选，从中选出获奖案例。以 2016 年第五届教育制度创新奖为例，本届入围案例 34 个，分布在以下 7 个领域：地方教育行政体制改革、农村教育科学发展、促进义务教育均衡发展、学前教育、职业教育、民办教育、社区教育。农村教育科学发展的案例最多，地方教育行政体制改革其次。从创新的领域看，促进农村教育科学发展、地方教育行政体制改革最为活跃。从教育创新的主体看，行政层级增高，"东西规律"明显但差距缩减，教育创新的动因更加多元，主动型创新增多。"地方教育制度创新奖"通过民间评价地方政府教育绩效的形式，用改革的实践促进改革，促进中国的教育现代化。该奖项产生了广泛的社会影响，被视为"民间评价教育的有益尝试"。通过地方教育制度创新奖，发现了一批地方教育制度改革创新的案例，总结、宣传、推广地方教育改革的成功经验和创新模式，将会调动更多的地方政府参与教育改革，营造改革的环境与氛围，推进地方政府的善政与善治，由点带面逐步推动中国教育制度的变革。该奖项以其独立、公正的评价推动了地方教育的创新，开创了第三方评价政府教育绩效的先河。当然，也有研究者指出，"地方教育制度创新奖"评选活动存在参评案例数量总体偏少、获奖案例未能得到有效推广、未能与政府建立有效合作关系等问题，① 需要从加强自身建设、改善外部环境两个层面加以改进。

除此之外，21 世纪教育研究还评选"全人教育奖"；开展儿童哲学阅读推广项目，其子项目有伊顿纪德乡村教育行动、"酷思熊"阅读计划、儿童哲学花园实验学校、"天使的声音"等。这些奖项及项目的开展一定程度上推动了一线教育理念及实践的创新。

（五）参与政府、学校教育咨询与规划

21 世纪教育研究院作为独立的第三方，近些年来开展了一系列的政府咨询与规划项目。如"上海浦东新区教育发展'十二五'规划项目""四川成都武侯区教育发展'十二五'规划项目""天津中新生态城教育发展规划项目""北京顺义区域教育发展评估项目""镇江学前教育规划项目"等。教育的信息公开对于推进教育治理现代化具有重要意义。教育行政部门和学校主动公开重大事项，增加行政透明度，接受社会监督，有助于推进教育治理能力现代化。以"成都区（市）县教育局门户网站信息公开监测与评估"项目为例，21 世纪教育研究院 2015 年首次承接该项目，2017 年，教育评估中心继续与成都市教育局合作，完成了对成都 22 个区（市）县教育局门户网站信息公开情况的 4 次季度测评、1 次年度测评。此项目根据《信息公开条例》的有关规定，结合成都市各区（市）县教育局的具体需求，定制了信息公开评价指标体系进行监测，对各期测评结果进行纵向、横向比

① 刘波，李梅华. 民间教育评估机构的问题及改进策略——以 21 世纪教育研究院为例 [J]. 教育评论，2016（8）：47-50.

较，在此基础上提出工作改善建议，致力于从区域性信息公开机制做起，持续推动教育信息公开在各地健康发展。① 这些项目发挥了民间智库应有的作用，得到政府部门的一致好评，为管办评分离，转变政府职能提供了第三方力量。

21 世纪教育研究院在为政府部门提供咨询与规划的同时，在学校教育领域也开展了相应的咨询服务，将倡导的教育理念落实在学校教学、管理等方面。如"江西美佛儿国际学校发展规划项目""浙江嵊州市越剧艺术学校发展规划项目""吉溪中学发展规划咨询项目""日日新学堂发展评估"等。21 世纪教育研究院十分关注教育公益组织的发展。2009 年、2011 年、2013 年均不同程度地参与并联合主办了教育公益组织年会。近年来，21 世纪教育研究院承接了一系列教育公益项目评估，如"清华之友—凯风公益基金会奖学金评估项目""安利公益基金会中西部农村义务教育学生营养改善调研项目""中国扶贫基金会基础教育现状调研""中国扶贫基金会儿童发展调研""感恩基金会流动—留守儿童素质教育项目评估""小候鸟阅读桶项目评估""中国平安公益行动咨询评估项目"等。

（六）出版与传播

21 世纪教育研究院研制出版年度《中国教育蓝皮书》，以民间视角记录、探讨中国教育的改革和发展。该书是反映中国教育状况的年度性报告，由 21 世纪教育研究院主持编写。主编为杨东平教授，写作团队主要由国内高校、教育研究机构、新闻媒体的中青年教育学者、记者等人员组成。《中国教育蓝皮书》致力于从民间的立场和视角来透视、研究和记录中国教育问题，以年度各教育领域扫描为基础，重点研读当年教育热点事件及其对中国教育未来的影响。该书的主体结构是：总报告、年度主题、基础教育、高等教育、民办教育、职业教育、政策专题。在内容上，《中国教育蓝皮书》持续关注我国宏观教育政策的动态与走向、弱势群体的教育状况、教育公平和教育均衡等方面的变化情况，并积极倡导政策改善。自 2003 年首次问世以来，《中国教育蓝皮书》连续出版 15 年。自 2008 年起，《中国教育蓝皮书》列入国际著名学术出版集团——荷兰 BRILL 学术出版集团与社会科学文献出版社的英文版合作计

---

① 21 世纪教育研究院. 政府咨询与规划［EB/OL］. https://www.21cedu.org/?p/id/271/page/1.html，2019 - 05 - 25.

划，正式走向国际学界。在《中国教育蓝皮书》中，年度中国教育满意度调查数据尤其受到关注，广为传播。

以《教育蓝皮书 中国教育发展报告（2018）》为例，该书对 2017 年中国教育发展热点难点问题进行了梳理分析。2017 年，中国教育围绕基本实现教育现代化这一目标，进入全面攻坚阶段。本书重点关注了基础教育治理与新高考改革，展现中小学生减负、校外培训机构规范与治理、新高考改革经验与反思等热点议题；盘点上海与山东的区域教育管理改革、两岸教育创新动态等创新实践；揭示农村教育出路、高校"双一流"建设、高职教育发展等重要问题内涵。教师眼中的教育、中小学生自杀问题、城乡教育分化下农村学生的教育获得等报告勾勒出年度教育调查的丰富面貌。本书所涉内容多为社会关注的重点、热点问题，对教育的改革和发展提出了建设性的对策建议，具有较高的资政价值和广泛的社会影响力。

21 世纪教育研究院出版了 21 世纪教育书系和一系列刊物。如《底部攻坚——农村小规模学校的振兴》（刘胡权主编）、《2020：中国教育改革方略》（杨东平主编）、《激流勇进：地方教育制度变革的理论和实践——中国地方教育制度创新研究（2008—2012）》（杨东平、刘胡权主编）、《农村教育向何处去——对农村撤点并校政策的评价与反思》（21 世纪教育研究院著）以及《中国教育蓝皮书》系列。出版刊物有《教育信息周刊》《教育政策研究简报》《21世纪教育沙龙听众参阅》《21 世纪教育研究院通讯》《学前教育公共政策观察》。

通过沙龙探讨教育热点问题。沙龙主要包括 21 世纪教育沙龙、LIFE 教育创新沙龙、明德教育沙龙、思享读书会及开放日活动等。21 世纪教育沙龙于2010 年 9 月创办，每月举行一期。沙龙采取嘉宾主讲、听众参与互动的模式，每期邀请教育领域深具影响力的思考者、实践者担任主讲嘉宾，话题涉及乡村教育、中小学课改、教育国际化、在线教育等前沿话题，回望过去放眼未来，纵深思考汲取教育变革力量。沙龙注重平等尊重、多元开放，倡导建设性、正能量、理性对话，集思广益促进教育现状的改变。LIFE 教育创新沙龙是"LIFE 教育创新"项目开展的月度系列活动，由 21 世纪教育研究院主办。2014 年 2 月，LIFE 教育创新项目启动。该项目通过发现、支持和汇集教育创新案例，帮助这些行动传播、反思和成长。作为项目的一部分，LIFE 教育创新沙龙将针对不同专题开展系列活动，具体包括家庭教育、在线教育、家长体验课等。明德教育沙龙在扬州每月举行一次，成为深受中小学教师、家长、社会人士喜爱的文化交流活动。思享读书会是 21 世纪教育研究院下属教育思想网举办的线上和线下读书会和讨论会。"开放日"自 2014 年 3 月起，每月举办一期，面向公众公开研究成果、项目状况，为每个致力于改变中国教育的机构和个人提供集结平台，合力共建。其目的是让更多的人了解 21 世纪教育研究院、参与到教育改变的进程中来。

（七）结语

21 世纪教育研究院定位于"民间智库，公共平台"，通过专题研究、发布报告、举办高峰论坛、学术研讨会、讲座、教育沙龙、出版等，开展公众讨论，聚焦、深入挖掘中国教育问题，传播和推广先进教育理念，形成教育改革方案，推动中国教育转型变革。其聚焦议题广泛，如农村小规模学校、高考制度改革、免费师范生制度、地方政府教育投入机制、地方教育制度创新、义务教育均衡发展等、高校信息公开，也包括近年来国家与社会普遍关注、急需采取有效治理措施的教育教学实践问题，如学业负担、择校、高考加分、中小学班级规模、课堂教学、政府教育治理绩效、公众教育满意度、在家学习、教辅市场等。21 世纪教育研究院成立三年，便被《南方周末》称为"当下中国最重要也最具雄心的民间教育思想库"[1]。21 世纪教育研究院是一个政策议题相当广泛的民间教育研究机构，其所提出的政策建议也具有一定的专业水平与可操作性，发展出了颇成规模的"教育政策学"世界，其中的政策参与力量尤其体现在"问题提出""寻求解决问题的方案""政策实施与评估"等方面。[2] 它是社会力量从政策层面参与教育治理的典范机构，是中国民间教育智库的典型代表，在一定程度上推动了中国教育治理体系的变革。21 世纪教育研究院院长杨东平曾说，"正是在这一过程中，我比许多书斋或办公室里的研究者更多地感受了自下而上的大地的力量，获得了变革的信心。也是在这一过程中，通过与 80 后亲密无间的合作，建立了与更为年轻的一代的天然联系和信心。还有什么比这更重要的呢？"[3] 这或许能解释 21 世纪教育研究院建立并不断发展的动机之所在。但作为中国民间教育智库，研究院也存在诸多问题。有学者曾评价，"其

① 中国 NGO 在 2005 年的九种表现 [N]. 南方周末，2005 - 12 - 29.
② 何珊云. 课程改革的治理机制创新研究——基于民间公益组织的视角 [M]. 杭州：浙江大学出版社，2014：112.
③ 杨东平. 教育的智慧 [M]. 上海：上海科学技术文献出版社，2014：176.

寄生性生存、'克里斯玛'依赖、体制外运行，以及其大思想产出不足"①。可见，它要成为一个真正意义上的教育智库，未来仍有很长的路要走。

十七、长江教育研究院 ②

（一）基本概况

长江教育研究院（Changjiang Educational Research Institute，简称 CERI）成立于 2006 年 12 月。它由大型企业集团创办，充分整合高等院校、政府教育行政部门资源，以教育政策研究咨询为主要任务。其成立的直接缘由，是为了贯彻湖北省委关于整合省内教育资源，大力发展湖北教育与文化产业的指示精神。在湖北省教育厅的大力支持下，长江教育研究院由华中师范大学和湖北长江出版传媒集团联合发起，湖北长江出版传媒集团具体承办。2019 年 5 月，长江教育研究院入选中国教育智库评价 SFAI 研究报告的核心榜单。③ 2023 年再次入选中国教育智库评价 SFAI 研究报告的核心榜单。

（二）发展历程

长江教育研究院的成立有特定的背景。2006 年，原中央政治局委员、原湖北省委书记俞正声要求进一步整合省内教育资源，大力发展湖北教育与文化产业。根据这个重要指示，湖北省教育厅、华中师范大学和湖北长江出版传媒集团协商决定，建立长江教育研究院。

2008 年 2 月湖北省人大常委会副主任周洪宇继续协调推进这项工作。研究院得到国内教育名家顾明远、郝克明、陶西平、谈松华等的大力支持。每年

---

① 熊庆年，张珊珊. 一个教育 NGO 的组织生态——21 世纪教育研究院观察 [J]. 现代大学教育，2011（4）：122 - 131.
② 资料来源：周洪宇，中国昌. 智库的成长：长江教育研究院十年探索之路 [M]. 武汉：湖北教育出版社，2016；付卫东，付义朝. 智库的转型：我国教育政策研究机构转型发展 [M]. 武汉：湖北教育出版社，2016. 该部分还重点参考《中国教育黄皮书》（2009—2015 年）、《长江教育论丛》（第一辑、第二辑）等文献.
③ 周洪宇，刘大伟. 中国教育智库评价 SFAI 研究报告（2019 年版）[M]. 北京：中国社会科学出版社，2019：55.

3月初全国人大、全国政协召开前，都联合人民教育出版社合作举办"北京·长江教育论坛"，研制和发布长江教育研究院年度"教育政策建议书"，还主动联合北京大学、清华大学、北京师范大学、中国人民大学、北京理工大学、首都师范大学、华中师范大学、武汉大学、华中科技大学、湖北大学、湖北第二师范学院、湖北工业大学、湖北省教育科学研究院、武汉市教育科学研究院、湖北省教育研究室等专家学者编辑出版年度《中国教育黄皮书》，在全国两会上提出全国人大和全国政协的建议议案与提案，推动教育改革发展创新。

面对中国崛起对智库建设迫切需要的新形势，中共十八大尤其是十八届三中、四中、五中全会后，中央对建立中国特色智库提出明确要求，长江教育研究院力求实现新形势下的转型升级发展。因而，它逐步将未来的定位，由原来的"教育政策研究与教育产品研发"拓展到"教育政策研究智库、教育产品研发基地、教育咨询评估中心"，由原来的"一主（教育政策研究）一翼（教育纸质产品）"到"一主（教育政策研究）两翼（教育纸质与电子动漫影像产品和教育咨询评估等）"，由原来的"政、产、学、研一体化"到"政、产、学、研协同化"，由原来的"民众立场、建设态度、专业视野"到"全球视野、中国特色、专业能力、实践导向"，由原来的地方化、区域化到全国化进而国际化、全球化等，开始迈上一个新台阶。

民间教育智库以影响政府决策为研究目标，理应树立自身的责任意识，建设有特色、质量高、竞争强、影响大的教育智库形象。长江教育研究院最初定位于国内民间教育政策研究机构，目标是"立足湖北，辐射华中，影响全国"。从今天的眼光来看，长江教育研究院最初的定位某种程度上可以说就是一种有中国特色的新型社会智库。其主要目的就是要把教育政策研究与教育现实问题有机地结合起来，以此推动中国的教育改革、发展与创新。

用一句话概括长江教育研究院的作用，就是"出思想，出人才，出产品，出效益"。研究院成立以来，发扬"敢为人先"的精神，通过探索新的研究机制，组建了一支队伍，凝聚了一批专家，明晰了方向和重点，开展了课题研究。在长江出版传媒股份有限公司的资助下推出了一批成果，特别是持续开展了教育政策研究活动，为湖北地方教育乃至国家教育改革和发展，以及人才培养作出了积极贡献。

（三）组织结构

长江教育研究院组织结构如图 5-6 所示。其顾问委员会由 10 人组成，设

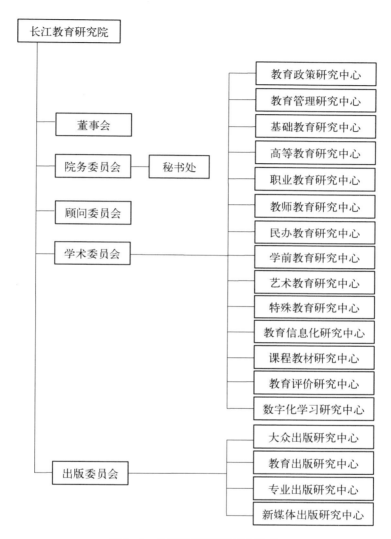

图 5 - 6　长江教育研究院组织结构

主任 2 人，副主任 6 人，委员 2 人。顾问委员会成员包括中国教育学会原会长顾明远、国家总督学顾问陶西平、中国教育学会会长钟秉林、民进中央副主席朱永新、民盟中央副主席徐辉、国家教育咨询委员会委员谈松华、国家教育发展研究中心原主任张力、中国教育科学研究院原院长田慧生、国家督学庞丽娟、中国教育学会副会长袁振国。学术委员会下设 14 个研究中心，出版委员会下设 4 个研究中心。长江教育研究院日常事务由院务委员会下设的秘书处具体负责。

长江教育研究院院长周洪宇，华中师范大学教育学院二级教授、博士生导师，教育史专业博士生导师组组长，国家教育治理研究院院长；曾任第十三届全国人民代表大会常务委员会委员、全国人大代表、湖北省人大常委会副主任，现兼任中国教育学会副会长、国务院学位委员会教育学科评议组成员、中国教育发展战略学会副会长、光明日报智库学术委员会副主任、中国陶行知学会生活·实践教育专业委员会理事长、陶行知国际研究中心主任等。他长期致力于研究陶行知学、教育史学、教育政策学、教育实践四个领域。努力将具体研究与方法论探索相结合，在研究中完善方法、在方法上深化研究，方法探索与研究、实践齐头并进，同步建构研究体系；以史为基，由史及论，打通历史、现实与未来，从经院研究到现实实践，理论、政策与实践三者熔为一炉，努力构建以"生活·实践教育"为中心的中国当代教育学术话语体系及实践体系，体现中国学者的价值立场、学术追求、历史使命感和社会责任感。

（四）研究领域及特点

1. 教育智库与教育治理研究

教育智库是国家教育治理现代化的重要组成部分，在特色新型智库建设已上升为国家宏观战略的背景下，教育智库建设及作用发挥充分与否，是制约教育治理现代化的关键环节，也在国家教育治理现代化进程中扮演着至关重要的角色。教育智库研究是教育治理理论现代化的重要基础。长江教育研究院院长周洪宇领衔撰写的"教育智库与教育治理研究丛书"就教育智库参与国家教育治理、推动国家教育现代化进程等方面的探索进行了积极尝试。该丛书是国内第一套针对教育智库与教育治理的研究性系列著作，具有首创性、开拓性、前沿性，[①] 与国际学术界、出版界基本同步。该丛书以严谨的学术著作读物为基本的撰著定位，从智库的意义、智库的价值、智库的力量、智库的成长、智库的作用、智者的建言、智者的声音、大学新智库、国际思想库、新智库指数、智库与治理、全球教育治理、智库的转型、智者的视野等方面，深入浅出地阐述了教育智库与治理的有关重要问题，具有重要的理论意义

---

① 付睿，周文鼎. 新时代教育智库与国家教育治理现代化——评《教育智库与教育治理研究丛书》[J]. 教育研究，2017，38（11）：152，155.

和现实意义。①

　　该丛书由 14 册构成，依照从宏观到微观、从总体到个案、从理论到实证、从转型到创新、从国外到国内、从历史到现实、从当下到未来的思路布局，打通历史、现实与未来，历史纵深感、现实参与感和未来预见感交相辉映。丛书通过系统研究，提出中国特色新型智库应秉持"全球视野、中国立场、专业能力、实践导向"的基本定位，为我国教育智库及教育治理研究提供了重要参考。《智库与治理：周洪宇国是建言》（上下卷）理论研究结合具体的议案建议呈现，体现出理论与实践的高度契合。作者对教育智库与教育治理的关系进行了论证，认为教育智库与教育治理是辩证统一的关系，建设教育智库是推进现代教育治理的重要路径，是提升国家教育治理水平的重要保障，教育治理体系和治理能力的现代化则要求加快中国特色新型教育智库建设；同时，在实践层面对教育智库建设提出了创新体制机制、完善教育决策咨询机制、健全教育咨询制度等主张，并通过大量议案、建议等印证了教育智库建设推进教育治理体系和治理能力现代化的成功经验。《智库的成长：长江教育研究院的探索之路》一书则展示了长江教育研究院成立十多年来的艰难探索、转型发展，以及为国家咨政建言的过程，以现实重大教育战略问题为导向，先后提出了加强教师队伍建设、区域教育体制改革突破、建立教育投入长效保障机制、呼吁教育应对第三次工业革命、信息技术与教育深度融合、以法治推进教育治理体系和治理能力现代化、完善国家"十三五"教育规划等热点、难点、前沿议题。全球视野也是教育智库建设与教育治理研究应具备的重要品质。为用更开阔的视角探寻教育治理体系和治理能力现代化，丛书也把目光投向全球，《国际思想库：国外教育智库研究》《大学新智库：以美国大学教育智库为例》《智库的作用：以美国卡耐基教学促进基金会为例》分别从全球视野、个案视角对全球顶尖教育智库及专业教育智库进行了分析，从发展过程、研究特点、研究方法、运行机制，以及对全球教育变革与发展的贡献和不足等角度进行了梳理研究。

　　2020 年，长江教育研究院出版了"全球教育治理研究系列"丛书（10册），该丛书对全球教育治理基本理论、世界主要国家的治理理论与实践进行了研究。丛书坚持"全球视野，中国立场，问题导向，专业研究"的研究原

---

① 长江教育研究院. 教育智库与教育治理研究丛书［EB/OL］. https://cjjy.com.cn/jyzkyjyzlyjcs/，2019 - 05 - 26.

则，从超国家层面、国家层面、次国家层面三个视角展开论述，完整清晰地展示出全球教育治理的面貌及其基本特征，总结了中国教育治理的成效以及参与全球教育治理获得的经验与启示，集全球性、系统性、前沿性、前瞻性和实用性于一体。① 丛书包括《全球教育治理研究导论》《中国教育治理研究》《美国教育治理研究》《英国教育治理研究》《德国教育治理研究》《日本教育治理研究》《俄罗斯教育治理研究》《加拿大教育治理研究》《印度教育治理研究》《南非教育治理研究》等 10 卷。该丛书具有重要的政策意义、实践意义和学术价值，提供了全球教育治理体系的框架，帮助我们了解世界各国教育体系的多样性和共性问题，借鉴他国有益经验，为进一步推进中国教育治理体系和治理能力的现代化作出了贡献。该丛书是我国第一套全球教育治理研究丛书，填补了中国全球教育治理研究的空白，开创全球教育治理研究新领域，为中国参与全球教育治理提供理论与实践经验的坚实基础。

该丛书也对研究方法和研究工具的突破和创新、教育智库建设与大数据等科学指标相结合进行了有效和积极的关注。《智库的转型：我国教育政策研究机构转型发展》《新智库指数：中国教育发展指数、创新指数与绿色指数》为教育治理现代化提供了科学的指标诊断依据，也为教育智库的教育政策研究提供了新的研究工具。新时代，共建共治共享已成为打造教育治理新格局的基本理念，它需要政府、学校、社会等不同利益相关者协商、共同治理，参与全球教育治理、为解决人类问题贡献中国的教育智慧和教育方案也已成为国家教育战略，教育智库无疑在其中承担着越来越重要的角色和功能。因此，教育智库建设与国家教育治理现代化的理论与实践仍需要不断加大研究力度，促进教育智库向专业化、特色化、优质化、系统化、开放化的方向发展，开创教育治理新格局，最终为实现国家现代化提供有力支撑，也为参与全球教育治理奠定坚实的基础。

2. 咨政建言

长江教育研究院通过全国人大、民进中央、教育部的会议及途径积极建言献策，多份教育政策建议得到国家领导批示与采纳，推动了中国诸多重大教育问题的解决。如"九年义务教育完全免费（学费、杂费、教科书免费）"建议，学前幼儿基本阅读免费、义务教育阶段学生午餐免费和逐步实行高中阶段

① 光明网."全球教育治理研究系列"丛书出版座谈会在京举行［EB/OL］.https://edu.gmw.cn/2020-09/22/content_34211739.htm，2020-09-22/2021-02-23.

学生学杂费免费的"新三免",以及建立全国校车安全体系、完善高校学生助学贷款制度、建立大学生医疗保障体系、建立义务教育阶段公立中小学教师国家教育公务员制度和国家教师荣誉制度、建立教师统一资格制度考试制度、城乡教师统一编制制度、区域教师合理流动制度、教师考核与退出制度、以区域突破带动教改全局、呼吁切实保障4%并建立教育投入长效保障机制、促进信息技术与教育的深度融合、加强教育法治建设、完善"十三五"教育发展规划等政策建议。长江教育研究院采取撰写两会议案、提案,通过全国人大和全国政协反映到国务院及教育部、财政部、国家发展和改革委员会、人力资源和社会保障部、工信部等部门,或专门制作《研究专报》报送民进中央、教育部及相关部委、司局,最终促成了有关政策和法律出台或落实。

2019年,长江教育研究院在两会前提出深化教育领域"放管服"改革,推进教育治理现代化[①];全面实施残疾学生15年免费教育;完善国家儿童营养战略、覆盖3—5岁儿童成长关键阶段;精准施策,持续发力,坚决打好教育脱贫攻坚战等建议及议案。这些政策建议行为对长江出版传媒股份有限公司的贡献在经济利益上是有限的,更多的是一种社会知名度与美誉度,比较起来,它更倾向于追求国家的最高利益,全民的整体利益。这或许是未来中国新型社会智库特别是教育智库的发展方向之一。

2019年底,突发的新冠疫情致使教育领域面临前所未有的困难和挑战。疫情发生后,长江教育研究院院长周洪宇第一时间组织及其合作智库的百余名专家学者,建立了一个学术抗疫联盟,共同为疫情中的教育建言献策,向国家有关部门特别是教育行政部门提交了近百份研究专报,引起了国家有关部门和领导的重视,其中有多份研究专报得到党和国家领导人,以及教育行政部门领导的批示。[②]上述研究成果直接影响了国家关于2020年高考时间延迟一个月、扩招第二学士学位、国内接收留学生等教育政策,充分发挥了教育智库和教育专业人士的作用,为疫情期间和疫后教育恢复发展起到积极作用。

通过十多年的努力实践,长江教育研究院的建设取得很大进展,许多研究成果通过长江教育研究院院长、湖北省人大常委会副主任、全国人大代表周洪宇和长江教育研究院顾问、华中师范大学原党委书记、全国政协委员马敏等人的人大议案建议和政协提案等多种形式转化为政策建议,成为国内重要的社会

①　周洪宇.深化教育领域"放管服"改革,加快推进教育治理现代化[J].教育研究,2019,40(3):15-19.
②　周洪宇.做好自己的事[J].神州学人,2020(6):10-13.

智库。周洪宇、马敏、张建林、刘国卫等人也担任国内许多重要学术机构和咨询组织职务，应邀参加各种高层座谈会，直接向中央和教育部领导建言，提供咨询意见。

3. 研制和发布"中国教育指数"①

党的十九大报告指出，优先发展教育事业。建设教育强国是中华民族伟大复兴的基础工程，必须把教育事业放在优先位置，加快教育现代化，办好人民满意的教育。这需要我们对教育发展状况作出准确及时的判断，当前教育的整体发展水平如何，教育质量好不好，教育领域存在哪些问题，这些都需要以客观、科学、专业的教育诊断评价作为依据。长江教育研究院作为新型社会教育智库，从 2015 年开始，每年两会前研制发布"中国教育指数"就是这样的一种创新尝试，它开创了教育智库以指数形式评价国家教育综合发展水平的先河，为国家教育决策及教育领域评估提供第三方依据和指南，是我国教育治理现代化进程中新型教育智库建设的一个重要里程碑。截至目前，长江教育研究院已 5 次发布中国教育指数。2015 年、2016 年、2017 年、2019 年、2020 年的《中国教育指数（长江版）》均较为全面地反映了全国及各省（自治区、直辖市）近三年来在教育规模、投入、质量、信息、公平、贡献、创新、创业、创造、健康、生态、法治等 12 个维度基本情况，是对全国及各省（自治区、直辖市）教育治理能力、改进效果以及发展水平的全面、科学度量。②

以《中国教育指数 2017（长江版）》为例，其作用主要体现在三个方面。一是构建了一套全面、客观、科学、真实评价中国教育发展水平的指标体系。"中国教育指数"的研制参照国内外先进经验，秉持教育"创新、协调、绿色、开放、共享"的新发展理念；遵循"科学、全面、简洁、可比"的原则；在结构体系与时俱进的同时，不断完善更新观测维度、循序开拓创新指标；综合应用德尔斐法、层次分析法、综合指数法、基础指数化法等研究方法；基本观测数据主要来源于国家发展和改革委员会、财政部、教育部、科技部、文化和旅

---

① 该部分主要参考：付睿. "中国教育指数"的实践意义及其价值［J］. 世界教育信息，2018，31（15）：12-13. 付睿. "中国教育指数"究竟有什么用？［EB/OL］. 人民网，2018-03-03.

② 张炜，周洪宇. 解读：三年指数，究竟有何不同？——2015 年、2016 年、2017 年《中国教育指数》的比较［EB/OL］. 人民网，2018-03-03.

游部、国家统计局、体育总局、知识产权局等国家部门编制的统计年鉴及其官方网站，且绝大多数指标为截至 2017 年 12 月 31 日可获取的最新数据，确保数据来源的真实性和权威性。"中国教育指数 2017"构建了发展指数、创新指数、绿色指数 3 个一级指标，下设规模、投入、质量、信息、公平、贡献、创新、创业、创造、健康、生态、法治等 12 个维度的二级指标，二级指标下又衍生出 34 个观测指标，构成了以三级指标作为评价基准的教育评价体系。其中，根据新时代教育发展的新方向，"中国教育指数 2017"在中国教育指数 2015、2016 版的基础上创新性地增加了教育"绿色指数"与教育"法治度"，这为全面、科学地反映国家和地方教育生态及其发展的健康水平、法治水平和科学持续性提供了客观评价标准。此次发布的"中国教育指数 2017"对 2017 年度全国及各省（自治区、直辖市）教育综合治理水平、国家教育治理体系与治理能力现代化建设进程的全面、科学度量及真实反映，为全国及各省区市进一步推进及完善教育治理体系、提升教育治理能力提供标准化评价依据和参照。这些方面集中体现出"中国教育指数"具备理念先进、原则适当、方法科学的特点。

二是判断全国及各省（自治区、直辖市）的教育发展水平，助推教育强国建设与区域教育协调发展。我国作为世界大国，正踏上从教育大国迈向教育强国的征程，有着自己独特的国情，各地区之间经济、文化、社会发展水平差异巨大，从而导致教育发展水平也不均衡。"中国教育指数"把各省区市统合起来进行综合评价，实现了用一把尺子量中国教育，既能整体反映全国教育发展状况，又能诊断各省区教育的实际水平，也具备在一定程度上进行国际比较的基础，因而具有重要的理论价值和现实意义。同时，中国教育指数为各省区提供比对标准和借鉴，从而有利于实现全国范围内教育的区域均衡协调发展。中国教育指数为判断全国及地方教育发展的成绩与存在的问题提供了依据。以长江教育研究院最新发布的"中国教育指数 2017"为例，综合指数的全国均值为 5.62，对比 2016 年的 5.47，有所提升。其中，中国教育发展指数提升了 0.14，中国教育创新指数提升了 0.31，中国教育绿色指数提升了 0.04。主要体现为义务教育均衡化发展和大学生创新创业效果显著，尤其在教育信息化、教育投入、教育质量、教育公平等领域的治理取得了一定成效。"中国教育指数 2017"综合指数高的省（直辖市）依次为北京（10.00）、上海（7.63）和江苏（7.33），其指数均高于 7.00；指数处于 6.00—7.00 较高档位的还有广东（6.68）、浙江（6.39）、陕西（6.13）、湖北（6.11）和山东（6.09）。与 2016 年相比，贵州、河北两地全国排名进步明显，综合指数分别由 4.63 升至 4.90，4.77 升至 5.10。同时，透过中国教育指数也发现了存在的问题，如各省区市教育发展和教育治理水平的不平衡、不充分，这与人民群众对于教育公平与普惠、教育结构与质量的美好需求之间还有较大差距。2017 年，教育绿色指数法治度的全国平均值为 6.29，只有 16 个省区市超过平均值，最高值为北京 10.00，最低值为西藏 3.87，相差 6.13。可见，作为衡量教育社会生态的法治度水平差距仍然明显，其整体水平还有待提高。长江教育研究院据此提出，各省区市应进一步贯彻优先发展教育事业、建设教育强国战略，进一步落实教育法治和教育信息化，重点推进教育投入均衡化，强化教育资源的中西部布局。在此基础上，应进一步倡导教育创新发展、协调发展、绿色发展、开放发展和共享发展，进一步深化教育制度创新，提升教育综合治理水平，使人民群众共享更高质量与公平、更加充分和现代化的教育。中国教育指数提供的准确诊断评价，无疑为提升质量教育、建设教育强国、促进区域教育均衡发展目标的实现提供了有力保障。

三是发挥社会教育智库的积极作用，推进国家教育治理体系和治理能力现代化，为我国参与全球教育治理及全球教育智库的评价奠定基础。社会教育智库是中国特色新型智库体系的重要组成部分，对推动国家教育决策民主化、科学化具有重要作用，社会教育智库发展是推进国家教育治理体系和治理能力现代化的关键一环。长江教育研究院研制的"中国教育指数"可以充分发挥其在教育治理中的认识、测量、评价、监测、预警等功能，更好地为国家和各省区市教育治理现代化及教育发展战略、决策提供外脑支持，展现出社会教育智库的全球视野、中国立场、专业能力、实践导向的价值追求。此外，由于中国教育指数借鉴了诸多国际经验与方法，如用国际通行的德尔菲法确定指标权重、借鉴联合国开发计划署发表的人类发展指数的三大成分指标之一的教育指数，实现了与国际接轨，这率先为中国参与全球教育治理、全球教育治理及教育智库评价迈出了关键一步，奠定了重要的研究基础。

《中国教育指数》（2019 年版）反映了中国教育 2018 年发展的基本态势：中国教育综合指数和教育发展指数维持不变，教育创新指数下降了 0.07，教育绿色指数则提升了 0.08。相较于 2017 年，2018 年中国教育发展在义务教育均衡化发展和教育生态优化效果显著，尤其在教育投入、教育生态等领域的治理取得了一定成效；然而在教育创造、创新、创业等方面朝着"多点开花、全面发展"良好态势前进的征程中尚存不足。从区域教育发展速度来看，山东、福建、重庆、广西进步显著，而部分中西部地区还有所下滑。① 未来《中国教育指数》研究重心将下移至国家中心城市，并与时俱进地完善教育信息维度等指标，以便更好地发挥其监测、诊断功能。

当然，时代在发展，科技在进步，社会在变革，教育发展趋势亦日新月异，"中国教育指数"的指标体系也需因时而动，不断更新换代，以期能持续、有效地跟踪中国教育发展动态，为中国教育把脉问诊，充分发挥社会教育智库的独特优势，为推进我国教育治理现代化保驾护航。

4. 研制发布中国及全球教育智库评价报告和中国教育国际竞争力指数

2018 年，长江教育研究院联合国家教育治理研究院、南京晓庄学院成功开发了中国教育智库评价（CETTE）体系，该体系是我国首套全面描述、收集教育智库数据，为用户提供数据整理、数据检索、数据分析、数据应用等功能的智库索引系统。同步发布了《中国教育智库评价 SFAI 研究报告（2018 年版）》，全国共计 61 家教育智库入选 2018CETTE 核心智库榜单，开创了系统评价中国教育智库的先河，成为引导中国教育智库健康发展的重要参考。② 2019 年，长江教育研究院发布《中国教育智库评价 SFAI 研究报告（2019 年版）》，2019 年版报告是目前国内第一部中英文双语版的教育智库评价报告。根据 CETTE 对我国现有教育智库情况的搜集评估，此次共有 40 家单位入选核心智库，26 家单位入选来源智库。③ 该评估报告在中国教育智库界产生了积极影响，推动了中国教育智库的改革与发展。

2019 年，长江教育研究院联合方略研究院组建全球教育智库评价课题组，对全球教育智库展开评价研究，并于 9 月在北京召开的"第六届和苑和平节"上发布了研究成果《2019 全球教育智库影响力评价 PAP 研究报告》，报告从影响力入手，以决策（核心）影响力、学术（中心）影响力和大众（边缘）影响力为一级评价维度，并参考已有智库榜单指标体系，构建了一套"教育智库影响力评价 PAP"指标体系。这是全球首个教育智库评价研究报告和排名，此次共有 80 家教育智库上榜，包括 5 家作为代表性国际组织的教育政策研究

---

① 张炜教授联合人民网、广州日报在京发布《中国教育指数》（2019 年版）［EB/OL］. https://jxx.hue.edu.cn/2019/0308/c10478a71044/page.htm，2019 - 05 - 26.
② 付睿. 智库探观：长江教育研究院［J］. 华中师范大学学报（人文社会科学版），2019，58（2）：封 3.
③ 康丽.《中国教育智库评价 SFAI 研究报告（2019 年版）》发布［N］. 中国教师报，2019 - 05 - 01.

机构的国际智库，61 家涵盖世界主要国家、以教育为主要研究领域或有专门教育研究团队的国外教育智库，及 14 家国内教育智库。① 研究报告科学、有效地衡量全球教育智库的建设成果，帮助国家总体把握智库发展态势，促进各教育智库找准位置发现不足，向社会各界展示全球及中国教育智库的形象和实力，为增进全球教育智库的交流与合作奠定了基础。2019 年 9 月，长江教育研究院与陕西师范大学在西安举办"'一带一路'沿线教育智库对话会"，会上长江教育研究院联合华中师范大学教育学院、华中师范大学教育治理与智库研究院、陕西师范大学教育学院、北京外国语大学国际教育学院、方略研究院、等 21 家教育智库就共同推进"一带一路"共建国家和地区教育智库合作有关工作达成广泛共识，决定成立"一带一路"教育智库联盟，并发表了《"一带一路"教育智库联盟合作宣言》。② 该宣言的发布标志着高校与民间教育智库层面参与"一带一路"建设的发端。

2019 年 3 月，长江教育研究院首次发布独家研制的年度指数报告《中国教育国际竞争力指数》（2019 年版）。③ 报告显示，从整体上看，中国教育国际竞争力越来越强。中国的教育投入指数排位相对靠前且表现出持续增长性，这为中国教育综合竞争力的整体提升奠定了良好的基础。同时，政府需高度关注教育国际竞争力最新的评价标准和中国教育竞争力的发展现状。为中国教育国际竞争力提升留下足够的发展空间，在保持目前的优势指标或提升国际竞争力的过程中，在人力、物力和政策方面提供实质性的支持。适时根据国际教育竞争力发展的新趋势，盯住西欧、北美和以色列，以及近邻日本和韩国的教育竞争力指数发展水平，打好政策优化的组合拳，既要关注效率也要兼顾公平，既要加大投入力度又要用好存量资源，不断提升中国教育国际竞争力水平，加快教育强国建设进程，早日实现中国教育现代化。

5. 发布年度教育政策建议书和十大教育关键词

长江教育研究院从 2009 年开始，每年两会前在北京举行的长江教育论坛

---

① 教育治理与教育智库研究评价中心. 智库如何走向国际化？——长江教育研究院的实践 [EB/OL]. https://mp. weixin. qq. com/s/biKLj _ UpHOyu _ MAMVzZ1eA，2019 - 10 - 11/2019 - 10 - 21.

② 腾讯网. "一带一路"教育智库大排名："一带一路"教育智库联盟的首个成果 [EB/OL]. https://new. qq. com/rain/a/20191004A073VA00，2019 - 10 - 21.

③ 光明日报客户端.《中国教育国际竞争力指数》（2019 年版）发布 报告显示 中国教育国际竞争力越来越强 [EB/OL]. https://s. cloud. gmw. cn/gmrb/c/2019-03-16/1239149. shtml，2019 - 05 - 26.

上发布年度《教育政策建议书》，至今已发布 15 次，并由此逐渐对国内教育政策决策产生积极影响。每年的教育政策建议书均聚焦一个主题，提出十条左右建议。主题涉及教育强国建设、教育公平、教育质量、教育投入体制改革、教育制度创新、教育与信息技术、"放管服"改革、教育治理现代化等，体现出长江教育研究院教育政策建议的战略性、前瞻性、预测性特点（见表 5-6）。

表 5-6　长江教育研究院《教育政策建议书》年度主题（2009—2024 年）①

序号	年　度	主　　题
1	2009 年	提高质量，促进公平——关于《国家中长期教育改革和发展规划纲要（2010—2020 年）》征求意见稿的十点建议
2	2010 年	深入推进教育改革，提升教师教育发展水平，提高教师教育质量——关于加强教师教育的政策建议
3	2011 年	以区域突破带动教改全局——关于建立"教育特区"的政策建议
4	2012 年	建立教育投入长效保障机制，进一步加大教育投入——关于教育投入体制改革的政策建议
5	2013 年	新挑战与新机遇——关于第三次工业革命及中国教育应对之策的建议
6	2014 年	发挥信息技术对教育发展具有的革命性影响作用——关于促进信息技术与教育深度融合，深化教育综合改革的建议
7	2015 年	加强教育法——关于全面推进依法治教，保障教育改革与发展的建议
8	2016 年	以五大发展理念为指南，以创新为动力，加快教育现代化步伐——关于国家教育事业发展"十三五"规划的建议
9	2017 年	加快教育制度创新，全面提升教育治理水平
10	2018 年	推动教育高质量发展，建设教育强国
11	2019 年	深化教育领域"放管服"改革，加快推进教育治理现代化
12	2020 年	科学编制国家教育事业发展"十四五"规划
13	2021 年	加快建设高质量教育体系，为建成教育强国提供有力保障
14	2022 年	进一步推进"双减"政策落地，构建良好教育新生态

①　根据长江教育研究院官方网站内容整理。

序号	年　度	主　　题
15	2023 年	推进教育、科技、人才"三位一体"统筹布局，加快建设教育强国科技强国人才强国
16	2024 年	加强法治建设，为建设教育强国、科技强国、人才强国筑牢基石

　　2008 年，《国家中长期教育改革和发展规划纲要（2010—2020 年）》开始启动制定，2009 年 3 月在规划纲要征求意见时，长江教育研究院为此专门发布《教育政策建议书》，提出了十条建议。其中"关于加强教师队伍建设的建议"这一条中，建立国家教师统一资格考试制度、统一城乡教师编制制度、实行教师合理流动制度、实施教师定期考核及退出制度等具体条款，后来都被《国家中长期教育改革和发展规划纲要（2010—2020 年）》采纳。每次教育政策建议书发布后，这些建议都会作为全国人大代表的议案和全国政协委员的提案提交给全国人大和全国政协，反映到教育部、科技部、工信部、财政部等有关部门，来推动工作的进行。

　　发布年度十大教育关键词是长江教育研究院的另一项重要工作。"年度十大教育关键词"是长江教育研究院在每年年初对当年教育改革发展形势的前瞻性分析与概括，是对本年度很可能成为新闻热词所作的预测。2016 年 3 月，长江教育研究院首次推出"2016 年度十大教育关键词"，引起了政府、教育界、新闻媒体和社会各界人士的广泛关注。随后，2017 年至 2023 年均于两会前发布十大教育关键词（见表 5‑7）。

表 5‑7　长江教育研究院"年度十大教育关键词"（2016—2023 年）①

序号	年　度	年度十大教育关键词
1	2016 年	教育供给侧改革、教育发展新常态、绿色教育、共享教育、创新教育、协调教育、开放教育、共享教育、教育质量、互联网＋教育、教育法治
2	2017 年	教育"十三五"规划、教育治理现代化、教育"放管服"改革、民办教育分类管理、城乡义务教育一体化、校园安全（学校安全）、核心素养、研学旅行、推进"双一流"建设、产教融合

① 根据长江教育研究院官方网站内容整理。

续　表

序号	年　度	年度十大教育关键词
3	2018 年	优先发展教育事业、深化教育体制机制改革、中国教育现代化 2035、建设教育强国、发展素质教育、推动城乡教育一体化发展、学前教育普惠健康发展、规范校外教育培训机构、探索建设标杆大学、新时代教师队伍建设
4	2019 年	推进教育现代化、落实立德树人根本任务、为中小学教师减负、加强家庭教育、深化学前教育改革、推进城乡义务教育一体化、深化高考改革、深化教育评价体系改革、深化产教融合、打赢教育脱贫攻坚战
5	2020 年	停课不停学（教）、大规模在线教育社会实践、公共卫生安全教育、教育系统应急管理、高质量打赢打好教育脱贫攻坚战、构建服务全民终身学习的现代教育体系、实质性推进评价体系改革、提高中小学教师待遇、坚定不移落实教育优先发展战略地位、编制"十四五"教育规划
6	2021 年	建设高质量教育体系、高水平编制教育"十四五"、推动教育评价改革落实落地、健全学校家庭社会协同育人机制、大力度治理整顿校外培训机构、全面振兴乡村教育、全面提升教师地位待遇、完善中国特色现代职业教育、加快推进教育新基建、全方位高水平推进教育对外开放
7	2022 年	深入推进"双减"、加强校外教育培训监管立法、家庭教育"依法带娃"、加快学前教育普及普惠发展、加强县域普通高中建设、改善职业学校办学条件、切实保障义务教育教师工资收入、健全中小学校党组织领导的校长负责制、规范民办义务教育发展、提升高等教育服务创新发展能力
8	2023 年	推进大中小学思想政治教育一体化建设、开展读书活动、加快义务教育优质均衡发展和城乡一体化、继续把"双减"摆在突出位置来抓、全面提高人才自主培养质量、深入推进"双一流"建设、加快构建融通融合融汇的现代职业教育体系、推进实施新时代基础教育强师计划、纵深推进教育数字化战略行动、进一步完善教育评价改革相关配套政策
9	2024 年	组织实施教育强国建设规划纲要、提升高等教育服务高质量发展能力、推进县域基础教育学校建设、巩固深化"双减"成果、加强中小学科学教育、加强卓越工程师和基础学科拔尖人才培养、促进高校毕业生高质量充分就业、增强职业教育适应性和吸引力、在教育数字化国际化绿色化方向上开辟发展新空间、培育弘扬践行教育家精神

以 2019 年的"十大教育关键词"为例，长江教育研究院与华中师范大学国家教育治理研究院联合研制了十大教育关键词，两会前在"北京·长江教育论坛"发布后引起了媒体、政府部门、社会及专业机构的广泛关注和转发。

《中国教育报》于 2019 年 2 月 28 日刊载长江教育研究院发布的十大教育关键词①，在《中国教育报》官方微信公众号有 6.1 万的阅读量，② 并有 200 多个公众号予以转发或分享。可见，长江教育研究院的十大教育关键词在舆论上对政府、教育部门、专业人员及社会公众形成了强大的影响力。

6. 举办长江教育论坛

长江教育研究院从 2009 年开始，每年 3 月初与人民教育出版社合作，在北京举办"北京·长江教育论坛"。论坛开展教育政策座谈研究，专门邀请人大代表、专家学者和教育行政部门官员举行教育问题座谈会，并以建议的形式参加智库相关研究研讨、政策咨询、成果转化与形成等工作，推出了一批教育咨询研究报告、《教育政策建议书》（报告）、《中国教育黄皮书》（文集）等众多研究成果。到会的有国内教育界的知名人士，既有教育部的重要官员，一些重要司局的负责人，也有教育部下属两个最主要的研究机构国家教育发展中心与中国教育科学研究院的领导。国内教育研究的主要机构北京大学、清华大学、北京师范大学、中国人民大学，以及 21 世纪教育研究院、中国教育政策研究院等领导与学者都会参与会议，一些特邀的全国人大代表和全国政协委员，也会应邀参会，了解社情民意，以作为向两会提交建议议案提案的重要参考。每年 3 月初全国两会前，都会以长江教育研究院的名义在北京召开一次高端教育座谈会。通过这个座谈会把长江教育研究院的声音发出去，通过这个会议影响两会和两会的代表委员，吸引他们关注教育，关注教育当中的重要问题，特别是有关的政策。又如，教育改革要从地方做起，支持地方教育的探索创新，比如应在广东深圳等具备条件的地方建立若干"教育特区"，积极支持南方科技大学的创新之举，探索中国高等教育的改革之路。这是长江教育研究院在吸收了我国经济体制改革的经验后，在 2010 年教育政策建议书里明确提出来的，也引起了社会很大的关注。在 2011 年 5 月广州中山大学举办的"教育与中国未来 30 人论坛"上，长江教育研究院院长周洪宇再次提出来，引起大家的热烈讨论。次年，深圳的《南方教育时报》为此举办专题讨论，北京大学教育学院院长文东茅等专家发表意见，形成一个热潮，不少地方更加重视教

---

① 周洪宇，付睿，胡佳新. 前瞻：2019 年教育热点 10 大关键词［N］. 中国教育报，2019 - 02 - 28.
② 前瞻！2019 年教育热点将是什么？十大关键词出炉啦［EB/OL］. https：//mp. weixin. qq. com/s/K7DMVAm699oObOCs1 _ c9KA，2019 - 05 - 26.

育创新，以区域突破带动教改全局。党的十八届三中全会的决定也很明确地提出要支持地方和基层的创新。

再如，2013 年长江教育研究院放眼世界，敏锐地发现新一轮科技革命与产业变革正在向人类社会扑面而来，作为错过了第一次工业革命和第二次工业革命机会的全球发展的后起者，中国必须在这场决定人类命运的新的历史性大变革中，未雨绸缪，及时应对，加快教育变革与人才培养步伐。根据这个判断，2013 年 3 月全国两会上，长江教育研究院正式向全国人大提交了"第三次工业革命及其教育的应对之策"，这是国内第一家教育智库向官方与社会提出第三次工业革命及其应对之策的建议，这份教育政策建议书的观点与主张至今仍富有前瞻性和引领性，值得引起社会各界更大的重视。

此外，2014 年 3 月全国两会上，长江教育研究院向全国人大提交了"关于以信息技术与教育深度融合促进教育改革"的十条教育政策建议，受到时任中共中央政治局委员、国务院副总理刘延东和教育部部长袁贵仁等的高度重视。两会期间，中央领导特邀七位两会代表委员到中南海参加教育改革座谈会，全国人大代表、长江教育研究院院长周洪宇在会上发言，就以信息技术与教育深度融合促进教育改革、加快考试招生制度改革提出建议，时任全国人大常委会副委员长严隽琪在这份教育政策建议书上作了重要批示，这都说明"关于以信息技术与教育深度融合促进教育改革"的教育政策建议书是适时的，具有现实性、针对性和可操作性。

长江教育研究院还与中国高校、科研机构、社会组织广泛合作，分别建立了南方教育智库、华东教育智库、西南教育智库和北方教育智库。长江教育研究院与各区域合作机构联合召开"南京·长江教育论坛""广州·长江教育论坛""宁波·长江教育论坛""昆明·长江教育论坛"等活动，影响力进一步辐射到全国范围。

7. 举办教育智库与教育治理 50 人圆桌论坛

教育智库与教育治理 50 人圆桌论坛（China Educational Think Tank and Governance 50 Forum，简称 CETTG50）成立于 2017 年 12 月，是长江教育研究院联合国家教育治理研究院共同打造的中国最具影响力的非官方、非营利性教育智库平台之一。它专注于教育领域的智库、政策研究与交流，以此推动具有中国特色的新型教育智库建设，全面推进中国教育领域的综合改革，促进教育治理体系与治理能力现代化。CETTG50 正式成员由 40 余位教育精锐组成，未来根据需要将考虑吸收一些教育行业之外的经济学家、企业家、政界领袖成为论坛核心成员，产生更多的思想碰撞。CETTG50 于每年 10—11 月择时举办，规模逐步扩大，已成为著名论坛品牌。圆桌论坛是交流思想、凝聚共识的对话平台。教育智库与教育治理 50 人圆桌论坛至今已成功举办 9 届。

2016 年 12 月，长江教育研究院主办的教育智库与教育治理高峰论坛在北京举行。与会专家就当今中国教育智库如何更好地参与和实施教育治理，提升公共服务能力，为教育行政部门建言献策发表了观点。此次高峰论坛是教育智库与教育治理 50 人圆桌论坛的前身。2017 年 12 月，由长江教育研究院、国家教育治理研究院等单位主办的教育智库与教育治理首届 50 人圆桌论坛在北京举行。论坛由"十九大精神与中国教育现代化""教育智库与中国教育现代化""教育治理与中国教育现代化"三大主题研讨会组成，30 余位论坛核心成员围绕大会"新时代 新任务 新作为：教育智库与中国教育现代化"的主题发表演讲，深度阐述对党的十九大精神与中国教育现代化的理解，勾勒智库建设与教育现代化教育强国新愿景。论坛还发布了最新研究成果《中国教育现代化指数》。杜占元在主旨演讲《人工智能与未来教育的变革》中指出，信息技术与教育教学实践的深度融合是教育信息化的本质特征。人工智能必将加速引发未来教育的深刻变革。这是一场全新的革命，迎接这场挑战需要教育家、技术家、科学家、企业家共同参与、协同努力。① 周洪宇在题为《智库建设助力中国教育现代化》的报告中指出，中国特色新型智库具有咨政建言、理论创新、舆论引导、社会服务、公共外交等五大功能，智库还有一个功能是人才育用，智库不仅是智囊团，也是人才库。出席论坛的 200 余名专家学者为加快中国教育现代化步伐、建设教育强国建言献策。

2018 年 11 月，由长江教育研究院、华中师范大学国家教育治理研究院、南京晓庄学院联合主办的第二届 2018 教育智库与教育治理 50 人圆桌论坛在北京举行。来自全国教育行政管理部门领导、大中小学学校领导、高校和教科研机构的专家学者、智库负责人、民办教育机构和出版传媒机构精英等 200 余人齐聚一堂，围绕"优先发展教育事业，加快教育现代化，建设教育强国"主题进行研讨交流，凝聚思想智慧，助推教育发展。15 位教育专家学者紧扣党的十九大精神及全国教育大会精神，就"40 年教育体制改革的回顾与总结""教

---

① 新华网. 教育智库与教育治理圆桌论坛在京举行［EB/OL］. https://www.xinhuanet.com/local/2017-12/18/c_129768280.htm，2019 - 05 - 26.

育强国建设的国际经验与中国路径""中国教育现代化 2035 展望"等议题各抒己见，建言献策，积极交流学术研究成果，共谱教育新篇章，充分体现了圆桌论坛平等交流、对话的特点。在论坛的成果发布阶段，中国教育智库评价（CETTE）体系宣告正式上线。首期评估报告成果《中国教育智库评价 SFAI 研究报告（2018 年版）》同步首发面世，长江教育研究院研制的《中国教育现代化进程指数（2017 年版）》同时出炉，这是该指数的第二次对外发布。

　　2019 年 11 月，长江教育研究院和北京外国语大学国际教育学院联合主办的 2019 教育智库与教育治理 50 人圆桌论坛在北京举行。来自全国教育系统、科研机构、智库、出版传媒机构的领导嘉宾、专家学者 200 余人齐聚一堂，聚焦"深化教育改革、加快推进教育治理体系和教育治理能力现代化"主题，凝聚思想智慧，助推教育发展。在成果发布阶段，长江教育研究院、教育智库与教育治理研究评价中心、南京晓庄学院联合发布了《中国教育智库评价 SFAI 研究报告（2019 年版）》。长江教育研究院与温州医科大学中国创新创业教育研究院还联合发布了《创新创业教育质量评价标准》。针对创新创业教育质量发展，通过对全国 31 个省份 1 231 所高校完成 201 034 份调查问卷及 50 余万字的访谈研究，并综合运用定性定量方法进行统计分析后发现，当前我国高校创新创业教育质量发展中专业性的创业师资短缺是主要短板、创业教育与专业教育相脱节是关键问题、创业课程类型单一是主要痛点、创业竞赛项目落地率偏低是关注焦点。该标准旨在聚焦问题、精准调研、细致分析，以调查结果为依据提出新时代深化高校创新创业教育改革的对策建议，实现创业实践促高质量就业、创业教育树创新意识，为构建科学、合理的评价指标奠定基础。①

　　2020 年 11 月，由湖北省教育厅、华中师范大学和湖北长江出版传媒集团指导，华中师范大学国家教育治理研究院、长江教育研究院和中关村互联网教育创新中心共同主办，湖北长江教育研究院有限公司承办的"第五届教育智库与教育治理 50 人圆桌论坛"在北京举办。此次论坛时值新冠疫情肆虐全球，论坛以"后疫情时代的教育智库与教育治理"为主题，除主论坛之外，另有基础教育治理、高等教育治理、在线教育治理、智库建设与评价、国际教育五个平行分论坛。② 论坛吸引了来自全国各地的 200 余位专家学者与会，同时线下

---

① 国家教育治理研究院［EB/OL］. https://mp. weixin. qq. com/s/tdjW5thCMFbve8Fihowb Bg，2019 - 11 - 11.
② 中国日报. 2020 教育智库与教育治理 50 人圆桌论坛在北京举行［EB/OL］. https://www. chinadaily. com. cn/edu/2020-11/09/content_37540864. htm，2020 - 11 - 09/2021 -02 - 23.

近千名听众参与。2020 年 10 月召开的中共中央十九届五中全会审议通过了《中共中央关于制定国民经济和社会发展第十四个五年规划》和《2035 远景目标的建议》，开启中国特色社会主义现代化建设新征程，论坛的举办意义重大，为后疫情时代中国的教育治理提供了政策建议。

2021 年 11 月，由湖北省教育厅、华中师范大学和湖北长江出版传媒集团指导，长江教育研究院和华中师范大学国家教育治理研究院共同主办，湖北教育出版社和武汉轻工大学协办的"2021 教育智库与教育治理 50 人圆桌论坛暨长江教育研究院创建 15 周年"在武汉举行。论坛聚焦"迈向第二个百年新征程：教育智库与教育高质量发展"，发布长江教育研究院创建 15 周年最新系列成果。论坛全程在搜狐、长江云和新界教育三大平台进行直播，超过 20 万人在线观看。论坛中，长江教育研究院推出的"新时代教育治理与教育智库研究丛书"（10 册）首发。周洪宇、赵凌云、余学敏等共同为丛书首发揭幕。丛书总结中国特色新型教育智库发展经验，探索教育治理体系与治理能力现代化之路，集中展现了长江教育研究院顾问、专家在教育治理、教育智库、教育法治、教育改革等方面的研究成果。论坛还发布了《中国教育现代化进程指数（2021 年版）》《中国教育国际竞争力指数（2021 年版）》和《全球教育智库影响力评价 PAP 研究报告（2021 年版）》等长江教育研究院创建 15 周年最新系列成果。①

2022 年 12 月，由长江教育研究院、华中师范大学国家教育治理研究院、广州大学教育学院主办的"2022 教育智库与教育治理 50 人圆桌论坛"举办。论坛以"加快中国式教育现代化进程，建设教育强国"为主题，另设推进基础教育优质均衡发展、优化职业教育类型定位、构建高等教育中国模式三个平行分论坛。论坛聚焦当前教育的重大理论与现实问题，进行了多层次、多维度、多视角的交流，为党的二十大后加快教育现代化进程提供了思路、凝聚了共识，体现了鲜明的实践导向和现实导向。论坛上发布了长江教育研究院和华中师范大学国家教育治理研究院的系列研究成果——"新时代教育治理与智库研究丛书——教育治理系列四本"（《教育治理论》《教育智库论》《教育改革论》《教育法治论》）、《建设教育强国》、《教育治理研究》、《中国教育国际竞争力研究》以及《中国教育国际竞争力指数（2022 版）》。《全球教育智库影响力

① 国家教育治理研究院［EB/OL］. https://mp. weixin. qq. com/s/u6uM6rVjueY9LtLJ0E2Cjg, 2021 - 11 - 16.

评价 PAP 研究报告（2022 年版）》和《中国教育现代化进程指数（2022 年版）》也同时发布。论坛举办情况受到人民网、光明网、中国教育报等权威媒体的关注和刊载，在全国范围内产生了重要影响。2023 年 11 月，长江教育研究院与华中师范大学国家教育治理研究院、北京外国语大学国际教育学院在北京联合举办"2023 教育智库与教育治理 50 人圆桌论坛暨第四届北外比较教育与国际教育论坛"，论坛以"国际格局变革下的教育强国建设"为主题，共设一个主论坛和六个平行分论坛，来自教育、智库、出版界的专家以及媒体代表共 300 余人参会。

2023 年 11 月，由华中师范大学国家教育治理研究院和长江教育研究院、北京外国语大学国际教育学院联合主办的"第八届教育智库与教育治理 50 人圆桌论坛暨第四届北外比较教育与国际教育论坛"在北京外国语大学举行。来自教育、智库、出版界的专家、媒体代表共 300 余人参会，以"国际格局变革下的教育强国建设"为主题畅谈。论坛上发布了《教育强国建设指数报告》（2023 年版）、《中国教育智库评价 SFAI 研究报告（2023 年版）》、《2023 全球教育智库影响力评价 PAP 研究报告》、《中国省域与城市教育竞争力研究》、《教育治理研究》（2022 年秋辑刊）以及"北京外国语大学全球教育治理研究中心数据库"和"高教管理与研究平台"七大教育研究成果。①

2024 年 12 月，"2024 教育智库与教育治理 50 人圆桌论坛"在北京举办。论坛发布了长江教育研究院、华中师范大学国家教育治理研究院等研究的系列研究成果《全球教育竞争力研究丛书》（5 本）、《2024 中国县域教育发展指数报告》《中国教育智库 SFAI 评价报告（2024 年版）》等。其中，长江教育研究院与方略研究院联合发布的《2024 中国县域教育发展指数报告》是国内智库首次针对县域教育发布研究报告。报告围绕教育科技人才一体化发展，从教育投入、教育规模、教育普及和教育产出、教育质量和教育持续发展多个维度进行评价。论坛以"教育强国建设背景下新时代教育智库的使命与担当"为主题。教育部原副部长周远清，全国人大常委会委员、宪法和法律委员会副主任、民盟中央专职副主席徐辉，第十三届全国人大常委会委员、中国教育学会副会长、长江教育研究院院长、华中师范大学国家教育治理研究院院长周洪宇，教育部教育发展研究中心原主任张力，华中师范大学副校长李鸿飞，长江

---

① 国家教育治理研究院［EB/OL］. https：//mp. weixin. qq. com/s/Vw5W3D7PR3-UuzJ4Aqp4 wg，2024 - 02 - 09.

出版传媒股份有限公司副总经理章雪峰，中关村互联网教育创新中心主任杨丹，中国教育发展战略学会区域教育专委会理事长、中国教育报刊社原党委副书记连保军，江西省教育厅原副厅长、中国教育学会国际教育分会副理事长杨慧文等领导、专家出席论坛开幕式。论坛进一步扩大了研究院在全国教育智库与教育治理领域的影响力。

（五）出版与传播

出版年度《中国教育黄皮书》。长江教育研究院自 2010 年开始出版年度《中国教育黄皮书》，它与年度"教育政策建议书"不同。"教育政策建议书"未公开出版发行，而《中国教育黄皮书》是长江教育研究院的年度教育发展报告，由湖北教育出版社公开出版发行。通常《中国教育黄皮书》的上半部分是上一年的"教育政策建议书"以及在这个教育政策建议书的推动影响下国内专家学者的响应、研究以及实践推进，下半部分是中国各级各类教育年度发展状况报告。它是综合性的，既有年度主题，又有年度各级各类教育事业的发展状况，基本上反映了这一年中国国内各级各类教育事业的进展，从一个侧面反映出长江教育研究院的年度教育政策倡导及其产生的效果。以 2019 年度《中国教育黄皮书》为例，这是长江教育研究院近年来连续推出的第十本教育黄皮书，主要以"推动教育高质量发展，建设教育强国"为主题。分年度主题与年度综述两大板块，其中上编主题板块，主要由政策建议、政策解读、名家论坛、教育指数组成，下编年度综述，主要由发展综述、聚焦热点、教育大事记、重要文献组成。① 该书反映了上一年中国教育的热点、难点和重点议题。

编辑出版《长江教育论丛》。该论丛始于从 2015 年，半年刊，每年春秋两辑。《长江教育论丛》是作为学术性杂志，与长江教育研究院年度"教育政策建议书"和《中国教育黄皮书》的定位不同。"教育政策建议书"是一年一度的政策建议，带有前瞻性和引领性；《中国教育黄皮书》是一年教育的总汇，带有总结性和年鉴性，《长江教育论丛》则凸显学术性。三者构成一个从学术到现实到未来的三维系统，三足鼎立，各显其能。未来根据研究院的设想，还要陆续推出一系列教育读物，包括大众教育读物。随着国家对提高治理体系和

---

① 长江教育研究院.中国教育黄皮书目录［EB/OL］.https://cjjy.com.cn/yellowbook/，2019-05-26.

治理能力现代化的高度重视，提升教育治理体系和治理能力现代化水平已日益成为教育改革发展的当务之急。为顺应这一教育变革大趋势，促进高质量教育体系建设，《长江教育论丛》2022 年正式更名为《教育治理研究》，致力于成为以教育治理研究为主题和特色的集刊。2023 年 3 月，《教育治理研究》入选《中国人文社会科学学术集刊 AMI 综合评价报告（2022）》教育类核心集刊。

组织撰写出版专题教育理论著作，为教育政策建议提供坚实学术支撑。2007 年，为落实《中共中央、国务院关于促进中部地区崛起若干意见》，长江教育研究院专家由湖北人民出版社出版了《中部教育论》；2009 年，在教育部启动就《规划纲要》征求社会意见后，长江教育研究院作为第三方教育政策研究机构积极参与、深入研究，形成了对《规划纲要》的 10 条建议，在第三届"北京·长江教育论坛"发布了研究成果。2010 年，随着基本公共服务均等化战略目标的提出，义务教育均衡发展成为新的教育战略目标，促进义务教育均衡发展关键在教师队伍建设，因此，研究院专家以进一步推进教师队伍建设为主题，提出了十条建议。与此同时，在"第四届北京·长江教育论坛"上，由人民教育出版社出版《教育公平论》并举行首发式，随后又由北京师大出版社出版《教师教育论》、由湖北教育出版社出版《教育热点难点解读》。2011 年，研究院专家密切关注我国在 2012 年实现《纲要》提出的财政性教育投入占 GDP 的比例达到 4％以后的制度安排问题，就如何保障教育投入稳定增长和如何用好教育投入进行研究，形成了关于进一步优化教育投入的十条建议，并在"第五届北京·长江教育论坛"上发布。2012 年，伴随第三次工业革命的到来，要求中国教育必须从追求"分数"到回归教育本质，研究院敏锐感触到工业革命的巨大威力，开展了以"第三次工业革命及中国教育应对之策"为主题的调研，形成了年度政策建议书，在"第六届北京·长江教育论坛"上发布，随后又由湖北教育出版社出版研究研究院专家的《第三次工业革命与当代中国》《第三次工业革命与中国教育变革》《第三次工业革命与中国经济转型》《周洪宇论第三次工业革命》，由人民出版社出版研究院专家的《大时代：震撼世界的第三次工业革命》。2013 年，研究院进一步深化了信息技术及其对教育影响的研究，在"第七届北京·长江教育论坛"上发布关于"发挥信息技术革命性影响作用——促进信息技术与教育深度融合，深化教育领域综合改革"的教育政策建议书。接着组织研究院专家在人民出版社出版了与之相关的《国家自主创新示范区政策与立法研究》。2014 年，根据为贯彻落实党的十八届四中全会精神，根据习近平总书记提出的"四个全面"的战略布局，长江研究院确立了全面依法治教的选题，并在 2015 年"第八届北京·长江教育论坛"上发布"关于加强教育法治建设，全面推进依法治教，保障教育改革发展顺利进行的建议"。此后，组织编辑了以加强教育法治建设为主题的《长江教育论丛》2015 年专辑。2016 年出版了"教育智库与教育治理研究丛书"（14 册），2020年出版了"全球教育治理研究系列"丛书（10 册），均在全国教育学术界引起了巨大反响。2019 年至 2024 年的每年 3 月，均召开"北京·长江教育论坛"，并在会上发布了政策建议书、年度十大教育关键词等研究成果。一系列教育研究成果的出版发行，展现出长江教育研究院深厚的学术研究底蕴，为成果进一步转化为教育政策建言奠定了坚实的基础。

此外，长江教育研究院编辑发布电子通讯《教育智库》《中国教育智库与治理》《全球教育智库与治理》，汇总梳理最新有关教育智库的国内外信息，专家观点等。电子通讯至今已发布 12 期，让公众能更好地了解长江教育研究院的工作动态及教育智库界的研究进展，起到了很好的宣传效果。

（六）混合型智库的独特优势

长江教育研究院是在中国崛起的历史背景下，以探讨教育发展问题，研究教育政策，为教育改革发展创新献计献策而诞生的。这是继高等院校、教育行政部门直属科研院所之后的另一股教育科研力量，也是全国第一家由出版集团出资支持的教育研究机构。因此，长江教育研究院具有其独特的性质与优势。从性质上看，长江教育研究院可说是一种新型"混合制"。因为它由地方教育行政部门发起，以大学学术机构和人员为主力，以大型文化教育出版企业为依托。湖北省教育厅是发起单位，华中师范大学是参与单位，湖北长江出版传媒集团（后来的长江出版传媒股份有限公司）是具体承办单位。行政部门虽然发起，但只指导而不领导，大学学术机构和人员虽然参与，但只参与而不参办，文化教育出版企业虽然承办，但注重社会效益远甚于经济效益，体现了当代新型企业家的长远眼光和社会责任感。这也是当代中国企业家中极为难得的一种优秀品质，从这里人们看到了未来中国企业家与政府官员、专家学者与社会大众之间良性互动、健康发展的巨大可能性。

长江教育研究院集中了国内一批优秀的教育专家队伍，搭建了一个以文化出版企业为支撑、联系相关教育专家和教育管理部门的平台，探求一种以政府指导为原则、学术研究为基础、文化出版为手段，"政、产、学、研"各自优势互补的体制，为促进教育更好更快发展，提供高质量的政策理论支撑、人才支撑和产品支撑，开辟了新路。这样一种研究体制与运行模式在国内仅见，也是湖北省在体制机制改革方面的一种大胆创新。在长江出版传媒股份有限公司的支持下推出了一批优秀成果，特别是持续开展教育政策研究，提出许多有价值的教育政策建议，推动了教育改革、发展和创新。

长江教育研究院的性质、机制和运行模式，与现有国内外有关新型社会智库的界定，似乎都不相吻合。它不是政府内设的政策研究机构，不是用国家财政资金举办为官方决策提供政策咨询的政策研究机构，也不是各类党校、行政学院的政策研究机构，更不是大学学术机构的政策研究机构，甚至也不是企业为自身发展而特设的政策研究机构。它大力倡导教育公平，注重提高教育质量，具有混合型教育智库的鲜明特点。

（七）社会评价

长江教育研究院成立十多年来，积极探索新形势下教育政策研究智库高效运转的体制与机制。以"特色新型教育智库"为基本定位，以影响政府决策为主要目标，以"全球视野、中国立场、专业能力、实践导向"为基本原则，树立自身的责任意识，建设有特色、质量高、竞争力强、影响大的教育智库形象。建立"旋转门"机制，打破政府、企业、智库人员流动的玻璃屏障，凝聚了一大批教育界的专家学者。

经过十多年的不懈努力，研究院的影响力显著提升。2016 年 12 月，长江教育研究院入选南京大学与光明日报智库研究与发布中心联合发布的首批中国智库索引（CTTI）来源智库，在社会智库内 MRPA 测评综合排名全国第三（国内教育类第一名），MRPA 资源效能测评排序全国第一，位列智库专家 MRPA 测评综合排序全国排名第 2 名。同年，长江教育研究院被中国教育智库联盟吸纳，成为"中国教育智库首批联盟执行委员会"成员单位。2018 年 10 月，在中国社会科学评价研究院主办的"第一届中国智库建设与评价高峰论坛"上，研究报告《加强制度创新——为中国教育现代化提供重要保障》荣获中国智库咨政建言"国策奖"。2018 年 12 月，长江教育研究院再次入选中国智库索引（CTTI），位列中国社会智库排名榜第二位。目前，长江教育研究院正在按照中央关于加强智库建设的要求，进一步加强与教育行政部门、科研机构与高校的战略合作，更好地服务于教育改革和发展，力争把自身打造成国内外一流的教育政策研究智库、教育产品研发基地和教育咨询评估中心。

　　建设中国特色新型教育智库，尤其是建设混合型教育智库，是一项长期而艰巨的任务，意义重大，使命光荣。未来，长江教育研究院将不断创新管理体制和运行机制，为促进教育决策的科学化、民主化，推动国家教育治理现代化，提升教育软实力作出其应有贡献，并为中国教育智库探索出一条与众不同的发展之路。

结　语

　　人类社会迈入 21 世纪已二十多年，伴随经济、科技、社会的飞速发展，智库建设面临诸多困难和挑战。信息技术飞速发展，第四次工业革命扑面而来，势不可挡。互联网、社交网络、云计算、手机、掌上电脑的普及，让个体更容易获取信息、开展研究和传播成果；数字化时代信息爆炸，尤其是以ChatGPT 为代表的生成式人工智能的迅猛发展，改变了人与人、人与物的关系，引发信息消费方式、社会关系的改变。有外国学者把这种社会形态称为"网络社会"，这是一种利用信息时代技术扩大发展和重新配置资源，克服传统网络限制的新的社会结构。① 这种网络社会形态的出现令传统的智库模式面临诸多挑战，大众和决策者很少有时间阅读长篇报告或书籍，而是更多依赖移动终端获取信息。智库需要不断变革，以适应新形势的需要。美国宾夕法尼亚大学智库项目负责人詹姆斯·G.麦甘认为，当今智库面临的挑战包括竞争力挑战、资源挑战、技术挑战和政策挑战，所有这些挑战可以概括为"四个更多"：更多的难题、更多的参与者、更多的竞争和更多的冲突。② 教育智库也遭遇同样的挑战，面临自身竞争力提升问题，可获取的学术资源、政治资源和经费问题，应对新技术革命尤其是大数据、数字化、信息化、智能化等趋势，政策研究与政府、大众的对接问题等，这些问题都考验着教育智库的发展。发展中国家的教育智库也面临诸多挑战。以中国为例，当前我

①　Castells，Manuel. The rise of the network society：The information age：Economy，society，and culture. Vol. 1. John Wiley & Sons，2011.
②　赵博. 智库必须思考如何以新形式传播成果：美国宾夕法尼亚大学智库项目负责人詹姆斯·G.麦甘访谈 [J]. 中国发展观察，2014（3）：37-40.

国正面临百年未有之大变局，面临国内国际问题的双重调整，对智库咨政建言的需求比以往任何时候都更为迫切。然而，我国智库建设仍处于初级阶段，远不能适应现代社会决策发展的需求，也面临各种各样的困难与问题。智库全面介入公共政策的体制机制尚未健全。因此，构建咨政育民、科学化、民主化与法治化的决策咨询体系，必须加强制度建设，破除中国特色新型智库发展面临的问题与困惑。加快实现中国特色新型智库发展目标，应当立足中国国情和发展实践，加强智库制度建设与体制机制改革，引导智库合理有序发展，真正形成定位明晰、特色鲜明、规模适度、布局合理、运作高效的中国特色新型智库体系。2016 年 9 月，中国光明日报智库研究与发布中心、南京大学中国智库研究与评价中心联合发布的《2015 中国智库年度发展报告》指出：中国高校智库存在的问题，一是高校智库的产品缺乏政策匹配度，即提供的咨政产品和政策制定者的需求有很大差距；二是高校智库评价体系不够完善；三是"旋转门"机制尚未形成；四是学术独立性和政策应用性之间的关系认识有偏差。① 南京大学中国智库研究与评价中心 2016 年发布的《2018CTTI 来源智库报告》指出，中国特色新型智库建设的进程尚不长，还处于起步阶段和探索期。报告涉及的 489 家 CTTI 来源智库已经是举各界之力从全国挑选出来的较具代表性的样本，每家智库全职研究人员不足 10人，规模较小；平均每位研究人员产出 4.41 项研究成果，平均每人每年 2.4项。从智库的效能来说，新型智库科研生产率也不算高。② 2018 年 12 月，南京大学中国智库研究与评价中心发布的《2018CTTI 来源智库发展报告》显示，我国新型智库专家主要集中在社会科学领域，自然科学和人文学科领域专家较少；新型智库的政策研究供给与决策需求之间存在一定错位；研究成果转化为政策成果的比例不高。③ 2019 年 2 月，上海社会科学院智库研究中心发布《2018 年中国智库报告》指出，中国智库建设面临的问题包括：智库发展视野"跟不上"，缺乏前瞻性和战略性研究；智库发展能力"跟不上"，成果的专业化水平不高；智库发展认知"跟不上"，智库作用发挥难名副其实；智库评价体系"不适应"，存在"唯批示论"误区；智库管理方式

① 刘好光.《2015 中国智库年度发展报告》指出——我国高校智库在改革创新中加速前行[EB/OL]. 中国教育新闻网，2016-09-29.
② 南京大学中国智库研究与评价中心，光明日报智库研究与发布中心. CTTI 来源智库MRPA 测评报告 [R]. 2016 (12)：45.
③ 南京大学中国智库研究与评价中心，光明日报智库研究与发布中心. 2018CTTI 来源智库发展报告 [R]. 2018-12-25：3-5.

"不适应"，体制机制改革推进迟缓；智库传播方式"不适应"，国际对话难以有效沟通。① 可见，我国的智库建设仍处于发展阶段，存在诸多困难和不足，需要从基础性问题着手，在解决问题的过程中充分发挥智库的功能与特长，推动智库逐步走向成熟。

我国教育智库作为智库体系的组成部分，同样面临许多问题与挑战。入选首批国家高端智库建设试点单位的 25 个机构中，没有一个涉及教育的专业智库，一定程度上反映出教育智库在全国范围内发展的滞后性，更不用说与全球教育智库的差距。我国教育智库面临的问题包括制度政策支持欠缺，教育智库和教育智库人员独立性不足，教育智库和教育智库人员研究手段和研究方法落后，教育智库和教育智库人员创新力不强，教育智库和教育智库人员社会影响力较弱。② 这些问题的存在制约了教育智库功能的发挥。2019年 4 月，南京晓庄学院、长江教育研究院、华中师范大学国家教育治理研究院联合发布《中国教育智库评价 SFAI 研究报告（2019 年版）》。报告对中国教育智库发展存在的问题进行了分析，认为对教育智库的理解有待明晰，教育智库的政策研究能力有待提升，教育智库的功能发挥有待完善，教育智库的管理水平有待提高。③《中国教育智库评价报告（2020 年版）》指出，从智库自身层面看，国内许多教育智库的专业化能力不足，教育研究成果的理论性重于实践性，缺乏现实问题导向，相关成果无法顺利转化成政府决策，教育智库缺少主动对接政府相关部门的意识和动机，缺乏宣传意识和策略；从政府层面看，政府部门缺乏购买服务的规章制度和机制。④ 2019 年底突如其来的新冠疫情凸显了教育智库在面对应急问题时的快速反应机制明显不足，仍拘泥于原研究方向，缺乏参与研究热点问题的能力；许多教育智库还未建立起传统媒体与新媒体结合的渠道，受众面狭窄，媒体曝光度低，无法提升社会影响力。

2019 年 9 月，方略研究院与长江教育研究院在"一带一路"教育智库联盟成立大会上发布研究报告，选取 80 个国内外智库，从决策影响力、学术影

---

① 上海社会科学院智库研究中心. 2018 中国智库报告：影响力排名与政策建议［EB/OL］. https://www.pjzgzk.org.cn/c/3104.htm，2019－03－20.
② 付卫东，付义朝. 我国教育智库建设的现状、问题及展望［J］. 华中师范大学学报（人文社会科学版），2017，56（2）：167－176.
③ 刘大伟，周洪宇. 上下协同推进教育智库有序发展［N］. 中国社会科学报，2019－04－18.
④ 南京晓庄学院. 教育智库是什么？影响力如何？最新评价报告看这里！［EB/OL］. https://www.njxzc.edu.cn/3c/2e/c3586a80942/page.htm，2020－09－22/2021－02－21.

响力和大众影响力三个层面综合评估影响力。评估结果显示，和国外知名教育智库相比，中国教育智库在报告的国际影响力上明显欠缺，对于利用大众媒体平台重视不足，普遍缺乏参与国际话语体系建设的意识，缺乏发声机制和平台。2022 年 12 月，方略研究院和长江教育研究院在 "2022 教育智库与教育治理 50 人圆桌论坛" 上联合发布《2022 全球教育智库影响力评价 PAP 研究报告》。报告指出，我国教育智库存在对新型智库的使命和愿景认识不够清晰，研究方法多样性不足，在公众舆论方面引导意识不强且影响力不大等问题。长江教育研究院 2023 年发布的《中国教育智库评价 SFAI 研究报告（2023 年版）》指出，中国教育智库发展中主要存在独立性不足、影响力不大、专业性不强、创新性不够等问题。通过对中国教育智库与国外智库进行系统、科学的对比评价，可以更清楚地看到中国教育智库的优势与不足。中国教育智库需要反思短板，学习借鉴全球知名教育智库的建设理论与经验，从而推进自身高质量发展。

全球知名智库尤其是国外的知名智库，在教育研究与咨询、对外交往、成果传播、提升影响力等方面已经具备成熟的理念、管理机制与运作模式，值得发展中国家教育智库加以批判性的借鉴和吸收。教育智库要应对当前的挑战，需要有针对性的应对策略。一是加速传统教育研究机构向新型教育智库转型。这不仅需要国家政策的支持，也需要教育智库内部有变革型的领导者，领导者可以通过教学、辅导、角色示范和奖励分配来驱动组织的发展。二是教育智库应具有明确的战略性使命，要承担更多独立进行信息分析的工作。明确的带有激励性的使命有助于教育智库内部组织专注于通过持续开发和创新来支持工作的开展。至于承担独立信息分析工作，这是由于受全球民主化加速，权利结构分散的影响，政策问题复杂化，政府需要智库提供更多的政策分析和建议。只有独立的信息分析才能保证为政府提供的政策具有客观性和中立性。三是激活教育智库资金的来源渠道，促进多样化，鼓励民间资本资助智库，确保教育智库研究的独立性与专业性。智库资金应具备长期运营的特点，才能满足创新对稳定的和明确具有灵活性策略的要求。教育智库需要获得更多的经费支持，大部分教育智库都面临经费短缺的问题，教育智库生产知识，知识也是产品，可以考虑把知识产品变为为大众所用的财富。四是学术与政策研究紧密结合。教育智库目前过于注重学术导向的研究，而政策导向的研究不足，教育智库要适应社会发展趋势，把教育的学术问题与教育政策问题很好地结合起来，发挥自身的优势。五是加强合作。教育智库要在政府、客户、民众及同行之间建立网络，允许组织利用现有资源创造新的价值。六是教育智库研究人员使用应具有灵活性。研究人员可以在教育智库内部或教育行政部门之间合理流动，激励创新并围绕创新形成文化共识。教育智库内部各研究所、各研究方向之间可以适当流动，促进学科交叉、研究能力整合，促进"旋转门"机制的建立健全。七是以新的形式传播成果，通过媒体与公众充分互动，收集数据，产生新的研究议题。21 世纪，以全球化、信息化、数字化、智能化为代表的人类第四次工业革命已经来临，新技术的普遍使用改变了知识传播的途径，随着移动技术、信息技术的进步，传播工具、功能、途径更新换代提速。教育智库如何根据传播内容选择传播方式成为要考虑的重要问题，要在传统媒体的基础上，运用最新的融媒体，增强教育智库政策研究传播的时效性、及时性、广泛性，从而强化对政府决策、社会舆论的影响力。因此，智库作为知识与政策的桥梁，必须站在时代的最前沿，才能为政府决策提供具有针对性的研究和咨询成果。当然，除了教育智库自身建设外，政府也应在中国教育智库的发展过程中提供必要的支持，包括支持教育智库的系统转型与特色化建设，建立非常时期智库介入公共事务的反应机制，开展国际教育交流合作，出台政策支持教育智库国际化进程，有效提升中国教育智库在全球教育治理领域的话语权和影响力。

　　总之，教育智库作为智库的重要类型，凭借自身独特的优势在政策研究与咨询领域发挥重要作用。随着全球化、信息化、数字化、智能化的急剧加速，教育智库应该快速适应这一趋势，提升自身能力。这需要从外部和内部两个层面着手。从内部看，教育智库应以"全球视野，中国立场，专业精神，实践导向"为价值导向，以提升在教育领域的咨政建言能力为核心，以产出战略性、前瞻性、指导性的研究成果为依托，完善制度和机制建设，明确使命，调整自身人员结构，更新研究方法，选择合适的传播方式，才能在未来的挑战中取得主动权。从外部看，各级政府及相关教育部门应从建设教育强国，实现中华民族伟大复兴的高度，加强对教育智库的发展规划和指导，大力推动相关制度和机制的完善重建，包括组织管理体制、研究体制、经费管理、成果评价和转化机制、国际交流合作机制等的改革，促进政府信息公开与数据共享制度、重大决策意见征集制度、政策评估制度、政府购买决策咨询服务制度等各项制度有效落实，打通教育智库与政府决策部门的沟通交流通道。内外合力以提升中国教育智库的学术影响力、决策影响力、社会影响力和国际影响力，参与全球教育治理，推动国家教育治理体系和治理能力现代化，最终实现教育现代化，建成教育强国，为中华民族伟大复兴和构建人类命运共同体提供强有力的智力支撑。

参考文献

一、著作

［1］崔树玉，杨金卫. 新型智库建设理论与实践［M］. 北京：人民出版社，2015.

［2］东中西部区域发展和改革研究院. 中国智库发展报告［R］. 北京：国家行政学院出版社，2011.

［3］冯绍雷. 智库——国外高校国际研究院比较研究［M］. 上海：上海人民出版社，2011.

［4］付卫东，付义朝. 智库的转型：我国教育政策研究机构转型发展［M］. 武汉：湖北教育出版社，2016.

［5］郭伟. 大学新智库：以美国大学教育智库为例［M］. 武汉：湖北教育出版社，2016.

［6］国际学生评估项目中国上海项目组. 质量与公平：上海2009年国际学生评估项目（PISA）结果概要［M］. 上海：上海教育出版社，2010.

［7］胡光宇. 大学智库［M］. 北京：清华大学出版社，2015.

［8］加图研究所. 加图决策者手册：美国智库如何影响政府决策？［M］. 上海：格致出版社，上海人民出版社，2011.

［9］金芳，等. 西方学者论智库［M］. 上海：上海社会科学院出版社，2010.

［10］经济合作与发展组织（OECD）. 面向明日世界的学习——国际学生评估项目（PISA）2003报告［M］. 上海市教育科学研究院，国际学生评估项

目上海研究中心，译. 上海：上海教育出版社，2008.

[11] 经济合作与发展组织. 教育系统中的成功者与变革者：美国从国际学生评估项目中学什么？［M］. 徐瑾劼，陈宝法，赵鹍，译. 北京：北京大学出版社，2013.

[12] 柯银斌，吕晓莉. 智库是怎样炼成的？国外智库国际化案例研究［M］. 南京：江苏人民出版社，2016.

[13] 李建军，崔树玉. 世界各国智库研究［M］. 北京：人民出版社，2010.

[14] 李政云. 慈善基金会在美国高等教育发展中的作用——卡内基教学促进基金会案例研究［M］. 长沙：湖南师范大学出版社，2011.

[15] 任晓. 第五种权力：论智库［M］. 北京：北京大学出版社，2015.

[16] 唐磊. 当代智库的知识生产［M］. 北京：中国社会科学出版社，2015.

[17] 王辉耀，苗绿. 大国智库［M］. 北京：人民出版社，2014.

[18] 王佩亨，李国强，等. 海外智库——世界主要国家智库考察报告［M］. 北京：中国财政经济出版社，2014.

[19] 闫温乐. 世界银行与教育发展［M］. 上海：上海教育出版社，2013.

[20] 于今. 中国智库发展报告（2012）：智库产业的体系［M］. 北京：红旗出版社，2013.

[21] 张炜，陈光春. 新智库指数：中国教育发展指数、创新指数与绿色指数［M］. 武汉：湖北教育出版社，2016.

[22] 张大卫，元利兴. 国际著名智库机制比较研究［M］. 北京：中国经济出版社，2017.

[23] 张民选. 国际组织与教育发展［M］. 上海：上海教育出版社，2010.

[24] 张伟. 智库研究与管理方法［M］. 北京：中共中央党校出版社，2017.

[25] 张颖春. 中国咨询机构的政府决策咨询功能研究［M］. 天津：天津人民出版社，2013.

[26] 周洪宇，邓凌雁. 智库的作用：以美国卡耐基教学促进基金会为例［M］. 武汉：湖北教育出版社，2016.

[27] 周洪宇，付睿，邓凌雁. 国际思想库：国外教育智库研究［M］. 武汉：湖北教育出版社，2016.

［28］周洪宇，付睿. 全球教育治理研究导论［M］. 武汉：湖北教育出版社，2020.

［29］周洪宇，黄亚栋，邓凌雁. 全球教育治理：国外学者论集［M］. 武汉：湖北教育出版社，2016.

［30］周洪宇，刘国卫，刘来兵. 智者的声音：长江教育研究院院内专家国是建言集［M］. 武汉：湖北教育出版社，2016.

［31］周洪宇，申国昌，陈冬新. 智库的成长：长江教育研究院的探索之路［M］. 武汉：湖北教育出版社，2016.

［32］周洪宇，申国昌，陈冬新. 智库的力量：长江教育研究院历年教育政策建议书（2009—2016 年）［M］. 武汉：湖北教育出版社，2016.

［33］周洪宇，申国昌，刘来兵. 全球教育治理：国内学者论集［M］. 武汉：湖北教育出版社，2016.

［34］周洪宇，杨可，方平. 智者的建言：长江教育研究院顾问专家国是建言集［M］. 武汉：湖北教育出版社，2016.

［35］周洪宇. 智库的意义：国内学者论智库［M］. 武汉：湖北教育出版社，2016.

［36］周洪宇. 智库与治理：周洪宇国是建言（上下卷）［M］. 武汉：湖北教育出版社，2016.

［37］周洪宇. 周洪宇论第三次工业革命［M］. 武汉：湖北教育出版社，2014.

［38］周文鼎，黄亚栋，杜小双. 智库的价值：国外学者论智库［M］. 武汉：湖北教育出版社，2016.

［39］周洪宇，刘大伟. 中国教育智库评价 SFAI 研究报告（2019 年版）［M］. 北京：中国社会科学出版社，2019.

二、论文

［1］本刊记者. 宗旨：促进人类的教学进步——美国卡内基教学促进基金会主席舒尔曼访谈录［J］. 教育发展研究，1999（1）：66-69.

［2］博耶委员会. 重建本科生教育：美国研究型大学发展蓝图［J］. 李延成，译. 教育参考资料，2000（19）.

［3］都丽萍. 美国卡内基大学分类 40 年述评［J］. 大学（学术版），2011
　　（6）：81 - 85.

［4］付睿，周文鼎. 新时代教育智库与国家教育治理现代化——《评教育智库
　　与教育治理研究丛书》［J］. 教育研究，2017，38（11）：152，155.

［5］付睿. "中国教育指数"的实践意义及其价值［J］. 世界教育信息，2018
　　（15）.

［6］付睿. 大学智库：全球智库的主要组成部分［J］. 上海教育，2016，31
　　（11）：12 - 13.

［7］付睿. 新时代教育智库助推教育强国建设——中国教育学会副会长、长
　　江教育研究院院长周洪宇教授专访［J］. 生活教育，2018（4）：5 - 9.

［8］付睿. 智库：搭建知识与政策之间的桥梁［J］. 上海教育，2016（11）：
　　20 - 23.

［9］付睿. 智库探观：长江教育研究院［J］. 华中师范大学学报（人文社会科
　　学版），2019，58（2）：193.

［10］付睿. 智库专家的使命与担当——兼论《智库与治理：周洪宇国是建言》
　　［J］. 决策与信息，2017（11）：108 - 111.

［11］付睿. 智库专家如何成为国家发展的助推器——基于国家教育治理现代
　　化的视角［J］. 世界教育信息，2019，32（1）：6 - 7，25.

［12］付睿，周洪宇. G20 与全球非正式教育治理［J］. 清华大学教育研究，
　　2019，40（4）：71 - 79.

［13］付睿，周洪宇. 习近平推进创新重要论述与新时代教育智库转型发展
　　［J］. 世界教育信息，2021，34（1）：3 - 11.

［14］付睿，田秋燕. 教育治理现代化进程中教育智库专家的角色定位及动力
　　机制［J］. 天津市教科院学报，2020（1）：55 - 61.

［15］付睿，周洪宇. 习近平推进创新重要论述与新时代教育智库转型发展
　　［J］. 世界教育信息，2021，34（1）：3 - 11.

［16］付睿，毕红漫. 德国教育智库的类型、特点及启示［J］. 比较教育学报，
　　2021（5）：26 - 40.

［17］付睿，周洪宇. 改革开放与中国参与全球教育治理［J］. 世界教育信息，

2022，35（4）：3-10.

[18] 付睿. 美国智库民族教育政策研究的差异性公平观建构——以教育信托为例 [J]. 比较教育学报，2022（6）：50-61.

[19] 付睿. 中国全球教育治理研究的进展、趋势及建议 [J]. 中国人民大学教育学刊，2023（5）：124-138.

[20] 付睿. 智库应成为大兴调查研究的"先锋队" [N]. 光明日报，2023-04-06.

[21] 付睿. 全球教育话语权塑造：全球教育治理的中国实践 [J]. 比较教育研究，2024，46（4）：3-13.

[22] 谷贤林，邢欢. 美国教育智库的类型、特点与功能 [J]. 比较教育研究，2014，36（12）：1-6.

[23] 郭思文，李凌艳. 影响学生学习素养的环境因素测评：PISA 的框架、内容及政策影响 [J]. 比较教育研究，2012，34（12）：86-90.

[24] 洪一江，曾诚. 弗莱克斯纳报告及其对美国医学教育的影响 [J]. 医学与哲学（人文社会医学版），2008（2）：67-68.

[25] 黄忠敬. 美国教育的"智库"及其影响力 [J]. 教育理论与实践，2009，29（5）：20-23.

[26] 蒋凯. 教育研究的国际视野——联合国教科文组织教育研究机构的比较分析 [J]. 比较教育研究，2008（1）：71-76.

[27] 李晓军. 美国教育政策研究机构的分类、功能及发展趋势 [J]. 教育发展研究，2007（11）：70-72.

[28] 李政云，徐延宇. 2005 年卡内基高等教育机构分类框架解读 [J]. 比较教育研究，2006（9）：13-17.

[29] 郦菁. 政策研究困境与价值缺失的中国社会科学 [J]. 文化纵横，2016（4）：88-93.

[30] 廖青. 美国《共同核心州立标准》政策的形成及其初步实施 [J]. 比较教育研究，2012，34（12）：70-74.

[31] 刘大伟，周洪宇. 上下协同推进教育智库有序发展 [N]. 中国社会科学报，2019-04-18.

[32] 刘来兵，申国昌. 推进高校合作类教育智库建设转型升级 [N]. 中国社会科学报，2019 - 07 - 04.

[33] 楼世洲，王珩. 国外教育智库演进趋势及特点 [N]. 中国社会科学报，2015 - 10 - 09.

[34] 马克·贝磊. 教育规划的发展与变革路径——基于国际教育规划研究所标志性文献与会议的分析 [J]. 教育发展研究，2009，29 (3)：1 - 7.

[35] 潘懋元，陈厚丰. 高等教育分类的方法论问题 [J]. 高等教育研究，2006 (3).

[36] 史静寰，赵可，夏华. 卡内基高等教育机构分类与美国的研究型大学 [J]. 北京大学教育评论，2007 (2)：107 - 119，190 - 191.

[37] 苏红. 教育智库如何成长与发展——来自澳大利亚教育研究委员会的经验 [N]. 中国教育报，2014 - 10 - 01.

[38] 唐科莉. 为了使我们对中小学投资的效益最大化——澳大利亚教育研究委员会对提高教师质量的建议 [J]. 基础教育参考，2013 (9)：88 - 89，91.

[39] 王建梁，郭万婷. 专业化发展理念下的澳大利亚教育智库建设——以澳大利亚教育研究委员会为例 [J]. 高校教育管理，2014，8 (3)：33 - 37，48.

[40] 王洁，张民选. TALIS 教师专业发展评价框架的实践与思考——基于 TALIS2013 上海调查结果分析 [J]. 全球教育展望，2016，45 (6)：86 - 98.

[41] 王晓燕. 日本国家级教育政策研究机构的改革与职能定位——基于日本国立教育政策研究所的分析 [J]. 教育研究，2011，32 (7)：99 - 104.

[42] 王玉衡. 让教学成为共同的财富——舒尔曼大学教学学术思想解读 [J]. 比较教育研究，2006 (5)：51 - 54.

[43] 魏新岗，李德显，周宁丽. 近十二年美国教育社会学的前沿主题与热点领域——基于《教育社会学》杂志刊载文献可视化分析 [J]. 全球教育展望，2012，41 (8)：62 - 67.

[44] 闫温乐. "全民学习"愿景下的教育资助——《世界银行 2020 教育战略》述评 [J]. 比较教育，2011，33 (10)：34 - 38.

[45] 曾天山，王小飞，吴霓. 澳新两国国家教育智库及其服务政府决策研究——澳大利亚、新西兰教育科研考察报告 [J]. 比较教育研究，2013，35（8）：35-40，53.

[46] 张金马. 兰德研究生院及其创新教育模式 [J]. 中国行政管理，1994（11）：43，35.

[47] 张民选，陆璟，占胜利，朱小虎，王婷婷. 专业视野中的 PISA [J]. 教育研究，2011（A06）.

[48] 张民选. 自信与自省：从 PISA 看上海基础教育发展 [J]. 上海教育，2013（35）：1.

[49] 赵芳. 独立、高效、创新、实用——美国布朗教育政策研究中心评述 [J]. 外国中小学教育，2016（1）：2-5.

[50] 赵章靖，邢欢. 美国教育智库的发展过程、趋势与特征 [J]. 世界教育信息，2016，29（4）：5-11.

[51] 赵中建."美国教育政策研究中心"的个案分析 [J]. 外国教育资料，2000（3）：36-38，21.

[52] 中国常驻联合国教科文组织代表团. 联合国教科文组织专家视野中的教育战略规划 [J]. 世界教育信息，2009（5）：26-28.

[53] 周洪宇，付睿. 参与全球教育治理：从教育大国走向教育强国的必由之路 [J]. 世界教育信息，2018，31（3）：3-4.

[54] 周洪宇，付睿. 国际教育智库与全球教育价值取向的演变 [J]. 国家教育行政学院学报，2016（12）：11-18.

[55] 周洪宇，付睿. 美国大学教育智库共同体的特点及启示 [J]. 全球教育展望，2017，46（1）：116-128.

[56] 周洪宇，付睿. 以创新之为推进新时代智库建设 [J]. 光明日报，2019-01-21.

[57] 周洪宇，付睿. 以习近平智库论述为指导，加强教育智库建设 [J]. 国家教育行政学院学报，2018（4）：3-8.

[58] 周洪宇，付睿，胡佳新. 前瞻：2019 年教育热点 10 大关键词 [N]. 中国教育报，2019-02-28.

［59］周洪宇，付睿. 建设好社会智库 助推国家治理现代化［N］. 中国社会科学报，2019－07－19.

［60］周洪宇、付睿. 教育智库应有新作为［N］. 中国社会科学报，2022－04－21.

［61］周洪宇、付睿. 建设中国特色社会主义教育治理体系［N］. 中国教育报，2022－10－13.

［62］周洪宇. 创新体制机制，建设中国特色新型教育 L 智库［J］. 教育研究，2015，36（4）：8－10.

［63］周洪宇. 深化教育领域"放管服"改革，加快推进教育治理现代化［J］. 教育研究，2019，40（3）：15－19.

［64］祝怀新. "角逐卓越"：美国奥巴马政府中小学教育改革新动向［J］. 外国中小学教育，2011（2）：1－5，10.

三、报告

［1］上海社会科学研究院智库研究中心. 2013 年中国智库报告［R］. 2014－01－20.

［2］上海社会科学研究院智库研究中心. 2014 年中国智库报告［R］. 2015－01－20.

［3］上海社会科学研究院智库研究中心. 2015 年中国智库报告［R］. 2016－06－20.

［4］上海社会科学研究院智库研究中心. 2016 年中国智库报告［R］. 2017－03－14.

［5］上海社会科学研究院智库研究中心. 2017 中国智库报告：影响力排名与政策建议［R］. 2018－03－19.

［6］上海社会科学研究院智库研究中心. 2018 中国智库报告：影响力排名与政策建议［R］. 2019－03－20.

［7］中国社会科学评价研究院. 2018 年中国智库成果与人才评价报告［R］. 2019－04－19.

［8］南京大学中国智库研究与评价中心，光明日报智库研究与发布中心.

CTTI 来源智库 RRPA 测评报告（2017—2018）［R］. 2018（12）.

［9］四川省社会科学院，中国科学院成都文献情报中心. 中华智库影响力报告（2017）［R］. 2017（11）.

［10］清华大学智库研究中心. 清华大学智库大数据报告（2018）［R］. 清华大学公共管理学院，2019（6）.

［11］长江教育研究院，方略研究院. 2019 全球教育智库影响力评价 PAP 研究报告［R］. 2019 - 09 - 20.

［12］长江教育研究院，方略研究院. "一带一路"沿线国家教育智库评价研究报告［R］. 2019 - 09 - 28.

［13］长江教育研究院，国家教育治理研究院，南京晓庄学院. 中国教育智库评价 SFAI 研究报告（2018 年版）［R］. 2018 - 11 - 10.

［14］长江教育研究院. 中国教育智库评价 SFAI 评价报告（2023 年版）［R］. 2023 - 11 - 20.

［15］方略研究院. 2023 全球教育智库影响力评价 PAP 研究报告［R］. 2023 - 11 - 26.

四、英文论著

［1］Annamaria Lusardi. Financial Literacy Skills for the 21st Century： Evidence from PISA［J］. The Journal of Consumer Affairs，2015，Vol. 49 Issue 5.

［2］Arno Engel，W. Steven Barnett，Yvonne Anders and Miho Taguma. Early Childhood Education and Care Policy Review［R］. Norway，OECD，2015.

［3］Bastos，Paulo S. R.；Bottan，Nicolas Luis；Cristia，Julian. 2016. Access to pre-primary education and progression in primary School： Evidence from rural Guatemala［R］. Policy Research working paper. No. WPS 7574. Washington，D. C.，World Bank Group，2016.

［4］CERI：Centre for Educational Research and Innovation［R］. OECD，2011. 4.

［5］Christopher S. Collins. Higher Education and Global Poverty：University

Partnership and the World Bank in Developing Countries [R]. New York: Cambria Press, 2011.

[6] Driving Development with Tertiary Education Reforms [R]. pdf, World Bank Group Education Global Practice Smarter Education Systems for Brighter Futures, 2015.

[7] Ellen Condliffe Lagemann. Private Power for the Public Good: A History of the Carnegie Foundation for the Advancement of Teaching [R]. Wesleyan University Press, 1983.

[8] Gerald Bracey. The TIMSS "Final Year" Study and Report: A Critique [J]. Educational Researcher, Vol. 29, No. 4 (May, 2000).

[9] Howard J. Savage. Fruit of An Impulse: Forty Five Years of the Carnegie Foundation 1905 – 1950 [M]. New York: Harcourt, Brace and Company, 1953.

[10] Jonathan Supovitz, Ryan Fink, Bobbi Newman. From the Inside In: An Examination of Common Core Knowledge and Communication in Schools [R].pdf, GE Foundation, 2014, 04.

[11] Kent, Rollin. Two Positions in the International Debate about Higher Education: The World Bank and UNESCO [R]. Paper presented at the meeting of the Latin American Studies Association. Washington, DC, September 28 – 20, 1995.

[12] Maureen Woodhall. Funding Higher Education: The Contribution of Economic Thinking to Debate and Policy Development [D]. The World Bank, December 2007.

[13] McGann, James G. 2018 Global Go To Think Tank Index Report (2019). TTCSP Global Go To Think Tank Index Reports [R]. 16. https://repository.upenn.edu/think_tanks/16.

[14] McGann, James G. Global Think Tanks Policy Networks and Governance [M]. Routledge, 2011.

[15] Menashy Francine, Read Robyn. Knowledge Banking in Global Education

Policy：A Bibliometric Analysis of World Bank Publications on Public-Private Partnerships Education Policy Analysis Archives［R］. 9/19/2016，Vol. 24 Issue 94/95.

［16］Menashy Francine. Interrogating an omission：The absence of a rights-based approach to education in World Bank policy discourse Studies in the Cultural Politics of Education［R］. Dec 2013，Vol. 34 Issue 5.

［17］OECD. Strong Performers and Successful Reformers in Education：Lessons from PISA for the Unite States［M］. Paris：OECD，2011.

［18］OECD.Low-Performing Students：Why They Fall Behind and How to Help Them Succeed，2016.

［19］OECD. Strong Performers and Successful Reformers in Education：Lessons from PISA for the Unite States［M］. Paris：OECD，2011.

［20］Papers Relating to the Admission of State Institutions to the System of Retiring Allowances of the Carnegie Foundation Bulletin Number One［R］. The Carnegie Foundation for the Advancement of Teaching，1907.

［21］Psacharopoulos，G. World Bank policy on education：A personal account［J］. International Journal of Educational Development，2006，26（3）.

［22］Ravishankar，Vaikalathur；El-Kogali，Safaa El-Tayeb；Sankar，Deepa；Tanaka，Nobuyuki；Rakoto-Tiana，Nelly. Primary education in Malawi：Expenditures，service delivery，and outcomes［R］. Washington，D. C.：World Bank Group，2016.

［23］Sheng Yao Cheng. Higher Education and Global Poverty：University Partnership and the World Bank in Developing Countries［J］. Comparative Education Review. Aug 2012，Vol. 56 Issue 3.

［24］Stephanie Wall，Ineke Litjens and Miho Taguma. Early Childhood Education and Care Pedagogy Review［R］. England，OECD，2015.

［25］The Carnegie Trusts and Institutions［R］. New York：Carnegie Corporation of New York，2007.

［26］The World Bank and Education. TIKLY，EON［J］. Comparative

Education Review. May 2014，Vol. 58 Issue 2.

[27] The World Bank. The World Bank Annual Report 2016 [R]. The World Bank，2016.

[28] The World Bank. The World Bank Annual Report 2017 [R]. The World Bank，2017.

[29] Thomas Hatch. Beneath the surface of accountability: Answerability, responsibility & capacity-building in Norway，Springer Science + Business Media Dordrecht [J]. Journal of Educational Change，2013，14（2）.

后　记

　　21 世纪已迈过二十多个春秋，世界面临百年未有之大变局，全球经济政治格局正发生前所未有的变化。我国正处于加快建设教育强国进而成为世界重要教育中心的进程之中。综观国际教育发展趋势与国内教育改革现实，教育智库作为进行教育政策研究、决策咨询、引导舆论、人才育用、对外交往的重要机构，其重要性日益凸显。为此，我们启动了《全球知名教育智库概览》一书的研究与写作。本书是"教育智库与教育治理研究丛书"、"全球教育治理研究系列"丛书及"建设教育强国的国际经验与中国路径研究丛书"的后续成果，仍然秉持"全球视野、中国立场、问题意识、实践导向"的研究和写作四原则，以期为我国教育智库建设、教育治理体系和治理能力现代化、加快建设教育强国及世界重要教育中心提供新的思考与启示。

　　全书由我整体构思，统稿审核，温州大学教育学院付睿与我共同执笔完成。此书从 2017 年初构思写作提纲开始，其间几易其稿，历经六年多方才付梓。本书的出版得到了上海教育出版社副总编辑袁彬的大力支持以及责任编辑的细心审校，确保了本书得以高质量出版。温州大学教育学院研究生朱娜、夏艳颖、杨佳燕、黄珊珊参与了中国教育智库部分资料的收集与整理工作。本书参考了大量著作、论文、报告、文件等的材料及观点，在此一并对本书所涉作者及机构表示衷心感谢！因时间仓促，事务繁杂，且条件所限，书中涉及的国内外教育智库未能逐一实地考察，尤其是国外教育智库，主要根据各种文献和资料来解读分析，故书中难免有不妥乃至谬误之处，敬请各位同仁及广大读者批评指正，我们将在后续修订中加以完善。

周洪宇

2024 年 6 月 16 日

于武汉东湖之滨

图书在版编目（CIP）数据

全球知名教育智库概览 / 周洪宇, 付睿著. -- 上海：
上海教育出版社, 2025. 2. — ISBN 978-7-5720-3371-1

Ⅰ. G51

中国国家版本馆CIP数据核字第2025TD0757号

责任编辑　谢冬华　宋丽玲　王清伟　潘　佳

封面设计　郑　艺

Quanqiu Zhiming Jiaoyu Zhiku Gailan

全球知名教育智库概览

周洪宇　付　睿　著

出版发行	上海教育出版社有限公司
官　　网	www.seph.com.cn
地　　址	上海市闵行区号景路159弄C座
邮　　编	201101
印　　刷	上海展强印刷有限公司
开　　本	700×1000　1/16　印张 43　插页 2
字　　数	749 千字
版　　次	2025年2月第1版
印　　次	2025年2月第1次印刷
书　　号	ISBN 978-7-5720-3371-1/G·3008
定　　价	148.00 元

如发现质量问题，读者可向本社调换　电话：021-64373213